RECONHECIMENTO DE PATERNIDADE E SEUS EFEITOS

O GEN | Grupo Editorial Nacional reúne as editoras Guanabara Koogan, Santos, Roca, AC Farmacêutica, Forense, Método, LTC, E.P.U. e Forense Universitária, que publicam nas áreas científica, técnica e profissional.

Essas empresas, respeitadas no mercado editorial, construíram catálogos inigualáveis, com obras que têm sido decisivas na formação acadêmica e no aperfeiçoamento de várias gerações de profissionais e de estudantes de Administração, Direito, Enfermagem, Engenharia, Fisioterapia, Medicina, Odontologia, Educação Física e muitas outras ciências, tendo se tornado sinônimo de seriedade e respeito.

Nossa missão é prover o melhor conteúdo científico e distribuí-lo de maneira flexível e conveniente, a preços justos, gerando benefícios e servindo a autores, docentes, livreiros, funcionários, colaboradores e acionistas.

Nosso comportamento ético incondicional e nossa responsabilidade social e ambiental são reforçados pela natureza educacional de nossa atividade, sem comprometer o crescimento contínuo e a rentabilidade do grupo.

CAIO MÁRIO DA SILVA PEREIRA

Professor Emérito na Universidade Federal do Rio de Janeiro
e na Universidade Federal de Minas Gerais

RECONHECIMENTO DE PATERNIDADE E SEUS EFEITOS

7ª edição

Atualizada por

Heloisa Helena Barboza
Lucia Maria Teixeira Ferreira

Editora gen | Editora FORENSE

RIO DE JANEIRO

■ A EDITORA FORENSE se responsabiliza pelos vícios do produto no que concerne à sua edição (impressão e apresentação a fim de possibilitar ao consumidor bem manuseá-lo e lê-lo). Nem a editora nem o autor assumem qualquer responsabilidade por eventuais danos ou perdas a pessoa ou bens, decorrentes do uso da presente obra.

Todos os direitos reservados. Nos termos da Lei que resguarda os direitos autorais, é proibida a reprodução total ou parcial de qualquer forma ou por qualquer meio, eletrônico ou mecânico, inclusive através de processos xerográficos, fotocópia e gravação, sem permissão por escrito do autor e do editor.

Impresso no Brasil – *Printed in Brazil*

■ Direitos exclusivos para o Brasil na língua portuguesa
Copyright © 2015 by
EDITORA FORENSE LTDA.
Uma editora integrante do GEN | Grupo Editorial Nacional
Travessa do Ouvidor, 11 – Térreo e 6º andar – 20040-040 – Rio de Janeiro – RJ
Tel.: (11) 5080-0770 / (21) 3543-0770 – Fax: (11) 5080-0714
metodo@grupogen.com.br | www.editorametodo.com.br

■ O titular cuja obra seja fraudulentamente reproduzida, divulgada ou de qualquer forma utilizada poderá requerer a apreensão dos exemplares reproduzidos ou a suspensão da divulgação, sem prejuízo da indenização cabível (art. 102 da Lei n. 9.610, de 19.02.1998). Quem vender, expuser à venda, ocultar, adquirir, distribuir, tiver em depósito ou utilizar obra ou fonograma reproduzidos com fraude, com a finalidade de vender, obter ganho, vantagem, proveito, lucro direto ou indireto, para si ou para outrem, será solidariamente responsável com o contrafator, nos termos dos artigos precedentes, respondendo como contrafatores o importador e o distribuidor em caso de reprodução no exterior (art. 104 da Lei n. 9.610/98).

■ Capa: Danilo Oliveira

1ª edição – 1977
7ª edição – 2015

■ CIP – Brasil. Catalogação-na-fonte.
Sindicato Nacional dos Editores de Livros, RJ.

Pereira, Caio Mário da Silva, 1913-2004.

Reconhecimento de paternidade e seus efeitos : de acordo com a Constituição de 1988 e legislação subsequente / Caio Mário da Silva Pereira ; Heloisa Helena Barboza ; Lucia Maria Teixeira Ferreira. - 7. ed. - Rio de Janeiro : Forense, 2015.

Inclui bibliografia
ISBN 978-85-309-5231-0

1. Brasil. [Constituição (1988)]. 2. Direito civil - Brasil. I. Barboza, Heloisa Helena. II. Ferreira, Lucia Maria Teixeira. III. Título.

15/24279

CDU – 347.632
/342.1632/

A três Mestres:
Meu pai, Leopoldo da Silva Pereira, humanista e filólogo.
Ministro Orozimbo Nonato, professor admirável.
Doutor Jair Lins, advogado e civilista.
Influência marcante em toda a minha vida intelectual.

SUMÁRIO

INTRODUÇÃO... 1

Primeira Parte – RECONHECIMENTO DE PATERNIDADE

Capítulo I – ESCORÇO HISTÓRICO.. 21

§ 1º Direito romano.. 21
§ 2º Direito bárbaro, canônico e costumeiro 24
§ 3º Direito moderno... 26
§ 4º Nosso direito anterior ao Código de 1916............................... 30
§ 5º O Código de 1916... 33
§ 6º A Carta de 1937... 37
§ 7º Reconhecimento dos adulterinos 40
§ 8º A Lei nº 883, de 21.10.1949 46
§ 9º Sentido da evolução... 48
§ 10 A Lei nº 6.515, de 26.12.1977 50
§ 11 A Constituição de 1988 e o princípio da igualdade da filiação. O reconhecimento dos filhos incestuosos............................ 52
§ 12 O Código Civil de 2002.. 55
§ 13 As formas de estabelecimento da paternidade. A paternidade presumida 58

Capítulo II – NATUREZA DECLARATÓRIA DO RECONHECIMENTO................. 61

§ 1º Classificação das ações.. 61
§ 2º Natureza da ação de estado 65
§ 3º Natureza do reconhecimento voluntário 73

Capítulo III – RECONHECIMENTO VOLUNTÁRIO DE PATERNIDADE................. 83

§ 1º Reconhecimento de maternidade.. 83
§ 2º Reconhecimento voluntário de paternidade no Código Civil de 2002 91
§ 3º Requisitos do reconhecimento voluntário de paternidade: subjetivo, formal, objetivo... 100
§ 4º Atributos do reconhecimento de paternidade: irrevogabilidade; anulabilidade; renunciabilidade; validade erga omnes; indivisibilidade; incondicionalidade; retroatividade... 105

Capítulo IV – INVESTIGAÇÃO DE PATERNIDADE – LEGITIMAÇÃO, IMPRESCRITIBILIDADE E COISA JULGADA 121

§ 1º   Legitimação para a ação ativa e passiva 123
§ 2º   Imprescritibilidade da ação investigatória... 140
§ 3º   Coisa julgada material nas ações de investigação de paternidade........... 145

Capítulo V – INVESTIGAÇÃO DE PATERNIDADE – CAUSAS DE PEDIR, PROVAS CIENTÍFICAS, POSSE DE ESTADO E DEFESAS DO RÉU 159

§ 1º   Casos de investigação de paternidade.. 159
§ 2º   Provas científicas de paternidade 168
§ 3º   Posse de estado de filho 191
§ 4º   Defesas do réu.. 195

Capítulo VI – RECONHECIMENTO VOLUNTÁRIO E JUDICIAL DO FILHO ADULTERINO – EVOLUÇÃO HISTÓRICA 201

§ 1º   Mudança de orientação legislativa... 201
§ 2º   Reconhecimento voluntário do filho adulterino – histórico da evolução legislativa 201
§ 3º   Investigação de paternidade do filho adulterino – Código Civil de 1916 e Decreto-Lei nº 4.737, de 1942. A Lei nº 883/49 210
§ 4º   Os filhos incestuosos 214
§ 5º   A Lei nº 6.515, de 26.12.1977 214
§ 6º   A Constituição de 1988... 215
§ 7º   Código Civil de 2002... 217

Segunda Parte – **EFEITOS DO RECONHECIMENTO**

Capítulo VII – EXISTÊNCIA DE EFEITOS DO RECONHECIMENTO..................... 221

Capítulo VIII – ESTADO 231

§ 1º   Conceito e caracteres.. 231
§ 2º   Autoridade da coisa julgada em matéria de declaração de estado 235
§ 3º   Registro de estado... 246

Capítulo IX – O NOME... 255

§ 1º   Natureza do direito... 255
§ 2º   Aquisição do nome pelo filho havido fora das relações do casamento 259

Capítulo X – RELAÇÕES DE PARENTESCO 269

§ 1º   A evolução histórica e jurídica da posição do filho natural nas relações familiares 269
§ 2º   Inferioridade jurídica do filho natural no Código Civil de 1916 269

§ 3º	Posição familiar no direito anterior..	274
§ 4º	Equiparação aos filhos havidos das relações de casamento – Contexto social e jurídico..	276

Capítulo XI – PODER FAMILIAR 285

§ 1º	Do pátrio poder ao poder familiar. Histórico. Conceito. Nova definição do instituto..	285
§ 2º	Evolução legislativa da situação do filho extraconjugal sob o pátrio poder	292
§ 3º	Pátrio poder e poder familiar quanto à pessoa do filho	299
§ 4º	Pátrio poder e poder familiar quanto aos bens do filho...	312
§ 5º	Suspensão e perda do poder familiar	317
§ 6º	Guarda e visitação...	321

Capítulo XII – ALIMENTOS 325

§ 1º	Natureza da obrigação...	325
§ 2º	Obrigação alimentar dos parentes naturais, nos direitos romano, canônico, filipino e moderno..	327
§ 3º	Direito do filho reconhecido aos alimentos	331
§ 4º	Caracteres do direito alimentar	340
§ 5º	Espúrios...	346
§ 6º	Concessão de alimentos no curso da ação de investigação de paternidade...........	350
§ 7º	Alimentos no Código Civil de 2002	355

Capítulo XIII – SUCESSÃO 359

§ 1º	Posição no direito sucessório	359
§ 2º	Direito sucessório do filho ilegítimo na vigência do Código Civil de 1916.........	366
§ 3º	Evolução legislativa até o advento da Constituição de 1988 e da Lei nº 7.841, de 1989	372
§ 4º	O direito sucessório do filho reconhecido no Código Civil de 2002	378

Terceira Parte – EXTENSÃO DO EFEITO SUCESSÓRIO

Capítulo XIV – DIREITO INTERTEMPORAL 385

§ 1º	Posição do problema sob a égide do Código Civil de 1916	385
§ 2º	Conceito de irretroatividade	393
§ 3º	Filho nascido antes da lei nova e morte do pai depois de sua vigência	396
§ 4º	Filho nascido antes da lei nova e morte do pai antes também de sua vigência.....	405
§ 5º	O problema da legitimação para suceder da pessoa havida por procriação assistida *post mortem*	419

BIBLIOGRAFIA 427

PREFÁCIO

Em 1947, publiquei os *Efeitos do Reconhecimento de Paternidade Ilegítima*, enfrentando várias questões até então em aberto em nosso Direito. Algumas em estrita originalidade. Outras, fixando rumos científicos no calor das controvérsias. Teses, por mim defendidas, mereceram acolhida jurisprudencial e foram consagradas no Supremo Tribunal Federal.

Em face do Decreto-Lei nº 4.737, de 24.09.1942, polemizado pelos nossos juristas, preconizei a sua hermenêutica ampliativa, defendendo o reconhecimento dos filhos havidos fora do matrimônio em qualquer caso de dissolução da sociedade conjugal, e não apenas na ocorrência de desquite. À receptividade dessa tese pelas cortes de justiça seguiu-se amparo legislativo, com a Lei nº 883, de 21.10.1949; completado pela Lei nº 6.515 de 26.12.1977.

Advoguei a equiparação, para efeitos sucessórios, dos filhos naturais aos legítimos, advinda da Carta Constitucional de 1937, e sua sobrevivência após a extinção dela, em virtude do princípio defendido por Gabba, e perfilhado na Lei de Introdução ao Código Civil de 1942, do efeito não repristinatório automático da Lei revogadora.

Estudei em profundidade o tormentoso problema da coisa julgada nas ações de estado, e bem assim o de sua imprescritibilidade, sem embargo da prescrição dos efeitos econômicos.

Esgotado este livro, faz anos, sempre foi meu desejo reeditá-lo. Tantas, porém, as mutações legislativas e jurisprudenciais, além de valiosa elaboração doutrinária, que o adiei até agora.

Nesta quadra de "revolução pela lei", tornou-se oportuno republicá-lo, fixando o que a elaboração pretérita sedimentou, e o que a evolução do pensamento jurídico permite prever, em futuro próximo.

Completando, pois, com a experiência da maturidade o que o entusiasmo juvenil iniciara, reeditei esse livro em 1977, alterando-lhe o título, uma vez que maior ênfase foi dada ao reconhecimento que, na edição original, constituía mero pressuposto de seus efeitos.

Acreditando poder mais uma vez contribuir para o estudo de questões de funda repercussão social, apresento agora o *Reconhecimento de Paternidade e seus Efeitos*.

Posteriormente à edição de 1977, alterações legislativas foram introduzidas no regime legal da filiação extramatrimonial, além de experiências científicas haverem contribuído para desvendar o segredo da paternidade.

A presente edição procura absorvê-las todas.

Assim encerrei Prefácio à edição de 1977, em a qual situei, no plano legislativo, a curva evolutiva da proteção aos filhos extramatrimoniais.

O progresso da idéia liberal não se estancou aí. Veio a Constituição de 1988 e lhe alargou os horizontes. Com a figura da "entidade familiar" (art. 226, § 3º), sem desprestigiar o casamento, projetou luzes novas à conceituação do "concubinato", a ser reexaminado em o nº 16, *infra*.

Mais longe foi, e aboliu toda discriminação, concedendo a todos os filhos os mesmos direitos e qualificações, proibidas quaisquer designações discriminatórias relativas à filiação (art. 277, § 6º).

Essa edição absorve as inovações introduzidas em alguns dos "efeitos" do reconhecimento, pelo Estatuto da Criança e do Adolescente (Lei nº 8.069, de 13.07.1990). E registra a inovação contida na Lei nº 8.560, de 29.12.1992.

A linha evolutiva dos direitos dos filhos havidos de relações fora do casamento prosseguiu. Novos diplomas foram editados, impondo seu registro, interpretação e óbvia referência nos lugares apropriados.

Rio de Janeiro, 1995.
Caio Mário da Silva Pereira.

PREFÁCIO À 7ª EDIÇÃO[1]

A presente atualização desta obra – a 7ª edição de *Reconhecimento de Paternidade e seus Efeitos* – foi realizada por Heloisa Helena Barboza, que contou com a colaboração de Lucia Maria Teixeira Ferreira em toda a pesquisa jurisprudencial e na revisão da Introdução do livro.

É importante destacar, no Prefácio desta nova edição, a vitalidade do pensamento de Caio Mário da Silva Pereira e o caráter de vanguarda que a sua obra *Reconhecimento de Paternidade e seus Efeitos* representou no panorama jurídico nacional desde a 1ª edição, em 1947.

Como é enfatizado na Introdução deste livro, o autor foi receptivo às mudanças sociais, rompendo, em diversas situações, com o sistema jurídico fechado que restringia os direitos dos filhos extraconjugais e impunha a família matrimonial, em detrimento da existência de outros arranjos familiares, mesmo diante das evidências fáticas mais flagrantes.

Caio Mário da Silva Pereira, enfrentando a forte resistência existente na época, foi vitorioso ao conseguir que várias de suas interpretações mais benéficas, no tocante aos direitos dos filhos adulterinos, fossem acolhidas pela jurisprudência e incorporadas pelo ordenamento jurídico.

Na linha dos propósitos do autor, as atualizadoras Heloisa Helena Barboza e Lucia Maria Teixeira Ferreira procuraram incorporar, nesta edição (e na edição anterior), sob a ótica do Direito Civil Constitucional, as novas conquistas dos movimentos sociais e as transformações políticas, culturais e tecnológicas que resultaram em inovações no Direito de Família, especificamente no âmbito da paternidade e da filiação, que devem ser primordialmente analisadas com fundamento nos princípios da paternidade responsável e do melhor interesse da criança.

Buscou-se, também, delinear as novas concepções de filiação e paternidade que estão sendo formuladas pela doutrina e pela jurisprudência brasileiras, incorporando-as às ideias e ao pensamento humanista do mestre Caio Mário da Silva Pereira, ganhando destaque o direito à revelação da origem genética e o direito à ancestralidade.

---

[1] Este Prefácio renova o Prefácio da 6ª edição, cuja atualização ficou sob a responsabilidade de Lucia Maria Teixeira Ferreira.

Dentre essas novas concepções, tomam grande vulto as discussões acerca do reconhecimento voluntário e judicial da paternidade e maternidade socioafetivas e as polêmicas e instigantes questões relacionadas à multiparentalidade ou pluriparentalidade, em que se declara a maternidade e/ou paternidade socioafetiva sem que se exclua a parentalidade biológica, ficando ambas mantidas no registro de nascimento dos filhos.

É de se ressaltar, notadamente, que as técnicas de reprodução assistida criaram algumas situações inusitadas nas relações parentais. O reconhecimento de novos arranjos familiares – como nas situações que envolvem casais que vivem em união estável, pessoas que desejam ter filhos sem cônjuges ou conviventes e casais homoafetivos – tem originado o surgimento de pleitos inéditos que foram acolhidos pelos Tribunais, sempre no melhor interesse dos filhos.

No tocante à união estável, o posicionamento prestigiado pelo Superior Tribunal de Justiça, ao julgar em 06.11.2012 o REsp 1.194.059/SP, em pedido de homologação de acordo extrajudicial de reconhecimento de paternidade, sob o argumento de que se o "nosso ordenamento jurídico, notadamente o próprio texto constitucional (art. 226, § 3º), admite a união estável e reconhece nela a existência de entidade familiar, *acolheu o entendimento de se conferir interpretação sistemática ao art. 1.597, II, do Código Civil, para que passe a contemplar, também, a presunção de concepção dos filhos na constância de união estável.*

Todavia, muitas dúvidas e perplexidades permanecem, especialmente no campo dos direitos sucessórios, como, na questão que se apresenta em face do disposto no art. 1.597, III, do Código Civil de 2002: Os filhos concebidos ou que só entrem em gestação após a morte do pai têm direito a sucessão deste? Não se cuida agora do *efeito do reconhecimento* de um filho, mas do *efeito do nascimento* de um filho – o que pode ocorrer em até vinte anos após a morte do pai – filho esse que literalmente não existia (porque não concebido) ou pelo menos não se encontrava sequer em gestação (caso do embrião não implantado). Qual a extensão dos efeitos de tal nascimento?

Diante de todas as conquistas jurídicas e inovações tecnológicas e dos impactos sociais, políticos, econômicos e culturais decorrentes, esta obra permanece, na sua 7ª edição, indispensável para os operadores do Direito, juristas, estudantes e pesquisadores de todos os campos das Ciências Sociais, notadamente em razão do pioneiro papel exercido na defesa dos direitos fundamentais relativos ao reconhecimento da paternidade e dos seus efeitos.

Rio de Janeiro, julho de 2015.

Heloisa Helena Barboza e
Lucia Maria Teixeira Ferreira

INTRODUÇÃO

1. A filiação é um fenômeno excepcionalmente complexo. Antes de tudo biológico, é examinado pelos cientistas como forma de perpetuação das espécies; é um fenômeno fisiológico, um objeto de indagações sociológicas e históricas, um capítulo da Higiene e da Eugenia. Pertence ao mundo físico e ao mundo moral (*Dusi*), exprime simplesmente o fato do nascimento e a situação de ser filho, e, num desenvolvimento semântico dentro da Ética, traduz um vínculo jurídico. Compreende simultaneamente o fato concreto da procriação e uma relação de direito.

A Sociologia vai rastrear suas origens num passado sem fim, tão longo e tão distante que relembra os primórdios da vida humana no planeta, e, quanto mais profunda a pesquisa, tanto mais difícil o recuo à fase anterior. A Genética, em investigações de interesse jurídico incontestável, dedica-lhe acurados esforços, procurando afincadamente desvendar o mistério que desde remotos tempos envolve a paternidade e intriga os homens, parecendo, entretanto, que a sentença do Rei Sábio continuava a desafiar os séculos[1] se bem que a ciência de nossos dias já possa dizer uma palavra definitiva, que descerra o véu por tanto tempo impenetrável.

Titulares de situações jurídicas diferentes, classificavam-se os filhos, segundo o Código Civil de 1916 e leis especiais que o seguiram, em:

> *legítimos*, os concebidos na constância do casamento, ainda que anulado, se putativo;
>
> *legitimados*, os que foram concebidos ou nascidos de pessoas que só posteriormente convolaram as núpcias;

---

[1] Já o *Livro dos Provérbios*, na Bíblia, em verdade registrava: "*Tria sunt difficilia mihi, et quartum, poenitus ignoro:*
Viam aquilae in coelo,
viam colubri super petram,
viam navis in medio mari
et viam viri in adolescentia.
Talis est et via mullieris adulterae
quae comedit, et tergens os suum
dicit: non sum operata malum."
Provérbios, XXX, 18, 19, 20.

ilegítimos, os nascidos de pessoas não casadas, ou provindos de casamento nulo não putativo;

adotivos, os que, por força de lei, são considerados filhos de pessoas que não são seus progenitores; entre os adotivos, é de se distinguir a *adoção simples* da adoção plena ou legitimação adotiva, pela diversidade dos respectivos efeitos.

Entre os ilegítimos, pela diversidade de tratamento que lhes dispensa o direito, ainda se distinguem:

ilegítimos ou naturais, *pura* e simplesmente, quando ao tempo de sua concepção inexistia impedimento para que os pais se casassem: são os gerados *ex soluto et soluta*;

adulterinos, os nascidos de pais que na época da concepção eram impedidos de se unirem em matrimônio, por serem ambos, ou um deles, já casados. Podem, pois, ser bilateralmente adulterinos, ou unilateralmente apenas, e, por existir o vínculo só da parte de pai, ou mãe, dizem-se adulterinos a *patre* ou a *matre*;

incestuosos, aqueles cujos pais são vinculados por consanguinidade, em grau que impeça seu casamento.

As designações acima são mencionadas como informação, em caráter histórico, uma vez que o art. 227, § 6º da Constituição de 1988, aboliu quaisquer discriminações relativas à filiação.

O objeto deste trabalho cinge-se ao estudo da evolução da situação jurídica de uma classe apenas da filiação – a ilegítima – tomada a expressão em sentido lato, que abrange, ainda, os adulterinos e incestuosos. Compreende o reconhecimento voluntário e o compulsório da paternidade e respectivos efeitos.

De acordo com o Código Civil de 2002, o reconhecimento destina-se aos filhos havidos fora do casamento, que não gozam da presunção de paternidade do marido, mantida para os filhos da mulher casada.

2. Fixado este rumo, tem de ser estudado o reconhecimento como problema, para ser encarado, em seguida, como premissa. Partindo de um pressuposto – o reconhecimento – e aceitando a existência, no Direito brasileiro, das duas modalidades sob as quais se apresenta: voluntário e judicial, desenvolvemos depois a ocorrência dos efeitos gerados.

Não podemos, contudo, furtar-nos a salientar que o reconhecimento de filiação, precipuamente o compulsório, é a resultante de duas ideias-força, que às vezes se emparelham, mas não raro se antagonizam, de tal sorte que, obedecendo ao direito ao sentido social, e acompanhando a ideia preponderante, historicamente ora o facilita ora o dificulta, hoje restringe, para amanhã estender os seus efeitos. As ideias-força que atuam orientando o legislador são a proteção devida à família legalmente constituída, de um lado; e a que tem de ser oferecida aos filhos havidos fora do matrimônio, de outro lado, esta última em crescimento constante.

Como na Dinâmica, em que a resultante de duas forças que agem em sentidos diversos é a diagonal de um paralelogramo, aqui também observamos que a orientação legislativa não consegue fugir das componentes sociais.

Para melhor estudo do reconhecimento e de seus efeitos, que bem traduzem os direitos da família natural, é mister se esboce, em linhas gerais, a situação do filho dito ilegítimo, pelo que somos levados a um prévio escorço histórico do instituto, a um apanhado sintético de como é considerado em outros sistemas legislativos e em nosso direito anterior.

Em seguida, ainda preliminarmente, estabeleceremos a natureza do ato de reconhecimento.

Entrando no estudo dos temas centrais, discorreremos sobre o reconhecimento nos seus dois aspectos: ato voluntário do genitor e ação de investigação de paternidade.

Finalmente, cuidaremos dos efeitos pessoais e patrimoniais, advindos da declaração (espontânea ou judicial) da paternidade.

São as várias partes em que este livro se divide.

3. Filhos fora do casamento houve e haverá sempre. É uma realidade fática, em todos os tempos enfrentada pelo nosso Direito, e em todas as suas fases desde o Código Filipino. A curva evolutiva dos seus direitos modernamente começou a se afirmar com o Decreto-Lei nº 4.737, de 24.09.1942, quando o campo de batalha travou-se em torno dos filhos de desquitados, alinhando-se de um lado opiniões e arestos, considerando-os "simplesmente naturais" em oposição a arestos e opiniões que os classificavam como adulterinos; novo passo adveio com a Lei nº 883, de 21.10.1949; e mais outro com a Lei do Divórcio (Lei nº 6.515 de 26.12.1977).

O constituinte de 1988, com a norma contida nos arts. 226 e 227 e respectivos parágrafos, imprimiu rumo ainda mais seguro com a destruição de todas as barreiras.

O art. 226, § 3º, reconheceu a união estável entre o homem e a mulher como "entidade familiar", mandando que a legislação ordinária promovesse as medidas tendentes à sua conversão em casamento, que prestigia no mesmo art. 226, §§ 1º e 2º. Tirou, entretanto, a "união livre" do limbo em que a colocava o direito positivo, posto que a construção doutrinária e a elaboração pretoriana lhe reconhecessem condições de verdadeiro *status*.

O mesmo art. 226, § 6º, ampliou a incidência do divórcio direto, libertado do instituto da "conversão" e sobretudo da limitação imposta pelo art. 38 da Lei nº 6.515.

O § 7º voltou-se para o "planejamento familiar", atribuindo-o à livre decisão do casal, sem a interferência de qualquer forma coercitiva por parte de instituições oficiais e privadas.

O art. 227, § 5º, estimula a adoção e o § 6º deste artigo equipara todos os filhos, havidos ou não da relação de casamento, e proíbe quaisquer designações discriminativas.

O Estatuto da Criança e do Adolescente traz disposições concernentes à adoção (art. 39 e seguintes), ao pátrio poder (arts. 21 a 24 e 155), atualmente denominado poder familiar (art. 1.630 e seguintes do Código Civil de 2002), institui o Conselho Tutelar como órgão controlador da aplicação da Lei (art. 131) e, sobretudo, oferece conceito específico da família natural (art. 25), como a comunidade formada pelos pais ou qualquer deles e seus descendentes.

Em termos abrangentes, o Estatuto (Lei nº 8.069, de 13.07.1990) proclama que o reconhecimento do estado de filiação é direito personalíssimo indisponível e imprescritível, podendo ser exercido contra os pais ou seus herdeiros, sem qualquer restrição, observado o segredo de justiça (art. 27).

A Lei nº 7.841, de 17.12.1989, além de revogar o art. 38 da Lei nº 6.515 de 1977, aboliu o disposto no art. 358 do Código Civil de 1916, que proibia o reconhecimento dos filhos adulterinos e incestuosos.

A Lei nº 8.560, de 29.12.1992, altera o procedimento da ação de investigação de paternidade e atribui legitimidade ao Ministério Público para intentá-la.

A Lei nº 8.971, de 29.12.1994, regulou os direitos dos companheiros a alimentos e à sucessão.

A Lei nº 9.278, de 13.05.1996, suprimiu o prazo de cinco anos previsto na Lei nº 8.971/1994 e estabeleceu como requisito temporal para a configuração da união estável "a convivência duradoura, pública e contínua", dando ao juiz "a responsabilidade enorme de apreciar subjetivamente, no contexto da prova, o que seja convivência duradoura, pública e contínua".[2]

No tocante aos efeitos patrimoniais da união estável, o art. 5º da Lei nº 9.278 trouxe significativa inovação ao estabelecer uma presunção do esforço comum dos conviventes para os bens adquiridos na constância da relação a título oneroso.[3]

A união estável foi regulamentada pelo Código Civil de 2002 mantendo-se a mesma orientação da Lei nº 9.278/1996, com algumas inovações. No art. 1.723, o Código de 2002 exige que a união seja "pública, contínua, duradoura", objetivando a "constituição de família", sem fixar um prazo mínimo para se constituir uma entidade familiar. Admite, ainda, a caracterização da união estável no caso

---

[2] Conforme Acórdão do TJ de Santa Catarina, 2ª Câmara Cível, AI nº 9.812.159-0, Rel. Des. Wanderley Homer, *DJSC*, 28.12.1999, p. 9.

[3] Art. 5º "Os bens móveis e imóveis adquiridos por um ou por ambos os conviventes, na constância da união estável e a título oneroso, são considerados fruto do trabalho e da colaboração comum, passando a pertencer a ambos, em condomínio e em partes iguais, salvo estipulação contrária em contrato escrito".

de pessoa casada, porém separada de fato do cônjuge, nos termos do § 1º do art. 1.723.

Quanto às relações patrimoniais, o art. 1.725 determina, expressamente, a "aplicação do regime de comunhão parcial de bens", admitindo-se "contrato escrito" entre os companheiros para dispor diversamente, desde que não sejam contrariados regras legais e princípios de ordem pública.

4. O Código Civil vigente procurou regulamentar aspectos essenciais do Direito de Família, adaptando as normas do Código anterior e da legislação esparsa à luz das normas constitucionais.

No que diz respeito à interpretação e aplicação do Código de 2002, é de se ressaltar que nos posicionamos pela adoção de nova técnica interpretativa, em que se destacam os princípios constitucionais e os direitos fundamentais, os quais se impõem aos interesses particulares, prevalecendo a *constitucionalização do Direito Civil*, sobretudo no âmbito da Família.

As normas de Direito de Família do Código Civil de 1916 já vinham sendo paulatinamente alteradas por leis esparsas, editadas no decorrer do século XX. Contudo, as principais transformações neste campo jurídico foram introduzidas pelos arts. 226 e 227 da Constituição Federal, podendo ser resumidas através dos seguintes tópicos: o reconhecimento de novas entidades familiares (união estável e família monoparental); a consagração da igualdade dos filhos, havidos ou não do casamento, ou por adoção, garantindo-lhes os mesmos direitos e qualificações; a proclamação da igualdade entre os cônjuges; a introdução da doutrina jurídica da proteção integral de crianças e adolescentes.

No tocante ao parentesco, o art. 1.593 do Código de 2002 trouxe uma nova classificação, ao dispor que "o parentesco é natural ou civil, conforme resulte de consanguinidade ou outra origem".

O art. 1.596 do Código Civil de 2002 reproduziu integralmente o § 6º do art. 227 da Constituição Federal de 1988, ao dispor que: "Os filhos, havidos ou não da relação de casamento, ou por adoção, terão os mesmos direitos e qualificações, proibidas quaisquer designações discriminatórias relativas à filiação".

NOTA DAS ATUALIZADORAS SOBRE OS TEMAS CENTRAIS DESTA OBRA

A regulamentação jurídica das relações paterno-filiais existente no Código Civil de 1916 penalizou, durante muitas décadas, os filhos havidos fora do casamento. O matrimônio era o assento básico da família e as Constituições Republicanas, a partir de 1934, só reconheciam a família constituída pelo casamento.[4]

---

[4] Trata-se de norma que foi mantida nas Constituições seguintes (1937, 1946, 1967 e Emenda Constitucional nº 1/1969).

A estrutura jurídica da família no Código Civil de 1916 assemelhava-se à romana, destacando-se, neste aspecto, a posição inferior da mulher na sociedade conjugal, em consonância com o patriarcalismo da época, e a subjugação dos filhos ao pátrio poder exercido pelo pai, então considerado o chefe da família. No tocante à situação dos filhos, registrava-se nestes o *status* jurídico dos pais. Por isso, os filhos extraconjugais eram tratados de forma discriminatória, em razão do repúdio às relações fora do casamento. No texto original do Código de 1916, os filhos havidos do casamento gozavam do benefício da presunção de paternidade, quase absoluta,[5] o que lhes garantia o estabelecimento da paternidade sem a necessidade do reconhecimento voluntário ou judicial. Quanto aos filhos fora do casamento, denominados ilegítimos, só era permitido o reconhecimento em restritas situações, com a vedação expressa para o reconhecimento, voluntário ou judicial, dos filhos adulterinos e incestuosos.[6]

O excepcional caráter de vanguarda que a obra *Reconhecimento de Paternidade e seus Efeitos*, através do pensamento crítico e construtivo do seu autor, representou no panorama jurídico nacional, manifestou-se, por exemplo, quando Caio Mário da Silva Pereira criticou o dispositivo do Decreto-Lei nº 4.737, de 24.09.1942, que admitia o reconhecimento dos filhos adulterinos após o desquite, regulamentação que, com maior razão, deveria atingir outras hipóteses de dissolução da sociedade conjugal (anulação do casamento e morte). Como enfatiza Heloisa Helena Barboza, "o reconhecimento do filho adulterino, nos moldes preconizados por Caio Mário da Silva Pereira, só veio a ser regulamentado em 1949, mediante lei que, por sucessivas alterações, aos poucos teve alargado seu campo de aplicação, até permitir o reconhecimento, ainda na vigência do casamento, por testamento cerrado".[7]

Deve-se destacar a aguda crítica do autor desta obra ao art. 2º da Lei nº 883/1949, que consagrava uma desigualdade de tratamento entre os filhos perfilhados na forma daquela Lei e os filhos legítimos, pois que os filhos assim

---

[5] No Código Civil de 1916, a presunção de paternidade para a filiação legítima – *pater is est quem nuptiae demonstrant* – tinha caráter quase absoluto porque só poderia ser elidida, em prazos exíguos, se o marido estivesse na impossibilidade de coabitar com a mulher, no período legal da concepção, ou se dela estivesse separado legalmente (art. 340). No Código de 2002, os filhos nascidos do casamento ainda gozam da presunção (relativa) de paternidade, a qual, contudo, possui conformação diversa da que era regulada pelo diploma legal de 1916, tendo sido facilitada a contestação da paternidade.

[6] O art. 358 do Código de 1916 dispunha que "os filhos incestuosos e os adulterinos não podem ser reconhecidos". E o *caput* do art. 363, que regulava as causas autorizadoras da ação investigatória de paternidade, excluía do rol dos legitimados os filhos ilegítimos de pessoas que cabiam no art. 183, nos I a VI (hipóteses de impedimentos para o casamento denominados *absolutamente dirimentes*).

[7] *O direito de família brasileiro no final do século XX*. In: Vicente Barretto (org.), *A nova família: problemas e perspectivas*, pp. 92-93.

perfilhados receberiam, a título de "amparo social", metade do que aos legítimos tocasse na sucessão do pai, quando com eles concorressem. Caio Mário da Silva Pereira sustentou não ter cabimento o conceito de "amparo social" e defendeu que, uma vez reconhecido, o filho tinha a condição de **herdeiro necessário**, concorrendo em igualdade de condições com os filhos havidos de relações matrimoniais. A sua tese foi acolhida pela Lei do Divórcio – Lei nº 6.515/ 1977, ao dispor no art. 51, nº 2, que, qualquer que fosse a natureza da filiação, o direito à herança seria reconhecido em igualdade de condições, abolindo, desta forma, o eufemismo injustificável do "amparo social".

Paulatinamente, com a sua interpretação construtiva sensível às modificações sociais, econômicas e culturais ocorridas na família no curso do século XX, o Professor Caio Mário da Silva Pereira influenciou o legislador e a jurisprudência da época, em muito contribuindo para assegurar o *status* jurídico de filho àqueles que eram originários de relações havidas fora do casamento (temas tratados na primeira parte deste livro). Com seu pensamento visionário, à frente do seu tempo, defendeu o reconhecimento do estado de filiação do filho ilegítimo e a equiparação de direitos entre os filhos, em detrimento da "família-instituição". Desta forma, seriam garantidos ao filho extramatrimonial os importantíssimos efeitos do reconhecimento de paternidade, como o direito aos alimentos, à sucessão e ao uso do nome – temas tratados na segunda parte do livro.

Basicamente, em face de todas as conquistas legislativas no campo do Direito da Filiação – que são analisadas nesta obra, procuramos traçar um painel das indagações e das novas questões que se afiguram no início do século XXI no Direito Brasileiro.

Não podemos deixar de registrar, contudo, que a possibilidade de conhecimento do vínculo biológico da filiação foi um enorme avanço no que se refere à questão do estabelecimento da paternidade e do tratamento igualitário dos filhos, independentemente da sua origem e do vínculo existente entre seus pais.

Com a adoção do princípio da igualdade da filiação no ordenamento brasileiro,[8] a ação de investigação de paternidade tornou-se um extraordinário instrumento para o reconhecimento dos filhos extramatrimoniais, derrubando-se as barreiras antes existentes. Ademais, uma das preocupações da legislação após a Constituição de 1988, com a edição da Lei nº 8.560 de 1992, foi o estímulo e a promoção de mecanismos que viabilizassem o reconhecimento voluntário ou judicial da paternidade, conferindo, inclusive, legitimação extraordinária ao Ministério Público para a propositura da ação investigatória de paternidade, haja vista a dramática situação de tantas crianças brasileiras sem pai registral.

---

[8] Entendemos que a manutenção da presunção de paternidade em prol dos filhos havidos do casamento não representa uma discriminação em relação aos filhos havidos fora do matrimônio. Trataremos deste tema no Capítulo I – Escorço Histórico

Deve-se ressaltar que os princípios constitucionais da *paternidade responsável* e da *dignidade da pessoa humana* devem nortear o planejamento familiar, garantindo que uma criança, desde a sua concepção, tenha a participação e a contribuição dos seus genitores.[9]

Nos casos de omissão paterna, um valioso instrumento para a obtenção do reconhecimento voluntário ou forçado da paternidade são os exames de identificação humana por DNA, cujos resultados afirmam o vínculo biológico de paternidade/maternidade com grau quase absoluto de certeza.[10]

É de se destacar que os exames de DNA contribuíram para a solução de muitas ações de investigação de paternidade. Anteriormente à utilização deste moderno teste como prova técnica, exigia-se prova cabal do concubinato, do rapto da mãe pelo suposto pai ou das relações sexuais ocorridas à época da concepção do investigante.[11] A produção destas provas era, na maioria das vezes, extremamente difícil em razão de muitos fatores, especialmente em face do preconceito que existia contra os relacionamentos amorosos extramatrimoniais e contra os filhos havidos fora do casamento.

Entretanto, para abalizados doutrinadores, a "*verdade biológica* da filiação não é o único fator a ser levado em consideração pelo aplicador do Direito: o elemento material da filiação não é tão só o vínculo de sangue, mas a expressão jurídica de uma *verdade socioafetiva*".[12]

É relevante observar que, atualmente, renomados civilistas apontam uma possível fragmentação dos conceitos de paternidade e de filiação. Neste sentido, está o magistério de Luiz Edson Fachin ao sugerir um repensar do sentido e do alcance do conceito de paternidade.[13]

---

[9] Dispõe o art. 226, § 6º, da Constituição Federal que o planejamento familiar, fundado nos princípios da dignidade da pessoa humana e da paternidade responsável, é livre decisão do casal, competindo ao Estado propiciar recursos educacionais e científicos para o exercício desse direito, vedada qualquer forma coercitiva por parte de instituições oficiais ou privadas. Este dispositivo foi regulamentado pela Lei nº 9.263, de 12 de janeiro de 1996. Cabe ressaltar, nesta linha, a promulgação da Lei nº. 11.804, de 5 de novembro de 2008, que disciplina o direito a alimentos gravídicos.

[10] Para facilitar o acesso das pessoas necessitadas ao exame de DNA, foi editada a Lei nº 10.317, de 06 de dezembro de 2001, a qual "altera a Lei nº 1.060, de 05 de fevereiro de 1950, que estabelece normas para a concessão de assistência judiciária aos necessitados, para conceder a gratuidade do exame de DNA, nos casos que especifica".

[11] Ressalte-se que as hipóteses relacionadas no texto, além do escrito emanado pelo suposto pai (reconhecendo expressamente a paternidade), eram enumeradas no art. 363 do Código Civil de 1916 como causas de pedir nas ações de investigação de paternidade.

[12] Luiz Edson Fachin, *Comentários ao novo Código Civil: do Direito de Família, do Direito Pessoal, das relações de parentesco*. Arts. 1.591 a 1.638, vol. XVIII, p. 24.

[13] "Fragmentado está o conceito de paternidade. Não se trata apenas de uma dilaceração conceitual. Cogita-se de um repensar do sentido e do alcance da paternidade em diversas

Esta discussão envolve a concepção da filiação como socioafetiva, paralelamente à concepção da filiação biológica. Guilherme de Oliveira destaca as antigas observações de Carbonnier e que hoje são repetidas por vários juristas, tendo o direito positivo de diversos países protegido a chamada "família sociológica": "o estado das pessoas, tal como o direito o considera, nunca se deixa reduzir a um dado biológico; a biologia é remodelada pelo homem. Toda a filiação legal contém, por isso, uma parte de adopção".[14]

Entendemos que estas observações são realçadas pela disposição normativa contida no art. 1.593 do Código de 2002, admitindo o parentesco resultante de "outra origem", como visto anteriormente.

Neste sentido, foi formulado o Enunciado nº 103, aprovado na I Jornada de Direito Civil promovida pelo Centro de Estudos Judiciários do Conselho da Justiça Federal em 2002,[15] identificando, também, vínculo parental proveniente quer das técnicas de reprodução assistida heteróloga relativamente ao pai (ou mãe) que não contribuiu com seu material fecundante, quer da paternidade socioafetiva, fundada na posse de estado de filho.[16] Com a mesma orientação, foi aprovado na III Jornada de Direito Civil o Enunciado nº 256: "A posse do estado de filho (parentalidade socioafetiva) constitui modalidade de parentesco civil".[17] Some-se

---

    direções. Nasce, pois, a paternidade plural, emergente da crise que sofreu a percepção tradicional da paternidade e da superação do desenho exclusivamente patrimonial e sucessório da relação paterno-filial"(Luiz Edson Fachin, op. cit, p. 63).

[14] Jean Carbonnier, [Note sous trib.civ. de Lille, 18 mars 1947]. "Rec. Dalloz", Paris, 1947, pp. 508-511, apud Guilherme de Oliveira, Critério jurídico da paternidade, p. 437.

[15] A I Jornada de Direito Civil foi promovida pelo Centro de Estudos Judiciários do Conselho da Justiça Federal – CJF e ocorreu no período de 11 a 13 de setembro de 2002, sob a coordenação científica do Ministro Ruy Rosado, do STJ. A Comissão de Direito de Família e Sucessões teve como Presidente, em 12.09.2002, Gustavo Tepedino e como Relator, também nesta data, Luiz Edson Fachin. Em 13.09.2002 a referida Comissão teve como Presidente Regina Helena Afonso Portes e como Relatora Adriana da Silva Ribeiro. A III Jornada de Direito Civil foi levada a efeito pelo Centro de Estudos Judiciários do CJF no último bimestre de 2004. Por oportuno, ressalta-se que a VI Jornada de Direito Civil ocorreu entre os dias 12 e 13 de março de 2013.

[16] Por ocasião da V Jornada de Direito Civil do Conselho da Justiça Federal, foi aprovado o Enunciado 519, que assim interpretou o art. 1.593 do CC de 2002: "O reconhecimento judicial do vínculo de parentesco em virtude de socioafetividade deve ocorrer a partir da relação entre pai(s) e filho(s), com base na posse do estado de filho, para que produza efeitos pessoais e patrimoniais".

[17] Há quem defenda, como Belmiro Pedro Welter, a possibilidade de se ajuizar a ação de investigação de paternidade socioafetiva, confrontando-se com posições doutrinárias que afirmam que o Código Civil de 2002 não alberga o novo estado de filho afetivo (posse de estado de filho). Belmiro Pedro Welter ressalva que "o direito ao estado de filho afetivo não consta expressamente, mas de forma implícita do Texto Constitucional, pelo que desnecessária a promulgação de lei disciplinando a matéria". Afirma, ainda, que não se trata de uma "desbiologização da filiação genética, mas sim, de um fortalecimento das

a estes fatos o enorme avanço da genética e da biologia em geral, com profundo impacto no Direito da Filiação, promovendo constantes debates bioéticos diante dos fatos desafiadores para todos os ramos do conhecimento, em particular para o Direito, como analisa Heloisa Helena Barboza ao estabelecer que "a reprodução humana passa a ser 'assistida' interferindo a medicina e a biologia em processo até então 'natural', impondo, a um só tempo, a revisão, se não a criação de um novo conceito de pessoa, pai, mãe, filho".[18]

Com as críticas ao positivismo jurídico, abriu-se caminho para inúmeras reflexões que envolvem a releitura dos estatutos jurídicos fundamentais, não só do Direito Privado, questionando-se a tradicional dicotomia Público/Privado, bem como, a interpretação e a função social do Direito.[19]

Afigura-se a necessidade histórica de se rever as estruturas normativas vigentes diante das novas funções que a vida social impõe ao Direito, o qual deve buscar soluções para atender às complexas exigências sociais, diante da percepção de que o Direito é um sistema aberto de valores e a Constituição é um conjunto de princípios e regras destinados a realizá-los.[20]

As mudanças na estrutura familiar ocorridas no final do século XX vêm sendo identificadas pelos historiadores, antropólogos e sociólogos em diversos

---

duas perfilhações biológica e sociológica; a primeira, porque, com a produção do exame genético em DNA, a paternidade e maternidade são comprovadas com certeza científica; a segunda, com o acolhimento da Constituição Federal de 1988 da família eudemonista e instalando a igualdade entre todos os filhos, o afeto foi reconhecido como valor jurídico" (In "Igualdade entre a filiação biológica e socioafetiva". In: Revista Brasileira de Direito de Família. Ano IV, nº 14, jul./set. Porto Alegre: Síntese, IBDFAM, 2002, pp. 158 e 162.)

[18] Heloisa Helena Barboza ressalta, ainda, que "o jurista brasileiro assistiu a esse crescendo de 'inovações', dispondo apenas de legislação destinada à família do fim do século XIX e que, a muito custo, veio sendo adaptada à realidade social vigente, não obstante focos de resistência à nova ordem jurídica estabelecida pela Constituição de 1988, a qual, de todo sensível às exigências do seu tempo, fixou as bases sobre as quais deve ser edificado o direito de família" (In Princípios do Biodireito. In: Novos Temas de Biodireito e Bioética – Org. Heloisa Helena Barboza, Vicente de Paulo Barreto, Rio de Janeiro: Renovar, 2003, p. 56).

[19] Um dos movimentos críticos em relação ao positivismo jurídico, denominado de pós-positivismo, preconiza que se ultrapasse o legalismo estrito do positivismo normativista e não se recorra às categorias da razão subjetiva do jusnaturalismo. Como esclarece Luís Roberto Barroso, "sua marca é a ascensão dos valores, o reconhecimento da normatividade dos princípios e a essencialidade dos direitos fundamentais", destacando-se os princípios da razoabilidade e da dignidade da pessoa humana (Luís Roberto Barroso. Interpretação e Aplicação da Constituição, 6ª edição, pp. 335 e 342). Barroso afirma que, com o pós-positivismo, a discussão ética volta ao Direito. O pluralismo político e jurídico, a nova hermenêutica e a ponderação de interesses são componentes dessa reelaboração teórica, filosófica e prática que fez a travessia de um milênio para o outro" (pp. 342-343).

[20] V. Luís Roberto Barroso, op. cit., p. 332.

fenômenos,[21] como a emancipação feminina, as transformações tecnológicas ocorridas na reprodução biológica (que afetam a sexualidade) e a igualdade nas relações intrafamiliares, que geram novos conflitos e exigem do jurista um grande esforço interpretativo para atender às atuais exigências do Direito de Família.

A reestruturação do Direito Civil brasileiro contemporâneo vem reconhecendo a complexidade das relações sociais impostas pelas transformações e problemas da sociedade tecnológica, sem desconsiderar as contribuições das tradições do passado jurídico. Trata-se de um desafio enfrentado na atualização desta obra e que terá desdobramentos nas futuras revisões: diante de um quadro atual de fragmentação dos conceitos abordados por este livro – em especial filiação e paternidade, identificar novos paradigmas e delinear propostas interpretativas que atendam às necessidades crescentes da sociedade contemporânea.

E, acima de tudo, cabe destacar o papel inovador que Caio Mário da Silva Pereira exerceu, transformando-se no maior civilista brasileiro do século XX, influenciando muitas gerações até os dias de hoje.

No tocante ao tema deste livro, destacamos, mais uma vez, que o autor foi receptivo às mudanças sociais, rompendo, em diversas situações, com o sistema fechado que restringia os direitos dos filhos extraconjugais, impondo a família matrimonial, mesmo diante das evidências existentes no mundo fático. Foi vitorioso ao conseguir que suas interpretações mais benéficas aos filhos adulterinos quebrassem a forte resistência existente na época, sendo acolhidas por algumas decisões judiciais e pelo próprio ordenamento jurídico.

Caio Mário da Silva Pereira posicionou-se a favor da *constitucionalização do Direito Civil*, sobretudo no âmbito da Família, ao reconhecer a perda de centralidade que os Códigos Civis detinham e o papel residual que passaram a exercer no mundo jurídico e no contexto sociopolítico, especialmente em face da existência dos microssistemas.[22] Defendeu a adoção de nova técnica interpretativa em que

---

[21] Manuel Castells analisa que "a revolta das mulheres contra sua condição, induzida e permitida pela sua entrada maciça na força de trabalho internacional, e os movimentos sociais de identidade sexual passaram a questionar a família de núcleo patriarcal. Essa crise tomou a forma de uma separação cada vez maior entre as diferentes dimensões antes mantidas unidas sob a mesma instituição: relações interpessoais entre o casal; o trabalho de cada membro da família; a associação econômica entre os membros da família; a realização do trabalho doméstico; a criação dos filhos; sexualidade; apoio emocional. A dificuldade em ter de lidar com todos esses papéis ao mesmo tempo, quando não mais se encontram fixados em uma estrutura formal institucionalizada como a família patriarcal, explica a dificuldade em manter-se relacionamentos sociais estáveis dentro de um lar cuja base é a família". *A Era da Informação: Economia, Sociedade e Cultura*. Vol. 2 – *O Poder da Identidade*, p. 276.

[22] Como o Código de Defesa do Consumidor e o Estatuto da Criança e do Adolescente, dotados de princípios próprios.

se destacam os princípios constitucionais e os direitos fundamentais, pregou a função promocional do Direito e divergiu da ideia de cristalização do Direito Civil através da Codificação.

O nosso Mestre Civilista destacou, em seu discurso na Universidade de Coimbra ao receber o título de *Doutor honoris causa*, que "disciplinar relações que envolvem sentimentos humanos deve conduzir o legislador de gabinete a estar atento para que não se cometam os equívocos do passado e do presente", ressaltando, ainda, que, "na função de intérprete, é nossa atribuição visualizar os novos textos legais como dispositivos a serviço da criatividade".

Nesta atualização, procuramos manter as orientações do Mestre Caio Mário da Silva Pereira, sem deixar de registrar, em diversas oportunidades, as novas concepções de filiação e paternidade que estão sendo formuladas pela doutrina e pela jurisprudência brasileiras, buscando resgatar o caráter vanguardista desta obra, aproximando-a da *praxis* e da experiência e conectando-a com questões abordadas por outras ciências.

Ressaltamos, por derradeiro, que não foi abordada, nesta edição do livro nem nas anteriores, a responsabilidade civil nas relações paterno-filiais. Este tema ainda está bastante indefinido na jurisprudência e ainda existe um posicionamento contrário de parte da doutrina, à indenização por danos morais nas relações familiares, admitindo-a apenas nos casos em que haja ilícito absoluto (art. 186 c/c art. 927 do Código Civil), principalmente em face do perigo da mercantilização dessas relações.[23]

> O debate sobre o cabimento de indenização por dano moral em decorrência do abandono afetivo é relativamente recente na doutrina e enseja acalorados debates na jurisprudência, como enfatiza Luiz Felipe Brasil Santos, Desembargador aposentado do Tribunal de Justiça do Rio Grande do Sul, citado em artigo de Leonardo Castro:

> "A matéria (abandono afetivo) é polêmica e alcançar-se uma solução não prescinde do enfrentamento de um dos problemas mais instigantes da responsabilidade civil, qual seja, determinar quais danos extrapatrimoniais, dentre aqueles que ocorrem ordinariamente, são passíveis de reparação pecuniária. Isso porque a noção do que seja dano se altera com a dinâmica social, sendo ampliado a cada dia o conjunto dos eventos cuja repercussão é tirada daquilo que se considera inerente à existência humana e transferida

---

[23] Sergio Gischkow Pereira. "Dano moral e direito de família: o perigo de monetizar as relações familiares". *Estudos de Direito de Família*. Porto Alegre: Livraria do Advogado, 2004, p. 79. Nelson Rosenvald apresenta um amplo painel sobre o tema no artigo *O ilícito omissivo parental: as três travessias*, publicado na *Revista IBDFAM: famílias e sucessões*, v. 4 (jul/ago) – Belo Horizonte: IBDFAM, 2014, p. 43 a 80.

ao autor do fato. Assim situações anteriormente tidas como 'fatos da vida', hoje são tratadas como danos que merecem a atenção do Poder Judiciário, a exemplo do dano à imagem e à intimidade da pessoa".[24]

É de se consignar, contudo, que, em 2004, relevante decisão do Tribunal de Alçada de Minas Gerais, amplamente divulgada na imprensa escrita e falada, trouxe a público a discussão sobre os danos morais no âmbito da família e sobre as consequências do abandono afetivo ou moral dos filhos menores por parte dos seus pais. Segue a ementa do respectivo acórdão: "Indenização – Danos morais – Relação paterno-filial – Princípio da dignidade da pessoa humana – Princípio da afetividade. A dor sofrida pelo filho, em virtude do abandono paterno, que o privou do direito à convivência, ao amparo afetivo, moral e psíquico, deve ser indenizável, com fulcro no princípio da dignidade da pessoa humana" (Apelação Cível nº 408.550-5, de Belo Horizonte, 7ª Câmara Cível do Tribunal de Alçada do Estado de Minas Gerais, relator Juiz Unias Silva, em 1º de abril de 2004). A indenização por danos morais foi fixada em valor equivalente a 200 (duzentos) salários mínimos.

Houve a interposição de Recurso Especial, com a reforma da decisão pelo STJ. O argumento principal da Corte para rejeitar a condenação do genitor ao pagamento de indenização por dano moral em razão do abandono afetivo foi o fato de ser impossível compelir alguém a amar, o que também afastaria a justificativa para impor uma indenização com caráter punitivo, ressaltando que a condenação ao pagamento de indenização extrapatrimonial pelo abandono afetivo somente fragilizaria ainda mais a relação paterno-filial. Deve-se consignar, por oportuno, que a questão chegou ao STF sem que tenha sido procedida a análise da indenização por danos morais por ser questão atinente à legislação infraconstitucional.[25] Segue, abaixo, a ementa da decisão do STJ:

---

[24] Leonardo Castro. Precedente perigoso. O preço do abandono afetivo. *Jus Navigandi*, Teresina, ano 12, n. 1607, 25 nov. 2007. Disponível em: <http://jus.uol.com.br/revista/texto/10696>. Acesso em: 8 ago. 2011.

[25] A referida questão chegou ao Supremo Tribunal Federal por meio do Recurso Extraordinário nº 567.164/MG, não havendo, porém, reforma da decisão proferida pelo Superior Tribunal de Justiça, como se vê da ementa adiante transcrita: "Constitucional. Embargos de declaração em recurso extraordinário. Conversão em agravo regimental. Abandono afetivo. Art. 229 da Constituição Federal. Danos extrapatrimoniais. Art. 5º, V e X, CF/88. Indenização. Legislação infraconstitucional e Súmula STF 279. 1. Embargos de declaração recebidos como agravo regimental, consoante iterativa jurisprudência do Supremo Tribunal Federal. 2. A análise da indenização por danos morais por responsabilidade prevista no Código Civil, no caso, reside no âmbito da legislação infraconstitucional. Alegada ofensa à Constituição Federal, se existente, seria de forma indireta, reflexa. Precedentes. 3. A ponderação do dever familiar firmado no art. 229 da Constituição Federal com a garantia constitucional da reparação por danos morais pressupõe o reexame do conjunto fático-probatório, já debatido pelas instâncias ordinárias e exaurido pelo Superior Tribunal de Justiça. 4. Incidência da Súmula STF 279 para aferir alegada ofensa ao artigo 5º, V e X, da Consti-

"Responsabilidade civil. Abandono moral. Reparação. Danos morais. Impossibilidade.
1. **A indenização por dano moral pressupõe a prática de ato ilícito, não rendendo ensejo à aplicabilidade da norma do art. 159 do Código Civil de 1916 o abandono afetivo, incapaz de reparação pecuniária.**
2. Recurso especial conhecido e provido"
(STJ, REsp 757411/MG, Rel. Min. Fernando Gonçalves, 4ª Turma, julgado em 29.11.2005, *DJ* 27.03.2006, p. 299).

Até o início de 2012, as decisões proferidas pelo Superior Tribunal de Justiça afastaram a possibilidade de indenização nos casos de abandono afetivo, como dano passível de indenização, por entender que *escapa ao arbítrio do Poder Judiciário obrigar alguém a amar ou a manter um relacionamento afetivo, o que não seria suprido pela fixação da indenização pleiteada.*

Neste mesmo sentido, veja-se o seguinte aresto:
"Civil e processual. **Ação de investigação de paternidade. Reconhecimento. Danos morais rejeitados.** Ato ilícito não configurado.
I. Firmou o Superior Tribunal de Justiça que "A indenização por dano moral pressupõe a prática de ato ilícito, não rendendo ensejo à aplicabilidade da norma do art. 159 do Código Civil de 1916 o abandono afetivo, incapaz de reparação pecuniária" (REsp n. 757.411/MG, 4ª Turma, Rel. Min. Fernando Gonçalves, unânime, DJU de 29.11.2005).
II. Recurso especial não conhecido."
(REsp 514.350/SP, Rel. Min. Aldir Passarinho Junior, 4ª Turma, julgado em 28.04.2009, *DJe* 25.05.2009).

Todavia, em 24 de abril de 2012, o STJ, por meio da 3ª Turma (REsp 1.159.242), adotou outro direcionamento ao julgar recurso a respeito do abandono afetivo. Em síntese, tratava-se de uma ação de indenização por danos materiais e compensação por danos morais, ajuizada pela filha contra seu pai por ter sofrido abandono material e afetivo durante sua infância e juventude. O pedido foi julgado improcedente no primeiro grau de jurisdição, tendo sido reformada tal decisão pelo Tribunal de Justiça de São Paulo, que deu provimento à apelação interposta pela filha, reconhecendo o seu abandono afetivo e fixando a compensação por danos morais em R$ 415.000,00.

---

tuição Federal. 5. Agravo Regimental Improvido" (RE 567164-ED, Rel. Min. Ellen Gracie, Segunda Turma, julgado em 18.08.2009, *DJe* Divulg. 10.09.2009, Public. 11.09.2009, Ement Vol-02373-03, p. 531)

No Recurso Especial/(RESP) 1.159.242, o pai argumentou que não abandonou a filha e, ainda que assim tivesse procedido, esse fato não se revestiria de ilicitude, sendo a única punição cabível a perda do poder familiar, conforme o disposto no art. 1.638 do Código Civil. Na 3ª Turma do STJ, o recurso teve parcial provimento apenas para reduzir o valor da compensação por danos morais para R$ 200.000,00, tendo a Relatora, Ministra Nancy Andrighi, fundamentado a responsabilidade civil por omissão no dever de cuidado:

> "Danos morais. Abandono afetivo. Dever de cuidado. O abandono afetivo decorrente da omissão do genitor no dever de cuidar da prole constitui elemento suficiente para caracterizar dano moral compensável. Isso porque o *non facere* que atinge um bem juridicamente tutelado, no caso, o necessário dever de cuidado (dever de criação, educação e companhia) importa em vulneração da imposição legal, gerando a possibilidade de pleitear compensação por danos morais por abandono afetivo. Consignou-se que não há restrições legais à aplicação das regras relativas à responsabilidade civil e ao consequente dever de indenizar no direito de família e que o cuidado como valor jurídico objetivo está incorporado no ordenamento pátrio não com essa expressão, mas com locuções e termos que manifestam diversas concepções, como se vê no art. 227 da CF. O descumprimento comprovado da imposição legal de cuidar da prole acarreta o reconhecimento da ocorrência da ilicitude civil sob a forma de omissão".

Em face dessa última decisão foram interpostos embargos de divergência – apreciados em 09 de abril de 2014 – para uniformização do tema pela Segunda Seção do STJ. Contudo, acolheu-se preliminar de não conhecimento do recurso, considerando-se que a decisão tomada pela 3ª Turma ocorreu num caso excepcional e que, por isso, não poderia servir de parâmetro para os embargos de divergência (Embargos de Divergência (EREsp) 1.159.242/SP, de relatoria do Ministro Marco Buzzi).

Um dos principais aspectos desta questão é a responsabilidade dos genitores no exercício do poder familiar e na proteção dos interesses dos filhos menores, diante dos postulados básicos da doutrina jurídica da proteção integral, introduzida no ordenamento jurídico brasileiro pelo art. 227 da Constituição Federal e regulamentada pelo Estatuto da Criança e do Adolescente (Lei nº 8.069/1990).

Ademais, com fundamento no princípio constitucional da "paternidade responsável", estudiosos do assunto afirmam que deixar de contribuir, injustificadamente, para o reconhecimento voluntário ou judicial de um filho é não só negligenciá-lo, mas também violentá-lo moralmente, discriminando-o, com reflexos no campo da responsabilidade civil.[26]

---

[26] Rolf Madaleno. "O dano moral na investigação de paternidade". *Direito de Família: aspectos polêmicos*. Porto Alegre: Livraria do Advogado, 1998, p. 135.

Um dos graves problemas que ainda enfrenta a sociedade brasileira é o altíssimo número de crianças que não têm o reconhecimento da paternidade e o registro do nome paterno, em que pese todo o arcabouço jurídico conquistado nas últimas três décadas, como a supracitada *doutrina da proteção integral dos direitos infantojuvenis*, a *igualdade de direitos* no campo da filiação, o *princípio do melhor interesse da criança*, o *princípio da paternidade responsável* e o *dever de cuidado*, sendo o direito ao reconhecimento do estado da filiação um direito fundamental, tutelado pela Constituição da República e pela legislação infraconstitucional.

Deve ser assentado que o **pai tem o dever jurídico de assumir a paternidade do filho e de cumprir todos os deveres inerentes ao poder familiar, pois se trata de deveres de conduta objetiva, independentemente de questões relacionadas ao afeto**. Como o reconhecimento da paternidade tem natureza declaratória, estes deveres jurídicos alcançam o período anterior à declaração da paternidade – como se vê, na legislação civil, na concessão dos alimentos gravídicos – e têm efeitos importantíssimos nas questões patrimoniais e extrapatrimoniais.

Ademais, os deveres inerentes ao poder familiar relativos à pessoa do filho, previstos na legislação, bem como os cuidados e a proteção que um menor deve receber dos seus pais em razão do seu caráter de vulnerabilidade e da condição peculiar de pessoa em desenvolvimento, merecem a *especial tutela do Estado*, que, inclusive, pode intervir no âmbito da família para aplicar punições aos pais que descumprem tais deveres – punições às vezes bastante severas.

Outrossim, há que se considerar que **o pai que abandona seu filho pode ser punido**, inclusive criminalmente, haja vista a previsão dos crimes de abandono material e de abandono intelectual no Código Penal Brasileiro. Além disso, em alguns casos o pai pode ser preso em razão de dívida alimentar, sendo este o único caso em que o direito brasileiro admite prisão por uma dívida civil.

Analisando o dever de cuidado na esfera da convivência familiar, Tânia da Silva Pereira – autora e coordenadora, entre outras, das obras *Cuidado e vulnerabilidade* e *O cuidado como valor jurídico* – acentua o seguinte:

O cuidado como 'expressão humanizadora', preconizado por Vera Regina Waldow, também nos remete a uma efetiva reflexão, sobretudo quando estamos diante de crianças e jovens que, de alguma forma, perderam a referência da família de origem (...). A autora afirma: "o ser humano precisa cuidar de outro ser humano para realizar a sua humanidade, para crescer no sentido ético do termo. Da mesma maneira, o ser humano precisa ser cuidado para atingir sua plenitude, para que possa superar obstáculos e dificuldades da vida humana".[27]

---

[27] Tânia da Silva Pereira; Guilherme de Oliveira. Abrigo e alternativas de acolhimento familiar. *O cuidado como valor jurídico*. Rio de Janeiro: Forense, 2008, p. 309.

Entendemos que estas observações introdutórias devem ser aprofundadas numa futura edição do livro, levando-se em conta a complexidade das relações paterno-filiais e a crescente valorização do afeto na construção das mesmas.

Nesta oportunidade, estabelecemos que o nosso compromisso é com um direito de família despatrimonializado e voltado para a promoção da dignidade dos seus membros, prioritariamente as crianças e os adolescentes, que devem ter os seus direitos protegidos não só pelos familiares, mas por toda a sociedade e o Estado, ficando a salvo de qualquer forma de negligência, discriminação, exploração, violência, crueldade e opressão (art. 227 da Constituição Federal e art. 5º do Estatuto da Criança e do Adolescente).

Primeira Parte
RECONHECIMENTO DE PATERNIDADE

Capítulo I
ESCORÇO HISTÓRICO

§ 1º Direito romano. § 2º Direito bárbaro, canônico e costumeiro. § 3º Direito moderno. § 4º Nosso direito anterior ao Código de 1916. § 5º O Código de 1916. § 6º A Carta de 1937. § 7º Reconhecimento dos adulterinos. § 8º A Lei nº 883, de 21.10.1949. § 9º Sentido da evolução. § 10 A Lei nº 6.515, de 21.12.1977. § 11 A Constituição de 1988 e o princípio da igualdade da filiação. O reconhecimento dos filhos incestuosos. § 12 O Código Civil de 2002. § 13 As formas de estabelecimento da paternidade. A paternidade presumida.

§ 1º Direito romano

1. Quem quer que empreenda perquirir a fonte remota de um instituto jurídico terá, forçosamente, de remontar ao Direito romano, e, em geral, não precisará retroceder além. Não que Roma seja toda a antiguidade, como nota Sá Pereira mas "resume a antiguidade", e, mais, e principalmente, porque o *ius romanum* é a fonte originária do Direito ocidental, muito particularmente do nosso.

Em se tratando, porém, do Direito de Família, se inequivocamente o direito moderno conserva numerosas e nítidas reminiscências quiritárias, é naturalmente informado por princípios verdadeiramente antagônicos diante dos preceitos contidos no *Corpus Iuris Civilis*.

Rigorosamente, não se pode dizer que o direito familiar moderno seja apenas o desenvolvimento evolutivo do seu congênere romano, em virtude de se ter processado enorme transformação da ideia motora, tão radical e tão profunda, que os conceitos daquele tempo, aplicados em nossos dias, seriam considerados verdadeira monstruosidade jurídica e social.

Esta ressalva é necessária, para que se entenda o velho *ius familiare* em termos que não desbordem de seus verdadeiros quadros, quando examinado no pórtico de um trabalho jurídico moderno.

No antigo Direito romano, a organização religiosa da família sobrelevava a qualquer outro aspecto seu. Os historiadores dão notícia de um culto doméstico, o culto dos ancestrais, veneração dos *dii lares*. Cada dia o chefe da comunidade familiar congregava todos os membros em torno do altar, e ali solenemente oficiava, propiciando os seus *penates*, os seus deuses, os deuses de sua família, que, em troca da reverência deviam protegê-lo, só a ele e aos seus. Eram deuses particulares, cujo culto pertencia a cada família, e no qual o estranho não podia ser admitido.

Todas as relações civis giravam em torno desta comunidade de culto, e a família, sobre ela organizada, obedecia a princípios religiosos. O casamento – *confarreatio* – era o cerimonial de admissão da mulher a este culto, com a partilha de um pão de flor de farinha – *farreus panis* – diante do deus *lar pater familiae*.

E como o culto se transmitia de varão a varão, a descendência que continuaria os ritos contava-se na linha masculina, e parentes eram só os que provinham de um tronco ancestral comum nesta linha – *agnatio* – e filho só aquele que o pai apresentava diante do altar, como continuador de seu culto.

A filiação não assentava na consanguinidade, uma vez que a *generatio* era insuficiente, desacompanhada do cerimonial religioso, para fazer do recém-nascido um agnado.

Por outro lado, o filho adotivo, ainda que não compartilhasse do mesmo sangue, era *verdadeiro filho*, porque introduzido no culto ancestral.

Como o *pater* ao mesmo tempo era o sacerdote (*pontifex*), o juiz (*domesticus magistratus*) e o chefe (*caput*), pertenciam à família os que se achavam submetidos à sua autoridade, que compreendia o *poder* sobre os filhos (*patria potestas*), sobre a mulher (*manus*) e sobre os escravos (*dominica potestas*).

A família romana, pois, longe de ser uma organização democrática, alicerçada no princípio ético da afeição, tal qual a moderna (Sá Pereira),[1] apresenta antes as características de uma entidade política, fundada no princípio da autoridade.[2]

Sem embargo deste caráter político, e do fundamento autocrático, Jhering declama:

> "O lar romano era o templo do Amor e da moralidade, que não se submetia às regras mortas do direito";

e, conciliando o princípio autoritário com o sentido afetivo, explica:

> "A *potestas* dá ao pai de família o meio jurídico de realizar esse destino do lar, afastando as discórdias externas, e evitando, em seu germe, aquelas que nascem internamente".[3]

Numa sociedade em que eram vigentes tais conceitos, é bem de ver que se não poderia atribuir efeito ao reconhecimento de paternidade, embora ao pai fosse

---

[1] Sá Pereira, *Direito de Família*, p. 36.
[2] Cf. La Grasserie, *Recherche de la Paternité*, p. 7; Planiol et Ripert, *Traité Pratique de Droit Civil Français*, vol. II, p. 2.
[3] Jhering, *Espírito do Direito Romano*, vol. II, p. 134.

lícito realizá-lo, como afirma Waël,[4] porque o filho natural, mesmo reconhecido, continuaria a ser um estranho, *egens omnibus rebus*.

O clássico historiador da *Cidade Antiga* resume num traço breve e preciso a posição inferior desse filho:

> "Ele não podia desempenhar a função que a religião assinava ao filho, e era preciso, ainda, o laço de culto. Ora, o filho nascido de uma mulher que não tinha sido associada ao culto do esposo pela cerimônia do casamento não podia ter parte no culto. Não tinha o direito de oferecer o repasto fúnebre, e a família não se perpetuava por ele".[5]

O filho das relações extraconjugais não estava *in potestate*, não trazia o *nomen familiare* ou *gentile*, não herdava do pai.

Se este não tinha descendentes agnados, poderia adotar o filho natural, que então seria filho verdadeiro, não como descendente do mesmo sangue, mas como participante do mesmo culto.

Estranho à família paterna, era, entretanto, o filho natural vinculado à materna, isto é, considerado descendente de sua mãe, gozando de direitos semelhantes aos de que era titular o legítimo na família paterna.

O conceito, que hoje diríamos deformante, não era apenas uma verdade jurídica, mas um cânon social, enraizado na religião e na moral.

À luz dos preceitos modernos, dificilmente compreendemos certas sentenças contidas no *Digesto*. Temos que afastá-los mesmo, fazendo um grande esforço de abstração, para compreendermos de que forma Ulpiano podia admitir como "lei da natureza", e não apenas como preconceito social, que o filho nascido fora do matrimônio seguisse só a condição materna: *Lex naturae haec est, ut qui nascitur sine legitimo matrimonio, matrem sequatur nisi lex specialis aliud inducit*.[6]

Em termos quase iguais, consagrando a extraneidade do filho ilegítimo à família paterna, é o fragmento de Celso: *"Cum legitimae nuptiae factae sint patrem liberi sequuntur; vulgo quaesitus matrem sequitur"*.[7]

2. Tempo houve em que a complexidade da vida romana cresceu, à medida que a *Urbs* se transformava no *Imperium*, em que o prestígio dos *dii-* penates diminuiu, em que se enfraqueceu o culto doméstico e, em consequência, deslocou-se o fulcro das relações familiares, notadamente das relações de parentesco. Com o

---

[4] Waël, *Droit des Enfants Naturels Reconnus*, p. 10.
[5] Fustel de Coulanges, *La Cité Antique*, p. 11.
[6] *Digesto*, Livro I, Tít. V, fr. 24.
[7] *Digesto*, Livro I, Tít. V, fr. 9.

correr desses tempos, ao lado da *agnatio* desenvolveu-se a *cognatio*, o parentesco consanguíneo ou na linha feminina. Já não mais foi levada em conta a só transmissibilidade do culto, já nova força estreita os elos familiares, fundada na filiação biológica, e decorrente da consanguinidade.

Mas, sendo o direito privado, como é, pouco permeável, e, mais ainda, sendo a família o elemento estável da sociedade, os dois princípios fundamentais – *agnatio* e *cognatio* – disputaram-se a primazia por longos séculos, desde a época de Cícero até Justiniano,[8] sendo paulatinamente reconhecido aos cognados um lugar na família, como, por exemplo, na constituição do tribunal doméstico, que os costumes introduziram, quando se tratava de aplicar o *ius necis ac vitae*, num movimento já de abrandamento da autoridade primitivamente cometida ao *pater familias*.[9]

Apesar de tudo, a posição dos filhos naturais – *liberi naturales stricto sensu* – longe de melhorar, piorou sob os imperadores cristãos, que criaram certos entraves à faculdade de dispor o pai em seu favor.[10]

Ao tempo de Justiniano, ficou oficializada a relação de parentesco na linha feminina, pela deslocação, que se operara, do centro da família, com elevação do vínculo cognatício à mesma altura que o da agnação, tendo a Novela 118, Tít. I, feito desaparecer a diferença entre os *agnatione liberi* e os *cognatione tantum* – (*De heredibus ab intestato venientibus, et de agnatorum iure sublato*) – não só para efeitos sucessórios, como para outros de direito.

Os filhos naturais, que outrora só poderiam pertencer à família materna, já tinham sido admitidos a suceder ao pai pelas Constituições de Valentiniano e Graciano, até que, na Novela 89, Cap. XII (*De successione omnium naturalium filiorum*), Justiniano decretou os princípios para sua sucessão testamentária e legítima, concedendo-lhes direito, se bem que limitado, à sucessão *ab intestato*.

§ 2º Direito bárbaro, canônico e costumeiro

3. Em plena vigência do Direito Romano já começou a fazer-se sentir a influência da moral cristã. Foi lenta, entretanto, a luta. Lenta e árdua.

O velho Direito Civil tinha por si um sentido tradicional, profundamente arraigado na consciência coletiva, e, assim, quando surgiu a alvorada cristã, ainda encontrou um sólido alicerce consuetudinário, que só a custo se deixava solapar. Durante séculos o ideal cristão enfrentou os princípios romanos, que a pouco e pouco foram cedendo, mas os historiadores dão testemunho de que, desde a época

---

[8] Coulanges, op. cit., p. 62.
[9] Cf. Jhering, *Espírito do Direito Romano*, vol. II, p. 145.
[10] Cf. Waël, op. cit., p. 12.

de Cícero, a guerra foi sem quartel, e na qual o antigo Direito Civil ocupava a pior posição, porque era obrigado a estar permanentemente na defensiva.[11]

Por outro lado, o Cristianismo não se sentia ainda com forças suficientes para impor seus preceitos com todo o rigor; ao revés, tinha de transigir, de contornar, de evitar um embate frontal a que não estava ainda preparado.

Mesmo quando o trono foi ocupado pelo imperador Constantino, não se verifica a completa cristianização do Império. Este, como nota Troplong, era ainda semipagão, não obstante ser cristão o imperador.

Esse período de luta assinala, entretanto, uma curva evolutiva bem sensível, no tocante à situação dos filhos naturais, até atingir o direito justinianeu.

Com a queda do Império, porém, com a invasão dos bárbaros de mais rígida moral, e devido à influência da Igreja que já se tornara poderosa e pretendia prestigiar o casamento cristão, os filhos naturais voltaram a ser tratados com maior severidade, privados de todo direito sucessório. É o que vem registrado com toda segurança por Lefebvre:

> "As leis bárbaras eram muito duras para os filhos naturais, sendo muito elevada e muito severa a concepção do casamento. O filho ilegítimo, também, salvo na Lei Lombarda, não tinha nenhum direito sucessório".

A Igreja agiu poderosamente no mesmo sentido, reforçou a ideia de "falta" impressa ao seu nascimento, e estabeleceu o princípio segundo o qual não podem eles atingir as ordens sacras nem os benefícios; sem dúvida não é o espírito generoso dos Evangelhos, mas a Igreja tinha necessidade de organizar o casamento

---

[11] Cf. Troplong, *L'influence du christianisme sur le droit civil des romains*, p. 95. Este grande civilista traça com mão de mestre os bosquejos do quadro combativo: "Num tempo em que todas as coisas tendiam à aproximação e à união; em que os homens e as ideias pareciam possuídos de uma necessidade incessante de comunicação e de transformação; em que o ecletismo filosófico meditava a fusão de todos os grandes sistemas num sincretismo possante; em que a cidade romana, abrindo seu seio a um pensamento de homogeneidade que lhe havia repugnado por tanto tempo, comunicava o título de cidadão a todos os súditos do império, apagando assim as distinções de raça e de origem, confundindo o Romano com o Gaulês, o Italiano com os filhos da Síria e da África; no meio de uma tal ação de todos os elementos sociais uns sobre os outros, não parece absurdo pensar que só o cristianismo forneceu seu contingente à massa comum das ideias, ele que estava de posse das mais comunicativas, das mais civilizadoras? Não, não! Seria duvidar das poderosas harmonias da verdade. Sem dúvida seu ascendente não é ainda senão indireto e oblíquo; ele não paira ainda como o sol do meio-dia que aquece a terra com os seus raios; é antes semelhante a uma aurora matinal que se ergue no horizonte, nesta hora em que, não sendo já noite mais, também não é ainda totalmente dia; mas enfim sua influência é real e palpável, insinuando-se por todas as fendas de um edifício cambaleante, toma gradualmente o lugar do velho espírito que se vai; modifica-o quando ainda permanece" (p. 88).

indissolúvel e abençoado por Ela; também, para impedir as desordens, Ela pune os frutos, imprime a mancha moral nos bastardos.[12]

O Papa Leão III, condenando o concubinato restringiu as prerrogativas que o direito justinianeu havia concedido aos *liberi naturales*.

O velho direito costumeiro francês adotava por princípio um brocardo simplista e incisivo: *Bâtards ne succedent*.

Mas os costumes foram, pouco a pouco, minando o rigor dos preceitos canônicos, e a jurisprudência, tendo praticamente em vista as ações alimentares, foi-se insurgindo contra os princípios contidos nas Decretais.[13]

Esta concessão de direitos alimentares, não só contra o pai mas também contra os herdeiros legítimos, não importava serem reconhecidas outras prerrogativas aos bastardos: ao contrário, eles não têm família, seu nascimento não lhes confere nenhum direito, e a investigação de paternidade, revestida de maiores efeitos, estava fora de cogitações.[14]

Por volta do século XVII, já se admitia a prova de paternidade por todos os meios, inclusive por indicação da mãe, sob juramento, durante a gravidez: "*creditur virgini dicenti se ab aliquo cognitam et ex eo praegnantem esse*", não para efeito de se fixar definitivamente a paternidade (Mori, Lefebvre), mas para se conceder à mãe e ao filho uma prestação alimentar somente (La Grasserie).

§ 3º Direito moderno

4. No século XVIII verificou-se movimento reacionário contra a pesquisa da paternidade, que a Convenção proibiu na Lei de 12 Brumário do ano II (02.11.1793).

Esta lei, que ensaia um prurido de recato com tal interdição, não podia deixar de obedecer aos imperativos revolucionários, de sorte que, permitindo o reconhecimento espontâneo pelo pai, e o compulsório pela prova da posse de estado, equipara aos legítimos os filhos naturais reconhecidos para todos os efeitos (La Grasserie), declarando, retroativamente, que eles e os descendentes concorreriam à sucessão paterna, mesmo que aberta anteriormente à sua promulgação, mas após a tomada da Bastilha. Conseguintemente, ocorrido o falecimento do pai posteriormente a esse acontecimento, e transmitida a herança aos seus descendentes legítimos, por força da Lei de 12 Brumário, o reconhecimento do filho ilegítimo importava admitir seu direito sucessório a ponto de os herdeiros legítimos do pai

---

[12] Waël, op. cit., pp. 22-23.
[13] Cf. Mori, *L'azione di Paternità Naturale*, pp. 7-11.
[14] Cf. Waël, op. cit., Cap. II.

terem de recompor seu quinhão. Tal efeito retroativo foi abolido pela Lei de 15 Thermidor, ano IV.[15]

Sob o Consulado, depois de declarar que a sorte dos bastardos não interessava ao Estado, Napoleão fez passar o art. 340 do seu Código, proibindo a investigação de paternidade, exceto no caso de rapto, que a jurisprudência mais tarde iria ampliar.

Facultou-se ao pai o reconhecimento voluntário, exceto com relação aos filhos espúrios, e restringiu-se o direito do filho na hipótese do reconhecimento ser feito na vigência do casamento posterior, caso em que não prejudicaria os direitos do outro cônjuge, nem dos filhos legítimos (arts. 334, 335 e 338 do Código francês).

Os filhos naturais não são equiparados aos legítimos, mas têm direitos sucessórios, e usam o nome paterno. Alguns direitos, muitas restrições.

5. No século XIX, verificou-se entre os diversos povos grande disparidade de tratamento aos filhos naturais: ora é permitida ora é vedada a investigação de paternidade; uns estendem, outros restringem os efeitos do reconhecimento.

Assim, o Código italiano de 1865 permite ao pai o reconhecimento espontâneo dos filhos naturais (não incestuosos ou adulterinos), e veda a pesquisa paternal (arts. 179, 180 e 189). O que é reconhecido não pode ser introduzido no lar conjugal sem o consentimento do outro cônjuge (art. 183); o filho está submetido à tutela do pai que o reconheça, usa o nome paterno, tem direito à manutenção, instrução e educação (arts. 184, 185 e 186). É estabelecida a reciprocidade do dever alimentar.

O Código português de 1867 proíbe a investigação de paternidade, a não ser nas hipóteses de escrito do pai, posse de estado, e estupro ou rapto coincidente com a concepção (art. 130). Permite o reconhecimento espontâneo exceto dos espúrios (arts. 122 e 123). O perfilhado, qualquer que seja a forma por que o seja, pode usar o nome do pai, pleitear alimentos, e suceder-lhe (art. 129).

O Código chileno de 1865 permite o reconhecimento dos filhos ilegítimos (*no siendo de dañado ayuntamiento*), e admite a investigação de paternidade somente para efeitos alimentares (art. 280). O filho espontaneamente reconhecido pelo pai tem direito, além dos alimentos, à sucessão paterna na falta de ascendentes, descendentes e irmãos (art. 991).

O Código argentino de 1860 (corrigido em 1882) dispõe que o filho natural não faz parte da família legítima (art. 365), mas concede-lhe a perquisição paternal, que, a não se fundar em posse de estado, só pode ser proposta em vida do pai (art. 325). Efeitos: prestação alimentar até à idade de 18 anos, e direitos sucessórios (arts. 331 e 337).

---

[15] Cf. Waël, op. cit., Cap. III.

O Código uruguaio de 1868 proíbe a investigação de paternidade, a não ser nas hipóteses de rapto ou violação (art. 241), e dá ao filho reconhecido direitos sucessórios (art. 1.025), além de alimentares.

O Código Civil alemão de 1896 permite a investigação de paternidade. Considera o filho natural parente dos parentes de sua mãe (§ 1.705), mas estranho à família paterna. Dá-lhe direito a uma pensão alimentar até à idade de 16 anos, e, só no caso de moléstia, além dessa idade (§ 1.708). Não lhe concede, porém, direitos sucessórios.

No Direito inglês, ao filho ilegítimo nenhum direito sucessório assiste, quer quanto ao pai quer quanto à mãe, pelo que sua posição, a este respeito, é a de um indivíduo sem ascendentes, ou, para usar a expressão de Lehr, *filius nullius*.[16] Mas sua mãe, se não é casada, é obrigada a fornecer-lhe o necessário à subsistência, até que ele atinja a idade de 16 anos, e, tratando-se de uma filha, até o seu casamento, antes desta idade. O pai será obrigado, para com a mãe ou qualquer outra pessoa com quem viva o filho, a contribuir para sua manutenção, até à idade de 13 anos, com uma pensão não excedente de 10 *shillings* por semana.[17]

6. Ainda no século XIX, e já no começo do século XX, a reação pró-bastardos tomou vulto, principalmente na literatura de ficção, e, passando a assunto obrigatório, acabou por se converter numa atitude. Daí à transformação da orientação legislativa foi um passo, para o qual muito concorreu o liberalismo judiciário.

Realmente, em plena vigência do art. 340 do Código Napoleão, a verdadeira *maxime de fer*, a jurisprudência francesa orientou-se num sentido generoso, ampliando o caso de rapto às hipóteses de "sedução por promessa de casamento", "abuso de autoridade e manobras dolosas", ao mesmo tempo que contornava o inciso proibitório de forma bem curiosa. Sem se preocuparem se o escrito do pai constituía ou não reconhecimento, os tribunais franceses, saltando sobre isso, vinham buscar diretamente os efeitos, e convertiam o que designavam – "obrigação natural" de alimentar o descendente, em obrigação civil exigível, toda vez que o pai se comprometesse por escrito a cuidar do filho, muito embora tal papel não pudesse ter o valor de um reconhecimento formal. Assim, concediam ao filho direito alimentar, sem declararem a paternidade.[18]

O resultado do movimento liberal não se fez esperar muito, e desde os primórdios do século XX vem-se efetivando numa crescente afirmação de proteção aos filhos ilegítimos.[19]

---

[16] Lehr, *Éléments de Droit Civil Anglais*, I, p. 130.
[17] Janks, *Digesto de Droit Civil Anglais*, II, art. 1.910, p. 155.
[18] Cf. Savatier, *La Recherche de La Paternité*, p. 6; Colin & Capitant, *Cours Élémentaire de Droit Civil*, I, p. 295.
[19] Nota da Atualizadora: Reservamos para uma próxima edição a análise e atualização do Direito Comparado. Os comentários sobre a legislação estrangeira que foram desenvol-

O famoso art. 340 do Código Napoleão foi revogado pela lei de 16.11.1912, que permite a investigação de paternidade, produzindo o reconhecimento efeitos de ordem moral (nome, pátrio poder etc.), e efeitos alimentares e sucessórios. Mas, continuando a vigorar o art. 337 do Código, se se verificar o reconhecimento compulsório na pendência do casamento, os filhos legítimos e a mulher não podem ser prejudicados pela sentença.[20]

O Código suíço de 1907 faz decorrer a filiação ilegítima paterna de um reconhecimento ou de um julgamento, com o efeito de poder o filho usar o nome de família do pai, ter seu direito de cidade, receber pensão alimentar e herdar.

A Lei portuguesa nº 2, de 25.12.1910, chamada de "proteção aos filhos", admite a perquisição paternal e a perfilhação voluntária, com exceção dos incestuosos. O adulterino pode ser perfilhado, mesmo na vigência do casamento, hipótese em que o será em testamento cerrado, ou mediante averbação à margem do assento do registro, a qual se conservará secreta enquanto durar a inabilidade (art. 23, § 1º). Os filhos reconhecidos judicial ou espontaneamente usam o nome paterno, estão vinculados por parentesco à família do perfilhante, têm direito a alimentos e à sucessão do pai. O Código Civil de 1967, na redação da Lei nº 496, de 21.11.1977, deu nova feição ao reconhecimento espontâneo e judicial, e aos seus efeitos.

O novo Código Civil italiano, cujo Livro I – "Das Pessoas" – foi decretado aos 12.12.1938, XVII da extinta era fascista, admite o reconhecimento voluntário e judicial da paternidade, com os mesmos efeitos (art. 275), precedida a ação de investigação de um processo sumário sigilar, em que serão justificados os indícios em que se funda o autor, sob pena de multa de trezentas e cinco mil liras (arts. 272 e 273). Dos termos do art. 267 vê-se que o princípio geral é a inadmissibilidade da ação, e exceção o decreto judicial,[21] mas a amplitude das hipóteses permissivas quase inverte a situação: pode o autor fundar-se em concubinato *more uxorio*, rapto ou violência carnal em coincidência com a concepção, posse de estado, ou no fato de a paternidade resultar indiretamente de sentença civil ou penal bem como de declaração inequívoca, e por escrito, daquele a quem se atribui a paternidade.

Quanto aos efeitos, são muito mais amplos que no derrogado Código de 1865.

O reconhecimento de filhos havidos fora do matrimônio, efetua-se por perfilhação ou decisão judicial (art. 1.847). Pode a primeira realizar-se no assento de nascimento, por testamento, por escritura pública, ou por termo lavrado nos autos em juízo.

---

vidos neste item do capítulo constam da última atualização da obra, editada em 1997 (5ª edição).
[20] Cf. Beudant, *in* Dalloz, *Recueil Périodique* (D.P.), 1878, 1.401; Savatier, op. cit., p. 188.
[21] A forma como se apresenta o art. 267 do novo Código Civil italiano é realmente proibitiva: *"La paternità naturale non può essere giudizialmente dichiarata che nei casi siguienti..."*.

O Direito soviético, orientado por princípios informativos completamente diversos dos que conheceu a civilização ocidental até então, não se limita a equiparar os filhos naturais aos legítimos, mas suprime toda diferença jurídica entre uns e outros. Para o novo Direito russo, a filiação está ligada "ao fato material" da procriação, e, pois, quer se trate de filhos provindos de união legalizada quer de união livre, são as mesmas as relações entre pai e filho: submissão ao pátrio poder, não no sentido de nosso direito, mas de "instituição tutelar subordinada à autoridade pública"; o filho traz o nome somente da mãe se o pai é desconhecido, e, caso contrário, o do pai; quando os nomes paterno e materno são diferentes, um ou outro, mediante acordo perante a autoridade. O pai e a mãe representam legalmente o filho, têm direito à sua guarda, se os tribunais não resolverem o contrário, à sua inteira discrição, no interesse do filho. A obrigação alimentar dos pais para com os filhos é absoluta durante a menoridade, e, após esta, condicionada à invalidez e indigência. O direito aos alimentos é recíproco.[22]

O Direito inglês passou por uma das mais profundas modificações em sua história, no tocante à situação dos filhos ilegítimos, e acusa um marco de enorme significação no seu processo evolutivo. Segundo o conceito tradicional, ou a regra de *Common Law*, o ilegítimo era considerado *filius nullius,* e não se lhe reconhecia, a bem dizer, quase nenhum direito. Com a *Legitimacy Act* de 1926 foi-lhe aberta a sucessão *ab intestato* por morte de sua mãe. Mas somente com *Family Law Reform Act* de 1969 podem-se dizer reconhecidos seus direitos sucessórios. É ainda este diploma que concretiza a sua situação jurídica, muito embora não se haja estabelecido o reconhecimento do filho natural em abstrato, ou introduzido uma ação de investigação de paternidade genérica. Na atualidade, o Direito inglês permite um processo judicial denominado *Affiliation Proceedings,* que culmina na prolação de uma *Affiliation Order,* habilitando a inserção do nome no registro, bem como servindo de fundamento para a concessão de direitos alimentares e sucessórios ao filho natural.[23]

§ 4º Nosso direito anterior ao Código de 1916

7. Dispunha a legislação reinícola (Ordenação do Livro IV, Tít. 92), que os filhos simplesmente naturais concorriam, juntamente com os legítimos à herança do pai plebeu, e à falta de filhos legítimos, eram os ilegítimos herdeiros universais,

---

[22] Cf. Eliachevitch, Nolde & Tager, *Traité de Droit Civil et Commercial des Soviets,* vol. III, pp. 347 e segs.
[23] Michèle Piret, "Réformes modifiants des droits patrimoniaux des enfants illégitimes en droit anglais". *Revue Internationale de Droit Comparé,* 1973, pp. 277 e segs.

ressalvada somente a terça, por ser livremente disponível, mas, se *vulgo quaesiti*, não sucediam, por não poderem provar a paternidade.[24]

Os filhos naturais de nobre, qualquer que fosse a condição do pai, não herdavam *ab intestato*, nem concorriam com os legítimos, nem com quaisquer ascendentes, havendo direito só aos alimentos. À falta de ascendentes ou descendentes legítimos, podiam os pais dispor de toda a fazenda, como bem lhes aprouvesse, e, morrendo sem testamento, herdavam os colaterais. Na ausência de filhos e outros descendentes legítimos, podiam ser instituídos herdeiros da terça, e, só na ausência também de ascendentes, era lícito legar-lhes todos os bens.

Os nascidos de coito danado e punível (Ordenação do Livro IV, Tít. 93) não herdavam de seus pais, nem estes daqueles. Se morriam, sucediam-lhes seus irmãos maternos, dos quais eram também herdeiros, bem como dos demais parentes maternos. Tais filhos não tinham direito senão a alimentos, e, ainda que fossem solenemente perfilhados por Carta Régia, não podiam concorrer com legítimos ascendentes ou descendentes, mas, nesta hipótese, herdavam na falta destes.[25]

Não havia, pois, no direito metropolitano, interdição de investigar a paternidade, como interdição não havia, e nota-o Melo Freire, no sentido de serem os filhos naturais instituídos herdeiros testamentários: *"Nulla enim Patria lege, quam scio, illorum institutio prohibetur"*.[26]

A proibição referente aos filhos de nobres não pesava sobre os filhos de mulher nobre, que, ao contrário do que sustenta Melo Freire, lhe sucediam com os legítimos.[27]

Os espúrios herdavam dos avós maternos e dos parentes na linha feminina. Os adulterinos *a patre* herdavam da mãe.[28]

Assim a legislação antes de ser proclamada a Independência, assim continuou a ser, por força do art. 1º da Lei de 20.10.1823.

8. O decreto da Regência, de 11.08.1831, interpretativo da Ordenação do Livro IV, Tít. 93, fixou que os filhos espúrios podiam ser, em testamento, instituídos herdeiros pelo pai, na falta de outros descendentes.

9. Posteriormente, a Lei nº 463, de 02.09.1847, acabou com a distinção entre filhos de nobres e de peões, declarando que os primeiros gozariam dos mesmos

---

[24] Borges Carneiro, *Direito Civil*, vol. II, §§ 195-196.
[25] Correia Teles, *Digesto Português*, II, pp. 69 e 116.
[26] Melo Freire, *Institutiones Juris Civilis Lusitani*, III, Tít. VIII, § XIII.
[27] Lobão, *Notas a Melo*, III, Tít. VIII, § XIII; Correia Teles, *Digesto Português*, II, 116; Coelho da Rocha, *Instituições de Direito Civil Português*, I, 231.
[28] Coelho da Rocha, op. cit., I, pp. 232-233; Correia Teles, II, p. 116.

direitos hereditários que a Ordenação do Livro IV, Tít. 92, conferia aos segundos, mas, por outro lado, restringiu o campo do reconhecimento, quando estatuiu que a filiação natural só se provaria por escritura pública ou testamento.

Duas correntes se formaram na interpretação deste diploma.

De um lado Teixeira de Freitas, grande entre os maiores, sustentava que, para todos os efeitos de direito, quer sucessórios, quer não, a filiação natural só se provaria por escritura pública ou por testamento, negando o eminente jurisperito valor a qualquer outro ato do pai, ainda que autêntico, e entendendo que a investigação de paternidade estava proibida.[29]

Seguiram seu parecer Carlos de Carvalho e Clóvis Beviláqua.

De outro lado Lafayette, apoiado em Perdigão Malheiros, fazendo uma distinção: para efeitos sucessórios, só é válido o reconhecimento por escritura pública ou por testamento; para outros efeitos tinha valor, qualquer que fosse a forma com que se apresentasse. Para ele e sua escola, a que se filiou João Luís Alves, o filho natural tinha direito aos alimentos, ainda que a perfilhação não revestisse a forma de testamento ou escritura pública.[30]

10. Com a promulgação do Decreto nº 3.069, de 17.04.1863, os filhos naturais dos acatólicos puderam ser reconhecidos validamente pelo pai, no assento de nascimento (art. 45, nº 5), o que significa que para eles o termo de nascimento tinha o mesmo valor da escritura pública, produzindo o reconhecimento, que revestisse esta forma, todos os efeitos.[31]

11. Regulamentando o casamento civil, o Decreto nº 181, de 24.01.1890, estatuiu que a paternidade natural se provaria por confissão espontânea, ou pelo reconhecimento do filho em escritura pública, ou no ato de nascimento, ou em outro documento autêntico emanado do pai (art. 7º, § 1º).

Na vigência desta lei, produzia todos os efeitos o reconhecimento que revestisse qualquer dessas formas. Sustenta, entretanto, Clóvis Beviláqua[32] que este artigo não visou a ampliar os meios de prova da paternidade, senão comprová-la para efeito de impedimento matrimonial, não tendo, portanto, revogado os princípios contidos na lei de 1847. Carlos de Carvalho[33] não atribui ao inciso os efeitos restritivos que lhe dá Clóvis Beviláqua, e Oscar de Macedo Soares, comentando a Lei de 1890, entende que, de fato, ela derrogou

---

[29] Teixeira de Freitas, *Consolidação*. Comentário ao art. 212.
[30] Lafayette, *Direitos de Família*, nota XII, final, p. 365.
[31] Teixeira de Freitas, *ibidem*.
[32] Clóvis Beviláqua, *Direito de Família*, ed. 1938, nota 7, p. 359.
[33] Carlos de Carvalho, *Nova Consolidação*, art. 129.

a Lei nº 463.³⁴ Apoiando a corrente liberal, manifesta-se com bons argumentos Arnoldo Medeiros da Fonseca.³⁵

12. Tais as regras dominantes em nosso Direito Civil antes do Código de 1916, tais as situações por que passou o filho natural, e, dentro delas, nota-se que muito timidamente evolveu o princípio de sua proteção. Sua sorte, no Direito imediatamente anterior ao codificado, era dependente da vontade do pai, era condicionada ao cumprimento, por parte dele, do dever primário de não deixar à própria sorte os rebentos de suas expansões amorosas.

Nossa doutrina, com poucas exceções, não ia além. Não se animava a advogar francamente a causa dos bastardos, não tinha coragem de oferecer aos desvalidos da sociedade o seu esforço, no sentido de abrir no sistema legal uma fresta por onde entrasse um raio de luz.

Só nos fins do século XIX, e princípios do século passado, criou-se ambiente propício a uma reforma.

O eminente Clóvis Beviláqua, já em 1896, catedrático então de Legislação Comparada, na tradicional Faculdade de Direito de Recife, verberava, na linguagem candente de seus primeiros livros, os preconceitos vigentes, e pleiteava calorosamente os direitos dos filhos naturais, propondo uma solução que os beneficiasse.³⁶

§ 5º O Código de 1916

13. Clóvis Beviláqua, quando encarregado pelo governo Campos Sales de elaborar um Projeto de Código Civil, nele introduziu, fiel às doutrinas que pregava, o reconhecimento compulsório ao lado do espontâneo: o Projeto dava ao pai o direito de reconhecer os filhos naturais, quaisquer que fossem, no termo de nascimento ou por qualquer outro escrito público fosse ou não especial para esse fim, bem como por testamento.³⁷

Se não o faz, o filho pode investigar judicialmente a paternidade, ocorrendo uma das seguintes hipóteses: *a)* quando tenha vivido na posse de estado de filho; *b)* quando provenha de concubinato existente entre sua mãe e o pretenso pai; *c)* quando sua concepção tenha coincidido com estupro ou rapto de sua mãe pelo pretendido pai; *d)* quando existe escrito, emanado do pai, reconhecendo a filiação do investigante.³⁸

---

[34] Oscar de Macedo Soares, *Casamento Civil*, p. 37.
[35] Arnoldo Medeiros da Fonseca, *Investigação de Paternidade*, pp. 165-166.
[36] Clóvis Beviláqua, *Direito de Família*, ed. 1896, p. 438.
[37] Projeto Beviláqua, arts. 417 e 419.
[38] *Idem*, art. 427.

Enorme celeuma irrompeu na Câmara dos Deputados em torno desta inovação, depois de tê-la combatido a Faculdade Livre de Direito do Rio de Janeiro, em nome da tradição de nosso Direito, e do sossego e tranquilidade das famílias.

O Projeto revisto, com o Parecer Duarte de Azevedo, havia adotado o instituto, admitindo a investigação nos mesmos casos do Projeto Primitivo, acrescidos da hipótese explícita de existência de casamento religioso dos pais, que Clóvis Beviláqua não especificara, por considerá-lo desnecessário.

Este Projeto revisto negava, entretanto, aos filhos espúrios a faculdade de pleitear o reconhecimento.

Em toda a discussão do Projeto, nesta parte, salienta a figura de Andrade Figueira, denodado opositor da reforma, polemista vivo e combatente pertinaz, que profligou um a um os casos enumerados no Projeto, defendendo contra qualquer modificação o sistema legislativo vindo do Império.[39]

É, afinal, aprovada a instituição do reconhecimento compulsório, com pequenas modificações do proposto inicialmente por Clóvis Beviláqua, dominado, porém, pela restrição fundamental referente aos filhos adulterinos e incestuosos.

De passagem pelo Senado, recebeu o inciso sua forma definitiva das mãos de Rui Barbosa, ficando nestes termos sua atual redação:

> "Os filhos ilegítimos de pessoas que não caibam no art. 183, nºs I a VI, têm ação contra os pais, ou seus herdeiros, para demandar o reconhecimento de filiação: I. Se ao tempo da concepção a mãe estava concubinada com o pretendido pai; II. Se a concepção do filho reclamante coincidiu com o rapto da mãe pelo suposto pai, ou suas relações sexuais com ela; III. Se existir escrito daquele a quem se atribui a paternidade, reconhecendo-a expressamente".[40]

Espontaneamente, os pais, conjunta ou separadamente, podem reconhecer o filho ilegítimo, ou no próprio termo de nascimento, ou mediante escritura pública, ou por testamento.[41]

14. Para o Código de 1916, portanto, a paternidade ilegítima, da mesma forma que a legítima, decorre de uma presunção.

Mas, se para a filiação legítima esta presunção só admite como hipótese de ilidir-se o fato de se achar o marido impossibilitado de coabitar com a mulher, no período legal da concepção, ou dela estar separado legalmente (Código, art. 340),

---

[39] Cf. Projeto de Código Civil, *Trabalhos da Comissão Especial*, vol. 199.
[40] Cód. Civil de 1916, art. 363.
[41] Cód. Civil de 1916, arts. 355 e 357.

ou seja, uma presunção de caráter quase absoluto – *pater is est quem nuptiae demonstrant* – como se vê do art. 337 do Código, a paternidade ilegítima decorre de uma presunção relativa, infere-se da existência de um daqueles fatos enumerados no art. 363.

Quanto ao rapto da mãe pelo suposto pai, é, como diz Clóvis Beviláqua, um fato escandaloso, que por si só se evidencia, fazendo presumir que o raptor é o pai. O conceito de rapto também é pacífico, pois que é o mesmo da lei penal.

No caso de relações sexuais do pretendido pai com a mãe do investigante, além de ser mais rigorosa a apreciação da prova direta, faz-se mister se demonstre a coincidência da concepção do investigante com as alegadas relações sexuais.[42]

No tocante ao concubinato, não era unânime a doutrina.

Beviláqua conceituava-o restritamente, numa concepção de posse de estado de casamento, tal qual era no Direito romano – *semimatrimonium* – do qual será requisito a vida *more uxorio*.[43]

Este conceito foi mantido por Soares de Faria,[44] e pelo Professor João Franzen de Lima, apoiado em Cimbali.[45]

Na segunda metade do século XX, em decorrência do trabalho construtivo da jurisprudência, que se cristalizou através da Súmula 382 do STF – "A vida *more uxório* não é indispensável à caracterização do concubinato" – passou-se à compreensão do concubinato *lato sensu*: não só concubina será a mulher de leito e mesa, mas a que, embora não viva sob o mesmo teto do amante, mantém com ele prolongada ligação, dedicando-se-lhe fielmente, e, com maior ou menor discrição, é reputada sua amante.

Assim o classifica o ilustre Prof. Ministro Filadelfo Azevedo: uma união caracterizada pelos requisitos da "publicidade" ainda que sem notoriedade; certa "dependência econômica"; e finalmente a "fidelidade", condição "a mais encarecida pelos especialistas, dado o caráter monândrico da mancebia".[46]

O Prof. Arnoldo Medeiros da Fonseca define-o através da exigência dos diversos elementos: "estabilidade" ou duração prolongada; "notoriedade", de que se infira a certeza do convívio; finalmente "uma atitude ostensiva de fidelidade" por parte da amante.[47]

---

[42] Soares de Faria, *Investigação de Paternidade Ilegítima*, 76; Filadelfo Azevedo, "Parecer", in *Rev. Forense*, vol. 81, p. 578; Fonseca, op. cit., pp. 298-300.
[43] Clóvis Beviláqua. *Comentário ao Art. 363*.
[44] Soares de Faria, op. cit.
[45] João Franzen de Lima, *Investigação de Paternidade*, p. 70.
[46] Azevedo, op. cit., vol. 81, p. 581.
[47] Fonseca, op. cit., pp. 253 e segs.

Tornaram-se frequentes as ações de investigação de paternidade fundadas no conceito novo de "entidade familiar", que é a união estável do homem e da mulher (Constituição de 1988, art. 226, § 3º).

Na doutrina estrangeira nota-se, igualmente, a mesma diversidade de conceituação.

Savatier, depois de notar a elevação do "concubinato estável" a uma situação próxima do casamento, apresenta seus traços característicos:

> "'Fidelidade e publicidade', sendo o compromisso de fidelidade o seu elemento primordial; 'continuidade e regularidade' das relações. Além desses *requisitos*, alinha o comentador da lei francesa de 1912 diversos *indícios*: 'comunidade de habitação'; 'imitação de casamento' (*faux mariage*); 'comunidade de existência, unificação das condições sociais'; e 'compenetração das famílias'".[48]

Para Josserand, que dispensa o elemento "vida em comum", bastam estes requisitos: "relações seguidas, frequentes e regulares", e "notoriedade".[49]

Não obstante todo o liberalismo dos modernos civilistas, o concubinato, como fundamento da ação de investigação de paternidade, tem sua feição característica, literalmente distinta das relações sexuais meramente acidentais, pois que se apresenta tal qual uma comunhão dos amantes, numa ligação contínua, prolongada e conhecida, guardada notória fidelidade da mulher, extremos inexistentes naquela outra hipótese, em que a ação se funda no fato físico da posse meramente acidental da mulher pelo pretendido pai, e que deve ser diretamente evidenciada.

15. Com referência à ação fundada em escrito do pai, é preciso notar que não se trata de escritura pública, testamento ou assento de nascimento, pois que são casos de reconhecimento voluntário, para o qual tais documentos constituem a prova específica. O art. 363, nº III, refere-se a qualquer documento emanado do pai, do qual se infira a paternidade, embora sem a força probante de uma perfilhação formal. Trata-se de qualquer escrito, como cartas, documentos de família etc.

---

[48] Savatier, *Recherche de la Paternité*, cap. V.
[49] Josserand, *Cours de Droit Civil Positif Français*, vol. I, p. 651. Este ilustre civilista, Deão da Faculdade de Direito de Lyon, em crônica publicada *in Recueil Dalloz Hebdomadaire*, p. 45, examina como a jurisprudência francesa procura e encontra, na vida dos concubinos, os "traços distintivos da associação entre esposos" e em seguida acentua que "uma aproximação surge inevitavelmente ao espírito entre a união livre e a posse regular *ad usucapionem*: como esta, aquela deve ser contínua, ininterrupta, pacífica e pública". E, depois, conclui: "é preciso que, por sua duração, sua continuidade, seus caracteres específicos, seus resultados, ela dê a ilusão de uma união regular, da mesma forma que uma posse útil reflete fielmente a propriedade".

§ 6º A Carta de 1937

16. Não tiveram vida muito longa as normas estatuídas pelo legislador de 1916.

Com a outorga da Carta Constitucional de 10.11.1937, depois de se estatuir que a família é constituída pelo casamento indissolúvel, e estar sob a proteção especial do Estado (art. 124), dispôs-se no artigo 126:

> "Aos filhos naturais, facilitando-lhes o reconhecimento, a lei assegurará igualdade com os legítimos, extensivos àqueles os direitos e deveres que em relação a estes incumbem aos pais".

Salienta-se, no primeiro plano, a equiparação que faz o preceito constitucional.

Dentro do sistema do Código de 1916, os filhos naturais reconhecidos eram, sob certos aspectos, igualados, quanto a direitos e deveres, aos legítimos, mas não foi possível, à época de sua promulgação, dar por terra com alguns preconceitos, de sorte que em certos pontos ainda restou, não obstante o liberalismo que anima o diploma, uma desigualdade de tratamento, que as ideias hodiernas não justificam.

À luz do preceito constitucional há perfeita equiparação de situação jurídica, e, ao examinarmos cada um dos efeitos do reconhecimento, verificaremos que já se não cogita de qualquer disparidade de tratamento, mas ao contrário são todos absolutamente iguais.

Alguns liberais mais avançados quiseram ver no art. 126 uma derrogação do disposto nos arts. 358 e 363 do Código de 1916, na parte em que vedam o reconhecimento dos filhos adulterinos e incestuosos.

No primeiro plano projeta-se a figura de escol do Ministro Filadelfo Azevedo, que em voto proferido no egrégio Supremo Tribunal Federal, no rumoroso caso dos filhos do Conde Modesto Leal, em grau de recurso extraordinário, resumiu nestes termos a doutrina por ele defendida:

> "Mas de há muito me convenci de que o art. 126 da Constituição não podia ser limitado à proteção de 'filhos naturais', *stricto sensu*, abrangendo, antes, todos os filhos ilegítimos, quer os simplesmente naturais, quer os espúrios. Trata-se, ao demais, de um dispositivo autoexecutável.
>
> Se não nos ativéssemos à interpretação rigidamente literal, veríamos que a lei referida naquele texto constitucional não seria, propriamente, uma lei futura; embora pudessem leis futuras, por exemplo, desenvolver as facilidades prometidas ficara desde logo equiparada a situação dos filhos legítimos à dos ilegítimos".[50]

---

[50] Filadelfo Azevedo, voto, *in Rev. Forense*, vol. 95, p. 323.

Estes argumentos do exímio civilista resumem a doutrina dos que veem em tal dispositivo a equiparação, aos legítimos, de todos os filhos naturais, qualquer que seja a sua condição, e sua mola central é não ter o texto distinguido a que classe de filhos ilegítimos quis referir-se, não podendo o intérprete fazê-lo em substituição ao legislador.[51]

Não nos submetemos a estes argumentos, nem aplaudimos a doutrina. A Carta Constitucional, traçando os lineamentos gerais, impôs dois princípios: 1°) igualdade de direitos e deveres; e 2°) facilidades que a lei criará ao reconhecimento.

Quanto ao primeiro, não há dúvida; a equiparação é completa e imediata.

Quanto ao segundo, sem pretender distinguir *ubi lex non distinguit*, cabe procurar o alcance do preceito e, antes de mais nada, verificar que o art. 126 usou da expressão *filhos naturais*, que em nossa doutrina legal sempre significou *filhos simplesmente naturais*, enquanto que aos espúrios é reservada a classificação de *adulterinos* e *incestuosos*.

Demais (o argumento vem registrado pelo Professor Orlando Gomes), se o preceito constitucional manda que a lei *facilite* o reconhecimento, não inovou, porque "só se pode facilitar aquilo que, sendo possível, é difícil. Ora, se os espúrios não podem ser reconhecidos, como se pode facilitar seu reconhecimento? Seria necessário permiti-lo anteriormente".[52]

A Carta Constitucional já encontrou uma situação legal definida pelo Código: os filhos espúrios não podiam ser reconhecidos. Ela, apenas, manda que a lei facilite o reconhecimento dos filhos naturais. Quais? Aqueles, evidentemente, que por lei são reconhecíveis, ficando de fora os que a lei já não permitia que gozassem da declaração de estado.[53]

17. Duas são, pois, as conclusões a extrair do texto constitucional de 1937: *a)* Equiparação dos filhos naturais aos legítimos: e esta, pela própria natureza, foi anunciada desenganadamente; *b)* A segunda encontraria resposta com o Decreto-Lei n° 4.737 de 1942 e com a Lei n° 883 de 1949, adiante referidos.

Antes, porém, cumpre examinar se a equiparação proclamada na Carta de 1937 pereceu com ela, ou sobreviveu no regime advindo da Constituição de 1946, e subsequentes reformas. Aliás, toda a questão está, precisamente, em situar a matéria em razão da Constituição de 1946.

---

[51] Cf. Orlando Gomes, "Aspectos da filiação", *in Rev. Forense*, vol. 89, p. 682; Cunha Peixoto, *in Rev. Forense*, vol. 79, p. 409.

[52] *Idem*, loc. cit.

[53] Assim entendem: o Prof. Arnoldo Medeiros da Fonseca, em *Investigação de Paternidade*, p. 187; o Ministro Castro Nunes, em voto proferido no Supremo Tribunal Federal, *in Rev. Forense*, vol. 95, p. 323. Neste mesmo sentido já julgou o Tribunal de Apelação do antigo Distrito Federal, em acórdão de 30.04.1942, *Rev. de Crítica Judiciária*, vol. 36, p. 54.

Esta, se não mereceu aplausos amplos, recebeu de todos a melhor acolhida, porque emana de fonte legítima que é a vontade popular. Silenciou, entretanto, a respeito da equiparação dos filhos naturais aos legítimos.

Como se verifica no desenvolvimento deste trabalho, a tendência natural do nosso Direito foi orientada no sentido da equiparação, sendo de notar que a restrição mais séria aos efeitos plenos do reconhecimento vinha expressa no § 1º do art. 1.605 do Código Civil de 1916.

O texto deste inciso é o seguinte:

> "Para os efeitos da sucessão, aos filhos legítimos se equiparam os legitimados, os naturais reconhecidos e os adotivos.
>
> § 1º Havendo filho legítimo ou legitimado, só à metade do que a este couber em herança terá direito o filho natural reconhecido na constância do casamento".

Sustentamos que este § 1º ficou revogado, por não poder prevalecer a restrição ao direito sucessório do filho natural, em face do princípio constitucional citado. E a tese foi acolhida no Tribunal de Justiça do antigo Distrito Federal.[54]

Silenciando a Constituição de 1946 quanto à equiparação de uns e outros, no gozo de seus direitos, cabe indagar se se restabelece a disposição do § 1º do art. 1.605 do Código Civil anterior.

Evidentemente não.

Sem embargo da opinião contrária de Emanuele Gianturco, a boa doutrina sempre consagrou que a lei revogatória de uma lei que revogara outra anterior não tem caráter repristinatório automático, isto é, não tem por efeito fazer ressurgir a norma que fora abolida, e que perdera todo o vigor.

A lição de Ruggiero é o que há de mais claro:

> "Fora de dúvidas é, porém, que a revogação de uma norma que por sua vez revogava uma anterior, não faz ressurgir esta última, mesmo que não se promulgue uma norma nova: a cessação de um preceito não é, por si só, suficiente para voltar a pôr em vigor um preceito precedente que já tenha definitivamente perdido todo o valor".[55]

Consagrando a doutrina, a nova Lei de Introdução ao Código Civil de 1916 (Dec.-Lei nº 4.657, de 04.09.1942) estatui no art. 2º, § 3º:

> "Salvo disposição em contrário, a lei revogada não se restaura por ter a lei revogadora perdido a vigência".

---

[54] *Revista Forense*, vol. 97, p. 115; vol. 98, p. 375.
[55] Ruggiero, *Instituições*, vol. I, p. 168.

Assim, pelo fato de ter a Carta de 1937 deixado de vigorar a partir de 18.09.1946, silenciando a nova sobre a equiparação, não se restaurou o preceito do art. 1.605, § 1º, referido.

Quando entrou em vigor a Carta de novembro de 1937, esse dispositivo ficou abolido definitivamente, não podendo produzir qualquer efeito só pelo fato de ter caducado a lei que o ab-rogou.[56]

Para que a lei revogada pudesse restaurar-se, após a abolição da lei revogadora, necessário seria que nova lei expressamente o determinasse.

Mas a nova lei não tem efeito retroativo; só pode influir nas situações jurídicas futuras.[57]

Até que a lei ordinária imponha restrições aos direitos dos filhos naturais, continuam estes plenamente equiparados aos legítimos. E tal lei, que razoavelmente nunca deverá existir, só se aplicará para o futuro, caso venha a ser promulgada.

A tese que sustentamos, da subsistência da equiparação, no silêncio das Constituições posteriores à reforma de 1946, encontrou receptividade na doutrina e na jurisprudência dos tribunais.[58]

Elaborado o Anteprojeto de Código Civil de 1972/73, restaurou a desigualdade de tratamento com a atribuição de dois terços da herança aos ilegítimos quando concorressem com legítimos. Criticamos esta orientação,[59] tendo as nossas observações prevalecido, na edição do Projeto enviado ao Congresso de 1975.

A Constituição de 1988 e Legislação subsequente consagraram o princípio da igualdade jurídica de todos os filhos, como sempre sustentamos.

§ 7º Reconhecimento dos adulterinos

18. Por ato legislativo subsequente, foi, ainda uma vez, modificada a situação dos filhos ilegítimos, já agora expressamente visando aos filhos adulterinos. É velha, e data de época anterior ao Código Civil de 1916, a divergência doutrinária em torno da situação dos filhos de desquitados, verificando-se em nossa jurisprudência uma oscilação radical.

---

[56] Cf. sobre a doutrina legal o comentário de Eduardo Espínola Filho, *Lei de Introdução do Código Civil Comentado*, vol. I, nº 38, p. 91. Decisão do Tribunal de Justiça de Minas Gerais, *Rev. Forense*, vol. 151, p. 310.

[57] Cf. Gabba, *Retroatività Delle Leggi*, vol. I, p. 33: "Dalle leggi confermative si distinguono quelle che ripristiano leggi le quali hanno cessato di imperare (herstellende Gesetze). Siffate leggi non possono manifestamente influire che sui negozi futuri".

[58] Cf. Rocha, José Virgílio Castelo Branco. *O Pátrio Poder*, p. 98; Tribunal de Justiça de Minas Gerais, *in Rev. Forense*, vol. 151, p. 310; Tribunal de Justiça de São Paulo, *in Rev. dos Tribunais*, vol. 199, p. 201.

[59] V. *Rev. do Instituto dos Advogados Brasileiros*, nº 20, p. 97.

A questão tem provocado a manifestação dos melhores de nossos juristas, e tem dividido nos tribunais os melhores de nossos juízes.

O filho havido pelo cônjuge desquitado é adulterino, ou simplesmente natural? Com o desquite, pela cessação da vida em comum, desaparece o dever de fidelidade recíproca, ou permanece esta obrigação, uma vez que a dissolução da sociedade conjugal respeita o vínculo?

Esta questão, *vexata quaestio*, tornou-se em nosso Direito matéria opinativa, uma vez que num e noutro campo se alinhava a fina flor de nossos civilistas, desenvolvendo alentada argumentação, sem conseguirem os adversários convencerem-se reciprocamente, nem pelo número dos filiados a uma ou outra bandeira poder-se-ia decidir a sorte da batalha.

O que se pode, sem dúvida, acentuar, é que os adeptos da doutrina liberal se tornaram cada vez mais numerosos, notando-se, ainda, que a tendência de nossos tribunais é marcadamente neste último sentido.

No arraial reacionário podem-se contar combatentes como estes: Clóvis Beviláqua, Jair Lins, Orozimbo Nonato, João Franzen de Lima, Bento de Faria, Lacerda de Almeida, Soares de Faria, Carvalho Mourão, Plínio Casado, Manuel Carlos, Costa Manso, Afonso de Carvalho, A. César Whitacker, João Monteiro, Sabóia de Medeiros, Alberto Biolchini, Ferreira dos Santos, Itabaiana, Hermenegildo de Barros, Astolfo Resende, Burle de Figueiredo, Ferreira Alves, Laudo de Camargo, Carlos Maximiliano, Cunha Cintra, Manuel Carneiro, Gomes de Oliveira, Leme da Silva, A. Fairbanks, Pinto de Toledo, Urbano Marcondes.

A fileira liberal não perde pela autoridade de seus componentes: Lafayette, Filadelfo Azevedo, Tito Fulgêncio, Arnoldo Medeiros da Fonseca, Castro Nunes, Carlos de Carvalho, Estevão de Almeida, Dídimo da Veiga, Eduardo Espínola, Júlio de Faria, Policarpo de Azevedo, Jorge Americano, Helvécio de Gusmão, Pontes de Miranda, Plínio Barreto, Orlando Gomes, Oliva Maia, José Linhares, Sílvio Portugal, Barros Barreto, Carvalho Santos, Lincoln Prates, Alfredo Pinto, Azevedo Marques, Soriano de Souza, Soriano Neto, Carlos Sussekind de Mendonça, João Arruda, Adelmar Tavares, Otávio Tarquínio, Batista Pereira, Odilon Santos, Tibúrcio de Azevedo, Francisco Bulhões Carvalho, Metódio Maranhão, Amílcar Vasconcelos, Aníbal Freire, Melo Nogueira, Macedo Soares, Armando Alencar, Heitor Lima, Hercílio de Sousa, Levi Carneiro, Tolentino Gonzaga, Emanuel Sodré, Macedo Vieira, T. Toledo Pisa, J. Marcelino Gonzaga, Abeilard Pires, Vicente Mamede de Freitas, André de Faria Pereira, Jaime Aires, Lafayette Pondé, Pompeu Rossi, Virgílio Barbosa, Segadas Viana, Gabriel Rebelo, Rothier Duarte, Caio Mário da Silva Pereira, e mais outros.

As decisões judiciárias, num e noutro sentido, são numerosas.

Perfilhando a doutrina chamada conservadora, podem citar-se diversos arestos, que apontamos indicando o repositório em que se encontram, volume e página: do Supremo Tribunal Federal: *Rev. de Direito*, vol. 108, p. 410; vol. 118, p. 115; vol. 135, p. 207; *Rev. Forense*, vol. 62, p. 48. Do Tribunal de Apelação do Distrito Federal: *Rev. de Crítica Judiciária*, vol. 29, p. 105; *Rev. Forense*, vol. 77, p. 303. Do Tribunal de Apelação de São Paulo: *Rev. Forense*, vol. 84, p. 125; vol. 80, p. 367; *Rev. dos Tribunais*, vol. 23, p. 419; vol. 26, p. 315; vol. 93, p. 186; vol. 122, p. 121; vol. 127, p. 226. Do Tribunal de Apelação do Estado do Rio: *Rev. de Crítica Judiciária*, vol. 15, p. 441.

Seguindo a corrente oposta, apontam-se estes arestos: do Supremo Tribunal Federal: *Rev. Forense*, vol. 88, p. 125; vol. 91, p. 96; vol. 124, p. 97; Rev. de Crítica Judiciária, vol. 29, p. 110; vol. 34, p. 80; vol. 34, p. 90; *Rev. dos Tribunais*, vol. 134, p. 323. Do Tribunal de Apelação do Distrito Federal: *Rev. Forense*, vol. 78, p. 519; vol. 81, p. 391; vol. 82, p. 333; vol. 88, p. 418; vol. 95, p. 93; vol. 98, p. 99. *Rev. de Direito*, vol. 50, p. 539; vol. 53, p. 203; vol. 91, p. 116; *Rev. de Crítica Judiciária*, vol. 31, p. 83; *Rev. dos Tribunais*, vol. 122; p. 575; vol. 129, p. 304. Do Tribunal de Apelação de Minas Gerais: *Rev. Forense*, vol. 77, p. 382. Do Tribunal de Apelação de São Paulo: *Rev. Forense*, vol. 90, p. 445. Do Tribunal de Apelação de Pernambuco: *Rev. Forense*, vol. 53, p. 278. Do Tribunal de Apelação do Rio Grande do Sul: *Rev. Forense*, vol. 94, p. 516; vol. 94, p. 529.

Era nestes termos a controvérsia, levando muitos civilistas a formular o desejo de que o legislador, de forma precisa, dirimisse a questão.

E tal ocorreu com o Decreto-Lei nº 4.737, de 24.09.1942, que veio ao mesmo tempo trazer solução a um problema social, e alterar as concepções doutrinárias. Expressão dessas mudanças é o voto proferido por Orozimbo Nonato, no Supremo Tribunal Federal, ao proclamar, sem hesitação:

> "Senhor Presidente, sempre votei no sentido de que os filhos de desquitados são adulterinos: aliás, era vencido neste ponto de vista, juntamente, se não me falha a memória, com os Eminentes Colegas, os Senhores Ministros Laudo de Camargo, Waldemar Falcão e Bento de Faria. Após o advento do Decreto-Lei nº 4.737, de 24.09.1942 o qual, aliás, me parece inspirado na jurisprudência do Supremo Tribunal tenho que me curvar ao império da lei".

Em 24.09.1942, publicou-se o Decreto-Lei nº 4.737, cujo art. 1º reza, *in verbis:*

> "O filho havido pelo cônjuge fora do matrimônio pode, depois do desquite, ser reconhecido, ou demandar que se declare sua filiação".

Nota-se, antes de tudo, a amplitude de suas expressões: o dissídio versava em qualificar de adulterinos, ou não, os filhos havidos de cônjuges desquitados, isto é, os filhos concebidos após decretada a dissolução da sociedade conjugal. Jamais se cogitou de considerar reconhecível o que fosse gerado na constância do casamento, uma vez que os mais extremados arestos não passavam além de estatuir que a concepção posterior ao decreto preventivo de separação de corpos autorizava o reconhecimento.

O filho havido de cônjuge casado, concebido antes do desquite, sempre fora tido por adulterino, compreendido na interdição constante do art. 358 e da primeira parte do art. 363 do Código Civil de 1916.

O Decreto-Lei nº 4.737, porém, em vez de atender simplesmente à condição dos filhos de desquitados, isto é, *gerados após o desquite*, foi muito mais longe, usando uma linguagem muito mais larga, da qual se infere que por ato espontâneo ou sentença judicial, poderão ser reconhecidos, depois do desquite, os filhos havidos pelo cônjuge fora da sociedade conjugal.

A cláusula circunstancial – "depois do desquite" – é modificativa de *reconhecimento* e não da *concepção*, enquanto que a expressão "fora do matrimônio" é que se prende diretamente à *geração*. Para haver reconhecimento, a condição é a existência do desquite; para ser perfilhado, basta que o filho tenha sido gerado fora do matrimônio.

Consequentemente, assim deverá ser entendido o inciso: pouco importa que o filho tenha sido gerado antes ou depois de dissolvida a sociedade conjugal; qualquer que seja a época de seu nascimento, poderá ser reconhecido após o desquite.

A condição única, criada pela lei, ao facultar a perfilhação espontânea, ou a perquirição judicial, é a ocorrência do desquite.

Mas, se assim o legislador estatuiu, cabe indagar se só no caso de desquite teria aplicação o Decreto-Lei nº 4.737.

Nem só pelo desquite, na verdade, a sociedade conjugal termina. Outras causas há, e muito mais poderosas, que implicam também a solução do vínculo e produzem efeitos absolutos: a morte de um dos cônjuges e a anulação do casamento.

O Decreto-Lei parece atribuir maior efeito ao desquite do que à morte, ou anulação do casamento, no tocante à dissolução da sociedade conjugal, o que é ilógico: os filhos adulterinos serão reconhecíveis se os cônjuges se desquitarem, e não o serão se o casamento terminar pela morte ou anulação!...

Ora, se também pela anulação do casamento ou pela morte de um dos cônjuges a sociedade conjugal termina (CC de 1916, art. 315); se durante a vigência da sociedade conjugal o filho adulterino não pode ser reconhecido, mas, se após sua dissolução pelo desquite, mesmo em vida do outro cônjuge, pode ser-lhe atribuído estado pelo reconhecimento; – *a fortiori* conclui-se que nas outras hipóteses a aplicação racional do Decreto-Lei nº 4.737 não pode deixar de conduzir à faculdade de se conceder ao filho adulterino capacidade para ser reconhecido, tanto mais que num caso o vínculo ainda permanece, e nos outros ou terá desaparecido pela anulação, ou estará roto pela mais forte de todas as contingências, a morte.

O Sr. Ministro Castro Nunes, em voto proferido no Supremo Tribunal Federal, já sustentou esta doutrina; o Dr. Carlos de Oliveira Ramos, juiz no Distrito

Federal, esposou-a em sentença; o Dr. Gabriel Antônio Rebelo aplaudiu-a; decisões judiciais aceitaram-na.[60]

19. Indagamos, porém: qualquer filho adulterino?

Duas serão as hipóteses que merecem exame particular: ou o filho é adulterino *a patre* (havido de mãe soluta e pai casado), ou o será *a matre* (havido de pai soluto e mãe casada), pois que a terceira, do bilateralmente adulterino, encontra solução na segunda.

O adulterino somente *a patre* pode invocar livremente o Decreto-Lei nº 4.737, uma vez preenchida a condição de estar dissolvida a sociedade conjugal.

Mas no caso do adulterino *a matre*, não será possível a aplicação desse dispositivo, porque outros princípios opõem soberano obstáculo.

Não dispondo a lei, tal qual a ciência, de elementos para a verificação específica da paternidade, adota um sistema de prova indireta, presumindo que os filhos concebidos na constância do casamento são do marido, e atribuindo-lhes o estado de legitimidade (CC de 1916, art. 337).

É improfícuo alegar, como fez o ilustre Ministro Castro Nunes, que é *iuris tantum* a presunção *pater est...*, a qual cederá diante de prova contrária, e improfícuo será, porque não se trata de discutir, em face das provas, a possibilidade ou não da paternidade extraconjugal, senão de indagar se é admissível a produção de tais provas.

Realmente, a família até então fundada no casamento era o centro ético da sociedade, e não poderia ficar à mercê de desagregadoras pretensões, fundadas antes na ambição que no interesse moral. E consciente de que não deve deixar ensanchas para se questionar em torno de tão melindroso problema, o Código atribuía privativamente ao marido o direito de contestar a legitimidade dos filhos de sua mulher (art. 344), e, mesmo ao marido, restringe os motivos da impugnação: achar-se fisicamente impossibilitado de coabitar com a mulher no período legal da concepção, ou dela estar separado legalmente a esse tempo (art. 340), e, demonstrando, ainda uma vez, seu cuidado, fulmina de curto prazo de decadência a ação de contestação de legitimidade (art. 178, §§ 3º e 4º, nº I).

Antônio Cicu, professor da Universidade de Bolonha, examinando o aspecto moral da restrição imposta às ações de repudiação de paternidade legítima, salienta:

> "Justifica-se que a ação se outorgue somente ao pai, observando-se que somente ele se acha em condições de saber e provar a verdade, e que tal questão

---

[60] Gabriel Antônio Rebelo, *A Família Brasileira e o Reconhecimento do Filho Adulterino*, p. 84; Tribunal de Justiça de Minas Gerais, *Rev. Forense*, vol. 137, p. 156; Tribunal de Justiça de Goiás, *Rev. Forense*, vol. 145, p. 352; Supremo Tribunal Federal, *Rev. Forense*, vol. 147, p. 121.

afeta particularmente a honra e a paz das famílias. Esta última consideração é muito plausível, mas não a primeira...

Assim ocorre que a perspectiva de perceber uma cota hereditária maior pode constituir, para o filho, um incentivo que o leve a acusar de adultério a própria mãe".[61]

Tal é o valor que a lei atribui à presunção de legitimidade, que nem a prova do adultério da mulher a ilidirá, se o marido com ela convivia sob o mesmo teto (CC de 1916, art. 343), nem a confissão materna excluirá a paternidade (art. 346).

E, se nem a prova do adultério com a confissão da mãe destrói a presunção *pater est...*, jamais poderá ser reconhecido o filho adulterino a *matre*, que tem por si a presunção de legitimidade: será ele filho legítimo do marido de sua mãe, e, pois, não pode ser reconhecido por terceiro.

O Decreto-Lei nº 4.737 não derrogou estes princípios.

As presunções de legitimidade são princípios gerais e basilares, sobre os quais repousa a tranquilidade familiar e a paz social, que a lei resguarda e tem de resguardar, atribuindo-lhe valor soberano.

O Decreto-Lei nº 4.737, de 1942, derrogou os arts. 358 e 363 do Código Civil de 1916, mas não alterou os princípios gerais regulares da filiação legítima, e, assim, os adulterinos *a matre* não podem ser reconhecidos por terceiro, a não ser na hipótese de ter o pai, frutuosamente, contestado judicialmente a legitimidade, caso em que, desaparecendo a presunção do art. 337, ficam na mesma situação dos que o forem somente *a patre*.

Objetar-se-á que isto é desigualdade de tratamento, e distinção onde a lei não distingue, mas improcedentemente, *data venia*, pois que os adulterinos *a patre*, pelo reconhecimento, adquirirão um estado; os que o forem *a matre* já são titulares do *estado de legitimidade*, e não se trata de distinção onde a lei não distingue, porque é a própria lei que lhes atribui a legitimidade, pela concepção na constância do casamento.

À vista do disposto no art. 227, § 6º da Constituição de 1988, a discussão perdeu interesse prático, que proibiu toda designação discriminatória, sob o aspecto da discussão acerca da legitimidade ou ilegitimidade da filiação. Contudo, há repercussões sobre o estabelecimento da paternidade dos filhos de pessoas casadas e não casadas.

Abordaremos, nos capítulos IV e V, situações em que alguém, registrado como filho de determinado casal, propõe ação para investigar paternidade diversa da que consta de seu assento de nascimento (art. 348 do Código Civil de 1916 e art. 1.604 do Código de 2002).

---

[61] Antônio Cicu, *Filiación*, p. 157.

§ 8º A Lei nº 883, de 21.10.1949

20. Com o advento da Lei nº 883, de 21.10.1949, passaram a ter *legitimatio*, para serem reconhecidos, todos os filhos havidos fora do casamento, tal como preconizáramos sob o império do Decreto-Lei nº 4.737, subordinada a atribuição de estado à dissolução da sociedade conjugal, seja pelo desquite, seja pela morte de um dos cônjuges, seja pela anulação do matrimônio.

O obstáculo, entretanto, perdurava, em relação ao adulterino *a matre*, visto como, vigorando a presunção *pater is est quem nuptiae demonstrant*, ele é filho legítimo, salvo contestação de legitimidade oportuna e frutuosa, em ação privativa do marido. Ocorre, em verdade, um "conflito de paternidades", se se presume do marido o filho, e se se postula o reconhecimento de uma paternidade atribuível a terceiro.

A solução deste conflito seria em princípio, a exclusão do adulterino *a matre* de toda possibilidade de ser reconhecido, ou de investigar a paternidade. Não constituía, todavia, tese pacífica, em nossa doutrina. Em nome do princípio de hermenêutica, segundo o qual *ubi lex non distinguit neque interpres distinguere potest*, alguns autores e arestos admitem a ação do adulterino, seja *a matre*, seja *a patre*.[62]

A lógica dos fatos, entretanto, pode oferecer situações em que não houve e não poderia haver a ação de contestação.

Para a eles atender, cumpre, então, sem quebra da doutrina que sustentamos e que mereceu a honra de uma acolhida pela doutrina e pela jurisprudência dos tribunais brasileiros,[63] voltar as antenas realistas para o mundo fático, e ao mesmo tempo assinalar uma tendência jurisprudencial que se vem observando, no sentido de romper com a rigidez da tese restritivista.

Não é somente entre nós que tal ocorre. Também em outros sistemas o movimento doutrinário o aprova.

Assim, no Direito francês, após o regime liberal instituído pela Lei nº 72, de 03.01.1972, a proibição do reconhecimento dos filhos adulterinos *a matre* foi proclamada e defendida.[64] Mas não se deixou de dar atenção àquelas situações especiais, em que a referida presunção encontra desmentido flagrante. Paul Raymond

---

[62] João Claudino de Oliveira e Cruz, *Dos Alimentos no Direito de Família*, nº 34; Tribunal de Justiça do antigo Distrito Federal, *Rev. Forense*, vol. 113, p. 121.

[63] Orozimbo Nonato, em votos numerosos no Supremo Tribunal Federal; José Virgílio Castelo Branco Rocha, *O Pátrio Poder*, p. 114; Tribunal de Justiça do antigo Distrito Federal, *Arq. Judiciário*, vol. 92, p. 376; Tribunal de Justiça de São Paulo, *Rev. dos Tribunais*, vol. 252, p. 258; *Rev. Forense*, vol. 213, p. 189; vol. 235, p. 151; Tribunal de Justiça do Rio Grande do Sul, *Rev. Forense*, vol. 164, p. 276; Tribunal de Justiça de Alagoas, *Rev. Forense*, vol. 153, p. 366; Supremo Tribunal Federal, *Rev. Forense*, vol. 140, p. 137.

[64] Cf. G. Champenois, *La loi du 3 de janvier 1972 a-t-elle supprimé la présomption Pater is est quem nuptiae demonstrant?*

entende que o legislador de 1972 afasta a legitimidade, quando a filiação legítima é suspeita. Roger Nerson considera a hipótese de desaparecimento do marido em caso de ausência declarada, nos 300 dias que precederem ao nascimento do filho, como ainda a separação legal dos cônjuges, e a falta de posse de estado do filho.[65] Não vendo razão para repudiar a nossa tese, segundo a qual o adulterino *a matre*, ao contrário do *a patre*, não podia ser reconhecido, concedemos, todavia a exceção, segundo a qual o rigor desta proibição poderia ser levantado se as circunstâncias de fato convencessem de que não pode ter sido concebido das obras do marido, havendo, portanto, verossimilhança notória na possibilidade de tê-lo sido de terceiro.

Em face da Lei nº 883, de 21.10.1949, o direito brasileiro tomou rumo francamente liberal.

Sem a restrição do Decreto-Lei nº 4.737, permitiu o reconhecimento espontâneo ou compulsório do filho havido fora do matrimônio, uma vez dissolvida a sociedade conjugal. Não aludindo ao desquite, submeteu à sua abrangência qualquer caso de dissolução dela, pelo desquite, pela morte de um dos cônjuges ou pela anulação do casamento.

Para efeitos sucessórios, o filho assim reconhecido teria direito (art. 2º), a título de amparo social, à metade da herança que viesse a receber o filho legítimo ou legitimado. Este artigo foi alterado. O direito do filho passa a constituir herança, em igualdade de condições com os legítimos (ver nºs 24, 140, 142 e 243).

Com as nossas reservas ao caráter deste direito, que nos parece nitidamente uma herança (como será melhor desenvolvido ao tratarmos especificamente do efeito sucessório – nº 243, *infra*), fica desde logo apurado que a desigualdade de tratamento (que também criticamos) somente impera na hipótese de vir ele a concorrer com os outros mencionados. Vale dizer: se não houvesse filho legítimo ou legitimado, o adulterino reconhecido com fundamento na Lei nº 883, seria herdeiro necessário e sucederia em primeiro grau na ordem de vocação hereditária. Foi, contudo, estabelecida concorrência do cônjuge casado em regime de separação de bens, reconhecido a este (art. 3º), na falta de testamento, direito à metade dos bens deixados pelo outro cônjuge.

Mas perde o direito nos mesmos casos previstos no Código para a privação de herança (indignidade, do art. 1.595) ou deserdação (art. 1.744).

O aspecto liberal da Lei nº 883/1949 mais se acentua na configuração do direito alimentar (art. 4º), admitindo que o filho acione o pai, independentemente de dissolvida a sociedade conjugal, contanto que o faça em segredo de justiça, conforme verificaremos ao tratarmos deste efeito (nº 217, *infra*). Ressalvando ao

---

[65] Marty et Raynaud, *Droit Civil*, t. I, vol. II, nºs 457 e 458, p. 507; Roger Nerson, "La situation juridique des enfants nés hors mariage", in *Revue Trimestrielle de Droit Civil*, 1975, pp. 407 e segs.

interessado o direito à certidão de todos os termos do respectivo processo, quis a lei, desta sorte, munir o alimentado de documentação que o habilite para a ação futura, ao ensejo da dissolução da sociedade conjugal.

§ 9º Sentido da evolução

21. Esta a situação do filho extramatrimonial, examinada sumariamente.

De um ponto de vista geral, seus direitos são uma realidade.

Do mesmo modo que o direito das coisas gira em torno da ideia de "propriedade", e o das sucessões gravita na órbita sombria da "morte", e que o núcleo do Direito de família era o "casamento",[66] assim verificamos que, no instituto da filiação, o seu epicentro é a proteção dispensada aos filhos, donde a conclusão de que toda a evolução do princípio de concessão de direitos aos filhos ditos naturais está sujeita a esta lei histórica: ampliação crescente dos efeitos do reconhecimento, para maior proteção aos filhos ditos ilegítimos, ou extraconjugais.

Por isso, ao lado do zelo pelos que procedem de justas núpcias, procura o Estado suprir onde faltou o cumprimento de um dever moral, e amparar os que, provindos de uniões não legalizadas, nem por isso têm menor direito à vida.

A proteção concedida aos bastardos não evolve numa curva regular, mas, antes, é cheia de altos e baixos, de avanços e recuos. Quem se coloca, entretanto, numa posição de que possa abraçar em conjunto o panorama da situação dos filhos naturais nas diversas legislações e em tempos diferentes, percebe exatamente o sentido desta evolução.

Os movimentos que se observam nas várias épocas assinaladas por uma tendência liberal não deixam, contudo, de encontrar opositores pertinazes, que assumem sua atitude reacionária, não apenas por um particular misoneísmo muito comum nos juristas, mas também, e especialmente, porque refletem a atitude defensiva em que se coloca a "família legítima", sempre que percebe as tentativas de melhoria de situação dos extramatrimoniais que considera infiltrações desagregadoras.

Não obstante a reação, tais períodos, que se caracterizam exatamente por um maior liberalismo, por construções mais avançadas no campo do Direito, não deixam de levar avante o programa de reforma que empreendem, na certeza de que é preciso realizar grande esforço, e torná-lo produtivo, pois que à fase combativa se segue frequentemente largo estacionamento.

Estamos vivendo, justamente, um desses momentos históricos, atravessando um desses períodos largamente construtivos, de reajustamento dos quadros jurídicos do passado, insuficientes para conter todo o enorme desenvolvimento material.

---

[66] Carvalho de Mendonça, (M. I.), *Doutrina e Prática das Obrigações*, vol. I, p. 131.

O progresso obtido desde o século XX, a complexidade que assumiu a vida, a maior liberdade de costumes, a admissão da mulher nos trabalhos que antes eram realizados somente pelos homens, a promiscuidade de uns e outros nos mesmos ambientes, tudo concorreu para que certos preconceitos herdados dos velhos tempos fossem combatidos, e, com isso, alguns problemas sociais encarados de maneira mais livre, solucionados com maior desenvoltura.

A jurisprudência dos tribunais tem sido sensível a este movimento liberal; e desta sorte contribui para a evolução da ampliação dos direitos atribuídos aos filhos naturais.[67]

Além disso, um dos aspectos nitidamente peculiares aos dias de hoje é o desvelo singular com que a infância é tratada.

Da coatuação de todas estas forças, surge, inevitavelmente, no que concerne aos filhos, diretriz bem precisa, e que se vem afirmando sem vacilações: o alargamento dos direitos dos filhos ditos naturais, sua equiparação aos nascidos de casamento, com a transposição das barreiras que os antigos preconceitos haviam erigido entre uns e outros.

Na França, a Lei de 15.07.1955, segundo Marty *et* Raynaud, abrira formalmente ao adulterino e ao incestuoso o direito de reclamar judicialmente alimentos, independentemente da proclamação de um vínculo de paternidade. Posteriormente, a Lei de 31.12.1970 ab-rogou o art. 337 do Código Napoleão, admitindo que o filho reconhecido na constância do casamento, mesmo quando concebido anteriormente a este, e de outro que não o cônjuge, tem direito à herança. A jurisprudência e a lei se esforçam para tornar mais favorável a condição do filho havido fora do casamento.[68]

Na Alemanha, Lei de 19.08.1969, em vigor a partir de 01.07.1970, estabeleceu novo direito concernente aos filhos ilegítimos.[69]

A Constituição italiana estabelece (art. 30) a equiparação dos filhos ilegítimos aos legítimos.[70]

O novo Direito inglês (*Family Law Reform Act* de 1969) abriu novos horizontes aos filhos ilegítimos.[71]

---

[67] M. Seabra Fagundes, "Filhos Naturais", Estudo *in Rev. Forense,* vol. 126, p. 18.
[68] Huet-Weiller, *in* "Filiation illégitime en droit comparé français et allemand", pp. 66-67.
[69] Walter J. Habschild, na mesma obra, pp. 451 e segs.; Günther Reitzke, *Revue Internationale de Droit Comparé,* 1970, pp. 313 e segs.; Michel Pedamon, *Répertoire Dalloz, Chron,* 1970, pp. 153 e segs.
[70] Antônio Palazzo, *La Filiazione Fuori del Matrimonio,* p. 4.
[71] Michéle Piret, "Les principales réformes modifiant les droits patrimoniaux des enfants illégitimes en droit anglais", *in Revue Internationale de Droit Comparé,* 1973, pp. 277 e segs.

Reforma do Código Civil da Holanda veio assentar princípios que beneficiam os ilegítimos reconhecidos.[72]

§ 10 A Lei nº 6.515, de 26.12.1977

22. A Lei nº 6.515, de 26.12.1977 (*Lei do Divórcio*), encerrou definitivamente a questão da qualificação dos filhos de desquitados. Se os pronunciamentos doutrinários e jurisprudenciais não foram convincentes, a palavra legislativa foi peremptória. O seu art. 3º declara explicitamente que a separação judicial põe termo aos deveres de coabitação, fidelidade recíproca e ao regime matrimonial de bens, como se o casamento fosse dissolvido.

23. De acordo com o § 1º do art. 1º da Lei nº 883, alterado pela Lei nº 6.515 (art. 51), ainda na vigência do casamento, qualquer dos cônjuges poderá reconhecer o filho havido fora do matrimônio, em testamento cerrado, aprovado antes ou depois do nascimento do filho, e, nessa parte, irrevogável.

24. Marchando na tendência liberal de nosso Direito, a Constituição de 1988 assentou normas que asseguram plena igualdade a todos os filhos. No art. 227, § 6º, estabeleceu que:

> "Os filhos, havidos ou não da relação de casamento, ou por adoção, terão os mesmos direitos e qualificações, proibidas quaisquer designações discriminatórias relativas à filiação".

Já o Decreto-Lei nº 3.200, de 19/04/1941, proibia que nas certidões extraídas do Assento de Nascimento se declarasse a qualificação do filho. Com a nova disposição constitucional a linguagem legislativa é mais extensa e conclusiva. Não se contenta com a omissão do estado nas certidões.

Também a Lei nº 8.560, de 29.12.1992 proíbe, no Assento do registro de filho reconhecido, espontânea ou compulsoriamente, mencionar a qualificação e mencionar esta Lei.

Proíbe toda discriminação.

A todos os filhos serão reconhecidos iguais direitos. Não há mais falar em filhos legítimos e ilegítimos, em naturais simples e adulterinos ou incestuosos.

Uma vez que se estabelece a plena igualdade, todos os embargos ao *status* dos filhos são eliminados. A equiparação plena diz respeito à natureza da filiação, como igualmente às condições pessoais e aos direitos alimentares como sucessórios, o que será visto ao tratarmos dos efeitos do reconhecimento (pessoais e patrimoniais).

---

[72] Idem, "Les Enfants Illégitimes aux Pays Bas", in *Revue Trimestrielle de Droit Civil*, 1972, pp. 68 e segs.

Esta regra, dominante em matéria de filiação, veio abolir disposições distintivas. Consequência foi a revogação do art. 358 do Código Civil de 1916, por força da Lei nº 7.841, de 17.10.1989, que vedava o reconhecimento dos filhos incestuosos e adulterinos. No estado atual de nosso Direito, abolida toda discriminação de filhos, em função do nascimento, a própria designação de "adulterinos e incestuosos" perdeu razão de ser, ao mesmo passo que a proibição contida no art. 358 do Código Civil anterior extinguiu-se. Restou, destarte, apenas a reminiscência histórica, uma vez que, com a revogação do art. 358, extinguiu-se o conceito jurídico.

25. Largamente contribuiu a elaboração pretoriana, notadamente o Verbete 380 da Súmula da Jurisprudência do STF:

> "Comprovada a existência de sociedade de fato entre os concubinos, é cabível a sua dissolução judicial, com a partilha do patrimônio adquirido pelo esforço comum".

26. A Lei nº 8.971, de 29.12.1994, veio atribuir maiores direitos aos companheiros.

Num primeiro plano assegura-lhes os direitos advindos de Lei nº 5.478, de 1968, *sub conditione* de "convivência por tempo superior a cinco anos" e "cessação" do direito se o beneficiado constituir "nova união", seja esta (conforme sustentamos) "matrimonial" seja "extramatrimonial", com características de "união estável".

São cabíveis alimentos que não abrangem, contudo, tempo decorrido antes de sua terminação, segundo a regra *in preteritu non vivitur*. Ocorrendo o rompimento, pode o companheiro (ou companheira) pleiteá-los. O que descabe é ressuscitar uma relação já passada para pedir sustento relativamente ao tempo já vivido.[73]

27. A Lei nº 9.278, de 13.05.1996, disciplinando o § 3º do art. 226 da Constituição Federal,[74] suprimiu o prazo de cinco anos previsto na Lei nº 8.971 e estabeleceu como requisito temporal para a configuração da união estável "a convivência duradoura, pública e contínua", dando ao juiz "a responsabilidade enorme de apreciar subjetivamente, no contexto da prova, o que seja convivência duradoura, pública e contínua".[75]

---

[73] Cf. Tânia da Silva Pereira, em artigo no jornal *O Globo* de 10.01.1995, sob o título "Vale a pena casar?", Francisco José Cahali, *Dos Alimentos na União Estável*.
[74] § 3º Para efeito da proteção do Estado, é reconhecida a união estável entre o homem e a mulher como entidade familiar, devendo a lei facilitar sua conversão em casamento.
[75] Conforme Acórdão do TJ de Santa Catarina, 2ª Câmara Cível, AI nº 9.812.159-0, Rel. Des. Wanderley Homer, *DJSC*, 28.12.1999, p. 9

No tocante aos efeitos patrimoniais da união estável, o art. 5º da Lei nº 9.278 trouxe significativa inovação ao estabelecer uma presunção do esforço comum dos conviventes para os bens adquiridos na constância da relação *a título oneroso*.[76]

A união estável foi regulamentada pelo Código Civil de 2002 mantendo-se a mesma orientação da Lei nº 9.278/1996, com algumas inovações. No art. 1.723, o Código de 2002 exige-se que a união seja "pública, contínua, duradoura", objetivando a "constituição de família", sem que seja fixado um prazo mínimo para se constituir uma entidade familiar. Admite, ainda, a caracterização da união estável no caso de pessoa casada, porém separada de fato do cônjuge, nos termos do § 1º do art. 1.723.

Quanto às relações patrimoniais, o art. 1.725 determina, expressamente, a "aplicação do regime de comunhão parcial de bens", admitindo-se "contrato escrito" entre os companheiros para dispor diversamente, desde que não sejam contrariados regras legais e princípios de ordem pública.

§ 11 A Constituição de 1988 e o princípio da igualdade da filiação. O reconhecimento dos filhos incestuosos

28. A Constituição de 1988, no art. 227, § 6º, equiparou todos os filhos, com os mesmos direitos e qualificações, proibidas quaisquer designações discriminatórias relativas à filiação. Essa transformação ético-social consumiu o largo período de quase um século, e percorreu um trajeto cheio de vacilações e obstáculos.

Instituindo a Constituição Federal, no art. 227, § 6º, a plena igualdade de todos os filhos, a mim me parecia revogada constitucionalmente a proibição de se reconhecerem os filhos adulterinos e incestuosos. O Legislador, ainda desconfiado, não acreditou no caráter *self executing* de sua própria norma, e entendeu de baixar provimento expresso neste sentido. Assim foi que elaborou a Lei nº 7.841, de 17 de outubro de 1989, a qual revogou expressamente o art. 358 do Código Civil de 1916, que proibia o reconhecimento dos filhos adulterinos e incestuosos.

Destaque-se, no entanto, que, quanto aos filhos incestuosos, tema sempre ofuscado por mistério e proibições, a publicação da referida lei autorizou aberto debate, inclusive nos meios de comunicação, sobre as situações de maus-tratos e violência sexual, sobretudo nas relações familiares. Medidas judiciais, inclusive do âmbito cível, se tornaram frequentes, visando impedir o convívio do abusador com a vítima, sem abandonar as implicações criminais que envolvem tais ilícitos.

---

[76] Art. 5º "Os bens móveis e imóveis adquiridos por um ou por ambos os conviventes, na constância da união estável e a título oneroso, são considerados fruto do trabalho e da colaboração comum, passando a pertencer a ambos, em condomínio e em partes iguais, salvo estipulação contrária em contrato escrito."

É certo que o reconhecimento jurídico dos filhos incestuosos e a regularização do seu registro civil enfrentaram barreiras culturais, mas trouxeram à tona a discussão sobre a violência sexual intrafamiliar.

Tânia da Silva Pereira ressalta que a interdição do incesto foi a primeira lei de família, tendo por base uma proibição sexual, como analisou Levi-Strauss: o incesto "é a primeira lei estruturante do sujeito e, consequentemente, da sociedade e, portanto, do ordenamento jurídico".[77]

Esclarece Maria Regina Fay de Azambuja a respeito da definição do incesto e dos tipos de abuso sexual[78] que:

> "O incesto pode ser definido como a exploração sexual da criança por outro membro da família, envolvendo pessoas entre as quais o casamento é proibido em razão de lei ou dos costumes. Pressupõe uma relação sexual não apenas entre parentes com laços sanguíneos próximos, mas entre pessoas que têm ligações formais ou informais de parentesco, culturalmente consideradas como obstáculo para as relações sexuais. O incesto é a base de todas as proibições, é a primeira lei, 'é a lei fundante e estruturante do sujeito, e consequentemente, da sociedade e, portanto, do ordenamento jurídico'.[79]
> O abuso sexual pode ser dividido em familiar e não familiar. Autores apontam que 'aproximadamente 80% são praticados por membros da família ou por pessoa conhecida confiável.' Cinco tipos de relações incestuosas são conhecidas: pai-filha, irmão-irmã, mãe-filho, pai-filho e mãe-filha, sendo possível que o mais comum seja irmão-irmã; o mais relatado é entre pai-filha (75% dos casos).[80] A violência sexual doméstica praticada contra a criança, de cunho intrafamiliar, 'retém os aspectos do abuso relativos ao apelo sexual feito à criança, bem como destaca tal ocorrência no interior da família'.[81]
> O abuso sexual da criança insere-se em uma gama extensa de situações de violação dos direitos da infância."

Como ressalta a doutrinadora e Procuradora de Justiça Maria Regina,[82] o sistema de Justiça brasileiro, em especial o sistema infantojuvenil, deve redobrar

---

[77] Levi-Strauss, "Estruturas elementares do parentesco", p. 62, apud Tânia da Silva Pereira, *O melhor interesse da criança*, p. 37.

[78] Maria Regina Fay de Azambuja, Violência sexual intrafamiliar: *É possível proteger a criança?*, p. 68.

[79] Rodrigo da Cunha Pereira, *Direito de Família: uma abordagem psicanalítica*, pp. 30-31.

[80] Maria Lucrecia Scherer Zavaschi et al, Abuso sexual em crianças: uma revisão. Jornal de Pediatra, v. 67 (3/4), 1991, p. 131.

[81] Lúcia Alves Mees, *Abuso Sexual, trauma infantil e fantasias femininas*. Porto Alegre, Artes e Ofício, 2001, p. 18.

[82] Maria Regina Fay de Azambuja, op. cit., p. 57.

esforços para assegurar às crianças vítimas de violência sexual intrafamiliar a aplicação da Doutrina Jurídica da Proteção Integral, de forma a garantir os direitos fundamentais de crianças e adolescentes marcados por situações traumáticas que se prolongam e são encobertas, muitas vezes, por longos anos.

No sistema de proteção dos direitos infantojuvenis, destaca-se o papel do Conselho Tutelar, que, diante da notícia de ameaça ou violação ao direito de uma criança, deve adotar as providências cabíveis, averiguando o fato e evitando ou interrompendo a situação de maus-tratos, aplicando medidas de proteção à vítima e medidas contra os pais ou responsáveis (arts. 101 e 129 c/c art. 136, I e II, do Estatuto da Criança e do Adolescente).

Há situações em que se pode determinar o afastamento do abusador da moradia comum, nos termos do art. 130 do Estatuto da Criança e do Adolescente[83], evitando-se a separação da criança de sua família, em razão do abuso sexual intrafamiliar.

Tilman Furniss orienta que a criança deve receber uma completa explicação acerca dos motivos que levaram ao afastamento do abusador infantil, pois, caso contrário, "se sentirá acusada, punida e abandonada", não havendo razão para impedir "o contato entre a criança e sua mãe, irmãos e amigos, exceto quando as mães não acreditam na criança, a acusam e rejeitam pelos problemas que se seguem à revelação".[84]

Por derradeiro, cabe destacar que os profissionais que trabalham com abuso sexual encontram muitas dificuldades, como analisa Tilman Furniss:

> "Como um problema multidisciplinar genuíno e genérico, requer a estreita cooperação de uma ampla gama de diferentes profissionais com diferentes tarefas. Como um problema legal e terapêutico, requer, por parte de todos os profissionais envolvidos, o conhecimento dos aspectos criminais e de proteção da criança, assim como dos aspectos psicológicos".[85]

Outro aspecto importante a ser ressaltado é o fenômeno da negação por parte dos envolvidos no abuso sexual da criança no âmbito intrafamiliar, "o que permite

---

[83] Lei 12.415/2011 incluiu o parágrafo único ao art. 130 do ECA:
"Art. 130. Verificada a hipótese de maus-tratos, opressão ou abuso sexual impostos pelos pais ou responsável, a autoridade judiciária poderá determinar, como medida cautelar, o afastamento do agressor da moradia comum. Parágrafo único. Da medida cautelar constará, ainda, a fixação provisória dos alimentos de que necessitem a criança ou o adolescente dependentes do agressor".

[84] *Abuso sexual da criança: uma abordagem multidisciplinar, manejo, terapia e intervenção legal integrados*, nota 45, p. 286, apud Maria Regina Fay de Azambuja, op. cit.

[85] Op. cit., nota 45, p. 5.

que a violência seja mantida em segredo por longos anos, escapando, por vezes, inclusive, da percepção do sistema de Justiça".[86]

Por outro lado, percebe-se um grande despreparo dos profissionais para intervir de modo adequado nos casos em que uma suspeita é levantada. Os especialistas sinalizam que é preciso, para ouvir uma criança, preparo técnico-emocional e muita sensibilidade, de modo a não deixá-la ainda mais humilhada e oprimida. Seu depoimento deve ser tomado da forma menos agressiva, sendo recomendável a gravação do mesmo a fim de se evitar depoimentos frequentes da vítima em diferentes instâncias judiciárias, o que causaria crescente traumatização da criança.

Defendendo uma mudança na cultura do atendimento de crianças vítimas de abuso sexual, Tânia da Silva Pereira destaca a importância da adoção de medidas especiais e serviços que possam servir de retaguarda técnica adequada ao sistema judiciário, como serviços de apoio ao Instituto Médico Legal (IML) para a realização de diagnóstico eficiente (prova de DNA e outros), atendimento por médicos e psicólogos capacitados, serviços de denúncia telefônica, sistema obrigatório de denúncia em todos os setores de atendimento (além das escolas e hospitais), centros de acolhida de crianças vitimizadas, grupos de acompanhamento familiar e outros.[87]

§ 12 O Código Civil de 2002

29. Das relações de parentesco, a relação jurídica mais importante é a filiação, que consiste na relação que se estabelece entre pais e filhos, designada como maternidade e paternidade.

Como verificamos ao longo deste primeiro capítulo, o texto original do primeiro Código Civil brasileiro diferenciava os chamados filhos legítimos, ilegítimos, naturais e adotivos, estabelecendo tratamento discriminatório com relação às três últimas classes de filiação, em nome da proteção legislativa à família legítima.

Até a edição da Constituição de 1988, houve, inegavelmente, importante evolução da disciplina jurídica da filiação. Ainda existia, contudo, a supremacia do vínculo familiar legítimo sobre os direitos e a dignidade do filho extramatrimonial.

O art. 1.596 do Código Civil de 2002 reproduziu integralmente o § 6º do art. 227 da Constituição Federal de 1988, ao dispor que: "Os filhos, havidos ou não da relação de casamento, ou por adoção, terão os mesmos direitos e qualificações, proibidas quaisquer designações discriminatórias relativas à filiação".

30. O Código Civil vigente – Lei nº 10.406 de 10.01.2002 – teve o seu Projeto original datado de 1972. O Código foi aprovado após longa tramitação e inúmeras

---

[86] Maria Regina Fay de Azambuja, op. cit., p. 107.
[87] *O melhor interesse da criança*, pp. 41-43.

emendas apresentadas no Congresso Nacional, as quais procuraram, principalmente, adequar o Projeto às profundas transformações introduzidas pela Constituição Federal no campo do Direito de Família.

31. Apesar de todo esforço empreendido para aprovação do novo Código, muitas críticas este diploma legal sofreu, especialmente por parte dos civilistas defensores do movimento da descodificação. A nossa posição foi assim exposta:

> "Adepto da descodificação, tenho reafirmado que não mais se pode reconhecer aos Códigos a missão histórica de assegurar a manutenção dos poderes adquiridos. Se eles representam a 'consagração da previsibilidade',[88] hoje exercem um papel residual, diante de uma nova realidade legislativa, em que os microssistemas constituem polos autônomos, dotados de princípios próprios, impondo inovadora técnica interpretativa".[89]

32. No que diz respeito à interpretação e aplicação do atual Código, é de se ressaltar que nos posicionamos pela adoção de novo sistema interpretativo, em que se destacam "os princípios constitucionais e os direitos fundamentais, os quais se impõem aos interesses particulares, prevalecendo a *constitucionalização do Direito Civil*, sobretudo no âmbito da Família".[90]

33. O Código Civil de 2002 procurou regulamentar aspectos essenciais do Direito de Família, adaptando as normas do Código anterior e da legislação complementar à luz das normas constitucionais.

34. Não se deve olvidar que as normas de Direito de Família do Código Civil de 1916 já vinham sendo paulatinamente alteradas por leis esparsas, editadas no decorrer do século XX. Contudo, as principais transformações neste campo jurídico foram introduzidas pelos arts. 226 e 227 da Constituição Federal, podendo ser resumidas através dos seguintes pontos: o reconhecimento de novas entidades familiares (união estável e família monoparental); a consagração da igualdade dos filhos, havidos ou não do casamento, ou por adoção, garantindo-lhes os mesmos direitos e qualificações; a proclamação da igualdade entre os cônjuges; a introdução da doutrina jurídica da proteção integral de crianças e adolescentes.

35. No atual Código Civil, o Direito de Família – Livro IV – está regulado a partir do art. 1.511 até o art. 1.783. São 273 artigos que contêm disposições relativas às relações familiares patrimoniais e pessoais pertinentes ao matrimônio, à

---

[88] Natalino Irti, "L'età della decodificazione". *Revista de Direito Civil*, ano 3, vol. 10, p. 16, out./dez. 1979.
[89] Caio Mário da Silva Pereira, "Apresentação", in *Direito de Familia e o novo Código Civil*, p. v.
[90] *Ibidem*, p. vi.

vertente não matrimonial, às relações de parentesco, e aos institutos assistenciais da tutela e da curatela.

36. No tocante ao parentesco, o art. 1.593 do Código de 2002 trouxe uma nova classificação, ao dispor que "o parentesco é natural ou civil, conforme resulte de consanguinidade ou outra origem".

A inclusão da expressão "**outra origem**" em substituição ao termo "**adoção**", constante no art. 332 do Código de 1916,[91] consagra "situações jurídicas conhecidas e também abre espaço para novas formulações já em construção, especialmente a socioafetiva cabível na 'outra origem'".[92]

Ademais, pode-se afirmar que, além do parentesco natural ou biológico e da adoção, o Código vigente regulamentou relações de filiação que não têm essas formas de vínculo, como, por exemplo, o que ocorre quando se lança mão de técnica de reprodução assistida heteróloga (art. 1.597, V).

Neste sentido, foi formulado o Enunciado nº 103, aprovado na I Jornada de Direito Civil promovida pelo Centro de Estudos Judiciários do Conselho da Justiça Federal em 2002,[93] identificando, também, vínculo parental proveniente quer das técnicas de reprodução assistida heteróloga relativamente ao pai (ou mãe) que não contribuiu com seu material fecundante, quer da paternidade socioafetiva, fundada na posse de estado de filho. Com a mesma orientação, foi aprovado na III Jornada de Direito Civil o Enunciado nº 256: "A posse do estado de filho (parentalidade socioafetiva) constitui modalidade de parentesco civil".

Atualmente, consagram-se "novos valores referentes ao vínculo de filiação, nos quais ganha contorno e conteúdo a ideia de que a paternidade e a maternidade

---

[91] Art. 332. O parentesco é legítimo, ou ilegítimo, segundo procede, ou não, de casamento; natural, ou civil, conforme resultar de consanguinidade, ou adoção.

[92] Luiz Edson Fachin, *Comentários ao novo Código Civil, volume XVIII: do Direito de Família, do Direito Pessoal, das relações de parentesco*, p. 17.

[93] A I Jornada de Direito Civil foi promovida pelo Centro de Estudos Judiciários do Conselho da Justiça Federal – CJF e ocorreu no período de 11 a 13 de setembro de 2002, sob a coordenação científica do Ministro Ruy Rosado, do STJ. A Comissão de Direito de Família e Sucessões teve como Presidente, em 12.09.2002, Gustavo Tepedino e como Relator, também nesta data, Luiz Edson Fachin. Em 13.09.2002 a referida Comissão teve como Presidente Regina Helena Afonso Portes e como Relatora Adriana da Silva Ribeiro. A III Jornada de Direito Civil foi levada a efeito pelo Centro de Estudos Judiciários do CJF no último bimestre de 2004. Enunciado 103 – Art. 1.593: O Código Civil reconhece, no art. 1.593, outras espécies de parentesco civil além daquele decorrente da adoção, acolhendo, assim, a noção de que há também parentesco civil no vínculo parental proveniente quer das técnicas de reprodução assistida heteróloga relativamente ao pai (ou mãe) que não contribuiu com seu material fecundante, quer da paternidade socioafetiva, fundada na posse do estado de filho.

não são apenas relações jurídicas, ou meramente biológicas, sendo fundamental a presença do afeto nas relações paterno-filiais".[94]

É de se ressaltar que a avançada doutrina familiarista[95] vinha defendendo, em importantes trabalhos publicados antes mesmo do advento da Constituição Federal de 1988, o valor jurídico do afeto. Sintetizando estes postulados, Luiz Edson Fachin afirma que:

> "A *verdade socioafetiva* não é menos importante que a *verdade biológica*. A realidade jurídica da filiação não é, portanto, fincada apenas nos laços biológicos, mas na realidade de afeto que une pais e filhos, e se manifesta em sua subjetividade e, exatamente, perante o grupo social e à família. Congrega, assim duas dimensões: objetiva e subjetiva.
>
> A verdade socioafetiva da filiação se revela na posse do estado de filho, que oferece os necessários parâmetros para o reconhecimento da relação de filiação. Tal possibilidade denota assento jurídico possível em hermenêutica construtiva da nova codificação".[96]

§ 13 As formas de estabelecimento da paternidade. A paternidade presumida

37. Didaticamente, a doutrina classifica as formas de estabelecimento da paternidade no Direito Brasileiro em três categorias:

a) O estabelecimento da paternidade por efeito do casamento, quando se aplica a presunção *pater is est* dentro dos prazos legalmente estabelecidos. Como esclarece João Baptista Villela, o marido, "ao consentir com o matrimônio, aceita como seus todos os filhos que sua mulher traga ao mundo".[97]

b) Quanto ao filho havido fora do casamento, o vínculo jurídico de parentesco só se estabelece com o **reconhecimento**, o qual pode ser **voluntário (perfilhação) ou judicial (através da ação de investigação de paternidade)**.

38. Além das formas acima previstas, não se pode deixar de destacar que uma outra forma de estabelecimento da filiação é a adoção, tendo a lei civil regulamentado requisitos e procedimentos para a perfilhação adotiva, matéria que também é regulada pelo Estatuto da Criança e do Adolescente – Lei nº 8.069/1990.

---

[94] Lucia Maria Teixeira Ferreira, "Comentário ao art. 1.593 do Código Civil de 2002", *in O Novo Código Civil: Do Direito de Família*, p. 175.
[95] João Baptista Villela, *Desbiologização da paternidade*; Antonio Chaves, Adoção.
[96] Luiz Edson Fachin, *Comentários ao novo Código Civil, volume XVIII: do Direito de Família, do Direito Pessoal, das relações de parentesco*, p. 29.
[97] "Repensando o Direito de Família", *in Repensando o Direito de Família – Anais do I Congresso Brasileiro de Direito de Família*, p. 27.

No que se refere à adoção, o ECA sofreu importantes alterações por força da Lei nº 12.010, de 03.08.2009, conhecida como nova lei de adoção, a qual busca o aperfeiçoamento da sistemática prevista para garantia do direito à convivência familiar a todas as crianças e adolescentes, e para tanto privilegia a manutenção da criança e do adolescente em sua família natural, entendida como a comunidade formada pelos pais ou qualquer deles e seus descendentes (ECA, art. 25).

39. João Batista Villela sustenta que, mesmo sem a utilização de designações discriminatórias, enquanto houver casamento, *"continua existindo a necessidade de demarcar duas categorias de filho: os que nascem dentro do casamento e os que nascem fora do casamento"*.[98]

Na mesma linha de Villela, Sérgio Gischkow Pereira conclui que:

> "A única classificação possível entre filhos biológicos seria aquela que considerasse uma diferença que, lamentavelmente, permanece: a diferença entre os havidos no casamento e os nascidos fora do casamento. Esta distinção é inafastável, pelo menos enquanto não for abolido o casamento. Poderíamos falar em filhos matrimoniais e filhos extramatrimoniais. Os extramatrimoniais podem se ver forçados a ingressarem com ação de investigação de paternidade, o que produz profunda diferença prática. Aliás, a classificação, no rigor técnico, padece de uma falha, pois denomina de 'filho quem não poderia ainda ser assim cognominado, pois não reconhecido como tal, quer voluntária, quer contenciosamente".[99]

40. Heloisa Helena Barboza ressalta que não há qualquer tratamento discriminatório, visto que a presunção legal de paternidade é efeito jurídico do casamento, ao passo que a paternidade de filhos de pessoas não casadas decorre de um ato jurídico, de uma manifestação de vontade: o reconhecimento.[100]

---

[98] João Batista Villela, *O Modelo Constitucional da Filiação: verdades e superstições*, pp. 121-142.

[99] Sérgio Gischkow Pereira, "A Igualdade Jurídica na Filiação Biológica em face do Novo Sistema de Direito de Família no Brasil", *in Repertório de Doutrina sobre Direito de Família: aspectos constitucionais, civis e processuais*, vol. 4, p. 395.

[100] Heloisa Helena Barboza, *A Filiação em face da inseminação artificial e da fertilização "in vitro"*, pp. 26-28. Na verdade, esta afirmativa deve ser melhor esclarecida. Trata-se no caso de uma "prova" da paternidade, visto que a presunção foi incluída no rol dos meios de prova do fato jurídico (v. art. 212, IV), na linha do CC de 1916 (art. 136, V). Conforme melhor doutrina, a rigor, a presunção não é um meio de prova, na medida em que, na verdade, a dispensa. De acordo com Miguel Maria de Serpa Lopes (*Curso de Direito Civil*, vol. I, Rio de Janeiro, Freitas Bastos, 1996, p. 439), presunção é a ilação que se retira de um fato conhecido para estabelecimento de outro desconhecido. A presunção simplifica a prova, porque a dispensa a respeito do que se presume. De acordo com o CPC, não dependem

41. Na linha de pensamento dos juristas supracitados, entendemos que permanece a diferença quanto aos sistemas de estabelecimento da filiação: dentro do casamento e fora do matrimônio.

42. O sistema de determinação da filiação nas relações do casamento foi mantido, com algumas alterações, pelo Código de 2002. Foi regulamentada nova conformação para a presunção *pater is est quem nuptiae demonstrant*, reproduzindo-se parcialmente a regra do art. 338 do Código anterior:[101]

> "Art. 1.597. Presumem-se concebidos na constância do casamento os filhos:
>
> I – nascidos 180 (cento e oitenta) dias, pelo menos, depois de estabelecida a convivência conjugal;
>
> II – nascidos nos 300 (trezentos) dias subsequentes à dissolução da sociedade conjugal, por morte, separação judicial, nulidade e anulação do casamento;
>
> *III – havidos por fecundação artificial homóloga, mesmo que falecido o marido;*
>
> *IV – havidos, a qualquer tempo, quando se tratar de embriões excedentários, decorrentes de concepção artificial homóloga;*
>
> *V – havidos por inseminação artificial heteróloga, desde que tenha prévia autorização do marido".*

43. É importante ressaltar que a rigidez da presunção *pater is est* estabelecida pelo Código Civil de 1916 foi mitigada, na linha do que já defendiam muitos doutrinadores e de acordo com largo entendimento jurisprudencial.

44. Não teceremos análises mais aprofundadas sobre o tema do estabelecimento da filiação dentro do casamento e da paternidade presumida como efeito do matrimônio, de vez que *os temas centrais da presente obra referem-se ao reconhecimento de paternidade nos seus dois aspectos: ato voluntário do genitor (reconhecimento voluntário) e ação de investigação de paternidade (reconhecimento judicial ou forçado), além dos efeitos pessoais e patrimoniais advindos da declaração (espontânea ou judicial) da paternidade.*

---

de prova os fatos em cujo favor milita presunção legal de existência ou veracidade (art. 334, IV). Havendo casamento, a prova será dispensada se a concepção e nascimento do filho se derem nas circunstâncias previstas no art. 1.597 do CC de 2002, que permitem induzir, nos casos dos incisos I e II, ser o marido o pai biológico do filho. Do fato certo da convivência do casal, estabelece o legislador o fato desconhecido, a paternidade. Gustavo Tepedino, Heloisa Helena Barboza, Maria Celina Bodin de Moraes *et alli*, *Código Civil Interpretado conforme a Constituição da República*, v. IV, Rio de Janeiro: Renovar, 2014, p. 192.

[101] "Art. 338. Presumem-se concebidos na constância do casamento: I – Os filhos nascidos cento e oitenta dias, pelo menos, depois de estabelecida a convivência conjugal (339). II – Os nascidos dentro nos trezentos dias subsequentes à dissolução da sociedade conjugal, por morte, desquite, ou anulação".

Capítulo II

NATUREZA DECLARATÓRIA DO RECONHECIMENTO

§ 1º Classificação das ações. § 2º Natureza da ação de estado. § 3º Natureza do reconhecimento voluntário.

§ 1º Classificação das ações

45. Da classificação trinária à classificação quinária. Os processualistas modernos classificavam as ações segundo o seu objeto ou segundo o provimento judicial a que "tendem",[1] ou segundo a "natureza do ato de tutela jurídica que se pretenda do juiz",[2] em *constitutivas, condenatórias* e *declaratórias*, atendendo a que a "atuação da lei no processo pode assumir três formas: conhecimento, conservação, e execução" (Chiovenda).

De moderno, aliás, só existe a sistematização, porquanto, desde o Direito Romano, existiam já ações destas três classes, resultando da doutrina processual italiana, que formulou tal classificação, apenas a especificação, a fixação de contornos de cada uma, com clara inspiração na ideologia liberal, comprometida com o princípio da separação dos poderes.

Firmou-se a ideia de jurisdição como função meramente declaratória, levando à conclusão de que todas as sentenças, em última análise, seriam apenas declaratórias, uma vez que em todas o juiz *declara* a existência ou inexistência do direito subjetivo do autor, em todas o julgador faz a *declaração* de sua procedência ou improcedência, de sorte que, quando os processualistas falam em *ação declaratória*, em contraposição às outras espécies, encaram, *stricto sensu*, as ações que se apresentam na técnica processual como *puramente declaratórias, meramente*

---

[1] Chiovenda, *Istituzioni di Diritto Processuale Civile Italiano*, vol. I, p. 31.
[2] Alfredo de Araújo Lopes da Costa, *Direito Processual Civil Brasileiro*, vol. I, p. 73; José Frederico Marques, *Instituições de Direito Processual Civil*, vol. II, nºs 275 e segs.; Moacyr Amaral Santos, *Direito Processual Civil*, vol. I, nºs 124 e segs.

declaratórias como preferiu o Ministro Costa Manso,[3] e são as que Chiovenda especifica como sendo "de mero acertamento".

Atualmente, a doutrina processual critica a insuficiência da antiga classificação por considerar que "as três sentenças da classificação trinária são absolutamente incapazes de garantir uma tutela preventiva, ou uma tutela adequada aos direitos não patrimoniais".[4] Considera-se que "a classificação trinária das sentenças tem uma nítida relação com um Estado marcado por uma acentuação dos valores da liberdade individual em relação aos poderes de intervenção estatal, revelando, ainda, uma nítida opção pela incoercibilidade das obrigações".

A atual classificação das sentenças é a quinária, que comporta, além das três sentenças clássicas (declaratória, condenatória e constitutiva), a sentença **mandamental** – que atua sobre a vontade do vencido, compelindo-o a cumprir a sentença – e a sentença **executiva** – que permite a realização do direito do autor, independentemente da vontade do réu e sem a propositura da ação de execução, como é o caso da sentença de despejo.

46. Sentenças meramente declaratórias. Entendemos que as ações de investigação de paternidade têm natureza declaratória, razão pela qual faremos um registro histórico da formulação doutrinária e legislativa das *ações meramente declaratórias*.

Sua elaboração doutrinária foi pelos autores do Código alemão de 1877 (Lopes da Costa), e sua aceitação no direito positivo brasileiro é de data recente.

Em São Paulo houve, em 1924, uma tentativa para que fossem introduzidas no Código Processual. O anteprojeto, e respectiva exposição de motivos, feita pelo Sr. Ministro Costa Manso, com extraordinário brilho, podem-se ver na *Rev. Forense* citada.

Em Minas Gerais, realizou-se trabalho semelhante. Uma comissão da Câmara Estadual, composta dos Srs. Prof. Carlos Campos, Prof. Magalhães Drumond e Dr. Eurico Dutra, fez acompanhar o Projeto de erudita exposição de motivos, demonstrando a necessidade de se enquadrarem em nosso processo as *ações meramente declaratórias*.[5] A Assembleia Mineira, aprovando o transformou na Lei nº 1.111, de 15.10.1929.

O Código de Processo Civil e Comercial do Distrito Federal admitiu-as, por sua vez, nos arts. 576 a 580.

---

[3] Costa Manso, "Exposição de Motivos do Anteprojeto Paulista", *in Rev. Forense*, vol. XLVIII, p. 17.
[4] Luiz Guilherme Marinoni e Sérgio Cruz Arenhart, *Manual do Processo de Conhecimento*, p. 429.
[5] V. *Rev. Forense*, vol. LII, p. 397.

Doutrinariamente, já nossos processualistas as aceitavam, se bem que nem sempre juízes e tribunais as tenham recebido muito pacificamente, como salienta o Ministro Costa Manso, embora seja incontestável que, bem antes de se pretender transportá-las expressamente para o nosso direito judiciário positivo, isto é, antes de ser construída a doutrina legal das ações declaratórias, já existiam ações entre nós de natureza nitidamente declarativa.

Argumentava-se que o Código Civil de 1916, no art. 75, estabelecendo que "a todo direito corresponde uma ação que o assegura", queria dizer não apenas que todo direito violado encontra uma tutela judiciária que o restaure, mas também, e já que *assegurar* significa ainda *prevenir*, que todo aquele que tem interesse econômico ou moral na declaração preventiva de seu direito, podia recorrer ao Poder Judiciário pleiteando o acertamento da situação jurídica de que se considerava titular.

Antes de se ter introduzida na sistemática processual a ação declaratória *in specie*, casos havia em que o procedimento judiciário tinha por escopo declarar uma relação de direito, muito embora a tecnologia processual ainda silenciasse a respeito de ação especificamente declarativa.

Exemplificando, para ilustrar, vemos no art. 550 do Código Civil de 1916:

> "Aquele que, por trinta anos, sem interrupção nem oposição, possuir como seu um imóvel, adquirir-lhe-á o domínio, independentemente de título e boa-fé, que, em tal caso, se presumem; podendo requerer ao juiz que assim o declare por sentença, a qual lhe servirá de título para a inscrição no registro de imóveis".

Era, já, uma ação – de usucapião – claramente declarativa. A relação jurídica dominial adquiria-se tão somente pela posse revestida dos requisitos legais, limitando-se a atuação judiciária a verificar se eles anteriormente já existiam, a perquirir se o usucapiente reunia os elementos essenciais, e, em caso afirmativo, *declarar* esta situação de direito. Quando o autor iniciava a ação, já tinha adquirido a propriedade, que a sentença ulterior apenas declararia.

Como neste, muitos outros casos, dos quais alguns serão apontados em seguida, atestam a existência de ações em que a sentença era apenas declarativa. Elas, contudo, eram restritas a hipóteses concretas especificadas.

Com o Código de Processo Civil de 1939, art. 2º, parágrafo único, elas ganharam autonomia no direito objetivo, ou, como diz o ilustre autor do anteprojeto, autonomia esta que subsiste no Código de Processo Civil de 1973, art. 4º:

> "A ação declaratória, no direito nacional vigente, deixou, assim, de ser um *remedium juris* aplicável a certos casos especialmente previstos, para tornar-

-se uma forma de tutela de caráter geral, cujo processo e cujo domínio de aplicação coincidem integralmente com os das ações condenatórias".[6]

Esta orientação se manteve, muito embora não haja no CC de 2002 dispositivo que corresponda ao art. 75 do CC de 1916. Como esclarece Alexandre Freitas Câmara, a sentença meramente declaratória confere certeza e põe fim à existência ou inexistência de determinada relação jurídica. Esta certeza jurídica ou certeza oficial é o efeito que corresponde ao conteúdo da sentença dessa espécie.[7]

47. Ações declaratórias são, pois, aquelas em que o autor visa simplesmente à declaração da existência ou inexistência de uma relação ou situação jurídica, como decorre do art. 4º do Código de Processo Civil[8] e do art. 1º da Lei mineira nº 1.111, de 15.10.1929, ou do anteprojeto paulista; as em que se visa ao acertamento de uma relação de direito obscura ou duvidosa. Ou, como diria Machado Guimarães, aquelas nas quais "a sentença, por si só, realiza a tutela integral do direito, extingue a relação processual que se formara entre o Estado e as partes".[9]

O objetivo da sentença declaratória "é eliminar uma situação de incerteza que paira sobre uma dada relação jurídica. O bem da vida outorgado ao autor, através da sentença declaratória acobertada pela autoridade da coisa julgada material, é a declaração de que a existência, a inexistência ou o modo de ser da relação jurídica, não poderão ser negados em outro processo".[10]

Assim, a ação de repudiação de paternidade legítima, prevista no Código Civil de 1916, no art. 340, era puramente declaratória, porque seu objeto era a afirmação pura e simples da inexistência do estado de filiação legítima; noutros termos, à *declaração da inexistência* da relação jurídica da paternidade. Sua finalidade é esta, seu objetivo está completamente conseguido com este *judicium*.

As ações condenatórias, que pressupõem um *vinculum juris* prendendo o réu ao autor, que supõem um direito previamente exigível, visam à obtenção de um ato da parte do vencido.

As ações condenatórias, se por um lado têm um ponto de contato com as declaratórias, no tocante à *declaração da existência* do *vinculum juris*, por outro lado

---

[6] Pedro Batista Martins, Parecer inserido em *Rev. Forense*, vol. LXXXIV, p. 67.
[7] Alexandre Freitas Câmara, *Lições de Direito Processual Civil*, 24. ed., São Paulo: Atlas, 2013. v. 1. p. 480.
[8] É importante ressaltar que o Código de Processo Civil admite a ação declaratória não só para que se declare a existência ou inexistência de uma relação jurídica, mas também para *que seja declarada a autenticidade ou a falsidade de documento*.
[9] Machado Guimarães, "A Ação Declaratória e o Futuro Código de Processo Civil". *Arq. Judiciário*, vol. 40, Suplemento, p. 42.
[10] Luiz Guilherme Marinoni e Sérgio Cruz Arenhart, op. cit., p. 434.

delas se distinguem fundamentalmente, por preverem atos posteriores para que o direito do autor seja realizado. Enquanto as declaratórias terminam com o *judicium* de acertamento, ou, para usar a linguagem legal, "na ação declaratória, a sentença que passar em julgado valerá como preceito, mas a execução do que houver sido declarado somente poderá promover-se em virtude de sentença condenatória",[11] as condenatórias vão além, fazendo-se seguir de ato complementar da vontade legal, como se vê muito bem na lição de Chiovenda:

> "Se, poi, il convenuto è l'obligato stesso, la sentenza è di puro accertamento, quando non ha di mira che i vantaggi derivanti immediatamente dalla certeza giuridica; è di condamna quando ha anche di mira la ulteriore attuazione della volontà della legge, ossia se prepara la esecuzione. La differenza stà dunque in ciò, che nella sentenza di condamna l'accertament o ha due distinte funzione, nella sentenza di accertamento una sola".[12]

Constitutivas são as ações em que se visa à criação ou alteração de uma situação de direito, acusando a sentença nelas proferida, observa Lopes da Costa, certa semelhança com os atos judiciais. Exemplo típico é a ação de dissolução da sociedade conjugal (separação ou divórcio). Da sentença que então se proferir decorrerá o nascimento de uma situação jurídica até esse momento inexistente, criando-se relações de direito que começam a vigorar com a sua prolação. Analisando-a, o Dr. Luís Loreto salienta que, verificadas as causas que autorizam o pedido, tem nascimento o "direito potestativo" de produzir o divórcio, por meio de sentença judicial. Mas, uma vez que é a lei quem exige que, para a dissolução da sociedade conjugal, intervenha o Poder Judiciário, a sentença é um ato "absolutamente jurisdicional".[13]

Ainda que se despreze a construção fundada no "direito potestativo", a análise da atuação judiciária na ação de separação mostra que a sentença que dissolve a sociedade matrimonial cria um novo estado para as partes.

Ao contrário, pois, das declaratórias, as constitutivas não acertam uma relação ou situação de direito, preexistente, mas *criam (sentença constitutiva positiva) ou extinguem (sentença constitutiva negativa ou sentença desconstitutiva) uma relação jurídica, como é o caso da sentença que dissolve (desconstitui) a relação conjugal*.

§ 2º Natureza da ação de estado

48. O estado da pessoa é seu modo particular de existir, sua condição individual na sociedade, da qual derivam direitos e obrigações.

---

[11] CPC de 1939, art. 290.
[12] Chiovenda, *Principii di Diritto Processuale Civile*, p. 165.
[13] Luís Loreto, "A Sentença Constitutiva", *in Rev. Forense*, vol. XCVIII, p. 11.

Para o Direito Romano eram três os seus aspectos: *status familiae, status civitatis* e *status libertatis*. O direito moderno preocupa-se principalmente com o primeiro, excepcionalmente com o segundo, e nada com o terceiro, que era de suma importância em Roma, pela relevância da indagação se o indivíduo era livre, liberto ou escravo.

Limitamo-nos aqui a esta ligeira noção, pois no capítulo especial, quando tratarmos do estado de filiação ilegítima, efeito do reconhecimento, examinaremos seus diversos aspectos, posto que a classe dos ilegítimos desapareceu com a Constituição de 1988.

Chamam-se ações de estado as que visam ao acertamento do estado da pessoa, seja para afirmá-lo, quando ela não lhe está na posse, seja para contestá-lo, quando um terceiro quer privá-la das vantagens de um estado em que se acha, sem a ele ter direito,[14] e particularmente as que têm por objeto a fixação da relação jurídica da paternidade, distinguindo-se entre *positivas*, ou ações de *vindicação de estado*, como por exemplo, reclamação de filiação legítima (art. 350 do CC de 1916), e *negativas*, ou de *contestação de estado*, como, por exemplo, a repudiação de paternidade legítima (art. 339 do CC anterior), referidos com filiação nas relações de casamento ou fora dessas relações.

A Constituição Federal de 1988 assegurou aos filhos, havidos ou não da relação do casamento, bem como aos adotivos, os mesmos direitos e qualificações, e proibiu quaisquer designações discriminatórias relativas à filiação (CF art. 227, § 6º). Nessa linha, o CC de 2002 dispõe sobre os filhos havidos do casamento (anteriormente denominados legítimos), que gozam de presunção de paternidade (art. 1.597) e sobre os filhos havidos fora do casamento, que podem ser reconhecidos pelos pais, conjunta ou separadamente (art. 1.607). A ação de prova de filiação compete ao filho enquanto viver e passa a seus herdeiros, se morrer menor ou incapaz (art. 1.606). O marido pode contestar a paternidade dos filhos nascidos de sua mulher, em ação imprescritível, que pode ser continuada por seus herdeiros (art. 1.601). A ação de investigação de paternidade ou de maternidade pode ser contestada por qualquer pessoa que tenha justo interesse (art. 1.615).

49. As ações de estado, e particularmente as de investigação de paternidade para o nosso estudo, são *ações declaratórias*. Assim as considera o Supremo Tribunal Federal (Ac. *in Revista Forense*, vol. 123, p. 435)[15].

---

[14] Cf. Planiol, *Traité Élémentaire de Droit Civil*, vol. I, p. 162.
[15] Na esteira desse entendimento, o STJ acolheu o Recurso Especial 808.849-RJ em ação de declaração de relação avoenga, reconhecendo o direito personalíssimo dos netos à ancestralidade, ou seja, de propor a ação declaratória de parentesco em face do avô ou de seus herdeiros, se premorto aquele. Diversas são as decisões no mesmo sentido, tais como: STJ – AgRg no Ag no REsp nº 28.836 – RS; REsp nº 878.941 – DF; Recurso no Habeas Corpus nº 28.382 – TJRJ.

Como, via de regra, vêm cumuladas com ações patrimoniais de alimentos ou petição de herança, ostentam nesta hipótese duplo caráter: declaratórias e condenatórias, porque seu objeto, além do acertamento de estado, é a *pretensão* aos alimentos ou à herança, que importa condenação do réu numa *prestação*, sendo, pois, providas de execução direta.

Mas a ação de investigação de paternidade considerada em si, investigação simples, é puramente declaratória, visa a acertar a relação jurídica da paternidade do filho, afirmar a existência de uma condição ou estado, sem constituir para o autor nenhum direito novo, nem condenar o réu a uma prestação. Nem ao menos seu objeto será compelir o réu a admitir a relação jurídica da paternidade, porque, declarada por sentença esta relação, o estado de filho fica estabelecido *erga omnes*, não dependendo de execução o dever de admiti-lo o réu. Este terá reconhecido o estado do filho apenas, independentemente de sua vontade, porque, uma vez declarado o estado de filho, com a procedência da ação, a relação jurídica da filiação importa o modo particular da existência civil do autor, que ele adquire *adversus omnes*, e *inter omnes* está o réu, vencido na ação.

Por motivo de não terem admitido esta caracterização apriorística, autores de mor peso e tribunais mais bem conceituados deixaram-se conduzir a doutrinas e decisões que desafiam emenda.

Nunca será demais repetir que, na ação de investigação de paternidade, cumpre dissociar o estado que se declara da consequência patrimonial que se persegue.

Como acentua Antônio Cicu,[16] não pode haver um estado *patrimonial* e outro *moral*, e muito menos a ação de estado poderá ser de *natureza variável*, apresentando-se ora como ação nitidamente patrimonial ora como puramente moral. O estado não se confunde com o efeito patrimonial; a ação de estado distingue-se daquela em que é pleiteada a consequência.[17]

Pouco importa que a perquirição judicial da paternidade venha ou não seguida de pedido pecuniário. Este em nada afetará a natureza daquela, pela razão muito óbvia de que na ação investigatória o objeto colimado é a declaração da existência de uma relação de parentesco, e, conseguido isto, está finda.

Ao passo que o apêndice patrimonial que se lhe cumula, sem afetar a natureza do estado que se declara, será uma consequência do reconhecimento da paternidade, um elemento do estado.

Este conceito, de nímia relevância, terá de ser recordado toda vez que enfrentarmos problemas cujo equacionamento depende da distinção ora formulada,

---

[16] Antônio Cicu, *Filiación*, p. 150.
[17] Cf. Cunha Gonçalves, *Tratado de Direito Civil*, vol. II, p. 177; Planiol *et* Ripert, *Traité Pratique de Droit Civil Français*, vol. I, p. 18.

e, por não a terem observado, muitos e bons autores obscureceram as questões atinentes aos efeitos do reconhecimento.

Corrobora esse entendimento o disposto no ECA que deixa expresso ser o direito ao reconhecimento do estado de filiação um direito personalíssimo, indisponível e imprescritível, que pode ser exercido contra os pais ou seus herdeiros, sem qualquer restrição, observado o segredo de Justiça (Lei n º 8.069/1990, art. 27).[18]

50. Prevalecia até bem pouco tempo atrás o entendimento de que **as sentenças produzidas nas ações de vindicação ou de desconstituição do estado de filiação faziam *coisa julgada material*.**

51. Neste sentido, entendia-se que, sendo procedente a reclamação de estado de filiação, firmava-se definitivamente a relação jurídica da paternidade.

Todavia, se fosse julgado improcedente o pedido na ação de investigação de paternidade, o filho não poderia reabrir a lide, para, em outra demanda, pedir de novo a declaração do vínculo paterno-filial. Entendia-se, tanto no campo da doutrina quanto na jurisprudência, que a improcedência da primeira ação não significava simplesmente que o autor deixou de provar as elementares de seu libelo; a improcedência do pedido importava a afirmativa de não paternidade e a *res judicata* fixava definitivamente que não existia o vínculo jurídico pesquisado.[19]

52. A única exceção eram as hipóteses de ações investigatórias de paternidade propostas pelo Ministério Público, com fundamento na Lei nº 8.560/1992, visto que, nos termos do art. 2º, § 5º, da mesma Lei, a ação movida pelo Ministério Público não impede o ajuizamento de nova ação por aquele que tenha "legítimo interesse". Por conseguinte, a sentença aí proferida não tem o condão de gerar coisa julgada.

53. Recentemente, entretanto, passou-se a discutir acerca da possibilidade de a sentença que julga ação de investigação ou desconstituição de paternidade poder ou não ser acobertada pela coisa julgada. Em virtude da complexidade deste

---

[18] Neste sentido o STJ firmou seu entendimento, como se vê nos seguintes julgados: STJ, 3ª Turma, AgRg no AgREsp nº 28.836 – RS, Rel. Min. Massami Uyeda, julgado em 15.12.2011, *DJe* 03.02.2012; STJ, 4ª Turma, REsp nº 1.215.189 – RJ, Rel. Min. Raul Araújo, julgado em 02.12.2010, *DJe* 01.02.2011; REsp nº 1.215.189 – RJ; 4ª Turma, REsp nº 220.623 – SP, Rel. Min. Fernando Gonçalves, julgado em 03.09.2009, *DJe* 21.09.2009; STJ, 4ª Turma, REsp nº 1.298.576 – RJ, Rel. Min. Luis Felipe Salomão, julgado em 21.08.2012, *DJe* 06.09.2012; STJ, 4ª Turma, REsp nº 220.623 – SP, Rel. Min. Fernando Gonçalves, julgado em 03.09.2009, *DJe*: 21.09.2009; STJ, 4ª Turma, REsp nº 786.312 – RJ, Rel. Min. Luis Felipe Salomão, julgado em 21.05.2009, *DJe* 21.09.2009.

[19] Neste sentido, esta era a orientação do presente livro, até a sua penúltima edição (5ª edição, 1997, p. 54).

tema, que envolve a chamada mitigação ou relativização da coisa julgada nas ações de investigação e desconstituição do vínculo paterno-filial, trataremos do assunto no Capítulo IV *infra*.

54. A ação de investigação de paternidade era prevista no art. 363 do Código Civil de 1916, nos seguintes termos:

> "Art. 363. Os filhos ilegítimos de pessoas que não caibam no art. 183, n[os] I a VI, têm ação contra os pais, ou seus herdeiros, para demandar o reconhecimento da filiação:
>
> I – Se ao tempo da concepção a mãe estava concubinada com o pretendido pai.
>
> II – Se a concepção do filho reclamante coincidiu com o rapto da mãe pelo suposto pai, ou suas relações sexuais com ela.
>
> III – Se existir escrito daquele a quem se atribui a paternidade, reconhecendo-a expressamente".

55. No Código Civil de 2002, não há artigo equivalente ao art. 363 do Código anterior. O art. 1.606 do atual Código reconhece ao filho "ação de prova de filiação" enquanto viver, passando-a aos herdeiros, se morrer menor ou incapaz. Se iniciada a ação pelo filho, poderão os sucessores continuá-la, salvo se julgado extinto o processo.

Heloisa Helena Barboza observa que, "se considerada a sua localização, essa 'ação de prova de filiação' parece respeitar à filiação presumida; será razoável dar-lhe interpretação 'extensiva', na medida em que restou incompleta a investigação da paternidade/maternidade".[20]

Contudo, Paulo Luiz Netto Lôbo entende que a ação de prova de filiação, prevista no art. 1.606, não se confunde com a investigação de paternidade:

> "A primeira tem por fito comprovar a situação de fato referida no art. 1.605, ou a posse do estado de filho, cuja aparência resulta de presunção veemente ou de começo de prova por escrito de pais ausentes ou falecidos; em outras palavras, de regularização do registro de nascimento, que deixou de ser feito ou, se foi feito, não se tem comprovação indiscutível. Ao contrário da investigação, a paternidade nunca foi discutida, pois o pai sempre se comportou como tal. Na ação de investigação, objetiva-se o reconhecimento compulsório do filho, por omissão ou recusa do investigado, tenha ou não

---

[20] Heloisa Helena Barboza, *Direito de Família no Projeto de Código Civil: considerações sobre o "Direito Pessoal"*, pp. 28-29.

havido convivência familiar. Portanto, não tem cabimento na ação de prova de estado de filiação o exame de DNA ou qualquer outra prova da origem genética do filho".[21]

Em outra interpretação, entende-se que o art. 1.605 trata de duas hipóteses distintas: a do inciso I, que se refere à falta do termo, por ser o mesmo inexistente, caso em que será necessário ser declarada a filiação paterna e materna por ação própria (ação de estado); a do inciso II, na qual há veementes presunções de fatos já certos, embora não se tenha a certidão o termo de nascimento, prova por excelência da filiação (CC de 2002, art. 1.603). Neste caso, mesmo que não mais exista escrito proveniente dos pais, o registro do nascimento existiu, mas se perdeu, e os "fatos certos" mencionados no artigo podem ser comprovados por documentos, como registros religiosos, testemunhas e perícia, além do fato dos pais conviverem como marido e mulher, incluindo-se aqui especialmente a prova de posse do estado de filho. Com o intuito de facilitar a prova da filiação, não se deve mais limitar a admissão da prova do estado à prévia existência de algum escrito dos pais.[22]

Já o art. 1.606 do CC de 2002 cuida da legitimidade para a ação objetivando estabelecer a filiação havida ou não do casamento. O CC manteve a transmissibilidade do direito de ação, mas por ser tratar de direito personalíssimo (ECA, art. 27), apenas estarão legitimados para a ação os herdeiros do filho que falecer menor ou incapaz, e não qualquer sucessor a título universal.[23]

56. A ação de investigação de paternidade é privativa do filho, ressalvada a disposição da Lei nº 8.560/1992, que atribuiu legitimação extraordinária ao Ministério Público para propor a ação investigatória, o que gera algumas reflexões.[24]

Anete Trachtenberg afirma que o ajuizamento de ação de investigação de paternidade independentemente da vontade do suposto filho esbarra em limitações éticas, morais e psicológicas porque, se o teste de DNA for positivo, a criança poderá ter um pai que a recusa, ao invés de um genitor que a ame verdadeiramente.[25]

Partindo-se da premissa de que a ação de investigação de paternidade é privativa do filho, este pode chamar o pai a Juízo e, provando os requisitos da ação,

---

[21] Paulo Luiz Netto Lôbo, *Código Civil Comentado: direito de família, relações de parentesco, direito patrimonial: arts. 1.591 a 1.693*, volume XVI, pp. 97-98.

[22] Gustavo Tepedino et alli. *Código Civil Interpretado conforme a Constituição da República*, v. IV, Rio de Janeiro: Renovar, 2014, p. 209-210.

[23] Idem, p. 210-211.

[24] Discutiremos melhor as questões pertinentes à legitimidade ativa nas ações de investigação de paternidade no Capítulo IV, *infra*.

[25] Anete Trachtenberg, *O poder e as limitações dos testes sanguíneos na determinação de paternidade – II*, in *Grandes temas da atualidade – DNA como meio de prova da filiação*, p. 22.

isto é, demonstrando a existência do fato de que se faz presumir a relação jurídica, pleitear que a declare o julgador.

Ao pai, como é óbvio, não pode socorrer tal ação, porque a ele compete reconhecer voluntariamente os filhos quaisquer.

Pode acontecer, no entanto, que um indivíduo alardeie por toda parte ser filho natural de certo homem, e, divulgando esta relação de filiação, mantenha o pretendido pai na iminência de uma demanda que não propõe, e que reserve para iniciar após sua morte, contra os herdeiros, que não disporão, talvez, de elementos com que possam repelir a pretensão do suposto filho.

É certo que a ação de reconhecimento é um direito do filho, e, pois, não poderá o pai compeli-lo a iniciá-la enquanto estiver vivo, para que se possa defender pessoalmente, porque este direito do filho compreende a faculdade de demandar o reconhecimento, quer em vida do pai quer contra os seus herdeiros.

Por outro lado, o alegado pai tem também, inequivocamente, o direito de bater às portas do Judiciário, pleiteando, num Juízo de acertamento, a declaração da inexistência da pretendida relação jurídica.[26] Nesse sentido se manifestou o STJ no julgamento do REsp 1328306/DF, em ação negatória de paternidade, realizado em 14.05.2013, ao afirmar que a legitimidade ordinária ativa da ação negatória de paternidade compete exclusivamente ao pai registral por ser ação de estado, que protege direito personalíssimo e indisponível do genitor (art. 27 do ECA), não comportando sub-rogação dos avós, porquanto direito intransmissível.

O Ministro Costa Manso, na exposição de motivos do referido anteprojeto paulista,[27] aventa a hipótese da ex-amante de um indivíduo jactar-se de ser sua mulher legítima, imputação que poderá trazer-lhe sérios embaraços, prejuízos palpáveis, e apresenta como solução a declaratória de seu estado, que, em verdade, outra coisa não é senão a declaratória de inexistência do vínculo conjugal.

A hipótese lembrada pelo Mestre Ministro Costa Manso aplica-se à da imputação de paternidade, que o suposto pai considera falsa.[28]

O pretendido pai, a fim de fazer desaparecer a incerteza objetiva, concernente à situação jurídica da atribuída paternidade, tem legítimo interesse, seja econômico, seja moral, em declarar a inexistência da relação jurídica que o

---

[26] Orlando Gomes ressalta que "tem-se admitido *a ação declaratória negativa de paternidade* para possibilitar ao suposto pai medida preventiva contra o procedimento, após sua morte, de quem vive a lhe atribuir paternidade que nega" – *Direito de Família*. 11ª ed. Atualizado por Humberto Theodoro Júnior, p. 364.

[27] Trata-se do anteprojeto citado no início deste Capítulo, que teve a exposição de motivos feita pelo Ministro Costa Manso.

[28] O símile já foi lembrado pelo Dr. Carvalho Santos, em parecer que será examinado na nota seguinte.

pseudofilho afirme ocorrer, e que ele reputa uma falsidade (CPC/1973, art. 2º, CPC/2015, art. 2º).[29]

---

[29] A hipótese já veio aos tribunais, ao que nos consta, num caso único. O autor, entretanto, alegando que pretendia dispor de todos os seus bens em testamento, por não ter ascendentes vivos, e, sendo solteiro, não ter nenhum filho natural, muito embora haver quem se jactasse de uma filiação ilegítima inverídica, propôs a demanda contra réus não indicados e desconhecidos. O egrégio Tribunal de Apelação do Rio Grande do Sul, por acórdão de 18.11.1942, in Rev. Forense, vol. XCIV, p. 98, apreciou a matéria, demonstrando ser incabível a ação nestes termos, reconhecendo, entretanto, sua pertinência no caso de ser chamado a Juízo um réu certo, contra o qual tenha o pretendido pai interesse no acertamento da relação de direito. Em grau de recurso extraordinário, o colendo Supremo Tribunal Federal, não conhecendo do recurso, por não ter sido ferido em sua literalidade qualquer dispositivo legal, firmou, contudo, ser incabível a ação nos termos em que foi proposta (acórdão de 02.08.1943, in Rev. Forense, vol. XCVIII, p. 58). O ilustre civilista Carvalho Santos, em parecer publicado na Rev. Forense, vol. XCIII, p. 55, defende não só o cabimento da ação declaratória negativa de paternidade como a tese de que pode ser proposta contra réus desconhecidos, sob fundamento de que a citação por edital é prevista expressamente para quando o réu é *desconhecido* ou *incerto* (CPC/1939, art. 177), e é possível que o autor ignore quem se inculque como seu filho, não havendo na lei exceção alguma, em virtude da qual a ação declaratória negativa de paternidade esteja excluída da regra contida neste inciso da lei processual. A ação declaratória negativa de paternidade é, sem dúvida, perfeitamente admissível.

A nosso ver, e *data venia* o egrégio civilista não tem razão quando sustenta o cabimento da ação contra réu incerto.

A finalidade da ação declaratória é o acertamento de uma relação de direito, com afastamento da incerteza objetiva, e nenhuma realmente existe num boato impreciso e amorfo, se falta o titular da relação de parentesco alegada. O vínculo de paternidade prende o pai ao filho, mas não pode encadear o vácuo. Desde que não haja alguém que se apresente como titular da relação jurídica, e contra o qual tenha o autor interesse de provocar o Juízo de acertamento, fica sem objeto a ação declaratória negativa. A argumentação do ilustrado jurista não convence, *data venia*, porque parte de uma premissa falsa, quando admite possa o pai ignorar quem se inculque como seu filho, porque isso se traduziria na negação da própria relação de direito. Se o pressuposto da ação é a falsa atribuição de paternidade, é a existência de alguém que afirme ser filho do autor; se o extremo fundamental do pedido é haver alguém que se julgue titular do direito de mover uma ação declaratória de paternidade; se a premissa essencial do libelo é o direito, que o suposto pai tem de antecipar a propositura da ação de perquisição paternal, obtendo em Juízo preventivo a declaração de que entre ele e o que se considera seu filho inexiste o vínculo anunciado, que o outro pretende futuramente fazer declarar, é evidente que tais requisitos desaparecem diante da alegação do próprio autor, de que ignora ou desconhece quem se queira passar por seu filho. A ação negatória de paternidade é precisamente o reverso da declaratória positiva: o pretenso pai, que seria réu na segunda, só tem ação contra quem lhe pudesse mover a investigação paternal, e, se ele o desconhece, ou ignora quem seja, não há *contra quem* intentar a declaratória negativa, restando impossível o estabelecimento da equação processual, como frisa em voto proferido no acórdão do Supremo Tribunal Federal o Ministro Castro Nunes.

Contudo, não basta para tanto a inexistência do vínculo biológico, conforme entendimento da 4ª Turma do STJ no REsp nº 786.312-RJ (Rel. Min. Luis Felipe Salomão, julgado em 21.05.2009, *DJe* 21.09.2009), conforme acórdão assim ementado:

> "Direito de família. Ação negatória de paternidade. Exame de DNA negativo. Reconhecimento de paternidade socioafetiva. Improcedência do pedido.
>
> 1. Em conformidade com os princípios do Código Civil de 2002 e da Constituição Federal de 1988, *o êxito em ação negatória de paternidade depende da demonstração, a um só tempo, da inexistência de origem biológica e também de que não tenha sido constituído o estado de filiação, fortemente marcado pelas relações socioafetivas e edificado na convivência familiar*. Vale dizer que *a pretensão voltada à impugnação da paternidade não pode prosperar, quando fundada apenas na origem genética, mas em aberto conflito com a paternidade socioafetiva*.
>
> 2. No caso, as instâncias ordinárias reconheceram a paternidade socioafetiva (ou a posse do estado de filiação), desde sempre existente entre o autor e as requeridas. Assim, *se a declaração realizada pelo autor por ocasião do registro foi uma inverdade no que concerne à origem genética, certamente não o foi no que toca ao desígnio de estabelecer com as então infantes vínculos afetivos próprios do estado de filho, verdade em si bastante à manutenção do registro de nascimento e ao afastamento da alegação de falsidade ou erro*.
>
> 3. Recurso especial não provido".

No mesmo sentido as decisões nos recursos: STJ, 4ª Turma, REsp nº 1.059.214-RS, Rel. Min. Luis Felipe Salomão, julgado em 16.02.2012, *DJe* 12.03.2012; STJ, 3ª Turma, REsp nº 1.244.957-SC, Rel. Min. Nancy Andrighi, julgado em 07.08.2012, *DJe* 27.09.2012.

§ 3º Natureza do reconhecimento voluntário

57. Dispõe o art. 1.616 do Código Civil de 2002[30] que "a sentença que julgar procedente a ação de investigação produzirá os mesmos efeitos do reconhecimento", mas não diz, nem isso era preciso, que uma e outro (reconhecimento judicial e reconhecimento voluntário) são da mesma natureza.

Realmente, o que cria a paternidade é o vínculo biológico. Uma vez que certa mulher concebeu de um indivíduo, é ele o pai pela natureza, desde o momento da concepção, e, com o nascimento, estabelece-se a relação de fato da paternidade.

Entretanto, as observações realçadas no Capítulo I deste livro, no sentido de que abalizados doutrinadores consideram que a "*verdade biológica* da filiação não

---

[30] No Código Civil de 1916, o art. 366 dispunha que "a sentença, que julgar procedente a ação de investigação, produzirá os mesmos efeitos do reconhecimento podendo, porém, ordenar que o filho se crie e eduque fora da companhia dos pais, que negou esta qualidade".

é o único fator a ser levado em consideração pelo aplicador do direito, sendo inclusive elemento essencial para o estabelecimento da filiação: o elemento material da filiação não é tão só o vínculo de sangue, mas a expressão jurídica de uma *verdade socioafetiva"*, como esclarece Luiz Edson Fachin.[31] As novas tendências doutrinárias referentes à chamada "desbiologização" da filiação e sua aplicação pelos Tribunais foram expostas em vários capítulos desta atualização.[32]

58. Se os pais são casados, a situação de fato é simultânea à relação de direito, porque do casamento a lei presume a coabitação dos cônjuges, e desta coabitação presumida, a paternidade.

No Código Civil de 1916, havia o conceito de legitimidade da filiação, razão pela qual o art. 337 dispunha que "são legítimos os filhos concebidos na constância do casamento, ainda que anulado (art. 217), ou mesmo nulo, se se contraiu de boa-fé (art. 221)". Este artigo foi revogado expressamente pela Lei nº 8.560/1992. Contudo, como já afirmamos no Capítulo I, entendemos que permanece, no direito brasileiro, a diferença no estabelecimento da filiação dentro do casamento e fora do casamento, justificando a divisão dos filhos em duas categorias importantes para a determinação da paternidade: filhos matrimoniais e filhos extramatrimoniais. Enfatizamos que esta divisão não importa na reedição dos conceitos de legitimidade ou ilegitimidade dos filhos.

Desta maneira, ficou mantida a presunção de paternidade dos filhos nascidos na constância do casamento, nos termos do art. 1.597 do Código de 2002.[33]

Por outro lado, é de se destacar que a Lei nº 8.560/1992 regulamentou medidas para evitar o tratamento desigual entre os filhos, ao proibir, no art. 6º e seu § 1º, qualquer menção ou indício, nas certidões de nascimento, de que a concepção foi decorrente de relação extraconjugal.

Cumpre observar que a presunção legal (CC de 2002, art. 1.597) diz respeito à prova da paternidade, pois constitui "meio de prova" de um fato jurídico (CC de 2002, art. 212, IV), embora, na verdade, a existência de presunção apenas dispense a prova. Como esclarece a doutrina, a presunção é "a ilação que se retira de um fato

---

[31] Luiz Edson Fachin, *Comentários ao novo Código Civil: do Direito de Família*, do Direito Pessoal, das relações de parentesco. Arts. 1.591 a 1.638, vol. XVIII, p. 24.

[32] Lucia Maria Ferreira em nota de atualização da 6ª edição.

[33] V. Cap. I, § 13, *supra*. É de se consignar, entretanto, o polêmico entendimento de Luiz Felipe Brasil Santos, no artigo "A incerteza da paternidade (certa)", publicado no *Boletim IBDFAM*, nº 31, ano 5, de março/abril de 2005. O autor entende que, por inadvertência do legislador, a presunção *pater is est* foi extinta do ordenamento jurídico nacional desde a revogação do art. 337 do Código de 1916 pela Lei nº 8.560/1992, visto que não há no Código Civil de 2002 regra que diga que se presumem do marido os filhos havidos pela mulher na constância do casamento.

conhecido para estabelecimento de outro desconhecido".[34] A presunção simplifica a prova, porque a dispensa a respeito do fato que se presume. De acordo com o CPC, não dependem de prova os fatos em cujo favor milita presunção legal de existência ou veracidade (art. 334, IV – art. 374, IV CPC/2015). No caso da paternidade, a presunção é relativa e admite prova em contrário, como evidencia a possibilidade de o marido contestar a paternidade dos filhos nascidos de sua mulher, mediante ação imprescritível (CC de 2002, art. 1.601). Havendo casamento, a prova será dispensada se a concepção e nascimento do filho se derem nas circunstâncias previstas pelo CC de 2002 (art. 1.597).[35] De acordo com José Lamartine Corrêa de Oliveira, embora o filho havido do casamento goze do benefício da presunção, razoável não se atribuir a tal circunstância natureza de discriminação,[36] que afronte o art. 227, § 6º, da CR.[37]

59. Mas se os pais não são casados, a situação de fato não tem correspondência num estado de direito, porque a lei não dispunha de elementos para identificar o genitor : *pater semper incertus...* É de se registrar, contudo, que esta velha fórmula hoje pode ser substituída pela novíssima noção de *pater et mater certa sunt, visto que a indefinição acerca da paternidade biológica vem sendo superada pela revolução científica na identificação da origem genética provocada pelos exames de DNA* (ver, a propósito, *o Capítulo V, item DNA*).

De toda forma, continua sendo necessário o reconhecimento (voluntário ou judicial) do filho havido fora do casamento.

Nesse sentido dispõe o art. 1.607 do CC de 2002, segundo o qual o filho havido fora do casamento pode ser reconhecido pelos pais, conjunta ou separadamente. Na verdade, o reconhecimento do filho não é uma faculdade, mas um dever dos pais, que decorre dos princípios da dignidade da pessoa humana e da paternidade responsável que fundamentam o direito ao planejamento familiar, que assegura aos pais a autonomia reprodutiva, nos termos do art. 226, § 7º, da Constituição da República.

A Lei de Registros Públicos atende, com melhor redação, a orientação constitucional, ao determinar que todo nascimento que ocorrer no território nacional deverá ser dado a registro, pelo qual não serão cobrados emolumentos (Lei nº 6.015/1973, art. 30), no Cartório do Registro Civil do lugar em que tiver ocorrido o parto ou no lugar da residência dos pais, sendo obrigados a fazer tal declaração o pai, a

---

[34] Miguel Maria de Serpa Lopes. *Curso de Direito Civil*, vol. I, Rio de Janeiro: Freitas Bastos, 1996, p. 439.
[35] Gustavo Tepedino *et alli. Código Civil Interpretado conforme a Constituição da República*, v. IV, Rio de Janeiro: Renovar, 2014, p. 190-194.
[36] José Lamartine Corrêa de Oliveira *et alli. Direito de Família*, p. 38.
[37] José Lamartine Corrêa de Oliveira e Francisco José Ferreira Muniz. *Direito de Família*, Porto Alegre: Sergio Fabris, 1990, p. 38.

mãe ou qualquer das pessoas indicadas na referida Lei (Lei nº 6.015/1973, art. 50 e 52). Observe-se que permanecem em vigor os mencionados dispositivos da Lei de Registros Públicos, por não serem incompatíveis com o CC de 2002, que lhe é posterior. Ademais, importante anotar que o art. 52 da Lei nº 6.015/1973 teve os §§ 1º e 2º alterados pela Lei nº 13.112/2015, permitindo à mulher, em igualdade de condições, proceder ao registro de nascimento do filho.

60. Há quem defenda a aplicação analógica da presunção de paternidade do marido (regulamentada pelo art. 338 do Código Civil de 1916 e pelo art. 1.597 do Código Civil de 2002) em benefício dos filhos de pais que vivam em união estável, sendo esta corrente doutrinária minoritária. Segundo Reynaldo José Castilho Paini, se o nascimento da criança, cujos genitores vivam em união estável, ocorresse dentro dos parâmetros e prazos previstos no art. 338 do Código de 1916, "da mesma forma dever-se-ia entender a criança como filha do companheiro, ainda que tenha ele abandonado a mulher-mãe naquele prazo. A prova seria beneficiando a criança, isto é, provada a 'união estável' (por contrato, documentos, testemunhas), seria efetivado o registro dos filhos, observando-se o disposto no art. 338 do CC, e sem mais delongas, com o nome do pai e demais elementos necessários ao registro, sem o processo de reconhecimento da paternidade ou a investigatória (da mesma forma que ocorre em relação aos casados)".[38]

Neste sentido, decidiu o Tribunal de Justiça do Rio Grande do Sul: "Demonstrada a existência de união estável de vários anos, desnecessário o ajuizamento de ação de investigação de paternidade para o registro de filha nascida após a morte do companheiro da autora. Considerando que o art. 226, § 3º, da Constituição Federal, reconhece a união estável entre homem e mulher como entidade familiar, aplica-se à espécie a presunção legal consubstanciada no art. 338, II, do CC".[39]

Este entendimento foi o acolhido pelo STJ, que ao julgar em 06.11.2012 o REsp 1.194.059/SP, em pedido de homologação de acordo extrajudicial de reconhecimento de paternidade, sob o argumento de que se o "nosso ordenamento jurídico, notadamente o próprio texto constitucional (art. 226, § 3º), admite a união estável e reconhece nela a existência de entidade familiar, nada mais razoável de se conferir interpretação sistemática ao art. 1.597, II, do Código Civil, para que passe a contemplar, também, a presunção de concepção dos filhos na constância de união estável". No caso, "o companheiro da mãe da menor faleceu 239 (duzentos e trinta e nove) dias antes ao seu nascimento. Portanto, dentro da esfera de proteção conferida pelo inciso II do art. 1.597, do Código Civil, que presume concebidos na constância do casamento os filhos nascidos nos trezentos dias subsequentes, entre outras

---

[38] Reynaldo José Castilho Paini, *Reconhecimento de paternidade e união estável*, p. 23.
[39] Ac. da 4ª Câm. Cív. do TJRS, em 03.06.1998, rel. Maria Berenice Dias, *DOJ*-RS 1417, de 24.07.1998.

hipóteses, em razão de sua morte". Concluiu-se, nestes termos, "em homenagem ao texto constitucional (art. 226, § 3º) e ao Código Civil (art. 1.723), que conferiram ao instituto da união estável a natureza de entidade familiar, aplica-se (*sic*) as disposições contidas no artigo 1.597, do Código Civil, ao regime de união estável".

Belmiro Pedro Welter também defende que a presunção de paternidade se aplica na constância da união estável, "podendo ser afastada com ação negatória de paternidade, desde que não comprovada a filiação socioafetiva, que prevalece, nesse caso, sobre a biológica, em vista do acolhimento da Constituição Federal de 1988 do princípio da afetividade (arts. 226 a 230)".[40]

Destacando-se na corrente majoritária, Heloisa Helena Barboza afirma que "os filhos havidos durante a união estável deveriam também ser beneficiados por presunção legal de paternidade, na medida em que a lei prevê para os companheiros obediência aos deveres de lealdade e respeito (art. 1.724), sendo a *convivência pública, contínua e duradoura, estabelecida com o objetivo de constituição de família* necessária para o reconhecimento da união estável (art. 1.723). Presentes os mesmos fundamentos que informam a presunção no casamento, cabível o benefício no companheirismo. Contudo, na ausência de disposição legal sobre a matéria, impõe-se reconhecer apenas a presunção *hominis*".[41]

Defendemos que futura reforma legislativa regulamente a incidência da presunção de paternidade para os casos de união estável, o que, efetivamente, não existe hoje, haja vista a manutenção da divisão entre as formas de estabelecimento de filiação dentro e fora do casamento.

61. Por conseguinte, na filiação extramatrimonial, resta, pois, esta anomalia: existe um laço sanguíneo que une o filho a seu pai, mas não há um vínculo direto que os prenda, porque a lei ignora quem seja o pai.

Se em ato espontâneo e forma legal, o pai se revela, ele não cria, com o reconhecimento, o vínculo da paternidade, mas tão somente o declara; não constitui, para o filho, o direito de filho, mas apenas acerta uma relação jurídica, concretiza no mundo civil uma anterior situação potencial, que era só do mundo biológico, incute, pela forma, sopro de vida, no plano social, a um estado jurídico que existia *in fieri*.

Quer se trate de reconhecimento espontâneo quer de reconhecimento compulsório, um e outro visam à declaração da paternidade, ao acertamento da relação jurídica da paternidade, à fixação do estado de filiação jurídica, ou seja, à legalização de uma situação de fato anterior.

---

[40] Belmiro Pedro Welter, *Igualdade entre as filiações biológica e socioafetiva*, p. 102.
[41] "Reprodução Assistida e o Novo Código Civil". *In*: *Bioética, Biodireito*. Maria de Fátima Freire de Sá, e Bruno Torquato de Oliveira Naves (coord.), p. 235.

Qualquer que seja sua forma, é, pois, declaratório, não cria nem modifica um estado de coisas. Evidencia, apenas, uma filiação preexistente.[42] Neste sentido, Carnelutti afirma a "identidade estrutural" do reconhecimento voluntário e da sentença, compreendendo-os ambos na categoria genérica de "comandos jurídicos".[43]

Não obstante a justeza destas considerações, campeia, em doutrina, infindável polêmica na determinação desta natureza jurídica, existindo doutrinadores que afirmam a natureza constitutiva do reconhecimento judicial da paternidade.[44]

É certo que numerosos, numerosíssimos, aliás, os casos de filiação natural sem a legalização que lhes imprima caráter de *status*. Era comum, antes da adoção do princípio da igualdade da filiação, que filhos havidos fora do matrimônio, e não reconhecidos pelos pais, somente fossem a juízo para pleitear alimentos ou para perseguir uma herança. Pode-se então dizer que, na falta de um interesse econômico, nada os estimulava a postularem a regularização de seu estado. Existe, então, o fato natural da procriação, pois no dizer de Cicu, todos são filhos de pai e mãe, mas o Direito tem a necessidade de acertar a paternidade e a maternidade, para reconhecer os efeitos jurídicos daquele fato.[45]

Não se pode, todavia, dizer que a procriação, sem reconhecimento, é erma de efeitos, uma vez que alguns há, posto que excepcionais. No Código Civil de 1916, existiam os impedimentos matrimoniais, ainda que apurados em segredo de justiça, bem como os alimentos segundo a regra do art. 405 do Código Civil de 1916.[46] É de se ressaltar que o filho ilegítimo, com amparo no art. 4º da Lei nº 883/1949, podia propor ação de alimentos sob o rito comum ordinário, ainda que não pudesse obter o reconhecimento da paternidade.

No Código Civil de 2002, permaneceram as regras que preveem os impedimentos matrimoniais resultantes da consanguinidade. Estes têm por fundamento

---

[42] Cf. Josserand, *Cours de Droit Civil Positif Français*, vol. I, § 1.201; Cunha Gonçalves, *Tratado de Direito Civil*, vol. II, p. 257; Colin *et* Capitant, *Cours Élémentaire*, vol. I, p. 279; Franco Carresi, *Il Riconoscimento Dei Figli Naturali*, p. 7; Planiol *et* Ripert, *Traité Pratique*, vol. II, nº 851.

[43] Francesco Carnelutti, *Diritto Processuale Civile*, vol. I, pp. 62 e segs. e 273 e segs.

[44] De acordo com Teresa Arruda Alvim Wambier e José Miguel Garcia Medina, "as ações constitutivas (positivas ou negativas) têm o condão de modificar situação ou relação jurídica existente entre as partes. No caso de ação relacionada ao estado da pessoa – e a ação de investigação de paternidade, obviamente, integra esta categoria de ações – se estaria diante de situação *sui generis*, consistente na possibilidade de a coisa julgada atingir algumas pessoas, e não outras". *O dogma da coisa julgada: hipóteses de relativização*, p. 192.

[45] Cicu, op. cit., p. 7.

[46] Art. 405. O casamento, embora nulo, e a filiação espúria, provada quer por sentença irrecorrível, não provocada pelo filho, quer por confissão, ou declaração escrita do pai, fazem certa a paternidade, somente para o efeito da prestação de alimentos.

"razões morais, para impedir núpcias incestuosas e a concupiscência no ambiente familiar, e em motivos eugênicos, para preservar a prole de taras fisiológicas ou de defeitos psíquicos. Logo, não podem casar os parentes em linha reta (ascendentes e descendentes), em qualquer grau, e os irmãos, germanos ou não".[47]

Ao descer à minúcia de pesquisar a natureza íntima do ato, alguns nele veem apenas um meio de prova, deslembrados, contudo, de que não seria apenas isto, pois que produz efeitos independentemente de qualquer procedimento judicial.[48]

Dentro desta categoria de meio probatório, muitos lhe atribuem a especificidade de uma confissão, partindo de que não é ele que institui a paternidade ou maternidade, porém uma e outra originam-se na verdade da procriação.[49]

A teoria do negócio jurídico tem seus adeptos, como declaração de vontade destinada à criação de um *status familiae*.[50] Ou, ainda, a teoria do "ato de disponibilidade" defendida por Scaduto. Noutro sentido, há os que o definem um tanto vagamente como "ato de poder familiar"[51] como outros (Carnelutti, Santoro-Passarelli) que nele enxergam um "ato constitutivo", atribuindo-lhe a finalidade de criar uma situação jurídica para o filho, inexistente para ele sem a efetivação do ato. Ou os que o qualificam simultaneamente como ato constitutivo e ato probatório (confissão) que constata um fato preexistente sem nada criar.[52]

Admitindo-se, contudo, que o fato natural da procriação é que gera a filiação biológica, ficando o ato de reconhecimento como o fator genético de seus efeitos, não se pode considerar que tem ele força constitutiva do estado de filho. Este estado vem da lei, e tão certo é que o ato de reconhecimento pode ser impugnado quando destoa da realidade biológica.

Grande cópia doutrinária milita no sentido de classificá-lo como de natureza mista "que participa dos caracteres da confissão e dos do ato jurídico não negocial".[53] Enquanto no regime do Código italiano de 1865 prevalecia a teoria

---

[47] Maria Helena Diniz, *Código Civil Anotado*, pp. 959-960.
[48] Carresi, op. cit., p. 17.
[49] Messineo, *Istituzioni di Diritto Privato*, p. 197; Gianturco, *Istituzioni di Diritto Civile Italiano*, p. 70; Ruggiero, *Istituzioni di Diritto Civile*, p. 199; Stolf, *Diritto Civile*, vol. V, nº 1.059; Pacifici Mazzoni, *Istituzioni di Diritto Civile Italiano*, vol. VII, pp. 2 e segs.; Chironi, *Istituzioni di Diritto Civile Italiano*, vol. II, p. 329; Colin *et* Capitant, *Cours Élémentaire de Droit Civil Français*, vol. I, nº 280; Mazeaud, Mazeaud *et* Mazeaud, *Leçons de Droit Civil*, vol. I, p. 958; De Page, *Traité Élémentaire*, tomo I, § 1.125; Planiol Ripert *et* Boulanger, *Traité Élémentaire*, vol. I, § 1.412.
[50] Carresi, op. cit., p. 47.
[51] Cicu, op. cit., p. 137; Maroi, *in Dizionario Pratico di Diritto Privato*, de Scialoja, V. *Irrevocabilità*.
[52] Jean Carbonnier, *Droit Civil*, vol. II, nº 80.
[53] Antonio Palazzo, *La Filiazioni Fuori del Matrimonio*, p. 31.

da confissão, sob o de 1942 uma boa parte da doutrina o insere na categoria dos atos não negociais.[54]

A maior parte da doutrina alemã define o reconhecimento como simples manifestação de convencimento com estrutura não negocial, sob o fundamento de que os seus efeitos são simplesmente os da lei.[55]

Posição original é a de V. Motin, que o considera simplesmente um "ato de declaração" equiparável à declaração paterna no registro de nascimento.[56]

Ato declaratório, dizemos colocando-o no campo dos atos jurídicos *stricto sensu*,[57] por via do qual se evidencia a paternidade ou maternidade preexistente, conferindo-lhe, então, a produtividade de seus efeitos, alguns dos quais com caráter retroativo. Assim o entendemos, e assim desenvolvemos acima, não nos parecendo convincentes os argumentos que intentam a sua caracterização como ato diverso dessa natureza declaratória.

Constitui, portanto, um "ato jurídico" que não é negócio jurídico, porque os seus efeitos são determinados em lei.

Francisco Amaral esclarece que quando os atos jurídicos consistem em simples declarações de vontade que produzem efeitos já estabelecidos na lei, denominam-se:

> "(...) *atos jurídicos em senso estrito*, como, por exemplo, o casamento, o reconhecimento de filho, a fixação de domicílio, a apropriação de coisa abandonada, ou de ninguém. Quando tais atos consistem em declarações da vontade humana destinadas a produzir determinados efeitos, permitidos em lei e desejados pelo agente, isto é, quando contêm determinada intenção, chamam-se *negócios jurídicos*, como os contratos, o testamento, as declarações unilaterais de vontade. Temos então que, no ato jurídico, a eficácia decorre da lei, é *ex lege*, enquanto no negócio jurídico decorre da própria vontade do agente, é *ex voluntate*. Outra diferença existe na circunstância de que o ato jurídico em senso estrito é simples atuação de vontade, enquanto o negócio jurídico é instrumento da autonomia privada, poder que

---

[54] Cf. Furno, *Osservazioni in Tema di Riconoscimento della Prole Naturale*, p. 174; Jemolo, *Volontarietà della Dicchiarazione di Paternità*, in Foro Italiano, 1940, vol. I, p. 7; Cariota Ferrara, *Il Negozio Giuridico nel Diritto Privato Italiano*, p. 292; Santoro Passarelli, "Ato Giuridico", *Enciclopedia del Diritto*, vol. IV, p. 203.

[55] Enneccerus, Kipp & Wolff, *Tratado...*, Parte General, vol. II, § 128; Von Tuhr, *Derecho Civil*, vol. II, tomo I, nº 107.

[56] Motin, *Nature Juridique de la Reconnaissance d'Enfant Naturel*.

[57] "Os atos jurídicos *stricto sensu* são manifestações de vontade, obedientes à lei, porém geradora de efeitos que nascem da própria lei" (Caio Mário da Silva Pereira. *Instituições de Direito Civil*, vol. I. Atualizado por Maria Celina Bodin de Moraes, p. 476).

os particulares têm de criar as regras de seu próprio comportamento para a realização de seus interesses."[58]

Concluindo, a declaração que evidencia a paternidade preexistente, como ato jurídico *stricto sensu*, produz o efeito de criar a relação jurídica respectiva, constituindo a prova da paternidade.

O ato jurídico *stricto sensu* está compreendido nos atos jurídicos lícitos, objeto do art. 185, do CC de 2002.[59] Como observado,[60] os efeitos do ato jurídico *stricto sensu* decorrem da lei, independem da vontade do agente, sendo ineficazes a condição e o termo apostos ao ato de reconhecimento do filho (CC de 2002, art. 1.613).

Em interessante decisão o STJ rejeitou a possibilidade do que seria um "autor-reconhecimento" pelos filhos, visto ser o direito de reconhecer voluntariamente a prole personalíssimo e, portanto, intransmissível aos herdeiros, conforme acórdão proferido pela 3ª Turma, no REsp nº 832.330-PR (Rel. Min. Castro Filho, julgado em 20.03.2007, *DJe* 02.04.2007), que tem a seguinte ementa:

> "Recurso especial. Direito de família. Filiação. Óbito. Suposto pai. Reconhecimento voluntário. Herdeiros. Descabimento.
>
> I – *O direito de reconhecer voluntariamente a prole é personalíssimo e, portanto, intransmissível aos herdeiros, não existindo no direito positivo pátrio norma que atribua efeitos jurídicos ao ato pelo qual aqueles reconhecem a condição de irmão, se o pai não o fez em vida.*
>
> II – *Falecido o suposto genitor sem manifestação expressa acerca da existência de filho extra matrimonium, a pretensão de inclusão do seu nome no registro de nascimento poderá ser deduzida apenas na via judicial, por meio de ação investigatória de paternidade.*
>
> Recurso não conhecido".

---

[58] Francisco Amaral, *Direito Civil: introdução*, p. 344.
[59] Ver sobre o assunto Gustavo Tepedino *et alli*. *Código Civil Interpretado conforme a Constituição da República*, v. I, 2ª ed. Rio de Janeiro: Renovar, 2014, p. 335.
[60] Ver nota 54.

Capítulo III
RECONHECIMENTO VOLUNTÁRIO DE PATERNIDADE

§ 1º Reconhecimento de maternidade. § 2º Reconhecimento voluntário de paternidade no Código Civil de 2002. § 3º Requisitos do reconhecimento voluntário de paternidade: subjetivo, formal, objetivo. § 4º Atributos do reconhecimento de paternidade: irrevogabilidade; anulabilidade; renunciabilidade; validade *erga omnes*; indivisibilidade; incondicionalidade; retroatividade.

§ 1º Reconhecimento de maternidade

62. Qualquer que seja a sua natureza (voluntária ou compulsória) o reconhecimento de paternidade é sempre um *ato de vontade*. Ao contrário do *status* do filho havido de relação de casamento que decorre do fato da concepção na sua constância ou do filho que, sob a égide do Código Civil de 1916, era legitimado *per subsequens matrimonium*, que o obtinha *ope legis* do fato em si do casamento dos pais,[1] a situação jurídica dos filhos extraconjugais é um efeito do reconhecimento. Há mister, portanto, do ato de reconhecimento para que a situação fática se transforme em condição jurídica. Reconhecimento provindo dos pais ou de um decreto judicial em ação investigatória é a única "prova por título" admissível para a filiação anteriormente denominada natural.[2]

No presente capítulo cuidaremos do primeiro (*reconhecimento voluntário*) e, nos capítulos IV e V, do segundo (*reconhecimento compulsório*).

De começo, há referir ao *reconhecimento de maternidade*.

A rigor, deverá obedecer às mesmas exigências impostas ao reconhecimento de paternidade, e far-se-á no assento de nascimento, em ato autêntico, ou por testamento.

Na prática, entretanto, tudo se simplifica. É que a maternidade, cuja certeza já o romano proclamava (*mater semper certa est*), ostenta-se por sinais visíveis e apa-

---

[1] Clóvis Beviláqua, *Instituições de Direito Civil*, vol. V, nº 411; Caio Mário da Silva Pereira, *Direito de Família*, § 68.
[2] Jean Carbonnier, *Droit Civil*, vol. I, nº 78.

rentes, com a gravidez, o parto especialmente. Embora a situação jurídica do filho, em relação a sua mãe, seja uma resultante do ato de reconhecimento, a garantia de seus direitos contenta-se com a notoriedade, dispensadas outras provas ou títulos.[3]

Esta posição doutrinária corresponde à realidade prática. Sem dados estatísticos nacionais, valemo-nos de informações alheias, para frisar que na França 70 a 96% das mães reconhecem os filhos no nascimento ou em seguida a este, enquanto que somente de 5 a 25% dos pais o fazem.[4]

No Brasil, há algum tempo, é crescente a preocupação com a facilitação do reconhecimento dos filhos pelas mães e pais. Não obstante, havia no Brasil cerca de seiscentas mil crianças de zero a dez anos de idade que ainda não possuíam o registro civil de nascimento, de acordo com o censo do IBGE de 2010[5], o que motivou diversas iniciativas governamentais para solucionar o problema.

Talvez por isto mesmo, após a Lei francesa de 31.12.1970, o caráter formalista do reconhecimento de maternidade foi abandonado naquele direito, visando a facilitar-lhe a prova e dispensando a solenidade do reconhecimento, mas com o cuidado de impedir que um declarante mal intencionado, ou simplesmente imprudente, possa revelar a mãe natural contra sua vontade. A este resultado atinge-se conjugando a referência ao nome materno, no registro de nascimento, com a circunstância material da posse de estado.[6]

No Direito brasileiro, o art. 1.608 do Código Civil de 2002 reproduz integralmente o texto do art. 356 do Código de 1916, ao dispor que: "Quando a maternidade constar do termo do nascimento do filho, a mãe só poderá contestá-la, provando a falsidade do termo, ou das declarações nele contidas". Neste particular, é de se alertar que o Sistema Único de Saúde – SUS implantou regulamentação relativa à emissão do "Documento de Nascido Vivo", com as informações básicas sobre a criança e a mãe. Uma das vias do formulário oficial é utilizada, obrigatoriamente, para o assentamento do registro de nascimento em cartório.

O assento do nascimento deverá conter os requisitos enumerados na Lei de Registros Públicos, dentre os quais: o nome e o prenome que forem postos à criança, os nome dos seus pais e o número de identificação da Declaração de Nascido Vivo – DNV, documento que, em geral, lhe serve de base (Lei nº 6.015/1973, art. 54).

---

[3] Lafayette, *Direitos de Família*, § 121; Clóvis Beviláqua, *Direito de Família*, § 69.
[4] Alfred Rieg, in: *Filiation Illégitime en Droit Comparé Français et Allemand*, p. 22.
[5] "Crianças e Adolescentes sem registro civil de nascimento: o que fazer?" Comitê Gestor Estadual de Políticas de Erradicação do Sub-registro Civil de Nascimento e Ampliação do Acesso à Documentação Básica do Rio de Janeiro. Secretaria de Estado de Assistência Social e Direitos Humanos do Rio de Janeiro. p. 7. Disponível em <http://www.mprj.mp.br/portal_content/uploads/2013/08/Cartilha_Criancas_sem_Registro_Civil.pdf>.
[6] Colombet, Foyer, Huet-Weiller, *et* Labrusse-Rion, *La Filiation Légitime et Naturelle*, nº 179.

A denominada Declaração de Nascido Vivo – DNV passou a ter regulamentação própria a partir da Lei nº 12.662/2012. De acordo com os arts. 2º e 3º desta Lei, a DNV tem validade em todo o território nacional até que seja lavrado o assento do registro do nascimento e será emitida para todos os nascimentos com vida ocorridos no país, tendo validade exclusivamente para fins de elaboração de políticas públicas e lavratura do assento de nascimento; não substitui ou dispensa, em qualquer hipótese, o registro civil de nascimento, obrigatório e gratuito, nos termos da lei. O nome do pai constante da DNV não constitui prova ou presunção da paternidade, somente podendo ser lançado no registro de nascimento quando verificado nos termos da legislação civil vigente (Lei nº 6.015/1973, art. 54, § 2º).

Na sistemática do Direito pátrio, a mulher que dá à luz é necessariamente – na concepção do legislador – aquela que forneceu o óvulo. Como esclarece Eduardo de Oliveira Leite, "ela é mãe, ao mesmo tempo, pela concepção e pela gestação; ela é '*gestatrix*' e '*genitrix*' retomando as expressões empregadas por Cornu".[7]

Contudo, é de se ponderar que, diante do avanço das técnicas de reprodução assistida, surgem novas situações que convocam o mundo jurídico a rever as assertivas e certezas existentes em torno do fenômeno da maternidade, oriundas dos sinais visíveis e aparentes que a gravidez e o parto expõem.

Por exemplo, pode ocorrer, em razão da técnica conhecida como fertilização *in vitro*, a implantação de um embrião numa mulher, utilizando-se, no decorrer do procedimento, óvulos de outra mulher. Neste caso, trata-se de uma fertilização *in vitro* **heteróloga**, na qual foi utilizado material biológico (óvulo) que não era proveniente da mulher *gestatrix*.

Eduardo de Oliveira Leite entende que "a doadora de óvulo, quando doa a um casal, está abdicando voluntariamente de sua maternidade jurídica, da mesma forma como quem entrega uma criança para adoção está renunciando a todo e qualquer direito de filiação até aquele momento existente".[8]

Por outro lado, existe situação diversa quando a chamada "doadora do óvulo" não abdica da maternidade jurídica e utiliza a técnica de reprodução assistida denominada "gestação de substituição". A Resolução nº 1.358/1992, do Conselho Federal de Medicina, que regulamenta normas técnicas e éticas para a utilização das técnicas de reprodução humana assistida, dispõe que, na situação identificada como "gestação de substituição", devem ser adotados os seguintes critérios (item VII):

---

[7] Eduardo de Oliveira Leite, *Procriações artificiais e o direito*: aspectos médicos, religiosos, psicológicos, éticos e jurídicos, p. 396.
[8] Eduardo de Oliveira Leite, *Procriações artificiais e o direito*: aspectos médicos, religiosos, psicológicos, éticos e jurídicos, p. 397.

a) As Clínicas, Centros ou Serviços de Reprodução Humana podem usar técnicas de reprodução assistida para criarem a situação identificada como gestação de substituição, desde que exista um problema médico que impeça ou contra-indique a gestação na doadora genética.

b) As doadoras temporárias do útero[9] devem pertencer à família da doadora genética, num parentesco até o segundo grau, sendo os demais casos sujeitos à autorização do Conselho Regional de Medicina.

c) A doação temporária do útero não poderá ter caráter lucrativo ou comercial.

A Resolução 1.358/1992 acima citada foi revogada pela Resolução de nº 2.013/2.013, do Conselho Federal de Medicina, que manteve praticamente a mesma orientação sobre a matéria, embora tenha ampliado até o quarto grau o parentesco entre a doadora genética e a gestante substituta (Res. 2.013/2.013, item VII. 1).

É de se ressaltar que a matéria não foi regulada pelo Código Civil de 2002. Na III Jornada de Direito Civil promovida no último bimestre de 2004 pelo Centro de Estudos Judiciários do Conselho da Justiça Federal, foi aprovado o Enunciado 257, nos seguintes termos: "As expressões 'fecundação artificial', 'concepção artificial' e 'inseminação artificial' constantes, respectivamente, dos incisos III, IV e V do art. 1.597 do Código Civil devem ser interpretadas restritivamente, não abrangendo a utilização de óvulos doados e a gestação de substituição".

Na verdade, não há exagero em se afirmar que o CC de 2002 não regulamentou as técnicas de reprodução assistida, tendo em vista que dedicou a tão complexa questão apenas os referidos incisos III, IV e V, do art. 1.597, que se limitam a atribuir a presunção de paternidade ao marido quando utilizada uma dessas técnicas. A redação dos incisos não foi feliz, começando por atribuir ao marido a paternidade por presunção em casos em que há reconhecidamente o vínculo genético – técnicas homólogas (incisos III e IV), e por não guardar precisão técnica, fato que tem gerado diversos questionamentos, e que motivou aprovação, na I Jornada de Direito Civil, do Enunciado 105, segundo o qual, "as expressões 'fecundação artificial', 'concepção artificial' e 'inseminação artificial', constantes, respectivamente, dos incs. III, IV e V do art. 1.597, deverão ser interpretadas como 'técnica de reprodução assistida', bem como do Enunciado 257, na III Jornada de Direito Civil, pelo qual "as expressões 'fecundação artificial', 'concepção artificial' e 'inseminação artificial', constantes, respectivamente, dos incs. III, IV e V do art. 1.597 do Código Civil, devem

---

[9] Entendemos que não há doação do útero; na verdade, existe a recepção do embrião, logo a "doadora temporária do útero" deveria ser denominada "receptora temporária de embrião" até o nascimento a termo do feto.

ser interpretadas restritivamente, não abrangendo a utilização de óvulos doados e a gestação de substituição".[10]

Alguns projetos de lei tramitam no Congresso Nacional versando sobre o tema. O projeto que se encontra em estágio mais avançado de tramitação é o Projeto de Lei nº 90/1999, de autoria do Senador Lúcio Alcântara. O Substitutivo apresentado pelo Senador Tião Viana veda expressamente a "gestação de substituição", que era permitida no PL nº 90/1999, com sua redação originária e também no Substitutivo apresentado pelo Senador Roberto Requião (seguindo a mesma orientação da Resolução CFM 1.358/1992). A matéria é polêmica em todo o mundo e, certamente, será objeto de inúmeros debates no Poder Legislativo.[11]

O Projeto de Lei (PLS) nº 90/1999 recebeu na Câmara o nº PL 1.184/2003. A este PL encontram-se apensados outros 12 Projetos de Lei que tratam das técnicas de reprodução assistida, sendo certo que apresentam sensíveis divergências entre si, além da admissão (ou não) da gestação de substituição, como a possibilidade de congelamento de embriões humanos.[12]

Não só as técnicas de reprodução assistida criaram situações inusitadas nas relações parentais. O reconhecimento de novos arranjos familiares tem originado o surgimento de pleitos inéditos que foram acolhidos pelos Tribunais, sempre no melhor interesse dos filhos, como o deferimento da **dupla maternidade**.

É o que se verifica com **casais homoafetivos** que obtêm prole via adoção ou utilização das técnicas de reprodução assistida. O STJ já reconheceu a possibilidade de adoção por duas mulheres, diante da existência de "fortes vínculos afetivos" (REsp nº 889852/RS, Rel. Min. Luis Felipe Salomão, Quarta Turma, julgado em 27.04.2010, *DJe* 10.08.2010). Caso de vínculo biológico em relação homoafetiva verificou-se em São Paulo, como amplamente noticiado.[13] Em 2012, um *casal* **de lésbicas** teve reconhecido judicialmente o direito ao assento de dupla maternidade na certidão de nascimento de seus filhos, os gêmeos Arthur e Beatriz, de três meses. A diferença em relação à maioria de outros casos é que os bebês são filhos biológicos das duas mães, e não adotados ou filhos biológicos de apenas uma das mulheres. Os bebês

---

[10] Enunciados disponíveis em <http://www.cjf.jus.br/cjf/CEJ-Coedi/jornadas-cej/enunciados-aprovados-da-i-iii-iv-e-v-jornada-de-direito-civil/jornadas-de-direito-civil-enunciados-aprovados>. Acesso em 28.01.2014.

[11] Este era o estado do Projeto de Lei nº 90/1999 até o final de 2004. No tocante às controvérsias sobre o tema, cabe registrar que em 2004, a Itália unificou sua legislação sobre Reprodução Humana Assistida, onde foi proibida a "gestação de substituição".

[12] Disponível em: <http://www.camara.gov.br/proposicoesWeb/fichadetramitacao?idProposicao=118275, acesso em 28.01.2014>.

[13] Ver <http://www.jb.com.br/pais/noticias/2012/08/28/casal-de-lesbicas-consegue-registrar-gemeos-como-filhos-das-duas/>.

foram gerados por W. P., com óvulos inseminados de sua companheira F. B., 32. As duas são igualmente mães, declarou a sentença que autorizou o registro.

Casais homoafetivos masculinos também têm recorrido às técnicas de reprodução assistida e obtido autorização judicial para registro de seus filhos. Este o caso de M.T.A.A., criança nascida no Recife-PE, em 29.01.2012, concebida a partir de inseminação artificial heteróloga, gerada em útero de substituição, com utilização de material genético de um dos homens integrantes do casal homoafetivo, então já civilmente casado, e de óvulo doado por mulher não identificada. A concepção se deu através da fertilização *in vitro* e da utilização do útero de substituição de A.L.S., a qual atestou, mediante Escritura Pública de Termo de Consentimento, sua livre participação na gestação em substituição, a partir de doação de óvulo proveniente de banco de armazenamento, reconhecendo a dupla paternidade dos requerentes em relação à menor. A decisão, proferida em procedimento de natureza administrativa[14], determinou a abertura e lavratura do assentamento do registro de nascimento de M. T. A. A., fazendo constar o nome de ambos na qualidade de pais. Reconheceu o julgador estar configurada uma situação de homoparentalidade, registrando que "A pequena M.T.A.A., [...], do ponto de vista estritamente biológico, é filha de M.A.A., mas afetivamente, o é, igualmente, de W.A.A. – que compartilhou com seu marido todas as agruras e benesses, que envolveram o sonho mútuo deste casal em trazer ao mundo um rebento, suportando, inclusive, as responsabilidades materiais e emocionais advindas desse processo".

Outra possibilidade acolhida é a declaração da **maternidade socioafetiva sem exclusão da maternidade biológica**, objeto de caso julgado em 2013, no interior do Rio Grande do Sul.[15] Falecida a mãe de duas crianças, tempos depois foram essas espontaneamente morar com a namorada do pai, o que deu origem a forte vínculo afetivo, cujo reconhecimento foi objeto de ação própria. Como relatado na sentença, o Ministério Público manifestou favoravelmente ao deferimento do pedido, por entender que em casos excepcionais, a maternidade ou a paternidade natural e a civil podem ser reconhecidas cumulativamente, coexistindo sem que uma exclua a outra, sendo denominada, pela doutrina, **dupla maternidade, multiparentalidade ou pluriparentalidade**, a qual na hipótese estava presente. O pedido foi julgado procedente, declarando-se a maternidade socioafetiva, sem exclusão da maternidade biológica, que foi preservada no registro de nascimento das crianças.[16]

---

[14] O processo correu em segredo de justiça, motivo pelo qual os respectivos dados não são informados.

[15] O processo correu em segredo de justiça, motivo pelo qual os respectivos dados não são informados.

[16] Sobre o assunto, ver Christiano Cassettari, Multiparentalidade e parentalidade socioafetiva: efeitos jurídicos. São Paulo: Atlas, 2014.

Nessa linha de novas relações parentais, o reconhecimento da **maternidade socioafetiva,** isto é, a que se estabelece com base em vínculo afetivo de filiação, que é socialmente reconhecido, tem recebido sólido acolhimento dos tribunais, não apenas nos casos de "**adoção à brasileira**"[17], como também em situações de fato que se consolidam pela vivência permanente e estável do vínculo parental.

No que respeita aos efeitos da "adoção à brasileira", bastante significativo na matéria é o acórdão proferido pelo STJ em 2010, no REsp nº 1.244.957-SP[18], em ação de anulação de registro de nascimento promovida por uma irmã em face da outra, que fundamentou seu pedido em alegação de falsidade ideológica perpetrada pela falecida mãe que registrara filha recém-nascida de outrem como sua. De início destacou-se no julgado que: "[...] a ausência de qualquer vício de consentimento na livre vontade manifestada pela mãe que, mesmo ciente de que a menor não era a ela ligada por vínculo de sangue, reconheceu-a como filha, em decorrência dos laços de afeto que as uniram. Com o foco nessa premissa – a da existência da socioafetividade –, é que a lide deve ser solucionada". Com base em sólida argumentação manteve-se o acórdão do TJSP impugnado, para impor-se a "[...] **irrevogabilidade do reconhecimento voluntário da maternidade,** por força da ausência de vício na manifestação da vontade, ainda que procedida em descompasso com a verdade biológica. Isso porque prevalece, na hipótese, a ligação **socioafetiva** construída e consolidada entre mãe e filha, que tem proteção indelével conferida à personalidade humana, por meio da cláusula geral que a tutela e encontra respaldo na preservação da estabilidade familiar". Merecem destaque as seguintes passagens da ementa do mencionado REsp:

"[...]
– O descompasso do registro de nascimento com a realidade biológica, em razão de conduta que desconsidera o aspecto genético, somente pode ser vindicado por aquele que teve sua filiação falsamente atribuída e os efeitos daí decorrentes apenas podem se operar contra aquele que realizou o ato de reconhecimento familiar, sondando-se, sobretudo, em sua plenitude, a manifestação volitiva, a fim de aferir a existência de vínculo socioafetivo de filiação. Nessa hipótese, descabe imposição de sanção estatal, em consideração ao princípio do maior interesse da criança, sobre quem jamais poderá

---

[17] Segundo o STJ, a *"adoção à brasileira" [encontra-se] inserida no contexto de filiação socioafetiva, caracteriza-se pelo reconhecimento voluntário da maternidade/paternidade, na qual, fugindo das exigências legais pertinentes ao procedimento de adoção, o casal (ou apenas um dos cônjuges/companheiros) simplesmente registra a criança como sua filha, sem as cautelas judiciais impostas pelo Estado, necessárias à proteção especial que deve recair sobre os interesses do menor"* (STJ, 3ª Turma, REsp 833.712 – RS, Rel. Min. Nancy Andrighi, Julg.: 17.05.2007, *DJe:* 04.06.2007).

[18] Disponível em <http://www.stj.jus.br/SCON/jurisprudencia/toc.jsp?tipo_visualizacao=null&processo=1000356&b=ACOR&thesaurus=JURIDICO>

recair prejuízo derivado de ato praticado por pessoa que lhe ofereceu a segurança de ser identificada como filha.

– Some-se a esse raciocínio que, no processo julgado, a peculiaridade do fato jurídico morte impede, de qualquer forma, a sanção do Estado sobre a mãe que reconheceu a filha em razão de vínculo que não nasceu do sangue, mas do afeto.

– Nesse contexto, a filiação socioafetiva, que encontra alicerce no art. 227, § 6º, da CF/88, envolve não apenas a adoção, como também 'parentescos de outra origem', conforme introduzido pelo art. 1.593 do CC/2002, além daqueles decorrentes da consanguinidade oriunda da ordem natural, de modo a contemplar a socioafetividade surgida como elemento de ordem cultural.

– Assim, ainda que despida de ascendência genética, a filiação socioafetiva constitui uma relação de fato que deve ser reconhecida e amparada juridicamente. Isso porque a maternidade que nasce de uma decisão espontânea deve ter guarida no Direito de Família, assim como os demais vínculos advindos da filiação.

– Como fundamento maior a consolidar a acolhida da filiação socioafetiva no sistema jurídico vigente, erige-se a cláusula geral de tutela da personalidade humana, que salvaguarda a filiação como elemento fundamental na formação da identidade do ser humano. Permitir a desconstituição de reconhecimento de maternidade amparado em relação de afeto teria o condão de extirpar da criança – hoje pessoa adulta, tendo em vista os 17 anos de tramitação do processo – preponderante fator de construção de sua identidade e de definição de sua personalidade. E a identidade dessa pessoa, resgatada pelo afeto, não pode ficar à deriva em face das incertezas, instabilidades ou até mesmo interesses meramente patrimoniais de terceiros submersos em conflitos familiares.

– Dessa forma, tendo em mente as vicissitudes e elementos fáticos constantes do processo, na peculiar versão conferida pelo TJ/SP, em que se identificou a configuração de verdadeira "adoção à brasileira", a caracterizar vínculo de filiação construído por meio da convivência e do afeto, acompanhado por tratamento materno-filial, deve ser assegurada judicialmente a perenidade da relação vivida entre mãe e filha. Configurados os elementos componentes do suporte fático da filiação socioafetiva, não se pode questionar sob o argumento da diversidade de origem genética o ato de registro de nascimento da outrora menor estribado na afetividade, tudo com base na doutrina de proteção integral à criança.

– Conquanto a 'adoção à brasileira' não se revista da validade própria daquela realizada nos moldes legais, escapando à disciplina estabelecida nos arts. 39 *usque* 52-D e 165 *usque* 170 do ECA, há de preponderar-se em hipóteses como a julgada – consideradas as especificidades de cada caso – a preservação da estabilidade familiar, em situação consolidada e amplamente reconhecida no meio social, sem identificação de vício de consentimento ou de má-fé, em que, movida pelos mais nobres sentimentos de humanidade, A. F. V. manifestou a verdadeira intenção de acolher como filha C. F. V., destinando-lhe afeto e cuidados inerentes à maternidade construída e plenamente exercida.

– A garantia de busca da verdade biológica deve ser interpretada de forma correlata às circunstâncias inerentes às investigatórias de paternidade; jamais às negatórias, sob o perigo de se subverter a ordem e a segurança que se quis conferir àquele que investiga sua real identidade".

§ 2º Reconhecimento voluntário de paternidade no Código Civil de 2002

63. O artigo 1.609 do Código Civil de 2002 abrangeu todas as hipóteses de reconhecimento voluntário da paternidade dos "filhos havidos fora do casamento", reunindo as situações previstas no artigo 357 do Código Civil de 1916 àquelas constantes do art. 26 da Lei nº 8.069/1990, englobando, ainda, as hipóteses indicadas no art. 2º da Lei nº 8.560/1992.

Destarte, o "reconhecimento voluntário da paternidade" far-se-á nas seguintes modalidades: I – no registro de nascimento; II – por escritura pública ou escrito particular, a ser arquivado em cartório; III – por testamento, ainda que incidentalmente manifestado; IV – por manifestação direta e expressa perante o juiz, ainda que o reconhecimento não haja sido o objeto único e principal do ato que o contém.

No direito brasileiro, não é necessário o consentimento da mãe para a validade do reconhecimento voluntário de paternidade.

É importante destacar que, atualmente, no direito alemão, o reconhecimento da paternidade requer o consentimento da mãe, o que gerou críticas por parte da doutrina:

> "Diferente do direito até então vigente, o reconhecimento da paternidade requer o consentimento da mãe (§ 1595 al. 1 BGB), que não pode ser substituído. Se a mãe recusar-se a consentir, então a paternidade tem que ser esclarecida no processo de constatação da paternidade (sobre isto § 21 III). O consentimento da mãe também é necessário se a criança, entrementes, for maior de idade.
>
> (...)
>
> Como o legislador não permite uma substituição do consentimento da mãe a pedido do filho, com isto ele enfraqueceu a posição jurídica do filho decisivamente. Não há um motivo convincente para isto. O filho tem um interesse especial para que a paternidade seja esclarecida o quanto antes possível. Portanto, teria sido mais correto possibilitar ao filho mesmo, ou no caso se for menor, representado por um assistente, que substituísse o consentimento de sua mãe".[19]

O Código Civil de 2002, assim como o anterior, filiou-se às legislações que não fazem do reconhecimento voluntário de paternidade um ato simplesmente

---

[19] Wilfried Schlüter, *Código Civil Alemão – Direito de Família*, pp. 347-348.

unilateral, visto que se exige o consentimento da pessoa que se pretende reconhecer, se maior. Examinaremos este tema ao cuidar dos atributos do reconhecimento de paternidade (v. item *infra* – **Renunciabilidade**), inclusive quanto à hipótese de o reconhecido ser menor.

De acordo com o STJ, o reconhecimento voluntário é direito personalíssimo e, portanto, intransmissível conforme decidido no REsp 832.330-PR:[20]

> I – *O direito de reconhecer voluntariamente a prole é personalíssimo e, portanto, intransmissível aos herdeiros, não existindo no direito positivo pátrio norma que atribua efeitos jurídicos ao ato pelo qual aqueles reconhecem a condição de irmão, se o pai não o fez em vida.*
>
> II – *Falecido o suposto genitor sem manifestação expressa acerca da existência de filho* extra matrimonium, *a pretensão de inclusão do seu nome no registro de nascimento poderá ser deduzida apenas na via judicial, por meio de ação investigatória de paternidade.*

64. A forma mais comum de reconhecimento de paternidade é a prevista no inciso I do art. 1.609: **Reconhecimento no registro do nascimento**.

65. É de se destacar que a Lei nº 8.560, de 29 de dezembro de 1992, regula a chamada "averiguação oficiosa" de paternidade, em seu art. 2º e parágrafos.

Como se trata de uma lei anterior ao Código Civil de 2002, cabe questionar se este diploma legal revogou a Lei nº 8.560/1992.

Neste ponto, ressaltamos que a Lei Complementar nº 95, de 26 de fevereiro de 1998 – que dispõe sobre a elaboração, a redação, a alteração e a consolidação das leis – impõe que **toda cláusula de revogação mencione expressamente os dispositivos revogados.**

Como o legislador de 2002 não mencionou a revogação expressa da Lei nº 8.560/1992 nas *Disposições Transitórias* e levando-se em conta, ainda, que não há incompatibilidade entre as regras do novo Código e as disposições da referida lei, entendemos que este diploma legal ainda está em vigor.

Contudo, devem ser compatibilizadas a interpretação e a aplicação da Lei nº 8.560/1992 com as regras referentes à presunção de paternidade do marido contidas no Código Civil (v. itens 20 e 37 a 44 do Capítulo I *supra*). Estamos nos referindo a situações em que o estabelecimento da paternidade pode ser conflituoso por envolver, simultaneamente, normas que regulamentam a filiação dentro e fora do casamento.

---

[20] STJ, 3ª Turma, REsp 832.330-PR, Rel. Min. Castro Filho, Julg.: 20.03.2007, *DJe*: 02.04.2007.

Isto pode acontecer, por exemplo, quando a mãe da criança é casada com pessoa diversa do pai biológico do filho; ou seja, neste caso, ambos – marido e amante ou companheiro da mãe – poderiam, em tese, reivindicar o reconhecimento do filho ou ser questionados quanto à paternidade da criança. Esta situação não é nova no direito brasileiro, como analisamos no Capítulo VI, item 143, *infra*. Há muitas décadas, mesmo quando a presunção *pater is est* ainda era considerada quase absoluta, os Tribunais vinham permitindo a investigação de paternidade do filho adulterino *a matre*, bem como o reconhecimento voluntário deste filho feito pelo verdadeiro pai biológico, mesmo sem a impugnação da paternidade pelo pai presumido.

Se a mãe fosse separada de fato do esposo, muito antes da data da concepção da criança, a solução jurisprudencial já vinha considerando a não incidência da presunção de paternidade do marido. As dificuldades maiores ocorreriam se a mãe ainda coabitasse com o marido e se este realmente não fosse o pai biológico da criança.[21]

Entendemos que estas observações são relevantes em face do entendimento doutrinário que classifica os filhos em matrimoniais e não matrimoniais, apenas para defender que os filhos matrimoniais não poderiam ser reconhecidos por outrem em ação que tem por finalidade desconstituir a paternidade declarada no Registro Civil pelo marido, sendo esta ação negatória de paternidade privativa do último.

É certo que estas questões demandam a apreciação dos casos concretos e a ponderação dos interesses envolvidos. Outrossim, devem ser considerados o princípio da igualdade da filiação e os direitos fundamentais do filho, especialmente o disposto no art. 27 do Estatuto da Criança e do Adolescente: "O reconhecimento do estado de filiação é direito personalíssimo, indisponível e imprescritível, podendo ser exercitado contra os pais ou seus herdeiros, sem qualquer restrição, observado o segredo de justiça."

Dentre as questões que devem ser apreciadas em cada caso deve ser incluída a existência (ou não) de vínculo biológico ou socioafetivo, especialmente quando se tratar da anulação de registro voluntário (ver § 4º, a seguir).

---

[21] Deve-se destacar que o Projeto de Lei nº 4.946, de março de 2005, revoga os artigos 1.600 ("Não basta o adultério da mulher, ainda que confessado, para ilidir a presunção de paternidade do marido") e 1.602 ("Não basta a confissão materna para excluir a paternidade") do Código Civil, com a justificativa de que estes dispositivos legais são ofensivos à dignidade da mulher. O mencionado PL propõe nova redação para o art. 1.601 do CC, que prevê em seu § 2º que: "Não se desconstituirá a paternidade caso fique caracterizada a posse do estado de filiação, ou a hipótese do inciso V do art. 1.597".

66. No procedimento de averiguação oficiosa de paternidade, ocorrendo registro de nascimento de menor apenas com a maternidade estabelecida, o Oficial do Cartório do Registro Civil indagará à mãe o nome e a qualificação do suposto pai da criança, o qual será convocado para se manifestar sobre a veracidade da informação. Se confirmada a paternidade, esta será averbada, conforme o disposto no § 3º do art. 2º da Lei nº 8.560/1992.

Silmara Juny Chinelato afirma que pode ocorrer, no cotidiano das relações familiares, conflito de interesses entre eventuais direitos de personalidade da mãe e do filho:

> "Pode-se pensar no exemplo em que ela não quer revelar quem é o pai, invocando seu direito ao segredo, o que conflita com o direito do filho a ter pai, direito de personalidade do qual decorrem outros da mesma natureza e direitos patrimoniais, como alimentos e herança.
>
> No direito holandês, por exemplo, o direito da mãe ao segredo é considerado pelo Código Civil, no art. 224, alínea 1, *d* e *e*, que condiciona o reconhecimento da paternidade de filho havido por pessoas não casadas ao consentimento expresso da mãe, podendo esta, no entanto, pleitear alimentos, conforme esclarece Marie Thérèse Meulders-Klein.
>
> Uma decisão do Tribunal de Amsterdã, de 19 de março de 1985, seguida pelo Tribunal Hoge Raad, em 8 de abril de 1988, baseando-se na aplicação direta do art. 8º da Convenção Europeia de Direitos do Homem, admitiu que o pai pudesse recorrer judicialmente da recusa injustificada da mãe.
>
> Houve, assim, um temperamento a esse quase poder absoluto da mãe quanto à constituição ou não constituição de paternidade, indicando que o conflito entre direitos da personalidade há de ser visto no caso concreto e com equilíbrio."[22]

Por outro lado, questiona-se a legitimidade conferida pela Lei nº 8.560/1992 ao Ministério Público para propor ação de investigação de paternidade porque haverá hipóteses em que "a mãe ponderará não ser o melhor momento para ajuizar a ação, ao avaliar aspectos e circunstâncias peculiares do caso concreto que refogem ao exame do Ministério Público"[23] (sobre a legitimidade do Ministério Público ver item 94.3, *infra*).

Outrossim, deve-se consignar a posição de Silmara Chinelato no sentido de que a mulher que, por dolo ou culpa grave, imputar a paternidade a outrem, sujeitando-o à averiguação oficiosa de que trata a Lei nº 8.560/1992, responderá civilmente por danos morais e/ou patrimoniais. Silmara esclarece que o dolo

---

[22] *Comentários ao Código Civil: parte especial: do direito de família*, vol. 18, p. 95.
[23] Silmara Juny Chinelato, *Comentários ao Código Civil: parte especial: do direito de família*, vol. 18, p. 95.

estaria configurado no caso de uma mulher que, movida por interesses diversos e motivos não nobres, imputasse a paternidade àquele que não poderia ser o pai – por razões que ela tivesse conhecimento. A culpa grave ficaria evidenciada se o relacionamento da mãe com o suposto pai tivesse ocorrido em data muito anterior ou muito posterior à concepção do filho.[24]

67. O reconhecimento por escritura pública ou documento particular (inciso II do art. 1.609) pode ser realizado pelo pai diretamente ou por procurador investido de poderes especiais e expressos.

Deve-se lembrar que o escrito particular já era admitido pelo art. 363 do Código Civil anterior como fundamento para a ação de investigação de paternidade.[25]

Observa Rolf Madaleno que "a escritura pública não precisa ser específica para declarar a paternidade", pois tanto no caso de reconhecimento por testamento, como de declaração de paternidade perante o juiz, a manifestação pode ser incidental.[26]

Quanto ao documento particular ensejador do reconhecimento voluntário de paternidade, destacam-se as observações de J. M. Leoni Lopes de Oliveira, segundo o qual "o reconhecimento produz todos os seus efeitos, independentemente de qualquer ato posterior. Isso ocorre porque o reconhecimento está cercado de formalidades, como a escritura pública, ou por instrumento particular arquivado em cartório, em que se dá a intervenção de funcionário público, como o tabelião ou o oficial do registro civil".[27]

O documento particular deve conter os mesmos requisitos exigidos para a escritura pública, "trazendo a qualificação do declarante, do filho, ou seja, é indispensável que seja possível aquilatar que se busca estabelecer a filiação. A perfilhação deve ser objeto específico do escrito, porque se perde muito em segurança e estabilidade. Admiti-la de modo incidente ou acessório, como se dá com a escritura pública, é ensejar manobras".[28]

---

[24] *Comentários ao Código Civil: parte especial: do direito de família*, vol. 18, p. 101. A autora esclarece, ainda, que o art. 10 do Provimento nº 494 do Conselho Superior da Magistratura do Estado de São Paulo dispõe que: "Em caso de registro de nascimento sem paternidade estabelecida, havendo manifestação escrita da genitora com os dados de qualificação e endereço do suposto pai e *declaração de ciência de responsabilidade civil e criminal decorrente*, deverá o oficial encaminhar certidão do assento e a manifestação da genitora ao Juiz Corregedor Permanente do Ofício do Registro Civil."

[25] Artigo 363. Os filhos ilegítimos de pessoas que não caibam no art. 183, I a VI, têm ação contra os pais, ou seus herdeiros, para demandar o reconhecimento da filiação: (...) III – se existir escrito daquele a quem se atribui a paternidade, reconhecendo-a expressamente.

[26] Rolf Madaleno, *Curso de Direito de Família*, 5 ed., Rio de Janeiro: Forense, 2013, p. 579.

[27] José Maria Leoni Lopes de Oliveira, *A nova lei de investigação de paternidade*, p. 220.

[28] Marco Aurélio Sá Vianna, *Curso de Direito Civil: Direito de família*, pp. 229-230.

Contudo, se o intuito da Lei é facilitar ao máximo o reconhecimento do filho, que é dever dos pais a teor do art. 30 da LRP, é razoável que não se exijam maiores formalidades do "escrito particular", se a lei nada dispôs a esse respeito. Conforme Rolf Madaleno, a declaração escrita deve ser, porém, específica, deixando claro, inequívoco e expresso o reconhecimento da filiação, não se exigindo tenha sido manuscrita pelo declarante ou que haja testemunhas e reconhecimento de firma, o que seria, todavia recomendável para atribuir maior veracidade ao escrito.

Exige o CC de 2002, contudo, que tanto a escritura pública quanto o escrito particular sejam arquivados em cartório (art. 1.609, II).[29] Não há previsão legal sobre o procedimento para este tipo de arquivamento, nem é pacífica a doutrina sobre onde deva ser feito. De acordo com a Lei de Registros Públicos (art. 29, § 1º, d), serão averbados no Registro Civil de Pessoas Naturais os atos extrajudiciais de reconhecimento de filhos havidos fora do casamento ("ilegítimos", na redação da Lei, que é anterior à CR). O arquivamento deverá ser feito no próprio cartório do Registro Civil, de modo a vincular o documento (público ou particular) à averbação do reconhecimento da paternidade. Lembre-se que a sentença judicial (que constitui o vínculo de adoção) será inscrita no registro civil mediante mandado judicial (que cancela o registro original), o qual será arquivado (Lei nº 8.069/1990, art. 47 e § 2º). Razoável se adote igual procedimento em relação aos escritos de reconhecimento da paternidade.

O STJ, 4ª Turma, entendeu válido o **reconhecimento de paternidade socioafetiva realizado por escritura pública**, conforme REsp. nº 709.608-MS (Rel. Min. João Otávio de Noronha, julgado em 05.11.2009, *DJe* 23.11.2009). Merecem destaque da respectiva ementa as seguintes passagens:

> "[...]
> 2. *Não há que se falar em erro ou falsidade se o registro de nascimento de filho não biológico efetivou-se em decorrência do reconhecimento de paternidade, via escritura pública, de forma espontânea, quando inteirado o pretenso pai de que o menor não era seu filho; porém, materializa-se sua vontade, em condições normais de discernimento, movido pelo vínculo socioafetivo e sentimento de nobreza.*
> 3. *'O reconhecimento de paternidade é válido se reflete a existência duradoura do vínculo socioafetivo entre pais e filhos. A ausência de vínculo biológico é fato que por si só não revela a falsidade da declaração de vontade consubstanciada no ato do reconhecimento. A relação socioafetiva é fato que não pode ser, e não é, desconhecido pelo Direito. Inexistência de nulidade do assento lançado*

---

[29] Rolf Madaleno, ob. cit. p. 580, considera "bastante sensata" a orientação da doutrina prevalente, segundo a qual o arquivamento do escrito particular deve ser feito no Ofício de Títulos e Documentos, não exatamente para fins de sua conservação, como prevê o art. 127, VII, da Lei 6.015/1973, mas por sua "formalidade, não deixando dúvidas de ser esta a intenção do declarante".

em registro civil' (REsp n. 878.941-DF, Terceira Turma, relatora Ministra Nancy Andrighi, DJ de 17.9.2007).

4. *O termo de nascimento fundado numa paternidade socioafetiva, sob autêntica posse de estado de filho, com proteção em recentes reformas do direito contemporâneo, por denotar uma verdadeira filiação registral – portanto, jurídica –, conquanto respaldada pela livre e consciente intenção do reconhecimento voluntário, não se mostra capaz de afetar o ato de registro da filiação, dar ensejo a sua revogação, por força do que dispõem os arts. 1.609 e 1.610 do Código Civil".*

68. Outra forma de reconhecimento voluntário prevista no Código de 2002, reproduzindo dispositivo da Lei nº 8.560/1992, é a seguinte: cabe ao juiz, em face da declaração do pai em manifestação expressa a ele diretamente dirigida (inciso IV do art. 1.609), determinar a averbação da paternidade, desde que não haja oposição do filho se este for maior.

O legislador admite a validade do reconhecimento "mesmo que não haja sido o objeto único e principal do ato que o contém". Por exemplo, numa determinada ação de alimentos para um filho, diante da alegação do réu de que não tem condições de contribuir com mais recursos em razão de possuir outro filho menor que não fora reconhecido até aquele momento, esta declaração perante o Magistrado enquadra-se na hipótese prevista no inciso IV do art. 1.609, autorizando a extração de peças e a expedição de mandado para a averbação da paternidade no registro civil da criança.[30]

69. Por último, o reconhecimento por testamento (inciso III do art. 1.609) "ainda que incidentalmente manifestado" é ato personalíssimo e não comporta representação, devendo observar os respectivos requisitos de validade. É de se ressaltar que o reconhecimento de paternidade não pode ser revogado, nem mesmo através de outro testamento, nos termos do art. 1.610 do Código Civil de 2002.

70. O Código vigente, como já era previsto no Direito anterior (art. 357, parágrafo único, do Código Civil de 1916), **admite o reconhecimento do nascituro,** ao dispor, no parágrafo único do art. 1.609, que "o reconhecimento pode preceder o nascimento do filho ou ser posterior ao seu falecimento, se ele deixar descendentes".

---

[30] Certamente só será averbada a paternidade se a criança não tiver outra paternidade juridicamente estabelecida; ou seja, se no registro civil da criança não constar o nome do pai. Pode existir uma situação na qual a criança já tenha sido reconhecida como filha por outro homem, ainda que este não seja seu pai biológico. Esta relação jurídica paterno-filial só poderia ser desconstituída através de uma ação judicial. É importante lembrar que no Direito brasileiro ninguém pode ter duas paternidades jurídicas.

Em outra obra, reafirmamos a fidelidade à concepção romana, no sentido de que a personalidade civil do homem inicia-se a partir do nascimento com vida, nos termos do art. 4º do Código Civil de 1916, reproduzido fielmente pelo art. 2º do Código Civil atual: "A personalidade civil da pessoa começa do nascimento com vida; mas a lei põe a salvo, desde a concepção, os direitos do nascituro".

Entendemos, quanto ao nascituro, que "a lei admite uma 'potencialidade', como se, iniciando, embora, a personalidade a partir do nascimento, e assentando que os direitos do nascituro retrotraem à data da concepção, não seria ilógico afirmar que a personalidade se encontra em 'estado potencial', somente vindo a concretizar-se com o nascimento".[31]

Esta doutrina encontra opositores que sustentam o início da personalidade a partir da concepção, como Francisco Amaral:[32]

> "No direito brasileiro, a maioria dos autores defende que o nascituro não tem personalidade jurídica, como parece dispor o art. 2º do Código Civil. No entanto, o sistema jurídico brasileiro permite outra conclusão. Na Constituição da República, art. 5º, *caput*, garante-se o direito à vida, isto é, o direito subjetivo à vida. No Código Civil, os artigos 1.609, parágrafo único, 542, 1.779 e 1.799, I, consideram também o feto, desde a concepção, como possível sujeito de relações jurídicas. Não se pode, assim, de modo lógico, negar-se ao nascituro a titularidade jurídica. O nascimento não é condição para que a personalidade exista, mas para que se consolide".

A jurisprudência brasileira tem reconhecido a capacidade processual ativa do nascituro (ação de alimentos em seu favor, *RT* 625/177 e *RT* 587/182, e ação cautelar de reserva de bens) e também capacidade processual passiva (ação anulatória de testamento que contempla nascituro, ação anulatória de doação em que o nascituro é donatário). Tem sido majoritária nos tribunais superiores a "tese de que o nascituro tem protegida uma expectativa de direito, que se tornará efetivamente adquirido na eventualidade de nascer vivo. Assim, o STF afirmou: 'Civil. Nascituro. Proteção de seu direito, na verdade proteção de expectativa, que se tornará direito, se ele nascer vivo. Venda feita pelos pais à irmã do nascituro. As hipóteses previstas no Código Civil, relativas a direitos do nascituro, são exaustivas, não os equiparando em tudo ao já nascido' (STF, 2ª T., RE 99038, Rel. Min. Francisco Rezek, julg. 18.10.1983, publ. *DJ* 05.10.1984). No mesmo sentido: STJ,

---

[31] Caio Mário da Silva Pereira, *Direito Civil – Alguns aspectos da sua evolução*, p. 19.
[32] Francisco Amaral, *Direito Civil – Introdução*, p. 223.

4ª T., Resp. nº 399028, Rel. Min. Sálvio de Figueiredo Teixeira, julg. 26.02.2002, publ. *RT* 803/193 e STJ 3ª T., 09.12.1999, publ. *DJ* 28.02.2000".[33]

No tocante à ação de investigação de paternidade de nascituro, reportamo-nos ao capítulo IV, *infra*.

71. As discussões com relação à natureza jurídica do nascituro ganharam maior relevo na atualidade diante das técnicas de reprodução assistida nas quais se tem um embrião ainda não implantado no útero de uma mulher e conservado em laboratório.

Certamente, trata-se de tema espinhoso e que gera inúmeras controvérsias não só entre os juristas, mas em toda a comunidade científica, suscitando discussões acerca da consideração jurídica da personalidade dos embriões (ver no Capítulo V, item 128.1, a discussão sobre a utilização de células-tronco de embriões humanos para fins de pesquisa e terapia). Neste sentido, são as observações de Gustavo Tepedino, Heloisa Helena Barboza e Maria Celina Bodin de Moraes: "Entende-se, comumente, que o embrião humano congelado, apesar de merecer proteção jurídica, não pode ser considerado nascituro, só sendo a partir do momento em que se encontre implantado no ventre materno (Fábio Ulhôa Coelho, *Curso de Direito Civil*, pp. 148-152). Corrente antagônica iguala as situações, a despeito da dicção do preceito em exame, entendendo que 'o início legal da consideração jurídica da personalidade é o momento da penetração do espermatozoide no óvulo, mesmo fora do corpo da mulher' (Maria Helena Diniz, *Novo Código Civil*, p. 6)".[34]

72. No tocante a este tema, merecem referência especial as regras dos arts. 1.799 e 1.800 do Código de 2002, que introduziram grandes inovações no campo dos direitos sucessórios. A primeira admite o direito à sucessão testamentária "dos filhos ainda não concebidos de pessoas indicadas pelo testador desde que vivas estas ao abrir a sucessão". O art. 1.800 determina a nomeação pelo juiz de um curador dos bens a eles destinados. No entanto, o § 4º do mesmo artigo limitou no tempo a possibilidade de reserva dos bens ao determinar que os referidos bens caberão aos herdeiros legítimos, salvo disposição em contrário do testador, *"se decorridos 2 (dois) anos após a abertura da sucessão, não for concebido o herdeiro esperado"*.

73. Giselda Hironaka, ao discorrer sobre as possibilidades que tem o testador de beneficiar a prole eventual de uma pessoa, esclarece que, a princípio, a interpretação mais lógica é que o testador não poderá beneficiar a sua própria prole

---

[33] Gustavo Tepedino, Heloisa Helena Barboza e Maria Celina Bodin de Moraes. *Código Civil Interpretado conforme a Constituição da República*, p. 8.
[34] Op. cit., p. 10.

eventual. Contudo, poderia fazê-lo por via reflexa[35] (Ver Capítulo XIII – Sucessão – § 4º Direito sucessório do filho reconhecido no Código Civil de 2002).

Entendemos que as inovações científicas e tecnológicas no campo da reprodução humana exigem do intérprete do direito, auxiliado pelas ciências biológicas, a formulação de um conceito jurídico para o embrião, o qual permitirá um melhor entendimento das regras pertinentes aos direitos sucessórios (especialmente os arts. 1.799 e 1.800 do Código Civil) e os dispositivos referentes ao reconhecimento voluntário e judicial de paternidade.

Estes estudos poderão autorizar, inclusive, um possível reconhecimento de paternidade de prole eventual. No tocante à proteção, através da via testamentária dos direitos sucessórios, esclarece Giselda Hironaka que:

> "Nesta hipótese de herdeiro ou sucessor esperado que vem efetivamente a existir e nasce com vida, o que acaba por ocorrer é, portanto, uma dupla ficção legal: não só os bens se transmitem ao sucessor no exato momento da morte do autor da herança (princípio da *saisine*) como essa transmissão se opera em favor de uma pessoa inexistente. A lei presume que ela existirá e reserva os bens que a ela caberão, garantindo que ela os adquira, na qualidade de nascituro; e presume, ainda, que tal nascituro nascerá com vida, confirmando, então, a aquisição operada no momento da concepção de forma retroativa ao momento da morte".[36]

§ 3º Requisitos do reconhecimento voluntário de paternidade: subjetivo, formal, objetivo

74. Já o reconhecimento voluntário da paternidade obedece a exigências especiais, com pertinência a três elementos essenciais: subjetivo, formal e objetivo.

No primeiro plano, coloca-se a indagação de quem pode reconhecer, e quando fazê-lo.

Sendo a situação jurídica a legalização de uma relação biológica, o reconhecimento espontâneo da paternidade somente terá eficácia quando emanado do pai.[37] Por isso mesmo se diz um ato eminentemente pessoal, que não pode ser exercido pelos herdeiros do pai, ou por um tutor ou um curador de menor ou

---

[35] Giselda Maria Fernandes Novaes Hinoraka, *Comentários ao Código Civil*, vol. 20, p. 96.
[36] Giselda Hironaka, *Comentários ao Código Civil*, vol. 20, p. 103.
[37] Nos termos do art. 59 da Lei de Registros Públicos, sendo o filho havido fora do casamento, "não será declarado o nome do pai sem que este expressamente o autorize e compareça, por si ou por procurador especial, para reconhecendo-o, assinar, ou não sabendo ou não podendo, mandar assinar a seu rogo o respectivo assento com duas testemunhas".

interdito.[38] É incabível, e conseguintemente inválido o reconhecimento realizado por outra pessoa, mesmo parente, mesmo ascendente. Não prospera, *ex gr.*, um ato de reconhecimento, em que figurou como declarante o avô, proclamando a situação jurídica de um filho natural de filho seu. O mesmo não se dirá, todavia, quando o avô, reconhecendo um filho seu, premorto, admite o filho deste como progênie sua. Para que tal ocorra validamente, mister se faz que o neto tenha sido reconhecido pelo pai, o que não cabe é reconhecer diretamente o neto, suprindo a declaração de vontade de quem é o pai. Nesta última hipótese, em que o pai faleceu sem efetivar o reconhecimento voluntário do filho,[39] a solução para obtenção da declaração de paternidade seria o filho não reconhecido propor uma ação de investigação de paternidade na qual figurarão no polo passivo da relação processual os herdeiros do suposto pai, nos termos do art. 1.615 do Código Civil de 2002.

Como ato jurídico, ou ato de vontade, o reconhecimento pressupõe capacidade do declarante. Assim, o absolutamente incapaz por menoridade ou alienação mental, não tem aptidão para reconhecer filho.[40]

Tecnicamente, nos termos do art. 3º do Código Civil, o menor de 16 anos, como absolutamente incapaz, não pode exercer pessoalmente os atos da vida civil, necessitando de representação. Sendo o reconhecimento voluntário de paternidade um ato eminentemente pessoal, não podendo ser exercido pelo representante legal de um absolutamente incapaz, defrontamo-nos com situações em que se exige uma solução para o problema, tão comum nos nossos dias, de adolescentes de 12 a 16 anos tendo vida sexual ativa e procriando, sem um planejamento familiar adequado.

---

[38] Carbonnier, op. cit., vol. II, nº 78; Marty *et* Raynaud, *Droit Civil*, tomo I, 2º vol., nº 377.

[39] É importante destacar que, no caso apontado, não se aplica a presunção de paternidade prevista no art. 1.597 do Código Civil, porque o suposto filho não foi concebido dentro daquelas situações elencadas neste artigo.

Art. 1.597. Presumem-se concebidos na constância do casamento os filhos:

I – nascidos 180 (cento e oitenta) dias, pelo menos, depois de estabelecida a convivência conjugal;

II – nascidos nos 300 (trezentos) dias subsequentes à dissolução da sociedade conjugal, por morte, separação judicial, nulidade e anulação do casamento;

III – havidos por fecundação artificial homóloga, mesmo que falecido o marido;

IV – havidos, a qualquer tempo, quando se tratar de embriões excedentários, decorrentes de concepção artificial homóloga;

V – havidos por inseminação artificial heteróloga, desde que tenha prévia autorização do marido.

[40] Franco Carresi, *Il Riconoscimento dei Figli Naturali*, p. 61; Carbonnier, op. cit., vol. II, nº 78.

Atualmente, diante das estatísticas que apontam para o crescimento do número de pais e mães adolescentes, indaga-se se seria possível a declaração do reconhecimento de paternidade efetivado pelo representante legal do genitor, que é menor impúbere.

No direito alemão, se o pai for incapaz, o seu representante legal pode declarar o reconhecimento de paternidade com autorização do Juízo Tutelar (§ 1596 al. 1 BGB).[41]

No direito brasileiro, o Estatuto da Criança e do Adolescente, no § 2º do art. 45, criou uma exceção ao princípio milenar da incapacidade absoluta, exigindo o consentimento do adotando para que possa ser deferida uma adoção, admitindo, desta forma, que o incapaz teria condições de discernimento, não obstante a sua incapacidade para os demais atos da vida civil. Gustavo Tepedino comenta com muita propriedade este dispositivo legal:

> "De toda sorte, pode se entender o termo consentimento não no sentido estritamente técnico, revelador de vontade própria, mas como forma de se perquirir a satisfação dos anseios e, portanto, o bem-estar do filho, determinando-se a aprovação do adolescente com base nos critérios hermenêuticos que permeiam todo o estatuto, ou seja, tendo em mira o desenvolvimento de sua personalidade".[42]

Nesta linha de pensamento, seria plausível abrandar o caráter formalista do reconhecimento de paternidade, permitindo a legislação civil que, nos moldes do direito alemão ou, adotando-se a solução pouco técnica, mas interessante do Estatuto da Criança e do Adolescente no que tange ao "consentimento" do adotando, pudesse ser efetivado o reconhecimento espontâneo de paternidade pelo pai menor impúbere, devidamente representado, sob o crivo do Poder Judiciário. Nos moldes do procedimento de averiguação oficiosa, disciplinado pela Lei nº 8.560/1992, poderia ser instaurado um procedimento próprio para a formalização do reconhecimento exercido pelo incapaz, através do seu representante legal, com autorização do juízo competente.

Quanto ao relativamente incapaz, é preciso distinguir. Se lhe falta capacidade para subscrever ato autêntico (escritura pública), sem assistência do pai ou tutor, nada o impede de efetuar o reconhecimento por via testamentária, tendo em vista que o testamento, como ato personalíssimo, pode ser feito pelo menor púbere, sem a assistência de quem quer que seja, nos termos do parágrafo único

---

[41] Wilfried Schlüter, op. cit., p. 346.
[42] Gustavo Tepedino, *A Disciplina Jurídica da Filiação na Perspectiva Constitucional,* p. 423.

do art. 1.860 do atual Código Civil (no CC de 1916, esta norma estava contida no art. 1.627).[43]

Dúvida permanece, porém, quanto ao assento de nascimento. Se for declarante o pai, nesta qualidade, vale como reconhecimento, mesmo que se trate de menor relativamente incapaz, seja em razão de se dar ao pai a oportunidade de cumprir o seu dever natural, seja porque a paternidade legal, decorrente do assento de nascimento é o corolário da atestação de um fato, e o menor relativamente incapaz não é proibido de fazê-la.

A legitimidade passiva para o reconhecimento é incontroversa. O declarante reconhece o "seu filho", diretamente ou por procurador. Se for mister que ele se identifique, igualmente individuado deve ser o reconhecido, quando já nato, ou indicada com precisão a mãe, se é ainda nascituro.[44]

O requisito formal é estrito: somente tem eficácia quando reveste um dos instrumentos previstos: assento de nascimento, escritura pública, testamento, escrito particular arquivado em cartório ou manifestação perante o juiz (art. 1.609 do Código Civil). Cada um deles está sujeito às exigências legais respectivas, e a sua validade assenta na sua observância. Desatendida, não vale como reconhecimento.

De acordo com o art. 3º da Lei nº 8.560/1992, é vedado reconhecer o filho na ata do casamento.

Não há, contudo, imposição sacramental. Adotada a escritura pública, pode ser feito incidentemente, ainda que não destinada a este fim, como julgado pelos Tribunais,[45] e restou expresso no art. 1º, alínea IV, da Lei nº 8.560, de 29.12.1992.

Não significa, todavia, que seja despido de validade o escrito extrajudicial que desatende ao caráter formal de um reconhecimento. Contendo ele uma confissão que ao mesmo passo traduz a declaração do confitente, tem o efeito de instruir ação de investigação de paternidade (v. Capítulo V, *infra*).

O reconhecimento no assento de nascimento pode ser efetuado por ambos os pais, conjuntamente, ou por qualquer deles isolado. Neste último caso, a menção do nome do outro genitor somente deve constar mediante declaração explícita. No tocante ao reconhecimento de maternidade, pode ser apresentado pelo genitor o "Documento de Nascido Vivo" com as informações básicas sobre a criança e a mãe (v. § 1º Reconhecimento de maternidade – *supra*).

---

[43] Caio Mário da Silva Pereira, *Instituições de Direito Civil*, vol. VI, nº 455.
[44] Carresi, op. cit., pp. 62-63.
[45] Ac. do Tribunal de Justiça de São Paulo, *in Rev. Forense*, vol. 111, p. 154; do Tribunal de Justiça do antigo Distrito Federal, *in Rev. Forense*, vol. 136, p. 150.

A Lei nº 8.560 de 1992 prevê a hipótese de apenas a maternidade ser declarada e ser mencionado o nome do pai. Cabe a intimação deste para em 30 dias se pronunciar. No silêncio ou na oposição, o juiz pode determinar diligência sumária (tal como no art. 1.865 do Código Civil português) e remessa dos autos ao Ministério Público, que terá legitimidade para intentar ação investigatória, sem prejuízo de ação por quem tenha legítimo interesse.

Observa-se, contudo, que o reconhecimento do adulterino, via de regra, não comportava a forma do "termo de nascimento" porque, sendo permitido somente depois de dissolvida a sociedade conjugal (nº 20, *supra*), ocorria normalmente depois de decorrido algum tempo após o nascimento e o registro.[46] Com a revogação do art. 358 do Código Civil de 1916, pôde o reconhecimento ser livremente feito.

Problema que se tem levantado, desafiando a doutrina e a jurisprudência, é o reconhecimento efetuado por testamento, que não venha a prevalecer. A dúvida que alcança também o reconhecimento contido numa procuração, já foi suscitada em doutrina.[47]

Quanto ao testamento, é óbvio que a nulidade por incapacidade do agente torna inaproveitável o ato.

Se a nulidade é por defeito formal, o testamento não pode produzir consequências jurídicas ligadas ao ato de última vontade. Se contiver um reconhecimento, este, entretanto, é eficaz, aproveitando-se o ato naquela característica. Assim, se o testador adota a forma pública, mas o testamento não vem a prevalecer (*ex gr.*, por falta do número regular de testemunhas instrumentárias) nada impede que tenha a força de um reconhecimento por ato autêntico, uma vez que a escritura pública, para valer como tal, não se sujeita às mesmas exigências formais necessárias à validade do testamento público.[48]

Por força do disposto no art. 2º da Lei nº 883 de 1949, na redação que lhe deu a Lei nº 6.515 de 1977, o filho reconhecido em testamento cerrado, antes ou depois do nascimento do filho, é, nessa parte, irrevogável.

O requisito objetivo do reconhecimento é atribuir o "*status* ao filho". Embora não se exijam termos sacramentais, é indispensável que do ato se revele inequivocamente o propósito de reconhecer. Caso contrário, não terá este efeito. Assim é que não valeria como reconhecimento uma deixa testamentária sem a referência expressa. Valeria, talvez, como escrito a instruir ação investigatória. Mas não prevalece como atribuição de estado.

---

[46] Orlando Gomes & Nélson Carneiro, *Do Reconhecimento do Filho Adulterino*, vol. II, p. 429.
[47] Carresi, op. cit., p. 89.
[48] Caio Mário da Silva Pereira, op. cit., vol. 5, nº 412.

§ 4º Atributos do reconhecimento de paternidade: irrevogabilidade; anulabilidade; renunciabilidade; validade *erga omnes*; indivisibilidade; incondicionalidade; retroatividade

Ao reconhecimento de paternidade, uma vez efetuado regularmente, e apto a produzir os seus efeitos jurídicos, ligam-se alguns atributos, que a doutrina assenta, e que percutem necessariamente nas manifestações jurisprudenciais.

Alguns desses atributos foram assegurados expressamente pelo ECA que, ao tratar do direito fundamental da criança e do adolescente à convivência familiar, estabeleceu ser o **reconhecimento** do estado de filiação **direito** personalíssimo, **indisponível** e imprescritível.[49] O CC de 2002, no art. 1.613, estabelece serem ineficazes a condição e o termo apostos ao ato de reconhecimento do filho.

75. Irrevogabilidade. Uma vez pronunciada a declaração volitiva de reconhecimento, ela se desprende do foro interior do agente, para adquirir a consistência jurídica de um ato perfeito. É neste sentido que alguns o dizem irretratável.[50]

O declarante não poderá, portanto, tornar sem efeito a declaração, revogando-a.

Cabe, aqui, todavia, uma distinção. Se o reconhecimento é feito no assento de nascimento, prevalece desde logo, e somente perderá eficácia se vier a ser ele anulado. O mesmo dir-se-á do que reveste a forma de ato autêntico.

No tocante à adoção da forma testamentária, toda a questão repousa na revogabilidade das disposições de última vontade, que constitui uma faculdade ínsita no seu próprio contexto. Com efeito. Regra é, absoluta e coberta por consagração milenar, que a vontade testamentária é a todo tempo revogável: *ambulatoria voluntas defuncti usque ad vitae supremum exitum*. Podendo o testador a qualquer tempo efetuar a revogação do testamento, com esta pode revogar o seu conteúdo, que perde a eficácia. Não cabe aqui indagar da intenção do testador, e saber se pretendeu ele envolver na do testamento a da instituição do *status filiationis*. Na revogação do testamento está a vontade contrária, manifestada em oposição à subsistência do reconhecimento. Pela disposição do art. 2º da Lei nº 883, de 21.10.1949, na redação que lhe deu o art. 51 da Lei nº 6.515, de 26.12.1977, o filho havido fora do matrimônio pode ser reconhecido por qualquer dos cônjuges, em testamento cerrado, antes ou depois do nascimento do filho, e, nessa parte, é irrevogável.

---

[49] Lei 8069/1990, art. 27.
[50] Gomes & Nélson, op. cit., p. 296; Marty *et* Raynaud, op. cit., nº 384; Planiol *et* Ripert, *Traité Pratique*, vol. II, nº 849. Ac. do Tribunal de Justiça de São Paulo, *in Rev. Forense*, vol. 223, p. 184; vol. 152, p. 257.

Desta forma é de prevalecer a doutrina de Carresi, segundo a qual o reconhecimento contido num testamento é irrevogável.[51] Salvo, evidentemente, se o testador, ao revogar, alude por expresso ao reconhecimento, confirmando o contexto da respectiva declaração, pois neste caso estará emitindo uma vontade com o efeito de validar a anterior, mediante a coexistência das duas cédulas.

A doutrina da proteção integral, consagrada pela Constituição Federal (art. 227) legitimou o entendimento no sentido da irrevogabilidade do reconhecimento, ainda que feito por testamento. Nesse sentido são expressos o art. 1º, III, da Lei nº 8.560/1992, o art. 1.609, III, e o art. 1.610 do CC de 2002. De acordo com este último dispositivo, "o reconhecimento não pode ser revogado, nem mesmo quando feito em testamento".

Para o direito brasileiro a questão da procuração deve ser analisada especificamente. Não se pode cogitar do reconhecimento feito em procuração, porque não é uma forma prevista em lei, já que esta se refere apenas ao assento de nascimento, escritura pública, testamento, escrito particular arquivado em cartório ou manifestação perante o juiz (art. 1.609 do Código Civil).

Constituído procurador para promover o reconhecimento, este só se considera perfeito ao ser cumprido o mandato. A procuração em si mesma não constitui ato de reconhecimento, porém, habilita apenas o mandatário para efetuá-lo.

O problema ocorre com a cessação do mandato. Se este se verificar pela morte do mandante, revogação pura e simples ou renúncia pelo mandatário, o instrumento, não tendo força perfilhante, vale, contudo, como "escrito" com que instruir ação investigatória.

O mesmo se não dirá, entretanto, se houver revogação causada, isto é, acompanhada de declaração formal do mandante, no sentido de que o faz porque tem motivos para contraditar a declaração em si mesma, seja por negar o vínculo biológico (erro) seja por admitir o induzimento (dolo ou coação). Uma revogação de mandato fundada em que o pai se retrata da confissão de paternidade, não pode ter eficácia contrária à intenção do declarante, pois que o reconhecimento voluntário é "ato de vontade" (nº 30, *supra*) e não pode advir de uma *declaração negativa de vontade*.

76. Nulidade e Anulabilidade. Difere da revogação a invalidade do reconhecimento, que pode ser requerida pelo pai registral ou seus herdeiros, sob fundamento de qualquer dos motivos que invalidam os atos jurídicos em geral. Pode-se questionar a inexistência de um dos requisitos do reconhecimento voluntário (subjetivo, formal, objetivo), como visto no item 74, *supra*. Outrossim, pode-se cogitar a invalidade do ato em face da ocorrência de erro, dolo, coação,

---

[51] Carresi, op. cit., p. 92.

simulação, e mesmo fraude.⁵² Vale ressaltar que a incapacidade relativa do agente não é causa de anulabilidade do reconhecimento voluntário de paternidade, como foi visto no item 74, *supra*.

Daí dizer-se, procedentemente, que sem embargo de sua irrevogabilidade é lícito atacar a sua validade como a sua veracidade.⁵³

Como observado no nº 74, o testamento inválido por defeito de forma pode ser aproveitado como ato autêntico para fins de reconhecimento, uma vez que a escritura pública, para valer como tal, não se sujeita às mesmas exigências formais necessárias à validade do testamento.

Em qualquer dessas hipóteses, a invalidação do reconhecimento, da iniciativa do testador do pai registral ou dos herdeiros depende de pronunciamento judicial.

Outro aspecto, e grave, é a contestação ou anulação do reconhecimento, por falsidade. Esta poderá ser material ou ideológica.

Julgados do STJ tem negado a invalidação do registro de nascimento voluntariamente realizado e comprovadamente isento de vícios de vontade quando reconhecida a existência de relação socioafetiva, ainda que não haja vínculo genético. Neste sentido o REsp 1.244.957 – SC,⁵⁴ no qual se afirma: *"Mesmo na ausência de ascendência genética, o registro da recorrida como filha, realizado de forma consciente, consolidou a filiação socioafetiva – relação de fato que deve ser reconhecida e amparada juridicamente. Isso porque a parentalidade que nasce de uma decisão espontânea, deve ter guarida no Direito de Família"* e anteriormente o *REsp 1.259.460-SP*.

77. Falsidade Material. Ocorre quando o ato contém declaração sob firma alheia. Será o caso de alguém que se inculca como o pai, e pronuncia, sem o ser, o ato de reconhecimento. Ou a hipótese de forjar o oficial de registro um assento ou certidão falsa.

78. Falsidade Ideológica. Dá-se quando o ato é formalmente escorreito, mas o conteúdo é inverídico. Será o caso de o declarante afirmar uma paternidade, em

---

⁵² Os arts. 166 a 184 do Código Civil cuidam das causas de invalidade do negócio jurídico, elencando como causas de anulabilidade a incapacidade relativa do agente e/ou vício resultante de erro, dolo, coação, estado de perigo, lesão ou fraude contra credores (art. 171). No tocante à simulação, dispõe o art. 167 que "é nulo o negócio jurídico simulado, mas subsistirá o que se dissimulou, se válido for na substância e na forma".
⁵³ Marty *et* Raynaud, op. cit., nᵒˢ 336-387.
⁵⁴ STJ, 3ª Turma, REsp 1.244.957-SC, Rel. Min. Nancy Andrighi, julgado em 07.08.2012, *DJe* 27.09.2012; STJ, 3ª Turma, REsp 1.259.460-SP, Rel. Min. Nancy Andrighi, julgado em 19.06.2012, *DJe* 29.06.2012. Disponíveis em <www.stj.jus.br>.

documento perfeito, mas que não reflete a verdade. É que o ato de reconhecimento não é constitutivo, porém declaratório (cap. II, *supra*). Por ele o declarante não cria uma relação parental. Difere da adoção, em que o parentesco é civil, e assenta na emissão volitiva.

Não aqui. Na paternidade reconhecida, o pai concede *status* ao filho, que o seja biologicamente. Em contendo o ato uma proclamação de paternidade que não corresponde à realidade (o pai reconhece como seu um filho que o não é)[55], o reconhecimento, embora formalmente perfeito, e até inspirado em pia causa, não pode produzir o efeito querido, e será anulado por falsidade ideológica, em se provando a inverdade da declaração. Juridicamente considerado, o reconhecimento é vinculado à veracidade da declaração. Esta vale, como confissão ou como declaração (*Wissenserklärung*), no pressuposto de corresponder à verdade, e somente produzirá o efeito que a lei lhe atribui quando à manifestação formal corresponder o pressuposto fático da relação biológica paternal subjacente.[56]

Não se pode, contudo, chegar jamais a exigir a coincidência absoluta entre a filiação biológica e a filiação legal. O grande problema, saber até quando esta última constitui afirmação rigorosa da filiação biológica, não foi ainda resolvido. É certo que a ciência fornece subsídios cada vez mais valiosos ao direito, e cada vez mais aceitos pelos tribunais. Mas a questão fundamental permanece em aberto (nº 61, *infra*).

É que no tocante à paternidade predomina o conceito da verdade formal, que é relativa, e não o da verdade absoluta, que atende rigidamente aos postulados da lógica.[57]

Quem tenha legítimo interesse, econômico ou moral, pode então, por ação própria, contestar o reconhecimento, e sob duplo aspecto, formal e material. Formalmente, poderá pedir a sua anulação, alegando a inobservância de requisito desta natureza (como, *ex. gr.*, reconhecimento por instrumento particular, reconhecimento por procurador sem poderes bastantes) – ou arguindo a incapacidade do declarante. Materialmente, quando visa a atacar a veracidade da declaração em si mesma.[58]

---

[55] O ato de registrar como seu o filho de outrem constitui crime contra o estado de filiação, a teor do art. 242, do Código Penal (Decreto-Lei 2.848/1940).

[56] Albaladejo Garcia, *El Reconocimiento de la Filiación Natural*, p. 25.

[57] Marie Josèphe Gebler, *Le Droit Français de la Filiation et la Verité*, p. 1.

[58] Cf. sobre a contestação do reconhecimento: Marty *et* Raynaud, op. cit., nº 386; Jean Carbonnier, *Droit Civil*, vol. II nº 78; Alfred Rieg, *Filiation Illégitime en Droit Comparé Français et Allemand*, p. 28; José Machado, *Los Hijos Ilegítimos*, p. 75; Carresi, op. cit., pp. 147-175. V. Ac. do Supremo Tribunal Federal, *in Rev. Forense*, vol. 102, p. 69.

No tocante à legitimidade para requer a invalidação, o STJ ao julgar o REsp 234.833[59] já entendeu que:

> "[...]
> 1. Salvo nas hipóteses de erro, dolo, coação, simulação ou fraude, a pretensão de anulação do ato, havido por ideologicamente falso, deve ser conferida a terceiros interessados, dada a impossibilidade de revogação do reconhecimento pelo próprio declarante, na medida em que descabido seria lhe conferir, de forma absolutamente potestativa, a possibilidade de desconstituição da relação jurídica que ele próprio, voluntariamente, antes declarara existente; ressalte-se, ademais, que a ninguém é dado beneficiar-se da invalidade a que deu causa.
> [...]
> 3. Se o reconhecimento da paternidade não constitui o verdadeiro *status familiae*, na medida em que, o declarante, ao fazê-lo, simplesmente lhe reconhece a existência, não se poderia admitir sua desconstituição por declaração singular do pai registral. Ao assumir o Ministério Público sua função precípua de guardião da legalidade, essa atuação não poderia vir a beneficiar, ao fim e ao cabo, justamente aquele a quem essa mesma ordem jurídica proíbe romper, de forma unilateral, o vínculo afetivo construído ao longo de vários anos de convivência, máxime por se tratar de mera 'questão de conveniência' do pai registral, como anotado na sentença primeva.

Em particular, diz-se que é nulo o reconhecimento feito pelo interdito mesmo em lúcido intervalo, como ainda no caso do reconhecido já se encontrar em estado de filho legítimo ou natural reconhecido por outra pessoa.[60]

79. Adoção Simulada ou Adoção à Brasileira. Nas causas em que se discute a falsidade do registro, com fundamento no art. 1.604[61] (que reproduz o art. 348 do Código Civil de 1916), vem surgindo uma nova e importante orientação jurisprudencial quando se verificam situações de fato, consolidadas pelo longo transcurso de tempo, em que os pais registrais praticaram o ato conhecido como "adoção simulada" ou "adoção à brasileira".

Antigas decisões do Supremo Tribunal Federal agasalhavam o entendimento de que tais registros de nascimento deveriam ser anulados, não só em virtude da falsidade do ato, mas pelo fato de que não poderiam ser equiparados a uma adoção,

---

[59] STJ, 4ª Turma, REsp nº 234.833-MG, Rel. Min. Hélio Quaglia Barbosa, julgado em 25.09.2007, *DJe* 22.10.2007. Disponível em <www.stj.jus.br>.
[60] Carresi, op. cit., pp. 63-68.
[61] CC de 2002: "Art. 1.604. Ninguém pode vindicar estado contrário ao que resulta do registro de nascimento, salvo provando-se erro ou falsidade do registro".

visto que esta se reveste de formalidades que não teriam sido observadas, como por exemplo, a idade mínima do adotante, a forma do ato jurídico (escritura pública) e a diferença de idade entre adotante e adotado.

Neste sentido, trazemos à colação as seguintes decisões:

> "Filiação. 1. A mãe solteira tem ação para ser reconhecida como tal e cancelar registro do nascimento civil, feito falsa e simuladamente por um casal ainda que com os melhores propósitos. 2. A circunstância de a mãe ter exposto o filho no alpendre da casa dos avós do menor, onde ela residia, na esperança de que seria recolhido e ficaria em sua companhia, não lhe impede, por si só, o direito àquela ação, nem importa em perda do pátrio poder, que ainda não exerce, por não ser publicamente conhecida a maternidade. 3. O registro falso, impugnado por quem prova ser a mãe da criança, não pode ser havido, nessas circunstâncias como adoção juridicamente válida" (Recurso Extraordinário nº 69837/GO – Relator: Min. Aliomar Baleeiro – Julgamento: 10.09.1970 – Órgão Julgador: Primeira Turma).

> "Ação declaratória de existência de parentesco, cumulada com ação de nulidade de registro de nascimento. Falsidade ideológica do assento. Arguição, pelo pai, de que o seu filho, ao prestar declarações, consignadas no tempo de nascimento, dera como filho dele e de sua mulher pessoa dele não nascida. Inaplicabilidade do art. 344 do Código Civil e consequente legitimidade *ad causam* do autor. Carência da ação indevidamente decretada. Recurso extraordinário conhecido e provido" (Recurso Extraordinário nº 91.471-4/RS – Relator: Min. Xavier de Albuquerque – Julgamento: 18.11.1980 – Órgão julgador: Primeira Turma).

Recentes decisões dos tribunais estaduais, prestigiando o entendimento acima exposto e em nome do princípio da verdade real, têm decretado a nulidade de registros em que se verificou a chamada adoção simulada. À guisa de exemplo, recente apelação (nº 23.802/2002), julgada pela Egrégia 5ª Câmara Cível do Tribunal de Justiça do Rio de Janeiro (decisão publicada no *DOERJ* de 28.04.2003, p. 52), acolheu o entendimento da Douta Procuradoria de Justiça, cujo parecer teve a seguinte ementa:

> "Ação de anulação de registro de nascimento. Dualidade de registros de pessoa nascida em 1975: o primeiro, promovido pela mãe, com paternidade desconhecida; o segundo, promovido pelo próprio genitor, homem casado, atribuindo a maternidade à sua mulher, ficando a criança aos cuidados do casal. Pretensão da mãe biológica, decorridos mais de vinte anos, e já falecido o pai, a anular o segundo registro, só quanto ao nome e à maternidade, completando o primeiro assento com a averbação do nome do pai e dos avós paternos. Sentença que decretou a nulidade total do segundo

registro, considerando a Autora parte ilegítima para a averbação pretendida. Apelações das Rés.

Preliminar de decisão *ultra petita*, por ter o decreto de nulidade atingido a totalidade do registro, inclusive a declaração de paternidade, ultrapassando o âmbito do pedido. Inexistência de nulidade que pudesse ser decretada de ofício, segundo a jurisprudência do STF. No mérito, acolhida parcial aos recursos, para que prevaleça o segundo registro de nascimento, exceto em relação à declaração de maternidade. Evidência de que foi com base no registro posterior, promovido pelo pai, que a segunda Apelante construiu toda a sua vida, nele se contendo o nome que tem direito de continuar usando, integrante de sua personalidade, e o reconhecimento de paternidade. Impossibilidade de negar à mãe biológica o direito de figurar como tal no registro, embora se reconheça que, ao receber e criar a filha nascida da relação extraconjugal do marido, a sua mulher realizou ato equivalente a uma adoção de fato. Proposta de anular-se no segundo assento a declaração da maternidade, tão somente, por não corresponder à verdade, averbando-se em substituição o nome da mãe biológica, com o consequente cancelamento do primeiro registro.

Parecer pelo provimento parcial das apelações, retificada a sentença na parte *ultra petita*".[62]

Na realidade, não existem dados estatísticos sobre o número de "adoções à brasileira" realizadas no Brasil, visto que essas são praticadas à margem da lei, podendo o agente incorrer nas penalidades dos arts. 242 e 299 do Código Penal (v. item 133.1 *infra*).[63]

O STF já decidiu que, sendo nobre o motivo que levou o agente a registrar como seu o filho de outrem, não se considera o dolo específico do art. 299 do Código Penal (STF – RHC – Rel. Min. Moreira Alves – *RT* 591/409). Com base no parágrafo único do art. 242, o juiz pode aplicar o perdão judicial.

---

[62] Parecer da Procuradora de Justiça Marija Yrneh Rodrigues de Moura, publicado na Revista do Ministério Público do Rio de Janeiro, nº 18, jul./dez. 2003, pp. 289/297.

[63] Art. 242 do Código Penal: "Dar parto alheio como próprio; registrar como seu o filho de outrem; ocultar recém-nascido ou substituí-lo, suprimindo ou alterando direito inerente ao estado civil: Pena – Reclusão de dois a seis anos. Parágrafo único. Se o crime é praticado por motivo de reconhecida nobreza: Pena – detenção de um a dois anos, podendo 'o juiz deixar de aplicar a pena'".

Art. 299 do Código Penal: "Omitir, em documento público ou particular, declaração que dele devia constar, ou nele inserir ou fazer inserir declaração falsa ou diversa de que devia ser escrita, com o fim de prejudicar direito, criar obrigação ou alterar a verdade sobre fato juridicamente relevante: Pena – reclusão de um a cinco anos, e multa, se o documento é público, e reclusão de um a três anos e multa, se o documento é particular".

É de se destacar que o Superior Tribunal de Justiça, em decisões recentes, vem considerando a relevância do fenômeno denominado "paternidade ou maternidade social", o qual cria o estado afetivo, social, familiar e mesmo jurídico que, em princípio, não deve ser desfeito. Nas palavras do Ministro Ruy Rosado de Aguiar, o reconhecimento desta doutrina, "de um certo modo, colide com a nossa orientação de afastar a prescrição das pretensões ligadas a negatória de filiação, especialmente quando propostas por outros que não pais e filhos, e na grande maioria das vezes com propósitos unicamente patrimoniais" (voto – mérito do REsp. nº 119.346 – GO, 4ª Turma).

No REsp. nº 119.346 – GO da 4ª Turma, pleiteava-se a anulação dos registros de nascimento de três filhos de casal já falecido, situação exposta na ementa do julgado:

> "Filiação. Anulação ou reforma de registro. Filhos havidos antes do casamento, Registrados pelo pai como se fossem de sua mulher. Situação de fato consolidada há mais de quarenta anos, com o assentimento tácito do cônjuge falecido, que sempre os tratou como filhos, e dos irmãos. Fundamento de fato constante do acórdão, suficiente, por si só, a justificar a manutenção do julgado".
>
> "Acórdão que, a par de reputar existente no caso uma 'adoção simulada', reporta-se à situação de fato ocorrente na família e na sociedade, consolidada há mais de quarenta anos. *Status* de filhos. Fundamento de fato, por si só suficiente, a justificar a manutenção do julgado. Recurso especial".

Analisando as repercussões especiais desta situação fática examinada pelo Poder Judiciário, o Relator do Acórdão, Min. Barros Monteiro, optou pela convalidação da adoção simulada:

> "A situação de fato, não contraditada pelos recorrentes, deixa claro na espécie o *status* de filhos havido pelos citados corréus Carlos Eugênio, Ernesto e Wilhians, admitido não só pelo pai declarante, mas também pela falecida Eunice Arcipretti Boel, verdadeira genitora deles e, mais que isso, pelos irmãos – autores desta lide. Há mais de quarenta anos, tal situação se consolidou no seio da família e da sociedade. Trata-se, como foi salientado nos autos, de um patrimônio adquirido pelos três corréus que, hoje, contam com mais de quarenta anos, alguns casados e com filhos".
>
> "Esta Corte já teve ocasião de enfatizar, em hipótese distinta da ora em exame, é certo, a necessidade de 'proteger situações familiares reconhecidas e consolidadas' (REsp. nº 215.249 – MG, Relator Ministro Carlos Alberto Menezes Direito). Na mesma linha encontra-se um outro Aresto da Terceira Turma, o REsp. nº 91.825 – MG, Relator Ministro Eduardo Ribeiro, em que S. Exª. deixou anotado '*não se pode admitir que aqueles que, ao menos tacitamente, aceitaram o recorrido como neto e sobrinho, vinte e oito anos*

depois, em razão da perspectiva de uma herança, queiram abalar o estado resultante de seu registro".

Outro importante argumento que afasta a ação negatória ou anulatória quando não se fundamenta em vícios de consentimento, mas no arrependimento do reconhecimento é exposto por Arnaldo Rizzardo:

> "Uma pessoa reconhece o filho e depois de um determinado período volta atrás, dizendo que realizou o ato por princípios de humanidade, ou por ter-se unido à mãe do mesmo. Cabe, num lance inicial, lembrar que ninguém pode invocar a própria torpeza, ou beneficiar-se de uma ilegalidade praticada conscientemente. Seria absurdo admitir que o autor da falsidade, fazendo-se passar por pai, viesse depois desconstituir a própria afirmação consubstanciada em documento público".[64]

80. Renunciabilidade

80.1. A renunciabilidade é um dos atributos do reconhecimento voluntário de paternidade, conforme vinha tradicionalmente assentando a doutrina, com repercussão na jurisprudência.

A renunciabilidade decorre, em termos do direito codificado, da norma estatuída no art. 1.614 do Código Civil de 2002:

> Art. 1.614. O filho maior não pode ser reconhecido sem o seu consentimento, e o menor pode impugnar o reconhecimento nos 4 (quatro) anos que se seguirem à maioridade, ou emancipação.

81. O conteúdo do disposto no art. 1.614 guarda fidelidade com a previsão legal do direito anterior (art. 362 do Código Civil de 1916 e art. 4º da Lei nº 8.560 de 1992). Clóvis Beviláqua, ao comentar o referido art. 362, esclareceu que:

> "O reconhecimento interessa, diretamente, ao perfilhado, porque lhe atribui um estado civil, que pode não lhe convir, pois se lhe atribui direitos e vantagens, também lhe impõe deveres, e cria direitos para o perfilhante. Se o filho é maior deve, portanto, dar o seu consentimento, sem o que o ato não terá validade. Durante a menoridade do filho, o consentimento será dado pelo tutor ou pessoa sob cuja guarda estiver; mas, não obstante, pela gravidade da matéria para o indivíduo, a quem o reconhecimento dá a condição de filho natural, o Código permite que ele o impugne, depois de

---

[64] Arnaldo Rizzardo, *Direito de Família* – vol. II, p. 662.

atingir à maioridade. Para essa impugnação não é necessária senão a sua própria vontade contrária ao reconhecimento. A pessoa perfilhada não quer a posição de filho natural do perfilhante, e assim o declara".[65]

Nesta mesma linha de pensamento, sustentávamos, nas edições anteriores desta obra, que:

"Embora o reconhecimento de paternidade seja um dever moral do pai, que o cumpre de *motu* próprio ou pode ser compelido judicialmente a fazê-lo, não se deve abstrair da vontade do perfilhado. O efeito capital é atribuir-lhe um estado civil que pode não lhe convir.[66] A sua anuência é, portanto, complementar ao ato. Se o reconhecido é maior, torna-se indispensável o seu consentimento. É o que expressamente estabelece o art. 4°da Lei n° 8.560 de 1992, reiterando o disposto no art. 362 do Código Civil. Se menor, fica-lhe reservada a faculdade de impugnar o reconhecimento, dentro dos quatro anos que se seguirem à maioridade ou emancipação (CC, art. 362). Não se trata de procedimento com o objetivo de provar a inexistência da relação biológica, ou de demonstrar defeito no ato de perfilhação. Basta a sua manifestação volitiva, contrária. É uma posição simétrica: pela mesma razão que o maior não pode ser reconhecido sem o seu consentimento, assim também o perfilhado menor deixará de o ser, uma vez caracterizada a sua vontade contrária, quando puder manifestá-la".[67]

82. Atualmente, é de se ponderar que, em face dos atuais paradigmas do direito de família, das novas formas de parentesco e da dimensão socioafetiva da paternidade, vemos com cuidado o atributo da "renunciabilidade", inserido no art. 1.614 do Código Civil, conforme analisaremos abaixo, ao cuidarmos da segunda norma contida neste dispositivo legal.

Diante da efetiva valorização da convivência familiar, das relações de afetividade que servem de base para o convívio entre os membros familiares e da ênfase dada pela Constituição Federal à "paternidade responsável" e à equiparação e não discriminação de filhos, já se aponta na doutrina e na jurisprudência a prevalência destes elementos como indicadores de uma preferência para o reconhecimento da paternidade socioafetiva.

Estes novos valores têm grande repercussão na reformulação e interpretação do atributo da renunciabilidade de que tratamos neste capítulo.

---

[65] Clóvis Beviláqua, *Código Civil Comentado*, 12ª edição, vol. II, pp. 260-261.
[66] Clóvis Beviláqua, *Comentários ao Código Civil*, art. 362.
[67] Caio Mário da Silva Pereira, *Reconhecimento de paternidade e seus efeitos*, 5ª ed., pp. 69-70.

Neste sentido, podemos vislumbrar que a lógica formal do nosso direito, que era mais rigorosa que a do sistema francês, passou a se aproximar deste. Para o direito francês, a filiação é mais um ato da vontade do que uma relação biológica. Por isso mesmo considera o reconhecimento "ato unilateral", sem mesmo apurar-se o requisito da capacidade. A este extremo chega a jurisprudência francesa, admitindo a validade do reconhecimento feito por um menor sem a assistência paterna, ou por um alienado mental em lúcido intervalo. Chega mesmo a validar uma perfilhação, ainda demonstrando-se que no momento da concepção o pai seria menor impúbere.[68] (V. a análise feita neste capítulo sobre os requisitos subjetivos do reconhecimento voluntário de paternidade e a questão da capacidade do pai – item 74, *supra*.)

83. Na doutrina pátria, João Batista Villela afirma que o registro, em sede de filiação, não exprime, no direito brasileiro, um arco de ocorrências biológicas. De acordo com o civilista, o registro exprime:

> "(...) antes e sempre, um acontecimento jurídico. A qualificação da paternidade ou a omissão dela dependerá, de um modo ou de outro, de um fato do direito: estar ou não casada a mãe, sentença que estabeleça ou desconstitua a paternidade, reconhecimento voluntário, etc. Ao registro não interessa a história natural das pessoas, senão apenas sua história jurídica. Mesmo que a história jurídica tenha sido condicionada pela história natural, o que revela o registro é aquela e não esta. Assim, quando, em mais um exemplo, o estabelecimento de uma paternidade tenha resultado da prova de derivação biológica pelo DNA, o que o oficial do registro leva aos seus livros não é o laudo pericial do geneticista, senão a sentença do juiz. E se, ao contrário, a sentença do juiz estiver manifestamente contrária à prova genética dos autos, ainda assim é a ela e não ao laudo que o oficial deve obediência".[69]

84. Inicialmente, é de se consignar que o art. 1.614 envolve duas normas distintas.

A primeira impõe a obrigatoriedade do expresso consentimento do filho se o reconhecimento se der após a sua maioridade, o que já era previsto no Código Civil de 1916. Debate-se na doutrina se a ausência do consentimento acarreta a inexistência ou nulidade do reconhecimento de paternidade. Sempre consideramos que a anuência é complementar ao ato, sendo indispensável o consentimento do filho. Inúmeros autores nacionais, como Pontes de Miranda, Clóvis Beviláqua, Orlando Gomes e Washington de Barros Monteiro, consideram que o consentimento do filho maior constitui condição de validade do reconhecimento, pelo que

---

[68] Cf. sobre estas hipóteses jurisprudenciais Rieg, op. cit., p. 25.
[69] João Batista Villela, *O modelo constitucional da filiação: verdade e superstições*, p. 140.

sua falta conduz à nulidade. Esta também é a orientação do Superior Tribunal de Justiça, no sentido da decretação da nulidade do ato jurídico.

Samir José Caetano Martins considera, entretanto, que sem o assentimento do filho maior, não se tem apenas a nulidade do reconhecimento, mas a sua própria inexistência.[70]

Por derradeiro, há quem sustente que a recusa do filho maior se situa no plano da eficácia do ato. De acordo com Silvio Rodrigues, a regra do art. 1.614 do Código Civil "condiciona a eficácia do reconhecimento do filho maior à obtenção de seu consentimento, e defere ao menor a prerrogativa de impugnar o seu reconhecimento dentro dos quatro anos que se seguirem à maioridade ou emancipação".[71]

Por outro lado, Silvio Rodrigues considera o reconhecimento de paternidade ato unilateral, afirmando que o fato de o reconhecimento estar condicionado ao consentimento do filho "não tira do ato seu caráter unilateral. A exigência do assentimento do filho maior reconhecido ou a permissão para o menor impugnar tempestivamente o ato que reconheceu são medidas protetoras que se justificam no fato de o reconhecimento envolver efeitos morais e materiais de enorme relevância, que não podem ser provocados pelo arbítrio de um só".[72]

85. Ainda com referência à primeira parte do art. 1.614, deve-se ressaltar que o prazo decadencial previsto neste dispositivo legal reproduz integralmente as normas do Código anterior (art.178, § 9º, VI, e art. 362).

Mesmo diante da incidência do referido prazo decadencial, o Superior Tribunal de Justiça, no final da década de 1990, já havia pacificado orientação no sentido de que o filho, tanto o "legítimo" quanto o "natural", pleiteasse, com fulcro na falsidade, a investigação de paternidade e a anulação do registro civil, sendo *imprescritíveis* tais ações. Ademais, a ação objetivando demonstrar a falsidade do ato não se condiciona a que o reconhecido tenha atingido a maioridade ou sido emancipado. Neste sentido:

> "EMENTA – Inicial – Inépcia – Alegação rejeitada. Hipótese em que os fundamentos do pedido estão suficientemente expostos, não se configurando qualquer prejuízo para o exercício da defesa. Reconhecimento de paternidade – Menor – Impugnação. O termo inicial fixado no artigo 362 do Código Civil refere-se à impugnação ao reconhecimento facultada ao menor, após tornar-se capaz, e que depende apenas de manifestação de

---

[70] Samir José Caetano Martins, *A recusa do filho natural ao reconhecimento voluntário de paternidade*, p. 171.
[71] Silvio Rodrigues, *Direito Civil – Direito de Família*, 27ª ed., atualizado por Francisco José Cahali, vol. 6, pp. 347-348.
[72] Silvio Rodrigues, *Direito Civil – Direito de Família* , 27ª ed., atualizado por Francisco José Cahali, vol. 6, p. 348.

sua vontade em recusar a perfilhação. O ajuizamento de ação, objetivando demonstrar a falsidade do ato, não se condiciona a que o reconhecido tenha atingido a maioridade ou sido emancipado. Por unanimidade, não conhecer do recurso especial" (REsp. nº 44.425/SP, 3ª Turma, Rel. Ministro Eduardo Ribeiro, decisão de 21.03.1995, *DJ* de 10.04.1995, p. 9.272).[73]

86. A segunda norma contida no art. 1.614 refere-se ao direito do filho de "impugnar o reconhecimento nos quatro anos que se seguirem à maioridade ou à emancipação". Trata-se de uma "ação de impugnação do reconhecimento" que poderá fundar-se, em linhas gerais, na falta de sinceridade deste, ou na alegação de que emana de quem não é o verdadeiro pai, ou ainda na atribuição de falsa filiação do perfilhado. Esta ação pode ser intentada por quem tenha legítimo interesse[74] e é admitido todo gênero de prova.[75]

Contudo, questiona-se a possibilidade de se levantar objeções à impugnação do reconhecimento, nos quatro anos que se seguem à maioridade, na hipótese de o filho ter sido criado e assistido pelo pai. Como bem destaca Samir José Caetano Martins, tendo em conta os princípios constitucionais da paternidade responsável e mútua assistência, bem como a coexistência entre o parentesco biológico e o vínculo socioafetivo, seria cabível avaliar alguns aspectos, na apreciação do caso concreto, numa ação de impugnação do reconhecimento de paternidade:

> "Se o reconhecimento foi tardio e, principalmente, se foi precedido ou acompanhado da efetiva assistência material e vinculação socioafetiva. Em estando ausentes estas e sendo tardia a perfilhação, será legítima a impugnação independente da análise do vínculo biológico, compatibilizando-se assim o artigo 362 do Código Civil com a disciplina das relações familiares fundada pela Constituição de 1988".[76]

Trata-se de uma nova orientação doutrinária, que mitiga o atributo da renunciabilidade para compatibilizá-lo com os novos paradigmas do direito de família.

Como observam Gustavo Tepedino *et alli*,[77] "o STJ tem entendimento pacificado no sentido de que o prazo decadencial de 4 anos deve ser considerado de forma peremptória se o filho deseja simplesmente abdicar de sua paternidade,

---

[73] Esta também é a orientação adotada nos seguintes julgados: REsp. nº 4.640–RJ (*RSTJ* 17/511) e REsp. nº 66.691–RJ (*RSTJ* 96/249), relatados pelo Min. Eduardo Ribeiro.
[74] Mazeaud, *Leçons de Droit Civil*, vol. II, nº 940.
[75] Planiol, Ripert et Boulanger, *Traité Élémentaire*, vol. I, nº 1.461.
[76] Samir José Caetano Martins, op. cit., pp. 172-173.
[77] Gustavo Tepedino, Heloisa Helena Barboza e Maria Celina Bodin de Moraes. *Código Civil Interpretado conforme a Constituição da República*, p. 221.

não indicando outra pessoa para assumir essa posição. No entanto, se o objetivo da desconstituição estiver aliado ao intento de obter o reconhecimento de outra paternidade, poderá a ação ser proposta a qualquer tempo" citando como exemplo os REsp nº 833.712, nº 987.987, publ. *DJ* 05.9.2008; e o REsp nº 450.962, publ. *DJ* 22.10.2007.

87. Validade "Erga Omnes". Desenvolvemos de maneira ampla a matéria relativa ao efeito da coisa julgada, proferida nas ações de investigação de paternidade (v. Capítulo IV, *infra*). Não podemos, todavia, omitir-nos a respeito da oponibilidade do reconhecimento espontâneo. Como ato de cunho privado, deveria ele prevalecer tão somente entre as partes. Uma vez, porém, constituído no assento de nascimento, ou ali averbado, passa a participar do conteúdo público do registro. E como ninguém pode ter um *status* de filho com caráter meramente relativo, o reconhecimento voluntário, uma vez conste do Registro de Nascimento, é oponível *erga omnes*, isto é, vale tanto em relação aos interessados diretos (pai e filho), como a todas as pessoas, inclusive aos parentes. Neste sentido, é que se lhe atribuem efeitos absolutos.[78] No Direito alemão, esta oponibilidade a terceiros, que era atributo do reconhecimento judicial, foi estendida ao voluntário, por força da Lei de 01.07.1970.[79]

88. Indivisibilidade. O reconhecimento de paternidade tem, entre outros, o efeito específico de atribuir ao reconhecido um "estado de filiação". Em consequência da indivisibilidade do estado (nº 153, *infra*), o ato de reconhecimento voluntário traz consigo o caráter de indivisibilidade, no sentido de que não é possível fracionar-se para abranger o reconhecido como filho senão como declaração global. Assim é que não se poderá aceitar do pai o reconhecimento com efeitos parciais ou limitados. Não se admitirá também a sua validade *pro tempore*. Uma vez filho, sempre filho, salvo anulação, contestação ou impugnação, como acima explicado.

89. Incondicionalidade. O ato de reconhecimento não comporta a oposição de uma *conditio* de qualquer espécie, *resolutiva* nem *suspensiva*. Gera a consequência básica de atribuir ao perfilhado o estado de filho, sem subordinação a qualquer evento futuro, de que dependa a sua validade ou que lhe imponha a cessação de efeitos.

De acordo com o art. 1.613 do CC de 2002, é ineficaz a condição aposta ao ato de reconhecimento do filho.

---

[78] Carbonnier, op. cit., nº 78.
[79] Cf. Michel Pedamon, "La loi allemande du 19 août 1969". *Revue Internationale de Droit Comparé*, 1970, p. 313; Walther J. Habscheid, *La Filiation Illégitime en Droit Comparé Français et Allemand*, p. 51.

90. Retroatividade. Reconhecido o filho, adquire este um estado com efeito retro-operante à data do nascimento, ou até a concepção. Do mesmo modo que a condição, é ineficaz o termo aposto ao ato de reconhecimento, conforme o citado art. 1.613 do CC.

Este caráter é explicado pela natureza declaratória do ato de reconhecimento. Vinculado à filiação biológica, que lhe é subjacente, patenteia uma situação jurídica daí originária, e, em consequência, opera para atribuir ao filho os direitos e deveres fundados na relação de paternidade, que de biológica converte-se em jurídica.[80]

91. Nova Sistemática. A Lei nº 8.560 de 29.12.1992 veio regular a "investigação de paternidade", e a ela aludiremos no Capítulo IV (v. também o item 65, *supra*).

Cabe aqui, todavia, assentar os princípios relativos ao reconhecimento contidos na mesma Lei.

Se a mãe menciona o nome do pai, este é notificado para, no prazo de 30 dias, se manifestar. Se não o fizer ou contestar, o juiz mandará proceder a uma diligência (tal como no art. 1.865 do CC português) e, considerando suficientes os elementos, enviará os autos ao Ministério Público, para a ação investigatória, se este encontrar elementos suficientes. A iniciativa do Ministério Público não impede a ação por quem tenha legítimo interesse, salvo se a ação for, também, contra aquele, julgada improcedente. Nem a improcedência da ação do Ministério Público obsta a reabertura da ação por interessado que deles disponha.

> É dispensável o ajuizamento de ação de investigação de paternidade pelo Ministério Público se, após o não comparecimento ou a recusa do suposto pai em assumir a paternidade a ele atribuída, a criança for encaminhada para adoção.[81]

Questão foi levantada por juristas de escol, e posta em dúvida a *legitimatio* do Ministério Público para a ação investigatória (Marco Aurélio S. Viana). Como assentamos em nossas *Instituições de Direito Civil,* vol. I, nº 48, "capacidade" em termos genéricos é a aptidão para adquirir direitos e contrair obrigações. Difere de competência.

"Competência" é matéria de ordem pública. Tem-na aquele a quem a lei a atribui, e, reversamente não a tem aquele a quem ela nega.

Se a Lei nº 8.560 de 1992 atribui ao órgão do Ministério Público a competência para a ação de investigação de paternidade não vigora qualquer argumento

---

[80] Planiol, Ripert, *et* Boulanger, *Traité Élémentaire,* vol. I, nº 1.436. O Tribunal de Justiça do Rio Grande do Sul, por ac. *in Adcoas,* 1974, p. 537, sob nº 29.259, examina o efeito retro--operante do reconhecimento, analisando as suas diversas consequências.
[81] Lei 8.560/1992, art. 2º, § 5º (redação dada pela Lei 12.010/2009).

a ratione. Pode ser estranho, ou ilógico. Mas nem sempre a lei se afina com a lógica, senão admitir, no caso, a *legitimatio* do Ministério Público para propor ação de investigação de paternidade, neste caso especial (abordaremos este tema no Capítulo IV, *infra*, – Legitimação nas ações de investigação de paternidade).

Se o investigante morrer, antes de sentença na ação do Ministério Público, não pode ele prosseguir no feito, porque o interesse social do reconhecimento de estado colide com o de eventuais herdeiros. Em virtude deste diploma legal, a Lei entendeu que existe um interesse público em que uma certa pessoa goze de um determinado *status*. Morta esta pessoa, o que resta são interesses econômicos. Ao Ministério Público não caberá, portanto, sustentar em nome da sociedade que alguém, por ser eventual herdeiro do investigante morto, tem direitos contra outrem, que por disposição legal na hora do óbito, foi chamado a suceder ao *de cuius*.

Se o indigitado pai confirmar a paternidade, será lavrado termo do reconhecimento, e remetida certidão ao oficial do registro, para a devida averbação.

Nos termos do art. 3º da Lei nº 8.560/1992, é vedado legitimar ou reconhecer filho no ato do casamento.

Das certidões de nascimento não constará a natureza da filiação ou referência à Lei nº 8.560. Aqui nos reportamos às nossas *Instituições de Direito Civil*, vol. V, nº 413-B.

Capítulo IV
INVESTIGAÇÃO DE PATERNIDADE – LEGITIMAÇÃO, IMPRESCRITIBILIDADE E COISA JULGADA

§ 1º Legitimação para a ação ativa e passiva. § 2º Imprescritibilidade da ação investigatória. § 3º Coisa julgada material nas ações de investigação de paternidade.

92. O reconhecimento compulsório de paternidade é hoje universalmente admitido. Preconceitos advindos do passado perderam consistência. E os sistemas jurídicos que o proibiam ou restringiam a sua incidência a hipóteses muito reduzidas, foram aos poucos conquistados pelas ideias liberais, de tal modo que a aceitação da medida vulgarizou-se ao extremo. O problema é o dos efeitos, como se verá no lugar próprio (Segunda Parte: Efeitos do Reconhecimento, *infra*). Mas esta é outra questão.

De maneira global, pode-se considerar que algumas hipóteses em que a perquisição paternal é admitida repetem-se como uma constante em quase todos os sistemas jurídicos: concubinato, confissão extrajudicial, relações sexuais. Outras, menos generalizadas, encontram-se ora em uns ora em outros, como rapto, posse de estado. Outras vezes a sistemática legal apresenta alguma peculiaridade, como ocorre no direito suíço, ao fazer uma distinção, a saber: se a investigação se destina apenas à manutenção do filho (*investigação ordinária*) aceita-se com toda liberdade. Mas, se para "efeito de estado civil" (*investigação qualificada*), somente em três casos: promessa de casamento, abuso de poder ou de autoridade, ou infração penal (estupro ou rapto).[1]

No desenvolvimento do tema, reportamo-nos essencialmente ao nosso direito positivo, somente incursionando por outros sistemas, onde e quando se torne útil ao esclarecimento das espécies.

A matéria foi objeto de grandes modificações legislativas, desde o art. 427 do Projeto Beviláqua, com as alterações por que passou na elaboração do Código Civil de 1916, sofreu mudanças no tocante à extensão aos filhos adulterinos (nº

---

[1] Karl Spiro, *Filiation Illégitime en Droit Comparé Français et Allemand*, p. 133.

143), e repercutiu nas fases de reforma do Código Civil: Projeto de 1965 (Orozimbo Nonato, Orlando Gomes e Caio Mário da Silva Pereira), art. 205; Anteprojeto de 1972 republicado em 1973 e 1974; Projeto enviado ao Congresso Nacional em 1975, art. 1.657, culminando com o inovador tratamento dado pelo Código de 2002.

Embora tenha a Constituição da República de 1988 consagrado a nova situação jurídica dos filhos havidos fora do casamento, ao incluir o princípio da plena igualdade entre os filhos dentre as diretrizes constitucionais sobre a família, merecem integrar o rol das grandes modificações legislativas acima a Lei nº 6.515/1977[2], a Lei nº 8.069/1990[3] e a Lei nº 8.560/1992[4].

Dentre as modificações constantes da codificação vigente, destaca-se a introdução do sistema de causas livres de pedir nas ações de investigação de paternidade, visto que a norma do art. 363 do Código de 1916, que continha a enumeração taxativa das causas de pedir, foi suprimida do Código atual.

No desenvolvimento do assunto, nos capítulos IV e V, analisaremos cada uma das causas autorizadoras da ação de investigação de paternidade previstas no Código de 1916 (concubinato, rapto, relações sexuais e escrito), e cuidaremos ainda da posse de estado e das provas científicas, que já defendíamos antes da edição do Código Civil de 2002 como hipóteses futuras de perfilhação coercitiva. Antes, porém, cuidaremos da questão ligada à indagação de quem pode, e contra quem, propor a ação de investigação de paternidade. Além disso, abordaremos a imprescritibilidade das ações investigatórias e a coisa julgada material nestas ações.

92-A. Investigação de paternidade por filho havido do casamento. Por força da presunção estabelecida no art. 1.597 do Código Civil, os filhos havidos do casamento são filhos do marido da mãe. Assim sendo, em princípio não haveria razão para investigarem sua paternidade. Contudo, diante da possibilidade de descoberta da paternidade biológica e da natureza do direito em jogo – direito personalíssimo – foi reconhecida a legitimidade dos filhos com paternidade

---

[2] A Lei nº 6.515/1977, em seu art. 51, alterou a Lei nº 883/1949 (revogada pela Lei nº 12.004/2009), para permitir que ainda na vigência do casamento qualquer dos cônjuges pudesse reconhecer o filho havido fora do matrimônio, em testamento cerrado, aprovado antes ou depois do nascimento do filho, e, nessa parte, irrevogável, e assegurar o direito à herança será reconhecido em igualdade de condições, qualquer que fosse a natureza da filiação.

[3] A Lei nº 8.069/1990, na linha da determinação constitucional, em seu art. 26, estabelece que: os filhos havidos fora do casamento poderão ser reconhecidos pelos pais, conjunta ou separadamente, no próprio termo de nascimento, por testamento, mediante escritura ou outro documento público, qualquer que seja a origem da filiação.

[4] Esta lei regula a investigação de paternidade dos filhos havidos fora do casamento, e atribui legitimidade ao Ministério Público para a ação de investigação de paternidade. (art. 2º, 4º).

Cap. IV • INVESTIGAÇÃO DE PATERNIDADE – LEGITIMAÇÃO, IMPRESCRITIBILIDADE E COISA JULGADA

presumida para a ação investigatória. Nesse sentido o entendimento do STJ no REsp 765.479[5]:

> "Família. Investigação de paternidade. Negatória de filiação. Petição de herança. Possibilidade jurídica do pedido. Prescrição. Decadência. ECA.
>
> – O filho nascido na constância do casamento tem legitimidade para propor ação para identificar seu verdadeiro ancestral. A restrição contida no Art. 340 do Código Beviláqua foi mitigada pelo advento dos modernos exames de DNA.
>
> – A ação negatória de paternidade atribuída privativamente ao marido, não exclui a ação de investigação de paternidade proposta pelo filho contra o suposto pai ou seus sucessores.
>
> – A ação de investigação de paternidade independe do prévio ajuizamento da ação anulatória de filiação, cujo pedido é apenas consequência lógica da procedência da demanda investigatória.
>
> – A regra que impõe ao perfilhado o prazo de quatro anos para impugnar o reconhecimento, só é aplicável ao filho natural que visa afastar a paternidade por mero ato de vontade, a fim de desconstituir o reconhecimento da filiação, sem buscar constituir nova relação.
>
> – É imprescritível a ação de filho, mesmo maior, ajuizar negatória de paternidade. Não se aplica o prazo do Art. 178, § 9º, VI, do Código Beviláqua".

§ 1º Legitimação para a ação ativa e passiva

93. Legitimação para a Ação. A matéria ligada à *legitimatio ad causam* para a ação de investigação de paternidade, que já ocupou os juristas em certo momento, encontrou pacificidade plena, ainda sob a égide do Código Civil de 1916.

Contudo, o Código Civil de 2002 suprimiu a regra do art. 363 do Código anterior, que estabelecia a legitimidade de determinados filhos ilegítimos para demandar judicialmente o reconhecimento da filiação nas hipóteses previstas nos incisos I a III.

Por conseguinte, a localização da ação de investigação de paternidade/maternidade no Código atual tem sido objeto de divergências na doutrina, tendo alguns autores considerado que ela se encontra no disposto no art. 1.606 do Código de 2002:

> "Art. 1.606. A ação de prova de filiação compete ao filho, enquanto viver, passando aos herdeiros, se ele morrer menor ou incapaz.
>
> Parágrafo único. Se iniciada a ação pelo filho, os herdeiros poderão continuá-la, salvo se julgado extinto o processo".

---

[5] STJ, 3ª Turma, REsp 765.479 – RJ, Rel. Min. Humberto Gomes de Barros, julgado em 07.03.2006, *DJe* 24.04.2006.

Heloisa Helena Barboza pondera que, "se considerada a sua localização, essa 'ação de prova de filiação' parece respeitar à filiação presumida; será razoável dar-lhe interpretação 'extensiva', na medida em que restou incompleta a investigação da paternidade/maternidade".[6]

No direito anterior, havia a previsão da antiga "ação de prova de filiação legítima", no art. 350. Com a abolição do conceito de legitimidade, entendemos que a "ação de prova de filiação" regulamentada pelo art. 1.606 teria apenas a finalidade de demandar o reconhecimento da filiação, ou seja, a investigação de paternidade ou maternidade.

Como já enfatizamos anteriormente, Paulo Luiz Netto Lôbo discorda deste entendimento, afirmando que "a ação de prova de filiação não se confunde com a investigação de paternidade. A primeira tem por fito comprovar a situação de fato referida no art. 1.605, ou a posse do estado de filho, cuja aparência resulta de presunção veemente ou de começo de prova por escrito de pais ausentes ou falecidos; em outras palavras, de regularização do registro de nascimento, que deixou de ser feito ou, se foi feito, não se tem comprovação indiscutível. Ao contrário da investigação, a paternidade nunca foi discutida, pois o pai sempre se comportou como tal. Na ação de investigação, objetiva-se o reconhecimento compulsório do filho, por omissão ou recusa do investigado, tenha ou não havido convivência familiar. Portanto, não tem cabimento na ação de prova de filiação o exame de DNA ou qualquer outra prova da origem genética do filho".[7]

As divergências acima expostas também têm repercussão na questão da legitimidade ativa, como veremos a seguir.

94. A Legitimação ativa no Código Civil de 1916. A *legitimação ativa* pelo Código Civil de 1916 era do filho e, por isto, se diz *personalíssima* a ação investigatória. É ele quem tem direito à proclamação de seu *status*, e somente ele tem o *ius actionis*.[8] Por maior que seja o interesse, jurídico ou moral, de outrem, falta-lhe, contudo, o poder de agir. Assim, aos credores, que teriam na perspectiva do recebimento de uma herança pelo devedor, o reforço das suas resistências econômicas, falta-lhes a legitimidade, porque a lei confere ação "ao filho". Igualmente, outros parentes, ainda que ligados diretamente a este, não podem acionar pelo reconhecimento compulsório. Concretamente, os filhos do filho natural, que se

---

6   "Direito de Família no Projeto de Código Civil: Considerações sobre o 'Direito Pessoal'". *In*: *Revista Brasileira de Direito de Família*. Ano III, nº 11, pp. 28-29.
7   *Código Civil Comentado*, vol. XVI, pp. 97-98.
8   Tribunal de Justiça do antigo Distrito Federal, *in Rev. Forense*, vol. 93, p. 92; de São Paulo, *in Adcoas*, 1973, nº 24.590, p. 819; nº 21.901, p. 514; de Minas Gerais, *in Rev. Forense*, vol. 184, p. 195; *Adcoas*, 1973, nº 19.527, p. 528; do Supremo Tribunal Federal, *in Rev. Forense*, vol. 169, p. 121.

beneficiariam com o decreto de perfilhação, não poderão mover a ação visando ao reconhecimento. A hipótese, na configuração concreta do neto acionando o avô para forçá-lo a reconhecer como filho o pai dele investigante, não deve prosperar. Assim decidiu o Tribunal de São Paulo (*Rev. Forense*, vol. 165, p. 234).[9] O direito de ação se extingue, se não for exercido pelo filho. Quer dizer: falecido ele, sem ingressar em Juízo, os seus herdeiros não têm o poder de ação, que com ele perece. Contudo, apresentamos uma exceção a estas assertivas no item 94.2, *infra* (investigação de paternidade proposta pelos netos).

94.1. Legitimação Ativa no Código Civil de 2002

Majoritariamente, entende-se que, na ação de investigação de paternidade, são legitimados ativos o investigante (suposto filho) e o Ministério Público.

O caráter personalíssimo do reconhecimento judicial da paternidade é afirmado pelo art. 27 do Estatuto da Criança e do Adolescente – Lei nº 8.069/1990: "O reconhecimento do estado de filiação é direito personalíssimo, indisponível e imprescritível, podendo ser exercitado contra os pais ou seus herdeiros, sem qualquer restrição, observado o segredo de justiça".

Iniciada, porém, a ação pelo filho natural, e morto ele *pendente lite*, seus herdeiros podem com ela prosseguir, habilitando-se no respectivo processo, na forma prevista na lei processual e nos termos do art. 1.606 e parágrafo único do Código Civil de 2002.[10]

Como ressalta Silmara Juny Chinelato, o Código atual admite a continuidade da ação pelos herdeiros, com hipóteses aparentemente mais amplas para excepcionar essa possibilidade:

> "Parece-me que essa continuidade é vedada se houver extinção com julgamento de mérito, nos termos do art. 269 do Código de Processo Civil, operando-se a coisa julgada; anota-se não se aplicarem os incisos III e V, que versam sobre transação e renúncia, por se tratar de direitos indisponíveis.
>
> Se o processo for extinto sem julgamento de mérito (art. 267 do CPC), parece-me que a ação iniciada pelo filho só não pode ser continuada por seus herdeiros nos seguintes casos: quando o juiz acolher a alegação de perempção, litispendência ou de coisa julgada (inciso V); quando o autor desistir da ação (inciso VIII).

---

[9] O Tribunal de Justiça do antigo Distrito Federal, não obstante considerar personalíssima a ação, admitiu que a filha de filha natural do *de cujus*, por ele assim registrada, pleiteasse a sua qualidade de herdeira: *Rev. Forense*, vol. 145, p. 247.

[10] "Art. 1.606. A ação de filiação compete ao filho, enquanto viver, passando aos herdeiros, se ele morrer menor ou incapaz.

Parágrafo único. Se iniciada a ação pelo filho, os herdeiros poderão continuá-la, salvo se julgado extinto o processo."

Nas demais hipóteses – excluída a arbitragem (inciso VII), por se tratar de ação de estado; a confusão entre autor e réu, inaplicável à espécie (inciso X); a intransmissibilidade da ação, se proposta pelo próprio autor (inciso IX) –, a ação pode ser reproposta, superados os óbices que embasaram a extinção sem julgamento do mérito."[11]

Enquanto menor, o filho pode intentar a ação, representado por quem tenha este poder: assim a mãe age em nome do filho, ou na sua falta o tutor. Aqui não ocorre a ausência de *legitimatio ad causam* ativa, porque a iniciativa da ação com a mãe ou o tutor, na menoridade do investigante, importa em que interessado é o próprio filho, que durante a incapacidade fala e age por via da representação.

É importante destacar que, ao se admitir que a ação de investigação de paternidade está regulada pelo art. 1.606 e seu parágrafo único do Código de 2002, abre-se uma importante discussão sobre a legitimidade ativa, existindo posicionamentos diversos em sede doutrinária e jurisprudencial.

Nos termos das regras supracitadas e por se tratar de direitos da personalidade, admite-se a transmissão do direito em caráter excepcional, se a morte do interessado ocorrer quando for menor ou incapaz, mesmo que não tenha sido proposta a ação investigatória antes da morte.

Esta é a hipótese que se apresenta numa ação de investigação de paternidade proposta pela mãe do filho pré-morto, conforme analisaremos a seguir.

Abrindo exceção ao princípio de que a legitimidade ativa *ad causam* pertence somente ao filho investigante, cabendo à mãe, no processo, apenas o papel de representante ou assistente, em caso de incapacidade absoluta ou relativa, decidiu recentemente o Tribunal de Justiça de Minas Gerais pela legitimidade ativa da mãe para intentar ação de investigação de paternidade, depois de ocorrido o óbito do filho, visando à obtenção, por parte do suposto pai, de ressarcimento de despesas relativas ao funeral do filho, sob o argumento de que o art. 12 do Código Civil de 2002[12] possibilita tal pedido, em face de ser assegurado, à autora, constitucionalmente, "o direito à dignidade de seu finado filho, bem como o direito à inviolabilidade de sua intimidade, de sua vida privada, de sua honra e de sua imagem". Sob a égide do novo Código e pela aplicação do princípio da operabilidade, um dos princípios fundamentais insculpidos na nova lei civil, que visa justamente operacionalizar,

---

[11] *Comentários ao Código Civil*, vol. 18, pp. 85-86. Os arts. 267 e 269 do CPC/1973 correspondem, respectivamente, aos arts. 485 e 487 do CPC/2015.

[12] "Art. 12. Pode-se exigir que cesse a ameaça, ou a lesão, a direito da personalidade, e reclamar perdas e danos, sem prejuízo de outras sanções previstas em lei.
Parágrafo único: Em se tratando de morto, terá legitimação para requerer a medida prevista neste artigo o cônjuge sobrevivente, ou qualquer parente em linha reta, ou colateral até o quarto grau."

possibilitar e viabilizar a prestação jurisdicional, abre-se esta nova possibilidade de se realizar a investigação de paternidade:

> "Investigação de paternidade. Mãe autora. Legitimidade ativa *ad causa*. Princípio da Operabilidade. Inteligência dos arts. 1º, III e 5º, X, da CR; art. 12 do novo CCB. A ação de investigação de paternidade pode ser proposta pela mãe, à luz do Princípio da Operabilidade e segundo a inteligência dos arts. 1º, III, e 5º, X, da CR; art. 12 do Código Civil de 2002. Apelo provido." (TJ-MG – Apelação Cível nº 277.681-3/00 – 2ª Câmara Cível – Rel. Des. Nilson Reis – Julg. em 18.03.2003).

Aduz o relator que, sob a égide do Código Civil de 1916, a ação de investigação de paternidade, dada a sua natureza personalíssima, somente poderia ser intentada pelo próprio filho; sendo este menor, seria representado ou assistido por seu representante legal, normalmente a mãe. Pondera, ainda, o Desembargador Relator que, muito embora a ação em tela tenha sido proposta em 05.07.2001, portanto sob a égide do Código Civil de 1916, aplica-se o Código de 2002:

> "por tratar-se a paternidade de direito da personalidade, constitucionalmente protegido, aplica-se, com vênia, ao caso *sub judice*, a norma insculpida no art. 12 do Novo Código Civil. A Constituição da República, em seu art. 1º, III, protege o direito à dignidade humana e em seu art. 5º, X, tutela a inviolabilidade da intimidade, da vida privada, da honra e da imagem das pessoas, assegurando o direito à indenização pelo dano material ou moral decorrente de sua violação.
>
> Ora, um dos princípios fundamentais do Novo Código Civil é o da Operabilidade, que visa justamente operacionalizar, possibilitar, viabilizar a prestação jurisdicional."

Conclui o Desembargador afirmando que:

> "a filiação diz respeito à dignidade da pessoa humana, a sua intimidade, sua vida privada, sua honra. Tem importância capital para o desenvolvimento psicológico e emocional da pessoa, afirmando ainda que o mencionado art. 12 do Novo Código Civil dá-se tão somente porque a autora-apelante, tendo constitucionalmente assegurado o direito à dignidade do seu finado filho, bem como o direito à inviolabilidade de sua intimidade, de sua vida privada, de sua honra e de sua imagem, agora sob a égide do Novo Código Civil, pode operacionalizar seu direito de ver a dicção da justiça acerca de sua paternidade."

É certo que o parágrafo único do art. 12 do Código Civil é alvo de profunda controvérsia, haja vista a impossibilidade de sucessão nos direitos da personalidade, dado a sua característica de intransmissibilidade. Como analisam Gustavo

Tepedino, Heloisa Helena Barboza e Maria Celina Bodin de Moraes, "embora a morte do titular implique a extinção dos direitos da personalidade, alguns dos interesses resguardados permanecem sob tutela, como ocorre, p. ex., com a imagem, o nome, a autoria, a sepultura e o cadáver do falecido. O ordenamento, portanto, confere legitimidade ao cônjuge e aos parentes, que seriam efetivamente afetados pela lesão de tais interesses após a morte do titular, para que possa impedir a lesão ou demandar reparação por seus efeitos".[13]

Aumentando a polêmica em torno do tema, a jurista portuguesa Maria José de Oliveira Capelo reconhece, no fenômeno excepcional da admissibilidade da propositura ou prosseguimento de uma investigação de paternidade, pelos herdeiros, após o falecimento do suposto filho, *a extensão da personalidade jurídica para além da morte*.[14]

De acordo com Silmara Juny Chinelato, **no que tange às ações investigatórias de paternidade**, esta transmissão de direitos da personalidade é uma exceção à característica de que tais direitos são personalíssimos. A transmissão só poderá ser admitida se a morte do interessado ocorrer quando for menor ou incapaz. "Se maior e capaz é o interessado o único titular do direito, o único que poderá julgar da conveniência e oportunidade de propor ação de prova de filiação cuja finalidade é constituir a paternidade."[15]

A 3ª Turma do STJ no REsp nº 813.604-SC (Rel. Min. Nancy Andrighi, julgado em 16.08.2007, *DJe* 17.09.2007), reconheceu a legitimidade ativa de um filho adotado unicamente por uma mulher, sem pai registral anterior, entendendo que:

> "– O art. 27 do ECA qualifica o reconhecimento do estado de filiação como direito personalíssimo, indisponível e imprescritível, o qual pode ser exercitado por qualquer pessoa, em face dos pais ou seus herdeiros, sem restrição.
>
> – Nesses termos, não se deve impedir uma pessoa, qualquer que seja sua história de vida, tenha sido adotada ou não, de ter reconhecido o seu estado de filiação, porque subjaz a necessidade psicológica do conhecimento da verdade biológica, que deve ser respeitada.
>
> – Ao estabelecer o art. 41 do ECA que a adoção desliga o adotado de qualquer vínculo com pais ou parentes, por certo que não tem a pretensão de extinguir os laços naturais, de sangue, que perduram por expressa previsão legal no que concerne aos impedimentos matrimoniais, demonstrando, assim, que algum interesse jurídico subjaz.
>
> – *O art. 27 do ECA não deve alcançar apenas aqueles que não foram adotados, porque jamais a interpretação da lei pode dar ensanchas a decisões discrimina-*

---

[13] *Código Civil Interpretado conforme a Constituição da República*, p. 35.
[14] *Interesse processual e legitimidade singular nas acções de filiação*, p. 271.
[15] *Comentários ao Código Civil* – vol. 18, pp. 84-85.

tórias, excludentes de direitos, de cunho marcadamente indisponível e de caráter personalíssimo, sobre cujo exercício não pode recair nenhuma restrição, como ocorre com o Direito ao reconhecimento do estado de filiação.

– Sob tal perspectiva, tampouco poder-se-á tolher ou eliminar o direito do filho de pleitear alimentos do pai assim reconhecido na investigatória, não obstante a letra do art. 41 do ECA.

– Na hipótese, ressalte-se que não há vínculo anterior, com o pai biológico, para ser rompido, simplesmente porque jamais existiu tal ligação, notadamente, em momento anterior à adoção, porquanto a investigante teve anotado no assento de nascimento apenas o nome da mãe biológica e foi, posteriormente, adotada unicamente por uma mulher, razão pela qual não constou do seu registro de nascimento o nome do pai".

94.2. Ação de Investigação de Paternidade Proposta pelos Netos para Obtenção do Reconhecimento Judicial da Paternidade do Pai Pré-Morto

Mesmo sendo majoritário na doutrina e na jurisprudência o entendimento de que a ação de investigação de paternidade, assim como posta no *caput do art. 363 do Código Civil de 1916 e no art. 27 do Estatuto da Criança e do Adolescente, é ação personalíssima do filho*, a 3ª Turma do Superior Tribunal de Justiça, em decisão por maioria, reconheceu uma exceção a este princípio num caso em que **o suposto filho era maior e capaz quando faleceu, sem ter proposto a ação investigatória**.

Trata-se do Recurso Especial nº 269-RS, em que se discutia a carência de ação para a promoção de ação de investigação de paternidade instaurada pelos netos com o objetivo de terem declarada a relação de parentesco com o suposto avô. O pai dos autores faleceu sem nunca ter demandado judicialmente o suposto pai para a obtenção do reconhecimento judicial da sua paternidade.[16]

Naquele caso, na decisão recorrida ficou assentado que os netos não teriam ação para declarar a relação avoenga no inventário dos bens deixados pelo avô. Apenas o filho poderia investigar a paternidade, como um direito de natureza personalíssima (CPC/1973, art. 4º, CPC/2015, art. 19; CC de 1916, art. 363).

Na realidade, a matéria de fundo do julgado do STJ é a **discussão do grau de parentesco do pai dos investigantes (já falecido) com o seu alegado avô**. Este (o avô) participara, como testemunha, do registro de nascimento dos investigantes,

---

[16] Além do REsp. nº 269, publicado no *DJ* de 07.05.1990, cujo Relator foi o Ministro Waldemar Zveiter, o STJ julgou, no ano de 2005, outros dois recursos especiais reconhecendo a possibilidade jurídica de os netos formularem pedido judicial em face do avô postulando o reconhecimento judicial da paternidade do seu pai (REsp. nº 603.885 – Relator Min. Carlos Alberto Menezes Direito, publicado no *DJ* de 11.04.2005 e o REsp. nº 604.154 – Relator Min. Humberto Gomes de Barros, publicado no *DJ* de 01.07.2005).

no qual o pai legítimo referiu-se à testemunha como avô paterno das pessoas registradas.

O Supremo Tribunal Federal já havia tangenciado a matéria quando foi julgado recurso extraordinário dos mesmos recorrentes, no qual se decidiu, em acórdão da lavra do Ministro Moreira Alves, que o fato de o suposto avô admitir, em assento de nascimento do suposto neto, que é avô do filho do filho não reconhecido formalmente, **não valia como reconhecimento voluntário do filho.**

Apesar de excluí-los da habilitação, como herdeiros, do inventário do suposto avô, o STF apontou-lhes o caminho das vias ordinárias para a obtenção da declaração da existência ou inexistência da relação de parentesco cujos indícios existiam na prova documental.

No acórdão do STJ, o entendimento vitorioso foi o de que ficava reconhecida a legitimidade dos investigantes para propositura da ação declaratória a fim de que o Judiciário declarasse a existência ou não da relação material de parentesco com o seu suposto avô.

Não se pode negar que o entendimento supracitado, datado de abril de 1990, hoje teria novos argumentos. Um dos motivos é o fato de a Lei nº 8.560, de 1992, ter mitigado o caráter personalíssimo do direito ao reconhecimento do estado de filiação, visto que atribuiu ao Ministério Público a legitimação extraordinária para propositura de ações de investigação de paternidade, ainda que o investigante tenha nascido e sido registrado antes da vigência da Lei nº 8.560/1992 (RT 717/227). Dispõe o § 5º daquele diploma legal que "a iniciativa conferida ao Ministério Público não impede a quem tenha legítimo interesse de intentar investigação, visando a obter o pretendido reconhecimento da paternidade." A outra razão é a supressão, no novo Código Civil, da regra do art. 363 do Código Civil de 1916. Como já expusemos no início deste capítulo, na doutrina e na jurisprudência ainda não foi pacificado o entendimento quanto à localização da ação de investigação de paternidade e/ou maternidade no Código de 2002.

Um dos votos vencidos do recurso especial, prolatado pelo Ministro Eduardo Ribeiro, segue o entendimento dominante, ao dispor que "o art. 363 do Código Civil regula ação personalíssima, que não cabe mais que ao filho. A circunstância de poder ter prosseguimento com seu herdeiro não infirma a regra. É necessário que aquele que se pretende filho tenha iniciado a ação. Isto feito, admite-se que seus herdeiros possam a ela dar seguimento. Nega-se que iniciativa da ação possa caber a outro. Isto a meu ver está claro no art. 363 e é o que proclama a doutrina, de maneira uniforme. Nem me parece relevante a circunstância, salientada nos autos, de aquele artigo não excluir expressamente a legitimidade de outros para pleitear a declaração de paternidade. Esta fica excluída pelos próprios termos da lei. Para admiti-la seria necessário que de outra norma isso pudesse resultar, pena de ter-se como sem sentido o texto em exame."

O **direito à ancestralidade** foi mais uma vez reconhecido pelo STJ no julgamento do REsp nº 807.849-RJ (Rel. Min. Nancy Andrighi, julgado em 24.03.2010, DJe 06.08.2010). De acordo com a ementa do respectivo acórdão:

> "– Os netos, assim como os filhos, possuem direito de agir, próprio e personalíssimo, de pleitear declaratória de relação de parentesco em face do avô, ou dos herdeiros se pré-morto aquele, porque o direito ao nome, à identidade e à origem genética está intimamente ligado ao conceito de dignidade da pessoa humana.
>
> – O direito à busca da ancestralidade é personalíssimo e, dessa forma, possui tutela jurídica integral e especial, nos moldes dos arts. 5º e 226, da CF/88.
>
> – O art. 1.591 do CC/2002, ao regular as relações de parentesco em linha reta, não estipula limitação, dada a sua infinitude, de modo que todas as pessoas oriundas de um tronco ancestral comum, sempre serão consideradas parentes entre si, por mais afastadas que estejam as gerações; dessa forma, uma vez declarada a existência de relação de parentesco na linha reta a partir do segundo grau, esta gerará todos os efeitos que o parentesco em primeiro grau (filiação) faria nascer.
>
> – A pretensão dos netos no sentido de estabelecer, por meio de ação declaratória, a legitimidade e a certeza da existência de relação de parentesco com o avô, não caracteriza hipótese de impossibilidade jurídica do pedido; a questão deve ser analisada na origem, com a amplitude probatória a ela inerente".

Como esclarecido na ementa do acórdão (REsp nº 807.849), *naquele caso o pai não propusera ação investigatória quando em vida, abrindo assim a via do processo aos seus filhos, para o reconhecimento da relação avoenga*. O pai, ao falecer sem investigar sua paternidade, deixou a certidão de nascimento de seus descendentes com o espaço destinado ao casal de avós paternos em branco, o que foi considerado suficiente para justificar a pretensão de declaração da relação avoenga e, por consequência, o reconhecimento de toda a linha ancestral paterna, com reflexos no direito de herança.

Ao apreciar, em 2011, hipótese distinta, na qual o pai havia exercido pretensão em vida, mas que não fora acolhida, conforme sentença de mérito que julgara improcedente a ação investigatória, o STJ entendeu haver ilegitimidade ativa *ad causam* de pretensa neta, enquanto vivo seu genitor, para investigar a identidade genética com a finalidade de constituição de parentesco. De acordo com o STJ *não há legitimação concorrente entre gerações de graus diferentes postularem o reconhecimento judicial de parentesco, com base em descendência genética, existindo somente legitimidade sucessiva, de modo que as classes mais próximas, enquanto vivas, afastam as mais remotas* (CC, art. 1606, *caput*). Nos termos da ementa: "O princípio da proporcionalidade não autoriza conferir um caráter absoluto ao direito de identidade genética, para com base nele afastar a norma restritiva do art. 1.606 do CC, tendo em vista que o valor/princípio da dignidade da pessoa humana informa tanto o direito do indivíduo buscar sua verdade biológica, como também a segurança jurídica e a privacidade da intimidade nas relações de parentesco do investigado e das próprias gerações antecedentes à investigante, exceto venha o legislador futuramente regular o tema de forma diferente" (STJ, 4ª Turma, REsp 876.434-RS, Rel. Min. Raul Araújo, julgado em 01.12.2011, *DJe* 01.02.2012).[17]

94.3. Legitimação Ativa do Ministério Público – Lei nº 8.560/1992. A Lei nº 8.560, de 1992, veio atribuir legitimidade ao Ministério Público para, em caso especial, que menciona, intentar a ação investigatória, conforme vimos no Capítulo III, *supra* (item 66).

Recentemente, em sede de recurso extraordinário no Supremo Tribunal Federal, foi discutida a constitucionalidade da legitimação extraordinária conferida pela Lei nº 8.560/1992 ao *Parquet* para promover ação de investigação de paternidade.

No acórdão, cujo relator foi o eminente Ministro Maurício Corrêa, mais uma vez ficou assentada a constitucionalidade desta atribuição, que autoriza o Ministério Público a propor ação investigatória de paternidade, diante do caráter de indisponibilidade do direito ao reconhecimento do estado de filiação:

> "Com base nesse quadro constitucional, há que se reconhecer como legítima a forma de atuação do Ministério Público neste processo, como ocorre na disciplina da Lei nº 8.560/1992, pois compatível com suas atribuições finalísticas, em especial na defesa de interesse social e individual indisponível, assim caracterizado expressamente em lei e em perfeita harmonia com os comandos constitucionais dos artigos 1º, 5º, 6º, 226 e 227. A jurisprudência do Superior Tribunal de Justiça consolidou-se nesse mesmo sentido (REsp. nº 78621 – MG, Eduardo Ribeiro, 3ª T., *DJ* 19.08.1996; REsp. nº 73805 – MG, Sálvio de Figueiredo Teixeira, 4ª T., *DJ* 12.05.1997, v.g.)".

> "Certo de que há direito indisponível consagrado pela vigente ordem constitucional a proteger a criança, incogitável qualquer inconstitucionalidade do § 4º do artigo 2º da Lei nº 8.560, de 29 de dezembro de 1992. Embora essa questão não tenha sido objeto de pré-questionamento, sua análise de ofício é essencial à solução da controvérsia. Como visto à exaustão, a previsão

---

[17] Conforme a ementa: "4.5. A extensão da legitimação também não se mostra necessária em função de o pai da investigante não ter conseguido realizar exame de DNA em anteriores demandas nas quais restou sucumbente em relação ao ora investigado, porquanto o próprio progenitor, por si, ainda detém a possibilidade de relativizar os provimentos jurisdicionais que não o reconheceram como filho, vez que, segundo o entendimento mais recente da Suprema Corte, pode ser reinaugurada essa discussão nos casos em que a improcedência decorreu de processo no qual não estava disponível às partes a realização do exame de DNA (Informativo n. 622 – RE 363.889, Rel. Min. Dias Toffoli, acórdão pendente de publicação – em 23.11.2011). 5. Impossibilidade jurídica do pedido, vez que as gerações mais remotas não podem desconstituir indiretamente provimentos jurisdicionais de improcedência inerentes à relação de estado pertinente ao seu ascendente imediato (CC, art. 1.606, parágrafo único)".

estampada no referido dispositivo legal revela-se em perfeita harmonia com os postulados constitucionais que regem a atuação do Ministério Público. A regra, ao facultar ao *Parquet* o ajuizamento da ação de investigação de paternidade, apenas supriu exigência de índole procedimental, assegurando efetividade aos princípios maiores antes examinados" (RE nº 248.869-SP, Informativo STF 315, julgado em 07.08.2003).

Ressalvando os limites da atribuição do Ministério Público, o Ministro Maurício Corrêa destacou, no seu voto, que:

"Não se está a reconhecer uma legitimação ampla e absoluta ao Ministério Público, que não pode ao seu alvedrio e por atuação *ex officio* promover uma verdadeira devassa social em busca dos pais de filhos havidos fora do casamento e não reconhecidos voluntariamente. Trata-se, em verdade, de assegurar sua atuação em situação específica, prevista e autorizada pela legislação ordinária, estando essa, por sua vez, em harmonia com os princípios ditados pela Carta da República. O direito à filiação é personalíssimo e indisponível e, nesse contexto, indicado o suposto pai pela mãe, poderá o *Parquet* propor, de forma legítima, a ação de investigação de paternidade. Estará, dessa forma, defendendo direito individual indisponível, de manifesto interesse social e coletivo" (RE nº 248.869-SP, Informativo STF 315, julgado em 07.08.2003).

94.4. Legitimação Ativa do Nascituro. Entendemos que a legitimação ativa do nascituro para a propositura da ação investigatória de paternidade está prevista no ordenamento jurídico brasileiro.[18] Porém, ainda há controvérsias sobre este tema, envolvendo a clássica polarização do debate entre os natalistas e os concepcionistas.

A corrente que atribui personalidade jurídica ao nascituro admite, como consequência da atribuição de personalidade, que a mãe ingresse com ação representando o filho nascituro, o qual teria capacidade para ser parte.[19]

Alguns juristas que não admitem a personalidade jurídica do nascituro consideram que não é possível ao nascituro ingressar, representado por sua mãe, com ação de investigação de paternidade, sob o argumento de que, pela leitura do art. 4º do Código Civil [art. 2º do CC/2002], a personalidade civil do homem só

---

[18] É de se destacar que, se o nascituro foi concebido na constância do casamento, dentro dos prazos estipulados no art. 1.597 do Código Civil de 2002, ele está amparado pela presunção de paternidade, sendo desnecessário o reconhecimento judicial do mesmo. Desta forma pode postular alimentos, reserva de quinhão hereditário e outros direitos porventura decorrentes da futura relação de parentesco.

[19] Neste sentido, Silmara Juny de Chinelato e Almeida. *Tutela civil do nascituro*. São Paulo: Saraiva, 2000, pp. 275-286.

começa com o nascimento com vida, só se permitindo, portanto, a propositura da ação investigatória após o nascimento do filho.

Adotamos o entendimento de que, entre os legitimados para propor ação de investigação de paternidade, está o nascituro, argumentando que, se o próprio art. 4º do Código Civil [atual art. 2º do Código Civil de 2002] põe a salvo, desde a concepção, os seus direitos, estaria ele autorizado pela lei a ingressar com a ação investigatória. Afinal, como disse José Luiz Mônaco da Silva,[20] "de que adiantaria o art. 4º [atual art. 2º] do Código Civil pôr a salvo, desde a concepção, os direitos do nascituro, se ele não tivesse a possibilidade de exercê-los ainda no ventre materno"? Outro argumento que pode ser acrescentado a favor da legitimidade do nascituro é o fato de que o parágrafo único do art. 1.609 do Código Civil de 2002, reproduzindo a norma contida no parágrafo único do art. 357 do Código de 1916 e no art. 26 do Estatuto da Criança e do Adolescente, autoriza o reconhecimento da paternidade antes mesmo do nascimento do filho. Ora, em que pese o artigo supra referir-se somente à hipótese de reconhecimento voluntário, se a lei o permite, "não há razão para que impeça o ajuizamento da ação investigatória por parte do nascituro".[21]

No sentido da possibilidade de propositura de ação de investigação de paternidade pelo nascituro, já decidiu o Tribunal de Justiça do Estado de São Paulo:

> "Ilegitimidade de parte – Ativa – Inocorrência – Investigação de paternidade – Nascituro – Representação processual pela mãe – Personalidade jurídica – Condição de existência – Nascimento com vida – Irrelevância – Capacidade de estar em juízo existente – Proteção ao nascimento e à gestante, ademais, expressamente prevista na Lei nº 8.069/1990 – Recurso não provido. Ao nascituro assiste capacidade para ser parte. O nascimento com vida investe o infante na titularidade da pretensão de direito material, até então apenas uma expectativa resguardada" (TJSP – 1ª Câmara Cível – Ap. Civ. 193.648-1/5, Rel. Des. Renan Lotufo, julg. em 14.09.1993).

No mesmo sentido, decidiu o Tribunal de Justiça do Estado do Rio de Janeiro:

> "Ação de Investigação de Paternidade de nascituro, ajuizada pela mãe, julgada extinta por ilegitimidade de parte. Possibilidade, no Direito Brasileiro, ante normas protetivas do interesse do nascituro (arts. 4º, 338 e 339, 458 e 462, c/c os arts. 384, V, e 385, do Código Civil), de ser ajuizada ação investigatória em seu nome, o que resta admitido pelo parágrafo único do art. 26 do ECA, ao permitir, como o antigo parágrafo do art. 357 do Código Civil, seu reconhecimento, sem distinção quanto à forma. Este consiste ainda,

---

[20] José Luiz Mônaco da Silva, *Reconhecimento de paternidade*, p. 51.
[21] *Ibidem*, p. 51.

pelo art. 27 do ECA, em direito personalíssimo, indisponível e imprescritível. Tutela do direito à vida na Constituição (arts. 5o e 227). Nascimento da criança após a sentença. Recurso provido para ter o feito seguimento, figurando ela, representada pela mãe, no polo ativo" (TJRJ – 7ª Câmara Cível – Ap. Civ. 1999.001.01187, Rel. Des. Luiz Roldão de Freitas Gomes, julg. em 25.05.1999).

Ademais, durante a gestação é possível a realização de diversos exames intra-uterinos que possam comprovar a suposta paternidade biológica, inclusive exame de DNA, o que contribui para o célere julgamento da ação investigatória.

O direito a alimentos gravídicos encontra-se disciplinado pela Lei nº 11.804, de 5 de novembro de 2008, que, no art. 6º, *caput*, dispõe que o Juiz os fixará se convencido da existência de indícios de paternidade.

94.5. Legitimação Ativa do filho socioafetivo. Em 2011, o STJ manifestou seu entendimento no sentido do cabimento da ação de investigação também nos casos de maternidade e paternidade socioafetiva, no julgamento do REsp 1.189.663-RS, que rejeitou por unanimidade recurso interposto pelo Ministério Público. De acordo o voto da Relatora, Min. Nancy Andrighi:

"[...]
A questão relativa ao mecanismo processual adequado para o reconhecimento de possível filiação socioafetiva merece ser analisada com menos rigidez formal, porquanto a relação socioafetiva, como elemento único na formação de vínculos de filiação, é concepção jurisprudencial e doutrinária recente, ainda não abraçada expressamente pela legislação vigente, mas a qual se aplica, de forma analógica, no que forem pertinentes, as regras orientadoras da filiação biológica. Essa aplicação, por óbvio, não pode ocorrer de forma literal, pois são hipóteses símeis, não idênticas, que requerem, no mais das vezes, ajustes ampliativos ou restritivos, sem os quais restaria inviável o uso da analogia. Parte-se, aqui, da premissa que a verdade sociológica se sobrepõe à verdade biológica, pois o vínculo genético é apenas um dos informadores da filiação, não se podendo toldar o direito ao reconhecimento de determinada relação, por meio de interpretação jurídica pontual que descure do amplo sistema protetivo dos vínculos familiares.

Sob esse tema, verifica-se que a norma-princípio estabelecida no art. 27, in fine, do ECA, afasta as restrições à busca do reconhecimento de filiação por reorientar, de forma ampliativa, o restritivo comando legal, para assegurar ao que procura o reconhecimento de vínculo de filiação socioafetivo, trânsito desimpedido de sua pretensão.
[...]"

Deve-se salientar que a decisão do TJRS, que rejeitara o pedido formulado em ação de investigação de paternidade e maternidade socioafetiva cumulada com petição de herança, foi mantida em razão da inconsistência dos elementos probatórios dos elementos que caracterizam a existência da posse do estado de filho (o *nomen*, a *tractacio* e a fama), impedindo, assim, o reconhecimento da filiação socioafetiva, e não em razão da via eleita, como entendera o tribunal *a quo*.

95. Legitimação Passiva. A *legitimação passiva* encontra campo mais aberto e liberal. Passada uma fase que se seguiu ao início da vigência do Código Civil de 1916, em que se entendeu cabível somente em vida do pai fixou-se a doutrina, e firmou-se a jurisprudência no sentido de que tanto pode ser a ação intentada contra o pai, como ainda, morto ele, contra seus herdeiros.

Nos termos do art. 1.615 do Código Civil de 2002, que reproduz o art. 365 do Código anterior, "qualquer pessoa, que justo interesse tenha, pode contestar a ação de investigação de paternidade ou maternidade".

Com relação à investigação de paternidade ajuizada após o falecimento do suposto pai, cabe destacar que já tivemos oportunidade de indicar, inclusive, em outra obra, reportando-nos à decisão do Supremo Tribunal Federal (*Revista Forense*, v. 161, p. 193), o legítimo interesse moral da viúva para contestar a ação.

Esta não tem sido a orientação dominante, apesar de alguns julgados ainda admitirem no polo passivo da ação de investigação de paternidade o espólio. Questionam os opositores a legitimidade processual do espólio representado pela viúva – inventariante. A matéria tem comportado divergências jurisprudenciais, mas entendemos que não mais se justifica a nossa anterior posição doutrinária, devendo prevalecer a legitimidade passiva dos herdeiros. Esclareça-se, ainda, com o Código Civil de 2002, o cônjuge sobrevivo é herdeiro concorrendo com os ascendentes e descendentes na forma do art. 1.829.

Conforme já decidiu o STJ: *"A ação de reconhecimento de paternidade post mortem deve necessariamente ser proposta contra todos os herdeiros do falecido"* (REsp nº 1.028.503-MG, 3ª Turma, Rel. Min. Nancy Andrighi, julgado em 26.10.2010, DJe 09.11.2010), o que pode incluir o avô registral, como assinalado no REsp nº 1.253.504-MS (STJ, 4ª Turma Rel. Min. Maria Isabel Gallotti, julgado em 13.12.2011, DJe: 01.02.2012). Se premorto o suposto o avô, entende o referido Tribunal que *"Os netos, assim como os filhos, possuem direito de agir, próprio e personalíssimo, de pleitear declaratória de relação de parentesco em face do avô, ou dos herdeiros se pré-morto aquele, porque o direito ao nome, à identidade e à origem genética estão intimamente ligados ao conceito de dignidade da pessoa humana"* (STJ, 2ª Seção, REsp 807.849-RJ, Rel. Min. Nancy Andrighi, julgado em 24.03.2010, DJe 06.08.2010).

Há em tais casos um litisconsórcio passivo necessário, como já destacou o STJ: *"Em investigatória de paternidade, a ausência de citação do pai registral ou, na hipótese de seu falecimento, de seus demais herdeiros, para a consequente formação de litisconsórcio passivo necessário, implica nulidade processual, nos termos do art. 47, parágrafo único, do CPC (art. 115, parágrafo único, do CPC/2015)"* (STJ, 3ª Turma, REsp nº 987.987-SP, Rel. Min. Nancy Andrighi, julgado em 21.08.2008, DJe 05.09.2008).

Contudo, segundo o mesmo Tribunal a recusa à realização de exame de DNA por parte dos sucessores do falecido não gera presunção relativa na ação de investigação de paternidade. É certo que podem compor o polo passivo da demanda tanto os possíveis genitores quanto seus herdeiros, sem qualquer restrição, conforme preceitua o artigo 27 da Lei nº 8.069/1990. A presunção relativa gerada pela recusa em ceder tecido humano para a realização do exame pericial só deve incidir quando for originada pelo pretenso genitor, conforme a dicção da Súmula n.º 301 do STJ e não pode, portanto, se estender tal presunção quando a recusa é dos descendentes (STJ, 4ª Turma, REsp nº 714.969-MS, Rel. Min. Luis Felipe Salomão, julgado em 04.03.2010, *DJe* 22.03.2010).

No tocante à competência, a regra geral, prevista no art. 94 do Código de Processo Civil de 1973 (art. 46 do CPC/2015), no sentido de que as ações fundadas em direito pessoal devem ser propostas no foro do domicílio do réu, não se aplica nos casos em que a ação de investigação de paternidade é cumulada com a ação de alimentos. De acordo com a Súmula 01 do STJ, de 02.05.1990, "o foro do domicílio ou da residência do alimentando é o competente para a ação de investigação de paternidade, quando cumulada com a de alimentos".

96. Investigação de Paternidade Intentada por quem já Tem Pai Jurídico. Em relação à já mencionada amplitude da legitimidade em sede de investigação de paternidade, abre-se uma nova hipótese no tocante à possibilidade do filho que já tem pai jurídico intentar ação investigatória de paternidade.

Inicialmente, a coexistência de dois pais jurídicos para um mesmo filho é vedada pelo Direito Brasileiro, o que, à primeira vista, impossibilitaria que uma pessoa que já possui pai registral requeresse o reconhecimento de uma outra paternidade, através da ação de investigação.

De acordo com uma corrente jurisprudencial, para possibilitar o reconhecimento judicial da paternidade na hipótese mencionada acima, tornar-se-ia necessário, preliminarmente, o cancelamento (da paternidade) do registro anterior, dentro das hipóteses legais, através de decisão judicial. Somente após, poderia o filho ajuizar ação investigatória de paternidade.

No sentido desta restrição, decidiu recentemente o Tribunal de Justiça do Rio Grande do Sul, entendendo, inclusive, pela completa impossibilidade da desconstituição da paternidade anterior, após a ocorrência do prazo previsto no art. 1.614 do Código Civil de 2002, e consequentemente, vedando a propositura de ação de investigação de paternidade, sob o argumento da proteção da preservação do estado de filho, como expressão da paternidade socioafetiva já constituída:

"Investigação de paternidade. Investigante que já possui paternidade constante em seu assento de nascimento. Interpretação do art. 362, do Código Civil de 1916. Mudança de entendimento do autor do voto vencedor. Os dispositivos legais continuam vigorando em sua literalidade, mas a interpretação deles não pode continuar sendo indefinidamente a mesma. A regra que se extrai da mesma norma não necessariamente deve permanecer igual ao longo do tempo. Embora a norma continue a mesma, a sua fundamentação ética, arejada pelos valores dos tempos atuais, passa a ser outra, e, por isso, a regra que se extrai dessa norma é também outra. Ocorre que a família nos dias que correm é informada pelo valor do AFETO. É a família eudemonista, em que a realização plena de seus integrantes passa a ser a razão e a justificação de existência desse núcleo. Daí o prestígio do aspecto afetivo da paternidade, que prepondera sobre o vínculo biológico, o que explica que a filiação seja vista muito mais como um fenômeno social do que genético. E é justamente essa nova perspectiva dos vínculos familiares que confere outra fundamentação ética à norma do art. 362 do Código Civil de 1916 (1614 do novo Código), transformando-a em regra diversa, que objetiva agora proteger a preservação da posse do estado de filho, expressão da paternidade socioafetiva. Posicionamento revisto para entender que esse prazo se aplica também à impugnação motivada da paternidade, de tal modo que, decorridos quatro anos desde a maioridade, não é mais possível desconstituir o vínculo constante no registro, e, por consequência, inviável se torna investigar a paternidade com relação a terceiro. Deram provimento, por maioria, vencido o relator" (TJ-RS – 7ª Câmara Cível – Apelação Cível n.º 70.005.246.897 – Rel. Des. José Carlos Teixeira Giorgis – Julg. 12.03.2003).

Esta posição encontra-se positivada pelo direito francês, que veda a desconstituição da paternidade quando existe posse de estado de filho. Pela lei francesa, a existência de título (termo ou registro de nascimento) conjuntamente com a posse de estado de filho perante o marido da mãe tornam a filiação inatacável. A presença ou ausência da posse de estado de filho exerce, portanto, papel decisivo no estabelecimento da filiação.[22]

É oportuno mencionar que um importante Projeto de Lei foi apresentado, em março de 2005, pelo Deputado Federal Antonio Carlos Biscaia (PL nº 4.946/2005), modificando disposições do Código Civil e inserindo um segundo parágrafo ao art. 1.601, que passaria a vigorar com a seguinte redação:

> "Art. 1.601. Cabe exclusivamente ao marido o direito de impugnar a paternidade dos filhos nascidos de sua mulher.
>
> § 1º Impugnada a filiação, os descendentes ou ascendentes do impugnante têm direito de prosseguir na ação.
>
> § 2º Não se desconstituirá a paternidade caso fique caracterizada a posse do estado de filiação, ou a hipótese do inciso V do art. 1.597".

---

[22] Luiz Edson Fachin, *Da paternidade: relação biológica e afetiva*, p. 63.

O mérito deste Projeto de Lei refere-se ao fato de fornecer elementos para que o vínculo paterno-filial fortemente marcado pelas relações socioafetivas, no âmbito da convivência familiar, não seja desconstituído a qualquer momento, com base exclusivamente na prova biológica. Neste sentido, foi enunciada a Justificativa do Projeto: "Apenas o marido pode impugnar a paternidade quando a constatação da origem genética diferente da sua provocar a ruptura da relação paternidade--filiação. Se, apesar desse fato, forem mais fortes a paternidade socioafetiva e o melhor interesse do filho, enquanto menor, nenhuma pessoa ou mesmo o Estado poderão impugná-la para fazer valer a paternidade biológica, sem quebra da ordem constitucional e do sistema do Código Civil".

Porém, o Superior Tribunal de Justiça tem entendido que a anulação do registro paterno anterior, sendo julgada procedente eventual ação de investigação de paternidade, é mera consequência do reconhecimento judicial, *não se exigindo cumulação expressa do pedido investigatório com o pedido anulatório, muito menos prévia ação anulatória ou negatória de paternidade*:

> "(...) I – Ajuizada ação de investigação de paternidade, a anulação do registro constitui mera consequência da procedência do pedido investigatório" (STJ – 3ª Turma – REsp. nº 256.171-RS – Rel. Min. Antônio de Pádua Ribeiro – Julg. 02.03.2004).
>
> "Processo Civil e Civil. Ação de investigação de paternidade. Pedido expresso de anulação de registro. Desnecessidade. (...) I – Na linha da jurisprudência deste Tribunal, 'a falsidade do registro de nascimento pode ser demonstrada no âmbito da ação investigatória de paternidade. A procedência do pedido conduz ao cancelamento do registro, não se exigindo pedido expresso nem muito menos ação própria'" (STJ – 4ª Turma – REsp. nº 216.719-CE – Rel. Min. Sálvio de Figueiredo Teixeira – Julg. 16.09.2003).
>
> "Ação de investigação de paternidade proposta por quem tem em seu registro civil de nascimento a declaração de ser filho legítimo, não havendo contestação do pai registral. Possibilidade jurídica do pedido, independentemente de prévia anulação do registro. A falsidade do registro de nascimento pode ser demonstrada no âmbito da ação investigatória de paternidade. A procedência do pedido conduz ao cancelamento do registro, não se exigindo pedido expresso nem muito menos ação própria. Inaplicabilidade dos artigos 178, § 9º, VI, e 362 do Código Civil, pois imprescritível o direito do filho de buscar a paternidade real. Precedentes. Recurso especial conhecido e provido" (STJ – 4ª Turma – REsp. nº 162.028-MG – Rel. Min. Cesar Asfor Rocha – Julg. 26.11.2001).
>
> "Ação de investigação de paternidade. Cancelamento do assento de nascimento. A ação de investigação de paternidade pode ser proposta independentemente da ação de anulação do registro de nascimento do investigante, cujo cancelamento é simples consequência da ação que julga procedente a investigatória, sem necessidade de expresso pedido de cumulação. Preceden-

tes. Recurso não conhecido." (STJ – 4ª Turma – REsp. nº 203.208-SP – Rel. Min. Ruy Rosado de Aguiar – Julg. 26.06.2001).

Nesta linha, em recente decisão, datada de 22.02.2005 (Resp. nº 402.859-SP), cujo Relator foi o Min. Barros Monteiro, a 4ª Turma do STJ afastou a carência de ação decretada pelo Tribunal *a quo*, ao reafirmar ser desnecessário o prévio ou concomitante ajuizamento do pedido de anulação do registro de nascimento do investigante para que seja julgada a ação de investigação de paternidade, uma vez que a procedência da investigação leva à consequência desse cancelamento. Entretanto, ficou assentado na decisão do STJ que é necessário que se proceda à citação do pai registral como litisconsorte passivo necessário. Foram referidos os seguintes precedentes do STJ: REsp. nº 203.208-SP, *DJ* 29.10.2001; REsp. nº 114.589-MG, *DJ* 19.19.1997; REsp. nº 275.374-PR, *DJ* 13.12.2004, e REsp. 117.129-RS, *DJ* 24.09.2001.

§ 2º Imprescritibilidade da ação investigatória

97. Trata-se, como vimos, de ação que somente pode ser intentada pelo filho ou seu representante legal durante a incapacidade. Morrendo o investigante na pendência da lide, a ação continua com seus herdeiros. Mas, se morrer sem a ter ajuizado, falta aos seus sucessores *legitimatio ad causam* para a iniciativa dela (ver exceções nos itens 94.1 a 94.4, *supra*).

A ação tem cabimento, repetimos, contra o pai, ou seus herdeiros, ou legatários.[23] E pode ser ajuizada a todo tempo.

Anteriormente, fazia-se muita confusão a propósito da "prescrição da ação investigatória", problema em torno do qual *doctores certant*. Com efeito, tais os pronunciamentos já formulados, que poderíamos acusar a existência de duas correntes, uma considerando imprescritível a ação, e outra entendendo-a sujeita à prescrição, o que naturalmente percutia na justiça.

Pela prescrição, opinavam Clóvis Beviláqua, Astolfo Resende, Carlos Maximiliano, Filadelfo Azevedo, Arnoldo Medeiros da Fonseca, Lino de Morais Leme, Vieira Ferreira, Paulo Brossard de Sousa Pinto.

Pela imprescritibilidade argumentavam Estevam de Almeida, Pontes de Miranda, Mendes Pimentel, Alfredo Bernardes, Batista Melo, Câmara Leal, Carvalho Santos, Sílvio Portugal, Luís Frederico Carpenter, Orlando Gomes, Nélson Carneiro.[24]

Na sua percussão jurisprudencial, a matéria constituía igualmente *vexata quaestio*. Assim, existiam arestos que afirmavam a "imprescritibilidade": do Supremo

---

[23] Arnoldo Medeiros da Fonseca, *Investigação de Paternidade*, p. 261.
[24] Cf. Orlando Gomes & Nélson Carneiro, *Do Reconhecimento dos Filhos Adulterinos*, nº 281, que no particular da ação específica da Lei nº 883, de 1949, mantêm o mesmo parecer pela imprescritibilidade, em nº 291.

Tribunal Federal,[25] do Tribunal de Justiça do antigo Distrito Federal,[26] do Tribunal de Justiça de Minas Gerais,[27] do Tribunal de Justiça do Rio Grande do Sul.[28]

Na cidadela oposta, decisões apontavam pela "prescritibilidade": do Supremo Tribunal Federal,[29] do Tribunal de Justiça de Minas Gerais,[30] do Paraná,[31] de São Paulo.[32]

Alinhando-nos entre os que sustentam a "imprescritibilidade", sempre entendemos que toda a dúvida e toda a discussão residem na ausência de uma distinção que é fundamental, entre a ação de investigação de paternidade, como "ação de estado" e os "efeitos da sentença" proferida nesta ação.

É inequívoco e indiscutido que uma das características do estado das pessoas é sua imprescritibilidade. Tão pacífico e tranquilo, que não há mister documentá-lo (ver o que dizemos sobre os caracteres do estado, no capítulo sob esta epígrafe, Capítulo II).

Se o estado é imprescritível, imprescritível obviamente será o direito de ação visando a declará-lo, pois que a ação de reconhecimento compulsório é uma ação declaratória. A todo tempo o filho, qualquer filho, tem o direito de vindicar *in iudicio* o *status* que lhe compete. Ao filho assiste sempre o direito de intentar contra o pai, ou os herdeiros deste, ação com o objetivo de declarar o seu *status* de filho.

Imprescritível será, pois, a ação investigatória, como ação de estado que é, tenha ela em vista a proclamação relativa ao filho havido fora da relação de casamento, ou não.

O efeito econômico ou patrimonial da sentença proferida, sendo um bem jurídico perseguido pela pretensão – *Anspruch* – do investigante, se encontra direitos já definitivamente adquiridos por outrem, e incorporados no seu patrimônio, é que se sujeita à prescrição. Assim, se se trata de ação de investigação de paternidade cumulada com petição de herança, o juiz não pode encerrar a ação sob fundamento de se achar prescrito o efeito patrimonial da sentença. Cabe-lhe fazer uma distinção essencial, a saber: a pretensão investigatória é imprescritível, porque seu objetivo é uma declaração de estado, que não prescreve. Mas, se tempo houve decorrido, que imponha prescrição do pretendido direito à herança, este último é que prescreve. E nem se diga que a ação estará sem objeto, pois que na

---

[25] *Ibidem*, vol. 138, p. 144; vol. 144, p. 108.
[26] *Ibidem*, vol. 122, p. 168.
[27] *Ibidem*, vol. 184, p. 193.
[28] *Ibidem*, vol. 211, p. 192.
[29] *Ibidem*, vol. 108, p. 488; vol. 177, p. 178.
[30] *Ibidem*, vol. 143, p. 324.
[31] *Ibidem*, vol. 131, p. 508.
[32] *Ibidem*, vol. 164, p. 246.

segunda parte desta monografia distinguimos no reconhecimento de paternidade (seja espontâneo, seja compulsório) efeitos de dupla natureza: não patrimoniais (nome, estado, poder familiar) e patrimoniais (alimentos, sucessão).

A nosso ver, o erro básico da controvérsia residia na ausência desta distinção essencial, entre a ação de investigação de paternidade, que é imprescritível como toda ação de estado, e a obtenção de seus efeitos patrimoniais que prescrevem como todo direito desta espécie. Esta a posição que defendemos em nossa monografia anterior e em nossas Instituições, e que já foi consagrada no Supremo Tribunal Federal, que sumulou a matéria nos seguintes termos: "é imprescritível a ação de investigação de paternidade, mas não é a de petição de herança" (Súmula 149 do STF).[33]

Este entendimento foi aplicado pelo Conselho da Justiça Federal, na III Jornada de Direito Civil, ao dar interpretação ao art. 1.798[34] do Código Civil de 2002, em face das técnicas de reprodução assistida, nos termos do Enunciado 267: "A regra do art. 1.798 do Código Civil deve ser estendida aos embriões formados mediante o uso de técnicas de reprodução assistida, abrangendo, assim, a vocação hereditária da pessoa humana a nascer cujos efeitos patrimoniais se submetem às regras previstas para a petição da herança".

Igual distinção poderá fazer-se quanto à *transação*: descabe esta no que diz respeito ao estado de filho, porém nada impede se realize em relação aos efeitos patrimoniais, notadamente o direito à herança.[35]

A tese da imprescritibilidade da ação de investigação de paternidade foi positivada pelo art. 27 do Estatuto da Criança e do Adolescente – Lei nº 8.069/1990:

> "Art. 27. O reconhecimento do estado de filiação é direito personalíssimo, indisponível e imprescritível, podendo ser exercitado contra os pais ou seus herdeiros, sem qualquer restrição, observado o segredo de justiça".

Por derradeiro, no tocante à jurisprudência, todas as controvérsias foram dissipadas com o entendimento adotado pelo Supremo Tribunal Federal consagrando a tese da imprescritibilidade nas ações investigatórias, orientação que foi mantida pelo Superior Tribunal de Justiça. É o que se constata no acórdão proferido no REsp nº 456.005-RS (STJ, 4ª Turma, Rel. Min. Hélio Quaglia Barbosa, julgado em 25.09.2007, *DJe* 15.10.2007) e no REsp nº 450.962-MG (STJ, 4ª Turma, Rel. Min.

---

[33] Caio Mário da Silva Pereira, *Efeitos do Reconhecimento de Paternidade Ilegítima; Instituições de Direito Civil*, vol. V, nº 413; Acórdão do Supremo Tribunal Federal, *in Rev. Forense*, vol. 138, p. 114.

[34] CC de 2002: "Art. 1.798. Legitimam-se a suceder as pessoas nascidas ou já concebidas no momento da abertura da sucessão."

[35] Supremo Tribunal Federal, *in Rev. Forense*, vol. 136, p. 130.

Aldir Passarinho Júnior, julgado em 02.10.2007, *DJe* 22.10.2007), nos quais restou assentada a pacificação do entendimento na 2ª Seção, quanto ao direito do filho natural ao reconhecimento da paternidade ser imprescritível, ainda que atingida a sua maioridade mais de quatro anos antes quer da Constituição Federal de 1988, quer da vigência da Lei nº 8.069/1990, ou seja, quanto à "imprescritibilidade da ação de investigação de paternidade e alteração de registro de nascimento, mesmo na hipótese de vencido o prazo de 4 (quatro) anos, após a maioridade do filho autor da demanda".

98. Imprescritibilidade da Ação Investigatória quando já Existe Paternidade Juridicamente Estabelecida. O STJ também tem amparado a tese da imprescritibilidade quando a ação investigatória implica cancelamento ou anulação do registro civil do filho, mesmo quando já teria transcorrido o prazo decadencial para desconstituição do referido registro. Neste sentido:

> "Investigação de paternidade. Decadência. Não se extingue o direito de o filho investigar a paternidade e pleitear a alteração do registro, mesmo quando vencido integralmente, depois da maioridade, o prazo de quatro anos. Precedentes da Segunda Seção. Recurso não conhecido" (STJ – 4ª Turma – REsp. nº 208.788-SP – Rel. Min. Ruy Rosado de Aguiar – Julg. 20.02.2003).
>
> "Civil. Investigação de paternidade. Registro civil. Anulação. Prescrição. I – O direito do filho de buscar a paternidade real, com pedido de anulação retificação de registro de nascimento em caso de falsidade praticada pela mãe é imprescritível, não se aplicando o disposto no art. 178, § 9º, VI, do Código Civil. Precedentes. II – Decisão mantida, porque em sintonia com a jurisprudência mais moderna e majoritária desta Corte. III – Agravo regimental desprovido" (STJ – 3ª Turma – AGRESP 440.472-RS – Rel. Min. Antônio de Pádua Ribeiro – Julg. 01.04.2003).

É de se ressaltar que estes entendimentos adotam o chamado critério biologista da paternidade. Contudo, este critério vem sendo ponderado e mitigado por outros ordenamentos jurídicos diante da existência da posse de estado de filho, como já mencionado no item 96, *supra*. Além disso, a existência de prazos de caducidade para a impugnação da paternidade também é uma solução legislativa adotada por outros países, como se vê no Código Civil Alemão, que admite a ação de anulação da paternidade somente no prazo de dois anos após o conhecimento das circunstâncias que se pronunciem quanto à paternidade.[36]

O jurista italiano Pietro Perlingieri faz uma importante distinção no tocante à questão da imprescritibilidade nas ações de estado, ao se referir ao Código Civil italiano:

---

[36] Wilfried Schlüter, *Código Civil Alemão – Direito de Família*, p. 359.

"Assim, as ações de estado, que tendem em via principal a reclamar, contestar ou modificar os estados pessoais, de regra, são imprescritíveis quando a pessoa age para afirmar a veracidade do próprio *status* (arts. 248, § 2, 249, § 2, 270, § 1, Cód. Civ.; não assim o art. 244, §§ 2 e 3, Cód. Civ.) e são prescritíveis quando o legitimado age para contestar ou modificar o estado de outrem".[37]

É certo que o novo Código Civil reconhece, no art. 1.601, a imprescritibilidade da ação negatória de paternidade. Contudo, há que se registrar a observação de Silmara Juny Chinelato no sentido de que a "imprescritibilidade é passível de críticas, pois, em alguns casos, desprezará a paternidade socioafetiva".[38]

Muitas vozes autorizadas têm se manifestado favoráveis a esta regra, considerando que os prazos prescricionais e decadenciais prejudicam a apuração do verdadeiro estado de filiação biológico, como sustenta Sérgio Gischkow Pereira. Por outro lado, afirma o referido jurista que, "mesmo imprescritível a ação de estado, pode o estado de filiação ser mantido em relação a um pai que não o é biologicamente, se comprovada a ocorrência da relação socioafetiva".[39] Acrescenta, ainda, que, nesta hipótese, deve ser permitido ao interessado pesquisar judicialmente seu verdadeiro liame biológico, por causas vinculadas ao direito de personalidade e outros relevantes fatores (doenças transmissíveis, transplante de órgãos, impedimentos matrimoniais).

Neste sentido, foi formulado o Enunciado nº 130[40], aprovado na I Jornada de Direito Civil promovida pelo Centro de Estudos Judiciários do Conselho da Justiça Federal:

"130 – Proposição sobre o art. 1.601:

Redação atual: 'Cabe ao marido o direito de contestar a paternidade dos filhos nascidos de sua mulher, sendo tal ação imprescritível.

Parágrafo único. Contestada a filiação, os herdeiros do impugnante têm direito de prosseguir na ação'.

Redação proposta: 'Cabe ao marido o direito de contestar a paternidade dos filhos nascidos de sua mulher, sendo tal ação imprescritível.

---

[37] Pietro Perlingieri, *Perfis do Direito Civil – Introdução ao Direito Civil Constitucional*, p. 138.
[38] *Comentários ao Código Civil*, vol. 18, p. 45.
[39] Sérgio Gischkow Pereira, *Estudos de Direito de Família*, p. 113.
[40] Trata-se da Proposição 130, constante das Propostas de Modificação do Novo Código Civil aprovadas pelo Conselho da Justiça Federal, na I Jornada de Direito Civil. Disponível em: <http://www.cjf.jus.br/cjf/CEJ-Coedi/jornadas-cej/enunciados-aprovados-da-i-iii-iv-e-v-jornada-de-direito-civil/compilacaoenunciadosaprovados1-3-4jornadadircivilnum.pdf/view>

§ 1º Não se desconstituirá a paternidade caso fique caracterizada a posse do estado de filho.

§ 2º Contestada a filiação, os herdeiros do impugnante têm direito de prosseguir na ação.'"[41]

Adotando a orientação proposta pelo Enunciado nº 130 supracitado e pelo IBDFAM – Instituto Brasileiro de Direito de Família, foi apresentado o Projeto de Lei nº 4.946/2005, ao qual já nos referimos no item 96, *supra*.

De acordo com o STJ, *embora seja desnecessária a prévia propositura de ação anulatória de registro civil, sendo possível o ajuizamento direto da ação investigatória de paternidade, é essencial que o pai registral integre a lide, como litisconsorte necessário, sob pena de nulidade, por ser interessado direto, visto que ali se postula concomitantemente a desconstituição da sua condição de genitor*. Até se admite, em certas situações, em que há manifestação de concordância do pai registral, a excepcional dispensa da sua integração à lide, mas, sem isso, torna-se impossível a substituição da paternidade sem o devido processo legal, pois se afigura inconcebível que alguém seja demovido da sua condição de pai sem que integre, forçosamente, a lide que poderá nisso resultar. (STJ, 4ª Turma, REsp n. 512.278 – GO, Rel. Min. Aldir Passarinho Júnior, julgado em 14.10.2008, *DJe* 03.11.2008).

§ 3º Coisa julgada material nas ações de investigação de paternidade

99. Na lei processual, a coisa julgada material opera-se com a irrecorribilidade da sentença, havendo inalterabilidade do seu conteúdo. Nas sentenças em que se julga o mérito da causa, a lei enumera apenas dois remédios processuais capazes de atingi-las: a ação rescisória ou os embargos à execução, que possuem alcance e prazo limitados. Deve-se registrar que a garantia da imutabilidade da coisa julgada está prevista no art. 5º, XXXVI, da Constituição Federal, estando diretamente relacionada à segurança nas relações jurídicas.

A questão da coisa julgada material nas ações de investigação de paternidade, até há poucos anos, não era objeto de atenção da doutrina ou da jurisprudência.

100. Prevalecia o entendimento de que **as sentenças de mérito produzidas nas ações de vindicação ou de desconstituição do estado de filiação faziam *coisa julgada material*.**

---

[41] A I Jornada de Direito Civil, promovida pelo Centro de Estudos Judiciários do Conselho da Justiça Federal, ocorreu no período de 11 a 13 de setembro de 2002, sob a coordenação científica do Ministro Ruy Rosado, do STJ. A Comissão de Direito de Família e Sucessões teve como Presidente, em 12.09.2002, Gustavo Tepedino e como Relator, também nesta data, Luiz Edson Fachin. Em 13.09.2002 a referida Comissão teve como Presidente Regina Helena Afonso Portes e como Relatora Adriana da Silva Ribeiro.

101. Neste sentido, estabelecia-se que, sendo procedente a reclamação de estado de filiação, firmava-se definitivamente a relação jurídica da paternidade.

Por outro lado, se fosse julgado improcedente o pedido, o filho não poderia reabrir a lide, para, em outra demanda, pedir de novo a declaração, porque a improcedência da primeira não significava simplesmente que o autor deixou de provar as elementares de seu libelo, mas queria dizer que a não declaração importava a afirmativa de não paternidade, ou seja, a inexistência da relação de direito, e a *res judicata* fixava definitivamente que não existia o vínculo jurídico pesquisado.[42]

102. Esta também era a orientação uníssona da jurisprudência, que pode ser demonstrada através do seguinte acórdão do Superior Tribunal de Justiça, da lavra do Ministro Carlos Alberto Menezes Direito:

> "Seria terrificante para o exercício da jurisdição que fosse abandonada a regra absoluta da coisa julgada que confere ao processo judicial força para garantir a convivência social, dirimindo os conflitos existentes. Se, fora dos casos nos quais a própria lei retira a força da coisa julgada, pudesse o magistrado abrir as comportas dos feitos já julgados para rever as decisões não haveria como vencer o caos social que se instalaria. A regra do art. 468 do Código de Processo Civil[43] é libertadora. Ela assegura que o exercício da jurisdição completa-se com o último julgado, que se torna inatingível, insuscetível de modificação. E a sabedoria do Código é revelada pelas amplas possibilidades recursais e, até mesmo, pela abertura da via rescisória naqueles casos precisos que estão elencados no art. 485[44].
>
> 2. Assim, a existência de um exame pelo DNA posterior ao feito já julgado, com decisão transitada em julgado, reconhecendo a paternidade, não tem o condão de reabrir a questão com uma declaratória para negar a paternidade, sendo certo que o julgado está coberto pela certeza jurídica conferida pela coisa julgada" (STJ, 3ª T., REsp. nº 107.248-GO, Rel. Min. Carlos Alberto Menezes Direito, j. 07.05.1998, *DJU* 29.06.1998, p. 160).

103. O mesmo pensamento apresenta-se, com firmeza, em diversos julgados, podendo ser destacada a posição defendida pelo Ministro Carlos Alberto Menezes Direito ao lembrar que, embora se esteja diante da tutela do direito ao reconhecimento à filiação, existe também a "necessidade de proteger situações familiares reconhecidas e consolidadas" (STJ, 3ª T., REsp. nº 215.249-MG, j. 03.10.2002). Neste sentido, encontram-se também decisões nos Tribunais Estaduais:

---

[42] Neste sentido, esta era a orientação do presente livro, na sua última edição (5ª edição, 1997, p. 54).
[43] Art. 503 do CPC/2015.
[44] Art. 966 do CPC/2015.

"Existindo decisão definitiva de improcedência de anterior ação de investigação de paternidade, está sacralizada a coisa julgada (art. 5º, inc. XXXV, CF/88), não podendo nova ação ser proposta apenas porque viável, agora, realização de exame pelo método do DNA" (TJRS, 8ª Câm. Cív., Ap. Civ. nº 70003605425, rel. Des. Rui Portanova, j. 07.03.2002).

"Investigação de Paternidade. Coisa Julgada. Reprodução de ação anteriormente julgada improcedente por falta de provas. Extinção do processo. O respeito à coisa julgada é preceito constitucional cuja intangibilidade não pode ser atingida pela analogia. Inadmissível, portanto, estender à ação de investigação de paternidade, julgada improcedente por deficiência de prova, os efeitos da coisa julgada *secundum eventum litis*, cabível apenas nos casos de ação popular ou civil pública. Desprovimento do recurso" (TJRJ – Ap. Cível – Proc. 1999.001.09882 – 2ª Câmara Cível – Rel. Des. Sérgio Cavalieri Filho – Julgado em 04.11.1999).

104. A única exceção eram as hipóteses de ações investigatórias de paternidade propostas pelo Ministério Público, nos termos do art. 2º, § 4º da Lei nº 8.560/1992. Na forma do disposto no art. 2º, § 5º, da mesma Lei, a ação movida pelo Ministério Público não impede o ajuizamento de nova ação por aquele que tenha "legítimo interesse". Por conseguinte, a sentença aí proferida não tem o condão de gerar coisa julgada.

Neste caso, João Francisco Moreira Viegas explica que "os efeitos da coisa julgada só se estenderão ao filho se este tiver sido citado para ingressar na ação, na qualidade de litisconsorte".[45]

Da mesma forma, entendeu o Tribunal de Justiça do Rio Grande do Sul, ao reconhecer que "na Ação de Investigação de Paternidade, regulada pela Lei nº 8.560/1992, o Ministério Público age de ofício, pois o registro público deve espelhar a verdade e a questão registral é de ordem pública. Não age o Dr. Promotor de Justiça em representação do infante, nem na defesa do interesse específico deste, que é privado. O ajuizamento da ação independe do juízo de conveniência, oportunidade e interesse da parte, que poderá, a qualquer tempo, intentar a investigação. O infante não foi citado e não integra a relação processual, não sendo atingido pela coisa julgada. Inteligência do § 5º art. 2º da Lei nº 8.560/1992 e art. 472 do Código de Processo Civil" (TJRS – AC nº 598.293.876 – 7ª C. Civ. – Rel Des. Sérgio Fernando Vasconcellos Chaves – j. em 25.11.1998).

105. Recentemente, entretanto, passou-se a se discutir acerca da possibilidade de a sentença que julga ação de investigação ou desconstituição de paternidade

---

[45] João Francisco Moreira Viegas, *Reconhecimento de paternidade – Observações à Lei nº 8.560/1992*, pp. 11/15.

não ser acobertada pela coisa julgada, bem como acerca da "possibilidade de ajuizamento de ação rescisória com o intuito de se produzir nova prova pericial – a fim de se demonstrar a falsidade da prova produzida na ação originária, CF, art. 485, inc. VI, do CPC – ou fulcrada em exame pericial realizado após o trânsito em julgado da sentença – afirmando-se, então, estar-se diante de documento novo, CF, art. 485, inc. VII, do CPC".[46]

106. Teresa Wambier e José Miguel Medina enfatizam que o assunto passou a chamar a atenção, especialmente em virtude dos novos exames de identificação humana por DNA e de sua aparente condição de propiciar absoluta certeza a respeito da existência ou inexistência de vínculo genético entre autor e réu. Discute-se se a atividade jurisdicional seria consistente em acolher ou rejeitar o pedido, proclamando o resultado de um exame pericial:

> "Imagine-se, por exemplo, o caso daquele que, tendo sido reconhecido como filho por X, realiza o aludido exame e nota que não é filho de X, mas de Y. Seria possível às partes (o filho, X e Y), neste caso, simplesmente requerer a homologação do resultado encontrado na realização do exame? Se, com efeito fica 'amarrado' ao exame de DNA, como tem afirmado parte da doutrina, a rigor, em casos assim, o juiz nada teria a decidir. O juiz passaria a ser um mero 'homologador de laudos', procedente esta ordem de ideias.
>
> Se a questão é relevante para se discutir a atividade jurisdicional relacionada à produção e apreciação das provas, não menos relevante se coloca no que respeita à ocorrência de coisa julgada na ação cujo pedido tenha sido acolhido ou rejeitado, e nela se tenha produzido o exame de DNA".[47]

107. A tese da ***relativização ou desconsideração da coisa julgada*** nas ações de paternidade ganhou maior projeção após ser prolatada, pela 4ª Turma do Superior Tribunal de Justiça, importante decisão que admitiu a repetição de nova ação de investigação de paternidade após o trânsito em julgado, há mais de dois anos, de ação anterior cujo resultado foi a improcedência do pedido por falta de provas:

> "Investigação de paternidade – Repetição de ação anteriormente ajuizada, que teve seu pedido julgado improcedente por falta de provas – Coisa julgada – Mitigação – Doutrina – Precedentes – Direito de família – Evolução – Recurso acolhido.
>
> I – Não excluída expressamente a paternidade do investigado na primitiva ação de investigação de paternidade, diante da precariedade da prova e da

---

[46] Teresa Arruda Alvim Wambier e José Miguel Garcia Medina, *O dogma da coisa julgada*: *hipóteses de relativização*, pp. 185-186. Os incisos VI e VII do art. 485 do CPC/1973 correspondem aos VI e VII do art. 966 do CPC/2015.

[47] *Ibidem*, pp. 186-187.

ausência de indícios suficientes a caracterizar tanto a paternidade como a sua negativa, e considerando que, quando do ajuizamento da primeira ação, o exame pelo DNA ainda não era disponível e nem havia notoriedade a seu respeito, admite-se o ajuizamento de ação investigatória, ainda que tenha sido aforada uma anterior com sentença julgando improcedente o pedido.

II – Nos termos da orientação da Turma, 'sempre recomendável a realização de perícia para investigação genética (HLA e DNA), porque permite ao julgador um juízo de fortíssima probabilidade, senão de certeza' na composição do conflito. Ademais, o progresso da ciência jurídica, em matéria de prova, está na substituição da verdade ficta pela verdade real.

III – A coisa julgada, em se tratando de ações de estado, como no caso da investigação de paternidade, deve ser interpretada *modus in rebus*. Nas palavras de respeitável e avançada doutrina, quando estudiosos hoje se aprofundam no reestudo do instituto, na busca sobretudo da realização do processo justo, 'a coisa julgada existe como criação necessária à segurança prática das relações jurídicas e as dificuldades que se opõem à sua ruptura se explicam pela mesmíssima razão. Não se pode olvidar, todavia, que numa sociedade de homens livres, a Justiça tem de estar acima da segurança, porque sem Justiça não há liberdade'.

IV – Este Tribunal tem buscado, em sua jurisprudência, firmar posições que atendam aos fins sociais do processo e às exigências do bem comum"
(STJ, 4ª T., REsp. nº 226.436/PR, Rel. Min. Sálvio de Figueiredo Teixeira, j. em 28.06.2001).

108. Fortaleceu-se a doutrina que defende a construção de nova tese sobre a coisa julgada na ação investigatória de paternidade, que teria como fundamentos os princípios constitucionais da dignidade da pessoa humana, da isonomia substancial e da proporcionalidade, segundo a qual deve-se ponderar qual dos interesses prevalecerá no caso concreto.[48]

---

[48] Sobre o tema, v. Cristiano Chaves de Farias, *Um alento ao futuro: novo tratamento da coisa julgada nas ações relativas à filiação*. V. também Rodrigo Candido de Oliveira, *A Coisa Julgada e o exame de DNA*, pp. 161-186. **Contrários à relativização da coisa julgada**, Nelson Nery Jr. E Rosa Maria de Andrade Nery enfatizam que a doutrina mundial reconhece o instituto da coisa julgada material como *elemento de existência* do estado democrático de direito. Os respeitados processualistas afirmam que "*desconsiderar* a coisa julgada é eufemismo para esconder-se a instalação da ditadura, de esquerda ou de direita, que faria desaparecer a democracia que deve ser respeitada, buscada e praticada pelo processo". Nesta linha, mencionam que Adolf Hitler assinou, em 15.7.1941, a Lei para a Intervenção do Ministério Público no Processo Civil, dando poderes ao *Parquet* para dizer se a sentença seria justa ou não, se atendia aos fundamentos do Reich alemão e aos anseios do povo alemão. A injustiça da sentença era uma das causas de sua rescindibilidade pela ação rescisória alemã nazista. Os referidos doutrinadores destacam,

109. Na esteira desse entendimento de relativização da coisa julgada, tramita no Congresso Nacional o Projeto de Lei nº 116/2001, de autoria do Senador Valmir Amaral, dispondo: "Art. 1º. A ementa da Lei nº 8.560/1992 passa a ter a seguinte redação: 'Regula a investigação de paternidade'. Art. 2º. O art. 8º da Lei nº 8.560/1992 passa a ter a seguinte redação: (...) *Parágrafo único. A ação de investigação de paternidade, realizada sem a prova do pareamento cromossômico (DNA), não faz coisa julgada.* Art. 3º. Esta Lei entra em vigor na data de sua publicação" (grifo nosso).[49]

O Projeto de Lei nº 6.960/2002 também acolhe tal proposta de modificação legislativa, ao incluir, no art. 1.605, o § 2º com a seguinte redação: "Não fazem coisa julgada as ações de investigação de paternidade decididas sem a realização do exame do DNA, ressalvada a hipótese proposta para o § 4º do art. 1.601" (recusa injustificada à realização das provas médico-legais).

É importante ressaltar que na I Jornada de Direito Civil promovida pelo Centro de Estudos Judiciários do Conselho da Justiça Federal foi formulada a seguinte proposta através do Enunciado nº 109:

> "109 – Art. 1.605: a restrição da coisa julgada oriunda de demandas reputadas improcedentes por insuficiência de prova, não deve prevalecer para inibir a busca da identidade genética pelo investigando".[50]

---

ainda, que "mesmo com a ditadura totalitária no nacional-socialismo alemão, que não era fundada no estado *democrático* de direito, os nazistas não ousaram 'desconsiderar' a coisa julgada. Criaram uma nova causa de rescindibilidade da sentença de mérito para atacar a coisa julgada". (Código de Processo Civil Comentado e Legislação Extravagante, 8ª edição, p. 868.)

[49] A justificação do Projeto: "O Código de Processo Civil, no art. 469, determina que não faz coisa julgada a verdade dos fatos, estabelecida como fundamento da sentença, assim como não o fazem os motivos para determinar o alcance da parte dispositiva da sentença e a apreciação da questão prejudicial, decidida incidentalmente no processo (CPC, incisos I, II e III do art. 469). Assim, tem-se o paradigma segundo o qual a verdade deve ser revelada. Em alguns registros de nascimento, porém, essa verdade aguarda a oportunidade de ser lançada, sem mais embutir o medo da ilegitimidade ou do preconceito, e sem prejudicar as partes investigadas, como ocorria antes da Constituição Federal de 1988. A sociedade deste novo século não aceita mais a dúvida sobre a paternidade, que, no século passado, por ser motivo de vergonha, alcançava na jurisprudência sua principação. Primeiro, foi proibido questionar e, depois, foi proibido rever os julgados sobre a paternidade, sempre baseados em frágil prova testemunhal" (AMARAL, Valmir, Diário do Senado Federal, Sala das Sessões, 22.06.2001). Ressalte-se que o art. 469 do CPC/1973 corresponde ao art. 504 do CPC/2015.

[50] A Jornada de Direito Civil promovida pelo Centro de Estudos Judiciários do Conselho da Justiça Federal ocorreu no período de 11 a 13 de setembro de 2002, sob a coordenação científica do Ministro Ruy Rosado, do STJ.

110. Na doutrina processualista-civil, Sergio Gilberto Porto[51] destaca que a tendência à relativização da coisa julgada tem, efetivamente, ganho ilustres adeptos tais como Cândido Rangel Dinamarco ("Relativizar a coisa julgada material". In: Ajuris, nº 83/33, e Revista Síntese de Direito Civil e Processual Civil, v. 19/5-31), Humberto Theodoro Júnior e Juliana Cordeiro de Faria ("A coisa julgada inconstitucional e os instrumentos processuais para seu controle". In: Revista do Ministério Público, nº 47, pp. 115-147 e Revista Síntese de Direito Civil e Processual Civil, vol. 19/32-51), além de José Augusto Delgado ("Pontos polêmicos das ações de indenização de áreas naturais protegidas". In: RePro, nº 103/9).

111. A novidade deste movimento, de acordo com Sergio Gilberto Porto, é a admissão da relativização da coisa julgada para além das hipóteses nominadas e consagradas no sistema processual brasileiro (ex.: por via da ação rescisória); segundo o referido processualista, "a proposta através de catálogo expresso e técnica determinada, usada para invalidar o pronunciamento jurisdicional transitado em julgado, é superada, nascendo nova e informalizada espagíria processual".[52] Criticando este movimento de relativização da coisa julgada, Sergio Gilberto Porto aponta para o risco de ausência de segurança jurídica e de indiscutível injustiça social:

> "Nas hipóteses elencadas e que dão origem a esta *terceira onda* de relativização, representada pela possibilidade de mitigar a garantia da coisa julgada por nova decisão jurisdicional, há forte apelo e de índole axiológica, vez que são identificadas situações – em tese – excepcionalíssimas e de extrema injustiça concreta, com o fito de justificar a superação da decisão transitada em julgado. Contudo, em *ultima ratio*, está, como se percebe, novamente – agora, com outra roupagem e por outra via – posto em discussão o conflito que aflige desde sempre aos operadores, ou seja, o choque de opções representado de um lado pela justiça concreta e de outro pela segurança jurídica decorrente da lei, ainda que à custa de uma eventual e aparente injustiça individual. O outro lado da moeda, contudo, destaca que a ausência de segurança jurídica representa uma extraordinária e indiscutível injustiça social!!!!"[53]

112. Não olvidando que as situações concretas estão a clamar por soluções mais justas, Sergio Gilberto Porto defende reformas processuais que revejam as hipóteses de cabimento das ações rescisórias e o exame da vigência do prazo decadencial (com a dilação do prazo para interposição das rescisórias e a supressão

---

[51] Sérgio Gilberto Porto, *Cidadania Processual e Relativização da Coisa Julgada*, pp. 05/13.
[52] Sérgio Gilberto Porto, op. cit., p. 08.
[53] *Ibidem*, pp. 08-09.

do prazo para hipóteses excepcionalíssimas, vez que portadoras de vícios inconvalidáveis), prestigiando, desta forma, o instituto da coisa julgada.[54]

113. Adotando outros critérios para a solução das chamadas antinomias no campo das ações de investigação de paternidade e da coisa julgada, *doutrina abalizada tem buscado outra orientação, entendendo, inclusive, que, numa ação de investigação de paternidade, quando o autor não era realmente filho e, apesar disso, foi julgada procedente a ação, não se forma a coisa julgada, já que falta uma das condições da ação, qual seja, a legitimidade de parte,* conforme veremos nos itens *infra*. De toda forma, buscam prestigiar a coisa julgada, compatibilizando-a com os outros princípios constitucionais em questão:

> "Por fim, há de se lembrar que a coisa julgada é manifestação técnico-processual de um princípio constitucional mais amplo, sem o qual o Estado Democrático de Direito não pode ser compreendido, qual seja, o princípio geral da segurança jurídica, capaz de proporcionar estabilidade e previsibilidade aos atos do Estado – e, em relação à coisa julgada, aos atos jurisdicionais. A questão que se coloca, assim não pode ser resolvida pelo *sacrifício* de um dos valores (ou princípios) em favor do outro (isto é, direito ao reconhecimento da paternidade *versus* coisa julgada), mas em um *compromisso*, de modo a que se assegurem, com o máximo de otimização possível, os dois valores assegurados em nível constitucional.
>
> Deste modo, admitindo-se que tanto a coisa julgada quanto o direito ao reconhecimento da paternidade têm assento em princípios constitucionais, deve o ordenamento encontrar uma solução que realize aos dois valores. Segundo pensamos, o sistema já apresenta solução jurídica razoável para o problema, sem que para isso se careça de eliminação do instituto da coisa julgada, bem como que esta se sobreponha, como um absoluto tabu, ao exercício do direito de se buscar uma solução mais ajustada aos princípios jurídicos que regem a matéria".[55]

114. Admitindo-se que a sentença proferida em ação de investigação de paternidade é acobertada pela coisa julgada, há que se discutir o cabimento da ação rescisória nas seguintes hipóteses elencadas por Teresa Wambier e José Miguel Medina:[56]

> a) cabimento de ação rescisória contra sentença que julga procedente ou improcedente o pedido com o intuito de se produzir o exame de DNA no curso da ação rescisória;
>
> b) cabimento de ação rescisória contra sentença que julga procedente ou improcedente o pedido, fundada em exame de DNA realizado após a sentença;

---

[54] *Ibidem*, p. 13.
[55] Teresa Arruda Alvim Wambier e José Miguel Garcia Medina, op. cit., pp. 197-198.
[56] *Ibidem*, pp. 198-199.

c) cabimento de ação rescisória contra sentença que julga procedente ou improcedente o pedido, fundada em exame de DNA realizado mais de dois anos após o trânsito em julgado da sentença.

115. Segundo os referidos processualistas, as hipóteses de cabimento da ação rescisória, referidas no art. 485 do Código de Processo Civil, art. 966 do CPC/2015, são bastante restritivas, e o ajuizamento de referida ação para se provar o erro da sentença, no caso, somente será possível se fundada em falsidade de prova (art. 485, inc. VI, do CPC, art. 966, inc. VI, do CPC/2015).[57]

Neste diapasão, pergunta-se se seria cabível a rescisória se o autor já dispõe de exame de DNA que demonstra a existência ou inexistência do vínculo genético. O exame de DNA seria equiparável ao "documento novo" referido no inciso VII, do art. 485 do CPC, inciso VII, do art. 966 do CPC/2015?[58] A melhor doutrina processualista tem entendido que sim:

> "Por isso, parece-nos, *data vênia* de orientação contrária, que, *se é admissível a ação rescisória com fundamento em documento novo, com muito mais razão deve-se admitir o ajuizamento de ação rescisória com fundamento em exame pericial novo.*
>
> Aliás, em ação rescisória fundada em 'documento novo', não é o documento que servirá de fundamento para a rescisão da sentença, *mas o fato declarado, atestado ou reproduzido* no documento. O documento, *per se*, servirá para a admissão da rescisória, mas para os juízos rescindente e rescisório, mais que isso, se deverá verificar se o fato reproduzido no documento é capaz de assegurar pronunciamento favorável ao autor. Semelhante raciocínio pode ser realizado com o exame pericial, porquanto este também significa a representação de uma constatação técnica, que servirá de base à realização de um novo julgamento, conforme o caso.
>
> Assim, se é possível o ajuizamento de ação rescisória com fulcro em 'documento novo', deve-se admitir, *a fortiori*, o manejo da mesma ação com base em exame pericial novo".[59]

---

[57] Art. 485. A sentença de mérito, transitada em julgado, pode ser rescindida quando:
(...)
VI – se fundar em prova, cuja falsidade tenha sido apurada em processo criminal ou seja provada na própria ação rescisória.

[58] Art. 485. A sentença de mérito, transitada em julgado, pode ser rescindida quando:
(...)
VII – depois da sentença, o autor obtiver documento novo, cuja existência ignorava, ou de que não pôde fazer uso, capaz, por si só, de lhe assegurar pronunciamento favorável.

[59] Teresa Arruda Alvim Wambier e José Miguel Garcia Medina, op. cit., p. 202.

116. No tocante ao item 'c', *supra – cabimento de ação rescisória contra sentença que julga procedente ou improcedente o pedido, fundada em exame de DNA realizado mais de dois anos após o trânsito em julgado da sentença*, Teresa Wambier e José Miguel Medina sustentam que, em alguns casos, como na hipótese em que o autor faz uso de "documento novo" ou de "exame pericial novo", o prazo do art. 495 do CPC/1973,[60] (art. 975 do CPC/2015[61]) não começaria a correr do trânsito em julgado da decisão rescindenda. Por tais razões, defendem os referidos processualistas que *nada impede que se mova a ação rescisória contando-se o prazo de dois anos a partir da obtenção do exame pericial.* Neste sentido:

> "Afirma o referido preceito legal que 'o direito [...] *se extingue* em 2 (dois) anos' (grifou-se). Ora, parece curial que *não se extingue direito que sequer tenha nascido*. A interpretação adequada desse dispositivo legal, assim, parece exigir que, *antes*, surja o elemento suficiente para o ajuizamento da ação para, só depois, se permitir a fruição do prazo para o seu exercício. Não fosse assim, as hipóteses referidas nos incs. VI e VII do art. 485 do CPC somente incidiriam se o autor da ação rescisória, por sorte, obtivesse sentença proferida em processo criminal ou um documento novo dentro do prazo de dois anos, o que nem sempre é possível. Com efeito, as circunstâncias referidas nos incs. VI e VII do art. 485 do CPC são alheias à vontade das partes".[62]

117. Contudo, *ressalvam que, quando o autor não era realmente filho e, apesar disso, foi julgada procedente a ação, não se forma a coisa julgada, já que falta uma das condições da ação, qual seja, a legitimidade de parte*:

> "Dissemos que quando aquele que não é filho, em ação de investigação de paternidade, obtém declaração no sentido da existência da relação de filiação, a situação que se cria é equiparável àquela em que a sentença de mérito foi proferida apesar da ausência de condição da ação: a legitimidade de parte, no caso.
>
> Sustentamos ao longo deste ensaio, especialmente no item 2.1, que, em processo instaurado pelo exercício do 'direito de ação', quando ausente(s) condição(ões) da ação, se terá exercido mero direito de petição, previsto constitucionalmente, este sim inteiramente 'abstrato' (= desvinculado do

---

[60] Art. 495. O direito de propor ação rescisória se extingue em dois (2) anos, contados do trânsito em julgado da decisão.
[61] "Art. 975. O direito à rescisão se extingue em 2 (dois) anos contados do trânsito em julgado da última decisão proferida no processo".
[62] *Ibidem*, pp. 206-207. Os dispositivos indicados correspondem aos incisos VI e VII do art. 966 do CPC/2015.

direito material), e não o verdadeiro direito de ação. Assim, em face da inexistência da ação (carência de ação, art. 301, inc. X, do CPC), também haverá processo juridicamente inexistente e, por conseguinte, sentença juridicamente inexistente, que, *ipso facto*, não tem aptidão para produzir coisa julgada. Portanto, não é caso de ação rescisória, nem de incidência da limitação do prazo do art. 495 do CPC".[63]

118. Diante do painel traçado sobre o tema, entendemos que a discussão acerca da relativização ou desconsideração da coisa julgada nas ações de paternidade demanda novas reflexões para a compatibilização dos valores inerentes à segurança jurídica e à justiça no caso concreto. As sugestões de reforma legislativa e o trabalho construtivo da jurisprudência são importantes para balizar os novos critérios de forma a não se gerar a total instabilidade das decisões jurisdicionais, prejudicando, consequentemente, a segurança jurídica necessária à vida em sociedade e a estabilidade das relações familiares consolidadas.

Efetivamente a questão ainda não se pacificou. O entendimento do STJ consta do julgamento do AgRg no AgIn nº 1.425.847-SC (STJ, 3ª Turma, Rel. Min. Sidnei Benetti, julgado em 19.06.2012, *DJe*: 25.06.2012, assim ementado:

> "Agravo regimental. Processual civil. Investigação de paternidade. Coisa julgada. Precedente da Segunda Seção. Ação originária julgada sem a produção da prova pericial em razão da recusa do investigado. Aplicação da Súmula 83/STJ. Decisão agravada confirmada.
>
> 1. – Já decidiu a Segunda Seção desta Corte que, *visando à segurança jurídica, deve ser preservada a coisa julgada nas hipóteses de ajuizamento de nova ação reclamando a utilização de meios modernos de prova (DNA) para apuração da paternidade* (REsp 706.987/SP).
>
> 2. – '*Em ação investigatória, a recusa do suposto pai a submeter-se ao exame de DNA induz presunção juris tantum de paternidade*' (Súmula 301/STJ).
>
> 3. – Agravo Regimental improvido".

Para o STJ, a relativização da coisa julgada tem cabimento apenas quando a primeira ação foi julgada improcedente por falta ou deficiência de provas, visto que "*O simples fato de se verificar a descoberta posterior de mecanismos científicos que possam auxiliar o convencimento do Juiz sobre o caso, na espécie o exame de DNA, não é motivo para a desconstituição do julgado*, cujo conflito foi submetido a exaustivo embate entre as partes, exaurindo-se a cognição possível, condição para que a solução encontrada pudesse, como ocorreu, efetivamente, cobrir-se com o manto da coisa julgada". Nos termos do referido julgado:

---

[63] *Ibidem*, p. 203. Os arts. 301, X, e 495 do CPC/1973 correspondem, respectivamente, aos arts. 337, XI, 495 do CPC/2015.

"[...] 11. – Impende dizer que os precedentes mais recentes desta Corte sobre o tema concluem pela *não relativização da coisa julgada nas ações referentes à anulação de paternidade,* confirmando seu caráter de *imutabilidade.* Nesse sentido: REsp 848.275/RS, Rel. Min. Humberto Gomes de Barros, *DJ* de 12.9.2006.

12. – Em especial discorreu no julgamento do REsp nº 435.102, pela Terceira Turma, em 20 de setembro de 2005, o Ministro Carlos Alberto Menezes Direito: 'o certo é que se está afirmada a paternidade com base nas provas então disponíveis, não é possível pretender a anulação do registro que daí decorre'.

13. – *É importante lembrar, no entanto, que este Sodalício tem admitido a relativização da coisa julgada na hipótese de repropositura de ação de investigação de paternidade quando a primeira foi julgada improcedente por falta ou deficiência de provas,* situação que não se encaixa no presente caso. Precedentes: REsp nº 226.436/PR, Quarta Turma, Rel. Min. Sálvio de Figueiredo Teixeira, *DJ* de 28.06.2001; Ag nº 449.172/RS, Rel. Min. Barros Monteiro, *DJ* de 07.05.2003; REsp nº 330.172/RJ, Quarta Turma, Rel. Min. Sálvio de Figueiredo Teixeira, *DJ* de 18.12.2001; REsp nº 655.697/SP, Rel. Min. Humberto Gomes de Barros, *DJe* 25.06.2012.

14. – Ressalte-se que, de acordo com o Acórdão recorrido, a ação de investigação de paternidade foi julgada procedente com base em prova testemunhal ante a recusa de F. S. de submeter-se a exame de DNA" (e-STJ 20). Desse modo, não há falar-se em falta ou ausência de provas para justificar a relativização da coisa julgada, uma vez que, à época do feito originário, já existia disponível a prova técnica que agora se pretende realizar. A presunção foi aplicada justamente em razão da recusa à sua produção, e a jurisprudência desta Corte orienta que 'em ação investigatória, a recusa do suposto pai a submeter-se ao exame de DNA induz presunção *juris tantum* de paternidade' (Súmula 301/STJ) [...]"

Neste sentido o julgamento do STJ, 3ª Turma, REsp nº 826.698-MS (Rel. Min. Nancy Andrighi, julgado em 06.05.2008, *DJe* 23.05.2008):[64]

"[...] A propositura de nova ação de investigação de paternidade cumulada com pedido de alimentos, não viola a coisa julgada se, por ocasião do ajuizamento da primeira investigatória – cujo pedido foi julgado improcedente por insuficiência de provas –, o exame pelo método DNA não era disponível tampouco havia notoriedade a seu respeito.

– A não exclusão expressa da paternidade do investigado na primitiva ação investigatória, ante a precariedade da prova e a insuficiência de indícios para a caracterização tanto da paternidade como da sua negativa, além da indisponibilidade, à época, de exame pericial com índices de probabilidade altamente confiáveis, impõem a viabilidade de nova incursão das partes

---

[64] E ainda: STJ, 4ª Turma, REsp nº 960.805 – RS, Rel. Min. Aldir Passarinho Júnior, julgado em 17.02.2009, *DJe* 18.05.2009.

perante o Poder Judiciário para que seja tangível efetivamente o acesso à Justiça [...]".

A tendência já manifestada pelo STJ veio a ser consolidada pelo Tribunal Pleno do STF no julgamento, em 02.06.2011 (*DJe* 16.12.2011), do RE 363.889-DF, Rel. Min. Dias Toffoli, com repercussão geral restrita, nos termos do acórdão:

> "Ementa recurso extraordinário. Direito processual civil e constitucional. Repercussão geral reconhecida. Ação de investigação de paternidade declarada extinta, com fundamento em coisa julgada, em razão da existência de anterior demanda em que não foi possível a realização de exame de DNA, por ser o autor beneficiário da justiça gratuita e por não ter o Estado providenciado a sua realização. repropositura da ação. Possibilidade, em respeito à prevalência do direito fundamental à busca da identidade genética do ser, como emanação de seu direito de personalidade. 1. É dotada de repercussão geral a matéria atinente à possibilidade da repropositura de ação de investigação de paternidade, quando anterior demanda idêntica, entre as mesmas partes, foi julgada improcedente, por falta de provas, em razão da parte interessada não dispor de condições econômicas para realizar o exame de DNA e o Estado não ter custeado a produção dessa prova. 2. Deve ser relativizada a coisa julgada estabelecida em ações de investigação de paternidade em que não foi possível determinar-se a efetiva existência de vínculo genético a unir as partes, em decorrência da não realização do exame de DNA, meio de prova que pode fornecer segurança quase absoluta quanto à existência de tal vínculo. 3. Não devem ser impostos óbices de natureza processual ao exercício do direito fundamental à busca da identidade genética, como natural emanação do direito de personalidade de um ser, de forma a tornar-se igualmente efetivo o direito à igualdade entre os filhos, inclusive de qualificações, bem assim o princípio da paternidade responsável. 4. Hipótese em que não há disputa de paternidade de cunho biológico, em confronto com outra, de cunho afetivo. Busca-se o reconhecimento de paternidade com relação a pessoa identificada. 5. Recursos extraordinários conhecidos e providos".

Capítulo V
INVESTIGAÇÃO DE PATERNIDADE – CAUSAS DE PEDIR, PROVAS CIENTÍFICAS, POSSE DE ESTADO E DEFESAS DO RÉU

§ 1º Casos de investigação de paternidade. § 2º Provas científicas de paternidade. § 3º Posse de estado de filho. § 4º Defesas do réu.

§ 1º Casos de investigação de paternidade

119. Enumeração Taxativa no Código Civil de 1916 e Supressão das Causas de Pedir no Código Civil de 2002

119.1. No sistema de filiação erigido pelo Código Civil de 1916, havia o confronto entre a filiação legítima e a natural, mas em ambas a paternidade não se provava diretamente, porém na decorrência de presunções.

Enquanto o *status legitimitatis* contentava-se simplesmente com a prova do casamento, a condição de filho extraconjugal requeria que fosse comprovado um fato certo, de que se poderia induzir a relação jurídica.

Vamos, pois, passar em exame esses fatos, levando em consideração que se deve entender o permissivo da investigação de paternidade no sistema do Código de 1916 como enumeração *taxativa* (*numerus clausus*) e não como *exemplificativa*. Vale dizer: a ação somente tinha cabimento naqueles casos expressamente admitidos em lei; insuscetíveis de ampliação analógica ou interpretação extensiva: concubinato, relações sexuais, rapto, escrito emanado do pai, segundo o disposto no art. 363 do Código Civil de 1916.

119.2. Antes da edição do Código Civil de 2002, defendíamos a supressão da enumeração taxativa das hipóteses de admissibilidade da ação de investigação de paternidade, previstas no supracitado art. 363.[1]

Como assinalou José Bernardo Ramos Boeira, "considerando que as ações que visam a declarar a paternidade, nada mais fazem do que reconhecer o estado

---

[1] Caio Mário da Silva Pereira, *Direito Civil – Alguns aspectos da sua evolução*, p. 195.

de filho, ou seja, a existência da relação de paternidade, pode-se afirmar que não há qualquer justificativa, seja de ordem material ou processual, para se exigir ou impor *numerus clausus* para o ajuizamento de demanda investigatória. Isso em razão de os direitos da personalidade, como é o direito do ser humano de conhecer seu vínculo genético, não poderem estar reduzidos a hipóteses taxativas, uma vez que o objeto da tutela é o indivíduo como um todo, dentro do princípio da dignidade da pessoa humana".[2]

Neste sentido, Zeno Veloso também repelia a enumeração taxativa do art. 363, entendendo pela não recepção do referido artigo pela Constituição de 1988 porque "os casos determinados para que a investigatória pudesse ser apresentada, os chamados pressupostos de admissibilidade da ação, representavam limites, entraves, restrições para o estabelecimento da verdadeira ascendência biológica".[3]

119.3. Na mesma linha do nosso pensamento, o legislador de 2002 aboliu as causas de pedir da ação investigatória de paternidade, instituindo o sistema de causas livres.

No atual Código Civil, os únicos artigos que mencionam a ação de investigação de paternidade ou maternidade são o art. 1.615 ("Qualquer pessoa, que justo interesse tenha, pode contestar a ação de investigação de paternidade, ou maternidade") e o art. 1.616 ("A sentença que julgar procedente a ação de investigação produzirá os mesmos efeitos do reconhecimento...").

119.4. Contudo, como já observamos no capítulo anterior, podemos identificar no art. 1.606 do Código Civil de 2002 a ação de investigação de paternidade/maternidade, denominada de "ação de prova de filiação".

119.5. Passaremos em revista cada uma das causas autorizadoras da ação de investigação de paternidade previstas no Código de 1916 (concubinato, rapto, relações sexuais e escrito), e cuidaremos ainda da posse de estado e das provas científicas, que já defendíamos anteriormente como hipóteses futuras de perfilhação coercitiva.

Deve-se ressaltar que as hipóteses consideradas futuras nas edições anteriores desta obra encontraram acolhida pelo Código Civil de 2002 e pela jurisprudência, inclusive dos Tribunais Superiores, como será adiante demonstrado.

120. Concubinato

Antes da promulgação da Constituição Federal de 1988, as uniões informais entre homem e mulher eram, na maioria das vezes, denominadas de concu-

---

[2] José Bernardo Ramos Boeira, *Investigação de paternidade – posse de estado de filho*, p. 124.
[3] Zeno Veloso, *Direito Brasileiro da filiação e paternidade*, p. 19.

binato, mas, para que fossem assim consideradas, deveriam ostentar algumas características.

O relacionamento extramatrimonial era malvisto pela sociedade, independentemente da existência ou não de impedimentos matrimoniais. Contudo, o Código Civil de 1916 admitia que o concubinato fosse causa para a investigatória de paternidade e consequentemente, o reconhecimento de filhos ilegítimos (havidos fora do casamento) desde que restasse provado o concubinato entre seus pais à época da concepção e a inexistência de impedimentos matrimoniais. Da incursão pela doutrina e jurisprudência nacional e estrangeira da época podemos concluir fixando os extremos do concubinato, tais como temos em trabalhos doutrinários e forenses assentado, e que é o nosso modo de ver. Entendendo não mais comportar a convivência sob o mesmo teto, bastam-nos estes requisitos:

a) continuidade das relações, sem o que se confundiria com as simples e precárias relações passageiras, incompatíveis com a estabilidade da união, que ele sempre traduziu;

b) notoriedade, que não quer dizer publicidade, mas que, sendo mesmo discreta, há de permitir que a união seja conhecida dos vizinhos, dos amigos mais chegados, ou de certo grupo de mais estrita intimidade; não é possível configurar-se como concubinato a prática, mesmo reiterada, de encontros furtivos e secretos;

c) fidelidade da mulher, pois que o fato de receber outro homem, ou mais gravemente outros, afasta da união todo caráter de vinculação entre os amantes.

Além destes elementos, outros há, secundários e subsidiários, que servem, no conjunto das circunstâncias, a corroborar a estabilidade da união, como sejam: a *dependência econômica*, não fundamental, pois é possível alguém ter uma mulher por uns dias sob total dependência econômica, sem fazê-la concubina (por exemplo, o indivíduo que leva uma jovem para férias em uma estação balneária); *unificação das condições sociais*, mais visivelmente transparente na comunidade de existência; *compenetração das famílias*, que em certos meios sociais ocorre, mas que em outros jamais acontece, guardando-se o homem de comunicar o seu ambiente familiar com o da amante; *regularidade* e *frequência* das relações; a circunstância de ter o amante retirado a mulher de seu meio (sedução, rapto, encaminhamento profissional etc.) e trazido para sua órbita de influência.

Em estudo que realizei sobre o assunto, desenvolvi os vários aspectos do concubinato na vida social, publicando-a na Revista Forense, nº 190, p. 13, sob a epígrafe "Concubinato. Sua Concepção Atual".

Cumpre observar que a expressão "concubinato" encontra no Código Civil de 2002 significado próprio diverso do apresentado pela doutrina que o antecedeu. De acordo com o art. 1.727 do CC de 2002, as relações não eventuais entre o homem e a mulher, impedidos de casar, constituem concubinato. Trata-se, portanto, de situação jurídica distinta da união estável, a qual não se configura se houver impedimento para o casamento, ressalvada a hipótese de comprovada separação de fato. Não há previsão de efeitos jurídicos para o concubinato na vigente Lei Civil.

121. A Constituição Federal, para efeito de proteção do Estado, reconhece a união estável entre o homem e a mulher como "entidade familiar" (art. 226, § 3º).

Não a equipara ao casamento, porque no mesmo dispositivo determina que a lei facilitará sua conversão em casamento.

Para efeito de investigação de paternidade, o dispositivo constitucional é forte adminículo. Admitindo o art. 363, alínea I, do Código Civil de 1916 que ocorrendo concubinato da mãe com o pretenso pai, ao tempo da concepção do filho, procede a ação investigatória, a norma recognitiva ganha força, se o magistrado sentenciante se convence de que entre eles a união revestira tal estabilidade que adquire foros de "entidade familiar", é de se proclamar que assim ocorrendo, e encontrando-a provada, cabe o decreto judicial de reconhecimento.

Muito se escreveu a respeito da regulamentação da união estável, reclamando-se provimento legal definidor.

Defendi, na época, que seria melhor manter-se em termos totalmente vagos, entregando-se à apreciação pretoriana a apuração das condições fáticas da união. Sua equivalência ao concubinato puro era admitida pela generalidade da doutrina.

Contudo, o legislador infraconstitucional optou por editar lei regulamentadora da união estável em 1994 – Lei nº 8.971, de 29.12.1994, a qual disciplinou o direito dos companheiros aos alimentos e à sucessão, atribuindo maiores direitos a estes. A norma em questão assegurou aos companheiros os direitos existentes na Lei nº 5.478, de 1968, desde que fosse comprovada a "convivência por tempo superior a cinco anos", cessando-se as prerrogativas se o beneficiado constituir nova união com características de união estável.

Posteriormente, com a promulgação da Lei nº 9.278, de 13.05.1996, que disciplinou o § 3º do art. 226 da Constituição Federal, foi suprimido o prazo de cinco anos previsto na Lei nº 8.971, estabelecendo-se como requisito temporal para a configuração da união estável "a convivência duradoura, pública e contínua". No tocante aos efeitos patrimoniais da união estável, o art. 5º da Lei nº 9.278 trouxe significativa inovação ao estabelecer a presunção de esforço comum dos conviventes, em relação aos bens adquiridos na constância da relação a título oneroso.

O Código Civil de 2002, na disciplina da união estável, manteve a mesma orientação da Lei nº 9.278/1996, dispondo, no art. 1.723, que a união deve ser "pública, contínua, duradoura", objetivando a "constituição de família", sem fixar, também, um prazo mínimo para se constituir entidades familiares. Ademais, passou-se a admitir expressamente a caracterização da união estável no caso de pessoa casada, porém separada de fato do cônjuge, nos termos do § 1º, do mesmo art. 1.723.

Quanto às relações patrimoniais, o art. 1.725 do Código Civil prevê a "aplicação do regime de comunhão parcial de bens", admitindo-se "contrato escrito" entre os companheiros para dispor diversamente, desde que não sejam contrariados regras legais e princípios de ordem pública.

122. Rapto. Se a mulher honesta era tirada de seu lar por meio de violência, fraude, sedução ou emboscada, o fato constituía acontecimento escandaloso, que induzia por si só à presunção de que houve comércio carnal. Coincidindo o período da concepção com o rapto é de se presumir ainda que o filho proveio das relações com o raptor, e pode ser aí fundada a sentença declaratória das relações parentais. O fato é hoje em dia raro. Mas nem por isto impossível. O Código de 1916 conservava o preceito, embora de aplicação infrequente.[4] Era desnecessária, na espécie, a condenação criminal do raptor.[5] E não há distinguir entre as mulheres maiores e menores, uma vez que a lei não distinguia.[6] Exigia-se, contudo, a elementar honestidade da mulher.[7]

A Lei nº 11.106/2005 revogou o capítulo do vigente Código Penal (Decreto-Lei nº 2.848/1940) que tratava do rapto.

123. Relações Sexuais. Fundada a ação neste item, será necessário provar que ao tempo da concepção do filho houve relações sexuais entre sua mãe e o suposto pai. Levada a exigência a rigor, ter-se-ia de dar a prova direta do comércio sexual. Como era praticamente impossível, admitia-se a prova indireta, ou indiciária, o que hoje foi extremamente facilitado com os exames de identificação humana pelo DNA (v. item 130, *infra*).

A tendência liberal de nossos juristas, propensos à abertura ao reconhecimento judicial da paternidade, manifestou-se na aceitação cada vez maior das facilidades de prova das relações sexuais como fundamento da sentença. É, contudo, mister se estabeleçam os fatos que autorizem a afirmação do congresso carnal. Daí a recomendação de prudência ao julgador, para que a liberalidade na apreciação das provas não se converta em estímulo a ações que se articulem como assaltos ousados às fortunas. Tendo havido estupro, ou sedução, é lícito extrair daí um indício grave das relações, sem constituir, no entanto, uma presunção de paternidade. Em se tratando de relações sexuais fortuitas ou ocasionais, o investigante há de dar a sua prova em coincidência com a concepção, cabendo ao juiz apurar os fatos com redobrado rigor.[8]

---

[4] Beviláqua, op. cit., § 71; Pontes de Miranda, op. cit., § 139.
[5] Orlando Gomes, *Direito de Família*, nº 152.
[6] Planiol, Ripert *et* Boulanger, *Traité Élémentaire*, vol. I, nº 1.504.
[7] Fonseca, op. cit., nº 166.
[8] Filadelfo Azevedo, Parecer, *in Rev. Forense*, vol. 81, p. 578; Fonseca, op. cit., nº 174; Orlando Gomes, *Direito de Família*, nº 152.

Há sensível diferença em relação ao concubinato. Pode-se afirmar certa presunção de paternidade do concubino, se a criança nasce de união livre ou da união estável (sobre este tema, v. Capítulo II, item 60, *supra*). Isto não ocorre se foi concebido de relações sexuais mais ou menos transitórias,[9] não só porque faltaria a segurança da fidelidade da mulher como ainda pela circunstância de que em nosso direito não prevalece a doutrina do "risco de paternidade", exigindo-se para extrair a *praesumptio* a ocorrência de fato que autorize, efetivamente, admitir o vínculo biológico subjacente ao jurídico.

124. Escrito. Não se trata, aqui, de ato autêntico de reconhecimento (escritura pública, escrito particular arquivado em cartório, testamento, registro de nascimento). Se já existisse, não se cogitaria de investigação de paternidade. A lei refere-se, então, ao escrito que não traga em si mesmo a validade de reconhecimento formal, porém, traduza uma confissão ou declaração equivalente. Pode ser qualquer escrito, público ou particular, correspondência epistolar, recomendação, termo de responsabilidade, qualquer documento dirigido ao filho ou endereçado a terceiro, com a menção da paternidade própria, ainda que não traduza confissão explícita. Mesmo incompleto, ou imperfeito, o escrito vale como um começo de prova a ser completado por outros meios. Vale o escrito de próprio punho do pai, embora não assinado; como ainda o assinado pelo pai, posto que escrito por outrem.[10] O Tribunal de Justiça do antigo Estado do Rio de Janeiro considerou como valioso elemento probatório da paternidade o registro feito pelo investigado, com os seus apelidos de família.[11] Mas não tem préstimo o documento emanado de outrem, ainda que se alegue havê-lo escrito por ordem do investigado.[12] O objeto do escrito não são as relações íntimas do investigado com a mãe, porém, a paternidade do seu autor.[13] Deve conter uma confissão verdadeira; qualquer que seja a forma que tenha revestido.[14] Pode, contudo, ser ilidida por vícios de vontade, ou outras circunstâncias, inclusive infidelidade da mãe.[15] Mas há de ser inequívoco e preciso na identificação do investigante, formal pela referência à relação em perspectiva, e sério como emissão volitiva. Em contraposição, o interessado pode opor quaisquer outras provas, para demonstrar a falsidade material ou ideológica, ou para evidenciar o defeito da declaração de vontade que possa conter.[16] Se a

---

[9] Marie Josèphe Gebier, *Le Droit Français de la Filiation et la Vérité*, p. 238.
[10] Acórdão do Supremo Tribunal Federal, *in Rev. Forense*, vol. 120, p. 397.
[11] *Adcoas*, 1973, nº 24.170, p. 771.
[12] Fonseca, op. cit., nº 141; Tribunal de Justiça de São Paulo, *in Rev. Forense*, vol. 149, p. 305.
[13] Savatier, *La Recherche de la Paternité*, nº 27.
[14] Marty *et* Raynaud, *Droit Civil*, tomo I, vol. II, nº 398.
[15] Tribunal de Justiça de Minas Gerais, *in Rev. Forense*, vol. 198, p. 173.
[16] Pontes de Miranda, op. cit., § 139.

prova documental é contraditória, a filiação não é certa.[17] Segundo o testemunho de Jean Carbonnier, a jurisprudência francesa admite como confissão inequívoca de paternidade o depoimento pessoal do pai tomado em juízo.[18]

A Lei nº 8.560 de 1992, inovou no sentido de admitir o reconhecimento por escritura pública ou escrito particular a ser arquivado em cartório, ou por testamento – ainda que incidentalmente manifestado; ou por manifestação expressa e direta perante o juiz, ainda que o reconhecimento não haja sido o objeto único e principal do ato que o contém.

Cabe ressaltar que o art. 1.609 do Código Civil de 2002 reproduziu o dispositivo supracitado da Lei nº 8.560. Sobre este assunto, reportamo-nos ao item 63 do Capítulo III, *supra*.

125. Meios de Prova. Variam as provas em relação à hipótese em que o pedido venha a fundar-se. Atualmente, diante do inegável avanço no campo da identificação humana pelo DNA, as provas científicas são as mais prestigiadas pelos nossos Tribunais e pelo próprio Código Civil de 2002, como veremos nos itens seguintes. Contudo, discorreremos sobre outros meios de prova, tradicionalmente utilizados nas ações de investigação de paternidade.

Em se tratando de *escrito*, emanado do pai, reconhecendo a paternidade, embora sem o valor de atribuição formal de estado (conforme visto acima), o elemento probatório básico, é sem dúvida o próprio escrito, que valerá independentemente de qualquer fator adminicular, se por si só contiver todos os requisitos evidenciais da relação biológica, e nele com exclusividade puder repousar o *iudicium*. Estaria neste caso um testamento em que o pai faz o reconhecimento, mas a que faltem as condições formais para prevalecer como declaração de última vontade. Ou, ainda, uma afirmação categórica e autêntica do genitor, de que resulte inequívoco o reconhecimento, caso em que o decreto judicial pode aceitá-la como evidência incontroversa.

Tal seja, entretanto, o seu conteúdo, será mister complementação, e, neste caso, a prova testemunhal terá validade subsidiária, a acrescentar como elemento de convicção.

Ressalva-se, como reconhecimento em si mesmo, o que dissemos nos capítulos anteriores, com base na Lei nº 8.560, de 1992. Lembre-se que igual disposição está contida no art. 1.609 do Código Civil de 2002.

126. Prova Testemunhal. Fundado o pedido na existência de união estável, concubinato ou relações sexuais, todo gênero de provas será permitido, inclusive

---

[17] Tribunal de Justiça de Minas Gerais, *in Rev. Forense*, vol. 168, p. 240.
[18] Jean Carbonnier, *Droit Civil*, vol. II, nº 86, p. 255.

por indícios e presunções.[19] De acordo, entretanto, com a jurisprudência do Supremo Tribunal Federal, a instância ordinária é soberana na apreciação das provas, não autorizando Recurso Extraordinário o reexame dos elementos que levaram à convicção da paternidade.[20] O mesmo dizemos quanto ao Recurso Especial para o Superior Tribunal de Justiça (Const. art. 105, III e Súmula 07 do STJ).

Em se fazendo somente testemunhal, a prova deve ser examinada com todo rigor.[21] O investigante tem o dever de provar o que alega, não valendo a "confissão ficta", resultante da ausência de contestação dos herdeiros.[22] Nem é lícito fundar a sentença em mera probabilidade.[23] Admitiu, entretanto, o Supremo Tribunal Federal, a validade de depoimentos da viúva do investigado e outros parentes, apoiado em que o art. 143 do Código Civil de 1916 os aceita em caso de verificação de óbitos e nascimentos de descendentes.[24]

O concubinato pode ser demonstrado por escritos, cartas, confissão, mas, sobretudo, pelo dito de testemunhas. Igual evidência poderá verificar-se para as *relações sexuais*.

Uma diferenciação logo se impõe; enquanto o concubinato, como acima ficou definido, é uma relação de certa notoriedade, as relações sexuais entre a mãe e o investigado normalmente se passam menos ostensivas, às vezes mesmo veladamente, o que requer do julgador maiores cuidados de apreciação.

Provada a relação concubinária, a coabitação dos amásios é uma decorrência natural. Não é crível que um homem se dê ao luxo da amante sem a convivência física.

Mas, alegada a hipótese de relações sexuais, estas constituem *onus probandi* do investigante, cumprindo-lhe, portanto, dar-lhe a prova. É certo que a justiça se mostra liberal na sua apuração. Não se pode, todavia, dispensar-lhe a comprovação, pois, se assim ocorresse, a mais precária das situações geradoras seria equiparada ao matrimônio.

Sem dúvida é válida a prova testemunhal. E, em certos casos, mormente após a morte do pretenso pai, pode-se a bem dizer admitir como a única prova, quando não é possível a realização do exame de DNA.

---

[19] Tribunal de Justiça de Minas Gerais, *in Rev. Forense,* vol. 181, p. 230; vol. 195; São Paulo, *in Rev. Forense,* vol. 148, p. 253; Rio de Janeiro, *in Rev. Forense,* vol. 102, p. 506; Rio Grande do Sul, *in Rev. Forense,* vol. 95, p. 388.
[20] *Rev. Forense,* vol. 120, p. 433.
[21] Tribunal de Minas Gerais, *in Rev. Forense,* vol. 112, p. 174.
[22] Tribunal do Rio Grande do Sul, *in Rev. Forense,* vol. 121, p. 535.
[23] Tribunal do Ceará, *in Rev. Forense,* vol. 122, p. 526.
[24] *Adcoas,* 1974, nº 24.966; *Rev. Trimestral de Jurisprudência,* 1974, vol. 70, p. 477.

O problema de sua ponderação, entretanto, não pode deixar de atrair as atenções do magistrado. A experiência profissional mostra que certo clima passional refletia-se neste gênero de ações. E, levadas ao pretório pessoas chegadas às partes litigantes, inclinam-se naturalmente a apoiar, com afirmações mais ou menos fantasiosas, as alegações produzidas.

Aqui é que se faz mister, em especial, o *arbitrium boni viri* do julgador, para se não deixar impressionar. Deverá colher a prova com o máximo de objetividade, para extrair com o mínimo de incerteza os seus elementos de convicção. É o que predomina na jurisprudência. Embora não se exija a "prova direta" das relações sexuais, deve ser produzida a dos fatos de que se origine a sua ilação.[25] A prova produzida há que ser cabal e segura.[26]

Como já assinalado, o reconhecimento do estado de filiação é direito personalíssimo, indisponível e imprescritível, podendo ser exercitado contra os pais ou seus herdeiros, sem qualquer restrição, observado o segredo de Justiça (ECA, art. 27). Em consequência, a situação jurídica existente (ou não) entre os pais não tem mais a importância que lhe atribuía o CC de 1916, para fins do estabelecimento da paternidade e/ou maternidade.

A prova testemunhal, contudo, continua relevante, ao lado do exame pericial (DNA), não apenas nos casos em que não haja possibilidade de realização da pericia, mas especialmente quando se tratar de reconhecimento do vínculo socioafetivo, em que se apura a posse o estado de filho, situação de fato na qual ganha relevo o relato das testemunhas.

127. Coincidência com a Concepção. Quer se trate de rapto, de concubinato ou de relações sexuais, não basta que se faça a prova de sua ocorrência, em um período qualquer.

É mister se determine a coincidência entre o *fato* e a *concepção* do investigante.

Na falta de prova direta do momento em que foi concebido, o que é possível com erro mínimo em face de provas científicas (teste de Galli Manini), é, todavia, possível determinar o período em que se deu a concepção da criança. Partindo-se de que a lei estabelece os prazos máximo (300 dias) e mínimo (180 dias) para a gravidez, conclui-se que, em se fixando a data do nascimento, a criança foi gerada nos primeiros 121 dias que precederam o seu nascimento.

Cabe, pois, ao investigante provar a ocorrência do fato básico dentro desse período.

Se se tratar de rapto, é fácil a determinação, dada a natureza escandalosa do evento.

---

[25] Supremo Tribunal Federal, *Rev. Forense*, vol. 121, p. 65.
[26] Tribunal do Rio Grande do Sul, *Rev. Forense*, vol. 198, p. 197; do Piauí, *in Rev. Forense*, vol. 184, p. 229.

Alegado o concubinato, é necessário que o investigante evidencie que sua mãe esteve concubinada com seu pretenso pai dentro desse período.[27]

Invocando o item das relações sexuais, o problema assume proporções mais graves. As relações sexuais não se presumem, quando constituem a alegação fundamental do pedido. Cumpre, portanto, ao investigante provar a sua existência naquele período legal da concepção. Vale dizer: tem ele o encargo de comprovar que, dentro do período correspondente aos primeiros 121 dias dos 300 que antecederam ao nascimento, sua mãe praticou relações sexuais com o seu pretendido pai. Assim tem sido proclamado em Juízo.[28]

A possibilidade de comprovação da existência do vínculo genético por meio de provas científicas, especialmente pelo exame do DNA, esvaziou a perquirição do momento da concepção, não obstante este ainda seja considerado para fins de presunção da paternidade dos filhos havidos do casamento (CC de 2002, art. 1.597, I e II).

§ 2º Provas científicas de paternidade

128. Provas Científicas de Paternidade. Desde a mais remota antiguidade, a incerteza na determinação do vínculo afetivo despertou a atenção da sociedade, submetendo-se a critérios vários, conforme as tendências de cada povo. Não é outra coisa a segregação das mulheres em haréns fechados, gerando, pela impossibilidade material de coabitação com outro homem, a afirmação da paternidade.

Entre outros povos, necessidades de ordem econômica, admitiram em certas situações, a legitimidade por ficção legal, forçando o casamento da viúva sem filhos com o parente mais próximo do defunto. O filho que nascesse era considerado do marido – "epiclerato" no velho direito ateniense[29] ou "levirato" entre os hebreus.

Os povos ocidentais preferiram o jogo de presunções assentando fatos certos, quer para a filiação legítima (casamento) quer para a ilegítima (concubinato, rapto, escrito etc.)

Aproveitando, contudo, os enormes progressos da ciência biológica, sobretudo a genética, o direito moderno tende a incorporar os seus conceitos, para deles fazer a seu turno postulados jurídicos.

A primeira linha de combate está ainda colocada no plano de indagar se no estado atual das legislações é admissível em tese a "determinação científica" da

---

[27] Cf. Supremo Tribunal Federal, *Rev. Forense*, vol. 116, p. 421; vol. 144, p. 121; Rio Grande do Sul, in *Rev. Forense*, vol. 125, p. 229.
[28] Tribunal do Rio Grande do Sul, in *Rev. Forense*, vol. 160, p. 292; do antigo Distrito Federal, in *Rev. Forense*, vol. 105, p. 511; de Goiás, *Adcoas*, 1973, nº 20.286, p. 338.
[29] Ludovic Beauchet, *Histoire du Droit Privé de la République Athenienne*, vol. I, p. 309.

paternidade. Não existe linha uniforme de comportamento. Alguns são acessíveis a esta modalidade de evidências, enquanto outros as desconhecem totalmente.

O Código Civil brasileiro de 1916 não se lhes referiu, como o não fez o Código francês, e ainda numerosos outros, seja para as ações de contestação de legitimidade, seja para a investigação de filiação. No debate das controvérsias, predominava a ideia de que o juiz deveria declarar o vínculo parental em consequência da prova de algum daqueles fatos, instituídos como básicos para as presunções respectivas.

Inicialmente, o movimento de reforma do Direito Civil não foi sensível às sugestões científicas. O Projeto de 1965, em linguagem mais genérica (art. 205), revelou sua tendência liberal. O de 1975, mais adstrito à fórmula de 1916, mostrou-se mais hermético, ao contrário do novo Direito português que nas ações relativas à filiação admite a perícia hematológica e quaisquer outros métodos cientificamente comprovados (CC, art. 1.801).

É de se ponderar que havia, em nosso Direito pretérito, uma notória tendência romanista, que se desenvolvia em torno das presunções clássicas.

Isto não obstou, todavia, que se ventilasse a questão das chamadas "provas científicas". Ao sabor das preferências de cada época, e com fundamento na ideia da transmissão hereditária de caracteres, foram imaginados diversos sistemas com base em elementos diversos, tais como a comparação das papilas digitais (Locard), a cor dos olhos (Galton), a persistência de caracteres teratológicos, a incidência de elementos psicossomáticos etc.

Os mais utilizados foram também o exame prosopográfico e retrato falado imaginado por Bertillon, e modernamente o exame hematológico. O primeiro consiste na ampliação de fotografias do investigante e do investigado, e justaposição de uma a outra, por cortes longitudinais e transversais, e a inserção de partes de uma na outra (nariz, orelha, raiz do cabelo etc.). Como efeito psicológico, a prova impressiona. Mas não tem préstimo científico ou jurídico, pois que a semelhança, ainda que notória, não induz relação de parentesco, que autorize afirmar o vínculo jurídico. Assim julgou o Tribunal de São Paulo.[30] Todas essas conclusões foram negadas cientificamente por Sommer. Aliás, a discussão do valor da semelhança como fator da relação parental já fora objeto da crítica de Shakespeare, ao colocar na boca de um dos seus personagens uma réplica à sustentação de que o parentesco se revela na semelhança fisionômica:

Compare our faces, and be judge yourself

---

[30] *Rev. Forense*, vol. 149, p. 310.

O protesto vem logo, e nestes termos:

> *Because he hath a half-face, like my father,*
> *With that half-face would he have all my land;*
> *A half-fac'd groat five hundred pound a-yearl.*[31]

Em alguns sistemas jurídicos, contudo, a perícia morfológica já encontra receptividade, como ocorre na Alemanha.[32] Mas os casos são raros.[33]

No Código Civil Brasileiro de 2002, o legislador prestigiou as provas científicas e, de certa maneira, o critério biologista da paternidade, ao regulamentar, nos arts. 231[34] e 232, **dentre as presunções, a recusa à realização de exame ou perícia médica**, deixando ao arbítrio do juiz a aplicação da presunção prevista no art. 232: "A recusa à perícia médica ordenada pelo juiz poderá suprir a prova que se pretendia obter com o exame".[35]

Nas hipóteses de investigação de reconhecimento de filho havido fora do casamento, a Lei nº 8.560/1992, em seu art. 2º-A, p. u., incluído pela Lei nº 12.004/2009, reforçou a presunção de paternidade em caso de recusa do suposto pai ao se submeter ao exame de código genético – DNA, nos seguintes termos: "A recusa do réu em se submeter ao exame de código genético – DNA gerará a presunção da paternidade, a ser apreciada em conjunto com o contexto probatório".

É certo que a identificação de pessoas nos tribunais tem sido há muito tempo um desafio e, tradicionalmente, era feita pelo fenótipo: padrões de voz, aparência, tipos sanguíneos, impressões digitais e outros. Atualmente, as tecnologias baseadas no DNA tornam possível revelar a real identidade biológica do indivíduo.

Os exames de identificação humana por DNA são, portanto, os que maior cunho de ciência contêm. Eles podem ser realizados com a utilização de amostras do DNA (normalmente sangue ou células da face) do ser humano.

Destacam-se, finalmente, nos estudos do biodireito, dentre as incontáveis iniciativas mundiais no sentido de se determinar a "decodificação da sequência da genética humana", o Projeto "Genoma Humano" como primeiro esforço internacional, desenvolvido em estágios, os quais que se seguirão neste século.

---

[31] William Shakespeare, *King John*. Ato I.
[32] Gerber, op. cit., p. 5.
[33] Walther J. Habscheid, *La Filiation Illégitime en Droit Comparé Français et Allemand*, p. 48.
[34] Artigo 231 – Aquele que se nega a submeter-se a exame médico necessário não poderá aproveitar-se de sua recusa.
[35] Ver item 130.1 A *infra*, no qual abordamos a recusa à realização do exame de DNA, expondo posições doutrinárias e jurisprudenciais que mitigam a regra do art. 232 do Código Civil.

Com o apoio da comunidade científica, busca-se identificar os seus efetivos benefícios, sobretudo na prevenção de doenças consideradas genéticas, alertando--se para a possibilidade de sua utilização para fins ilícitos.

Os incisos II e V do § 1º do art. 225 da Constituição Federal, estabelecem como dever do Estado preservar a diversidade e a integridade do patrimônio genético do país.

Na esfera infraconstitucional, a Lei nº 8.974 de 5 de janeiro de 1995, buscou regulamentar o assunto em seus vários aspectos, estabelecendo normas para o uso das técnicas de engenharia genética e liberação no meio ambiente de OGM (organismos geneticamente modificados). Criou a "Comissão Técnica Nacional de Biossegurança" (CTNBio), objetivando a segurança e a fiscalização das técnicas de Engenharia Genética especificamente, quanto à "construção, cultivo, manipulação, transporte, comercialização, consumo, liberação e descarte de organismos geneticamente modificados". Pretenda-se, especificamente, a proteção da vida, da saúde do homem, dos animais, das plantas e do meio ambiente. Indicou limites, tipificando algumas condutas como crimes. A Resolução 196/1996 do Conselho Nacional de Saúde estabeleceu os principais referenciais bioéticos como diretrizes para pesquisas com seres humanos.

A Resolução 96/1996 foi revogada em 12 de dezembro de 2012, pela Resolução 466, também do Conselho Nacional de Saúde, que aprovou as diretrizes e normas regulamentadoras de pesquisas envolvendo seres humanos no Brasil.

128.1. É de se destacar que a Lei nº 8.974/1995 foi revogada pela Lei nº 11.105, de 24.03.2005. Esta regulamenta os incisos II, IV e V do art. 225 da Constituição Federal, estabelece normas de segurança e mecanismos de fiscalização de atividades que envolvam organismos geneticamente modificados – OGM e seus derivados, cria o Conselho Nacional de Biossegurança – CNBS, reestrutura a Comissão Técnica Nacional de Biossegurança – CTNBio, e dispõe sobre a Política Nacional de Biossegurança.

Uma das inovações mais polêmicas da Lei nº 11.105/2005 foi a *permissão, para fins de pesquisa e terapia, da utilização de células-tronco embrionárias obtidas de embriões humanos produzidos por fertilização in vitro e não utilizados no respectivo procedimento, desde que sejam atendidas as seguintes condições (art. 5º): I – sejam embriões inviáveis; ou II – sejam embriões congelados há 3 (três) anos ou mais, na data da publicação desta Lei, ou que já estejam congelados na data de publicação da referida Lei, depois de completarem 3 (três) anos, contados a partir da data de congelamento. Em qualquer desses casos será necessário o consentimento dos genitores.*

Apesar do pouco tempo de vigência, a Lei nº 11.105/2005 já foi alvo de duas ações diretas de inconstitucionalidade (ADIns nºs 3.510 e 3.526), ambas propostas pelo então Procurador-Geral da República, Claudio Fonteles. Na primeira ação, são questionados os dispositivos que permitem a utilização de células-tronco de embriões humanos para fins de pesquisa e terapia (art. 5º e parágrafos). Para o Procurador--Geral, os dispositivos atacados ferem a proteção constitucional do direito à vida e à dignidade da pessoa humana. Ele argumenta que a vida humana acontece a partir da fecundação, ressaltando, ainda, que o embrião humano é vida humana.

O STF julgou improcedente a ação (ADI 3510/DF, rel. Min. Carlos Britto, 28 e 29.5.2008), para declarar a constitucionalidade do art. 5º, seus incisos e parágrafos, da Lei nº 11.105/2005, desde que seja interpretado no sentido de que a permissão da pesquisa e terapia com células-tronco embrionárias, obtidas de embriões humanos produzidos por fertilização *in vitro*, deve ser condicionada à prévia autorização e aprovação por Comitê (Órgão) Central de Ética e Pesquisa, vinculado ao Ministério da Saúde.

Na segunda ação (ADIn nº 3.526/2005, que se encontra em tramitação no STF[36]), são questionados mais de 20 dispositivos da Lei nº 11.105/2005. O foco desta ADIn é o questionamento da competência atribuída à Comissão Técnica Nacional de Biossegurança (CTNBio) em relação aos transgênicos. Para o Procurador-Geral, o art. 16, § 3º, da Lei de Biossegurança, fere o art. 23 da Constituição da República. Argumenta, ainda, que a lei suspende a eficácia da Lei de Política Nacional do Meio Ambiente (Lei nº 6.938/1981) e esvazia a competência normativa do Conselho Nacional do Meio Ambiente (Conama), ao condicionar o futuro licenciamento de OGM (organismo geneticamente modificado) a juízo prévio de valor da CTNBio, quebrando o Sistema Nacional do Meio Ambiente (Sisnama) e o processo de licenciamento ambiental, já que a dispensa do Estudo Prévio de Impacto Ambiental (EIA) ficaria a cargo de um órgão (CTNBio) que não integra o Sisnama.

A Lei nº 11.105/2005 criou tipos penais referentes às seguintes condutas (arts. 24 a 29): a) utilizar embrião humano em desacordo com o que dispõe o art. 5 da supracitada Lei; b) praticar engenharia genética em célula germinal humana, zigoto humano ou embrião humano; c) realizar clonagem humana; d) liberar ou descartar OGM no meio ambiente, em desacordo com as normas estabelecidas pela CTNBio e pelos órgãos e entidades de registro e fiscalização; e) utilizar, comercializar, registrar, patentear e licenciar tecnologias genéticas de restrição do uso; f) produzir, armazenar, transportar, comercializar, importar ou exportar OGM ou seus derivados, sem autorização ou em desacordo com as normas estabelecidas pela CTNBio e pelos órgãos e entidades de registro e fiscalização.

---

[36] O andamento da ADIn 3.526/2005, Rel. Min. Celso de Mello, pode ser acompanhado no site <http://www.stf.jus.br/portal/processo/verProcessoAndamento.asp?incidente=2305630>. Consulta feita em 11.02.2014.

É de se ponderar, contudo, que apesar de todas as iniciativas visando a reprimir o uso indevido dos novos conhecimentos científicos, muitos estudiosos do tema cobram modificações na legislação brasileira no sentido da regulamentação de situações que mereceriam um tratamento legislativo eficaz. Em sua análise, Renata Braga da Silva Pereira alerta para a possibilidade de que "a dominação sobre o código genético humano termine em um eugenismo seletivo, na simples experimentação e na comercialização do corpo humano".[37]

129. O Exame de Sangue pelos Métodos HLA e de Tipos Sanguíneos. Atualmente, o exame de sangue pelos métodos HLA e de tipos sanguíneos encontra-se ultrapassado no campo das provas periciais nas ações de investigação de paternidade, visto que se utiliza largamente o exame de identificação humana pelo DNA, o qual apresenta um resultado que afirma ou nega a paternidade/maternidade reputado como afirmação absoluta.

Entretanto, vale discorrer sobre os métodos HLA e de tipo sanguíneo diante de sua importância histórica e tendo em vista que tais técnicas ainda são utilizadas muitas vezes nas ações de paternidade quando não é possível a realização do exame de DNA.

Estes exames hematológicos partem do pressuposto de que o tipo sanguíneo se transmite hereditariamente. A classificação do tipo do filho e do pretenso pai, por perito judicial, pode auxiliar a justiça, admitindo-se com Lattes, Bernstein, Brewer, que o tipo sanguíneo de um indivíduo provém dos caracteres do sangue de seus pais. Vários cientistas (Von Oungern-Hierzfeld, Moss, Snyder, Wichmann-Paal) levaram seus trabalhos ao campo sociológico, mostrando a predominância de certos tipos em tal raça, ou tal região da terra.

Mas, como resultado prático, não correspondia às expectativas. Com efeito, tendo em vista que os tipos sanguíneos (A, B, O e AB da classificação do "Comité d'Hygiène de la Société des Nations"), como a determinação dos caracteres M, N e MN (Levon, Landsteiner), ou ainda o fator RH (Taylor-Race, Brewer) transmitem-se hereditariamente, mas obviamente são encontrados idênticos em milhões de indivíduos, a conclusão é que a pesquisa destes elementos no investigante e no suposto pai concorrerá para auxiliar o juiz na prolação da sentença. Se os mesmos caracteres estão presentes num e noutro, não significa isto que existe entre eles a relação parental, pois é bem possível se trate de mera coincidência. Mas, se o resultado da perícia hematológica for negativo, isto é, se pela classificação dos tipos sanguíneos ficar excluída a possibilidade da relação biológica da paternidade, o exame de sangue vale como fator excludente, como aliás decidiu o Tribunal de São Paulo.[38] Quer

---

[37] Renata Braga da Silva Pereira, *DNA: análise biojurídica da identidade humana*, p. 314.
[38] *Rev. Forense*, vol. 149, p. 310.

dizer: não poderá ser admitida a relação jurídica da paternidade em face de concluir a prova científica pela impossibilidade da filiação biológica.[39]

Considera-se, contudo, que o progresso constante da ciência pôde conduzir à fixação do tipo sanguíneo em termos tão precisos que veio a constituir elemento de convicção definitivo de hereditariedade biológica.[40]

No início da década de 1970, a Organização Mundial de Saúde aceitava em caráter definitivo o sistema de histocompatibilidade humana (HLA – Human Leucocytes Antigens), como elemento de prova da paternidade. O sistema HLA era então, o ideal para ser usado nas ações de investigação de paternidade, inclusive em defesa pelo investigado ou seus sucessores, em contestação. Mais modernamente o fator DNA.

A tendência hoje observada, especialmente em termos de investigação de paternidade, no sentido de prestigiar estes meios probatórios, deve, contudo, ser bastante policiada, para evitar se converta em abusos ou deformações. A experiência científica (médica, jurídica, filosófica etc.) dos últimos anos, como assinala Antonio Palazzo, concorda sobre a necessidade de se ter presente, no estudo dos fenômenos de técnica biológica ou jurídica, a premente espiritualidade da pessoa humana, absorvendo aqueles aspectos de sua realidade que não é tão somente biológica ou de tipo mecanicístico.[41]

130. DNA. Posto que sumariamente, como convém à natureza desta obra, cuidaremos aqui da mais moderna conquista científica, no campo da perícia hematológica, aplicável na determinação da paternidade, seguindo a exposição realizada por Sergio D. L. Pena, em estudo sob o título "Determinação da Paternidade pelo Estudo Direto do DNA; Estado da Arte no Brasil", publicado

---

[39] Caio Mário da Silva Pereira, *La Preuve de la Paternité et les Progrès de la Science*, pp. 28 e segs.; Afrânio Peixoto, *Novos Rumos da Medicina Legal*, pp. 67 e segs. Arnaldo Amado Ferreira, *Determinação Médico-legal da Paternidade*, pp. 15 e segs.; H. P. Barbier "L'examen du sang et le rôle du juge dans les procès relatifs à la filiation", *in Revue Trimestrielle de Droit Civil*, 1949, p. 345; Taylor, G. T. et Race, R. R. "Grupos Sanguíneos Humanos", *in Boletim Médico-Britânico*, 1944, p. 145; H. Hug Francis Brewer, *The Blood Groups in Blood Transfusion*, 1949; Ayush Murad Amar, "A Perícia Hematológica de Paternidade e Maternidade Prática", *Separata de Arquivos de Polícia Civil de São Paulo*, vol. XXXVII, 1981, p. 70. Débora Regina Vieira, "HLA e Paternidade", *in Rev. do Instituto de Medicina Social e de Criminologia de São Paulo – IMESC*, nº 9, 1982, pp. 59 a 64. Salmon, D. "Probabilité de Paternité Estimée à partir des Groupes Sanguins et des Marqueurs Génétiques", *in Nouvelle Revue Française d'Hématologie*, 1974, tomo 14, nº 4, pp. 477 e segs. Washington M. Barra, *A Prova da Paternidade*, em artigo no *Jornal do Brasil*.

[40] Oswaldo Pataro Moreira, *O sangue e os grupos sanguíneos humanos em medicina legal*, p. 239; Gebler, op. cit., p. 5.

[41] Antonio Palazzo, *La filiazione fuori del matrimonio*, p. 16.

no livro *Direito de Família e do Menor,* coordenado pelo Ministro do Superior Tribunal de Justiça, Salvio de Figueiredo Teixeira, edição Livraria Del Rey, Belo Horizonte, nas pp. 243 e segs. da edição de 1993. Trabalho deste *forum* científico vem estampado no livro "Estudos Jurídicos", nº 9, publicação do Instituto de Estudos Jurídicos – IEJ, 1994.

A base científica do processo assenta nas descobertas de Jeffreys. Os genes são quimicamente constituídos de DNA (ácido desoxirribonucleico), expressos no código genético, à sua vez constituído de sequência de bases do DNA. Variáveis em cada indivíduo, a probabilidade de duas pessoas não aparentadas terem o mesmo padrão de comprimento de missatélites (ou regiões de genótipo) é na média inferior a uma chance em cem milhões, e como a população mundial é inferior a dez bilhões de pessoas, as "Impressões Digitais" de DNA são absolutamente específicas para cada indivíduo, tal qual ocorre com as impressões digitais do dedo polegar. O DNA para exame pode ser colhido em qualquer parte do corpo que o contenha (sêmen, raiz do cabelo, pele, placenta etc.). O que é mais utilizado é o sangue, pela maior facilidade de obtenção.

De posse do material, das pessoas cujo relacionamento é pesquisado, o índice do pretenso pai é convertido em uma "probabilidade de paternidade" fundada nas condições específicas de cada indivíduo. Realizados os testes em material colhido do filho, do pretenso pai e (quando possível) da mãe, o perito pode, num cálculo de probabilidade, chegar a um resultado matemático com confiabilidade superior a 99,9999%, ou seja, afirmação absoluta.

É importante enfatizar que os exames de DNA contribuíram para a solução de muitas ações de investigação de paternidade. Como já analisamos anteriormente, quando ainda não era disponível este moderno teste como prova técnica, exigia-se prova cabal do concubinato, do rapto da mãe pelo suposto pai ou das relações sexuais ocorridas à época da concepção do investigante. É certo que a produção destas provas era, na maioria dos casos, extremamente difícil em razão de múltiplos fatores, principalmente relacionados ao preconceito social existente em relação aos relacionamentos amorosos extramatrimoniais e aos denominados filhos ilegítimos.

É de se ponderar, contudo, que a confiabilidade no resultado dos exames de DNA depende da realização da técnica por laboratórios e profissionais competentes.

No Brasil, ainda não existe legislação regulamentadora das normas técnicas e da fiscalização dos laboratórios que realizam exames de DNA. Está tramitando no Congresso Nacional o Projeto de Lei nº 3.078/2000[42], de autoria do Deputado Jorge Costa, que dispõe sobre a coleta de amostras de materiais orgânicos para

---

[42] O Projeto de Lei nº 3078/2000 se encontra em tramitação na Câmara dos Deputados. Seu acompanhamento pode ser feito pelo site: <http://www.camara.gov.br/proposicoesWeb/fichadetram

identificação individual pelo isolamento do DNA, além de disciplinar procedimentos para a realização de testes de DNA.

Por outro lado, no tocante à gratuidade dos exames para pessoas necessitadas, foi editada a Lei nº 10.317, de 06 de dezembro de 2001, a qual "altera a Lei nº 1.060, de 5 de fevereiro de 1950, que estabelece normas para a concessão de assistência judiciária aos necessitados, para conceder a gratuidade do exame de DNA, nos casos que especifica".

130.1. Recusa à Realização do Exame de Paternidade. A 2ª Seção do Superior Tribunal de Justiça aprovou, em outubro de 2004, a Súmula 301, que ficou assim redigida: "Em ação investigatória, a recusa do suposto pai a submeter-se ao exame de DNA induz presunção *juris tantum* de paternidade". Esta Súmula teve como referência os julgamentos dos recursos especiais 141.689/AM, 256.161/DF, 460.302/PR, 135.361/MG, 55.958/RS e 409.208/PR, além do agravo regimental no agravo de instrumento 498.398/MG, cuja ementa transcrevemos a seguir:

> "Agravo regimental. Recurso especial não admitido. Investigação de paternidade. DNA. Recusa na realização do exame. 1. O posicionamento desta Corte é no sentido de que a recusa injustificada à realização do exame de DNA contribui para a presunção de veracidade das alegações da inicial quanto à paternidade. 2. Agravo regimental desprovido" (STJ – 3ª Turma – AGA 498.398-MG – Rel. Min. Carlos Alberto Menezes Direito – Julg. 16.09.2003).

A Súmula 301 do STJ consagra o entendimento jurisprudencial que atribui ao exame de DNA valor probante absoluto, superior e incontestável, tornando desnecessária a realização de outras provas.

É de se ressaltar, inclusive, que o Projeto de Lei nº 6.960/2002 acrescenta o § 4º ao art. 1.601 do Código Civil, dispondo que: "a recusa injustificada à realização das provas médico-legais acarreta a presunção da existência da relação de filiação."

> Vale destacar, conforme já visto, que o art. 2º-A, parágrafo único (incluído pela Lei nº 12.004/2009), da Lei nº 8.560/1992, estabeleceu que "a recusa do réu em se submeter ao exame de código genético – DNA gerará a presunção da paternidade, a ser apreciada em conjunto com o contexto probatório".

Contudo, na doutrina, Rolf Madaleno demonstrou, no final da década de 1990, o perigo da chamada sacralização do exame de DNA, destacando fatores que exigiriam maior cautela na análise deste tipo de perícia técnica, como, por

---

itacao;jsessionid=9914B73CB59EC579456949B46F30DFE3.node2?idProposicao=19077&ord=0#lnkSecaoTramitacao>. Consulta feita em 11.02.2014.

exemplo, os seguintes: não há controle ou fiscalização sobre os laboratórios que se propõem a realizar este tipo de exame; os dados estatísticos sobre a nossa população não foram devidamente analisados e, este desconhecimento acarretaria um resultado inadequado nos exames.[43]

Em que pese a importância do entendimento sumulado pelo Superior Tribunal de Justiça, em alguns casos vemos com reservas a presunção de paternidade diante da recusa à realização das provas médico-legais pelo investigado. Sempre alertamos no sentido de que "a recusa pode ser interpretada desfavoravelmente, jamais traduzida em prova cabal, ou confissão, tendo em vista que a perícia hematológica é apenas uma prova complementar e não, o fundamento da sentença".[44]

Considerando os recursos científicos atuais colocados à disposição da Justiça e o princípio do "melhor interesse da criança", esta presunção deverá ser analisada diante do conjunto das provas. Não mais se pode alegar a vulnerabilidade da integridade física para a não realização do exame de DNA, uma vez que num fio de cabelo ou pedaço de unha este exame pode ser realizado, o qual não pode ser considerado prova complementar como era o simples exame hematológico.

Diante da eficiência da prova científica, não se deve permitir ao investigado recusar-se a fornecer material para o exame. Prevê o art. 130 do CPC/1973, (art. 370 do CPC/2015) que o Juiz pode determinar as provas necessárias à instrução do processo.

Neste contexto das provas, o legislador de 2002 também cuidou, nos arts. 231 e 232 do Código Civil, dentre as presunções, da recusa à realização de "exame" ou "perícia médica".[45] Deve-se entender tais expressões de forma abrangente aí compreendendo consultas médicas, exames laboratoriais e radiológicos que possam instruir a prova técnica.[46]

Outrossim, o art. 332 do CPC/1973, (art. 362 do CPC/2015), indica que todos os meios de provas legais e os moralmente legítimos são hábeis para provar a verda-

---

[43] Rolf Madaleno, "A sacralização da presunção na investigação de paternidade". In: Revista dos Tribunais, vol. 766, pp. 69-87.
[44] Caio Mário da Silva Pereira, Paternidade e sua prova, p. 146.
[45] "Art. 231 do Código Civil – Aquele que se nega a submeter-se a exame médico necessário não poderá aproveitar-se de sua recusa."
[46] Registre-se, por oportuno, que este não é o entendimento de Rolf Madaleno, ao interpretar os artigos 231 e 232 do Código Civil: "Pela mecânica da nova codificação civil, ficam descartados peritos sem formação em medicina, e plenamente justificada a recusa de submissão ao exame. A paternidade já não poderá ser declarada apenas pela presunção através da simples recusa, porque ela não será injustificada quando o laudo for encabeçado por perito estranho à área médica, pois na nova concepção da lei, só incidirá a presunção quando houver recusa a exame médico, sendo ao contrário absolutamente legitimada a recusa à perícia ordenada para outra classe profissional" ("A presunção relativa na recusa à perícia em DNA". In: Direito de Família em pauta, p. 108).

de, ainda que não especificados no CPC. O Magistrado não só pode determiná-lo "de ofício" como fazê-lo em qualquer fase do processo. Nesta hipótese o princípio do livre convencimento está vinculado à realização de uma prova fundamental.

Nessa linha, o legislador previu especificamente para as ações de investigação de paternidade fora do âmbito do casamento que "todos os meios legais, bem como os moralmente legítimos, serão hábeis para provar a verdade dos fatos", nos termos do art. 2º-A, *caput*, da Lei nº 8.560/1992, incluído pela Lei nº 12.004/2009.

As múltiplas possibilidades introduzidas pela pesquisa do DNA, através da análise de um fio de cabelo, qualquer vestígio de sangue ou sêmen e, finalmente, na simples investigação da marca digital, conduziram-nos a rever a nossa posição anterior, assumindo a linha daqueles que, como Maria Celina Bodin de Moraes consideram que "embora a integridade física configure verdadeiro direito subjetivo da personalidade, garantido constitucionalmente, torna-se abusivo se servir de escusa para eximir a comprovação, acima de qualquer dúvida, de vínculo genético, a fundamentar adequadamente, as responsabilidades decorrentes da relação de paternidade".[47]

Sugerimos que, caso se mantenha a presunção de paternidade diante da recusa injustificada do investigado, seja a mesma considerada relativa, nos termos disciplinados pela Súmula 301 do STJ, cabendo ao pretenso pai fazer prova suficiente para afastá-la, o que parece ter sido o entendimento acolhido na redação do atual parágrafo único do art. 2º-A da Lei nº 8.560/1992, com as modificações incluídas pela Lei nº 12.004/2009.

Mantemo-nos, portanto, entre aqueles que veem, com reserva, a recusa à realização do exame do DNA como presunção absoluta da paternidade, sobretudo quando se busca identificar a relação paterno-filial fundada em elementos que vão além da verdade biológica. Outrossim, prejudicada a prova pela recusa do investigado em participar do exame genético, poderá o Juiz considerar que os demais elementos dos autos convencem da certeza da paternidade.

131. Reprodução Humana Assistida

131.1. Um dos mais graves problemas, trazidos pelas contribuições científicas ao campo do Direito Civil, é o da reprodução humana assistida. Quando a ciência biológica anuncia processo de inseminação artificial ou de fertilização *in vitro*, para proporcionar a gestação sem o pressuposto fisiológico das relações sexuais, uma série de implicações jurídicas eclode, como seja a indagação da legitimidade do filho, a necessidade de autorização da mulher, a anuência do

---

[47] Maria Celina Bodin de Moraes, *O direito personalíssimo à filiação e a recusa ao exame de DNA: Uma hipótese de colisão de direitos fundamentais*, p. 232.

marido, o registro do filho, afora o problema da inseminação contra a vontade de qualquer dos cônjuges, ou a sua realização sem o conhecimento do fato por algum deles, ou ainda a necessidade de reconhecimento ou declaração da paternidade. Todos estes assuntos são debatidos pelo civilista em congressos, conferências, monografias, estudos publicados em revistas especializadas, podendo ser citados: Fernando Santosuosso, "Contributo per una Disciplina Giuridica in Tema di Fecondazione Artificiale", *in: Studi in tema di Diritto di Famiglia*, Milano, 1967; Alberto Trabucchi, "Inseminazione Artificiale", *in: Nuovissimo Digesto Italiano*; G. Carbonni, "Inseminazione Artificiale e Delitto di Adulterio", *in Revista di Diritto Matrimoniale*, 1965, p. 349; S. Lener, *Matrimonio, Fedeltà Congiugale e Inseminazione Artificiale*, Civiltà Catt, 1959, III, p. 59; U. Maielo, "Inseminazione Artificiale e Adozione", *in: Diritto e Giurisprudenza*, 1964, p. 489; Fernando Santosuosso, *La Fecondazione Artificiale nella Donna*. Milano, 1961; Tania da Silva Pereira, *Aspectos Jurídicos da Inseminação Artificial*, Rio, 1986; Heloisa Helena Barboza, *A filiação em face da inseminação artificial e da fertilização "in vitro"*, Rio, 1993; Guilherme de Oliveira, *Critério Jurídico da Paternidade*, Livraria Almedina, 1998.

131.2. Transposta a questão para o campo da investigação de paternidade em juízo, deve ser encarada nos seus vários aspectos.

131.3. O nosso entendimento, antes do advento do Código Civil de 2002, já adotava a tese de que, realizado um procedimento de procriação artificial na pendência do casamento, com anuência ou ciência do marido, o filho gerado deve ser tido por legítimo, e descabe qualquer indagação a respeito.[48]

Os filhos havidos do casamento, ainda que em decorrência da utilização de uma das técnicas de reprodução assistida, gozam da presunção de paternidade, nos termos do disposto nos incisos III, IV e V, do art. 1.597, do CC de 2002. Muitas, contudo, são as questões que decorrem desses dispositivos, algumas das quais são analisadas adiante (131.7).

131.4. Mas, se foi mulher solteira, separada, divorciada, ou viúva, que praticou livremente a inseminação artificial (heteróloga[49]), procriando um filho, e mais tarde pretende, por via de reconhecimento compulsório, identificar o genitor no doador do sêmen, não pode prosperar a pretensão. De um lado, o anonimato ou mesmo o sigilo o acoberta. De outro lado, a prática inseminatória deve ser um risco exclusivo da mulher, não permitindo abrir pesquisa sobre a procedência do ele-

---

[48] V. 5ª edição deste livro (1997).
[49] Diz-se heteróloga a técnica que utiliza material genético de doador, portanto, um terceiro, pessoa não integrante do casal.

mento procriador. O Código Civil português de 1966, com a modificação advinda do Decreto-Lei nº 496, de 25.11.1977, proíbe a impugnação de paternidade com fundamento em inseminação artificial, ao cônjuge que nela consentiu (art. 1.839, nº 3). No mesmo sentido a lei australiana recusa a paternidade ao homem cujo sêmen foi utilizado para a inseminação artificial.

131.5. Defendíamos, anteriormente, que a legitimidade do filho, resultante de inseminação artificial homóloga, é fora de dúvida. Se o filho foi gerado com sêmen do marido, vigora a velha parêmia *pater is est quem nuptiae demonstrant*. No tocante à reprodução heteróloga, feita com o consentimento do outro cônjuge, na pendência do casamento, sustentávamos que o filho considerava-se legítimo.

Estas posições doutrinárias foram adotadas pelo legislador de 2002 no art. 1.597, como veremos nos itens seguintes.

131.6. Nos sistemas de *common law*, a prática da inseminação artificial tornou-se frequente. Nos Estados Unidos, já 25 estados possuem *statutes* destinados a disciplinar a situação dos denominados "Ais Babies" (Artificial Insemination by Donnor), reconhecendo-os como filhos legítimos, desde que se prove o consentimento do marido (Tânia da Silva Pereira, em tese apresentada à Ordem dos Advogados do Brasil do Rio de Janeiro, sob o título "Reflexos Jurídicos da Inseminação Artificial").

As legislações já cogitam, portanto, do assunto e os autores se lhe referem, como é o caso de Palazzo, Guilherme de Oliveira, Tânia da Silva Pereira, entre outros. No Brasil, o Projeto de Código Civil de 1975 (Projeto 634-B), resultante do Anteprojeto de 1972, foi totalmente omisso a respeito, merecendo a crítica que lhe endereçamos, em conferência pronunciada no Instituto dos Advogados Brasileiros, divulgada na *Revista* pelo mesmo editada, 1972, vol. 20, nº 152, p. 72.

Não obstante grande resistência, por parte de juristas mais apegados à tradição e de segmentos sociais conservadores (como a Igreja Católica), a tendência é no sentido de se recorrer à inseminação artificial (ou fertilização *in vitro*), como técnica que permita a procriação a pessoas que por um motivo ou outro pretendem ter filhos, e os não têm.

Criou-se, então, na atualidade a figura do "pai social", que substitui o pai biológico.

131.7. O novo Código Civil regulamentou, de forma inédita, nos incisos III, IV e V do art. 1.597, hipóteses de incidência da presunção *pater is est*, em casos de utilização de técnicas de reprodução humana assistida por pessoas casadas:

Art. 1.597 – Presumem-se concebidos na constância do casamento os filhos:

I – ...

II – ...

III – havidos por fecundação artificial homóloga, mesmo que falecido o marido.

IV – havidos, a qualquer tempo, quando se tratar de embriões excedentários, decorrentes de concepção artificial homóloga.

V – havidos, por inseminação artificial heteróloga, desde que tenha prévia autorização do marido.

Esta regulamentação, em que pese ser uma tentativa do legislador no sentido da proteção jurídica dos filhos resultantes da procriação artificial, tem suscitado inúmeras críticas de doutrinadores que apontam a insuficiência do Código ao lidar com questões tão complexas, além de criar problemas sérios ao permitir a utilização das técnicas após a dissolução do matrimônio.

131.8. A inseminação artificial é uma técnica de reprodução humana na qual obtém-se a fecundação, que é sempre natural, "por processos mecânicos e com a utilização de recursos médicos, através da introdução do esperma no interior do canal genital feminino *sem* ocorrência do ato sexual. Em outras palavras, é a introdução de esperma no aparelho genital de uma mulher por todos os outros meios que não a relação sexual".[50]

131.9. Na fertilização "*in vitro*" (FIV), reúnem-se "*in vitro*" "os gametas masculino e feminino, em meio artificial adequado, propiciando a formação e a fecundação do ovo, o qual, já iniciada a reprodução celular, será implantado no útero materno".[51]

131.10. A inseminação artificial e a fertilização "*in vitro*" podem se valer dos gametas do próprio casal, situação na qual é denominada de *inseminação artificial homóloga*. Entretanto, quando são utilizados gametas masculino ou feminino de doadores, a técnica é considerada *heteróloga*. É de se considerar que, "mesmo que não existisse a previsão expressa do artigo 1.597, III, do Novo Código Civil, não haveria maiores dúvidas no tocante à aplicação da presunção legal no caso de inseminação artificial homóloga, pois, nesta hipótese, **coincidem a paternidade biológica e a paternidade legal**, pois a inseminação é feita com o próprio esperma do marido".[52]

131.11. No tocante à paternidade jurídica dos filhos da relação de casamento gerados em inseminação artificial heteróloga, o Código Civil determina que se presume a paternidade do marido, hipótese que se aproxima da adoção, "pois se

---

[50] Heloisa Helena Barboza, *A filiação em face da inseminação artificial e da fertilização "in vitro"*, p. 95.
[51] Heloisa Helena Barboza, op. cit., p. 73.
[52] Lucia Maria Teixeira Ferreira, op. cit., p. 189.

fundamenta nos conceitos de paternidade socioafetiva, uma vez que o pai jurídico – o marido da mãe –, ao dar o seu consentimento, admite como filho o ente gerado com material genético de outrem (doador do sêmen). A paternidade não poderia mais ser negada sob o argumento da não existência da relação biológica, ficando o filho amparado pela presunção estabelecida neste artigo".[53]

Neste sentido, foi formulado o Enunciado nº 258 na III Jornada de Direito Civil promovida pelo Centro de Estudos do Judiciário, do Conselho da Justiça Federal, ocorrida no último bimestre de 2004: "Não cabe a ação prevista no art. 1.601 do Código Civil se a filiação tiver origem em procriação assistida heteróloga, autorizada pelo marido nos termos do inciso V, do art. 1.597, cuja paternidade configura presunção absoluta". Esta também é a orientação do Projeto de Lei nº 4.946/2005 (v. item 98, *supra*).

131.12. Deve-se editar com urgência "legislação que cuide de outros aspectos relevantes, inclusive quanto aos requisitos formais necessários a que o doador do sêmen consinta, no ato da doação, com a atribuição da paternidade ao marido, renunciando a qualquer tipo de vínculo para com a criança".[54]

No Código Civil, outras lacunas também são identificadas e devem ser objeto de regulamentação legislativa futura, como o problema da gestação de substituição ("barriga de aluguel"), a relação dos doadores dos gametas com os filhos gerados através das técnicas de reprodução assistida e com seus pais (os beneficiários das técnicas) e o destino dos embriões excedentários (v. itens 62 e 128, *supra* – Comentários sobre o PL nº 90/1999 e a Lei nº 11.105/2005).

Além disso, o Código de 2002 também silencia quanto à possibilidade de revogação do termo de consentimento do marido enquanto não sobrevier a gravidez. "Caberá à Doutrina e à Jurisprudência a solução para esses casos, de vez que os tratamentos de reprodução assistida não costumam ter bom êxito na primeira tentativa, demorando às vezes anos para a ocorrência da gravidez."[55]

Alguns autores entendem que, no caso da técnica da reprodução assistida heteróloga, a vontade externada através do consentimento como pressuposto para estabelecimento do vínculo de filiação pode deixar de produzir efeitos em algumas situações, desde que não tenha ocorrido a gravidez da mulher.

Guilherme Calmon Nogueira da Gama defende que o tratamento a respeito do tema envolvendo a procriação assistida heteróloga não deve ser o mesmo que existe em relação à adoção estatutária: "Se os §§ 4º e 5º, do artigo 42, do ECA e os artigos 1.622, parágrafo único e 1.628, do novo Código Civil, autorizam a adoção

---

[53] *Ibidem*, p. 195.
[54] *Ibidem*, p. 195.
[55] *Ibidem*, p. 195.

conjunta em favor das pessoas que, no curso do procedimento, tiveram a sociedade conjugal dissolvida por força da separação judicial, divórcio ou morte de um deles (ou de ambos), tratamento distinto é dado à procriação assistida heteróloga, na qual nem mesmo ocorreram a concepção da criança e o início da gravidez da mulher do casal. A diferença reside na existência da criança ou do adolescente no procedimento da adoção e na inexistência da pessoa sequer concebida no processo técnico-médico relacionado à procriação assistida heteróloga (...) Ora, na procriação assistida heteróloga, não existe sequer nascituro, pois mesmo que se trate de embrião de outro casal, ainda não houve a nidação e, portanto, não se iniciou a gravidez. Logo, é totalmente impróprio ou inadequado cogitar de estágio de convivência a respeito de quem nem mesmo nascituro é. Ademais, não existe fundamento plausível que justifique o nascimento de criança fruto de projeto parental que se desfez com base na ruptura da família que até então existia".[56]

131.13. A Resolução 1.358, de 19 de novembro de 1992, do Conselho Federal de Medicina, que regula normas éticas para utilização das técnicas de reprodução assistida, dispõe, no item I, 3:

> *"O consentimento informado será obrigatório e extensivo aos pacientes inférteis e doadores. Os aspectos médicos envolvendo todas as circunstâncias da aplicação de uma técnica de RA serão detalhadamente expostos, assim como os resultados já obtidos naquela unidade de tratamento com a técnica proposta. As informações devem também atingir dados de caráter biológico, jurídico, ético e econômico. O documento será em formulário especial, e estará completo com a concordância, por escrito, da paciente ou do casal infértil".*

As técnicas de reprodução assistida encontram-se no momento regulamentadas pela Resolução 2013/2013 do Conselho Federal de Medicina – CFM, que revogou a Resolução 1.957/2010, que revogara a citada Resolução 1.358 todas do CFM. A Resolução 2013/2013 dispõe sobre o termo dentre seus princípios gerais (I, 3):

"3 – O consentimento informado será obrigatório para todos os pacientes submetidos às técnicas de reprodução assistida. Os aspectos médicos envolvendo a totalidade das circunstâncias da aplicação de uma técnica de RA serão detalhadamente expostos, bem como os resultados obtidos naquela unidade de tratamento com a técnica proposta. As informações devem também atingir dados de caráter biológico, jurídico, ético e econômico. O documento de consentimento informado será elaborado em formulário especial e estará completo com a concordância, por escrito, das pessoas a serem submetidas às técnicas de reprodução assistida."

---

[56] Guilherme Calmon Nogueira da Gama, *A Nova Filiação: O Biodireito e as Relações Parentais*, pp. 776-777.

131.14. Juliane Fernandes Queiroz adverte quanto à necessidade de se editar norma reguladora que exija, de todas as clínicas de reprodução humana, a formalização do Termo de Consentimento Informado para todos os casais envolvidos na realização das técnicas:

> "O rigorismo na exigência de sua formalização, inclusive com apuração de responsabilidades civil e penal àqueles profissionais que realizarem as técnicas de procriação, sem o prévio consentimento, permitirá uma adaptação mais branda da biotecnologia de reprodução aos moldes do sistema jurídico. Caso contrário, pode-se estar comprometendo as gerações vindouras no estabelecimento de um dos mais importantes atributos da personalidade: o estado de filho".[57]

131.15. É oportuno destacar que tramitam no Congresso Nacional alguns projetos de lei que visam à regulamentação jurídica dos procedimentos de reprodução humana assistida. O projeto de lei mais importante e mais discutido é de autoria do Senador Lúcio Alcântara (PLS nº 90/1999), no qual se busca regulamentar as formas de utilização das técnicas de reprodução assistida, o consentimento livre esclarecido, as responsabilidades dos serviços de saúde que realizam a reprodução assistida, as doações de gametas, as regras para a implantação dos embriões, a filiação da criança, as infrações penais e penalidades.[58]

A matéria continua pendente de regulamentação legal. O PLS 90/1999 foi encaminhado à Câmara, onde tramita sob o nº PL 1.184/2003, ao qual encontram-se apensados doze outros projetos de lei sobre as técnicas de reprodução assistida.

132. Reprodução Assistida e Pessoas Não Casadas. Como já assinalamos anteriormente, entendemos que a presunção de paternidade prevista no art. 1.597 do Código Civil não se aplica aos conviventes, razão pela qual podem surgir inúmeras discussões quanto ao estabelecimento da paternidade dos filhos gerado em inseminação artificial homóloga e heteróloga quando os pais não forem casados e estejam vivendo em união estável ou não.

Por outro lado, diante da redação do próprio artigo 1.597 do Código Civil, constata-se que não foi regulamentada a utilização das técnicas de reprodução assistida por pessoas não casadas (conviventes, solteiros, homossexuais ou pes-

---

[57] Juliane Fernandes Queiroz, *Paternidade: aspectos jurídicos e técnicas de inseminação artificial*, p. 104.
[58] Como já destacamos no Capítulo III, o Projeto de Lei nº 90/1999, de autoria do Senador Lúcio Alcântara, teve dois substitutivos: o primeiro, apresentado pelo Senador Roberto Requião e o segundo, apresentado pelo Senador Tião Viana. A reprodução humana assistida é matéria polêmica em todo o mundo e, certamente, será objeto de inúmeros debates no Poder Legislativo.

soas sem um relacionamento estável). É de se indagar se estas técnicas podem ser utilizadas livremente, dentro de critérios médicos, por pessoas não casadas.

A Resolução 2013/2013, editada após o reconhecimento pelo STF das uniões estáveis entre pessoas do mesmo sexo,[59] dispôs expressamente ser "permitido o uso das técnicas de RA para relacionamentos homoafetivos e pessoas solteiras, respeitado o direito da objeção de consciência do médico" (II, 2).

Segundo a mesma Resolução (II, 1), podem ser receptoras das técnicas de reprodução assistida "todas as pessoas capazes, que tenham solicitado o procedimento e cuja indicação não se afaste dos limites desta resolução, desde que os participantes estejam de inteiro acordo e devidamente esclarecidos sobre a mesma, de acordo com a legislação vigente".

132.1. Reprodução Assistida Homóloga e Companheiros. Na hipótese de inseminação homóloga em que os beneficiários são companheiros, mesmo não se aplicando a presunção *pater is est* e inocorrendo o reconhecimento voluntário da paternidade, esta será discutida na ação de investigação de paternidade. Tendo em vista que na inseminação homóloga o companheiro da mãe é quem cede o gameta masculino, não há maiores discussões quanto à paternidade biológica, que poderá ser comprovada através de um exame de DNA.

No caso de o pai (convivente) não proceder voluntariamente ao registro do filho, resta a este a opção do reconhecimento judicial (investigação de paternidade). Neste sentido, no curso da ação investigatória, a solução tradicional de impor ao filho e à mãe o ônus de se provar a coabitação ou o liame biológico não seria a mais justa, porque o consentimento dado pelo companheiro na inseminação deveria ter validade para o estabelecimento da paternidade da criança que foi gerada através deste procedimento, nos mesmos moldes da regulamentação destinada às pessoas casadas.

132.2. Reprodução Assistida Heteróloga e Companheiros ou Pessoas Sós. No tocante à inseminação heteróloga de beneficiários não casados, os problemas que podem surgir serão muito mais graves, visto que o companheiro da mãe não é o pai biológico da criança.

Entendemos que deva ser regulamentada pelo legislador a presunção de paternidade para os casos em que o companheiro tenha aderido ao tratamento de reprodução assistida heteróloga feito pela sua companheira, desde que manifeste formalmente consentimento válido.

---

[59] Conforme decisão na Ação Direta de Inconstitucionalidade (ADI) 4.277 e a Arguição de Descumprimento de Preceito Fundamental (ADPF) 132, em 04.05.2011.

Por outro lado, discute-se a possibilidade de pessoas sós ou casais de homossexuais se valerem das técnicas de reprodução heteróloga, suscitando questões mais complexas.

No tocante à união de pessoas do mesmo sexo, no campo da procriação assistida e das regras de estabelecimento dos vínculos paterno-filiais, o grande impasse que surge é o problema do registro: Como registrar os nomes dos dois pais ou das duas mães?

Guilherme Calmon Nogueira da Gama considera que, de acordo com os valores tradicionais e culturais, "cada pessoa tem um pai e uma mãe, ainda que a realidade contemporânea esteja apresentando múltiplos tipos de organizações familiares".[60]

Há quem entenda de forma diferenciada, como Maria Berenice Dias, a qual sustenta que é perfeitamente possível a lavratura do assento de nascimento da criança em nome dos pais (homossexuais) ou de duas mães, comparando tal hipótese à do registro feito do nascimento de criança apenas em nome da mãe: *"Em ambas as hipóteses, o consignado não é o espelho da realidade, e, dentro dessa linha de raciocínio, nenhum óbice poderia haver para alguém ser registrado por duas pessoas do mesmo sexo".*[61]

As questões relativas à monoparentalidade e à reprodução assistida heteróloga demandam muitos estudos interdisciplinares que possam embasar a regulamentação legal do tema. É de se destacar a existência de propostas no campo doutrinário e no âmbito do Congresso Nacional visando à proibição da utilização das técnicas de procriação assistida heterólogas por pessoas sós ou mesmo por casais de homossexuais. Na realidade, Guilherme Calmon aponta, com pertinência que, no caso da pessoa sozinha, "nem há sentido em se designar tal caso de reprodução assistida heteróloga, porquanto não se toma como critério qualquer união, ainda que efetivamente a pessoa que pretenda ser mãe ou pai sozinho esteja unido, formal ou informalmente, a outra pessoa que, no entanto, não adere ao projeto parental do parceiro, deixando claro que não pretende ver estabelecer qualquer vínculo nem fornecer seus gametas para que possam ser empregados na procriação assistida".[62]

Considerando que a Constituição da República, em seu art. 226, § 7º, assegura a todos o direito ao planejamento familiar, como deixa explícito a Lei nº 9.263/1996, que regulamentou o mencionado § 7º, não deve haver restrição quanto à utilização das técnicas de reprodução assistida, por pessoas não casadas, mesmo que não haja presunção a paternidade. De realce estarem aqui incluídas as famílias

---

[60] Guilherme Calmon Nogueira da Gama, op. cit., p. 782.
[61] Maria Berenice Dias, *União homossexual: o preconceito e a justiça*, p. 95.
[62] Guilherme Calmon Nogueira da Gama, op. cit., p. 783.

homoafetivas, reconhecidas por força de decisão do STF, proferida na ADI 4277 e na ADPF 132, em 04.05.2011, já citadas (ver n. 132).

A prova da paternidade será de fácil obtenção tanto no caso de técnicas homólogas, em que existe o vínculo genético com os pais, como nas heterólogas, nas quais o termo de consentimento e demais documentos procedimento médico comprovarão a concordância e a autorização dos pais para realização da técnica com doador. A inexistência de presunção de paternidade não deve ser empecilho para esta prática, na medida em que filhos há que não gozam dessa facilidade de prova, como os havidos por pessoas não casadas entre si, bem como os que não têm paternidade estabelecida, como os nascidos em famílias monoparentais.

132.3. Direito à revelação da origem genética. Como se sabe, na chamada reprodução heteróloga, é utilizado material biológico de um doador, cujo anonimato é preservado, nos termos do art. IV-3 da Resolução nº 1.358/1992 do Conselho Federal de Medicina: "obrigatoriamente será mantido o sigilo sobre a identidade dos doadores de gametas e pré-embriões, assim como dos receptores. Em situações especiais, as informações sobre doadores, por motivação médica, podem ser fornecidas exclusivamente para médicos, resguardando-se a identidade civil do doador".

No mesmo sentido dispõe a Resolução 2013/2013 do CFM, que atualmente regulamenta a matéria no âmbito médico (ver. n. 131.13), em seu item IV, 4, a saber: "Obrigatoriamente será mantido o sigilo sobre a identidade dos doadores de gametas e embriões, bem como dos receptores. Em situações especiais, as informações sobre doadores, por motivação médica, podem ser fornecidas exclusivamente para médicos, resguardando-se a identidade civil do doador".

Atualmente, discutem-se quais seriam as possibilidades de revelação da real origem genética, mitigando-se a regra referente à manutenção do anonimato do doador, tendo em vista que a doutrina mais abalizada tem assentado que o direito à revelação da origem biológica é, inegavelmente, um direito da personalidade:

> "Toda pessoa tem direito fundamental, na espécie direito da personalidade, de indicar sua origem biológica para que, identificando seus ascendentes genéticos, possa adotar medidas preventivas para preservação da saúde e, *a fortiori*, da vida. Esse direito é individual, personalíssimo, não dependendo de ser inserido em relação de família para ser tutelado ou protegido. Uma coisa é vindicar a origem genética, outra a investigação de paternidade. A paternidade deriva do estado de filiação, independentemente da origem (biológica ou não). O avanço da biotecnologia permite, por exemplo, a inseminação artificial heteróloga, autorizada pelo marido (art. 1.597, V, do Código Civil), o que reforça a tese de não depender a filiação da relação genética do filho e do pai. Nesse caso, o filho pode vindicar os dados gené-

ticos de doador anônimo de sêmen que constem dos arquivos da instituição que o armazenou, para fins de direito da personalidade, mas não poderá fazê-lo com o escopo de atribuição de paternidade. Consequentemente, é inadequado o uso da ação de investigação de paternidade para tal fim".[63]

O conhecimento da origem ou identidade genética é indispensável à construção da identidade do indivíduo, visto que:

> "Reconhecer o direito à identidade genética, da criança, do adolescente e do adulto, não importa a idade, sexo, cor ou credo, significa não só franquear-lhes o direito à vida, à saúde, à paternidade, mas também a sua história pessoal, a seus traços socioculturais antes assinalados. Mais do que isso, é imperativo avançar e reconhecer a identidade genética "não funcionalizada", vale dizer não só como um instrumento para criação do vínculo de parentesco. Sendo um direito da personalidade, inscrito, repita-se, dentre os direitos fundamentais, poderá ou não gerar o parentesco, com os consequentes efeitos patrimoniais, nos termos que o ordenamento jurídico estabelecer".[64]

O STJ tem se mostrado sensível a tais aspectos e reconheceu o direito à ancestralidade, em ação de investigação da paternidade, ao entender que a existência do vínculo socioafetivo não impede o reconhecimento da paternidade biológica, que no caso deveria prevalecer (REsp 1.401.719/MG, julgado em 08.10.2013):

> "[...] 6. Se é o próprio filho quem busca o reconhecimento do vínculo biológico com outrem, porque durante toda a sua vida foi induzido a acreditar em uma verdade que lhe foi imposta por aqueles que o registraram, não é razoável que se lhe imponha a prevalência da paternidade socioafetiva, a fim de impedir sua pretensão.
>
> 7. O reconhecimento do estado de filiação constitui direito personalíssimo, indisponível e imprescritível, que pode ser exercitado, portanto, sem qualquer restrição, em face dos pais ou seus herdeiros.
>
> 8. Ainda que haja a consequência patrimonial advinda do reconhecimento do vínculo jurídico de parentesco, ela não pode ser invocada como argumento para negar o direito do recorrido à sua ancestralidade. Afinal, todo o embasamento relativo à possibilidade de investigação da paternidade, na hipótese, está no valor supremo da dignidade da pessoa humana e no direito do recorrido à sua identidade genética [...]".

---

[63] Paulo Luiz Netto Lôbo, *Direito ao Estado de Filiação e Direito à Origem Genética: Uma Distinção Necessária*, pp. 152-153.

[64] Heloisa Helena Barboza. Direito à identidade genética. *III Congresso Brasileiro Direito de Família*, 2001, Belo Horizonte. *Anais do III Congresso Brasileiro de Direito de Família*. Belo Horizonte: IBDFAM, 2001. p. 379-389.

Já em 2007, manifestou o STJ esse entendimento, em uma hipótese em que houvera uma "adoção à brasileira", por ocasião do julgamento do REsp 833.712/RS, na qual se afirmou:

> "[...] – O princípio fundamental da dignidade da pessoa humana, estabelecido no art. 1º, inc. III, da CF/88, como um dos fundamentos da República Federativa do Brasil, traz em seu bojo o direito à **identidade** biológica e pessoal.
> – Caracteriza violação ao princípio da dignidade da pessoa humana cercear o direito de conhecimento da origem **genética**, respeitando-se, por conseguinte, a necessidade psicológica de se conhecer a verdade biológica.
> – Dessa forma, conquanto tenha a investigante sido acolhida em lar "adotivo" e usufruído de uma relação socioafetiva, nada lhe retira o direito, em havendo sua insurgência ao tomar conhecimento de sua real história, de ter acesso à sua verdade biológica que lhe foi usurpada, desde o nascimento até a idade madura. Presente o dissenso, portanto, prevalecerá o direito ao reconhecimento do vínculo biológico. [...]"

No mesmo sentido as decisões nos REsp 1274240/SC e REsp 1215189/RJ. Deve-se destacar que, em sede de repercussão geral, o Supremo Tribunal Federal já decidiu que "não devem ser impostos óbices de natureza processual ao exercício do direito fundamental à busca da *identidade genética*, como natural emanação do direito de personalidade de um ser, de forma a tornar-se igualmente efetivo o direito à igualdade entre os filhos, inclusive de qualificações, bem assim o princípio da paternidade responsável". (RE 363.889, Rel. Min. Dias Toffoli, Tribunal Pleno, julgado em 02.06.2011, *DJe* 15.12.2011).

Com relação à estruturação da identidade genética do ser humano, Elton Dias Xavier destaca uma dupla articulação: a primeira corresponde à identidade personalíssima do indivíduo, com suas características genéticas singulares, nos termos do art. 3 da Declaração Universal sobre o Genoma Humano de Direitos Humanos, UNESCO, XXIX Sessão, 1997; a segunda diz respeito à identidade genética do ser humano como espécie e o genoma humano alçado à condição de "patrimônio da humanidade (art. 1 da Declaração Universal sobre o Genoma Humano de Direitos Humanos)".[65]

Deve-se consignar que o Superior Tribunal de Justiça enfrentou, ainda que parcialmente, a discussão acerca do direito à revelação da origem genética num caso no qual uma pessoa adotada requereu, através de uma ação de investigação

---

[65] Elton Dias Xavier, *A identidade genética do ser humano como um biodireito fundamental e sua fundamentação na dignidade do ser humano*, p. 59.

de paternidade cumulada com alimentos, a declaração da relação de parentesco com o pai biológico e a sua condenação ao pagamento de pensão alimentícia, conforme a ementa do acórdão que segue:

> "Adoção. Investigação de paternidade. Possibilidade. Admitir-se o reconhecimento do vínculo biológico de paternidade não envolve qualquer desconsideração ao disposto no artigo 48 da Lei nº 8.069/90. A adoção subsiste inalterada. A lei determina o desaparecimento dos vínculos jurídicos com pais e parentes, mas, evidentemente, persistem os naturais, daí a ressalva quanto aos impedimentos matrimoniais. Possibilidade de existir, ainda, respeitável necessidade psicológica de se conhecer os verdadeiros pais. Inexistência, em nosso direito, de norma proibitiva, prevalecendo o Disposto no artigo 27 do ECA" (STJ – 3ª Turma – REsp. nº 127.541-RS – Rel. Min. Eduardo Ribeiro – julg. 10.04.2000).

Contudo, no caso em tela, há alguns pontos a se destacar. A autora da ação investigatória fora adotada, através de escritura pública em 05/06/1984, sob o regime do Código Civil de 1916, mantendo a adotada o nome da família biológica. Os pais adotivos faleceram em 1992.

Ressaltou o Ministro Carlos Alberto Menezes Direito, em seu voto-vista, que seria possível à autora investigar a paternidade e requerer alimentos do pai biológico porque, sob o regime da lei anterior, presente a adoção simples, os direitos e deveres oriundos do parentesco natural não se extinguem pela adoção, exceto o pátrio poder, que se transfere ao adotante.

Em 20 de agosto de 2003, foi apresentado na Câmara dos Deputados um projeto de lei de autoria do Deputado Federal João Matos, que visa a regulamentar toda matéria pertinente ao instituto da adoção (projeto de Lei nº 1.756/2003). Há uma norma que prevê o direito à revelação da condição de filho adotivo e dos dados disponíveis sobre a sua origem biológica (art. 1º, § 4º):

> "§4º O adotado terá direito à revelação de sua condição de filho adotivo, com acesso a toda a documentação disponível a respeito de sua família natural, podendo para tanto contar com a orientação especializada da equipe técnica do Juizado da Infância e da Juventude, ou de organismo credenciado previsto no art. 60 desta Lei."

Tal projeto de lei foi declarado prejudicado em razão da aprovação da emenda substitutiva de plenário nº 1 (PL nº 6.222/2005). O Projeto de lei nº 6.222/2005, de autoria da Senadora Patrícia Saboya Gomes, foi transformado na Lei ordinária nº 12.010/2009, que ficou conhecida como nova Lei de Adoção, que igualmente prevê a possibilidade do filho adotivo conhecer sua origem biológica conforme o previsto no art. 48 do ECA:"O adotado tem direito de conhecer sua origem biológica, bem como de obter acesso irrestrito ao processo no qual a medida foi aplicada e seus eventuais incidentes, após completar 18 (dezoito) anos".

Procuramos apontar, de forma sucinta, alguns aspectos relevantes no tocante à reprodução humana assistida e ao estabelecimento da paternidade. As soluções para tantos questionamentos ainda demandarão muitos debates, especialmente no campo da bioética e do biodireito, bem como a revisão e criação de novos conceitos jurídicos.

§ 3º Posse de estado de filho

133. Posse de Estado. A matéria ligada à posse de estado tem sido muito controvertida, em nosso e alheio Direito. Autores, como Demolombe, vão ao extremo de considerá-lo como um "reconhecimento contínuo, perseverante, de todos os dias".

Outros não vão a tal extremo, porém, aceitam-na como reconhecimento implícito, embora sem os mesmos préstimos da posse de estado de filho havido na relação de casamento. Ora omite-se a posse de estado como hipótese de perfilhação e até mesmo como meio de prova, como no nosso Código Civil anterior (CC de 1916), ora insere-se como o mais valioso caso de investigação de paternidade (Projeto de 1965, art. 205). O Direito cubano, *ex. gr.*, insere expressamente a posse de estado como caso de investigação de paternidade.[66]

No moderno Direito francês, após a Lei de 03.01.1972 a posse de estado foi introduzida como fator relevante na teoria do reconhecimento. Isto é ilustrado pelo dispositivo, segundo o qual é nulo o reconhecimento, e inadmissível a ação investigatória, "quando o filho tem já uma situação de legitimidade estabelecida pela posse de estado". Vale dizer: título e posse de estado tornam a paternidade intacável.[67]

Defendendo o prestígio da posse de estado no direito moderno, Roger Nerson encara-a em face dos processos técnicos ou científicos de prova, mas para lhe dar maior realce que a estas, "porque ela corresponde a uma verdade afetiva, a uma verdade sociológica, que é de toda conveniência pesquisar, tanto quanto a verdade biológica".[68]

Posse de estado de filho, segundo José Bernardo Ramos Boeira, "é uma relação afetiva, íntima e duradoura, caracterizada pela reputação frente a terceiros como

---

[66] José Machado, *Los Hijos Ilegítimos*, p. 79.
[67] Roger Nerson, "La situation juridique des enfants nés hors mariage", *in: Revue Trimestrielle de Droit Civil*, 1975, p. 409.
[68] Nerson, op. cit., p. 642.

se filho fosse, e pelo tratamento existente na relação paterno-filial, em que há o chamamento de pai e a aceitação do chamamento de pai".[69]

Eduardo de Oliveira Leite afirma que "a posse de estado equivale ao que se chama filiação sociológica. Forma eloquente de reconhecimento de paternidade, a posse de estado é prevista no Código Civil francês e italiano, e do Código Civil francês foi transplantada para o Código Civil brasileiro. 'Como é indubitável que o Código de Napoleão é fonte de inspiração do nosso', diz Aguiar Moura, 'parece que ao legislador brasileiro se afigurou a posse de estado, quando fala de *veementes presunções de fatos já certos* no inciso II do art. 349'".[70]

Luiz Edson Fachin defende que "embora não seja imprescindível o chamamento de filho, os cuidados na alimentação e na instrução, o carinho no tratamento, quer em público, quer na intimidade do lar, revelam no comportamento a base da paternidade.

A verdade sociológica da filiação se constrói. Essa dimensão da relação paterno-filial não se explica apenas na descendência genética, que deveria pressupor aquela e serem coincidentes".[71]

Assim como o Código Civil de 1916, o atual Código não consagra expressamente a posse de estado, sendo tratada de forma tácita no artigo 1.605, inciso II:

> "Art. 1.605. Na falta, ou defeito, do termo de nascimento, poderá provar-se a filiação por qualquer modo admissível em direito:
>
> I – Quando houver começo de prova por escrito, proveniente dos pais, conjunta ou separadamente;
>
> II – Quando existirem veementes presunções resultantes de fatos já certos".

Convém ressaltar que a jurisprudência costumava atribuir à posse de estado um caráter subsidiário como meio de prova da filiação, usada supletivamente ao registro, devendo estar presentes os requisitos deste instituto, ou seja, "a atribuição do nome, do tratamento de filho, bem como o reconhecimento social dessa relação devem ser notórios, estáveis e inequívocos".[72]

133.1. Posse de Estado de Filho e Investigação de Paternidade. No Código Civil de 1916, a investigação de paternidade se assentava em fatos determinados,

---

[69] José Bernardo Ramos Boeira, op. cit., p. 60.
[70] Eduardo de Oliveira Leite, *Procriações Artificiais e o Direito: aspectos médicos, religiosos, psicológicos, éticos e jurídicos*, p. 128.
[71] Luiz Edson Fachin, *Da Paternidade – Relação Biológica e Afetiva*, p. 37.
[72] Luiz Edson Fachin, *Comentários ao Novo Código Civil, v. XVIII: do direito de família, do direito pessoal, das relações de parentesco*, p. 109.

estritamente referidos, ou seja, o sistema denominado *numerus clausus,* conforme já exposto anteriormente.

Dentro das hipóteses taxativas previstas no artigo 363 do Código de 1916, não constava a posse de estado de filho; esta poderia apenas reforçar o convencimento do juiz, como evidência complementar. Na presença de uma daquelas situações fáticas (concubinato, rapto, relações sexuais e escrito), influía no espírito do julgador a presença dos três aspectos da posse de estado, tradicionalmente consagrados: *nomen, tractatus, fama.*

Se o investigante trazia o nome do investigado; se foi por ele tratado como filho; se havido como tal no ambiente social da família paterna, era sólido indício da relação biológica, básica para o reconhecimento da relação jurídica.

No sistema do Código de 1916, não se podia, na falta de proclamação legal, adotar a posse de estado, por mais robusta que fosse, como fundamento do decreto judicial da paternidade.[73]

Frisamos que "o novo Código Civil não reproduziu a regra do art. 363, levando à interpretação de que, no sistema do novo Código, a investigação de paternidade é livre, podendo ter outras hipóteses que conduzirão ao reconhecimento coercitivo da paternidade".[74] Desta forma, em função do trabalho construtivo da jurisprudência e da doutrina, pode-se entender que é juridicamente possível um pedido numa ação investigatória de paternidade cujo fundamento seja a posse de estado de filho.

Neste aspecto, é de se ressaltar que o artigo 1.593 do Código Civil[75] consagra outras formas de filiação civil além da adotiva, abrindo "espaço para novas formulações já em construção, especialmente a socioafetiva"[76] cabível na expressão "outra origem".

Neste sentido, foi formulado o Enunciado nº 103, aprovado na I Jornada de Direito Civil promovida pelo Centro de Estudos Judiciários do Conselho da Justiça Federal em 2002,[77] identificando, também, vínculo parental proveniente quer das

---

[73] Cf. decisões do Tribunal de Justiça de Minas Gerais, *in Rev. Forense,* vol. 223, p. 199; São Paulo, *in Rev. Forense,* vol. 93, p. 95; Rio Grande do Sul, *in Rev. Forense,* vol. 102, p. 296.

[74] Lucia Maria Teixeira Ferreira, op. cit., p. 215.

[75] *Art. 1.593. O parentesco é natural ou civil, conforme resulte de consanguinidade ou outra origem.*

[76] Luiz Edson Fachin, *Comentários ao Novo Código Civil, v .XVII: do direito de família, do direito pessoal, das relações de parentesco,* p. 17.

[77] A I Jornada de Direito Civil foi promovida pelo Centro de Estudos Judiciários do Conselho da Justiça Federal – CJF e ocorreu no período de 11 a 13 de setembro de 2002, sob a coordenação científica do Ministro Ruy Rosado, do STJ. A Comissão de Direito de Família e Sucessões teve como Presidente, em 12/09/2002, Gustavo Tepedino e como Relator, também nesta data, Luiz Edson Fachin. Em 13/09/2002 a referida Comissão teve como Presidente Regina Helena Afonso Portes e como Relatora Adriana da Silva Ribeiro. A III

técnicas de reprodução assistida heteróloga relativamente ao pai (ou mãe) que não contribuiu com seu material fecundante, quer da paternidade socioafetiva, fundada na posse de estado de filho. Com a mesma orientação, foi aprovado na III Jornada de Direito Civil o Enunciado nº 256: "A posse do estado de filho (parentalidade socioafetiva) constitui modalidade de parentesco civil".[78]

Entretanto, nas ações de investigação de paternidade, a tendência atual é a de conjugação dos elementos caracterizadores da posse de estado com a prova biológica.

É de se destacar, ainda, que a posse de estado de filho tem servido como elemento impeditivo da desconstituição da paternidade, conforme o entendimento esposado pela jurisprudência em muitos julgados, como a seguinte decisão do Tribunal do Rio Grande do Sul:

> "Declaratória de negação de paternidade cumulada com nulidade de reconhecimento de filiação – adoção simulada – prova pericial. O registro de nascimento realizado por pessoa que tinha conhecimento de que não era o verdadeiro pai da criança – até porque esta nasceu antes do início de seu relacionamento com a mãe – há de ser considerado como adoção simulada, por ser esta a verdadeira intenção, na época do fato. Quanto à menor que nasceu durante seu relacionamento com a genitora, o exame pericial é conclusivo, e a prova testemunhal corrobora para indicar a paternidade. Apelo improvido" (TJRS – Ap. Cív. nº 598.187.326 – Rel. Des. Breno Moreira Mussi – *DJ* 03.09.1998).

No tocante às ações negatórias de paternidade, reportamo-nos ao item 96, *supra*, que faz referência ao Projeto de Lei nº 4.946/2005, o qual modifica o

---

Jornada de Direito Civil foi levada a efeito pelo Centro de Estudos Judiciários do CJF no último bimestre de 2004.

[78] Há quem defenda, como Belmiro Pedro Welter, a possibilidade de se ajuizar a ação de investigação de paternidade socioafetiva, confrontando-se com posições doutrinárias que afirmam que o Código Civil de 2002 não alberga o novo estado de filho afetivo (posse de estado de filho). Belmiro Pedro Welter ressalva que "o direito ao estado de filho afetivo não consta expressamente, mas de forma implícita do Texto Constitucional, pelo que desnecessária a promulgação de lei disciplinando a matéria". Afirma, ainda, que não se trata de uma "desbiologização da filiação genética, mas sim, de um fortalecimento das duas perfilhações biológica e sociológica; a primeira, porque, com a produção do exame genético em DNA, a paternidade e maternidade são comprovadas com certeza científica; a segunda, com o acolhimento da Constituição Federal de 1988 da família eudemonista e instalando a igualdade entre todos os filhos, o afeto foi reconhecido como valor jurídico" ("Igualdade entre a filiação biológica e socioafetiva". In: *Revista Brasileira de Direito de Família*. Ano IV, nº 14, jul./set. Porto Alegre: Síntese, IBDFAM, 2002, pp. 158 e 162).

art. 1.601 do Código Civil, impedindo a desconstituição da paternidade caso fique caracterizada a posse do estado de filiação ou a hipótese do inciso V do art. 1.597.

Por outro lado, destacamos as ponderações de Silmara Juny Chinelato, ao ressaltar que há casos em que ocorrem fraudes e crimes graves nas denominadas "adoções à brasileira", notadamente quando o filho foi retirado da família biológica por meio de subtração: "Não se pode prestigiar a paternidade – ainda que estabeleça fortes laços afetivos – constituída graças a um crime"[79] (v. item 79, *supra* – Adoção Simulada ou Adoção à Brasileira).

§ 4º Defesas do réu

134. Defesa na Ação de Investigação de Paternidade. O Direito Francês[80] distingue certas exceções que na ação de investigação de paternidade devem decidir-se prejudicialmente (*fins de non recevoir*) e as defesas de mérito. As primeiras – *a*) impossibilidade física de coabitação; *b*) inconduta notória da mãe; *c*) exclusão de paternidade decorrente do exame de sangue promovido pelo pai; – se provadas, trancam a lide, não se admitindo ao investigante produzir prova de sua pretensão. Proposta a ação, cabe ao réu alegar a exceção, referindo-se a respeito do *fin de non recevoir* o debate na fase inicial, e considerando-se a ação não admissível quando acolhido.[81]

Em nosso Direito, sem aquela distinção embora, há duas espécies de defesas. Num primeiro plano, arguirá o réu a carência de ação, sob o fundamento da existência de uma situação jurídica ou de uma condição pessoal que iniba o investigante de postular a relação de paternidade pretendida. Antes da Constituição de 1988 era cabível a arguição de ser incestuoso ou adulterino o investigante, o que desapareceu em face do art. 227, § 6º e subsequente Lei nº 7.841 de 1989.

No mérito, o investigado ou seus herdeiros discutirão a inocorrência do fato básico (concubinato, rapto, relações sexuais), arguirão a impossibilidade material, ou negarão a autenticidade do escrito.

Mas o que de peculiar existe na matéria, é a alegação da *exceptio plurium concubentium*, que ainda é admitida, não obstante o silêncio da lei, mas que perdeu grande força diante da confiabilidade dos resultados dos exames de DNA. Consiste em demonstrar que no período legal da concepção do investigante (os

---

[79] *Comentários ao Código Civil*, vol. 18, p. 45.
[80] NOTA DA ATUALIZADORA: Reservamos para uma próxima edição a análise e atualização do Direito Comparado. Os comentários sobre a legislação estrangeira que foram desenvolvidos neste item do capítulo constam da última atualização da obra, editada em 1997 (5ª edição).
[81] Mazeaud, Mazeaud et Mazeaud, *Leçons de Droit Civil*, vol. I, nº 975; René Savatier, *La Recherche de la Paternité*, nº 58.

primeiros 121 dias, dos 300 que antecederam ao nascimento) a mãe teve relações com outro homem. Não se admitindo, em nosso Direito, a paternidade baseada em mera probabilidade (risco de paternidade) se a mãe recebeu vários homens (ou simplesmente outro homem), ainda que também haja recebido o pretenso pai do investigante, é recomendável que a prova da paternidade seja feita através do exame pericial de DNA.

Contudo, apresentamos o posicionamento do jurista Zeno Veloso, ao afirmar que "a paternidade não pode ficar adstrita a uma simples questão biológica".[82] Comenta o mesmo autor, em outra obra, uma decisão inédita de 2002 do Tribunal de Justiça de Minas Gerais, onde foi acatada a *exceptio plurium concubentium*, num processo em que houve a recusa do investigado em submeter-se à realização do exame de DNA.

O acórdão concluiu que a recusa em submeter-se ao exame de DNA, naquele caso, não deveria levar à conclusão da veracidade dos fatos alegados. O réu comparecera aos autos com a única prova de que a mãe da autora vivia em pensão, na zona do meretrício, sendo frequentada por fregueses, mantendo encontros sexuais com vários homens, no mesmo dia, restando cabalmente demonstrada a *exceptio*. A investigante, com mais de 40 anos ao promover ação investigatória, apresentara somente alegações e solicitara o exame de DNA. O ilustre jurista alerta para que "a recusa do investigado só pode levar à presunção ficta da paternidade, observado o contexto conjunto probatório. A recusa do exame pode ser um reforço de prova, mas sozinha não deve ser considerada prova bastante para declarar a existência do vínculo da paternidade". Naquele processo, afirma o acórdão, estava "fartamente comprovada a *exceptio plurium concubentium*".[83]

No Direito alemão (após a Lei de 1969, que entrou em vigor em 1970), o filho pode acionar o "pai provável", se a mãe tiver tido relações com vários homens no período legal da concepção. Neste caso, o juiz deve proceder a toda sorte de provas (inclusive perícia hematológica e antropológica) e, se não encontrar verossimilhança na paternidade de qualquer deles, rejeita a demanda. Os autores entendem que de fato a exceção *plurium concubentium* continua em vigor.[84]

A jurisprudência brasileira, sem repelir a *exceptio plurium concubentium*, mostra-se às vezes muito liberal, deixando de rejeitar a pretensão do investigante, embora o procedimento da mãe não seja escorreito.

Assim procedendo, os nossos tribunais não desafinam da orientação geral dominante, *ex gr.*, na jurisprudência francesa, que se revela, todavia, bastante severa

---

[82] Zeno Veloso, *A Sacralização do DNA na Investigação de Paternidade*, p. 338.
[83] Zeno Veloso, *Um caso em que a recusa ao exame de DNA não presume a paternidade*, pp. 51-70.
[84] Habscheid, op. cit., p. 59.

em relação a esta defesa do investigado, quer para restringi-la ao período legal da concepção, a saber, que terá ele de comprovar a pluralidade de amantes da mulher dentro daquele período, quer para considerar necessária a prova formal das relações.[85]

Para os nossos tribunais a *exceptio plurium concubentium* deve ser examinada com rigor e prudência e cumpridamente provada.[86] A título de registro, consignamos que, para o Supremo Tribunal Federal a *exceptio plurium concubentium* tinha plena acolhida em nosso Direito.[87] Se se provasse a má conduta no período da concepção presumida, ilidia-se a presunção de paternidade.[88]

Como o Direito francês é expresso na admissão da prova de *inconduta notória* da mulher, este conceito fixou-se na acepção de outro não menos vago, das "desordens sexuais" da amante. Recebida a defesa com caráter estrito, fica, entretanto, o réu dispensado de trazer a prova específica dos fatos de infidelidade, precisos e determinados.[89]

É indispensável ressaltar que no sistema brasileiro o estabelecimento do vínculo de paternidade é um direito personalíssimo do filho, como já mencionado. Assim sendo, o comportamento sexual da mãe não deve servir de justificativa para a negativa de realização do exame de DNA pelo investigado. A recusa à perícia médica ordenada pelo juiz poderá suprir a prova que se pretendia obter com o exame, conforme dispõe o art. 233 do CC de 2002. Neste sentido, é explícita a súmula 301 do STJ: "Em ação investigatória, a recusa do suposto pai a submeter-se ao exame de DNA induz presunção *juris tantum* de paternidade"; e o atual art. 2º-A, parágrafo único, da Lei nº 8.560/1992, incluído pela Lei nº 12.004/2009.

Este entendimento é o que melhor se harmoniza com o princípio constitucional do melhor interesse da criança e do adolescente, que tem prioridade absoluta, como prevê o art. 227, e o direito fundamental à identidade de que toda pessoa é titular, que emana do princípio da dignidade da pessoa humana, estampado no art. 1º, III, artigos esses da Constituição da República.

135. Alegação de Impotência. Posto que descurada pela generalidade da doutrina, é de se cogitar se a *alegação de impotência* pode constituir defesa na ação investigatória. E parece-nos que sim, com algumas reservas. Isto porque, atualmente, mesmo em um caso de impotência *coeundi* ou *generandi*, existem recursos

---

[85] Ludovic Ulrix, *L'action Alimentaire des Enfants Naturels*, nos 83-84.
[86] Tribunal de Justiça de São Paulo, *in Rev. Forense*, vol. 147, p. 269; vol. 161, p. 256; de Santa Catarina, *in Rev. Forense*, vol. 95, p. 143; do Rio Grande do Sul, *in Rev. Forense*, vol. 230, p. 190.
[87] Acórdão, *Rev. Forense*, vol. 152, p. 143.
[88] Tribunal de São Paulo, *in Rev. Forense*, vol. 166, p. 243; de Santa Catarina, *in Adcoas*, 1974, nº 28.566, p. 455.
[89] Ulrix op. cit., p. 9.

médicos para solucionar ou amenizar tais problemas, visando à concepção natural ou artificial homóloga. Nos casos de azoospermia (ausência de espermatozoides no sêmen), até pouco tempo atrás a única solução era recorrer a um doador de esperma. Atualmente, "é possível contar com técnicas que viabilizam a fertilização *in vitro* a partir de células especiais, as espermátides, que em condições normais dariam origem aos espermatozoides. As obstruções, por sua vez, podem ser resolvidas por cirurgias, cujos resultados estão condicionados ao tipo e à extensão das lesões". A este respeito,

> "Como esclarece o médico e pesquisador Dr. Fábio Firmbach Pasqualotto, a introdução da técnica de ICSI (injeção intracitoplasmática de espermatozoide) possibilitou que muitos homens com alterações seminais, como a azoospermia (ausência de espermatozoides no sêmen), gerassem seus próprios filhos, quando, nos primeiros estágios da reprodução humana assistida e da fertilização *in vitro* (FIV), a única solução possível era recorrer a um doador de esperma.
>
> Assevera, contudo, o supracitado especialista que 'é prudente informar a casais com idade superior a 35 anos, teratozoospermia grave (Tygerbergr <5%), oligoastenozoospermia grave (concentração espermática <10 milhões/mL, motilidade espermática <30%) ou presença de defeitos funcionais específicos nos espermatozoides que o procedimento que apresenta maior probabilidade de sucesso é a FIV com transferência de embriões com ou sem micromanipulação (ICSI). A decisão da utilização da inseminação intrauterina ou uma técnica reprodutiva artificial mais avançada deve ser individualizada em cada casal e depende da causa da infertilidade, idade, situação financeira e desejos do casal. Devemos informá-los sobre todas as possíveis formas de tratamento, assim como os custos e taxas de sucesso. Um grande número de inovações tecnológicas e científicas em medicina reprodutiva, aliadas às descobertas na biologia celular, têm alterado radicalmente as opções para o tratamento de casais inférteis nos últimos anos, possibilitando a realização do sonho da paternidade e maternidade em muitos casos'."[90]

Certamente, continuarão a existir casos de impotência *generandi* ou *coeundi* que ainda não podem ser corrigidos através das técnicas médicas e que servem de fundamento para a defesa numa ação de investigação de paternidade. É desses casos que trataremos agora.

Se a "impossibilidade de coabitação" era motivo fundamental da contestação de legitimidade (CC de 1916, art. 342), isto é, se o pai, alegando e provando a impotência absoluta, poderia contestar a legitimidade do filho havido de sua mulher,

---

[90] *Rev. Brasileira de Ginecologia e Obstetrícia*, vol. 29, n. 2. Rio de Janeiro: fev., 2007. Consultada na página da internet <http://www.scielo.br/scielo.php?script=sci_arttext&pid=S0100-72032007000200008>.

a fortiori o investigado poderá, igualmente, opor-se à pretensão do investigante, com a defesa, segundo a qual não teria condições de coabitar fisicamente com a mãe deste.

E, dentro da qualificação da impossibilidade, está forçosamente a impotência *coeundi*, se comprovada dentro do período legal da concepção do filho.

Quanto à impotência *generandi*, controvertida como causa de contestação de legitimidade, porém aceita por alguns desde que absoluta, é de ser admitida sob o mesmo requisito, mas com redobrada cautela, em razão das novas técnicas que resolvem diversos problemas de esterilidade masculina, conforme exposto acima. No Direito italiano, a impotência instrumental era considerada causa mais grave de que a *generandi*.[91]

Mais uma vez enfatizamos que estas defesas dos réus nas ações investigatórias hoje são vistas com reservas, diante do inegável avanço que o progresso da ciência e os exames de DNA trouxeram para o campo da identificação humana nas ações de investigação de paternidade.

136. Não obstante a Constituição de 1988 ter equiparado todos os filhos, e proibido quaisquer designações discriminatórias, a ação de investigação de paternidade subsiste, com os mesmos ou novos fundamentos, quando haja interesse legítimo em provar a relação paternal, com ou sem efeitos patrimoniais.

---

[91] Antonio Palazzo, *La Filiazione Fuori del Matrimonio*, p. 298.

Capítulo VI

RECONHECIMENTO VOLUNTÁRIO E JUDICIAL DO FILHO ADULTERINO – EVOLUÇÃO HISTÓRICA

§ 1º Mudança de orientação legislativa. § 2º Reconhecimento voluntário do filho adulterino – Histórico da evolução legislativa. § 3º Investigação de Paternidade do filho adulterino – Código Civil de 1916 e Decreto-Lei nº 4.737, de 1942. A Lei nº 883/49. § 4º Os filhos incestuosos. § 5º A Lei nº 6.515, de 26.12.1977. § 6º A Constituição de 1988. § 7º Código Civil de 2002.

§ 1º Mudança de orientação legislativa

O texto original do primeiro Código Civil brasileiro diferenciava os chamados filhos legítimos, ilegítimos, naturais e adotivos, estabelecendo tratamento discriminatório com relação às três últimas classes de filiação, em nome da proteção legislativa à família legítima.

Até a edição da Constituição de 1988, houve, inegavelmente, importante evolução da disciplina jurídica da filiação. Ainda existia, contudo, a supremacia do vínculo familiar legítimo sobre os direitos e a dignidade do filho extramatrimonial.

Trataremos, neste capítulo, da curva evolutiva de proteção aos filhos adulterinos, que se caracterizou por constante ascensão até a Constituição de 1988. Utilizaremos as expressões "adulterinos", "incestuosos", "espúrios" e outras para fins didáticos, visto que estas designações discriminatórias não mais subsistem desde a introdução do princípio da igualdade da filiação no ordenamento jurídico brasileiro.

Inicialmente, cuidaremos do reconhecimento voluntário do filho adulterino e depois passaremos a apreciar as normas pertinentes ao reconhecimento judicial do filho espúrio, a partir do sistema do Código Civil de 1916 até a Constituição de 1988.

§ 2º Reconhecimento voluntário do filho adulterino – histórico da evolução legislativa

137. Quase todos os sistemas legislativos se encaminham no sentido de conceder aos filhos adulterinos direitos cada vez mais amplos. Como foi dito acima,

no nosso sistema foi adotado o princípio da igualdade da filiação pela Constituição de 1988, o que não permite discriminações entre as categorias de filhos. No direito alheio, esta evolução também vem ocorrendo.

Assim é que, na França, ocorreu guinada de 180°. O Código Napoleão, que proibia a investigação de paternidade (art. 340) passou a admiti-la em decorrência da Lei de 16.11.1912.

A proibição de reconhecimento dos filhos adulterinos e incestuosos foi ab--rogada pela Lei de 03.01.1972, em disposição abrangente: *La filiation naturelle sans distinction est également établie soit par reconnaissance volontaire, soit por déclaration judiciaire à la suite d'une action en recherche de paternité ou de maternité.*

Em face desta regra, a doutrina concluiu que qualquer filho ilegítimo, inclusive adulterino e incestuoso, pode ser reconhecido espontaneamente pelos pais (em conjunto ou separadamente), ou investigar judicialmente a paternidade ou maternidade.[1]

Em contraposição, portanto, à proibição contida nos arts. 335 e 342 do Código francês de 1804, o reconhecimento dos filhos espúrios passou a ser admitido, em decorrência do disposto na Lei de 03.01.1972.

No tocante aos incestuosos, porém, vigora uma exceção, abrangendo os advindos do que se denomina "incesto absoluto", que compreende as relações sexuais entre pai e filha, mãe e filho, irmão e irmã.[2]

Quanto aos adulterinos, exclui-se da faculdade de serem reconhecidos o caso de existir já uma filiação estabelecida.[3]

138. O Decreto-Lei nº 4.737, de 24.09.1942. Entre nós, a grande reforma legislativa, a propósito, foi o Decreto-Lei nº 4.737, de 24.09.1942, derrogando os arts. 350 e 363 do Código Civil de 1916, para permitir o reconhecimento de paternidade dos filhos havidos fora do matrimônio, após o desquite.

A curva evolutiva da proteção aos filhos ilegítimos não cessou com esse Decreto-Lei nº 4.737, de 24.09.1942. Prosseguiu, consagrando o legislador pátrio a tese que no campo doutrinário havíamos sustentado, a saber, que não somente no caso de dissolução da sociedade conjugal pelo desquite teria cabimento reconhecer os filhos havidos fora do matrimônio. O desquite era uma das modalidades de dissolução da sociedade conjugal. Aliás, a menos extremada, porque deixava intacto o vínculo. Também pela morte e pela anulação do matrimônio ela se dissolve. E se, no primeiro caso, a lei concedeu a faculdade ao filho de haver o respectivo

---

[1] Colombet, Foyer. Huet-Weller *et* Labrusse-Rion, *La Filiation Légitime et Naturelle*, nº 146.
[2] Roger Nerson, "La Situation Juridique des Enfants nés Hors Mariage", *In Rev. Trimestrielle de Droit Civil*, 1975, p. 405.
[3] *Idem*, op. cit., p. 406.

status, uma interpretação sociológica do diploma de 1942 levaria forçosamente à conclusão de que, com assento nele, haveria lugar para que se pudesse promover a perfilhação dos adulterinos, espontânea ou judicialmente. Em obra de cunho monográfico, dizíamos então:

> "... mas, se assim o legislador estatuiu, cabe indagar se só no caso de desquite tem aplicação o Decreto-Lei nº 4.737. Nem só pelo desquite, na verdade, a sociedade conjugal termina. Outras causas há e muito mais poderosas, que implicam também na dissolução do vínculo e produzem efeitos absolutos: a morte de um dos cônjuges e a anulação do casamento. O decreto-lei parece atribuir maior efeito ao desquite do que à morte, ou anulação do casamento, no tocante à dissolução da sociedade conjugal, o que é ilógico: os filhos adulterinos serão reconhecíveis se os cônjuges se desquitarem, e não o serão se o casamento terminar pela morte ou anulação!... Ora, se também pela anulação do casamento ou pela morte de um dos cônjuges a sociedade conjugal termina (CC de 1916, art. 315); se durante a vigência da sociedade conjugal o filho adulterino não pode ser reconhecido, mas, se após sua dissolução pelo desquite, mesmo em vida do outro cônjuge, pode ser-lhe atribuído estado pelo reconhecimento; – *a fortiori* conclui-se que nas outras hipóteses a aplicação racional do Decreto-Lei nº 4.737 não pode deixar de conduzir à faculdade de se conceder ao filho adulterino capacidade para ser reconhecido, tanto mais que num caso o vínculo ainda permanece, e, nos outros, ou terá desaparecido pela anulação, ou estará roto pela mais forte de todas as contingências, a morte".[4]

A bem da verdade, é preciso mencionar que a nossa tese pareceu a muitos revolucionária, e a outros até mesmo heterodoxa. Os repositórios de jurisprudência estão refertos de decisões no rumo de uma hermenêutica restritivista. Interpretando *ad unguem* a regra nova, por todo o país os tribunais se fechavam na literalidade do Decreto-Lei nº 4.737, e argumentavam que, sendo ele regra excepcional, não poderia receber entendimento ampliativo. E, raciocinavam, se o legislador aludiu ao desquite, somente em caso de desquite haveria cabida para a concessão de estado.

139. Interpretação liberal e ampliativa. Não obstante as resistências, a nossa tese liberal ganhou força, e foi conquistando praça nos tribunais de Justiça, como, à guisa de exemplo, podemos documentar com aresto do Tribunal de Minas, que anteriormente negava o reconhecimento, mas depois passou a admiti-lo.[5]

No Supremo Tribunal Federal, as opiniões se dividiram. Alguns Ministros (como, por exemplo, Castro Nunes) inclinaram-se pela interpretação liberal. Ainda

---

[4] Caio Mário da Silva Pereira, *Efeitos do Reconhecimento de Paternidade Ilegítima*, nº 20, p. 38, editado em 1947.
[5] *Rev. Forense*, vol. 137, p. 156.

em 1950, todavia, decidia a nossa mais Alta Corte pela hermenêutica restritivista, o que levou Orozimbo Nonato a emitir voto vencido nestes termos:

> "Entendo, *data venia*, que na hipótese, o motivo radical da morte é mais do que o desquite, de modo que, por força de compreensão, o dispositivo também abrange a hipótese vertente, o que me leva a receber os embargos, reiterando fundamentos expostos em votos anteriores."[6]

As vozes liberais, que nos deram a honra de várias vezes apoiarem-se em nossa modesta obra, cresceram, e já no ano seguinte, por acórdão de que foi relator o eminente civilista Hahnemann Guimarães, acolhia o Supremo Tribunal a tese por nós defendida, apreciando recurso que tinha por objeto decisão proferida sob o império do Decreto-Lei nº 4.737/1942.[7]

O comportamento dos Tribunais, em face do processo evolutivo do pensamento jurídico, mostra-se habitualmente mais receptivo no campo obrigacional. Se no do direito de família era notória a reação às inovações, a tendência liberal ganhou tal força, que lhe imprimiu novas feições, absorvendo a maior liberdade de costumes.

No particular dos direitos dos filhos ditos ilegítimos, o constante misoneísmo reclamava a edição de medidas enérgicas.

Foi, aliás, o que ocorreu. No balanço das decisões, sobreleva, sem a menor dúvida, o número das que se opunham à ampliação do reconhecimento dos filhos havidos fora do matrimônio, além da dissolução da sociedade conjugal pelo desquite.

140. A Lei nº 883, de 21.10.1949. A posição liberal existia, e sua percussão jurisprudencial era flagrante. Mas faltava a consagração legislativa, que chegou com a Lei nº 883, de 21.10.1949, abrangendo as duas espécies de reconhecimento: voluntário e compulsório.

Num primeiro plano, portanto, cabe determinar os seus extremos. E o fazemos com valor apenas histórico, porque a Constituição de 1988 o alterou.

O Legislador de 1949 estabeleceu o pressuposto essencial para esse reconhecimento: *a dissolução da sociedade conjugal*. O art. 1º a tal se refere com rigorosa clareza: "Dissolvida a sociedade conjugal, será permitido a qualquer dos cônjuges o reconhecimento do filho havido fora do matrimônio, e, ao filho, a ação para que se lhe declare a filiação".

Somente depois de dissolvida a sociedade conjugal nascia o direito do filho adulterino à aquisição de um *status*. Pelo respeito às situações conjugais, pelo zelo

---

[6] Ac. de 12.05.1950, *in Rev. Forense*, vol. 131, p. 102.
[7] Acórdão de 31.08.1951, *in Rev. Forense*, vol. 147, p. 121.

na manutenção da paz doméstica, pela prudência no admitir o debate em torno da quebra do dever de fidelidade conjugal, erigido em primeiro e mais profundo dos que a lei impõe aos cônjuges, o Legislador de 1949 cuidou de somente franquear a perfilhação do adulterino naquele pressuposto.

A brecha aberta na muralha restritivista do Código de 1916 pelo Decreto-Lei nº 4.737/1942 foi em 1949 alargada.

Aquele, numa estranha referência ao momento em que se levantava a interdição dos arts. 350 e 363 do Código Civil de 1916, em alusão mal colocada "ao desquite", não produzira o efeito de se esperar, pois que os tribunais, como vimos anteriormente, buscaram na regra de hermenêutica, que aconselha interpretação estrita às normas de exceção, amparo para negar sua aplicação aos demais casos de dissolução da sociedade conjugal. Não se mostraram sensíveis à ideia de que a manifestação legislativa de 1942 traduzia um flagrante movimento liberal, que era o espelho de transformações sociais mais profundas do que mero tremor de superfície.

As restrições hermenêuticas ao pensamento inovador do Decreto-Lei nº 4.737/1942 tiveram, então, de ceder.

Não havendo a Lei nº 883/1949 repetido a discriminação injustificável do Decreto-Lei de 1942 abriu ensanchas ao reconhecimento no caso da sociedade conjugal ser dissolvida pelo desquite, pela morte de um dos cônjuges, ou pela anulação do matrimônio.

Para valer o reconhecimento espontâneo seria necessário que ocorresse alguma das hipóteses dissolutivas: o desquite, a anulação do matrimônio, ou a morte de um dos cônjuges. Na constância do casamento, o reconhecimento era ineficaz. O mesmo quanto à da ação de investigação de paternidade. Intentada sem o pressuposto da dissolução da sociedade conjugal, ocorria o que no direito francês se alinharia como *fin de non recevoir*, e que na nossa técnica processual se qualifica como ausência de pressuposto para a ação (CPC, art. 267, nº IV, CPC/2015, art. 485, IV) conduzindo ao *judicium* de carência da ação. Teria esta de ser trancada, sem apreciação do mérito. O autor não tinha ação. O juiz assim decidiria, declarando, em julgamento prejudicial, extinto o processo, sem adentrar no mérito, sem ouvir testemunhas, sem se pronunciar sobre o fundo do pedido.

141. Pressuposto de Reconhecimento. Uma vez trancada a lide, sob tal fundamento, não significava que o autor não teria direito ao reconhecimento *in aeternum*. Traduzia apenas a ausência do pressuposto processual impedindo a apreciação de sua pretensão naquele momento. A *res iudicata* somente tinha essa extensão. Se, ou quando viesse a ocorrer a dissolução da sociedade conjugal, por qualquer das causas aqui enumeradas, outra lide poderia ser instaurada, sem que assistisse ao réu a *exceptio rei iudicatae*, que se funda no fato da identidade da relação jurídica. A questão prejudicial faz coisa julgada se constituir pressuposto necessário para o julgamento da lide (CPC, art. 470, CPC/2015, art. 503, § 1º). Sendo, pois, a dissolução da sociedade conjugal pressuposto para a ação investigatória, o julgamento prejudicial teria a extensão de interdizer a apreciação do mérito da pretensão, enquanto subsistisse aquele estado de fato. Uma vez cessado, inocorria o pressuposto processual, e nada impediria o estabelecimento de relação válida, com instituição de procedimento regular.

Intentada a ação, cabia abertura do debate em torno do *meritum causae*, para decidir se havia relação biológica autorizadora do decreto de perfilhação.

Uma exceção foi aberta pelo legislador de 1949 àquela exigência da dissolução da sociedade conjugal. Quando a ação tem a finalidade de obter alimentos, cabe independentemente de estar ela dissolvida. É o que resulta do art. 4º da Lei nº 883/1949. Após ter enunciado no art. 1º o pressuposto da dissolução da sociedade conjugal, estatui:

> "Para efeito da prestação de alimentos, o filho ilegítimo poderá acionar o pai em segredo de justiça, ressalvado ao interessado o direito à certidão de todos os termos do respectivo processo".

A *legitimatio ad causam* ativa não é conferida, aí, ao filho simplesmente natural, havido *ex soluto et soluta*, porque para este não há, nos princípios, proibição para se fazer reconhecer. A alusão a filho dito ilegítimo tem sentido vinculada ao art. 1º, que cuida do adulterino. Cogita-se, obviamente, do filho havido fora do matrimônio.

O legislador quis aludir à ação alimentar do adulterino na pendência da sociedade conjugal, franqueando-a, *sub conditione*, todavia, de correrem seus trâmites sigilosamente, na finalidade específica de proteger a família contra a repercussão desfavorável de um procedimento que pode chocar o meio social em que vivem os cônjuges, ou provocar desarmonia no casal.

Em face da Lei nº 883/1949 não é, pois, necessário que a sociedade conjugal esteja dissolvida, para que o filho possa pleitear alimentos do pai, desde que o faça em segredo de justiça.[8]

A tendência liberal dos tribunais faz-se sentir, para assentar que a pretensão alimentar seja acolhida independentemente de prévia ação de investigação de paternidade.[9]

---

[8] Cf. Acs. do Tribunal de Justiça de Minas Gerais, *in Rev. Forense*, vol. 181, p. 225; vol. 215, p. 158; vol. 218, p. 220; Ac. do Tribunal de Justiça do Rio de Janeiro, *in Adcoas*, 1973, nº 21.871, p. 511.

[9] Ac. do Tribunal de Justiça de São Paulo, *in Adcoas*, 1975, nº 33.831, p. 243; Ac. do Supremo Tribunal Federal, *in Adcoas*, 1973, nº 19.186; Ac. do Supremo Tribunal Federal, *Rev.*

Mesmo o segredo de justiça, que a Lei nº 883/1949 instituiu como exigência processual, tem sido tratado sem extremado rigor, tanto em doutrina, quanto em jurisprudência. João Claudino de Oliveira e Cruz alude a decisão do Supremo Tribunal Federal, ao julgar o Recurso Extraordinário nº 26.541 de Mato Grosso, em que qualifica a exigência como mera "irregularidade", que não induz anulação do processo em não havendo reclamação oportuna da parte interessada.[10]

Do Supremo Tribunal é, ainda, o aresto em que se julgou que o segredo de justiça é dispensável quando a paternidade haja sido confessada em documento público.[11]

142. O Reconhecimento por Via Testamentária. Sendo a dissolução da sociedade conjugal pressuposto do reconhecimento do filho havido fora do matrimônio, levanta-se questão a saber se o pai, na constância dela, podia reconhecer o adulterino por via testamentária.

Contra o reconhecimento, alegava-se que a perfilhação espontânea não tem lugar senão depois da morte de um dos cônjuges, além dos casos de desquite ou anulação do casamento. E, nestas condições, o pai não poderia efetuar uma declaração válida de reconhecimento sem a ocorrência daquele pressuposto. Opinados autores sustentam a inadmissibilidade sob fundamento de que a capacidade testamentária se apura no momento da facção, e, estabelecendo a lei o requisito da dissolução da sociedade conjugal estaria o pai procedendo a um ato frustro, que não convalesce pela dissolução posterior devida à morte.[12] Neste sentido, os tribunais têm decidido, e sob o mesmo fundamento da incapacidade testamentária ativa.[13]

Apesar da aparência lógica do conceito, não comungamos de tal entendimento, apoiado em não menos rigorosos princípios. Certo, é, e certíssimo, que o testamento é ato de derradeira vontade, que a sabedoria romana já proclamava considerando-a verdadeiramente ambulatória, de tão renovada que é ao longo da existência do testador: *ambulatoria est voluntas defuncti usque ad vitae supremum exitum.*[14]

Embora contenha disposição de vontade, emitida obviamente em vida, o testamento é ato *causa mortis*, no sentido de que não produz nenhum efeito antes da morte do declarante. É o que resulta da disposição expressa do art. 1.626 do

---

Trimestral de Jurisprudência, vol. 67, p. 820; vol. 65, p. 261; Ac. do Tribunal de Justiça de Minas Gerais, *in Adcoas,* 1974, nº 30.838, p. 723; Ac. do Tribunal de Justiça de São Paulo, *in Adcoas,* 1975, nº 37.214, p. 658.

[10] João Claudino de Oliveira e Cruz, *Dos Alimentos no Direito de Família,* 1961, p. 71.
[11] *Rev. Forense,* vol. 211, p. 115.
[12] Cf. Orlando Gomes, *Do Reconhecimento dos Filhos Adulterinos,* vol. II, pp. 432 e segs.
[13] Ac. do Tribunal de Justiça do antigo Estado da Guanabara, *in Adcoas,* 1974, nº 24.968, p. 36; Ac. do Tribunal de Justiça de Minas Gerais, *in Adcoas,* 1975, nº 38.321 p. 790.
[14] Cf. Caio Mário da Silva Pereira, *Instituições de Direito Civil,* vol. VI, nº 454.

Código Civil de 1916, pelo qual alguém, de conformidade com a lei, dispõe no todo ou em parte de seu patrimônio, para depois de sua morte.

Admitindo-se que o testador possa fazer outras disposições, além das de caráter meramente patrimonial,[15] estão elas igualmente compreendidas na subordinação à morte do testador, para gerarem consequências.

Então, se o filho adulterino é reconhecido em testamento, terá ocorrido uma declaração de vontade que não produz qualquer consequência em vida do disponente. É como se nenhuma declaração houvesse até a morte, e, portanto, não há reconhecimento de paternidade na constância do casamento. O ato de perfilhação, meramente esboçado, somente terá a eficácia querida pelo agente em ocorrendo a sua morte. Fica esta erigida em *conditio legis* de seus efeitos, embora a vontade já esteja validamente emitida.

Aberta a sucessão, o testamento passa a produzir efeitos, inclusive o reconhecimento de paternidade.

Naquele momento, já não há mais falar em constância do matrimônio, pois que este é dissolvido. E o reconhecimento do filho adulterino terá, conseguintemente, ocorrido sem afronta ao disposto no art. 1º da Lei nº 883 de 1949.

A esse argumento de natureza doutrinária, não podemos desatender a outro de ordem prática. Se não valesse o testamento como ato de perfilhação *post mortem*, é fora de dúvida que a cédula testamentária estaria abrigando uma confissão espontânea do pai, com todas as características de um escrito que dele emana, reconhecendo expressamente a relação paternal. Com este requisito, constitui documento hábil para proporcionar ao filho fazer-se reconhecer judicialmente, segundo o disposto no art. 363, nº III do Código Civil de 1916, combinado com o art. 1º da mesma Lei nº 883/1949, uma vez que a abertura da sucessão investe o adulterino da *legitimatio* ativa para ação, que estará sendo ajuizada depois de dissolvida a sociedade conjugal.

Instruída a ação investigatória com o escrito emanado do pai, vale ele como verdadeira prova pré-constituída, dispensando todo suprimento ou evidência complementar, de vez que o testamento em não valendo como reconhecimento formal tem o efeito de confissão inequívoca, a que faltará tão somente o selo da palavra jurisdicional para se lhe atribuir toda sorte de efeitos pessoais (nome, estado etc.) como patrimoniais (alimentos e sucessão).

Negar, portanto, validade ao reconhecimento do adulterino pela via testamentária é, ao mesmo tempo, contraditar o efeito *post mortem* do ato de última

---

[15] Itabaiana de Oliveira, *Direito das Sucessões*, vol. II, nº 378; Orozimbo Nonato, *Estudos sobre Sucessão Testamentária*, vol. I, nº 46; Clóvis Beviláqua, *Direito das Sucessões*, § 55; De Page, *Traité Élémentaire*, tomo VIII, vol. II, nº 798; Ruggiero & Maroi. *Istituzioni di Diritto Privato*, vol. II, p. 303.

vontade, e impor ao filho um dispêndio de energia processual, levando-o a obter, por decreto jurisdicional, o que o pai já houvera realizado por declaração espontânea.[16]

A Lei nº 6.515, de 26.12.1977, em alteração ao art. 1º da Lei nº 883, de 1949, admitiu o reconhecimento em testamento cerrado, na pendência do matrimônio, aprovado antes ou depois do nascimento do filho e, nessa parte, irrevogável. O legislador marchou, portanto, no rumo da doutrina que sustentamos. A Constituição de 1988, equiparando todos os filhos e a Lei nº 7.841 de 1989, revogando o art. 358 do Código Civil de 1916, vem em apoio de nossa doutrina, levantando o obstáculo que se opunha ao reconhecimento do "adulterino".

Os efeitos do reconhecimento do filho adulterino deverão, a rigor, ser os mesmos do que tem por objeto o filho simplesmente natural. Aliás, se se encarar a matéria no plano da sua natureza, não há, em verdade, diferença, pois que lhe assiste direito aos alimentos, como ainda é incluído na classe dos descendentes, na ordem de vocação hereditária.

O direito sucessório, porém, como será desenvolvido ao tratarmos especificamente deste efeito, sofreu restrição, aliás, a nosso ver injustificável, e hoje abolida.

Se o adulterino é o único de sua classe, e não deixa o *de cujus* viúva com quem fora casado em regime de separação de bens, recolhe a totalidade da herança, excluindo os herdeiros das demais classes.

Ao revés, havendo cônjuge naquelas condições, e morrendo o pai intestado, concorrendo com a viúva, recebendo metade. Metade, igualmente, recebia, e a título de "amparo social", se concorre com filhos legítimos ou legitimados do *de cujus*. Esta desigualdade, que fere o princípio da equidade natural, pune no filho a falta dos pais. Ele não é culpado do seu nascimento, e, então, não deve suportar o castigo que deverá dirigir-se aos seus autores.

A desigualdade de tratamento encontrava, todavia, defesa em alguns autores, cuja opinião registramos, sem contudo a ela aderir, sob alegação de que o adultério que o gerou atinge os filhos legítimos, privando-os de uma parte da herança, e convertendo-os desta sorte em "vítimas inocentes" do procedimento adúltero do pai.[17]

Na linha da posição doutrinária que sempre defendemos, e consta do contexto do nº 20, *supra*, a Lei nº 6.515 de 26.12.1977 (Lei do Divórcio), estabeleceu o princípio da igualdade dos direitos sucessórios dos filhos, qualquer que seja a natureza da filiação. Desaparece, portanto, a desigualdade de tratamento, e fica suprimida a referência a "amparo social", contra a qual nos insurgíamos. Todos os filhos são iguais, e o direito à herança será reconhecido em igualdade de condições.

---

[16] Alguns tribunais, como o de São Paulo. V. *Rev. Forense*, vol. 130, p. 151.
[17] Cf. Roger Nerson, "La situation des enfants nés hors mariage", *in Revue Trimestrielle de Droit Civil*, 1975, p. 631.

§ 3º Investigação de paternidade do filho adulterino – Código Civil de 1916 e Decreto-Lei nº 4.737, de 1942. A Lei nº 883/49

143. Adulterinos. Ao tratarmos do reconhecimento voluntário do filho adulterino, já cuidamos da grande transformação que se operou em nosso Direito a propósito da questão. Cogitando agora da investigação de paternidade, pouco resta a desenvolver sobre o assunto, eis que os princípios fundamentais são os mesmos.

Segundo o disposto no art. 363 do Código Civil de 1916, que arrolou as hipóteses em que a perfilhação compulsória tem lugar (concubinato, rapto, relações sexuais, escrito), ficara assentado que ao filho espúrio faltava *legitimatio ad causam* ativa. Com efeito, ao conceder o direito de ação, o legislador de 1916 restringiu aos filhos ilegítimos de pessoas "que não caibam no art. 183, nº I a VI", o que mereceu de Clóvis Beviláqua, no Comentário respectivo, a explicação de que somente os filhos simplesmente naturais a têm, recusada que foi aos espúrios.

O Decreto-Lei nº 4.737/1942 levantou essa interdição, franqueando-a aos gerados fora do matrimônio, mas numa infeliz referência ao desquite, que tivemos o ensejo de criticar na monografia que compusemos sobre o assunto,[18] sustentando que a alusão ao desquite não passava de uma das modalidades de dissolução da sociedade conjugal, que outras mais poderosas e mais amplas há, uma vez que atingem igualmente o próprio vínculo matrimonial. E defendemos a hermenêutica do diploma de 1942 como abrangente de toda espécie de dissolução da sociedade conjugal.

Os tribunais brasileiros dividiram-se, ora entendendo que o Decreto-Lei nº 4.737/1942 deveria receber interpretação restritiva por ser lei de exceção ao princípio do Código Civil de 1916, ora acompanhando o nosso entendimento liberal, em função do que consideramos a sua interpretação sociológica. Os que se aferravam à *interpretatio ad unguem* não estavam percebendo a transformação social que se processava não apenas no País, mas em todo o mundo, e de que nesta mesma obra já acusamos o testemunho (nº 20, *supra*).

Transposta a questão para o plano da ação investigatória, a controvérsia subsistiu. Mas a cidadela reacionária foi aos poucos sendo batida, até que o Supremo Tribunal acolheu a ampliação da tese liberal.

Com o advento da Lei nº 883, de 1949, esta questão ficou superada. Aludindo aos filhos concebidos fora do matrimônio, e dando-lhe ação para investigarem a paternidade após dissolvida a sociedade conjugal, abrigou a compreensão liberal, e autorizou-a, quer no caso de desquite, quer no de morte de um dos cônjuges, quer no de anulação do casamento.

---

[18] *Efeitos do Reconhecimento de Paternidade Ilegítima*, editado em 1947.

Os tribunais, à vista destes termos, assentaram que o pressuposto firmado pelo diploma de 1949 foi a dissolução da sociedade conjugal.[19] E, em doutrina, a tese vem sustentada com sólidos argumentos, no sentido de que, antes de anulado o registro de filiação legítima, não é viável a ação de investigação de paternidade.[20]

Na sua função interpretativa e construtora, veio contudo a jurisprudência alargando a *legitimatio*, em torno da hipótese, na qual a sociedade conjugal se não encontra ainda dissolvida, mas a situação fática se lhe equipara. Assim é que o Tribunal de Justiça de Santa Catarina sustentou (e o fez com a mais admirável correção) que a Lei nº 883, de 1949, em seu art. 1º, não impede que o filho natural proponha a ação, embora o pai tenha contraído matrimônio com outra mulher,[21] assentando destarte que não é a viuvez o requisito, porém o simples fato de estar dissolvida a sociedade conjugal em cuja pendência o investigante fora concebido.

O Tribunal de Minas Gerais, apreciando hipótese de dupla adulterinidade, entendeu que a perfilhação pode dar-se quando ocorre a dissolução do casamento do cônjuge culpado.[22]

Questão, contudo, a atrair a atenção dos juristas foi a da faculdade de se fazer reconhecer o adulterino *a matre*. Ao desenvolvermos a questão do reconhecimento espontâneo, afloramos a hipótese, e discutimo-la à luz da doutrina e das manifestações jurisprudenciais.

Ao voltarmos agora ao assunto, em exame específico da ação de investigação, acusamos a mesma diversidade hermenêutica.

No sentido de que, vigorando em nosso Direito a presunção de legitimidade dos filhos concebidos na constância do casamento (art. 337 do CC de 1916) que repete a velha parêmia *pater is est quem nuptiae demonstrant*, julgou-se fartamente que o adulterino *a matre* não tinha ação para investigar a paternidade, porque a sua concepção na vigência do casamento induz a presunção de que é filho do marido de sua mãe.[23]

Sem quebrar o princípio, vem-se notando nos tribunais a tendência de considerar as situações de fato, em que, vigendo embora a sociedade conjugal, a presunção *pater is est* se acha ostensivamente contrariada.

---

[19] Cf. Acs. do Tribunal de Justiça de Minas Gerais, *in Rev. Forense*, vol. 206, p. 172; do Tribunal de Justiça do antigo Estado da Guanabara, *in Rev. Forense*, vol. 202, p. 163.
[20] Parecer do Prof. Noé Azevedo, *in Rev. Forense*, vol. 189, p. 77.
[21] *Adcoas*, 1974, nº 30, 729, p. 710.
[22] *Rev. Forense*, vol. 175, p. 224.
[23] Cf. Ac. do Tribunal de Justiça do antigo Estado do Rio de Janeiro, *in Adcoas*, 1974, nº 27.733, p. 358; Tribunal de Justiça do Piauí, *in Rev. Forense*, vol. 179, p. 305; Tribunal de Justiça de Minas Gerais, *in Rev. Forense*, vol. 204, p. 210; vol. 207, p. 210; Tribunal de Justiça do Rio Grande do Sul, *in Rev. Forense*, vol. 164, p. 276; do Supremo Tribunal Federal, *Rev. Forense*, vol. 197, p. 104.

Assim é que, num caso de prolongada separação de fato, dispensou o Tribunal de Justiça a contestação de legitimidade por parte do marido, por nem sequer ter a possibilidade de saber da existência do filho de sua mulher.[24] O Tribunal de Minas Gerais admitiu ação do adulterino *a matre*, quando o marido repudiou a paternidade de forma inequívoca.[25] O Tribunal de Justiça do antigo Estado do Rio de Janeiro, em remissão do que denomina "jurisprudência pretoriana", admitiu ação quando se trata de sociedade conjugal desfeita de fato há longos anos, ocorrendo concubinato da mãe nesse período.[26]

O Supremo Tribunal Federal tem tão repetidamente cogitado da espécie que já considera jurisprudência sua apreciar a legitimidade *ad causam* do adulterino *a matre* em face de circunstâncias de fato, como a título exemplificativo apontamos alguns arestos: concepção do filho quando a genitora vivia em velho e público concubinato com homem solteiro que, no Registro Civil, figura como pai;[27] filho de concubina que, conquanto casada, estava separada de fato do marido há anos;[28] documentação inequívoca demonstrando que a mulher, deixando o marido, passou a conviver com outro homem, de quem houve a filha, reconhecida por este e repudiada iniludivelmente pelo pai presuntivo.[29]

Esta tendência dos tribunais, que já denunciamos em nossas *Instituições de Direito Civil*,[30] reflete-se igualmente em outros sistemas jurídicos, como, a propósito do reconhecimento voluntário, já mencionamos.

144. A Lei nº 883, de 1949. Resolvidas estas questões que a jurisprudência projeta, o posicionamento da matéria em face da Lei nº 883, de 1949, muito se facilita.

A investigação de paternidade compete ao filho havido fora do matrimônio.

Mas é preciso salientar que é mister o procedimento contencioso. Não tem validade processo de jurisdição graciosa ou medida cautelar, como a justificação.[31] Mas, se o filho adulterino foi registrado pelo pai, e baseado no respectivo assento ele se habilita no inventário, o mesmo Tribunal considerou dispensável a ação de reconhecimento de paternidade.[32]

Tendo em vista que a Lei nº 883/1949 cogitou de levantar a proibição do Código Civil de 1916 em relação ao reconhecimento (espontâneo ou compulsório) da

---

[24] *Adcoas*, 1973, nº 20.577, p. 370.
[25] *Rev. Forense*, vol. 243, p. 159.
[26] *Adcoas*, 1974, nº 26.368, p. 197.
[27] *Rev. Trimestral de Jurisprudência*, 1973, vol. 66, p. 769.
[28] *Adcoas*, 1975, nº 37.643, p. 710.
[29] *Rev. Trimestral de Jurisprudência*, nº 36, 1966, p. 451.
[30] Caio Mário da Silva Pereira, *Instituições de Direito Civil*, vol. V, nº 412.
[31] Tribunal de Justiça de São Paulo, *in Rev. Forense*, vol. 98, p. 642.
[32] *Rev. Forense*, vol. 233, p. 148.

paternidade, as hipóteses de sua viabilidade são as mesmas referidas no art. 363 do Código Civil anterior (concubinato, rapto, relações sexuais e escrito), e os meios de prova do fato básico são os mesmos que acima cumpridamente desenvolvemos, inclusive em referência ao desenvolvimento técnico-científico.

Dentro da tese que esposamos, a ação investigatória é imprescritível, como toda ação de estado. A nosso ver, a prescrição apenas atinge os efeitos patrimoniais, notadamente sucessórios, conforme acima exposto.[33]

145. Já examinamos também, e mister não há volvermos ao assunto, que no caso de se restringir a ação investigatória do adulterino à postulação de alimentos, pode ser intentada independentemente do pressuposto da dissolução da sociedade conjugal (n°s 20 e 141). A Lei n° 883/1949 exige o processamento em segredo de justiça no propósito de se defender a harmonia conjugal e evitar o debate público com suas eventuais implicações escandalosas. Mas já vimos, também, que o caráter sigiloso do procedimento não constitui requisito de validade, porém mera recomendação legislativa, cuja inobservância não implica nulidade do feito, como decidiu o Supremo Tribunal Federal.[34]

No tocante aos efeitos, entendemos que o art. 4º da Lei nº 883/1949 revela excessiva timidez, traduz inexatidão técnica e comete grave injustiça, quando concede ao filho reconhecimento com fundamento neste diploma, se concorre com filhos legítimos do investigado, a título de "amparo social", metade do que aos outros venha a caber.

Tímida e inexata, porque em verdade, se o reconhecido concorre com os demais descendentes do pai à herança deste, deve receber na qualidade de herdeiro. O que lhe toca é herança. Não cabe disfarçá-la sob o eufemismo com que se apelida, de "amparo social". Herdando, *ut filius*, constitui inexatidão técnica dizer que o seu quinhão é amparo social, que o diminui socialmente.

É injusta a redução de sua quota à metade. Já de 1937 data o preceito equiparador. Os filhos não devem sofrer a condenação da falta dos pais, com que Cimbali no começo do século XX já se insurgia: *patres nostri peccaverunt et nos peccata eorum portamus*. De há muito que reclama em nosso Direito a abolição do princípio que restringe o reconhecimento aos havidos *ex soluto et soluta*.

No momento em que o Legislador teve a coragem de escutar as vozes do movimento liberal, é melhor que acolha a integridade de seus efeitos. Atribuindo

---

[33] Não obstante assim entendermos, não queremos omitir que o Tribunal de São Paulo, defendendo a posição oposta, decidiu que nos casos em que a ação se tornou possível pela Lei nº 883/49, começa a prescrição a correr da vigência desse diploma, *in Rev. Forense*, vol. 191, p. 288.

[34] *Rev. Forense*, vol. 211, p. 115.

a pesquisa parental aos adulterinos e reconhecendo efeitos sucessórios à respectiva sentença, deve abrigá-los sob o manto equitativo da igualdade de tratamento, para lhes dar direito na sucessão do pai, tal como qualquer outro filho, e sem distinções depreciativas.

A Lei nº 6.515, de 26.12.1977, acudindo aos apelos gerais, equiparou todos os filhos, de tal modo que a desigualdade contra a qual nos vimos insurgindo, foi abolida de vez.

Já, antes, a Lei nº 883/1949 sofrera modificação, mediante o parágrafo 2º, de seu art. 1º, assim dispondo:

> "Mediante sentença transitada em julgado, o filho havido fora do matrimônio poderá ser reconhecido pelo cônjuge separado de fato há mais de 5 (cinco) anos contínuos".

Ex vi desse preceito, não havia mister a dissolução formal da sociedade conjugal, bastando a separação de fato.

§ 4º Os filhos incestuosos

Nem o Decreto-Lei nº 4.737/1942, nem a Lei nº 883/1949 cogitaram da condição dos filhos incestuosos.

Velho e milenar é o repúdio da ordem jurídica ao incesto, dramatizado na tragédia "Édipo Rei" de Sófocles que até hoje desperta a emoção das plateias.

Observa-se, todavia, certa tendência à amenização dos rigores com que o Direito o tem tratado. E, na conformidade do que acima apontamos, já se reduz a proibição ao que se considera "incesto absoluto", que é a união sexual de filho e mãe, filha e pai, irmão e irmã.

Apontávamos, anteriormente, a tendência, no Direito brasileiro, de um tratamento legislativo menos severo quanto à condição jurídica do filho incestuoso. Pela observação profissional, e como jurista atento às reações sociais, já havíamos observado o esforço do movimento liberal neste sentido. Em alguns sistemas jurídicos modernos já ocorre esta abertura, como no correr desta obra salientamos. E, em nossos meios jurídicos, antes mesmo da Constituição de 1998, existia tendência pró-incestuosos, posto se não tolerava a atribuição de estado, situando-a como dever moral do pai. É o que se verá nos parágrafos seguintes.

§ 5º A Lei nº 6.515, de 26.12.1977

146. A Lei nº 883, de 1949, sofreu alterações advindas da Lei do Divórcio. Uma primeira, de grande repercussão, ao estabelecer esta a plena igualdade de todos os filhos, dando redação nova ao art. 2º da Lei nº 883:

"Qualquer que seja a natureza da filiação, o direito à herança será reconhecido em igualdade de condições".

Uma segunda, aditando um parágrafo ao art. 4º, para dispensar de ação investigatória o beneficiado pelos alimentos após a dissolução da sociedade conjugal. Assim, aquele que obteve alimentos em segredo de justiça fica automaticamente reconhecido, cabendo, porém, aos interessados o direito de impugnar a paternidade.

§ 6º A Constituição de 1988

147. Com a Constituição de 1988 fecha-se o círculo. Equiparados todos os filhos e proibidas quaisquer designações discriminatórias (art. 27, § 6º), foi cancelado o anátema que pesava sobre os incestuosos, revogado o art. 358 do Código Civil de 1916, por força do disposto na Lei nº 7.841, de 17.10.1989.

Ao nos referirmos a filhos adulterinos e incestuosos, além de razão histórica, tivemos o propósito de identificar os havidos de relações em que ao menos um dos genitores era ligado por casamento válido, como aos gerados por pessoas impedidas de casar em razão de parentesco em grau proibido. Pela nova ordem, não há mais cogitar da discriminação, e os filhos adulterinos e incestuosos podem ser livremente reconhecidos.

Com o disposto no art. 227, § 6º, da Constituição de 1988, consolida-se a doutrina por nós esposada; os filhos havidos fora do casamento podem ser reconhecidos livremente, e a eles são assegurados todos os direitos atribuídos aos nascidos das relações matrimoniais.

O que a Constituição estabeleceu em linha de princípio, a lei ordinária (Lei nº 7.841/1989) completou. Reconhecidos poderão ser todos os filhos, sem discriminação daqueles provindos de pais ainda vinculados por um casamento válido.[35]

Analisando o artigo 227 da Constituição Federal,[36] Tânia da Silva Pereira enfatizou que este dispositivo "é reconhecido na comunidade internacional como a síntese da Convenção da ONU de 1989, ao declarar os direitos especiais da criança e do adolescente. A determinação da prioridade absoluta para a infantoadolescência

---

[35] Art. 358 do Código Civil de 1916: Os filhos incestuosos e os adulterinos não podem ser reconhecidos.
[36] Art. 227 da CF – É dever da família, da sociedade e do Estado assegurar à criança e ao adolescente, com absoluta prioridade, o direito à vida, à saúde, à alimentação, à educação, ao lazer, à profissionalização, à cultura, à dignidade, ao respeito, à liberdade e à convivência familiar e comunitária, além de colocá-la a salvo de toda forma de negligência, discriminação, exploração, violência, crueldade e opressão."

como norma constitucional há de se entender por primazia ou preferência para as políticas sociais públicas – 'como dever da família, da comunidade, da sociedade civil e do Poder Público' (art. 227, CF, e art. 4º, ECA)."[37]

Rodrigo da Cunha Pereira[38] esclarece que o art. 227 da Constituição Federal é resultado de um processo de mudança na concepção de filiação e paternidade, respondendo às reivindicações de igualdade impostas aos ordenamentos jurídicos como consequência geral e universal da igualdade de direitos e da cidadania, declarada em 1948 pela Assembleia-Geral da ONU, cujo art. 25 da Declaração Universal dos Direitos Humanos previa "igual proteção social para todas as crianças, mesmo aquelas fora do casamento".

A Lei nº 8.069, de 13 de julho de 1990, que dispõe sobre o Estatuto da Criança e do Adolescente, aliada aos princípios internacionais incorporados ao ordenamento jurídico brasileiro, desenvolve uma nova filosofia, embasada na Doutrina Jurídica da Proteção Integral, onde predomina a prevenção, assistência e acesso a direitos básicos de crianças e adolescentes.

Inspirada no direito civil português, foi promulgada a Lei nº 8.560, de 29 de dezembro de 1992, que regula a investigação de paternidade dos filhos havidos fora do casamento. O referido diploma legal proíbe, no assento do registro do filho reconhecido, espontânea ou compulsoriamente, mencionar qualquer informação sobre a natureza da filiação ou o *status* jurídico dos pais, proibida qualquer referência àquela lei.

A mesma Lei criou uma nova modalidade de reconhecimento voluntário de paternidade, disciplinada nos seguintes moldes: "a manifestação expressa e direta perante o juiz, ainda que o reconhecimento não haja sido o objeto único e principal do ato que o contém".

Além disso, a Lei nº 8.560/1992 estabelece que, se constar do assento de nascimento apenas a maternidade estabelecida, o oficial remeterá ao juiz certidão integral do registro, e o nome, prenome, profissão, identidade e residência do suposto pai, a fim de ser averiguada oficiosamente a procedência da alegação. Ouvida a mãe sobre a paternidade alegada, será notificado o pai, qualquer que seja o seu estado civil, para que se manifeste. Se anuir, será lavrado o termo de reconhecimento. Se, no prazo de 30 dias, silenciar ou negar, o juiz remeterá os autos ao Ministério Público, que analisará a possibilidade de intentar ação investigatória de paternidade, caso haja elementos suficientes. Trata-se, no caso, de legitimação extraordinária criada especialmente pela Lei nº 8.560/1992, cuja constitucionalidade foi atestada pelo Supremo Tribunal Federal (v. Capítulo IV, *supra*).

---

[37] *Direito da Criança e do Adolescente – Uma proposta interdisciplinar*, p. 23.
[38] Rodrigo da Cunha Pereira, *Direito de Família – Uma abordagem psicanalíti*ca, pp. 148-149.

§ 7º Código Civil de 2002

O art. 1.596 do Código Civil de 2002 reproduziu integralmente o § 6º do art. 227 da Constituição Federal de 1988, ao dispor que: "Os filhos, havidos ou não da relação de casamento, ou por adoção, terão os mesmos direitos e qualificações, proibidas quaisquer designações discriminatórias relativas à filiação".

Como enfatizamos anteriormente (v. Capítulo I – Escorço Histórico), entendemos que o sistema de estabelecimento da paternidade no direito brasileiro atual continua demarcando as categorias de filhos havidos no casamento e filhos nascidos fora do casamento, o que não representa um tratamento discriminatório em relação aos filhos de pessoas não casadas, que necessitam de reconhecimento voluntário ou judicial da paternidade (art. 1.609 do Código Civil e art. 27 da Lei nº 8.069/1990).

No tocante ao reconhecimento voluntário de paternidade, o art. 1.609 do Código de 2002 abrangeu todas as hipóteses de reconhecimento dos filhos havidos fora do casamento, reunindo as situações previstas no art. 357 do Código de 1916 àquelas constantes no art. 26 da Lei nº 8.069/1990, englobando ainda as hipóteses indicadas no art. 2º da Lei nº 8.560/1992.

No tocante ao reconhecimento judicial, reportamo-nos aos capítulos IV e V, que tratam do assunto, ressaltando, nesta oportunidade, que o Código de 2002 suprimiu a enumeração taxativa das hipóteses de admissibilidade da ação investigatória de paternidade, tese que foi defendida nesta obra nas edições anteriores.

Por derradeiro, destacamos que o Código de 2002, no seu art. 1.593, disciplinou importante inovação, ao estabelecer que "o parentesco é natural ou civil, conforme resulte de consanguinidade ou outra origem", consagrando situações jurídicas de parentesco civil diversas da adoção, constante no Código anterior.

É certo que o Direito de Família muito evoluiu, apesar dos enormes problemas socioeconômicos que ainda enfrentamos no Brasil:

"Por um lado a igualdade jurídica dos cônjuges e dos filhos; a proteção à companheira: o reconhecimento da entidade familiar; o planejamento familiar, fundado nos princípios da dignidade humana e da paternidade responsável – realizam, ou procuram realizar o sentido de "justiça social" pela qual, em minha vida e em minha obra, tenho eu lutado incessantemente. O Estatuto da Criança e do Adolescente, instituindo a política da proteção integral, abre perspectivas enormes para as gerações a advirem.

Por outro lado a pobreza, que atinge mais da metade da população, estimula a mendicância; a prostituição explorada; o uso de drogas; o crime organizado; a invencível servidão humana – tudo a exigir da sociedade, das entidades públicas especialmente, uma atuação constante, e sobretudo, eficiente, no propósito convicto de enfrentar corajosamente o futuro, de tal modo que possa entrar no terceiro milênio sem receios, sem mágoas, e sobretudo na certeza de que encontrará dificuldades, mas com o propósito leal de vencê-las."[39]

Defendemos que este progresso se materialize em condições mais humanas para a família e seus integrantes neste novo milênio.

---

[39] Caio Mário da Silva Pereira, *Direito Civil – Alguns Aspectos da sua Evolução* (Capítulo VIII), p. 204.

Segunda Parte
EFEITOS DO RECONHECIMENTO

Capítulo VII
EXISTÊNCIA DE EFEITOS DO RECONHECIMENTO

148. Afirmamos que o reconhecimento, voluntário ou coercitivo, produz as mesmas consequências, dando, pois, como pressuposto, a existência de *efeitos do reconhecimento*.

A tese não é, porém, doutrina pacífica.

O grande professor da Faculdade de Paris e clássico civilista de toda uma geração, Marcel Planiol, adverte que se deva pôr em guarda contra o "erro que se comete frequentemente", ao falar dos efeitos do reconhecimento:

> "O reconhecimento de um filho natural não produz efeitos: não é um *ato* no sentido de 'operação', de *negotium*, produzindo consequências jurídicas; não é senão um *meio de prova* destinado a evidenciar um fato, a filiação, e é este fato, quando legalmente provado, que produz diversos efeitos de direito. Estes efeitos parecem resultar do reconhecimento, porque este é a condição de sua *realização*; eles resultam na realidade da relação de parentesco patenteada pelo reconhecimento".[1]

Vogando em suas águas, o Prof. João Franzen de Lima deduz, da *natureza declaratória* do ato, que à relação de parentesco se prendem efeitos de direito, retroagindo à data do nascimento e mesmo à época da concepção, mas que se não configuram como efeitos do reconhecimento.[2]

Colocamo-nos em ponto diametralmente oposto.

A nosso ver, a doutrina sustentada pelos ilustres professores não procede.

O reconhecimento, na verdade, não atribui ao filho natural qualquer direito, não cria para ele uma relação jurídica. Um e outra preexistiam ao ato declaratório da filiação, amalgamados no fenômeno natural da paternidade.

Mas esta relação de consanguinidade era estéril, incapaz, só por si, de produzir consequências jurídicas, porque, se uma realidade no domínio da Biologia, se um

---

[1] Planiol, *Traité Élémentaire*, vol. I, p. 482, nº 1.485.
[2] João Franzen de Lima, *Investigação de Paternidade*, p. 79.

fato incontestável sob o império da lei natural, pela razão de que não há geração espontânea, inexistia no campo do direito, e desconhecida pela lei civil, jamais permitiria ao filho o gozo de qualquer faculdade.

Vejamos objetivamente: na vigência da Lei nº 463, de 1847, um filho havido de concubina notória, não reconhecido espontaneamente pelo pai, e proibido de perquirir judicialmente a paternidade, passaria toda a vida titular de um complexo de direitos naturais, credor de uma série de direitos morais, relativamente ao genitor. A lei natural, em virtude da qual fora gerado, incumbira-se de tecer entre ele e o pai a relação biológica da paternidade.

Mas, juridicamente, quais os direitos de que era titular?

Se lhe pré-morresse o genitor, teria de ver passar a outras mãos a herança paterna, impotente para erigir o obstáculo de *seu direito*, porque este era nenhum. Se o efeito fosse da paternidade, tão somente, este filho tinha de herdar.

Mas é o reconhecimento que torna conhecido o vínculo da paternidade, que transforma aquela situação de fato em relação de direito, que torna objetiva no mundo jurídico uma tessitura até então meramente potencial.

Com isso concorda Antônio Cicu, salientando que a ausência de reconhecimento ou de declaração judicial da paternidade tem como consequência não ser o filho natural titular do estado de filiação, muito embora a lei, às vezes, atribua efeitos à procriação judicialmente comprovada, sem permitir o reconhecimento.[3]

Os direitos subjetivos do filho, provenientes, sem nenhuma dúvida, da relação de parentesco, tornaram-se juridicamente exigíveis por via do reconhecimento, por efeito do reconhecimento.

Eles se originam da relação de consanguinidade, mas são causados pelo reconhecimento, porque sem este não encontram fundamento jurídico.

Sem dúvida que o ato de reconhecimento, espontâneo ou judicial, é declarativo, e como tal não atribui direitos. É o argumento fundamental dos opositores. É preciso, porém, atentar em que, se a fonte primária dos direitos subjetivos de que é titular o filho de relações extramatrimoniais é o vínculo da paternidade, e este nasce com a concepção, é certo, também, que a filiação biológica, por si só, não produz efeitos civis.

Os direitos do filho vão buscar sua causa primeira no parentesco biológico, mas este só produz efeitos através do ato declarativo, que é o seu meio de efetivação jurídica.

Se a relação natural só produz efeitos quando ocorre o reconhecimento, este é uma causa de sua verificação; se o complexo de direitos se origina da concepção, esta é uma causa de sua existência.

---

[3] Antônio Cicu, *Filiación*, p. 19.

Estamos, pois, em face de efeitos decorrentes de dupla causalidade: *concausa*. A relação da paternidade biológica e o reconhecimento, agindo simultaneamente, concretizam a situação jurídica do filho, cujos direitos, originários do vínculo natural, se efetivam por via do reconhecimento.

Esta verdade é tão indiscutível que o próprio Planiol, querendo contestá-la, é levado a admiti-la. Após afirmar que os direitos do filho não são efeitos do reconhecimento, não foge de sustentar que este *est la condition de leur réalisation*, condição, dizemos, sem a qual não se efetivam.

Ora, se os direitos de que é titular o filho, com fundamento na relação de parentesco, só se realizam através do preenchimento desta *condição*, e se sem a sua concorrência são juridicamente inoperantes, não pode haver dúvida em que o reconhecimento produz consequências jurídicas, produz efeitos, e são estes efeitos que iremos examinar.

Primeiro, verifica-se que do reconhecimento decorre para o filho um estado, estabelece-se para ele uma relação de parentesco, surge o direito a uma denominação patronímica, assegura-se-lhe proteção, e fica ele, se menor, submetido ao poder familiar.

Segundo, vê-se que o reconhecimento importa tornar exigível e civil a obrigação natural de alimentos, e garante-lhe direitos sucessórios.

Duas, pois são as ordens de direito que se concretizam com o reconhecimento, duas classes de efeitos decorrem dele: efeitos morais e efeitos materiais; efeitos que se mantêm na esfera abstrata das prestações imponderáveis, e efeitos que se traduzem em prestações pecuniárias; efeitos não patrimoniais e efeitos patrimoniais.

Na sua classificação, preferimos agrupá-las sob os títulos de efeitos *não patrimoniais* e *efeitos patrimoniais*, porque se prestam menos a equívocos.

Adotar a diferenciação dicotomizando-os em efeitos patrimoniais e *morais*, como faz Laurent,[4] ou *pessoais*, na terminologia de Ruggiero[5] não satisfaz, porque na realidade, e antes de mais nada, os efeitos do reconhecimento são sobretudo morais, e inequivocamente pessoais: tanto o é o direito ao nome, como à prestação alimentar.

Ao passo que a qualificação dos efeitos como *patrimoniais* e *não patrimoniais* oferece, ao menos, a vantagem de reuni-los em dois grupos, tendo em vista a consequência imediata: prestação diretamente pecuniária ou não.

Entre os efeitos não patrimoniais do reconhecimento está, por exemplo, a submissão do filho ao poder familiar. Ora, não resta dúvida que este poder, tendo reflexo sobre a fazenda do filho, oferece aspectos nitidamente patrimoniais. Nem

---

[4] Laurent, *Principes de Droit Civil Français*, vol. IV, p. 167.
[5] Ruggiero, *Instituições de Direito Civil*, vol. II, p. 193.

por isso, no entanto, fica desautorizada sua classificação como efeito *não patrimonial*, porque a maior relevância do poder familiar é ser um conjunto de direitos e deveres instituídos para proteção do filho, e seria desnaturar sua função dar maior realce ao caráter pecuniário.

Em resumo: aqueles efeitos de primordial reflexo sobre o patrimônio são enfeixados num grupo; e aqueloutros de natureza absolutamente estranha a qualquer influência pecuniária, ou que a têm em plano secundário, noutro grupo.

Atualmente, em relação aos direitos aos alimentos, embora o Código Civil os discipline dentro do Título que trata dos direitos patrimoniais de família, doutrina contemporânea já reconhece que sua natureza é dúplice, tendo em vista seu fundamento ser de cunho existencial, mas o mesmo se materializar, via de regra, em prestação pecuniária.[6]

149. Se o reconhecimento, por ato espontâneo ou por sentença judicial, fosse atributivo de direitos, a paternidade teria seu início com ele.

Mas, uma vez que se trata de ato declaratório, retroage à data do nascimento ou à época da concepção, no que, aliás, estão acordes quase todos os autores.[7]

Decorre, portanto, de sua natureza declaratória, que o reconhecimento de filiação produz efeitos *ex tunc*.

A regra geral de retroação dos efeitos do reconhecimento encontra, entretanto, um limite intransponível: o respeito às situações jurídicas definitivamente constituídas.

Desta sorte, sempre que o efeito retro-operante do reconhecimento encontrar de permeio esta barreira, não a poderá transpor, para alcançar os efeitos passados das situações de direito. Assim entendendo, o Supremo Tribunal Federal negou *habeas corpus* impetrado contra ato de expulsão de estrangeiro num caso em que o reconhecimento de filha ocorreu anos depois da expulsão.[8] Assim julgando, levou em consideração que a ausência da relação jurídica (filiação reconhecida) seria decisiva para evitar a expulsão, e não a existência de relação biológica (filiação sem reconhecimento).

150. Confirmação evidente da existência de efeitos do reconhecimento de paternidade é a transformação operada em nosso Direito, relativamente aos filhos havidos fora de relações de casamento.

---

[6] Ana Carolina Brochado Teixeira; Carlos Nelson Konder, Situações jurídicas dúplices: controvérsias na nebulosa fronteira entre patrimonialidade e extrapatrimonialidade. Gustavo Tepedino; Luiz Edson Fachin (Org.). *Diálogos sobre direito civil*, v. 3, Rio de Janeiro: Renovar, 2012, p. 3-24.

[7] Reportamo-nos ao Capítulo II (Natureza declaratória do reconhecimento), no qual esclarecemos que alguns autores defendem a natureza constitutiva do reconhecimento judicial da paternidade.

[8] *Rev. Trimestral de Jurisprudência*, vol. 70, p. 96.

No regime do Código de 1916, proibido reconhecimento dos filhos adulterinos e incestuosos, tanto espontâneo quanto judicial (arts. 358 e 363) resultava que, não obstante a existência de uma relação biológica conhecida, e muitas vezes notória, ao filho não se reconheciam direitos, salvo o caso excepcional previsto no art. 405, restrito aos alimentos.

Com a edição do Decreto-Lei nº 4.737 de 24.09.1942 e da Lei nº 883, de 21.10.1949, nosso Direito passou a admitir o reconhecimento, espontâneo e compulsório, dos filhos adulterinos (filhos havidos fora do matrimônio) nas condições que estabeleceu, e que já foram objeto de consideração nos capítulos anteriores.

Consequência imediata desta franquia foi a atribuição imediata de direitos aos filhos assim reconhecidos. E tais direitos são inequivocamente efeitos do reconhecimento, pois a relação biológica já preexistia, porém erma de consequências. Foi, então, a faculdade de reconhecer o fato gerador de situações jurídicas que se originam inequivocamente da relação jurídica de paternidade.[9]

Uma vez aceita pela ordem jurídica, a constituição das relações jurídicas da perfilhação do adulterino, dá-se em relação a esta a criação de efeitos idênticos aos oriundos da filiação simplesmente natural. Proclamou-o Carbonnier, em função do Direito francês, que passou por transformação também como o nosso, e até mais ampla, com a Lei de 03.01.1972 que estendeu o reconhecimento aos adulterinos e aos incestuosos. Referindo-se a esta fenomenologia jurídica, ensina que a filiação adulterina ou incestuosa, "legalmente estabelecida", gera efeitos iguais à filiação natural simples: direito ao nome, pátrio poder, obrigação alimentar recíproca; mas quanto aos direitos sucessórios, existentes embora, são mais restritos, pois que não se reconhece, em face da lei francesa direito de herdar *ab intestado*, do pai.[10]

151. Assentado, pois, que o reconhecimento de paternidade produz efeitos, e certos, cumpre todavia enfatizar que a ideia da "concausa", por nós sustentada, encontra confirmação, no tratamento que a ordem jurídica dia a dia concede ao filho, em decorrência da própria relação biológica.

Embora o *status* de filho decorra do reconhecimento, não se pode todavia deixar de considerar a "filiação de fato", isto é, a condição oriunda tão só da relação biológica, contra cuja conversão em situação jurídica se levanta obstáculo legal.

O Direito, sem dúvida, atenta para o ato jurídico do reconhecimento. Mas não pode fechar os olhos àquelas situações fáticas. E em verdade não os têm fechados.

O Código Civil de 1916, no art. 405,[11] como acima ressaltamos, cogitava da filiação espúria, provada por sentença irrecorrível, não provocada pelo filho, quer

---

[9] *Idem*, vol. 34, p. 98.
[10] Jean Carbonnier, *Droit Civil*, vol. II, nº 87, p. 268.
[11] Sem correspondente no Código Civil de 2002.

por confissão, ou declaração escrita do pai, para conceder prestação alimentar, assentamos que tais fatos "fazem certa a paternidade".

Também a Lei nº 883, de 21.10.1949, art. 4º, facultava ao filho acionar o pai em segredo de justiça, para o mesmo efeito de prestação alimentar naqueles casos em que não lhe era lícito obter reconhecimento.

O que o legislador tinha em vista, nestas hipóteses, era a existência da filiação sem o estado respectivo.

E a doutrina justificava-o com a teoria da "obrigação natural", amplamente desenvolvida na jurisprudência francesa, e que se resume dizendo-se que, pelo fato em si da procriação, corre ao pai o dever de fornecer ao filho os meios de subsistência. Este dever, qualificado no Direito francês como "obrigação natural", converte-se em obrigação civil e exigível, desde que ocorra um fato ostensivo, tal como a prestação alimentar espontânea, ou a promessa de fazê-lo, posto que informal.[12]

O nosso Direito, mais liberal, avançou no sentido protecionista, para atribuir ao filho a prestação de alimentos, sempre que ocorresse a prova da paternidade, validamente obtida, independentemente da ação regular de investigação de paternidade, ou de reconhecimento formal voluntário.

Não se exigia a prévia dissolução da sociedade conjugal para que o filho pudesse pleitear alimentos ao pai.[13] Desde, portanto, que o adulterino conseguisse demonstrar satisfatoriamente a paternidade teria direito a alimentos.[14]

Ainda no sentido de se levar em consideração a filiação de fato, os nossos tribunais admitiram situações que bem o atestavam, mesmo diante da regra expressa do Código Civil de 1916 que proibia o reconhecimento dos filhos adulterinos (e incestuosos). Já se considerou válida a cláusula pela qual o pai institui o filho adulterino beneficiário de seguro.[15] O Supremo Tribunal Federal considerou que o filho adulterino tem capacidade testamentária passiva, nada impedindo seja instituído herdeiro ou legatário.[16]

152. Mas esta situação jurídica teria plena aprovação em face do art. 227, § 6º, da Constituição Federal?

---

[12] Cf. Roger Nerson, "La Situation Juridique des Enfants nés Hors Mariage", in Revue Trimestrielle de Droit Civil, 1975, p. 639; Marty et Raynaud, Droit Civil, vol. I, p. 444; Mazeaud, Mazeaud et Mazeaud, Leçons de Droit Civil, vol. I, nº 963.
[13] Tribunal de Justiça de Minas Gerais, in Rev. Forense, vol. 181, p. 255.
[14] Tribunal de Justiça de São Paulo, in Rev. Forense, vol. 210, p. 188; Tribunal de Justiça do Rio Grande do Sul, in Rev. Forense, vol. 202, p. 226.
[15] Ac. do Tribunal de Justiça do Paraná, in Rev. Forense, vol. 142, p. 320.
[16] Rev. Forense, vol. 97, p. 622; vol. 112, p. 355; vol. 120, p. 84.

Melhor explicando: diante dos avanços atuais das provas científicas que atestam o grau de certeza quase absoluta da paternidade biológica e com a adoção do princípio da igualdade de filiação, que eliminou as limitações anteriormente existentes para o reconhecimento da paternidade de filhos espúrios, indaga-se se estaria condizente com o sistema atual o enfoque da Lei nº 883/1949.

Em que pesem os avanços ocorridos, ainda há divergências sobre a questão.

Na doutrina, ainda sustentam alguns autores, como Yussef Said Cahali, que é possível a propositura tão só de ação de alimentos, sem desejar o autor o reconhecimento da paternidade, ou seja, pretender os alimentos sem os demais efeitos jurídicos do reconhecimento de paternidade. Esclarece o Prof. Cahali que, neste aspecto, não há incompatibilidade entre a Lei nº 883/1949 e o art. 227, § 6º, da CF/1988.[17]

O STJ já decidiu neste sentido, permitindo a obtenção de alimentos mesmo não estando a filiação juridicamente reconhecida:

> "(...) II – A doutrina e o direito pretoriano afirmam possível demandar o filho ilegítimo o pretenso pai para dele obter alimentos, mesmo que a filiação não esteja juridicamente reconhecida, bastando, apenas, a existência de fortes indícios e presunções quanto à respectiva paternidade. III – À tal pretensão não se imprime o rito especial da Lei nº 5.478/68 quando negada a relação de parentesco, mas sim o rito ordinário através do qual se abre oportunidade aos litigantes para ampla realização de provas. IV – Resultando do conjunto de provas ser o suposto pai solteiro, confessando o namoro e a coabitação com a mãe do menor, moça humilde, de poucas posses, com quem entreteve namoro, advindo, no período, o nascimento do autor, cuja concepção lhe é coincidente, deferem-se os alimentos" (STJ – 3ª Turma – REsp. nº 1.103/ GO – Rel. Min. Waldemar Zveiter – julg. 14.11.1989).

Por outro lado, Humberto Theodoro Júnior destaca que, em face da absoluta equiparação entre os filhos (art. 227, § 6º, da CF/1988), "qualquer que seja o filho, facultado lhe será, a qualquer tempo, a ação de investigação de paternidade com amplos efeitos, e não apenas reclamar alimentos em segredo de justiça, como impunha o art. 4º da Lei nº 883/1949 aos filhos espúrios, enquanto perdurasse o casamento do genitor".[18]

Esta tem sido a posição mais atual do STJ:

> "(...) I – Diante do princípio da igualdade de filiação, consagrado também na legislação infraconstitucional (Leis nºs 8.741 e 8.069/90), *não se deve limi-*

---

[17] Yussef Said Cahali, *Dos Alimentos*, 4ª edição, 2002, pp. 599-600.
[18] Humberto Theodoro Júnior, "Alguns impactos da nova ordem constitucional sobre o direito civil", Revista *RT* nº 662, p. 14.

tar os efeitos do reconhecimento de filho adulterino a pretensão alimentícia, conforme previa a Lei nº 883/49 (...)" (STJ, REsp. nº 68.522-MG, Rel. Min. Sálvio de Figueiredo Teixeira, julg. em 23.04.1997). (Grifo nosso.)

Ademais, já assinalava Fachin, ao comentar a lei francesa de 1972, que permite a todo filho natural, em face do qual a filiação ainda não esteja estabelecida, o exercício do direito de reclamar subsídios (alimentos) de quem tenha tido relações sexuais com a sua mãe durante o período legal da concepção, que:

> "O avanço e a plena possibilidade material de realizar a prova definitiva e certa da paternidade podem sem dúvida reduzir sensivelmente o alcance dos propósitos desse mecanismo. E mais: ao defensável direito da mulher em obter alimentos em nome do filho (e para benefício deste) poderia se contrapor a pretensão do alimentante em ver declarada a paternidade."[19]

Gustavo Tepedino vai mais longe, afirmando não terem sido recepcionados pela Constituição de 1988 determinados artigos da Lei nº 883/1949, no que se refere ao fato de que os direitos dos filhos adulterinos, durante a sociedade conjugal do pai casado, limitavam-se somente à pretensão alimentícia e quanto às hipóteses em que era possível requerer o reconhecimento de paternidade:

> "Em primeiro lugar, não se pode pretender em vigor os dispositivos da Lei nº 883/49 (art. 1º e seus parágrafos) que condicionam o reconhecimento do filho adulterino à dissolução da sociedade conjugal, ou à separação de fato há mais de cinco anos, ainda que tais preceitos tenham representado, a seu tempo, indiscutível avanço legislativo. A isonomia constitucional determina que a possibilidade de reconhecimento dos filhos seja incondicional, libertando-os das circunstâncias jurídicas e morais que envolvem as relações dos pais.
>
> Apresenta-se igualmente incompatível com o Texto de 1988, não tendo sido, portanto, recepcionado pela nova ordem constitucional, o art. 4º da Lei nº 883/49, pelo qual os direitos dos filhos adulterinos, durante a sociedade conjugal do pai casado, limitavam-se à pretensão alimentícia".[20]

Como já mencionado, o art. 358 do Código Civil de 1916 estabelecia que os filhos incestuosos e adulterinos não podiam ser reconhecidos. Posteriormente, a Lei nº 883/1949 possibilitou ao filho havido fora do casamento provar seu estado de filiação com a única finalidade de obter alimentos.

---

[19] Luiz Edson Fachin, *Da paternidade – relação biológica e afetiva*, p. 37.
[20] Gustavo Tepedino, *Direitos de Família e do Menor*, p. 229.

Dizia o art. 4º da mencionada Lei:

"Para efeito de prestação de alimentos, o filho ilegítimo poderá acionar o pai em segredo de justiça, ressalvado ao interessado o direito à certidão de todos os termos do respectivo processo."

Com o advento da Constituição de 1988, que trouxe verdadeira revolução ao direito de família, diante do princípio constitucional da igualdade jurídica dos filhos, ficou tacitamente revogado o art. 358 do Código Civil de 1916, o qual o foi de forma expressa pela Lei nº 7.841/1989. A partir da leitura do novo texto constitucional restou, portanto, inadmissível qualquer discriminação em relação aos filhos havidos fora da relação de casamento, tornando incompatível a leitura do art. 4º da Lei nº 889/1949 com a ordem constitucional vigente.

Cabe ressaltar, ainda, que o ordenamento jurídico atual não veda de qualquer forma o reconhecimento da paternidade, pelo contrário, até o incentiva, além de colocar a paternidade reconhecida como o mais importante aspecto e não os alimentos, como é de se observar do que dispõe o art. 7º da Lei nº 8.560/1992 ("sempre que na sentença de primeiro grau se reconhecer a paternidade, nela se fixarão os alimentos provisionais ou definitivos do reconhecido que deles necessite").

Além disso, a obtenção dos alimentos no curso da ação investigatória de paternidade tem sido amplamente defendida na doutrina e na jurisprudência, através da concessão de alimentos provisionais ou de antecipação de tutela, desde que haja indícios sólidos da relação de parentesco. Abordaremos tal assunto no capítulo XII – Alimentos.

Importante ressaltar que a Lei nº 883/1949, mencionada neste capítulo, foi revogada pela Lei nº 12.004/2009, que também alterou disposições relacionadas à investigação de paternidade dos filhos havidos fora do casamento.

A confirmar a prioridade conferida pelo ordenamento vigente à paternidade, da qual os alimentos são uma decorrência necessária, e exatamente pelos importantíssimos efeitos que produz de natureza não patrimonial, especialmente no desenvolvimento psicossocial do filho, o Conselho Nacional de Justiça editou o Provimento 12, de 02.08.2010, com o objetivo de identificar os pais que não reconhecem seus filhos e assegurar que cumpram suas responsabilidades.[21]

Certamente sensibilizou o Conselho Nacional de Justiça o resultado do Censo de 2009, que identificou 4.869.363 (quatro milhões, oitocentos e sessenta e nove mil, trezentos e sessenta e três) alunos para os quais não existe informação sobre

---

[21] Kátia Regina Ferreira Lobo Andrade Maciel. *A formação, a ruptura e a reconstrução da identidade familiar de crianças e adolescentes institucionalizadas*. Dissertação de mestrado, 2013, p.151. Mimeo.

o nome do pai, dos quais 3.853.972 (três milhões, oitocentos e cinquenta e três mil, novecentos e setenta e dois) eram menores de 18 anos.[22]

O referido Provimento 12 de 2010 do CNJ instaurou o Projeto "Pai Presente", que na linha do Projeto "Pai Legal", criou mecanismos para estimular e facilitar o reconhecimento da paternidade.[23]

---

[22] Dados constantes do Provimento CNJ 12/2010, disponível em <http://www.cnj.jus.br///images/atos_normativos/provimento/provimento_12_06082010_26102012174319.pdf>.

[23] Sobre o assunto ver <http://www.cnj.jus.br/noticias/judiciario/20936:judiciario-tem-nova-edicao--do-projeto-pai-legal-e-pai-presente>.

Capítulo VIII
ESTADO

§ 1º Conceito e caracteres. § 2º Autoridade da coisa julgada em matéria de declaração de estado. § 3º Registro de estado.

§ 1º Conceito e caracteres

153. Condição individual na sociedade, assim já dissemos anteriormente, conceituando o *estado* da pessoa.

Realmente: todo indivíduo é titular de um complexo de qualidades que lhe são particulares, e que integram a sua personalidade, dando nascimento a uma *situação jurídica*.[1]

Distinguindo-o de outras qualidades, ou de outras situações jurídicas, Glück o conceituou como qualidade que adere imediatamente ao sujeito, e que a ele não é pertinente em razão de ser titular de um direito subjetivo.[2]

Diz-se, de qualquer um, que é solteiro, casado, viúvo, separado ou divorciado; maior ou menor; nacional ou estrangeiro; filho havido ou não do casamento, ou adotivo. São atributos que fixam a condição do indivíduo na sociedade, e se por um lado constituem fonte de direitos e de obrigações, por outro lado fornecem os característicos personativos, pelos quais se identifica a pessoa, ou, como diria Savatier,[3] fornecem a "classificação que a sociedade faz do indivíduo". Não se toma em consideração, para o estado civil, a situação do indivíduo, decorrente de qualquer profissão ou função (Planiol), mas tão somente a sua condição, resultante dos elementos que lhe são peculiares.

Cumpre observar que a qualificação de filho havido ou não do casamento não deve ser declinada e não é aferível pelos documentos que comprovam a qualificação do indivíduo e não produz, por si só, efeito jurídico importante. Como destacado no cap. I (nota 100), o fato de ser ou não filho do casamento é influente

---

[1] Cf. Planiol *et* Ripert, *Traité Pratique de Droit Civil Français*, vol. I, p. 13.
[2] Glück Pandette, vol. I, p. 149.
[3] Savatier, *Récueil Périodique*, 1-203, Dalloz, 1925.

apenas para facilitar o estabelecimento da filiação paterna, visto que os filhos do casamento gozam de presunção de paternidade, nos termos do art. 1.597, do Código Civil de 2002.

Ao Direito Civil interessa grandemente o *estado de família*, e, deste, de modo particular, o *estado de filiação*, que pode decorrer de um *fato*, como o nascimento, ou de um *ato jurídico*, como a adoção.

Do ponto de vista restrito em que nos colocamos, definiu-o a Corte de Cassação Francesa, em aresto de 1838, registrado por Dalloz e adotado por Laurent, *in verbis*: "O estado consiste nas relações que a natureza e a lei civil estabelecem, independentemente da vontade das partes, entre um indivíduo e aqueles de quem recebe o nascimento."[4]

Já foi, aliás, observado que o *status* jurídico é um *prius* em face das relações jurídicas, dos direitos e dos deveres.[5]

O estado, pois, constitui uma realidade objetiva, de que cada um é titular, e que usufrui com exclusividade. Realidade tão objetiva, que se lhe prendem atributos peculiares aos bens incorpóreos: diz-se *ter* o estado de filiação adotiva; *vindicar* o estado de filiação legítima; *reclamar* o estado de filiação natural.[6] Diz-se, mais, de alguém que não tem, declarado, o estado de filiação ilegítima, que ele está na sua *posse*, quando a símile da posse de coisa se apresenta aos olhos de todos como titular daquele estado, como tendo o exercício dos direitos respectivos, posto que proibida a designação discriminatória.

A posse do estado de filho é indispensável para o reconhecimento da paternidade socioafetiva, como adiante será demonstrado (cap. X).

Seus atributos são pessoais, e de sua essência é irrenunciável; o estado é imprescritível; não admite transação. Pode reclamá-lo o próprio titular, e, excepcionalmente, aquele a quem a lei atribua expressamente esta faculdade (Planiol).

Quanto ao primeiro elemento – imprescritibilidade – podemos contentar-nos de dizer (e é o que nos interessa, neste estudo) que a ação de investigação de paternidade pode ser movida contra o pai ou seus herdeiros em qualquer tempo, por que em qualquer tempo pode o filho reclamar um estado a que tem direito. Não a alcança a regra geral da prescrição (o Código Civil de 1916 previa ordinariamente o prazo prescricional de 20 anos para os direitos pessoais,

---

[4] Laurent, *Principes de Droit Civil Français*, vol. III, nº 426, p. 536.
[5] Antonio Palazzo, *La Filiazione Fuori del Matrimonio*, p. 188, invocando nesse passo a autoridade de Arangio Ruiz.
[6] As categorias de filiação ilegítima, legítima e adotiva estão mantidas no texto apenas para fins didáticos.

enquanto o Código Civil de 2002 prevê o prazo geral de 10 anos), porque seu objetivo é a declaração de estado, e não há prazo de decadência para que possa pleiteá-lo aquele que não está investido num estado que de direito lhe pertence, ou deve pertencer.

Transação em torno das ações declaratórias de estado é impossível, porque se trata de matéria exclusiva de Direito Público. Se a ação de reconhecimento forçado for movida contra o pai, a este, para evitar os percalços da demanda, é lícito pôr-lhe termo mediante o reconhecimento do filho; mas, se a ação é movida contra os herdeiros do pai, nunca será possível que reconheçam o autor, nem que confessem a paternidade alheia. Poderá o autor desistir da demanda, mas não renunciar ao estado; poderá o herdeiro do pai pagar o que pretende o autor, em consequência da ação que intentou, deixando de contestá-la, convencido do êxito inevitável. Não é lícito, porém, reconhecer por transação o estado do demandista, porque esse é de ordem pública, interessa à sociedade, e "está fora do comércio" (Laurent), acrescentando Savatier que só é possível desistir da instância, sob a dupla condição de não estar, na desistência, dissimulada uma transação, e de que não seja feita após a expiração dos prazos de recebimento da ação.[7] Se a primeira contém um princípio aplicável ao nosso Direito, a segunda escapa ao seu alcance, porque entre nós a investigação de paternidade não é fulminada dos prazos peremptórios contidos na Lei francesa de 1912.

Se o réu, na ação de investigação, transigir em torno da consequência patrimonial do estado de filiação extramatrimonial, pretendido pelo autor, e ficar apurado não ser este titular do estado que se inculcara, cabe-lhe o direito de repetir o que houver pago, reaver os bens que tiver entregue, porque terá havido transação sem causa. O efeito patrimonial é uma das consequências do estado, e, pois, verificada a inexistência deste, é nenhuma a validade do acordo econômico.

É que o estado, em si, é destituído de valor econômico, ou, como diz Laurent, é um direito essencialmente moral, e, se direitos patrimoniais dele decorrem, não o constituem: "o estado pode existir, em rigor, sem que dele resultem vantagens pecuniárias; o que faz seu elemento essencial é o sangue, é a família; é a honra que a esta se prende".[8]

Ora, como está no Código Civil que (art. 1.035, CC de 1916; art. 841, CC de 2002) "só quanto a direitos patrimoniais de caráter privado se permite a transação", e se os direitos patrimoniais decorrentes do estado têm seu fundamento numa situação jurídica de ordem pública, é impossível dar-se validade à transação em torno dos efeitos de tal situação.

---

[7] Savatier, *Recherche de la Paternité*, p. 114.
[8] Laurent, *Principes de Droit Civil Français*, vol. III, nº 427.

154. Aquele que estiver reconhecido voluntária ou coercitivamente, investe-se no estado de filho e, via de consequência, assume todos os deveres, e adquire todos os direitos que lhe são peculiares, ou dele decorrentes.

Aos que punham em dúvida o "estado de filho ilegítimo" pode-se responder, com Antonio Palazzo, que lhe é assegurado, da mesma forma que ao filho nascido após o matrimônio, e cuja procriação na constância deste é controvertida.[9]

Este estado de filiação extraconjugal, que em nosso Direito ostentava perfeita analogia com o de legitimidade, oferece algumas particularidades que, embora não lhe afetem a natureza, merecem ser salientadas.

Como destacado nos capítulos anteriores, o Código Civil de 2002 faz referência aos filhos havidos ou não da relação de casamento (art. 1.596), que guardam correspondência com os filhos legítimos e ilegítimos respectivamente.

Assim, em primeiro plano, nota-se que o estado de legitimidade encontrava na lei muito maior proteção que o de ilegitimidade, sob fundamento de que a sociedade tinha o maior e principal interesse em amparar e prestigiar a família legalmente constituída.

Por força do princípio constitucional que assegura plena igualdade de direitos e qualificações entre os filhos (Constituição da República, art. 227, § 6º), independentemente da origem da filiação, todos os filhos e modelos de família gozam de igual proteção, não mais se admitindo que algum filho ou família seja mais privilegiado do que outro.

Daí a série de presunções em virtude das quais o estado de legitimidade se projetava, enquanto que, no caso da filiação ilegítima, o estado só restritivamente resultaria de um ato espontâneo do pai, ou de um decreto judicial, pronunciado em ação fundada num dos casos enumerados na lei.[10] Este mesmo conceito encontrava confirmação no fato de que a filiação matrimonial se provava pelo assento de nascimento (CC de 1916, art. 347)[11] e, em sua falta, ou defeito, por *qualquer modo admissível em Direito*: "I – quando houver começo de prova por escrito, proveniente dos pais, conjunta ou separadamente; II – quando existirem veementes presunções resultantes de fatos já certos" (CC de 1916, art. 349; CC de 2002, art. 1.605).

No tocante à filiação extraconjugal, a lei não admite a mesma amplitude probatória, mas exige sempre um reconhecimento, voluntário ou judicial: se não houve um

---

[9] Palazzo, op. cit., p. 223.
[10] Como já esclarecido no Cap. I (nota 99), a presunção de paternidade em relação aos filhos havidos do casamento não afronta o princípio constitucional de igualdade entre os filhos, acima referido, visto que diz respeito à prova da paternidade.
[11] O artigo 347 do Código de 1916 foi revogado expressamente pela Lei nº 8.560/1992.

ato espontâneo e formal do pai, ou uma sentença declarando a paternidade, inexiste, juridicamente, a filiação. Falta o estado oficializado, como um *status* definido em lei.

Do mesmo modo que a filiação matrimonial, prova-se a extraconjugal pela certidão do termo de nascimento inscrito no registro civil (CC de 2002, art. 1.603), mas a diferença está em que o assento de registro do filho matrimonial, lavrado mediante declaração do pai, da mãe, do parente mais próximo, dos administradores de hospitais, do médico ou parteira que tiver assistido ao parto, da pessoa idônea em casa de quem tenha ocorrido o nascimento, ou ainda daquela que for encarregada da guarda do menor, deverá conter o nome e prenome dos pais (Lei nº 6.015, de 31.12.1973, arts. 54 e 55); ao passo que o do filho fora do casamento só mencionará o nome do pai, se este expressamente o autorizar, e comparecer, por si ou por procurador especial, para, reconhecendo-o, assinar ou mandar assinar a seu rogo, com duas testemunhas (lei referida, art. 59).

O estado do filho fora do casamento tem ainda sua prova na certidão do assento de nascimento, depois que for averbada a sentença declaratória ou o ato espontâneo de reconhecimento feito pelo pai (lei mencionada, art. 102).

O assento de registro sempre prova a paternidade matrimonial, apenas ressalvado ao pai o direito de contestá-la, em ação própria, ao passo que, para provar a paternidade extraconjugal, exige a lei que ocorra um reconhecimento.

Mas, uma vez evidenciado o estado da pessoa, pelos meios legais, verifica-se, quanto aos efeitos, igualdade entre eles. Embora preconceitos antigos ainda envolvam o filho natural na sociedade, o que é certo é que, em face da lei, o complexo de direitos e obrigações, decorrentes da filiação natural reconhecida, se equipara ao que provém da legítima, como fora escrito na Carta Constitucional de 1937, art. 126, e consagrado na de 1988 (art. 227, § 6º).

§ 2º Autoridade da coisa julgada em matéria de declaração de estado[12]

155. Na hipótese de reconhecimento judicial de paternidade, quando o estado fica estabelecido por via de sentença declaratória, que autoridade tem a coisa julgada?

Já o reg. nº 737, de 25.11.1850, cuja aplicação às causas cíveis em geral foi determinada pelo Decreto nº 763, de 19.06.1890, dispunha no art. 92 que:

> "As exceções de litispendência e coisa julgada, para procederem, carecem do requisito de identidade de coisa, causa e pessoa", norma que o Decreto nº 3.084, de 05.11.1898 repetiu no art. 201:

---

[12] Reportamo-nos, também, ao Capítulo IV, no qual discutimos outras questões pertinentes à coisa julgada material em ações de investigação de paternidade.

"A defesa fundada em litispendência ou coisa julgada somente procede, dado o requisito de identidade de coisas, causa e pessoa."

Estes dispositivos nos trazem do passado o princípio de que a autoridade da *res iudicata* prevalece entre as partes, a respeito do que constituir o objeto do julgamento, à vista da mesma causa.[13]

Muito embora o Código de Processo Civil haja silenciado a respeito, o princípio continua em vigor, em virtude da norma de continuidade das leis, contida no art. 2º, § 2º, da Lei de Introdução ao Código Civil:

"A lei nova, que estabelece disposições gerais ou especiais, a par das já existentes, não revoga nem modifica a lei anterior".[14]

A Lei de Introdução ao Código Civil passou a se denominar Lei de Introdução às Normas do Direito Brasileiro, por força da Lei nº *12.376, de 30 de dezembro de 2010.* O dispositivo citado (art. 2º, § 2º) não sofreu, porém, alteração.

A doutrina é pacífica, não havendo desacordo em que a coisa julgada só tem lugar, verificando-se a tríplice identidade: de pessoa, de pedido e de causa, isto é: identidade de relação jurídico-processual, *ut* art. 468 do Código de Processo Civil[15].

A luz desses princípios, será o estado de filiação fora do matrimônio, declarado por sentença, oponível tão somente às pessoas que forem partes da demanda? Quem não foi parte no feito poderá escusar-se de admiti-lo? A autoridade da coisa julgada não é absoluta, e se o estado decorre de sentença, seu vigor não ultrapassará quem foi parte no processo?

Por outro lado, o estado, por natureza, é *indivisível*, atributo que lhe é universalmente reconhecido, e, nestes termos, prevalece *erga omnes*, enquanto não for anulado. Uma pessoa não poderá, ao mesmo tempo, ser e não ser filha de certo pai: *simul esse et non esse non potest esse*. Ninguém pode ser filho de dois pais ou

---

[13] O dispositivo do CC francês, no tocante a este assunto, merece mencionado aqui, por ter sido a questão, como se verá mais adiante, amplamente discutida na doutrina e nos tribunais franceses: "Art. 1.351: *L'autorité de la chose jugée n'a lieu qu'à l'égard de ce qui a fait l'objet du jugement. Il faut que la chose demandée soit la même; que la demande soit fondée sur la même cause; que la demande soit entre les mêmes parties et formée par elles et contra elles en la même qualité*".

[14] Dec.-Lei nº 4.657, de 04.09.1942.

[15] Lei nº 5.869/1973 – CPC: "Art. 468. A sentença, que julgar total ou parcialmente a lide, tem força de lei nos limites da lide e das questões decididas". Lei nº 13.105/2015 – CPC/2015: "Art. 503. A decisão que julgar total ou parcialmente o mérito tem força de lei nos limites da questão principal expressamente decidida".

de duas mães, e, se tem o estado de filiação apurado por sentença, será incivil que a paternidade desta resultante admita exceções.

Esboça-se, assim, este conflito: de um lado a *indivisibilidade* do estado, de outro, a força da *coisa julgada*.

Noutros termos: se o estado não se divide, nem por isso será contrariado o princípio de que alguém pode ser compelido a reconhecer a autoridade de uma sentença proferida em ação na qual não foi parte, sofrendo-lhe as consequências, pois é certo que: *res inter alios iudicata, aliis neque prodest neque nocet.*

Como resolver, pois, a questão?

156. Antigos Jurisconsultos. Cujacio, Duaren, Donneau – reportando-se a textos romanos, construíram uma teoria que D'Argentré explanou e divulgou,[16] e é a seguinte: "A coisa julgada em questão de estado tem força *absoluta*, desde que proposta a ação contra o *legítimo contraditor*." Citado para a demanda o pai, todos os parentes do ramo paterno presumem-se por ele representados, e a sentença declaratória de estado a eles será utilmente oposta, porque o pai é que tem o "primeiro e principal interesse" no desfecho da ação, o mesmo ocorrendo com os parentes do ramo materno, se a mãe foi parte no processo.

A chave da doutrina, e ao mesmo tempo seu fraco, está em precisar quem é o "legítimo contraditor", e os seus criadores não forneciam outro elemento além deste: "É aquele que tem o mais próximo e principal interesse", repetindo a sentença de Baldo: "*qui praecipuum ius in agendo et defendendo habet*".

Não prestavam melhores esclarecimentos.

Se a ação é movida contra os herdeiros do pai defunto, quem será o legítimo contraditor? Qual dos herdeiros tem o principal interesse na contestação, de sorte que a coisa julgada contra ele possa prevalecer contra os outros?

Postos de parte os textos romanos, que, quanto ao *status familiae*, Savigny demonstra não autorizarem a doutrina, senão na hipótese de se ferir o litígio sobre a legitimidade do filho, e sobre o pátrio poder,[17] todos os autores modernos repelem a *teoria do legítimo contraditor*, que, entretanto e excepcionalmente, encontra defesa em Cunha Gonçalves.[18]

À impossibilidade de apontar quem, exatamente, possui estas qualidades, acentuada por Planiol e Josserand, acrescem dois argumentos de Laurent:

Primeiro, é que a teoria foi construída sem que o texto legal autorizasse a indicação do *legítimo contraditor*.

---

[16] Cf. Planiol, op. cit., vol. I, p. 164, nº 411; Josserand, *Cours de Droit Civil Positif Français*, vol. I, nº 1.313, p. 655; Laurent, op. cit., vol. III, nº 483, p. 619.
[17] Savigny, *Traité de Droit Romain*, vol. VI, p. 479.
[18] Cunha Gonçalves, *Tratado de Direito Civil*, vol. II, p. 177.

Segundo, que nada autoriza a existência implícita de tal mandato:

> "De quem os pretensos contraditores legítimos receberiam este poder? Da lei? Ela é muda, e seu silêncio basta para repelir estas pretensões. Da natureza? Ela dá a cada homem um direito individual, direito proveniente do sangue, direito que não pode transmitir nem comunicar; donde se segue que cada um não representa senão a si mesmo, e não tem qualidade para representar a família."[19]

Não pode ser aceita, realmente, esta construção doutrinária, porque, retiradas as suas bases, resta um artifício de estilo, a que falta fundamento legal. Não obstante isto, os tribunais franceses aplicaram-na por muito tempo, em plena vigência do Código Napoleão (Planiol).

157. O caráter *absoluto* da coisa julgada passou a ser sustentado em nome de outro princípio: *a ideia da indivisibilidade do estado civil*.

Seu mais moderno defensor é Savatier, que explana a doutrina em comentários a arestos da Corte de Poitiers, e da Corte de Cassação.[20] O teor de sua exposição é por demais extenso, para ser transcrito, pelo que nos propomos resumir seus argumentos, deixando de lado os que se referem puramente a textos legais:

> "Ninguém contesta o interesse público, o interesse geral que envolve a prova da existência do estado civil. Ora, a autoridade relativa da coisa julgada levará a uma situação esquerda, se a filiação afirmada judicialmente contra certas partes puder ser desmentida por outras. Não se deve, naturalmente, ter em vista a consequência resultante do estado, mas este em sua própria literalidade. Nas ações de estado, o que está em jogo não é uma sucessão ou a atribuição de uma tutela: é qualquer coisa que as domina – o próprio estado de uma pessoa.
>
> E este, que é? – A classificação que a sociedade faz do indivíduo, classificação que perde a razão de ser, desvestindo-se de qualquer autoridade, se se admitir a divisibilidade do estado e, pois, se este se contradisser a si próprio; o indivíduo, classificado sob duas etiquetas contraditórias, não estaria de todo classificado.
>
> Que força teriam os registros, a que a sociedade atribui tanto vigor, se o estado que acusam não tivesse valor *absoluto*, se eles não orientassem qual o estado da pessoa?

---

[19] Laurent, *Principes*, vol. III, p. 622.
[20] Savatier, respectivamente, em comentário a aresto da Corte de Poitiers, Dalloz, *Recueil Périodique*, 1920.2.60; e comentário a aresto da Corte de Cassação, Dalloz, *Recueil Périodique*, 1925, 1.201.

Um exemplo: o *nome*. É a tradução vocal do estado, exprime exatamente esta classificação e, se julgamentos contraditórios prevalecerem quanto ao estado, que nome teria seu titular, "se Pedro fez julgar que ele tinha o direito de se chamar Durand, e Paulo fez julgar que seu direito é de se apelidar Dupont"? E, como o nome não se pode separar do estado, conclui-se que a contradição em torno deste é inadmissível.

A indivisibilidade do estado é um atributo incontestável, que por si só resolve o problema da autoridade da coisa julgada, porque "impede a coexistência de dois julgados inconciliáveis", e, portanto, "terceiros não podem derribar os julgamentos de estado, proferidos fora de sua presença, se não destruírem seus efeitos com relação às próprias partes entre as quais o tinham sido".

A doutrina exposta por Savatier, e que antes dele já os tribunais aplicavam, tem aparências de verdade, mas, *data venia*, resolve mal o problema, não obstante sufragada por autores muito ponderosos, com uma ou outra variante de fundamentação, salientando-se entre os seus adeptos o grande e moderno tratadista italiano Ruggiero:

"Todas as sentenças definitivas que, pronunciadas sobre qualquer das citadas ações, decidam sobre o estado de filiação, quer atribuindo-o a quem o reclamava, quer tirando-o de quem dele gozava, têm eficácia universal, impondo-se a todos, e não podendo aqui aplicar-se o princípio do art. 1.351, ou seja: de que a autoridade do caso julgado é limitada às partes que intervieram na ação".

Sobre a matéria, cf. N. Coviello, *Dei giudicati di stato* (*Arch. Giur.*, XLVII, 1891, pp. 153 e segs.); Venzi, *in Pacifici, Ist.*, VII, p. 497, nº dd.[21]

158. Ao enunciar-se uma doutrina, cumpre, antes de mais nada, estabelecer, fixando-a de forma cabal, a respectiva premissa, em toda a sua extensão.

Os partidários da doutrina oposta, que por eufemismo, rotularemos de relativista, ao mesmo tempo em que respondem aos argumentos expendidos pelos partidários da teoria absolutista, deslocando os termos da questão, indagam em que sentido se deve entender a ideia de indivisibilidade do estado.

Josserand argumenta assim:

"O estado é indivisível neste sentido somente, que uma mesma pessoa não pode ter, simultaneamente, dois estados diferentes, e que lhe não seria lícito, operando uma sorte de ventilação, reclamar para si certos atributos de seu estado, para repudiar outros; mas resta saber frente a que pessoa ela está

---

[21] Ruggiero, *Instituições de Direito Civil*, vol. II, p. 187, nota 1.

autorizada a prevalecer-se das consequências aferentes ao estado que lhe foi atribuído por uma decisão judiciária".

Mostrando, e aqui lhe atingimos o âmago, a doutrina por ele sustentada,

"...e este problema deve ser resolvido com o auxílio do art. 1.351, sem que se ponha em xeque, realmente, a regra da indivisibilidade (*sic*: Demolombe, t. V, n°s 307 e segs.; Planiol & Ripert, t. I, n°s 40 e segs.; Eugene Audinet, n. precit.; Léon Mazeaud, *De la distinction des jugements déclaratifs et des jugements constitutifs de droit, Rev. Trim.*, 1929, pp. 46 *et seq.*). Nós faríamos aplicação desses princípios às ações de pesquisa de filiação, legítima ou natural, e às ações de contestação de estado; os julgamentos a que dão causa não têm senão uma autoridade relativa".[22]

Planiol, com a clareza de sempre, ainda é mais explícito: "O estado é indivisível; isto quer dizer que cada indivíduo não pode, *em suas relações com uma pessoa determinada*, passar por ser legítimo e por não o ser, por ter tal mãe e por ter uma outra."

Mas a indivisibilidade do estado é perfeitamente compatível com o *caráter puramente relativo das provas*. Pode ser *provado contra Pedro* que o filho é legítimo, *sem que esta prova seja oponível a Paulo*. Não se trata de dividir o estado, mas de distinguir com relação a que pessoas conseguiu-se estabelecê-lo.[23]

Socorramo-nos, ainda, da argumentação de Laurent:

"Sem dúvida o estado é indivisível, quando não há nenhuma incerteza, nenhuma contestação sobre a legitimidade do que o possui, e que exerce os direitos que a lei lhe atribui. Mas no momento em que há contestação, o estado *repousará sobre um julgamento*; ora, se é da essência dos julgamentos serem a expressão da verdade, nunca o serão senão entre as partes. Desde então o estado só existe com relação àqueles que figuraram no processo. Nada há de especial às questões de estado; é um princípio geral. A *verdade*, certamente, é indivisível, porque ela é *absoluta* em sua essência, o que não impede à verdade de *dividir-se,* quando resulta de um julgamento".[24]

Encerrando a questão num âmbito restrito e prático, em crítica feita a aresto da Corte de Paris, procura Henri Lalou reforçar a relatividade da coisa julgada com este argumento:

---

[22] Josserand, *Cours*, vol. I, n° 1.315, p. 656.
[23] Planiol, *Traité Élémentaire de Droit Civil*, vol. I, n° 444.
[24] Laurent, *Principes*, vol. III, pp. 622-623.

"Se só o filho pode mover ação de reclamação de estado, e o poderá contra os herdeiros do pai, e se o julgado tem força *erga omnes*, escolherá ele o defensor que lhe convenha, e, conseguido o julgamento favorável, opô-lo-á aos outros herdeiros, que lhe terão de sofrer as consequências".[25]

Para esta escola, portanto, e em resumo, a sentença proferida em matéria de estado somente tem autoridade *inter partes*. Mas seus adeptos abrem exceções a esta relatividade, admitindo a autoridade absoluta da *res iudicata:* nos julgados *constitutivos* ou *destrutivos* de estado, como, por exemplo, os proferidos em ações de divórcio, de interdição, de anulação de casamento; nos casos em que a ação é privada de uma só pessoa contra uma única, *ex. gr.*, ação de repudiação de paternidade legítima; nas hipóteses de reconhecimento judicial de óbito; finalmente, as decisões *referentes* ao nome das pessoas.[26]

Para as ações que interessam ao objeto de nosso estudo, a relatividade, ao ver destes eminentes juristas, vigorará sempre.

A teoria relativista foi muito aceita, principalmente na França. Acolheu-a a doutrina, e, depois de grande vacilação, os tribunais a têm aplicado vitoriosamente.[27]

158.1. A fim de podermos fixar os termos das teorias em divergência, em sua aplicação prática, pois que as construções puramente abstratas não satisfazem, formulemos uma hipótese: morto o pretendido pai, deixando três filhos legítimos, move o filho natural – X – ação contra um destes filhos legítimos – A – para que, reconhecida a filiação, seja este seu irmão condenado a restituir-lhe parte da herança paterna.

Dentro da teoria absolutista, pode pretender que os outros filhos do *de cujus* lhe restituam, cada um, uma parte da herança paterna, e estariam os outros filhos – B e C – condenados sem serem ouvidos, condenados numa ação em que não foram réus.

E se o filho natural – X – estivesse conluiado com o filho legítimo – A – para, defendendo-se este mal, ser-lhe atribuído judicialmente um falso estado, e repartirem ambos o que obtivesse X contra os outros – B e C?

Se a coisa julgada é absoluta, os irmãos, B e C, teriam de submeter-se a uma decisão, cuja autoridade – absoluta – lhes seria oposta, sem que pudessem defender-se.

---

[25] Henri Lalou, *Crítica a Aresto da Corte de Paris, in* Dalloz, *Recueil Périodique*, 1934.2.81.
[26] Cf. Planiol, *Traité Élémentaire*, vol. I, nos 466/447, p. 167; Josserand, *Cours*, vol. I, nº 1.316; Colin & Capitant, *Cours Élémentaire de Droit Civil Français*, vol. I, p. 340; Planiol *et* Ripert. *Traité Pratique*, I, pp. 27-33.
[27] Cf. Dalloz, *Recueil Périodique*, 1925.1.201; Dalloz, *Recueil Hebdomadaire*, 1926.368; Dalloz, *Recueil Périodique*, 1934.2.81.

Para os defensores da teoria relativista, o filho judicialmente reconhecido não pode fazer prevalecer a sentença contra os outros filhos, ausentes da demanda, e, porque a sentença lhes é inoponível, a conclusão é que o reconhecido não tem os direitos de filho, em relação aos que não foram partes no processo.

159. A questão, a nosso ver, e com a vênia devida aos ilustres juristas que integram as escolas em divergência, não pode ser resolvida em termos assim categóricos. Nenhuma dessas correntes tem por si visos de verdade científica, levadas às últimas consequências.

Afastada a doutrina do *contraditor legítimo*, restam as duas outras que pecam por quererem tirar de suas premissas conclusões decisivas.

Os da escolha relativista partem do princípio de que a coisa julgada é *res inter partes*, e desprezam a indivisibilidade do estado; os contrários assentam esta ideia fundamental, e menosprezam a relatividade da *res iudicata*.

O que é preciso é não perder de vista ambos os princípios: não olvidar que o estado é indivisível, e que a coisa julgada, ao mesmo tempo em que *pro veritate habetur*, também *aliis neque nocet neque prodest*.

O estado indivisível, sim. Uma vez declarada a filiação por sentença, o filho o é *erga omnes*. Adquire o estado de filiação jurídica, que é sua classificação social, e que simultaneamente integra sua personalidade, constitui sua condição na sociedade. Não se pode conceber que um indivíduo seja filho de tal pai, e, ao mesmo tempo, em relação a determinadas pessoas não seja. Porque o estado decorre da filiação, provém do vínculo do sangue, da raça, da família a que pertence seu titular, e a que se considera sempre ter pertencido, porque a decisão judicial apenas revela aquilo que por natureza preexistia.

Este estado é um direito essencialmente moral, é uma situação abstrata, que, independentemente de qualquer reconhecimento, ou negação, por parte de alguns membros da família, ou de quem quer que seja, persiste.

A solução exata do problema está, por certo, no sistema de nosso Código Civil, e verdadeira é a nossa doutrina legal.

Dispõe o Código que "a sentença, que julgar procedente a ação de investigação, produzirá os mesmos efeitos do reconhecimento" (art. 366 do CC de 1916; art. 1.616 do CC de 2002), e esta sentença deve ser averbada à margem do assento de nascimento daquele cuja filiação tiver sido declarada (Lei nº 6.015, de 31.12.1973, art. 102).[28]

---

[28] Este dispositivo apenas repete o princípio contido em outras leis reguladoras do registro, como, aliás, será examinado mais adiante.

Examinando a questão, o Prof. Soares de Faria, fundado no citado art. 366 do Código Civil de 1916, escreve que a sentença proferida em ação de investigação de paternidade produz os mesmos efeitos que o reconhecimento voluntário, e, transitada em julgado, e averbada no registro de nascimento do autor, tem "a mesma força, o mesmo valor, a mesma autoridade do reconhecimento voluntário, e este, ninguém o contesta, como já vimos, vale *erga omnes*, e não somente entre o pai reconhecente e o filho reconhecido.[29]

Intentada a ação em vida do pai, tudo corre assim, com a maior simplicidade, equiparado o decreto judicial à declaração espontânea, porque o réu, compelido a admitir o estado do filho, é o mesmo que tem a capacidade para fazer o reconhecimento da filiação. Entre uma e outra forma de declaração de estado, há identidade de situação jurídica. O pai, que é capaz de reconhecer, que tem a faculdade de declarar o estado do filho, tem igualmente o mesmo dever. Produz a sentença os mesmos efeitos da declaração voluntária, porque é da mesma natureza, e se o estado reconhecido espontaneamente pelo pai é oponível a toda gente, o estado declarado por sentença o será também.

Mas, no caso da ação movida após a morte do pai, é admissível a indagação feita pelos autores franceses? Poder-se-á indagar de sua autoridade, com relação a herdeiros do pai, não citados para a demanda? Caberá em nosso Direito indagar se o herdeiro não citado para a ação pode ser compelido a reconhecer os efeitos da sentença de reconhecimento?

As soluções construídas pela doutrina francesa não têm aplicação em nosso Direito, porque aqui estariam inquinadas de pecado original, decorreriam de uma premissa não tolerada pela lei.

O art. 363 do Código Civil de 1916 começava nestes termos, que eram de fato uma norma fundamental:

> "Os filhos ilegítimos de pessoas que não caibam no art. 183, n^{os} I a VI, têm ação contra os pais, ou *seus herdeiros*, para demandar o reconhecimento da filiação".

Em princípio, como notou Clóvis Beviláqua, comentando o artigo, a ação de investigação de paternidade tem cabimento contra o pai. Somente este tem qualidade para confessar, declarando-a, a relação de parentesco biológico que o prende ao filho, e somente ele dispõe de elementos para destruir a alegação, se for inexistente o vínculo de consanguinidade.

Mas a lei admite também que o filho demande "os seus herdeiros", os herdeiros do pai, e, se assim dispõe, não cabe ao intérprete restringir a linguagem

---

[29] Soares de Faria, *Investigação de Paternidade*, p. 136.

legal à hipótese de ter sido a ação iniciada em vida do pretendido genitor, e apenas *continuada* após seu passamento.³⁰

A ação pode ser intentada contra os que sucedem ao pai, contra os continuadores de sua pessoa, contra aqueles a quem são transferidos os seus direitos e as suas obrigações, contra *todos os herdeiros do pai* (v. item 95, *supra*).

Se o autor chama a Juízo apenas alguns dos herdeiros deste, a lide está incompleta, está *não integralizada*, e a sentença proferida em tal ação é nula.

Não há cogitar da sua oponibilidade aos herdeiros que não foram partes no feito, porque a sentença em tais condições é de nenhum efeito, é inoponível mesmo aos que foram citados para a demanda. No sistema do Código, *os herdeiros* representam o pai. A eles, em sua totalidade, em seu conjunto, transfere-se a obrigação, correlata ao direito que tem o filho de fazer-se reconhecer. Se ação for movida a um grupo apenas de herdeiros, deixando-se à parte outros, não se estabelece a relação processual entre o que tem a faculdade de pedir a declaração de estado e os que serão sujeitos passivos da relação jurídica, e, pois, sendo incompleta a lide, não haverá sentença válida de reconhecimento.

Dar-se-á o mesmo que ocorreria numa ação, em que o marido, casado pelo regime da comunhão universal de bens, pleiteasse um direito real sobre imóvel, como autor ou como réu, sem a devida outorga *uxória* (art. 235 do CC de 1916; art. 1.647 do CC de 2002).

Assim, sendo, as questões levantadas pelos tribunais e pelos autores franceses não se verificam em nosso Direito, e as soluções, que uma e outra corrente oferecem, não têm aplicação entre nós, porque, lá, são estes os termos do problema: qual a au-

---

[30] Clóvis Beviláqua, na verdade, sustentava: "A afirmação que acaba de ser feita, de que a ação de reconhecimento deve ser proposta em vida do suposto pai, sendo admissível, contra os herdeiros dele, no caso de ter o mesmo falecido pendente a lide, não alcançou apoio na jurisprudência, mas tem por si razões poderosas." Enumerava ele as razões, que em resumo, eram estas: 1ª) Só quem tem capacidade para reconhecer, tem a obrigação de admitir judicialmente a declaração de estado. 2ª) É imoral que o autor se prevaleça do falecimento de quem dispõe de elementos de defesa, para demandar os herdeiros. 3ª) Interpretar ampliativamente a expressão do art. 363 (do CC de 1916) é atentar contra as exigências da civilização (vejam-se os comentários ao art. 363).

Data venia, não tem razão o saudoso mestre. Seus argumentos poderiam ser procedentes como crítica feita ao dispositivo legal, como combate no sentido de ser alterado o sistema, mas pecam pela base, como interpretação. Quando a lei afirma que cabe ação contra os *herdeiros do pai* quer dizer que o filho tem a faculdade de acionar os herdeiros, de chamar a Juízo os herdeiros, o que é muito diverso da mera permissão, restrita, de *continuar* contra os herdeiros uma ação que coubesse privativamente contra o pai.

A jurisprudência fixou-se neste rumo e a doutrina aceitou-o como verdade. Cf. Estêvão de Almeida, *Manual do Código Civil,* vol. VI, nº 182, p. 166; Carvalho Santos, *Código Civil Brasileiro Interpretado,* vol. V, p. 492.

toridade da coisa julgada em matéria de estado de filiação ilegítima, quando o filho intente a ação contra alguns dos herdeiros do pai, deixando de convocar à lide outros?

Entre nós, entretanto, os princípios são outros, e podem resumir-se nestes termos: a ação de investigação de paternidade só pode ser intentada contra o pai, e, após sua morte, contra todos os herdeiros.

Consequentemente, se o filho chama a Juízo apenas *alguns* dos herdeiros, inexistirá sentença válida, e, pois, nenhum efeito jurídico pode produzir o decreto judicial de reconhecimento, proferido em lide incompleta, pois não há falar em paternidade reconhecida em relação a um ou alguns, sem se opor aos demais (art. 267, IV e VI, do CPC/1973, – art. 485, IV e VI do CPC/2015).

Uma vez regularmente integrada a lide (ação proposta contra o pai ou seus herdeiros) o *iudicium* produz efeitos *erga omnes* como é da essência do *status* daí decorrente.

Esta, aliás, é a tendência que já se nota em face das modificações legislativas em outros sistemas. Desprezando toda a discussão anterior, o Direito francês passou por uma reforma radical. A Lei de 03.01.1972 veio pôr termo às dúvidas levantadas a propósito da autoridade da coisa julgada:

> "... admite que todos os julgamentos proferidos em matéria de filiação, sem distinção de seu objetivo particular (estabelecimento ou contestação de uma filiação legítima ou natural) produzem efeitos em relação a terceiros, na medida em que constituem um título probatório de valor equivalente ao de um ato de estado civil. Em consequência, os terceiros, que não foram partes nem representados na causa, não podem ignorar o julgamento, nem abrigar--se atrás da relatividade da coisa julgada, para se furtarem a seus efeitos".[31]

Não são frequentes as decisões de nossos tribunais em torno do assunto. O Supremo Tribunal Federal, entretanto, apreciando a espécie, proclamou a necessidade de ser a ação intentada contra "os parentes" do indigitado pai salvo no caso de limitar o investigante a sua pretensão aos efeitos patrimoniais, quando, então, considerou integrada a lide com a citação apenas dos que detêm o acervo a que o autor se julgue com direito.[32]

No plano doutrinário, a matéria já foi objeto de monografia valiosa, de autoria do saudoso Professor Jorge Salomão que, após demorada pesquisa, considera os terceiros, como "titulares de uma situação jurídica dependente da que é objeto de julgamento", e, por isto mesmo, "devem suportar os efeitos da sentença alheia,

---

[31] Foyer Colombet, Huet-Weller *et* Labrusse-Rion, *La Filiation Légitime et Naturelle*, nos 70-75, p. 63.
[32] *Rev. Forense*, vol. 108, p. 61.

podendo, todavia, reagir ao prejuízo jurídico que ela lhes ocasione, desde que consigam demonstrar a objetiva injustiça da Decisão".[33]

No mesmo sentido da oponibilidade *erga omnes* aponta-se Liebman, salvo quanto aos terceiros que tenham interesse da mesma natureza e proximidade que a das partes, como seria, entendemos nós, em relação a um outro filho natural, não reconhecido, e que viria a ajuizar ação investigatória.[34]

Defendendo, também, a mesma oponibilidade aos terceiros, está José Frederico Marques.[35]

§ 3º Registro de estado

160. A sociedade moderna demonstra seu interesse e seus cuidados no estabelecimento inequívoco do estado civil de cada um, instituindo os registros civis e atribuindo-lhes a maior gravidade.

Quem procura rastrear, no passado, seu histórico, não consegue filiá-lo às tentativas empreendidas pelas cidades antigas.

É bem verdade que na Bíblia vamos encontrar, depois da primeira referência ao recenseamento do Povo Eleito, no Êxodo, XXXVIII, 25, o *Livro dos Números*, que contém o censo e o registro de "toda a assembleia dos filhos de Israel, segundo suas famílias e suas casas", ao mesmo tempo em que as regras de registro, com indicação do nome e filiação. Estes assentos contém apenas a inscrição dos hebreus varões, de 20 anos e mais, e classificação dos homens fortes, pertencentes às tropas de Moisés e Aarão.[36]

Fustel de Coulanges nos mostra, por outro lado, que o povo grego conhecia a inscrição dos indivíduos na *phratria*, a que mais tarde foi oposta a organização *demos*, e Spencer Vampré nos relata que, por ocasião da aposição do nome ao recém-nascido, procedia-se à sua inscrição no registro das "curias". Também em Roma os "patrícios" eram inscritos em registro especial, e, com caráter geral, os Imperadores ordenavam anotações censitárias periódicas.

Reportando-se a Dionísio de Halicarnasso, dizem Baudry-Lacantinerie *et* Houques Fourcade que por determinação de Servius Tullius instituiu-se o costume

---

[33] Jorge Salomão, *Da Coisa Julgada nas Ações do Estado*, p. 126.
[34] Enrico Tullio Liebman, *Eficácia e Autoridade de Sentença*, p. 181.
[35] José Frederico Marques, *Instituições de Direito Processual Civil*, vol. V, nº 1.102.
[36] São estes os versículos normativos:
"*Tollite summam universae congregationis filiorum Israel per cognationes et domos suas, et nomina singulorum, quidquid sexus est masculini.*
A vigesimo anno et supra, omnium virorum fortium ex Israel, et numerabitis eos per turmas suas, tu et Aaron (números 1, 2 e 3).

serem os nascimentos e óbitos comunicados aos guardiães de certos templos, e, mais tarde, o *tabularius publicus* ficou encarregado de um serviço de inscrição dos *acta publica*, de que fornecia cópia autenticada aos interessados.

Mas, comentam os tratadistas franceses:

> "... a princípio as inscrições não deviam ser nem gerais nem regulares, como demonstram medidas tomadas por Marco Aurélio, segundo o testemunho de J. Capitolinus, com relação aos nascimentos. Pois as menções destes atos por forma nenhuma constituíam prova peremptória ou exclusiva dos fatos que aí estavam registrados: admitia-se qualquer meio, seja em sua falta, seja para combater-lhe a veracidade".[37]

Mas nem o recenseamento bíblico, por um lado, nem, por outro, as inscrições gregas, ou o registro do patriciado, ambos de cunho político, nem a inscrição nas cúrias, nem o censo demográfico poderão ser considerados a origem histórica dos registros públicos modernos, como não o são, também, as tentativas de inscrição dos atos de nascimento e óbito de Servius Tullius, porque nenhum elo existe que historicamente os prenda ao caráter social de inscrição dos atos do estado civil de nossos dias. Com a queda do Império, todos os vestígios desse serviço desapareceram.

E, se perquirirmos como vieram a organizar-se, vamos encontrar sua origem num hábito adotado pelo clero católico medieval, sem ter em vista o interesse laico da sociedade civil, e sem aparentar continuação com os rudimentares registros romanos, mas visando ao melhor conhecimento de seus rebanhos d'almas, à anotação dos sacramentos de batismo e matrimônio, ao seu cargo, além da escrituração dos dízimos e emolumentos.

O mais antigo documento concernente ao conteúdo dos registros de batismo data de 1406, segundo Colin & Capitant, fundados por sua vez no testemunho de Violet, Brissaud e Berriat-Saint-Prix: é um estatuto de Henri Barbu, Bispo de Nantes, determinando a consignação dos nomes dos padrinhos no registro respectivo.[38]

Quando o indivíduo era levado ao seio da grei cristã pelo batismo, os sacerdotes anotavam o seu nome em livro próprio; quando este indivíduo recebia a bênção matrimonial, igualmente se procedia à inscrição da cerimônia; quando era sepultado, ainda a presença do padre fazia-se sentir, entoando o ofício fúnebre e fazendo a consequente anotação. Desta forma, por via indireta, ficavam evidenciados os momentos principais de sua vida civil: nascimento, casamento e óbito.

Em nosso antigo Direito, ligado o Poder Espiritual da Igreja ao Poder Temporal do Estado, oficial que era a Religião Católica, admitia-se a prova resultante

---

[37] Baudry-Lacantinerie *et* Houques Fourcade, *Traité Théorique et Pratique de Droit Civil, Des Personnes*, II, p. 3.

[38] Colin *et* Capitant, *Cours Élémentaire*, vol. I, p. 383.

dos registros eclesiásticos como específica. Vê-se no *Digesto Português,* de Correia Teles, a obrigação de fazer o pai batizar o filho pelo pároco da freguesia, no termo determinado pela Constituição do Bispado (art. 489), e, depois da menção dos requisitos com que se lavraram, ou deviam lavrar os assentos de batismo, encontra-se a força probante dos mesmos:

> "A certidão do pároco ou do cartório dos livros findos, passada do livro, para a filiação, legitimidade ou ilegitimidade, a idade do filho, e por elas podem exigir o mesmo salário como um tabelião" (art. 495).

Borges Carneiro, a seu turno, ensina que a idade se prova "por certidão de batismo ou de outros livros paroquiais, e este é o meio de prova mais antigo e frequente".[39]

A Revolução Francesa, levando avante seu programa anticlerical, sustentou a doutrina da laicização dos registros civis, e, retirando-os das mãos dos padres, deles encarregou autoridades leigas, como se vê do art. 7º, Tít. II, da Constituição de 03.09.1791, e foi repetido em lei ordinária, de 20 a 25.09.1792.

No Brasil continuaram os registros de casamento, de nascimento e de óbito em mãos do clero católico, obedecendo ao que prescreviam as Constituições Eclesiásticas, segundo os preceitos canônicos estabelecidos no Concílio Tridentino de 1563.

Mas, desde o século XIX, verificou-se que eles se mostravam insuficientes para atender às necessidades públicas, antes de mais nada por sua imperfeição intrínseca: para a Igreja, o batismo, que é a introdução dos neófitos no rebanho de São Pedro, é o ato de maior solenidade e importância. Muitas vezes, os vigários anotavam sua data, e os nomes dos padrinhos, e deixavam de registrar a do nascimento e os nomes dos pais, de que resultava não ser a certidão do batismo prova rigorosa da idade.

Além disso, e é a objeção mais séria, nem toda a população brasileira era católica, pelo que, ou os adeptos das seitas cristãs reformistas, e os filiados a outras crenças, ficavam sem meios de provar os momentos essenciais de sua vida civil, ou eram levados a um ato de hipocrisia espiritual, sofrendo um constrangimento de consciência.

Para obviar a esses males, a Lei nº 1.144, de 11.09.1861, "faz extensivos os efeitos civis dos casamentos celebrados na forma das leis do Império, aos das pessoas que professarem religião diferente da do Estado, e determina que sejam regulados o registro e as provas desses casamentos, e dos nascimentos e óbitos das ditas pessoas, bem como as condições necessárias para que os pastores de religiões toleradas possam praticar atos que produzem efeitos civis".

---

[39] Borges Carneiro, *Direito Civil de Portugal,* vol. III, § 220, p. 30.

Para dar execução a esta lei, expediu-se o Decreto nº 3.069, de 17.04.1863, que foi o regulamento de registro dos casamentos, nascimentos e óbitos das pessoas que professassem religião diferente da do Estado.

Não podia um regulamento de registro civil deixar de referir-se aos filhos naturais, e, assim, dispondo o art. 45 sobre os assentos de nascimento estatuía que:

> "O competente escrivão do Juízo de Paz fará o registro do nascimento, reduzindo a termo... e declarando o seguinte:
>
> 5º) O nome só da mãe, seu domicílio, residência atual e profissão, se o recém--nascido for filho ilegítimo; e também o nome do pai que o reconheceu ou reconhecer no ato, seu domicílio, residência atual e profissão, ou somente o do pai que o reconheceu ou reconhecer no ato, no caso de se não declarar o nome da mãe".

Para Teixeira de Freitas, aliás, autor da lei, este inciso, como vimos, derrogou a Lei nº 463, de 1847.[40]

Posteriormente, a Lei nº 1.829, de 09.09.1870, sancionando o decreto da Assembleia-Geral que manda proceder ao recenseamento da população do Império, determinou no art. 2º que o Governo organizasse o registro dos nascimentos, casamentos e óbitos. Mas somente 18 anos depois, dando execução a esta determinação, baixou o Governo o Regulamento do Registro Civil, com o Decreto nº 9.886, de 07.03.1888.

No que se refere ao registro de nascimento dos filhos ilegítimos, a lei guardou todas as cautelas, e, no art. 59, em seguida aos requisitos do assento de nascimento, permitiu:

> "Podem ser omitidos, se daí resultar escândalo, o nome do pai, ou o da mãe, ou de ambos, e quaisquer das declarações do artigo antecedente, que fizerem conhecida a filiação, observando a este respeito as reservas estabelecidas para os assentos do batismo, na Constituição Eclesiástica nº 73".

E esta Constituição Eclesiástica prescrevia:

> "Quando o batizado não for havido de legítimo matrimônio, também se declarará no mesmo assento do livro o nome de seus pais, se for coisa notória e sabida, e não houver escândalo; porém, havendo escândalo em se declarar o nome do pai, só se declarará o nome da mãe, se também não houver escândalo nem perigo."

---

[40] V., *supra*, Cap. I.

Completando as providências acautelatórias, referentes ao registro dos filhos naturais, dispunha nestes termos o referido Regulamento de Registro, art. 61:

> "Sendo ilegítimo não se declarará o nome do pai, sem que este expressamente o autorize..." etc.

Além de outros motivos, era presente o receio de que escândalos em torno da filiação natural viessem envolver as famílias legítimas. Para se ver como se fazia sentir o respeito pela conservação secreta da procriação ilegítima, basta recordar, além dos textos legais acima referidos que mencionam expressamente a cautela, que o grande Teixeira de Freitas, a propósito da questão suscitada na interpretação da Lei nº 463, de 02.09.1847 tem esse tópico que bem retrata o cuidado ao tempo dominante, em que a filiação ilegítima só se desvendasse mediante uma atitude espontânea do pai:

> "Se é fim da lei *impossibilitar* a *escandalosa discussão* das ações de filiação ilegítima, como conceber que depois dela se proponham tais ações, e os juízes as admitam, para que tenha lugar uma confissão judicial de quem é demandado como pai, ou como herdeiro do pai?"[41]

161. Assim a República recebeu do Império o registro dos filhos ilegítimos, e assim o conservou, até que, entrando em vigor o Código Civil de 1916, tratando-se da reorganização dos Registros Públicos, para ficarem de acordo com a nova lei, foi promulgado o Decreto nº 4.827, de 07.02.1924, que em seu art. 2º impunha:

> "No Registro Civil das pessoas naturais, far-se-á:
>
> *b*) a averbação:
>
> IV – dos atos judiciais ou extrajudiciais de reconhecimento de filhos ilegítimos (CC de 1916, arts. 355 e 366)".[42]

Esta providência é imprescindível para que o registro seja a expressão do estado civil. Por ela clamava Ruggiero em seu país, ao comentar que os registros de estado, consignando apenas os atos de nascimento, casamento e óbito, nunca podem oferecer a demonstração inequívoca do estado da pessoa, se neles não forem anotadas as alterações que venha a sofrer o mesmo estado.

Conservando esta tradição, e consolidando a matéria de registro, o Decreto nº 18.542, de 24.12.1928 nos arts. 73 e 110, aceitou a doutrina anterior ao Código

---

[41] Teixeira de Freitas, *Consolidação das Leis Civis*, comentário ao art. 212, p. 176.
[42] No Código Civil de 2002 os artigos correspondentes são os arts. 1.607 e 1.616, referindo-se aos atos extrajudiciais e judiciais de reconhecimento dos filhos *fora do casamento*.

Civil de 1916, e seus incisos, sob a mesma numeração, foram repetidos *ipsis litteris* no Decreto nº 4.857, de 09.11.1939.

Assim, portanto, quando o filho ilegítimo não era reconhecido pelo pai no assento de registro, o nome deste não podia constar do termo. Mas, reconhecido mais tarde, espontânea ou judicialmente, far-se-ia a averbação do ato de reconhecimento, à margem do assento de nascimento, e, quando não houvesse espaço no livro corrente, o oficial lavraria averbação com as notas remissivas que facilitassem a busca (Dec. nº 4.857, citado, art. 107).

A preocupação da sociedade moderna com os filhos naturais refletia-se nos menores detalhes. Com a publicação do Decreto-Lei nº 3.200, de 19.04.1941, mais uma vez se demonstrou.

Não podemos, entretanto, deixar de fazer reparos à denominação deste ato legislativo – "Lei de Organização e Proteção da Família" – denominação que reputamos pretensiosa, porque a Família brasileira não aguardou, para organizar-se, sua promulgação. Ela já existia, organizada e muito bem, antes desta lei; já era um organismo temperado no vigor de nossas tradições.

Antes de haver legislação brasileira, antes mesmo que houvesse legislação, já existia a Família. O ilustre Prof. Sá Pereira, em sua linguagem, florida, salientando a eclosão natural do organismo familiar, já prelecionava que o legislador não na pode criar, da mesma forma que o jardineiro não cria a primavera.

Este Decreto-Lei nº 3.200, dizíamos, preceitua no art. 14:

> "Nas certidões de registro civil, não se mencionará a circunstância de ser legítima, ou não, a filiação, salvo a requerimento do próprio interessado, ou em virtude de determinação judicial".

O alcance da medida é manifesto: a ocultação do estado de filiação, sendo medida geral, permite que se não divulgue a ilegitimidade, concorrendo, ainda uma vez, para a equiparação mais completa entre os filhos ilegítimos e os legítimos. É claro que o filho natural não deixava de o ser, só pelo fato de se não mencionar a circunstância na certidão. Mas, uma vez que esta omite a classificação de estado do inscrito, isto constitui uma forma de tratar igualmente a todos, quer legítimos, quer não, ressalvado, porém, o direito, manifestado expressamente, mediante requerimento, de querer o interessado a referência de seu estado, bem como a hipótese de o determinar a autoridade judiciária.

162. Voltando o legislador suas vistas para os Registros Civis, editou o Decreto-Lei nº 1.000, de 21.10.1969, que não chegou, contudo a vigorar, substituído que foi pela Lei nº 6.015 de 31.12.1973.

Esta, nos arts. 29 e segs., cogita do registro civil das pessoas naturais, e em especial os arts. 50 a 66 cuidam do nascimento.

Em referência específica aos filhos ilegítimos, os arts. 59 e 60 mantêm a mesma linha de orientação anterior, proibindo a menção do nome do pai sem a anuência expressa deste (art. 59), mas dispondo que conterá o nome do pai ou da mãe, quando qualquer deles for o declarante.

Agravou-se a problemática dos registros de nascimento dos filhos ilegítimos, especialmente após a vigência do Decreto-Lei nº 4.737, de 24.09.1942 e da Lei nº 883, de 21.10.1949 com a permissão de se reconhecerem os filhos havidos fora do matrimônio, nas condições que prescrevem.

Por isso mesmo, o impacto jurisprudencial era frequente. Não obstante as vacilações inevitáveis, pode-se extrair uma como que doutrina judiciária dos efeitos do registro na filiação natural.

Em princípio, estabeleceu-se que o não comparecimento do pai implicava proibição para que seu nome e os dos avós paternos figurassem no assento de nascimento do filho ilegítimo, quer seja simplesmente natural, quer seja adulterino.[43] Mas se ambos os pais requeriam a averbação da legitimidade do filho, no assento de nascimento, a declaração prevalecia como reconhecimento de paternidade, uma vez que a lei não exigia forma sacramental para sua validade.[44]

Se era o pai quem procedia ao registro do filho, constituía valioso elemento de prova da paternidade[45] e permitia ao filho habilitar-se no inventário daquele, sem a propositura da ação de investigação da paternidade.[46] Registrado o filho adulterino pelo pai, na constância do matrimônio, produzia efeitos após a sua morte, e, embora tenha sido irregularmente efetuado, não comportava impugnação após dissolvido o casamento.[47] Não era, contudo, pacífica a tese, pois que o Tribunal de Justiça de Minas Gerais considerou visceralmente nulo um registro do adulterino na vigência do vínculo matrimonial, negando-lhe qualquer efeito.[48]

A duplicidade de registros da mesma pessoa tem sido objeto de cogitação na Justiça. O Tribunal de Justiça do antigo Estado da Guanabara entendeu, num caso, que simplesmente prevalece o primeiro, sendo ineficaz o segundo, dele

---

[43] Tribunal de Justiça de Minas Gerais, *in Rev. Forense*, vol. 158, p. 273; Tribunal de Justiça de São Paulo, *in Rev. Forense*, vol. 194, p. 228.
[44] Tribunal de Justiça de São Paulo, *in Adcoas*, 1973, nº 19.989, p. 306.
[45] Tribunal de Justiça do antigo Estado do Rio de Janeiro, *in Adcoas*, 1973, nº 24.170, p. 771.
[46] Tribunal de Justiça de São Paulo, *in Rev. Forense*, vol. 233, p. 148; Supremo Tribunal Federal, *in Rev. Trimestral de Jurisprudência*, nº 32, p. 457.
[47] Tribunal de Justiça do Rio Grande do Sul, *in Adcoas*, 1973, nº 23.754, p. 722; 1975, nº 36.314, p. 550.
[48] *Adcoas*, 1974, nº 30.718, p. 709.

constando paternidade atribuída a homem casado, a quem era defeso reconhecer filho adulterino no assento de nascimento.[49]

O princípio cardeal, entretanto, é que não é o registro que cria a relação jurídica da filiação legítima ou ilegítima. Esta resulta do fato do nascimento. Se o registro foi irregularmente feito, o reconhecimento judicial posterior convalida-o.[50] Mas a mãe pode obter a declaração de inexistência da relação jurídica da maternidade, mediante o seu cancelamento, em provando a ausência da relação biológica da maternidade.[51]

Pode, em qualquer tempo, proceder-se à retificação do assento de nascimento. Se envolvia a da natureza legítima ou ilegítima da filiação, somente tinha cabida mediante procedimento contencioso.[52] Em face do disposto no art. 227, § 6º, da Constituição, perdeu objeto a indagação sobre a legitimidade ou ilegitimidade da filiação.

163. A Constituição de 1988, no art. 227, § 6º, estabeleceu a igualdade jurídica de todos os filhos, "proibidas quaisquer designações discriminatórias relativas à filiação". Este preceito reflete obviamente no registro, que não poderá conter qualquer elemento que permita distinguir se se trata de filho havido de relações de casamento ou não.

164. A Lei nº 8.560, de 29.12.1992, estabelece que no caso de um registro apenas com a maternidade declarada, o oficial remeterá ao juiz certidão integral do registro e a identificação do suposto pai, a fim de ser averiguada oficiosamente a procedência da alegação. Proceder-se-á ao prescrito na lei, ao qual aludimos em o nº 91, *supra* (art. 2º).

Em nenhum caso constarão da certidão de nascimento indícios de que a concepção teria sido decorrente de relação extraconjugal (art. 6º).

Como anteriormente ressaltado, crescente tem sido a preocupação com a realização e com a regularização dos registros de nascimento, para que se ponha fim à falta de registro e ao denominado sub-registro, isto é, ao registro feito de maneira incompleta, em que não há normalmente o nome do pai. Esta é a preocupação do Programa Pai Presente, instituído pelo Provimento 12/2010, do Conselho Nacional de Justiça – CNJ. Nesse sentido, a Corregedoria Nacional da Justiça, do CNJ, editou o Provimento 16, de 17.02.2012, que permitiu a aplicação da Lei nº 8.560/1992, após o momento previsto no art. 2º, a qualquer tempo durante a menoridade do

---

[49] *Adcoas*, 1974, nº 29.112, p. 519.
[50] Tribunal de Justiça do antigo Estado da Guanabara, *in Adcoas*, 1973, nº 21.754, p. 499.
[51] Tribunal de Justiça de Alagoas, *in Rev. Forense*, vol. 170, p. 326.
[52] Tribunal de Justiça do antigo Estado da Guanabara, *in Rev. Forense*, vol. 193, p. 197; Tribunal de Justiça de São Paulo, *in Rev. Forense*, vol. 107, p. 501.

filho, podendo a mãe apontar o pai. Estendeu ao filho maior igual faculdade. O mencionado Provimento 12 procurou simplificar o reconhecimento da paternidade, admitindo inclusive o reconhecimento espontâneo a qualquer tempo perante o Oficial do Registro Civil de Pessoas Naturais, através de documento particular ou Termo cujo modelo se encontra anexo ao citado Provimento.

Observa Katia Regina Ferreira Andrade Maciel que o Provimento CNJ 16/2012 visou ampliar as formas de acesso à averbação da paternidade nas hipóteses de reconhecimento espontâneo, simplificando o seu procedimento e tornando a via judicial somente necessária, em regra nos casos em que houver dúvida por parte do Oficial do Registro Civil.[53]

---

[53] Katia Regina Ferreira Andrade Maciel. *A formação, a ruptura e a reconstrução da identidade familiar de crianças e adolescentes institucionalizados*. Dissertação de mestrado. 2010, p. 152. Mimeo.

Capítulo IX
O NOME

§ 1º Natureza do direito. § 2º Aquisição do nome pelo filho havido fora das relações do casamento.

§ 1º **Natureza do direito**

165. Um dos elementos constitutivos e integrantes da personalidade é o nome, elemento designativo da pessoa, e fator de sua identificação na sociedade, intimamente ligado ao estado.

De modo geral é pelo nome que se individualiza a pessoa, é pelo nome que, grosso modo, se verifica sua filiação pela procedência familiar.

Nesta expressão genérica, portanto, estão compreendidos elementos puramente individuais e elementos familiares.

Os povos da antiguidade remota, entre os quais, neste particular, se podem incluir os gregos, adotavam apenas um nome simples, uma só partícula: Péricles, Sófocles, Aristóteles. Na Bíblia, contudo, o registro censitário do *Livro dos Números* aponta a existência, não de um nome complexo, pelo qual se davam a conhecer o indivíduo e sua família, mas uma forma especial de precisar a filiação, como, por exemplo, a denominação dos "nobilíssimos príncipes do povo": De Ruben, Elisur, filho de Sedem; de Simeon, Salamiel, filho de Surisaddai; De Benjamin, Abidau, filho de Gedeão.[1]

Os latinos, ao contrário, foram muito minuciosos, e procuraram, segundo Mommsen & Marquardt, exprimir a par do característico personativo, "acessoriamente a relação da pessoa com a família e o Estado, designar o indivíduo segundo sua situação social, como parte integrante de um conjunto orgânico".[2]

Distinguiam-se: o *praenomen*, que designava a pessoa; o *nomen*, que indica sua *gens*; o *cognomen*, que apontava sua família.

Ulteriormente, os bárbaros fizeram cair em desuso estas particularidades onomásticas, e, só após muitos séculos, foram-se reconstituindo os nomes com-

---

[1] *Números*, I, de que, *ex. gr.*, extraímos os versículos 5, 6 e 11.
[2] Mommsen & Marquardt, *Manuel des Antiquités Romaines*, XIV, pp. 9 e segs.

postos, mediante aposição, ao prenome, da designação de uma terra onde exercia o indivíduo o seu domínio, de uma profissão que exercesse, de um *sobrenome* qualificativo, que com o correr do tempo se tornava peculiar à sua família, ou de uma forma genitiva do prenome de seu pai.

Modernamente se retornou à distinção de elementos pessoais e gentilícios, generalizando-se o uso dos nomes compostos: um *prenome*, designação individual, e um *nome patronímico*[3], característico de sua família, transmissível hereditariamente, usado em geral pelos descendentes. São esses elementos essenciais do nome, à parte outros fatores secundários.[4]

166. Não estão os autores de acordo, quando tentam caracterizar a natureza jurídica do nome.

A primeira ideia do "*direito* ao nome" segundo Perreau,[5] vem-nos da época feudal, quando a ele estava ligado o direito de *senhoria*: decorrendo o nome usado pelo indivíduo da terra de seu feudo, o dono da terra julgava-se proprietário do respectivo nome, e considerava uma usurpação o fato de terceiro pretender adotá-lo para designar-se. Até a época da Revolução Francesa, o nome da terra era ligado ao prenome de seu possuidor pela preposição *de*, e incorporava-se ao patronímico, assumindo o caráter de nome de família.[6]

Daí, segundo Planiol, provir a falsa doutrina de que o direito ao nome é de natureza *dominical*, de que existe a propriedade no nome.[7]

Josserand, fundado em arestos diversos, sustenta que a jurisprudência francesa assim o tem considerado: "o nome constitui uma propriedade como outra qualquer, da qual é permitido a seu titular, em princípio pelo menos, gozar da maneira mais absoluta",[8] conceito que é confirmado por Planiol *et* Ripert.[9]

Ao fazer a crítica desta teoria, objeta procedentemente Josserand, desenvolvendo argumentação idêntica à de Planiol e de Colin & Capitant, que faltam ao direito ao nome os requisitos naturais da propriedade: esta é, de regra, alienável e prescritível, enquanto que o direito ao nome é inalienável e imprescritível; ao

---

[3] Atualmente, o art. 16 do Código Civil de 2002 estabeleceu que o nome se compõe de prenome e sobrenome, preferindo esta designação ao antigo patronímico – também chamado de nome de família –, que remete à primazia da adoção do sobrenome do pai.

[4] Como componente secundário da composição do nome pode-se citar o agnome, que tem a função de diferenciar as pessoas da mesma família que possuem o mesmo prenome e o sobrenome, utilizando-se os designativos Júnior, Neto, Filho etc.

[5] Perreau, *Le Droit au non en Matière Civile*, p. 23.

[6] Cf. Planiol *et* Ripert, *Traité Pratique*, vol. I, p. 108.

[7] Planiol, *Traité Élémentaire*, vol. I, n° 399.

[8] Josserand, *Cours*, vol. I, p. 125.

[9] Planiol *et* Ripert, op. cit., vol. I, p. 122.

contrário da propriedade, o nome não tem valor intrínseco, não tem expressão pecuniária própria, no que contrasta fundamentalmente com a propriedade. Finalmente, e é o argumento que Planiol muito encarece, a propriedade é um direito exclusivo por natureza, ao passo que, sendo a linguagem limitada, como todas as contingências humanas, jamais sendo as línguas suficientemente ricas, para que cada um possa adotar nome diverso de todos os outros, e, portanto, verificando-se que muitas pessoas usam a mesma denominação, jamais poderia ser o direito ao nome, com fundamento na exclusividade, defendido por ação reivindicatória contra outro indivíduo que dele fizesse uso.

Além disso, ocorrendo frequentemente serem os nomes tirados de profissões, de localidades, de aparência física, e até de simples fantasia, a ninguém seria lícito impedir que outro adote a mesma fantasia, ou se denomine pela mesma proveniência geográfica, profissão ou aparência.

O mesmo Planiol, entretanto, conceitua-o apenas como uma "instituição de polícia civil, a forma obrigatória de designação das pessoas", noção que mantêm, ainda, Planiol *et* Ripert.[10]

Por maior que seja, entretanto, o interesse da sociedade na classificação das pessoas, estas têm também um direito à própria personalização, de sorte que conceituar este direito tendo em vista apenas seu aspecto público é desvirtuá-lo, da mesma forma que adultera sua conceituação visá-lo tão somente pelo lado privado.

Perreau, na sua alentada monografia, manda que se atenda a seus elementos fundamentais, e pontifica que o requisito pessoal funda-se "no respeito à individualidade, tomada como entidade distinta de todas as outras", enquanto que o patronímico é ligado à raça, à família e ao estado.

A natureza jurídica do nome, quer seja individual quer seja familiar, decorre do respeito à personalidade, e é um direito *sui generis*.[11]

Também Bonnecase, Suplemento ao Tratado de Baudry, defende uma teoria que se aproxima da de Perreau, quando conceitua o direito ao nome como um instituto *sui generis*.[12]

Mas dizê-lo um direito *sui generis*, é, em verdade, não o classificar.

Por outro lado, não concordamos com o eminente Clóvis Beviláqua ao negar, fundado em Jhering, o caráter de bem jurídico ao nome civil, e ao qualificá-lo mera designação da personalidade,[13] como também com Savigny não estamos de acordo, quando designa o nome como integração apenas da personalidade, e, uma

---

[10] Planiol, loc. cit., nº 398; Planiol *et* Ripert, op. cit., I, p. 123.
[11] Cf. Perreau, op. cit., Cap. II.
[12] Bonnecase, *Suplemento ao Tratado de Baudry,* vol. V, nº 389, p. 853.
[13] Clóvis Beviláqua, *Comentário do art. 9º do Código Civil de 1916.*

vez que o indivíduo não pode ter direitos *inatos*, mas ao contrário *só adquiridos* na vida em sociedade, afirma a inexistência do direito ao nome, da mesma forma que nega tutele o direito poder sobre si mesmo.[14]

A nosso ver aproxima-se da verdade o ilustre Professor Spencer Vampré, caracterizando o direito ao nome[15] "um direito da personalidade. Consiste no poder de individualizar-se, e tem, portanto, caráter de direito pessoal inauferível, imprescritível, inalienável e absoluto (*erga omnes*)".

Aproxima-se da verdadeira doutrina, repetimos, não a contendo de todo, por ter descurado do elemento público, que completa o direito ao nome. Se este constitui uma prerrogativa individual, um direito pessoal, por outro lado não refoge ao interesse de ordem pública, tutelado de modo especial pelo Estado, e por ele regulado.

A nosso ver, existe um direito ao nome civil, direito de natureza pessoal e não patrimonial, participando com o estado, de que é uma forma de expressão, do caráter integrativo da personalidade, ao mesmo tempo em que envolve um interesse social.

Para bem se ver a natureza pública do direito do nome, é bastante atentar em que, antes de surgir como um *direito*, ele está ligado a um *dever*. O registro civil é uma *obrigação* que a lei impõe a todo indivíduo; é um dever a cargo, primordialmente, do pai e da mãe, de fazer inscrever nele o filho recém-nascido, salientando-se, entre os requisitos ou indicações contidos no registro, a inserção do *nome* inscrito.

Cronologicamente, portanto, o *dever* aparece antes do *direito*, a obrigação de ter um nome precede à faculdade de usá-lo.

Depois de cumprido o dever, depois de preenchida a formalidade social de cunho público, é que se configura o direito individual à denominação personativa. Mas ainda então, o aspecto público desse direito o acompanha, marcando-lhe seu caráter indisfarçável, e para sempre.

Este interesse de ordem pública preside às cautelas legais em torno do nome: o prenome, diz a lei, é imutável, e, quanto ao patronímico, só excepcionalmente pode ser modificado. Além disso, as alterações do nome deverão ser requeridas a juiz togado, e só por ele poderão ser permitidas, precedendo justificação, com audiência do representante do Ministério Público, mediante observância de formalidades processuais.

Observe-se, porém, que a Lei de Registros Públicos já em 1975 admitia que. o interessado, no primeiro ano após ter atingido a maioridade civil, pode, pessoal-

---

[14] Spencer Vampré, *Do Nome Civil*, p. 54.
[15] Vampré, op. cit., p. 102.

mente ou por procurador bastante, alterar o nome, desde que não prejudique os apelidos de família, averbando-se a alteração que será publicada pela imprensa (Lei nº 6.015/1973, art. 56). Esta orientação harmoniza-se com a natureza jurídica do direito ao nome, expressamente qualificado como um direito da personalidade como adiante esclarecido (CC de 2002, art. 16). Nessa linha, admite-se a alteração posterior de nome, somente por exceção e motivadamente, após audiência do Ministério Público, desde que haja sentença do juiz a que estiver sujeito o registro, arquivando-se o mandado e publicando-se a alteração pela imprensa (Lei nº 6.015/1973, art. Art. 57, na *redação dada pela Lei nº 12.100/2009*). Ressalvou este dispositivo, porém, os erros que não exijam qualquer indagação para a constatação imediata de necessidade de sua correção, os quais poderão ser corrigidos de ofício pelo oficial de registro no próprio cartório onde se encontrar o assentamento, mediante petição assinada pelo interessado, representante legal ou procurador, independentemente de pagamento de selos e taxas, após manifestação conclusiva do Ministério Público. (*Lei nº 6.015/1973, art. 110*, na *redação dada pela Lei nº 12.100/2009*).

Vale ressaltar que o Superior Tribunal de Justiça tem consolidado entendimento favorável à flexibilização do prazo temporal previsto no art. 56 da Lei de Registro Público:

> "O nome pode ser alterado mesmo depois de esgotado o prazo de um ano, contado da maioridade, desde que presente razão suficiente para excepcionar a regra temporal prevista no art. 56 da Lei nº 6.015/73, assim reconhecido em sentença (art. 57). Caracteriza essa hipótese o fato de a pessoa ter sido criada desde tenra idade pelo padrasto, querendo por isso se apresentar com o mesmo nome usado pela mãe e pelo marido dela".[16]

> "[...] a jurisprudência da Corte tem flexibilizado a regra temporal prevista no art. 56 da Lei n. 6.015/73, admitindo que menores, devidamente assistidos por seus pais, possam postular retificação no registro civil, desde que se verifique o justo motivo".[17]

§ 2º Aquisição do nome pelo filho havido fora das relações do casamento

167. Em nosso antigo direito era disposto, como ensina Correia Teles, que o pároco não devia escrever no termo de batismo "o nome do pai natural ou espúrio pela simples declaração da mãe ou de outras pessoas, se o indicado pai não comparecer e reconhecer o filho por seu",[18] mas, uma vez reconhecido, ou

---

[16] BRASIL. *Superior Tribunal de Justiça*. Recurso Especial nº 220.059. Rel. Min. Ruy Rosado de Aguiar, julgado em 22.11.2000.
[17] BRASIL. *Superior Tribunal de Justiça*. Recurso Especial nº 777.088-RJ, REl. Min. Sidnei Beneti, publicado em 10.03.2004.
[18] Correia Teles, *Digesto Português*, art. 493.

perfilhado "no testamento ou em escritura pública ou particular", tinha o filho direito à nobreza do pai, e gozava de suas honras, liberdades, armas e insígnias,[19] tendo, pois, o direito de usar o nome de família do pai.

Todos os regulamentos de registro civil entre nós, desde a Monarquia, vêm estabelecendo que o oficial fará constar do assento o nome do pai que tenha feito o reconhecimento, e, na vigência do Código, ainda que o reconhecimento não se faça no termo de nascimento, o nome paterno dele ficará constando, pela formalidade da averbação ulterior.

Ora, se do registro consta o nome paterno, não se pode deixar de admitir que o filho tenha o direito de usá-lo, embora nossa lei não diga, como fez o Código italiano de 1865, expressamente:

> "Art. 185. *Il figlio naturale assume il nome di famiglia del genitore che lo ha riconosciuto, o quello del padre, se è stato riconosciuto da ambidue i genitori*", princípio, aliás, mantido quase literalmente na reforma de 1938 (art. 260).

Mas, uma vez que o registro faz menção do prenome do filho, e do nome paterno, uma vez que o disposto no art. 126 da Carta Constitucional de 1937 equipara os direitos dos filhos naturais aos legítimos, e que estes adotam o nome paterno, só ou combinado com o materno, têm os filhos ilegítimos o direito de usar o nome do pai que os tenha reconhecido, só, ou combinado com o que tenha adotado antes de ser reconhecido.

A adoção do nome paterno constitui para o filho um direito fundado no vínculo de parentesco, estabelecido pela filiação, e é um efeito do reconhecimento.

Se este é realizado por ambos os pais, no mesmo ato, o filho, analogamente ao filho havido do casamento, pode deixar de adotar o nome de família da mãe, e usar o patronímico paterno, só, ou combinado com o materno.

Mas, na hipótese do reconhecimento paterno vir depois do materno, não vemos que se possa, com Laurent, dizer que o segundo reconhecimento lhe deu o direito a um nome, da mesma forma que o primeiro, e, pois, que o filho tem direito a dois nomes, e não pode escolher, mas deverá usar ambos,[20] porque, então, estaria escolhendo uma das filiações.

O ilustre professor da Universidade de Gand incide, *data venia*, no equívoco de confundir a causa e o efeito: o direito ao nome é um efeito do reconhecimento, e funda-se no vínculo da filiação; mas nem a filiação se induz do nome, nem a adoção deste afeta a natureza daquela.

---

[19] Cf. Borges Carneiro, *Direito Civil de Portugal*, vol. I, § 45, p. 34; Lafayette, *Direitos de Família*, § 130, p. 242.

[20] Laurent, *Principes*, vol. IV, p. 188.

No que toca à filiação matrimonial, se o filho adota somente o nome paterno, não está repudiando a relação do parentesco materno, nem elegendo, em primeiro plano, o paterno. Por que aplicar, então, princípio diferente à filiação fora do casamento?

Se o filho foi reconhecido por ambos os genitores, nada impede que tenha o direito de usar os nomes familiares de ambos. É-lhe vedado, apenas, variar de patronímico, porque a lei quer que o indivíduo conserve a unidade de denominação, e pois, o que lhe cumpre é fazer inscrever no registro civil o que vai usar.

168. Spencer Vampré, que entre os modos de aquisição do nome considera o reconhecimento, ao desenvolver o conceito lança uma afirmativa que não encontra fundamento jurídico.

Para o ilustre professor "o reconhecimento não implica, necessariamente, a dação do nome", sendo lícito ao pai fazer o reconhecimento, sem outorgar ao filho o direito ao patronímico.[21]

Ora, o direito ao nome é uma prerrogativa individual, intimamente ligada ao estado, e, uma vez estabelecido este, uma vez incorporado o filho à família do genitor que o reconheceu, poderá usar o respectivo patronímico, ainda contra a vontade de todos os membros da família.

Se o pai, ao reconhecer o filho no termo de nascimento, fizer ali constar, para o reconhecido, nome diverso do seu, não pode impedir que o filho venha a adotá-lo mais tarde, porque o gozo deste direito não prescreve, e a lei permite ao filho, como a qualquer pessoa, alterar o nome, desde que não prejudique os apelidos de família, sendo certo que a adoção do nome paterno, longe de prejudicá-los, consistirá na sua conservação. Neste sentido o disposto no art. 56, da Lei nº 6.015/1973, acima referido.

169. A não ser que envolva alteração de estado de filiação, a retificação ou alteração do nome será feita mediante simples justificação processada com as formalidades legais, conforme permite o já mencionado art. 110, da Lei nº 6.015/1973. Como o direito ao nome é imprescritível (Perreau, Josserand, Planiol, Sulblé, Planiol & Ripert, Spencer Vampré), o filho natural reconhecido pode, em qualquer tempo, adotar o patronímico paterno, e, como dispunha o art. 75 do Código Civil de 1916[22] que a todo direito corresponde uma ação, o direito ao nome pode ser defendido por ação própria, quer para reclamá-lo, quer para obstar que dele faça uso pessoa a quem falta o respectivo direito.[23]

---

[21] Vampré, op. cit., p. 134.
[22] Sem correspondente no Código Civil de 2002.
[23] Cf. Perreau, op. cit., Cap. III, *Protection Juridique du Nom*, pp. 42 e segs.

Embora o CC de 2002 não contenha dispositivo correspondente ao citado art. 75 do CC de 1916, deixa expressa a proteção ao nome, ao dispor que se pode exigir que cesse a ameaça, ou a lesão, a direito da personalidade, e reclamar perdas e danos, sem prejuízo de outras sanções previstas em lei. Acresce, ainda, que em se tratando de morto, terá legitimação para requerer tal medida o cônjuge sobrevivente, ou qualquer parente em linha reta, ou colateral até o quarto grau (CC de 2002, art. 12 e parágrafo único). Examinando a autoridade da coisa julgada em matéria de estado, vimos que os partidários de sua força relativa abrem exceção para os julgados em torno do nome.

Dentro da doutrina que perfilhamos, não se trata de exceção, porém de mera aplicação da regra que enunciamos: distinguindo-se o estado que se declara, da consequência patrimonial que se persegue, tem-se a questão relativa ao nome resolvida, sem necessidade de se imaginarem exceções. Ao reconhecimento feito em ato espontâneo do pai equipara-se o decreto judicial, e, uma vez este seja válido, por se terem realizado todas as condições de sua perfeição jurídica, e averbado o ato declaratório no assento de nascimento, integra-se o nome na pessoa do filho, corporifica-se em seu patrimônio, e constitui, *erga omnes*, um direito entrosado na sua personalidade. Se o direito ao nome é um efeito do reconhecimento, desde que seja este válido, descabe indagar se o direito ao nome é oponível a tais ou quais pessoas porque o é a toda gente.

O nome, como diz Savatier, é a expressão vocal do estado, participa de sua natureza pessoal e extrapatrimonial, e adquirido seu direito pela própria declaração de estado, a coisa julgada relativa a este envolve a mesma oponibilidade geral com referência ao nome.

Mas pode o nome constituir objeto de uma ação própria, independente do julgamento do estado: ainda aqui a coisa julgada é oponível a terceiros, e não reservada sua autoridade *inter partes*, porque no nome existe, a par de uma faculdade individual, o elevado interesse da sociedade, consistente na identificação pessoal, no cuidado que tem o Estado em que os indivíduos se apelidem na forma constante dos registros por ele criados, e na conservação de um só nome. E se assim é, se o nome que se usa integra a personalidade, e constitui um fator social de classificação (Savatier, Planiol), não é possível cindir-se, de forma que tenha o indivíduo o direito de se apelidar de uma forma, e relativamente a determinadas pessoas seu direito seja de chamar-se por nome diverso.

O nome alterado por uma decisão judicial será averbado à margem do registro de nascimento da pessoa, na forma da lei, e desde então passará a constituir o nome único do indivíduo; todas as vezes que o oficial fornecer a quem quer que seja a certidão do registro, de que conste a alteração, deve mencioná-la, obrigatoriamente.

Ressalva deve ser feita com relação à decisão judicial que determine a alteração do nome para inclusão do sobrenome paterno, em decorrência da declaração da paternidade, que poderá caracterizar discriminação vedada constitucionalmente

(CR, art. 227, § 6º). A alteração judicial do nome a ele incorpora-se; o nome atribuído ao indivíduo por uma sentença amolda-se à sua personalidade, e se o indivíduo não pode chamar-se de uma forma para uns e de outra forma para outros; se o nome adquire publicidade pelo registro, e se os registros prevalecem *erga omnes*, o nome atribuído por sentença não pode sofrer relatividade, e a coisa julgada respectiva tem força absoluta condicionada, naturalmente, à só integração da lide, e validade da sentença respectiva.

170. As transformações por que tem passado a situação dos filhos extraconjugais nos sistemas ocidentais não poderiam deixar de se refletir na sistemática do direito ao nome.

Em Direito francês, no regime do Código Napoleão, já vimos como era tratada a matéria. Após a Lei de 31.12.1970, o reconhecimento por ambos os pais, sucessivamente, confere ao filho o direito ao nome do que primeiro o reconheceu, princípio que perdura no regime da lei de 03.01.1972.[24]

No Direito suíço, o reconhecimento pleno atribui ao filho direito ao nome paterno.[25]

No Direito inglês, após o *Family Law Reform Act* de 1969, "uma declaração escrita do pai, desde que observados requisitos formais, é suficiente para permitir, a qualquer momento, a inserção de seu nome no registro de nascimento do filho".[26]

A abertura da *legitimatio* ao reconhecimento dos filhos adulterinos em nosso Direito veio abrir algumas perspectivas jurisprudenciais específicas.

Embora se estabeleça que não é o registro que cria a relação jurídica da filiação, quer legítima, quer ilegítima,[27] o assento de nascimento do filho adulterino não comportava averbação do nome paterno.[28] Destarte, no registro de nascimento, pedido pelo pai ou pela mãe, omitem-se as referências a este, aos avós a ele correspondentes, ao estado civil do declarante e à natureza da filiação.[29]

Tudo isto subordinado ao princípio básico, segundo o qual, no registro de nascimento do filho natural omite-se o nome do pai, salvo se comparece ou se autoriza expressamente a menção.[30]

---

[24] Huet-Weiller, *Filiation Illégitime en Droit Comparé Français et Allemand*, p. 66; Roger Nerson, "La Situation Juridique des Enfants nés Hors Mariage," *in Revue Trimestrielle de Droit Civil*, 1975, p. 419.

[25] Karl Spiro, *Filiation Illégitime en Droit Français et Allemand*, pp. 133 e segs.

[26] Michèle Piret, "Les principales réformes modifiant les droits patrimoniaux des enfants illégitimes en droit anglais" *in Revue Internationale de Droit Comparé*, 1973, p. 282.

[27] Tribunal de Justiça do antigo Estado da Guanabara, *in Adcoas*, 1974, nº 29.112, p. 519.

[28] Tribunal de Justiça de São Paulo, *in Rev. Forense*, vol. 194, p. 228.

[29] Tribunal de Justiça do Rio Grande do Sul, *in Rev. Forense*, vol. 104, p. 88.

[30] Tribunal de Justiça do antigo Distrito Federal, *in Rev. Forense*, vol. XCVII, p. 648.

Nesse sentido, há expressa disposição legal. Segundo a Lei de Registros Públicos, "quando se tratar de filho ilegítimo, não será declarado o nome do pai sem que este expressamente o autorize e compareça, por si ou por procurador especial, para, reconhecendo-o, assinar, ou não sabendo ou não podendo, mandar assinar a seu rogo o respectivo assento com duas testemunhas" (Lei nº 6.015/1973, art. 59). A referência a filho "ilegítimo" se explica por ser a lei anterior à CR de 1988.

Como foi analisado no Capítulo VI (Reconhecimento Voluntário e Judicial dos filhos Adulterinos – Evolução Histórica), este princípio ganhava maior energia quando se tratava de filho adulterino, caso em que, se a mãe fosse a declarante, deveria inscrever a maternidade, ficando omitida a paternidade, porque tal filiação não podia constar do termo enquanto permanecer a sociedade conjugal.[31]

Em face do disposto no art. 227, § 6º, da Constituição de 1988, proibindo quaisquer designações discriminatórias e permitindo o reconhecimento de qualquer espécie de filiação, não é lícito fazer constar dos registros e certidões a declaração se o filho é havido dentro ou fora das relações de casamento.

171. Quanto à aplicação da Lei nº 8.560 de 1992, a propósito da referência ao suposto pai, reportamo-nos aos Capítulos III e IV, *supra*.

172. Destacamos, a seguir, as principais conclusões deste capítulo e as recentes discussões acerca da obrigatoriedade do uso do nome patronímico paterno.

173. O nome, elemento designativo do indivíduo e fator de sua identificação na sociedade, integra a personalidade, individualiza a pessoa e indica *grosso* modo a sua procedência familiar. O direito ao nome está incluído, inclusive, entre os direitos da personalidade, estando expressamente colocado no Código Civil, cujo artigo 16 dispõe que **"toda pessoa tem direito ao nome, nele compreendido o prenome e o sobrenome"**, norma esta que não estava prevista no regime do Código anterior.

A caracterização do direito ao nome é objeto de constantes debates.

O nosso Direito, não obstante o silêncio do Código Civil de 1916, sempre pendeu para definir o nome como um direito, designativo do indivíduo, e fator de identificação. Com tais finalidades, destacam-se no nome civil dois aspectos: público e privado, e neste sentido, diz-se que é um direito e um dever. Envolve simultaneamente um direito subjetivo e um interesse social. Em relação ao seu aspecto público, o direito ao nome está sempre ligado a um dever, ou seja, o registro civil como uma obrigação que a lei impõe a todo indivíduo. Sob o aspecto individual, assegura-se a toda pessoa a faculdade de se identificar pelo seu próprio nome.

Diante do princípio da equiparação e da não discriminação dos filhos, presente em nosso ordenamento jurídico atual, é garantido ao filho o direito

---

[31] Tribunal de Justiça de Minas Gerais, *in Rev. Forense*, vol. 158, p. 273.

ao sobrenome dos pais, independentemente da origem da concepção. Por conseguinte, o reconhecimento do filho por sentença deverá incluir os apelidos dos pais, devendo ser mencionados, também, os nomes dos avós maternos e paternos. A disciplina legal do direito ao nome é objeto em minúcia da Lei dos Registros Públicos (Lei nº 6.015/1973), não podendo mais subsistir tratamento diferenciado que privilegie o sobrenome paterno ou materno, diante da igualdade entre homem e mulher, inclusive no exercício do poder familiar, estatuída pela Constituição da República.[32]

174. Existem, contudo, situações em que o filho reconhecido tardiamente – seja através de reconhecimento voluntário ou forçado –, se recusa a adotar o nome patronímico paterno.

Atualmente, o tema relacionado à obrigatoriedade ou não do acréscimo do sobrenome da família paterna após o reconhecimento voluntário ou judicial da paternidade, em face da recusa do filho reconhecido, é conflitante, não sendo pacífico o entendimento de que, em virtude do estabelecimento do vínculo paterno-filial é necessária a inclusão do apelido de família do pai.

175. Afirmando categoricamente a obrigatoriedade do acréscimo, já decidiu o Tribunal de Justiça do Estado do Rio de Janeiro:

> "Investigação de paternidade. Exame de ADN. Filiação demonstrada. Nomes da família paterna. Acréscimo ao prenome do filho. I – É corolário da investigação de paternidade, na qual se conclui pelo vínculo entre autor e réu, que o filho receba os nomes da família paterna. II – O nome patronímico indica os indivíduos de um mesmo grupo familiar, permitindo definir suas origens. Tratando-se de direito indisponível, não podem os pais transigir a respeito dele. III – Apelação do investigante não provida." (TJ-RJ – 17ª Câmara Cível – Ap. Cível 2002.001.02058 – Rel. Des. Bernardo Moreira Garcez Neto – Julg. em 10.04.2002.)

Fundamentando a decisão, citou-se o parecer do Ministério Público, quando afirma que: "Até porque, se trata de ação de estado de pessoa e o direito ao nome paterno é um direito indisponível e irrenunciável, pois, qual não é a finalidade desta ação, senão declarar a paternidade e constituir o estado de filiação para o autor" (fls. 106).

---

[32] Referimo-nos ao art. 55 da Lei dos Registros Públicos – Lei nº 6.015, de 31 de dezembro de 1973, que externa uma certa preferência pelo nome patronímico paterno, que era de ordem cultural, ao dispor que quando o declarante não indicar o nome completo da criança, "o oficial lançará adiante do prenome escolhido o nome do pai, e na falta, o da mãe (...)". Ademais, diante do exercício igualitário da autoridade parental, a escolha do prenome da criança cabe a ambos os genitores, não podendo ser excluída a mãe desta decisão.

176. Em posição oposta, afirmando a não obrigatoriedade de inclusão do nome de família paterno quando do reconhecimento judicial de filho maior, decidiu recentemente o Tribunal de Justiça do Rio Grande do Sul, com fundamento nos direitos da personalidade e na dignidade do filho reconhecido, que este não deve ter seu nome acrescido do patronímico paterno, contra a sua vontade:

> "Investigação de paternidade procedente. Inclusão no nome da investigante do apelido de família paterno. Mantença do nome civil original. Assiste razão à apelante/investigante ao pretender manter o nome civil conforme consta de seu assento de nascimento. Não se verifica malferimento ao disposto nos artigos 54 e 55 da Lei nº 6.015/73, os quais não determinam a necessidade inafastável de que conste o nome do pai no referido documento. Ademais, o nome de um ser humano está ligado à sua personalidade, sua história, sua dignidade e, assim, não se deve impingir, no caso, à recorrente acréscimo indesejado a seu nome. Apelação parcialmente provida." (TJ-RS – 8ª Câmara Cível – Ap. Cível 70.007.099.591 – Rel. Des. José Ataídes Siqueira Trindade – Julg. em 16.10.2003).

A decisão supracitada destaca que a investigante contava com 30 anos de idade e já firmara sua identidade sem o patronímico paterno, razão pela qual este só poderia ser acrescentado se assim o desejasse a apelante, "pessoa que apresenta plena capacidade de gerir sua vida e seus atos". Fundamentou sua decisão o Tribunal, afirmando que o acréscimo do referido nome paterno "(...) determinado na decisão hostilizada se externa como mero cumprimento de burocracia e obediência à lei tomada sob o âmbito formal. Na verdade, confronta-se com a própria dignidade da apelante como ser humano, já que referente à sua personalidade, sua história, seu contexto social, sua singularidade enfim".

Esta posição também foi externada por Bertoldo Mateus de Oliveira Filho:[33]

> "Entretanto, calha assinalar que o reconhecimento da paternidade não implica necessariamente na modificação do nome do investigante, pois conforme decidiu o TJMG, embora correto que o filho tem direito a usar o nome de família paterno, 'não há obrigação legal para isto, e simplesmente o costume e a tradição não fazem lei e não geram obrigação...' (TJMG, Ap. Civ. 87.948/1, j. 07.04.1992, Rel. Des. Antônio Hélio da Silva).
>
> O acórdão em referência, apreciando caso em que o pai insistia na inclusão de seu patronímico no nome da filha reconhecida em ação investigatória, concluiu que somente a esta compete decidir pela inserção".

177. Cabe ressaltar que este último posicionamento se apresenta como uma nova e importante tendência, principalmente por destacar os direitos da persona-

---

[33] Bertoldo Mateus de Oliveira Filho, *Alimentos e investigação de paternidade*, p. 221.

lidade e da dignidade da pessoa humana, no caso do filho maior reconhecido pelo pai, como superiores à obrigatoriedade da inclusão do nome de família paterno, contrapondo-se à outra corrente que considera irrenunciável e indisponível o direito ao nome.

Neste sentido, inclusive, o Tribunal de Justiça do Rio Grande do Sul já se manifestou favoravelmente à manutenção do sobrenome, mesmo após a ação de reconhecimento de paternidade ter sido julgada procedente, reconhecendo que a alteração não pode ser realizada em contrariedade à vontade do portador do sobrenome:

> "Apelação cível. Retificação de registro civil. Investigação de paternidade procedente. Inclusão no nome do investigante do patronímico. A manutenção do nome civil original do investigante após julgada procedente a investigação de paternidade não fere o disposto nos artigos 54 e 55 da Lei 6.015/73, os quais não determinam inafastavelmente a necessidade de constar o nome do pai registro civil do filho. O nome de um ser humano está ligado à sua personalidade, sua história, sua dignidade. Logo, não se deve impingir acréscimo indesejado a seu nome. NEGARAM PROVIMENTO. (SEGREDO DE JUSTIÇA)" (Apelação Cível nº 70020084844, Oitava Câmara Cível, Tribunal de Justiça do RS, Rel. Rui Portanova, julgado em 05.07.2007).

Cabe ressaltar que o Superior Tribunal de Justiça já admitiu a alteração do patronímico tendo em vista o abandono moral praticado pelo pai registral. Assim, em razão da excepcionalidade do caso, a Corte entendeu que ostentar sobrenome do pai que não exerce a função paternal pode ensejar a alteração do sobrenome, conforme se depreende da ementa abaixo:

> "Civil. Registro público. Nome civil. Prenome. Retificação. Possibilidade. Motivação suficiente. Permissão legal. Lei 6.015/1973, art. 57. Hermenêutica. Evolução da doutrina e da jurisprudência. Recurso provido.
>
> I – O nome pode ser modificado desde que motivadamente justificado. No caso, além do abandono pelo pai, o autor sempre foi conhecido por outro patronímico.
>
> II – a jurisprudência, como registrou Benedito Silverio Ribeiro, ao buscar a correta inteligência da lei, afinada com a 'lógica do razoável', tem sido sensível ao entendimento de que o que se pretende com o nome civil é a real individualização da pessoa perante a família e a sociedade" (REsp nº 66.643-SP, Rel. Min. Sálvio de Figueiredo Teixeira, 4ª Turma, julgado em 21.10.1997).

Capítulo X
RELAÇÕES DE PARENTESCO

§ 1º A evolução histórica e jurídica da posição do filho natural nas relações familiares. § 2º Inferioridade jurídica do filho natural no Código Civil de 1916. § 3º Posição familiar no direito anterior. § 4º Equiparação aos filhos havidos das relações de casamento – Contento social e jurídico.

§ 1º A evolução histórica e jurídica da posição do filho natural nas relações familiares

Inicialmente, cabe repetir que não mais existem quaisquer diferenciações entre os filhos havidos ou não da relação de casamento, assim como entre os filhos adotivos, tendo todos os mesmos direitos e qualificações (art. 227, § 6º, da Constituição Federal). Entretanto, devido à grande importância para os estudiosos da matéria, apresentamos, neste capítulo, um painel da evolução legislativa, doutrinária e jurisprudencial a respeito da posição dos filhos naturais[1] nas relações de parentesco, tanto em nosso direito pátrio como no direito comparado.

§ 2º Inferioridade jurídica do filho natural no Código Civil de 1916

178. Ao contrário da família havida de relações matrimoniais, que é *pública* e *organizada*, observa Savatier, no capítulo introdutório de *La Recherche de la Paternité*, a extraconjugal é *oculta* e *inorgânica*. Enquanto a primeira se constitui pela solenidade do casamento, fundando-se na "livre e recíproca aceitação", a segunda tem início em um estado de fato velado, e permanece desorganizada, porque a falta de casamento dos amantes é como a manifestação implícita de sua "intenção de guardar a liberdade".

Enquanto da primeira decorrem naturalmente deveres, que lhe são fundamentais, a desorganização da segunda é obstáculo a que a lei estenda sobre ela

---

[1] Destacamos que as designações discriminatórias (filhos ilegítimos, legítimos etc.) são utilizadas, como nos demais capítulos do livro, apenas para fins didáticos, bem como, para comentar a evolução jurídica dos direitos dos filhos fora do casamento. Outrossim, os comentários e opiniões que discriminam as entidades familiares formadas à margem do matrimônio fazem parte do pensamento social e jurídico que analisamos neste capítulo.

um manto protetor, por não ser capaz de fazer "derivar do amor livre os mesmos deveres que do casamento".

Se assim já é quanto à filiação materna, embora em grau mais atenuado, acentua-se no que se refere à filiação paterna, que é "duplamente oculta", porque, à incerteza natural da paternidade, acresce a que resulta da ausência do dever de fidelidade da mulher.

Diante desta situação, conclui o monografista, o Código francês adotou uma solução "brutal e simplista": proibiu a investigação.

Não é somente esta a conclusão que se pode tirar destes caracteres da filiação natural: desbordando de tais quadros, veio a desconfiança legal atingir os filhos naturais reconhecidos, e, assim, mesmo aqueles que o pai apontou como progênie sua, são tratados duramente pelo Código Napoleão. Continuaram por muito tempo, e em muitos países ainda continuam, assinalados pelo sinete da bastardia, que muitas legislações não tiveram a coragem de abolir completamente.

Tentando uma explicação psicológica, La Grasserie traça[2] um quadro, no qual faz ressaltar a existência de uma solidariedade familiar presente à constituição da família legítima, ausente na da família natural.

Geralmente, argumenta, o casamento é precedido de uma certa aproximação das famílias, de sorte que, aprovado pelos pais de ambos os cônjuges, "pode-se dizer que a família consentiu indiretamente, mas muito efetivamente, no nascimento do filho", e quando este vem ao mundo, as famílias de um e outro esposo o reconhecem como seu.

O mesmo não ocorre com relação ao filho extraconjugal, para cujo nascimento não houve a aprovação direta ou indireta das famílias. Ao contrário, é ele um intruso, cujo nascimento, "longe de consentir, a família reprova". Mas, como a filiação cria um vínculo biológico, indaga o brilhante advogado dos filhos ilegítimos se este laço de sangue não seria mais forte que o repúdio, e responde que não, "porque ele não repousa senão numa presunção moral, contra a qual uma repudiação moral pode prevalecer".

179. Sem dúvida engenhosa, a argumentação impressiona, se bem que não explique completamente o fenômeno. Para esta repudiação dos bastardos concorrem outros fatores, porque todo fenômeno social decorre de um conjunto de circunstâncias. Toda vez que um historiador ou um psicólogo empreende a análise de um fenômeno social, procurando enquadrá-lo no âmbito restrito de um só princípio, ou explicá-lo como proveniente de uma só causa, raramente sua perspicácia consegue libertar-se do apriorismo originário, e a consequência é atingir uma indução menos exata. É notória a injunção de numerosos fatores, de

---

[2] La Grasserie, *La Recherche de la Paternité*, pp. 114 e segs.

ordem religiosa, moral, econômica, geográfica, histórica etc. Sempre que alguém se prende a uma norma preestabelecida, e, à sua vista, realiza uma observação no plano social, comumente é levado a atribuir todo o fenômeno à causa contida na ideia preconcebida, e, daí, a uma generalização mais ou menos apressada, tanto mais destituída de exatidão científica, quanto menos isenção evidenciar.

Às vezes, a repulsa que fere os filhos extraconjugais existe mais na lei que nos costumes, acontecendo mesmo que os parentes procurem desfazer pela afeição o que a lei friamente sanciona. É certo que o fruto de amores não legalizados pelo matrimônio vem frequentemente ferir o sentido ético dos hábitos familiares, e encontra um repúdio que o tempo não consegue amenizar.

Mas ao revés, notadamente nas esferas de índice moral menos elevado, e de costumes mais livres, em que a mancebia é uma realidade muito frequente, o bastardo vem ao mundo num ambiente menos hostil, porque sua posição de ilegitimidade não arrepia os costumes do meio social a que pertence.

Por outro lado, as tradições jurídicas conservadoras como soem ser, resistem às inovações, e ostentam ao observador um estado de coisas sem correspondência na vida cotidiana. É um fato de observação corrente que a evolução jurídica se processa no corpo das leis, depois de se ter operado uma alteração consuetudinária, depois de se ter verificado um trabalho amenizador com a aplicação dos princípios por parte dos juízes. No tocante ao direito de família, em particular, a lei só se amolda às exigências sociais após um período de preparação, mais ou menos longo, em que se salienta a imposição costumeira ao legislador, no sentido da reforma. Dificilmente ocorre que o direito positivo avance em relação aos hábitos. Em geral segue-os. É por isso que muitos dispositivos legais são de um rigor que a vida não reflete mais.

Na atualidade é notória a amenização dos rigores de antanho. Os filhos de relações extraconjugais são recebidos em todos os níveis sociais. Por isso mesmo, é flagrante a tendência legislativa e jurisprudencial, de aceitação, e em consequência a legislação os favorece.

180. Um fato, indiscutivelmente, está positivado: por um conjunto de motivos, o filho natural em diversas legislações está em situação de inferioridade relativamente ao legítimo.

Laurent, estudando o estado de filiação, categoricamente pontifica:

> "Em sentido lato, o filho natural tem um estado tanto quanto o filho legítimo, mas o estado deste compreende relações mais extensas que o estado do filho natural; porque elas se estendem a toda a família do pai e da mãe, enquanto que o filho natural *não tem família*".[3]

---

[3] Laurent, *Principes*, vol. III, p. 536, nº 426.

Também Colin *et* Capitant dizem sem ressalvas que o vínculo de parentesco que liga o filho natural ao pai não se estende a outros parentes, exceto no tocante aos impedimentos matrimoniais.[4]

Todo o Código Napoleão, ensina Planiol,[5] é dominado por um princípio não escrito (exceto no art. 756, com referência à sucessão), mas que não obstante vigora, segundo o qual o filho ilegítimo *não tem família*. Esta negação da realidade conduz a um absurdo consagrado pela lei civil, contrariamente à lei natural: o parentesco do filho ilegítimo não vai além do primeiro grau.

Este preconceito do Código francês, que encontra exceções no tocante aos impedimentos matrimoniais (é ainda Planiol quem observa), é confirmado no que tange à obrigação de alimentos, que os parentes além do primeiro grau podem recusar.

À guisa de explicação desta posição de inferioridade, em que se acha o filho ilegítimo frente ao legítimo, Planiol comenta que o nascimento de um filho natural em regra os pais ocultam, ao contrário do que ocorre com o advento de um legítimo, que os pais consideram sempre um acontecimento feliz, e conseguintemente a sociedade, suspeitando da filiação ilegítima, olhando-a de través, não dispensa aos filhos extraconjugais o mesmo tratamento que aos provenientes de núpcias regulares.

Passou, entretanto, o Direito francês por enorme transformação, com as Leis de 31.12.1970 e 03.01.1972. Hoje, o conceito dominante é diametralmente oposto à doutrina tradicional. O filho ilegítimo entra na família de cada um de seus autores,[6] tem direitos sucessórios e alimentares, com caráter de reciprocidade.

Examinando a posição do filho natural no Direito italiano, Ruggiero começa por assinalar a distinção que o extrema dos filhos legítimos, distinção que considera inevitável, porque o legislador, a fim de prestigiar a família legítima e combater a multiplicação das uniões livres, eleva a posição dos filhos legítimos, e reduz a dos ilegítimos.

Antes de mais nada, comenta, o parentesco do filho natural limita-se às suas "relações pessoais" com o pai, e não se estende aos demais parentes paternos: "Tem o filho natural um *status familiae*, mas é um estado menos pleno, um estado quase familiar, em que se não conhecem irmãos, irmãs, colaterais ou outros ascendentes além do pai".[7]

---

[4] Colin *et* Capitant, *Cours Élémentaire*, vol. I, p. 345.
[5] Planiol, *Traité Élementaire*, vol. I, nº 1.370.
[6] Colombet, Foyer, Huet-Weiller, Labrusse-Rion, *La Filiation Légitime et Naturelle*, p. 167; Roger Nerson, "La Situation Juridique des Enfants nés hors Mariage", *in Revue Trimestrielle de Droit Civil*, 1975, pp. 403 e 423.
[7] Ruggiero, *Instituições*, vol. II, § 58, p. 194.

Se bem que as relações entre pai e filho sejam desta sorte restritas, procura a lei, imitando a posição do filho legítimo, estabelecer para o filho natural uma situação que a copia, em suas relações com o pai. Mas não foi além aquele Código italiano, e consagrou princípio semelhante ao do Código Napoleão: o parentesco do filho natural não vai além do primeiro grau.

Procurando atenuar este rigor, o velho Código italiano de 1865 estende o dever alimentar paterno até aos filhos do filho natural, e, mesmo assim, em caráter subsidiário, na falta de mãe natural, ou de parentes na linha materna.

O próprio Ruggiero critica esta posição de inferioridade, que "evidentemente repugna ao sentimento, e é na verdade sob o impulso do sentimento que frequentemente se acusou a lei de iníqua e dura, propondo-se a elevação da condição do filho natural".[8]

Mas esta convicção da inferioridade do filho natural é tão profunda que ele considera impossível fazê-la desaparecer, considera inviável a equiparação completa do filho natural ao legítimo, pena de se "comprometerem as próprias bases da família legítima".

Razões de ordem social, a que não foram estranhos os acontecimentos que se seguiram à Primeira Guerra Mundial, impuseram rumo diferente e imprimiram favorecimento à filiação ilegítima,[9] modificando o direito de família italiano.[10]

No sistema do Código alemão o filho natural reconhecido pertencia à família materna, e sua condição jurídica em relação aos parentes da mãe era equiparada à dos filhos legítimos (§ 1.705). Suas relações com o pai se restringiam ao crédito pela manutenção, limitado à idade de 16 anos, ou ultrapassando-a em caso de enfermidade física ou mental, manutenção que tinha em vista a situação social da mãe (§ 1.708).

As suas relações familiares aí ficavam, sua posição de inferioridade frente aos legítimos era flagrante.

Procurando abrandar esta rigidez, o Código alemão, sem introduzir o filho natural na família paterna, adotou solução original: passou a admitir que o crédito alimentar pudesse ser oposto aos herdeiros do pai, mesmo que o falecimento deste ocorra antes do nascimento do filho. Mas, para que o herdeiro se libertasse deste dever de manutenção, bastava pagar o montante de uma legítima hereditária, a que teria direito o filho se fosse legítimo. E na hipótese de haver diversos filhos ilegítimos, este montante seria calculado como se todos fossem legítimos (§ 1.712).

---

[8] Ruggiero, loc. cit., nota 1, p. 194.
[9] Alberto Trabucchi, *Istituzioni di Diritto Civile*, nº 122, p. 280.
[10] V. Michele Sesta, "As transformações do direito de família italiano no quadro da evolução dos ordenamentos europeus". *In*: *Boletim da Faculdade de Direito da Universidade de Coimbra*, nº 78, pp. 223-284, 2002.

O parentesco paterno era levado em conta para efeito de impedimento matrimonial (§ 1.310), mas o filho ilegítimo menor só necessitava, para casar-se, de obter o consentimento da mãe (§ 1.305).

A Lei alemã de 19.08.1969 em vigor a partir de 01.07.1970 instituiu nova situação jurídica para os filhos ilegítimos.[11]

Posteriormente, os direitos dos filhos legítimos e ilegítimos foram equiparados através da Lei de Igualdade do Direito Sucessório de Filhos Ilegítimos, de 16.12.1997, da Lei de Unificação dos Alimentos dos Filhos Menores, de 06.04.1998 e da Lei de Reforma do Direito de Filiação, de 16.12.1997.[12]

§ 3º Posição familiar no direito anterior

181. Em nosso direito anterior ao estatuto civil de 1916, de que subsidiário o romano, era princípio que o filho havido de relações matrimoniais seguia a condição paterna, e o ilegítimo a materna, não participando, ao menos em todo, "da nobreza, dignidade, insígnias da família paterna, salvo por concessão régia".[13]

Correia Teles considerava a perfilhação mera *dispensa* para suceder ao pai,[14] e Coelho da Rocha negava qualquer equiparação do filho natural reconhecido aos filhos legítimos.[15]

Lafayette, comentando a posição do filho ilegítimo, disse:

> "Entre nós, graças à influência do Direito Romano, o filho natural, ainda reconhecido, permanece, enquanto menor, na posição de órfão, e, portanto, sujeito à jurisdição do juiz de órfãos a quem compete dar-lhe tutor. Há nisto uma grande iniquidade: o pai é despojado de seus direitos, e o filho fica privado da proteção paterna, para muita vez ser confiado aos cuidados falazes de um estranho".[16]

Entretanto, o mesmo Lafayette, no corpo do § 125, afirmou que são os filhos naturais considerados "*membros da família paterna*, e, como tais, têm, em regra, os mesmos direitos que os filhos legítimos".

Havia certo exagero nesta afirmativa, porque, para se ver que não existia equiparação entre os filhos naturais reconhecidos e os filhos legítimos, bastava

---

[11] Walther J. Habscheid, *Filiation Illégitime en Droit Comparé Français et Allemand*, pp. 451 e segs.; Gunther Reitzke, *in Revue Internationale de Droit Comparé*, 1970, p. 313.
[12] Wilfried Schlüter, *Código Civil Alemão – Direito de Família*, p. 336.
[13] Borges Carneiro, *Direito Civil*, § 181, nos 9 e 10.
[14] Correia Teles, *Digesto Português*, vol. II, nº 482, p. 69.
[15] Coelho da Rocha, *Instituições*, vol. I, p. 205.
[16] Lafayette, *Direitos de Família*, nota 2 ao § 125.

atentar na restrição que ele próprio apontava, e nas que provinham da Lei nº 463, de 1847.

Mas com Lafayette estamos em que o filho ilegítimo, embora as leis não o dissessem expressamente, era considerado membro da família paterna, parente dos parentes do pai.

Assim é que o direito aos alimentos era recíproco, não só com relação ao pai, mas, além dele, ao pai do pai natural.[17] Pelo direito aos alimentos entre irmãos, respondiam todos os bens, ainda que não provindos da herança paterna,[18] e, quanto aos irmãos ilegítimos, entre as causas que faziam cessar o direito alimentar estava a que consistia em ter-se o filho natural casado, após o falecimento do pai, sem o consentimento dos irmãos, filhos legítimos do mesmo pai.[19] O dever alimentar é extensivo aos parentes transversais, "se possuírem bens que fossem do avô ou outro ascendente".[20]

Lafayette, com aquela simplicidade de estilo e poder de síntese que lhe são característicos, reúne todos estes preceitos numa só sentença: "entre parentes ilegítimos são devidos alimentos dentro dos mesmos graus e da mesma ordem, como se forem legítimos."[21]

Com referências aos direitos sucessórios, já Lobão formulava o quesito:

> "Se os naturais filhos de peão, assim como sucedem a seus pais, sucedem também aos consanguíneos paternos *ab intestato*".

Mostrava, inicialmente, a controvérsia:

> "Pela negativa estão graves DD. Reinícolas (Portug. de Donat. L. 3. C. 18 a nº 62. Nett. de Testam. L. 2. 17, a nº 3. Egid. de Privil. honest. Art. 13, nº 59), Cordeiro sustentou a afirmativa, mas com razões as mais irrisórias no presente século: se respeitamos o Direito Romano, não sucedem aos irmãos paternos".

Reportava-se, em seguida, o hábil polemista beirão às decisões judiciárias, e declarando que viu dois arestos "modernos", em que os naturais foram considerados sucessíveis *ab intestato* aos parentes do ramo paterno, apresentava a sua fundamentação:

---

[17] Teixeira de Freitas, *Consolidação...*, art. 230.
[18] *Idem, ibidem,* art. 231.
[19] *Idem, ibidem,* art. 234.
[20] *Idem, ibidem,* art. 236.
[21] Lafayette, *Direitos de Família,* § 135.

"Nestes arestos, quando a mim, obrou mais uma razão civil e política, que o rigor do direito. Porque entre plebeus não há motivo que restrinja aos filhos a sucessão só aos pais, em diferença dos motivos, que há para não sucederem a nobres. Confirmo-me nessa ideia".[22]

Borges Carneiro não tinha dúvidas a respeito. Admitia o filho natural como sucessor do pai e do avô, pela razão de que a lei se aplicava indistintamente: "pois regularmente nos casos em que o filho sucede ao pai, sucede o neto ao avô... ou seja, neto legítimo de filho natural, ou neto natural de filho legítimo".[23]

Também Lafayette ensinava que os filhos ilegítimos sucediam "aos pais, aos ascendentes e aos colaterais pelo lado paterno".[24]

Para efeitos matrimoniais, o parentesco resultante da filiação natural era impedimento,[25] sendo o filho natural proibido de casar com os parentes dos parentes de seu pai, na linha reta *in infinitum* e na colateral dentro do segundo grau.[26]

182. Ora, se o filho natural era credor de alimentos, não só do pai, como dos parentes deste, na linha reta como na transversa; se os seus direitos sucessórios não se limitavam ao pai, mas estendiam-se aos ascendentes e colaterais paternos; se a filiação natural importava impedimento matrimonial quer na linha reta, quer na colateral, inevitavelmente se conclui que em nosso direito anterior ao Código Civil de 1916 já o filho natural era considerado pertencente à família paterna, parente, pois, dos parentes de seu pai.

§ 4º Equiparação aos filhos havidos das relações de casamento – Contexto social e jurídico

183. Realmente, é inconcebível o que em outras legislações se dispõe; é quase incrível que tenha a lei civil pretendido estabelecer uma situação que contraria a lei biológica; nada mais absurdo que se afirmar um princípio como o que informa o Código Napoleão.

A lei não se pode afastar da realidade.

Não colhe o argumento de La Grasserie, de que a família repele o bastardo, sendo a força do repúdio maior que a presunção moral. Se esta alegação explica, em parte, certas atitudes desumanas, não as justifica.

---

[22] Lobão, *Notas a Melo*, L. III, Tít. 8º, § 17, nº 3.
[23] Borges Carneiro, *Direito Civil de Portugal*, vol. II, § 196.
[24] Lafayette, op. cit., § 125, nota 1, p. 236.
[25] Dec. nº 181, de 24.01.1890, art. 7º, § 1º.
[26] Cf. Clóvis Beviláqua, *Direito de Família*, ed. de 1896, § 12.

Na sociedade patriarcal e patrimonialista do século XIX e do início do século XX, o filho natural, em verdade, não encontrava ambiente ameno, não vinha ao mundo pela anuência das duas famílias – materna e paterna. Mas, se por isso justificado estivesse o seu desligamento da família paterna, muito mais lógico seria que a lei cortasse os liames que o prendiam à família da mãe, porque o que geralmente acontecia é que quando a mãe natural engravidava, contrariava todos os seus parentes, desgostava seus pais e, às vezes, era por eles desamparada. Se a repulsa da família justificasse o preceito antinatural, o filho ilegítimo não poderia ser parente dos parentes da mãe, não se admitiria na linha materna o parentesco natural além do primeiro grau. Vê-se, assim, que prova demais o argumento.

Muito mais lógico, muito mais humano e muito mais justo é que o legislador, notando que o filho natural teria sido considerado um inferior, quase um réprobo; percebendo que desde o berço a família o põe de lado; compreendendo que por toda a vida a sociedade o desconsidera – procure abrandar o descaso social, empreenda sua reintegração na família, tente conceder-lhe uma posição de igualdade com os outros seres humanos, provindos de núpcias legais. É o que em verdade o nosso Direito tem feito.

O outro argumento, apresentado pelo insigne Ruggiero, não é exclusivamente seu, mas constitui o lugar-comum aonde vão ter todos os que enfrentam as correntes liberais pró-bastardos, em nome da defesa da família legítima. É bem certo que o ilustre professor italiano esboça ligeira crítica à objeção reacionária, não chegando, contudo, a combater pela equiparação ampla dos ilegítimos aos filhos de família legalizada.

Muito se tem dito, e muito repetido, que a sociedade desenvolve a própria defesa, na desigualdade de tratamento, na inferioridade de situação que dá ao filho natural. É velha a alegação de que a não equiparação dos filhos naturais aos legítimos importa em defesa da família legalmente constituída.

Velha, mas improcedente.

Em toda a segunda metade do século XIX, a propósito de se admitir a investigação de paternidade, muito se discutiu, muito se debateu a posição do filho natural na sociedade.

Hoje em dia pode-se considerar ainda aberta a questão, notadamente no tocante ao alcance das medidas, já que o problema da investigação está resolvido. E o do amparo tende a sê-lo.

Dois aspectos sociais são característicos de nossa época, ambos assinalando os pendores liberais da mesma tendência: posição igualitária do homem e da mulher, e defesa da infância.

A legislação de todos os povos cultos, especialmente depois da Primeira Guerra Mundial, veio equiparar a mulher ao homem no gozo dos direitos e prática dos deveres, não só na esfera restrita da vida privada, senão também no âmbito mais largo da existência política, de tal forma que o clássico conceito do *poder marital* passou a ser apenas reminiscência. É verdade que ainda em muitos sistemas legislativos, persiste uma aparência daquela autoridade tão acendrada no Direito Romano. Mas aparência apenas, porque, se todo grupo, quer político quer doméstico, reclama uma direção por amor à disciplina, tal função, atribuída ao homem sem diminuir a mulher, tende a desaparecer.

O moderno Direito Civil sustenta inequivocamente o princípio da igualdade jurídica dos cônjuges, seja ao considerar que a mulher age *nomine suo* e não no exercício de mandato tácito de marido;[27] seja quando lhe assegurava o poder de direção doméstica (*Schlusselgewalt*, poder da chave) proclamado no direito alemão;[28] seja quando lhe conferia todos os poderes correlatos aos cuidados e direção do lar.[29] No direito alemão, visando ao tratamento igualitário entre os cônjuges, "desde a vigência da 1. EheRG, cada cônjuge pode concluir negócios para o suprimento adequado da necessidade de vida da família (*Schlusselgewalt*), também com efeitos para o outro cônjuge".[30]

Nosso direito positivo dirigiu-se a este rumo, a partir da Lei nº 4.121, de 27.08.1962.[31]

A operosidade da mulher por ocasião do primeiro conflito mundial e maior na do segundo trouxe como consequência a sua emancipação. O esforço de guerra a que foi levada, a mobilização do braço feminino em misteres até bem pouco exclusivos dos homens, a participação efetiva e eficaz do sexo chamado frágil na construção da vitória não pôde deixar de ampliar a esfera de seus direitos, no quadro de suas liberdades.

Sua mais completa emancipação prognostica, num futuro que já entra pelo presente, a realização de um padrão de vida, de que é face bem visível a maior liberdade sexual.

O direito não pode alhear-se a este movimento que afeta bem fundo os costumes de toda a sociedade. Haverá, é certo, o deslocamento da ideia informadora: numa sociedade em que a mulher está equiparada ao homem, não será totalmente exato procurar o legislador ampará-la quando constitua família fora dos preceitos tradicionais do matrimônio. Haverá um deslocamento de fulcro, e aqui atingimos o segundo aspecto preponderante de nossos dias: proteção da infância.

---

[27] De Page, *Traité Élémentaire*, vol. I, nº 816; Trabucchi, *Istituzioni di Diritto Civile*, nº 116.
[28] Eneccerus, Kipp y Wolff, *Derecho de Familia*, § 43; Lehmann Heinrich, *Derecho de Família*, p. 103.
[29] Jean Carbonnier, *Droit Civil*, vol. II, nº 24, p. 75.
[30] Wilfried Schlüter, *Código Civil Alemão – Direito de Família*, p. 147.
[31] Caio Mário da Silva Pereira, *Instituições de Direito Civil*, vol. V, nº 398.

Nunca a sociedade se preocupou tanto com a formação e proteção da juventude, como hoje. É um fenômeno mundial, que aberrou nos países de governo totalitário com o caráter de deformação espiritual, e que nas nações democráticas se apresenta com a aparência de carinho paternal do Estado. Todos se lembram, com emoção, do trabalho de salvamento dos meninos ingleses, retirados de seus lares em perigo e transferidos aquém-mar para plagas tranquilas, onde não fossem atingidos pelas máquinas destruidoras. Isto é um símbolo. Símbolo que traduz o esforço do Estado em proteger a infância contra as forças do mal.

Deslocado o sentido protetor para a esfera do direito familiar, não se pode falar em distinção entre os que nasceram de justas núpcias, e os que compareceram à vida pela evocação amorosa extramatrimonial.

Não nos parece que o mau tratamento infligido ao filho extramatrimonial possa fortalecer as bases da família constituída pelo casamento. Antes de mais nada, impor castigo a um, pela falta cometida por outro, é de péssima justiça, de sorte que repelimos, liminarmente, seja a inferioridade do filho natural um escarmento, por não admitirmos que a pena exceda a pessoa do culpado, quanto mais que se deixe tranquilo este para atingir-se a vítima.

O motivo, pois, seria outro.

A lei, quando mantinha os privilégios concedidos ao filho legítimo, queria demonstrar seu respeito pela família legalmente constituída, sua preferência pelos filhos havidos de matrimônio legal. A intenção era boa; os meios, entretanto, eram maus.

Cumpre verificar se com isso se obtinha real vantagem, ou, ao revés, se se atingiam consequências antissociais.

Mantida a disparidade de tratamento, o filho ilegítimo seria um pária, marcado para toda a vida, pertencente a uma classe inferior.

Que se conseguiu? Mostrar-lhe que lhe foram tiradas prerrogativas, porque seus pais não eram casados?

Mas que culpa tem ele? Como podia ter influído sobre o estado civil de seus pais, se veio ao mundo depois da falta consumada?

Será para exemplo dos outros pais, para que outros não incidam na mesma falta, não ponham no mundo outros bastardos?

Então recai-se no primeiro argumento, atinge-se o mesmo programa de injustiça: pune-se o inocente, para exemplo de outros culpados, os quais não serão também punidos. Princípio contra o qual já clamava Cimbali: *patres nostri peccaverunt et nos peccata eorum portamus...*

Se, ao revés, a lei atribui ao filho extraconjugal os mesmos direitos que aos legítimos, não desprestigia o casamento, porque continua a sociedade a assentar sobre esta base. Deixa de punir um inocente pela falta que não cometeu; ameaça os pais ilegítimos em perspectiva com esta situação: ou contenham seus arroubos amorosos, ou terão de reconhecer a prole que trouxerem ao mundo; terão de fornecer alimentos e educação aos filhos ilegítimos; terão de velar pela sua criação, cumprir para com eles todos os deveres que lhes competem com referência à família legítima que vierem a constituir, e, finalmente, saberão que o patrimônio que amealharem será distribuído igualmente entre uns e outros.

Por outro lado, a sociedade tratará com mais justiça elementos que a compõem. Pelo fato de os tratar desigualmente no passado não se mostrou ao mundo um direito organizado sobre mais sólida moral.

É que não se consegue, a golpes de leis, moldar a moral de um povo.

184. Afastadas as razões justificativas desta disparidade de tratamento, resta, apenas, um fundamento: o conservantismo. Só por amor à tradição persistem princípios injustificáveis.

Em Roma, *vulgo quaesiti matrem sequabantur*, mas por motivos espirituais, por imperativos de ordem religiosa, cimentados na consciência de todos. Vazia daquele fundamento espiritual, conservou-se a fórmula, e, transmitida de geração em geração, através de 60 gerações, ainda hoje se repete, e, para que se não diga que automaticamente, procuram os juristas uma explicação... criando-a.

A verdade, porém, é que o filho extraconjugal equipara-se ao legítimo, excluída qualquer diferenciação ou discriminação, desde o advento da nova ordem constitucional, conforme estabelece o seu art. 227, § 6º. Pelo ordenamento anterior, devia o filho extraconjugal, pelo reconhecimento, entrar na família, como entra o legítimo, como o legitimado. Era um efeito do reconhecimento. "O judicial, como o voluntário, integra a família restituindo-lhe um membro".[32]

Estabelecia-se, portanto, estreita relação de parentesco entre o filho natural reconhecido e os parentes de seus pais, como vinha disposto no art. 332 do Código Civil de 1916:[33]

> "O parentesco é legítimo ou ilegítimo, segundo procede ou não de casamento; natural ou civil, conforme resultar da consanguinidade, ou adoção".

Os comentaristas, em geral, frisavam que as antíteses contidas neste dispositivo do Código de 1916 deviam ser entendidas assim: o parentesco é legítimo, ou ilegítimo, conforme exista, ou não, o vínculo conjugal, legalizando a união que lhe deu origem. É natural, ou civil, se a relação jurídica provém da consanguinidade ou da adoção (Clóvis, Carvalho Santos, Estêvão de Almeida, Zicarelli Filho), o que não destrói, antes reforça, o argumento e que o vínculo de parentesco

---

[32] Estêvão de Almeida, *Direito de Família*, § 188, p. 174.
[33] Artigo revogado pela Lei nº 8.560, de 29.12.1992.

decorrente da filiação extraconjugal não diferia do que promanava da legítima, no tocante à sua abrangência, uma vez que a lei, contrapondo-o à relação civil da adoção, enfeixava, numa e mesma expressão, a situação dos que descendiam de um tronco ancestral comum, quer por meio de uniões matrimoniais, quer por via de procriação fora do casamento.

A equiparação que defendo no plano abstrato, acha-se agora consagrada nas leis, e coroada, conforme dito anteriormente, na Constituição.

185. Em virtude destas relações de parentesco, vigoram impedimentos matrimoniais, entre ele e os parentes do pai, que o tenha reconhecido, na forma do art. 183 do Código anterior:[34]

> "Não poderá o filho natural casar:
> I – com os ascendentes naturais, *in infinitum;*
> II – com os ascendentes afins *in infinitum;*
> III – com outros filhos legítimos, legitimados ou ilegítimos de seu pai;
> IV – com os irmãos legítimos, legitimados ou ilegítimos de seu pai, ressalvado o disposto nos arts. 1º a 3º do Decreto-Lei nº 3.200, de 19.04.1941;
> V – com o filho adotivo de seu pai".

O CC de 2002 incorporou expressamente o princípio da plena igualdade entre os filhos, havidos ou não da relação de casamento (art. 1.596), e manteve a orientação anterior, determinando em seu art. 1.521 que não podem casar:

> "[...]
> I – os ascendentes com os descendentes, seja o parentesco natural ou civil;
> II – os afins em linha reta;
> III – o adotante com quem foi cônjuge do adotado e o adotado com quem o foi do adotante;
> IV – os irmãos, unilaterais ou bilaterais, e demais colaterais, até o terceiro grau inclusive;
> V – o adotado com o filho do adotante;
> [...]".

Pelo regime do Código Civil de 1916, para casar-se o filho natural reconhecido, se menor, precisava do consentimento em forma legal. Se ele fosse reconhecido somente pelo pai, daria este o consentimento; se o fosse por ambos os pais, era necessário que ambos consentissem, mas, no caso de divergência,

---

[34] Norma correspondente no Código Civil de 2002: art. 1.521.

devia prevalecer a vontade paterna, por analogia com a hipótese em que o filho legítimo encontrasse divergência entre os pais, no tocante ao consentimento para casar-se. O prevalecimento da vontade paterna, além de explicar-se pela analogia, justificava-se porque o pai, na forma do art. 360 do Código Civil de 1916, era quem tinha o pátrio poder.[35]

Se a denegação do consentimento fosse injusta, poderia o juiz supri-la (Código Civil de 1916, art. 188).

Com o advento da Constituição de 1988 e do Código Civil de 2002, que estabeleceram a igualdade de direitos e deveres dos pais em relação aos filhos, substituindo o Código a expressão "pátrio poder" por "poder familiar", não há mais a prevalência paterna em relação ao consentimento, devendo, em caso de divergência, recorrer-se ao Poder Judiciário, aplicando-se o que dispõe o parágrafo único do art. 1.631 do Código.

186. A tendência moderna é a equiparação, como em várias passagens desta obra já temos salientado.[36] Assim ocorre no Direito francês, cujo caráter reacionário ostensivo era a linha dominante no Código Napoleão, mas altera-se fundamentalmente com a edição da Lei de 31.12.1970 e a Lei de 03.01.1972.[37] Assim se pronuncia o Direito italiano, embora com algumas exceções.[38] No moderno Direito holandês o estabelecimento de relações familiares entre o filho ilegítimo e cada um de seus pais ocorre diversamente. Em relação à mãe, prevalece o fator advindo da "realidade biológica", vale dizer, o estado de fato oriundo do nascimento é o suficiente. O vínculo da paternidade, entretanto, decorre tão só do "reconhecimento", e este se efetua somente por "ato voluntário". No novo Código Neerlandês desapareceu a ação de investigação de paternidade. Filho adulterino, no entanto, pode ser reconhecido depois de dissolvida a sociedade conjugal.[39]

Orientação francamente liberal já acusava o Direito brasileiro, notadamente depois do Decreto-Lei nº 4.737, de 24.09.1942 da Lei nº 883, de 21.10.1949 e da Lei nº 6.515, de 26.12.1977; sobretudo após a Constituição de 1988.

---

[35] Cf. Clóvis Beviláqua, *Comentários ao art. 186*.
[36] NOTA DA ATUALIZADORA: Reservamos para uma próxima edição a análise e atualização do Direito Comparado, bem como, a avaliação da influência que a Convenção Internacional sobre os Direitos da Criança teve sobre a legislação dos países que a ratificaram. Os comentários sobre a legislação estrangeira que foram desenvolvidos neste item do capítulo constam da última atualização da obra, editada em 1997 (5a edição).
[37] Colombet, Foyer, Huet-Weiller *et* Labrusse-Rion, *La Filiation Légitime et Naturelle*, *passim*: Roger Nerson, "La Situation Juridique des Enfants nés Hors Mariage", *in Revue Trimestrielle de Droit Civil*, 1975, p. 403.
[38] Carrest, Franco, *Il Riconoscimento dei Figli Naturali*, p. 123.
[39] Michèle Piret, "Les Enfants Illégitimes aux Pays-Bas", *in Revue Trimestrielle de Droit Civil*, 1972, p. 68.

O reconhecimento, compulsório ou espontâneo, do filho natural atribui-lhe o *status* de filiação, e, como se não permite nas certidões passadas pelo oficial do registro civil a menção da natureza da filiação, o estado equivale ao do filho matrimonial. Adquire o nome paterno, nas condições já acima desenvolvidas. Tem direito aos alimentos e à herança paterna, inscrevendo-se, neste particular, como um herdeiro da classe dos descendentes, e, pois, com a qualidade de herdeiro necessário, na sua qualidade de filho, sucede ao pai, e aos herdeiros do pai. O reconhecimento insere o filho *in potestate* do genitor que o perfilhou.

Todos estes efeitos, aqui amplamente discutidos, têm a consequência irrecusável de estabelecer que o filho extraconjugal é considerado no Direito brasileiro um parente, tal como se dá com o filho matrimonial, inexistindo obstáculo legal ou convencional a que a ele se estendam as relações de parentesco com a família de seus pais.

Certo é que a repulsa à "mãe solteira" e ao filho havido de relações extramatrimoniais deixou de existir. A sociedade tornou-se mais aberta e mais solidária.

Efetivamente, a mulher (ou o homem) não casada encontrou pleno acolhimento na CR/1988, que reconheceu como entidade familiar "a comunidade formada por qualquer dos pais e seus descendentes" (art. 226, § 4º).

A legislação acompanhou o movimento, com diplomas cada vez mais abertos à proteção da infância e da adolescência. Senão, vejamos: Decreto-Lei nº 3.200, de 19.04.1941; Lei nº 8.069, de 13.07.1990; Lei nº 8.560, de 29.12.1992.

O Código Civil de 2002 acompanha esta evolução, adotando, inclusive, por diversas vezes, o princípio do "melhor interesse da criança", conforme previsto na Convenção Internacional sobre os Direitos da Criança, que foi incluída em nosso ordenamento jurídico pelo Decreto nº 99.710/1990.[40] Exemplo de aplicação do referido princípio encontra-se insculpido no art. 1.612 do Código que determina que "o filho reconhecido, enquanto menor, ficará sob a guarda do genitor que o reconheceu, e, se ambos o reconheceram e não houver acordo, sob a de quem melhor atender aos interesses do menor".

Na verdade, os direitos fundamentais da criança e do adolescente, construídos pela doutrina da proteção integral e que podem ser sintetizados pelo princípio do seu melhor interesse, foram consagrados pela CR de 1988, em seu art. 227, segundo o qual, "É dever da família, da sociedade e do Estado assegurar à criança, ao adolescente e ao jovem, com absoluta prioridade, o direito à vida, à saúde, à alimentação, à

---

[40] Dispõe o art. 3º da Convenção das Nações Unidas sobre os Direitos da Criança: "Todas as ações relativas às crianças, levadas a efeito por instituições públicas ou privadas de bem-estar social, tribunais, autoridades administrativas ou órgãos legislativos, devem considerar, primordialmente, o interesse maior da criança."

educação, ao lazer, à profissionalização, à cultura, à dignidade, ao respeito, à liberdade e à convivência familiar e comunitária, além de colocá-los a salvo de toda forma de negligência, discriminação, exploração, violência, crueldade e opressão".

Diante desse dispositivo torna-se imperioso reconhecer – em todos os seus efeitos existenciais e patrimoniais –, o vínculo de parentesco entre os filhos havidos fora do casamento, que venham a ser reconhecidos, e a família paterna.

Capítulo XI
PODER FAMILIAR

§ 1º Do pátrio poder ao poder familiar. Histórico. Conceito. Nova definição do instituto. § 2º Evolução legislativa da situação do filho extraconjugal sob o pátrio poder. § 3º Pátrio poder e poder familiar quanto à pessoa do filho. § 4º Pátrio poder e poder familiar quanto aos bens do filho. § 5º Suspensão e perda do poder familiar. § 6º Guarda e visitação.

§ 1º Do pátrio poder ao poder familiar. Histórico. Conceito. Nova definição do instituto

187. A instituição do pátrio poder[1] sofreu evolução conceitual a mais profunda, alteração fundamental a mais completa, relativamente à fonte romana primitiva; tão completa e profunda, que somente a título de ilustração pelo contraste se rememora hoje em dia a organização e o mecanismo da *patria potestas*. Os poucos vestígios que há, ainda, da primitiva instituição, vestígios menos intrínsecos que formais, passaram a outro plano ideológico, por estarem na atualidade informados por princípios muito diferentes dos que vigoravam nas cidades antigas.

É bem de ver que Jhering, no *Espírito do Direito Romano*, procura demonstrar que o fundamento da família romana era o amor; que a mulher se conservava numa atmosfera de respeito e de afeição; que aos filhos dedicava o *pater* proteção e estima, de sorte que constituía a autoridade paterna mais um dever que um direito: dever de tutela das pessoas a ela submetidas; dever de proteção contra inferiores injustiças; dever de representação judicial.[2]

Internamente, é bem possível que o princípio afetivo fosse de excelsa relevância na organização familiar. Mas, com fundamento nos textos, os romanistas em geral nos retratam a manifestação jurídica exterior da família romana sobre elementares autocráticas indisfarçáveis: o *pater familias* era soberano absoluto no lar, aonde não chegavam quaisquer abrandamentos do direito da cidade;

---

[1] A tradicional e criticada expressão "pátrio poder" foi substituída por "poder familiar" no Código Civil de 2002, como veremos neste capítulo.
[2] Jhering, *Espírito do Direito Romano*, vol. II, Seção III, p. 135.

podia dispor do filho, vendê-lo, matá-lo (*jus vitae ac necis*), direito que nem o Cristianismo conseguiu abolir, porque, se derrogado por Maximiano e Diocleciano: "*Liberos a parentibus, neque venditionis, neque donationis titulo, neque pignoris iure, aut alio quolibet modo, nec sub pretextu ignorantiae accipientis in alium transferri posse, manifestissimi iuris est*",[3] é tolerado pelo imperador cristão Constantino, num preceito da maior rudeza: se alguém, em extrema pobreza, necessitado de alimentos, vende seu filho recém-nascido, a venda é válida, só se podendo restabelecer o vendido à sua ingenuidade, mediante resgate pelo preço, ou substituição pessoal:

> "*Si quis propter nimiam paupertatem egestatemque victus causa filium filiamve sanguinolentos vendiderit venditione in hoc tantummodo valente, emptor obtinendi eius servitii habeat facultatem: liceat autem ipsi qui vendidit, vel qui alienatus est, aut cuilibet alii ad ingenuitatem eum propriam repetere: modo si aut pretium offerat, quod potest valere, aut mancipium pro ejusmodi praestet*".[4]

188. Só o *pater* adquiria, não o filho, porque pertencendo este àquele, não se concebia que adquirisse senão para o pai; não podia o pai fazer-lhe qualquer doação, porque, sendo o *filius* propriedade sua, doar ao filho era doar a si mesmo; o filho não agia em Juízo, por não ser *sui iuris*, representava-o o pai, mas lícito lhe era entregar o filho ao credor (abandono noxal), para eximir-se de qualquer responsabilidade. O direito de recuperação do filho efetivava-se pela *reivindicationis actio*, que era o remédio peculiar à reivindicação de coisa.

Num resumo feliz, Mommsen et Marquardt traçam em poucas linhas o perfil da *patria potestas*:

> "A *patria potestas* era uma relação natural fundada sobre uma dependência física e moral, como também no fato exterior da comunidade de existência do pai e dos filhos; tudo que ela oferece de particular em Roma é ter aí sido levada às consequências extremas, até atribuir ao pai um poder absoluto de disposição sobre seus filhos, autorizá-lo a expô-los, vendê-los, fazê-los mesmo perecer."

> "As únicas restrições de que era suscetível procedem da intervenção do Estado, que a seu turno reclama o *filius familias*, como dependente de sua autoridade, na qualidade de cidadão. Em consequência, o filho de família, desde que atinge a idade legal, torna-se independente em quanto ao direito público, capaz nomeadamente de exercer uma função pública e de tomar

---

[3] Código, L. IV, t. 43, fr.1.
[4] Código, L. IV, t. 43, fr. 2.

parte nos comícios (*ius honorum, ius suffragii*), mas permanece, para o exercício de sua capacidade civil, sob a dependência absoluta do pai".[5]

Mais tarde, a *patria potestas* foi-se alterando, à medida que a autonomia do filho ia crescendo.

189. No direito germânico, o *munt* não era tão vigoroso quanto fora a *patria potestas* no romano. Consistia no dever de dirigir a educação e criação do filho, o qual era comum ao pai e à mãe, da mesma forma que comum a eles era o direito ao mesmo respeito e acatamento. Atingindo a maioridade, o filho saía do poder paterno, a cujo propósito se recorda a frase de Teodorik: "a águia deixa de dar alimentos aos seus filhotes logo que tenham asas".[6]

190. Bem diverso é o conceito moderno, no qual desapareceu, realmente, a *potestas*, cedendo as prerrogativas do pai lugar aos interesses do filho.

Dizendo direito moderno, não queremos, naturalmente, referir-nos aos de povos submetidos a regimes autoritários; não pretendemos evocar o exemplo daqueles governos que se apresentam como *dii ex machina*, senhores todo-poderosos, em Estados que se reservam a faculdade de regulamentar toda a atividade dos súditos, dosar até a capacidade afetiva dos pais.

Direito moderno, dizemos, aludindo aos povos de cultura democrática, em que o Estado compreendeu que a instituição do pátrio poder não podia vigorar no sentido de serem ao pai concedidos direitos e faculdades contra o filho, porque "não constitui um direito a beneficiar quem o exerce, mas visa apenas à proteção do filho",[7] e tal a preponderância do interesse deste sobre as prerrogativas do pai, que se transformou o instituto do pátrio poder em *pátrio dever*.[8]

Os direitos dos filhos sobrelevam de tal forma os dos pais, que não mais se poderia conceber a existência de um poder paterno como complexo de direitos,

---

[5] Mommsen & Marquardt, *Manuel des Antiquités Romaines*, vol. XIV, *La Vie Privée des Romains*, 1, p. 3.
[6] Cf. José Arias, *Derecho de Familia*, p. 298; Clóvis Beviláqua, *Direito de Família*, p. 399.
[7] Alvino Lima, *Rev. Forense*, vol. 96, p. 285.
[8] Este conceito foi fixado num aresto do Tribunal de Apelação do Distrito Federal, de 08.08.1936, cuja fixidez de contornos merece transcrição: "De fato, não há mais amontoar argumentos, no sentido de evidenciar a evolução sofrida pelo instituto do "pátrio poder" transformado jurídica e socialmente em "pátrio dever", de tal modo prima o interesse do filho sobre as decantadas prerrogativas do pai.
"O concurso dos escritores, a corrente convencedora dos julgados, e a eloquência dos fatos, não conseguindo nas legislações a inserção de textos garantidores dessa boa doutrina, armam porém os juízos administrativos de medidas ajustadas à solução feliz desse relevantíssimo problema."
O acórdão referido pode-se encontrar em *Rev. Forense*, vol. 68, 1936, p. 356.

puramente, mas ao contrário, só se admite como conjunto de *deveres* dos pais para com os filhos.

Além disso, a expressão exclusivista pátrio poder perdeu sua razão de existir, à vista da posição de igualdade em que se encontra a mãe, relativamente ao pai, no exercício dessa tutela jurídica, que a lei atribuía preferencialmente ao pai por um motivo meramente de disciplina, sem querer significar a exclusão da atividade materna.

A Constituição Federal de 1988 estabeleceu, em seu art. 226, § 5º, que o "complexo de direitos e deveres quanto à pessoa e bens do filho" deve ser exercido pelos pais em igualdade de condições. Igualmente, em face do princípio isonômico inserido na nossa Constituição, o Estatuto da Criança e do Adolescente (Lei nº 8.069/1990), em seu art. 21, dispôs que "o pátrio poder será exercido igualmente pelo pai e pela mãe"[9]. Finalmente, com o advento do Código Civil de 2002 houve a alteração nominal da expressão "pátrio poder" para "poder familiar".

Quanto à melhor nomenclatura, ensinava Cunha Gonçalves:

> "... não só se concebe a função dos pais como um *dever* de proteção, educação, representação e administração dos bens dos filhos, mas até se propõe a substituição da própria expressão – 'poder paternal' – pela de 'autoridade parental', para significar que também a mãe participa daquele poder".[10]

Colin *et* Capitant, ao mesmo tempo que aplaudem a substituição da clássica expressão *pátrio poder*, por estoutra – *autoridade parental* – conceituam este instituto familiar como sendo um "poder de proteção".[11]

Salientando, na sua conceituação, a predominância dos deveres, diz Chironi:

> "Os deveres que incumbem aos genitores para com os filhos, ou os direitos com os quais se realizam, constituem no seu conjunto a relação do pátrio poder: a qual não é direito correspondente à autoridade do chefe da família; não é instituto introduzido em seu favor, mas no interesse precípuo dos filhos, por causa da proteção e assistência dos que têm necessidade".[12]

---

[9] Vale sublinhar que a expressão foi substituída em boa hora pela Lei nº 12.010/2009, que alterou o Estatuto da Criança e do Adolescente, e deu ao art. 21 a seguinte redação: "Art. 21. O pátrio poder poder familiar será exercido, em igualdade de condições, pelo pai e pela mãe, na forma do que dispuser a legislação civil, assegurado a qualquer deles o direito de, em caso de discordância, recorrer à autoridade judiciária competente para a solução da divergência".

[10] Cunha Gonçalves, *Tratado de Direito Civil*, vol. II, p. 424.

[11] Colin *et* Capitant, *Cours Élémentaire*, vol. I, p. 439.

[12] Chironi, *Istituzioni di Diritto Civile Italiano*, vol. II, p. 347.

Também José Arias, professor argentino, salienta que não constitui o pátrio poder um "conjunto de direitos" tão somente, mas, ao revés, de "direitos e deveres"[13] e Planiol *et* Ripert confirmam que ao pai são concedidos direitos e poderes em consequência dos pesados deveres que lhe incumbem, atinentes à manutenção e educação do filho.[14] Inúmeros outros autores poderiam ser chamados a opinar, no mesmo sentido.

A consulta aos mais modernos confirma e fortalece estes conceitos.[15] Restava, portanto, na onomástica legal, a expressão *pátrio poder,* despojada do conteúdo originário, e sem correspondência, no mundo jurídico, ao que as palavras poderiam traduzir.

O Código Civil de 2002 adotou, em substituição à expressão "pátrio poder" consagrada no Código de 1916, a nova denominação "poder familiar", traduzindo a concepção de que não mais subsiste a superioridade paterna no âmbito familiar. Ademais, como destaca Kátia Regina Maciel, "nada obstante a manutenção da palavra 'poder' na expressão brasileira do instituto, certo é que não se discute mais ser a função" que os pais exercem "no *exclusivo interesse dos filhos*".[16]

De qualquer forma, independentemente da questão referente à nomenclatura utilizada, o que importa é a precedência que passou a haver dos deveres paternos sobre as suas prerrogativas, a predominância dos direitos do filho sobre os atributos dos pais.

No sistema legal brasileiro, dentro dos princípios do Código anterior, notava-se perfeitamente que não se exalçava a autoridade paterna nem se conferiam faculdades ao genitor, em detrimento do filho, senão que todas as atribuições e todas as concessões que se fazem ao detentor daquele poder visavam à proteção e segurança do filho, acautelavam seus interesses e resguardavam sua situação.

E se o Código de 1916 instituiu o pátrio poder no interesse do filho, melhor o entenderam os seus aplicadores: por toda parte juízes e tribunais já vinham interpretando as normas legais no seu verdadeiro sentido protetor de quem necessita de

---

[13] Arias, op. cit., p. 300.
[14] Planiol *et* Ripert, *Traité Pratique*, vol. I, p. 349.
[15] Heinrich Lehmann, *Derecho de Família*, pp. 295 e segs.; Eduardo Espínola, *A Família no Direito Civil Brasileiro*, nos 245 e segs.; Martinez, *Nuovo Digesto Italiano*; Jean Carbonnier, *Droit Civil*, vol. II, nº 128; Mazeaud, Mazeaud *et* Mazeaud, *Leçons de Droit Civil*, vol. I, nos 1.133 e segs.; Ennecerus, Kipp y Wolff. *Tratado, Derecho de Familia*, vol. II, §§ 78 e segs.; De Page, *Traité Élémentaire*, vol. I, nos 753 e segs.; José V. Castelo Branco Rocha, *O Pátrio Poder*; Maurice Travers, *De la Puissance Paternelle et de la Tutelle*; Francesco Degni, *Il Diritto di Famiglia*, pp. 409 e segs.
[16] Kátia Regina Ferreira Lobo Andrade Maciel, "Do Poder Familiar", *in*: *O Novo Código Civil – Do Direito de Família*, p. 285.

amparo, erigindo-se, pois, um organismo jurídico, de crescente resguardo à pessoa e ao patrimônio dos menores não emancipados, sujeitos à autoridade paterna.

No Projeto de Código Civil de 1965 (Orozimbo Nonato, Orlando Gomes e Caio Mário da Silva Pereira) foi dado um passo ainda mais avançado estabelecendo-se que o pátrio poder será exercido em comum pelos pais (artigo 239), no que acompanhou a orientação do BGB, do Código Civil suíço, do português de 1967, do soviético. Enorme, contudo, foi a celeuma levantada a respeito, acusando o Projeto de atentatório à estabilidade da família. Os opositores, no entanto, ignoram que já Lafayette, cuja obra é clássica, sustentava literalmente que, do ponto de vista filosófico, o pátrio poder compete tanto ao pai quanto à mãe.

191. Pelo fato de ser o poder familiar um conjunto de encargos, ao lado dos direitos, nem por isso deixam de estar os pais revestidos da necessária autoridade, sendo, pois, conveniente salientar-se que não desprestigia o conceito moderno do poder familiar o fato de conceder a lei aos pais certos poderes, com referência à pessoa e aos bens dos filhos.

A explicação podemos extrair da lição de Ruggiero, quando anota "aquele caráter de bilateralidade e de fusão entre direito e dever, que é próprio de todas as relações familiares".[17]

Por mais que o espírito reacionário e as reminiscências afonsinas e filipinas tenham influenciado, a tendência inevitável foi forçosamente a consagração do princípio da bilateralidade nas relações pai-filho, a atribuição do poder parental a ambos os pais, e a predominância dos deveres e do sentido de proteção e defesa dos interesses do menor sobre toda a ideia de prerrogativa paterna ou de direito dos pais sobre os filhos.

Por isso mesmo, as definições tradicionais se desprestigiam, por acentuarem um lado apenas da relação jurídica. Daí dizermos nós, fixando o conceito deste instituto após a Carta de 1988 compreendendo: "Complexo de direitos e deveres quanto à pessoa e bens do filho, exercidos pelos pais na mais estreita colaboração, e em igualdade de condições", segundo o art. 226, § 5º, da Constituição Federal de 1988.

Concomitantemente à adoção do exercício democrático do poder familiar, em condições de igualdade entre ambos os pais, verificou-se o desenvolvimento de estrutura que suplanta a anterior concepção do pátrio poder como subordinação dos filhos ao pai; ao contrário, desenvolve-se o domínio da fixação jurídica dos interesses dos filhos.

Pietro Perlingieri assinala que o esquema do pátrio poder, visto como poder-sujeição, está em crise, "porque não há dúvidas de que, em uma concepção de igualdade, participativa e democrática da comunidade familiar, a sujeição, enten-

---

[17] Ruggiero, *Instituições*, vol. II, § 60, p. 205.

dida tradicionalmente, não pode continuar a realizar o mesmo papel. A relação educativa não é mais entre um sujeito e um objeto, mas uma correlação de pessoas, onde não é possível conceber um sujeito subjugado a outro".[18]

Por outro lado, o civilista italiano adverte para a importância de posições equilibradas, que não mortifiquem o pátrio poder dos genitores e não anulem a escolha significativa e de cultura representada pela participação do menor no processo educativo.

A nova estrutura do poder familiar no direito brasileiro consagra, definitivamente, a "doutrina jurídica da proteção integral", ao indicar que os interesses dos pais não se impõem aos dos filhos, reconhecendo-se a condição de sujeitos de direitos que a Constituição Federal e o Estatuto da Criança e do Adolescente (Lei nº 8.069/1990) lhes atribuem, com apoio na Convenção Internacional sobre os Direitos da Criança, que foi incluída em nosso ordenamento jurídico pelo Decreto nº 99.710/1990.

É de se destacar o disposto no art. 18 da Convenção das Nações Unidas sobre os Direitos da Criança: "Os Estados Partes envidarão os seus melhores esforços a fim de assegurar o reconhecimento do princípio de que ambos os pais têm obrigações comuns com relação à educação e ao desenvolvimento da criança. Caberá aos pais ou, quando for o caso, aos representantes legais, a responsabilidade primordial pela educação e pelo desenvolvimento da criança. Sua preocupação fundamental visará ao interesse maior da criança".[19]

No nosso ordenamento jurídico, o art. 6º da Lei nº 8.069/1990 – Estatuto da Criança e do Adolescente – preceitua que "na interpretação desta lei levar-se-ão em conta os fins sociais a que ela se dirige, as exigências do bem comum, os direitos e deveres individuais e coletivos, e a condição peculiar da criança e do adolescente como pessoas em desenvolvimento."

Para Gustavo Tepedino, tal preceito não é ocioso nem supérfluo, apresentando-se, ao revés, como peça-chave da estrutura familiar, por cuja tutela incumbe ao intérprete zelar.[20]

Estamos diante de uma nova estrutura familiar marcada pela responsabilidade dos pais pelos filhos, pessoas que necessitam de proteção integral em virtude da sua condição peculiar de pessoas em desenvolvimento.

---

[18] Pietro Perlingieri, *Perfis do Direito Civil – Introdução ao Direito Civil Constitucional*, p. 258.
[19] A Convenção Internacional sobre os Direitos da Criança também prevê que os "Estados Partes prestarão assistência adequada aos pais e aos representantes legais para o desempenho de suas funções no que tange à educação da criança, e assegurarão a criação de instituições e serviços para o cuidado das crianças" (art. 18, al. 2).
[20] Gustavo Tepedino, "A Disciplina Jurídica da Filiação na Perspectiva Civil-Constitucional", *in Temas de Direito Civil*, p. 418.

Além disso, outro aspecto a se destacar na evolução do instituto são as formas de controle ostensivo do exercício do poder familiar, entre as quais assume um significado especial a intervenção do Poder Judiciário, no sentido de facilitar o normal andamento da família e de eliminar os obstáculos, os abusos e os desvios praticados pelos genitores.

De acordo com Perlingieri, "essa intervenção assume cada vez mais o papel de garantia em relação ao não correto exercício do ofício (Pátrio Poder) e ao próprio capricho e arbítrio do menor. O exercício do Pátrio Poder se concentra exclusivamente no interesse do menor. Interesse existencial, mais que patrimonial, que deve ser individuado em relação às circunstâncias concretas, no respeito à historicidade da família".[21]

§ 2º Evolução legislativa da situação do filho extraconjugal sob o pátrio poder

192. Em nosso direito anterior o filho natural reconhecido não era submetido ao poder do pai,[22] mas era seu dever honrá-lo e respeitá-lo,[23] e, se menor de 21 anos, tinha de solicitar seu consentimento para casar.[24] Podia, ainda, o pai nomear-lhe tutor em testamento, condicionado à confirmação judicial e fazer a substituição exemplar.

Se controvérsia havia, no regime do Decreto nº 181, de 24.01.1890, a respeito de ser permitido à mãe natural exercer o pátrio poder, como salientam Estêvão de Almeida e Clóvis Beviláqua,[25] nenhuma existia quanto ao pai: "Os filhos reconhecidos não incidem sob o pátrio poder, nem sob a tutela do pai."[26]

Somente com o Código Civil de 1916 ficou estabelecido que, "o filho reconhecido, enquanto menor, ficará sob o poder do genitor, que o reconheceu, e, se ambos o reconhecerem, sob o do pai",[27] disposição que se completava pela do art. 379:

> "Os filhos legítimos, os legitimados, os legalmente reconhecidos e os adotivos estão sujeitos ao pátrio poder enquanto menores".

Foi uma conquista valiosa para os filhos naturais a do diploma de 1916, se atentarmos em que nosso direito pré-codificado repelia o princípio, oferecendo

---

[21] Pietro Perlingieri, op. cit., p. 259.
[22] Borges Carneiro, op. cit., II, § 195, nº 4; Lafayette, op. cit., § 125; Clóvis Beviláqua, *Comentário ao Art. 379 do Cód. Civil*.
[23] Correia Teles, op. cit., II, § 2º, nº 549.
[24] Carlos de Carvalho, op. cit., art. 1.599; Lafayette, op. cit., § 125.
[25] Estêvão de Almeida, op. cit., p. 133; Clóvis Beviláqua, *Comentário ao Art. 360*.
[26] Carlos de Carvalho, op. cit., art. 1.597; Estêvão de Almeida, *Comentários ao Art. 360*.
[27] Cód. Civil, art. 360.

aos filhos naturais, por norma, um preceito restritivo, como o do Código francês, que o proibia de "reclamar os direitos de filho legítimo",[28] advertindo o filho ilegítimo de que seus direitos encontram-se regulados no título "das Sucessões", sendo, porém, certo que o art. 383 concedia ao pai natural alguns dos atributos do pátrio poder, mas negava-lhe outros, como o usufruto e administração legal.[29]

A lei de 02.07.1907, alterando o art. 383 do Código francês, submeteu o filho natural reconhecido ao pátrio poder.

Pela Lei francesa de 31.12.1970, o reconhecimento por um só dos pais submete o filho à autoridade deste: se pelos dois, simultaneamente, àquele a quem cabe a guarda do filho.[30]

O Código uruguaio seguiu, quase literalmente, as disposições do Código Napoleão.

O Código alemão, no § 1.707, foi a ponto de negar tal poder à mãe natural, outorgando-lhe, porém, o direito, e impondo-lhe o dever de cuidar da pessoa do filho, sem lhe conceder capacidade para representá-lo. Posteriormente, "através da Lei de Reforma do Direito de Guarda familiar de 18.07.1979 o conceito tradicionalmente histórico do 'pátrio poder'(*elterliche Gewalt*), que lembrava o *patria potestas* jurídico-romano, foi substituído pela 'guarda familiar'(*elterliche Sorge*)." Além disso, os "**detentores** da guarda familiar são **ambos os pais** de forma igual, se eles forem **casados** (§ 1.626 al. 1 BGB) ou se casarem entre si após o nascimento dos filhos (§1.626a al. 1 nº 2 BGB) ou declararem que querem assumir conjuntamente a guarda (*Sorgeerklärungen*, §1.626a al. 1 nº 1 BGB). Se os pais não casados entre si não apresentarem nenhuma declaração de guarda, confere-se à mãe somente a guarda familiar (§1.626a al. 2 BGB)".[31]

Em outros Códigos, anteriores ao nosso Código de 1916, a instituição era já vigente nos mesmos termos, ou surgia apresentando mera semelhança, sem a ela equiparar-se totalmente.

O italiano de 1865 atribuía aos pais que reconhecessem filho natural, a *tutela legal* durante a menoridade deste, e a esta tutela mandava que se aplicassem numerosos dispositivos diferentes ao poder paterno (art. 184). Praticamente é como se sujeitasse o filho ao pátrio poder. Já o Código de 1942, submete o filho ao poder

---

[28] Cód. Civil francês, art. 338.
[29] Planiol, *Traité Élémentaire*, I, p. 535.
[30] Huet-Weiller, *Filiation Illégitime en Droit Comparé Français et Allemand*, p. 70; Colombet, Foyer, Huet-Weiller *et* Labrusse-Rion, *Filiation Légitime et Naturelle*, nos 478/480; Roger Nerson, "La Situation Juridique des Enfants Nés Hors Mariage", *in* Rev. Trimestrielle de Droit Civil, 1975, p. 420.
[31] Wilfried Schluter, *Código Civil Alemão – Direito de Família*, pp. 404 e 406.

do genitor que o reconheceu, e se ambos o fizeram, ainda que separadamente, ao paterno, salvo se o Tribunal decidir diferentemente (art. 258).[32]

Os Códigos argentino (art. 328) e chileno (art. 276) atribuem ao pai natural os mesmos direitos e obrigações que o legítimo tem sobre seus filhos.

O suíço concede aos filhos direitos e deveres com relação a pai e mãe (art. 325), permitindo que a "autoridade tutelar" lhes confira o pátrio poder, determinando os limites deste, quanto aos bens dos filhos (art. 327).[33]

Não foi, pois, uma inovação original o sistema brasileiro, mas inegavelmente uma prerrogativa a mais, entre as que o nosso direito concedia ao filho extraconjugal, prerrogativa tanto maior quanto se vê que neste particular consagrava o Código perfeita equiparação entre filhos legítimos e naturais, vigorando os dispositivos que a este são particularmente atinentes, não como característicos de disparidade de tratamento, mas como proteção maior, naquilo em que se fizer mister.

Laurent justifica a submissão do filho ilegítimo ao pátrio poder, à vista de seu aspecto de dever e não de direito do pai, dizendo:

> "Se se tratasse de um poder estabelecido em proveito dos pais, concebe-se que o legislador não o poderia conceder senão com restrições ao pai e mãe naturais, para não encorajar o concubinato, colocando-o na mesma linha que o casamento. Mas o poder paterno não é um poder, é um dever; este dever decorre do fato da paternidade, seja legítima, seja ilegítima; se houvesse diferença a estabelecer, seria preciso fazê-lo em favor dos filhos naturais".[34]

Não seria realmente racional que a lei concedesse ao pai natural, contra o filho, direitos que servissem de estímulo ao reconhecimento, como se fosse remuneração prévia, engodo para espicaçá-lo ao cumprimento do dever moral de reconhecer. Seria injusto que a lei oferecesse, a quem tem obrigação de declarar o estado do filho, direitos contra o filho, pois, em tal hipótese, o reconhecimento poderia, sob certos aspectos, ser desvantajoso para o reconhecido. Na hipótese de reconhecimento judicial, então, seria iníquo que o pai, que se tenha negado ao reconhecimento, e só a contragosto viu declarar-se o estado de seu filho, ainda fosse contra ele adquirir prerrogativas.

---

[32] Para aprofundamento sobre as modificações do direito italiano, V. Michele Sesta, "As transformações do direito de família italiano no quadro da evolução dos ordenamentos europeus". In: *Boletim da Faculdade de Direito da Universidade de Coimbra*, nº 78, pp. 223-284, 2002.

[33] NOTA DA ATUALIZADORA: Reservamos para a próxima edição uma ampla atualização do Direito Comparado. A maior parte dos comentários sobre a legislação estrangeira que foram desenvolvidos neste capítulo constam da última atualização da obra, editada em 1997 (5ª edição).

[34] Laurent, *Principes*, vol. IV, p. 462.

Dentro do moderno conceito de pátrio poder é que se enquadra a submissão do filho à autoridade do pai natural.

A jurisprudência, a seu turno, já reconhecia na mãe, posto que não tivesse o filho atingido a maioridade civil, o pátrio poder sobre o filho não reconhecido pelo pai.[35]

193. O sistema do Código Civil de 1916 sofreu um hiato com a publicação do Decreto-Lei nº 3.200, de 19.04.1941, cujo art. 16 estatuiu:

> "O pátrio poder será exercido por quem primeiro reconheceu o filho, salvo destituição nos casos previstos em lei".

O Decreto-Lei nº 3.200, de 19.04.1941, sofreu alterações inclusive no art. 16, que passou a ter a seguinte redação: "Art. 16. O filho natural enquanto menor ficará sob o poder do genitor que o reconheceu e, se ambos o reconheceram, sob o poder da mãe, salvo se de tal solução advier prejuízo ao menor. (Redação dada pela Lei nº 5.582, de 1970).

§ 1º Verificado que não deve o filho permanecer em poder da mãe ou do pai, deferirá o Juiz a sua guarda a pessoa notoriamente idônea, de preferência da família de qualquer dos genitores. (Incluído pela Lei nº 5.582/1970).

§ 2º Havendo motivos graves, devidamente comprovados, poderá o Juiz, a qualquer tempo e caso, decidir de outro modo, no interesse do menor. (Incluído pela Lei nº 5.582/1970)".

O CC de 2002 mantém a mesma orientação (art. 1.612 e 1.633), que acolhe a crítica preconizada pelo professor Caio Mário da Silva Pereira, como se vê a seguir.

Esta disposição, análoga à da lei francesa de 02.07.1907, modificativa do art. 383 do Código Napoleão, quebrou a harmonia da antiga sistemática inaugurada em 1917, e, a nosso ver, sem vantagem.

No Código anterior, todo o conjunto de preceitos referentes ao filho natural, ao seu reconhecimento, e à sua proteção, visava a equipará-lo ao filho legítimo.

Vem a Lei de Proteção à Família, e contraria sua própria intenção, ao mesmo tempo que rompe com um sistema, tão consoante aos sentimentos do povo brasileiro, que se aplicava naturalmente.

Não havia motivo para que estivesse o filho natural no poder do genitor que o reconheceu em primeiro lugar, uma vez que essa precedência cronológica nada

---

[35] Ac. do Tribunal de Justiça do Rio Grande do Sul, *in Revista Forense*, vol. 161, p. 297. Diferentemente, entretanto, entendeu o de Minas Gerais, mandando que se nomeie tutor para a criança se o pai perfilhante é menor de idade, *in Revista Forense*, vol. 206, p. 169.

significava, senão, na maioria das vezes, que a mãe teria levado o filho a registro, figurando, ali, desde logo, o vínculo da filiação materna.

Demais, é preciso nunca perder de vista que o pátrio poder não é prerrogativa, senão dever, e, pois, se o pai fizer o reconhecimento posteriormente à mãe natural, pelo fato de investir-se no pátrio poder, não é beneficiado, antes onerado com os encargos respectivos. O normal é o reconhecimento materno em primeiro lugar, porque a maternidade não se oculta, e, vindo o filho à luz do dia, nada obsta que a mãe proceda ao reconhecimento do recém-nascido, por via do registro civil.

Daí concluir que deva ser ela quem tenha sobre o filho o pátrio poder e resolver menos acertadamente o problema dos efeitos do reconhecimento: criar uma situação de desigualdade, em confronto com os filhos legítimos, e retirar ao filho natural a proteção paterna, quando é certo que o pai, se bem não seja o mais carinhoso, é o mais apto dos genitores para amparar com eficiência o filho.

Planiol *et* Ripert comentam que a inovação da Lei francesa de 02.07.1907, foi justificada pela dupla vantagem de evitar uma transferência do pátrio poder, e de nele investir o genitor, que demonstrou maior afeição pelo filho, reconhecendo-o em primeiro lugar. Estes mesmos ilustres professores admitem, entretanto, que a prioridade do reconhecimento materno provém, muitas vezes, de que é mais difícil à mãe ocultar-se, sendo que outras vezes ela efetua o reconhecimento, para habilitar-se a acionar o pai rico.[36]

Quanto à transferência de poder paternal, não oferece, em tese, qualquer inconveniente, antes vantagem, pois que muitas vezes o reconhecimento paterno se efetua mais tarde, quando o filho já se encontra numa fase da vida em que a autoridade do pai é mais necessária que os carinhos maternos, e na qual o custo de sua educação será mais razoavelmente feito pelo pai.

Reconhecendo a desvalia da providência, contra a qual já se batiam Colin *et* Capitant em seu país,[37] o legislador de 1941 emendou a mão em 1943, com o Decreto-Lei nº 5.213, de 21 de janeiro, que restabeleceu o art. 360 do Código Civil de 1916, anexando-lhe, à guisa de ressalva, um apêndice:

> "O filho reconhecido, enquanto menor, ficará sob o poder do progenitor que o reconheceu, e se ambos o reconheceram sob o do pai, *salvo se o juiz decidir doutro modo no interesse do menor*".[38]

---

[36] Planiol *et* Ripert, *Traité*, vol. I, p. 373.
[37] Colin *et* Capitant, op. cit., vol. I, p. 541.
[38] A exposição de motivos com que foi apresentado à sanção presidencial o Dec.-Lei nº 5.213 contém conceitos que merecem ser transcritos: "Cód. Civil brasileiro, de acordo com os projetos em que se baseou sua elaboração, rejeitou o princípio, até então vigente, de que os filhos reconhecidos não incidem sob o pátrio poder, nem sob a tutela do pai". "Equiparando

A ressalva não é desnecessária, porque veio ampliar a esfera de ação do Poder Judiciário, no deliberar o que melhor convém ao menor reconhecido. O art. 394 do Código Civil de 1916[39] já oferecia ao juiz uma faculdade grande, ao permitir-lhe tomar medidas acautelatórias dos interesses do filho. Mas, em se tratando de reconhecimento, em que pode ocorrer não tenha o pai a necessária idoneidade para cuidar do filho, a ressalva contida no dispositivo repristinador da norma do Código Civil vem entregar a submissão do filho natural ao pátrio poder àquele *arbitrium boni viri* da autoridade judiciária, cuja deliberação conterá a última palavra.

Se o pátrio poder é instituído no interesse do filho, e se não convier que seja exercido pelo pai, o juiz tem liberdade de ação para resolver como julgar acertado.

---

o filho ilegítimo ao legítimo nas relações com o progenitor que o reconhecesse, o Cód. Civil estabeleceu, logicamente, a regra de que o filho natural reconhecido por ambos os progenitores ficaria sob o poder do pai (art. 360). A preeminência paterna era necessária, desde que se tomara a família legítima para modelo da família natural e se procurara colocar o filho natural reconhecido em uma situação que não o distinguisse dos favorecidos pelo nascimento em famílias bem constituídas.

"O Dec.-Lei nº 3.200, de 19.09.1941, porém, em seu art. 16, revogou a justa solução do Cód. Civil, e, orientando-se pelo sistema da lei francesa de 02.07.1907, deu primazia, no exercício do pátrio poder, ao progenitor que se houvesse antecipado no reconhecimento do filho natural.

Entre os vários sistemas propostos para a solução do problema concernente às relações entre os pais e o filho natural, o adotado pelo legislador francês não é, com certeza, o preferível. Fazendo a crítica de tal sistema, disseram Colin *et* Capitant, com a grande autoridade que possuem: "*Cependant, certains auteurs préconisaient l'attribution de la puissance paternelle à celui des deux auteurs de l'enfant qui l'auraient reconnu le premier, solution peu rationnelle, semble-t-il à première vue, car l'autorité parentale ne saurait être le prix de la course, et il est inexact de supposer* a priori *que l'auteur de la première reconnaissance a fait preuve d'une sollicitude plus tendre pour l'enfant, une foule de circonstances fortuites pouvant retarder une reconnaissance, non fût-ce, par exemple, que l'état de santé de mère, retenue dans son lit pendant les premiers jours qui suivent l'accouchement*" (*Cours Élém. de Droit Civil Français*, 8ª ed., nº 537, pp. 556 e 558).

"Se, como demonstram estes argumentos, não é razoável deferir-se o poder sobre o filho natural ao progenitor que haja conseguido chegar mais cedo ao cartório do registro civil, parece-me que se justifica o restabelecimento do art. 360 do Cód. Civil, com a ressalva de poder a autoridade judiciária regular a situação do menor por forma que mais corresponda ao interesse deste. Esta solução, adotada também pelo novo Código Civil italiano, art. 258, decorre da justa analogia existente entre a situação de dois concubinos que reconheceram seu filho sem se casar e a de dois esposos desquitados." "As razões acima expostas é que me levam, Sr. Presidente, a propor a V. Ex.ª seja modificado o referido art. 16 da lei sobre a organização e proteção da família, restabelecendo-se o princípio contido no art. 360 do Código Civil, com a ressalva acima apontada."

[39] O preceito do art. 394 foi reproduzido integralmente no Código Civil de 2002 no art. 1.637.

194. Resta, agora, uma questão: Os filhos nascidos na vigência do Decreto-Lei nº 3.200, reconhecidos primeiramente pela mãe, e em seguida pelo pai, continuariam no pátrio poder da primeira?

Certo que não, porque, sendo o efeito da lei geral e imediato, o Decreto-Lei nº 5.213, logo que entrou em vigor, abrangeu todas as situações jurídicas que compreendia, uma vez que estabeleceu, no interesse da ordem pública, princípio em antinomia com o que vigorava por força do Decreto-Lei nº 3.200. E, sendo de princípio que a lei tem efeito imediato, ficaram automaticamente destituídas do pátrio poder as mães, nas condições da hipótese formulada, e automaticamente investidos no poder sobre os filhos, os pais que os tenham reconhecido, respeitados tão somente os efeitos pretéritos das situações jurídicas constituídas na vigência do Decreto-Lei nº 3.200, de 19.04.1941, em virtude do mesmo.

195. Vimos e estabelecemos que o reconhecimento produz, em regra, efeitos *ex tunc*, que vão retrotrair ao momento em que se constituiu o laço biológico da paternidade.

Será a sujeição do filho ao poder familiar efeito desta natureza, ou vigora *ex nunc*, a partir da data do reconhecimento?

Já vimos que o reconhecimento, sendo ato meramente declaratório, apenas torna, em geral, possível que da paternidade biológica evidenciada juridicamente decorram os direitos respectivos, de sorte que esta retroatividade importa que os efeitos remontem ao passado.

Uma análise, entretanto, da submissão do filho ao poder familiar faz ressaltar desde logo: 1º) que se traduz numa situação de fato, consistente na tutela que a lei oferece aos interesses do filho; 2º) que esta situação produz consequências de direito.

Verifica-se, assim, que, antes do reconhecimento pelo pai natural, já o filho estava sob o poder materno (art. 360 do CC de 1916), ou sob tutela (arts. 406 e segs.), e, pois, tinha quem por ele zelasse, quem o representasse nos atos da vida civil, quem de sua pessoa cuidasse e seus bens administrasse. Os atos praticados pelo representante legal tinham produzido regulares efeitos de direito. Havia, pois, uma situação jurídica constituída, que produzia efeitos.

Mas vem o pai natural e, reconhecendo o filho, assume o pátrio poder que lhe atribuirá todos esses direitos, impor-lhe-á todos os deveres.

Admitir uma ficção legal, supondo que a retroação do pátrio poder significa que aquele sempre teria cuidado dos interesses do filho, teria sempre velado pela sua pessoa, e zelado pelos seus bens, e sempre o teria representado, é atentar contra a realidade concreta, é fugir demais da verdade objetiva.

Por outro lado, imaginar uma teoria de convalescimento dos atos passados, presumindo a aprovação tácita do pai, seria ilógico, por inútil: pois se, enquanto não conhecido o pai, os atos praticados pelo representante tiveram a validade resultante da presença de quem de direito, se já eram válidos tais atos, para que imaginar sua revalidação, para que criar o convalescimento do que não trazia defeito?

A consequência é que, produzindo a situação jurídica do pátrio poder – da forma como era exercido anteriormente, ou seja, somente pelo pai – seus efeitos regulares, enquanto exercido pela mãe, ou sendo regular e válida a tutela, o pátrio poder, em que veio a investir-se o pai natural que se revelou, começava a vigorar a partir do momento em que o reconhecimento se realizava, respeitando, integralmente, os efeitos passados das situações jurídicas definitivamente constituídas.

196. Submetido, pois, o filho reconhecido ao poder do pai natural, sua posição era análoga à do filho legítimo, do qual diferia tão somente na aplicação de certas normas, que objetivavam particularmente sua proteção. Esta analogia decorre do fato de que, no casamento a mulher ocupava posição inferior em relação ao marido. Desta forma, nos termos do art. 380 do Código de 1916, *durante o casamento, exercia o pátrio poder o marido, como chefe da família (art. 233), e, apenas na falta ou impedimento seu, a mulher.*

Com o advento da Lei nº 4.121, de 27.08.1962 (Estatuto da Mulher Casada), que deu nova redação ao artigo 380, incluindo, ainda, um parágrafo único, o pátrio poder passou a ser exercido com a colaboração da mulher. Outrossim, abriu-se a possibilidade de a mãe recorrer ao Judiciário em caso de divergência dos genitores quanto ao exercício do pátrio poder.

É de se consignar que, mesmo após a edição do referido Estatuto, o marido continuou mantendo uma posição de supremacia em relação à mulher, tanto na chefia da sociedade conjugal quanto no exercício do pátrio poder.

Ressalte-se que somente após o advento da Carta Magna de 1988, a mãe passou a exercer o pátrio poder juntamente com o pai, *em igualdade de condições*, nos termos do art. 226, § 5º, da Constituição e do art. 21 da Lei nº 8.069/1990.[40] É de se destacar que o art. 1.632 do Código Civil de 2002 dispõe que a separação, o divórcio ou a dissolução da união estável não alteram o exercício do poder familiar, com exceção da guarda (v. item 198, *infra*).

§ 3º Pátrio poder e poder familiar quanto à pessoa do filho

197. O Pátrio Poder no Código de 1916. Na forma do art. 384 do Código Civil de 1916,[41] cabia ao pai natural:

---

[40] Art. 226, § 5º, CF/88: "Os direitos e deveres referentes à sociedade conjugal são exercidos igualmente pelo homem e pela mulher"; Art. 21, Lei nº 8.069/90: "O pátrio poder poder familiar será exercido, em igualdade de condições, pelo pai e pela mãe, na forma do que dispuser a legislação civil, assegurado a qualquer deles o direito de, em caso de discordância, recorrer à autoridade judiciária competente para a solução da divergência" (Expressão substituída pela Lei nº 12.010, de 2009).

[41] Norma correspondente no Código Civil de 2002: art. 1.634.

"*a*) dirigir a criação e educação do filho ilegítimo reconhecido", escolhendo a profissão que deverá seguir, fixando o estabelecimento em que estudará.

Não dispunha o Código em que consistia esta "criação e educação", *ad instar* do que faz o Código alemão, estatuindo que a missão educativa do pai está completa, uma vez que ministre ao filho instrução profissional: "*Cet entretien comprend tous les besoins de la vie, ainsi que les frais d'éducation, et d'instruction professionelle de l'enfant*".[42]

No Direito francês (após as leis de 31.12.1970 e de 03.01.1972), o filho reconhecido, mesmo o adulterino, fica sob a autoridade do que o reconheceu: e, se ambos o fizeram, ela é confiada pelo Tribunal àquele a quem couber a guarda do filho.[43]

Também o Código italiano de 1865 impunha ao pai, no art. 186: "*mantenere, educare, istruire ed avviare ad una professione o ad un'arte il figlio naturale riconosciuto...*", enquanto que o Código de 1942, marcado pelo sinete autocrático do fascismo, manda que o pai dê ao filho instrução e educação sem distinguir o natural reconhecido do legítimo, mas conforme "*ai principii della morale e al sentimento nazionale fascista*".[44]

No Direito italiano moderno, e partindo de que educação e instrução integram a obrigação alimentar, ninguém poderá negar, diz Antonio Palazzo, que o pai deve efetuar estas despesas segundo a sua condição social.[45]

O Código chileno, estabelecendo os deveres do pai, fixa um mínimo: "*Se incluirán en esta, por lo menos, la enseñanza primaria, y el aprendizaje de una profesión u oficio*",[46] linguagem que se encontra também no art. 27 do Código do Uruguai.

O dever do pai deveria ser, portanto, criar o filho, e ministrar-lhe educação, de acordo com sua posição social e seus recursos. Se oferecesse aos filhos legítimos uma situação melhor que aos naturais, estaria deixando de cumprir sua obrigação, fazendo uma distinção que não se enquadra entre os princípios existentes na legislação civil, o que seria a quebra de um dever de humanidade.

Como sanção da autoridade educacional do pai, nossa lei civil não mencionava expressamente o direito de correção, que em outros países vai até a faculdade de fazer encarcerar o filho por tempo limitado (Cunha Gonçalves, Planiol, Colin & Capitant, Planiol & Ripert).

---

[42] Código Civil alemão, § 1.708, 2ª parte. Este Código é citado na tradução de La Grasserie. Os demais dispositivos dos outros códigos são transcritos dos originais respectivos, sem tradução, para maior autoridade.

[43] Colombet, Foyer, Huet-Weiller *et* Labrusse-Rion, *La Filiation Légitime et Naturelle*, nos 478 a 481.

[44] Pandolfelli *et* alii, *Codice Civile*, arts. 145 e 259, combinados.

[45] Antonio Palazzo, *La Filiazioni Fuori del Matrimonio*, p. 321.

[46] Código chileno, art. 279, 2ª parte.

Mas, tendo o Código disposto que um dos motivos de perda do pátrio poder é o castigo imoderado imposto pelo pai ao filho, conclui-se que poderia aplicar castigos não excessivos, os quais variavam conforme o nível social e o grau de educação dos pais, mas que de uma forma ou de outra eram impostos geralmente em todos os lares.

"*b*) ter o filho ilegítimo em sua companhia e guarda." Já o art. 36[47] do mesmo Código dispunha que o domicílio do incapaz é o de seu representante, e, pois, o do filho natural reconhecido será o do pai que o reconheceu. Este princípio foi repetido no art. 7º, § 7º, da Lei de Introdução ao Código Civil[48], *in verbis*: "Salvo o caso de abandono, o domicílio do chefe da família estende-se ao outro cônjuge, e aos filhos não emancipados, e o do tutor ou curador aos incapazes sob sua guarda".

Na expressão ampla – *chefe de família* – não pode deixar de incluir-se o pai natural, porque o filho reconhecido integra sua família, e porque a expressão *filhos não emancipados*, por não fazer distinção, refere-se aos legítimos, legitimados, ilegítimos e adotivos. Com a Constituição de 1988, estabelecendo a igualdade em direitos e deveres (art. 226, § 5º), desapareceu a figura do "chefe de família".

Em face da Lei nº 4.121, de 27.08.1962, opinamos no sentido de que nenhuma razão milita para que se retirem da companhia materna os filhos, salvo se lhes for inconveniente.[49] E na vigência da Lei nº 883, de 21.10.1949, considera-se que compete ao pai ter o filho em sua companhia, salvo se decidir o juiz de modo diverso, no interesse do menor.[50]

Como complemento do direito-dever de criá-lo e educá-lo, tem o pai o de guardá-lo e mantê-lo em sua companhia, direito que importa em que o filho natural reconhecido não pode abandonar sem licença a casa do pai, nem o educandário em que se ache,[51] o que, aliás, é expresso no Código Civil francês, art. 374.

---

[47] O Código Civil de 2002 determinou que o domicílio do incapaz é o do seu representante no art. 76, *caput* e parágrafo único. A interpretação do art. 76 deve ser feita em consonância com a nova redação dada pela Lei nº 13.058/2014 ao art. 1.583, § 3º, segundo o qual: "[...] § 3º Na guarda compartilhada, a cidade considerada base de moradia dos filhos será aquela que melhor atender aos interesses dos filhos".

[48] A Lei nº 12.376/2010 alterou a redação da ementa que passou a denominar o referido decreto--lei de Lei de Introdução às normas do Direito Brasileiro (LINDB). A redação do art. 7º, § 7º, foi mantida: "§ 7º Salvo o caso de abandono, o domicílio do chefe da família estende-se ao outro cônjuge e aos filhos não emancipados, e o do tutor ou curador aos incapazes sob sua guarda". Cabe destacar que a figura do "chefe da família" desapareceu, conforme esclarecido no parágrafo subsequente.

[49] Caio Mário da Silva Pereira, "Parecer", *in Rev. Forense*, vol. 214, p. 58.

[50] Orlando Gomes e Nélson Carneiro, *Do Reconhecimento do Filho Adulterino*, vol. II, p. 466.

[51] Cunha Gonçalves, *Tratado de Direito Civil*, vol. II, p. 359.

Mas, como é de muita importância a paz e harmonia do lar, este direito-dever do pai, de ter o filho natural reconhecido em sua guarda e companhia, está submetido a certas regras preservativas da tranquilidade doméstica.

Por isso, convém distinguir as questões que poderão surgir, nas hipóteses de reconhecimento voluntário e judicial.

O filho ilegítimo, dizia o Código Civil de 1916, no art. 359,[52]

> "... reconhecido por um dos cônjuges, não poderá residir no lar conjugal sem o consentimento do outro."

Não distinguindo nosso Código, como fazia o italiano de 1865, no art. 183, quanto ao filho *"nato prima del matrimonio e riconosciuto durante il medesimo..."* é de aplicar-se o preceito a qualquer caso: ou reconhecido antes do matrimônio, ou após sua celebração.

Pelo fato de saber de sua existência ao casar-se, nem por isso é de presumir-se o consentimento do outro cônjuge, e não é conveniente ao filho permanecer num lar, onde seja pomo de discórdias, que reverterão, as mais das vezes, sobre sua cabeça.

O pai tem o dever e ao mesmo tempo o direito de guardar em sua companhia o filho que reconheceu, condicionado ao consentimento de sua mulher, e uma vez que não prescrevia o Código a forma como se manifestaria este consentimento, entender-se-á mesmo tácito, induzido da não oposição.

Mas não se presume o acordo, para permanência no lar, do mero consentimento do outro cônjuge para o ato do reconhecimento, pois que a lei é expressa em exigir a anuência para a residência. Ao contrário do nosso, o Código italiano, de 1942, presume o assentimento do só fato de consentir na declaração de estado.[53]

Completando a medida protetora do filho que não pôde vir para o lar paterno em virtude de oposição da mulher com que se casou o pai natural, dispunha o art. 15 do Decreto-Lei nº 3.200, de 1941, em termos que não necessitam de comentários:

> "Se um dos cônjuges negar seu consentimento para que resida no lar conjugal o filho natural reconhecido do outro, caberá ao pai ou à mãe, que o reconheceu, prestar-lhe, fora do seu lar, inteira assistência, assim como alimentos correspondentes à condição social em que viva, iguais aos que prestar ao filho legítimo, se o tiver".

Quando ocorre o reconhecimento judicial do filho, a lei prescreve outra regra salutar: dês que o pai contestou a ação, dês que se opôs ao reconhecimento, é de presumir que não tenha pelo filho o necessário afeto, para que se possa dele esperar

---

[52] Dispositivo correspondente no Código Civil de 2002: art. 1.611.
[53] Pandolfelli *et alii*, *Codice Civile*, art. 257.

carinho e dedicação, e pois, não será conveniente mantê-lo em sua companhia: "A sentença, que julgar procedente a ação de investigação, produzirá os mesmos efeitos do reconhecimento, podendo, porém, ordenar que o filho se crie e eduque fora da companhia daquele dos pais, que negou essa qualidade".[54]

Examinando a sujeição do filho extraconjugal à autoridade do pai, comenta Savatier o quanto esta situação é ilógica, atendendo a que o pai manifestou verdadeira hostilidade contra o filho que lhe moveu a demanda de reconhecimento.

> "É em detrimento dos próprios filhos naturais que o legislador, desgraçadamente hipnotizado pelo desejo de os aproximar dos filhos legítimos, desconhece as diferenças irredutíveis que separam uns dos outros".[55]

Nossa lei civil não merece a mesma crítica, à vista da faculdade atribuída pelo art. 366 do Código de 1916, reproduzida no art. 1.616 do Código de 2002, ao Poder Judiciário.

Quem é árbitro da providência é o juiz, prolator da sentença na ação de investigação, porque foi ele que presenciou à atuação do pai, e, portanto, sabe se convém que este tenha ou não o filho em sua companhia e sob sua guarda. A lei não oferece a medida da aplicação do princípio, mas é intuitivo: acautelar o filho natural, segundo seu *arbitrium boni viri*. Daí entender a jurisprudência que a decisão do Juízo sobre o destino a ser dado ao filho natural é uma decisão de equidade, visto resultar de considerações relativas ao interesse do menor, e não a puro e simples reconhecimento de direitos inerentes ao pátrio poder, o que vale dizer a todo tempo pode ser modificada quando se torne manifesto que o interesse do menor é diverso do que a princípio havia parecido.[56]

O juiz deverá atentar, em qualquer caso, para o melhor interesse da criança ou adolescente, consoante a orientação constitucional, traduzida no ECA e no CC de 2002 (art. 1.612). É razoável ter-se como uma das medidas para aplicação do princípio o atendimento dos direitos fundamentais próprios da infância e adolescência (ECA, art. 7º e seguintes).

Merece destaque no tema a alteração recente do ECA pela Lei nº 13.010, de 26.06.2014 (conhecida como "lei da palmada"), que, dentre outras providências, introduziu o art. 18-A na Lei nº 8.069/1990, segundo o qual:

> "Art. 18-A. A criança e o adolescente têm o direito de ser educados e cuidados sem o uso de castigo físico ou de tratamento cruel ou degradante, como

---

54 CC de 1916, art. 366. No mesmo sentido dispõe o CC de 2002, art. 1.616.
55 Savatier, *Recherche de la Paternité*, p. 182.
56 Ac. do Tribunal de Justiça do antigo Distrito Federal, *in Rev. Forense*, vol. 146, p. 285.

formas de correção, disciplina, educação ou qualquer outro pretexto, pelos pais, pelos integrantes da família ampliada, pelos responsáveis, pelos agentes públicos executores de medidas socioeducativas ou por qualquer pessoa encarregada de cuidar deles, tratá-los, educá-los ou protegê-los.

Parágrafo único. Para os fins desta Lei, considera-se:

I – castigo físico: ação de natureza disciplinar ou punitiva aplicada com o uso da força física sobre a criança ou o adolescente que resulte em:

a) sofrimento físico; ou

b) lesão;

II – tratamento cruel ou degradante: conduta ou forma cruel de tratamento em relação à criança ou ao adolescente que:

a) humilhe; ou

b) ameace gravemente; ou

c) ridicularize".

Criado e educado o filho fora da companhia do pai, nem por isto fica este isento dos deveres inerentes ao pátrio poder. Apenas a lei quer evitar a presença, sob o mesmo teto, dos que foram autor e réu na ação de estado, quando o pai tiver demonstrado pelo filho ausência de sentimentos afetivos. Neste sentido, decidiu o Tribunal de Minas Gerais que a prestação alimentar deriva do pátrio poder e do simples fato da menoridade do filho.[57]

"*c*) dar, ou negar, seu consentimento, para que o filho se case"[58], como já se dispunha em nosso direito anterior, independentemente do pátrio poder. Já vimos como se exerce este direito, neste capítulo.

"*d*) nomear-lhe tutor por testamento ou documento autêntico, se o outro dos pais não lhe sobreviver, ou, sobrevivo, não puder exercitar o pátrio poder". O que aqui se observa é o seguinte: reconhecido o filho por ambos os pais, a autoridade paterna competia ao pai, e, em sua falta, à mãe. Mas se a mãe natural fosse desconhecida, e a tanto equivale não ter ela reconhecido o filho, ou se for inidônea, vigorava o inciso do art. 384 do Código Civil[59], em termos mais ou menos assim: nomear-lhe tutor por testamento ou outro documento autêntico, se a mãe não o houver reconhecido, ou, se o houver, não lhe sobreviver, ou, ainda, se sobreviva, não puder exercitar o pátrio poder, pois nestes termos é que se adapta o preceito legal à situação do filho ilegítimo reconhecido.

"*e*) representá-lo até os 16 anos nos atos da vida civil", e assisti-lo, após essa idade, nos atos em que for parte, suprindo-lhe o consentimento.[60]

---

[57] *Rev. Forense*, vol. 199, p. 201.
[58] Atualmente previsto no art. 1.634, III, do CC/2002.
[59] Art. 1.634, IV, do CC/2002.
[60] Art. 1.634, V, do CC/2002, que tem nova redação por força da Lei nº 13.058/2014.

"*f*) reclamá-lo de quem ilegalmente o detenha".[61] Reminiscência romana da ação de reivindicação, que o Projeto Beviláqua ainda mais exatamente cultivava, com o vocábulo – "reivindicá-lo" – é uma consequência do direito de ter o filho em sua guarda e companhia.

Logo que reconheça o filho, cabe ao pai reclamá-lo de quem o detenha ilegalmente.

Podia, entretanto, dar-se o caso de estar o filho com a mãe que o tinha também, anteriormente, reconhecido, e, querendo o pai retirá-lo da companhia materna, esboçar-se-ia um conflito.

Como resolvê-lo?

Em matéria de direito de família, em que os interesses individuais se colocam abaixo dos gerais da sociedade, a tal ponto que Ruggiero o considera distanciado do direito privado,[62] as normas legais não se podem entender hermeneuticamente, senão vivificadas pelo interesse social, e este, aqui, é representado pelo do filho.

Se ocorresse que o reconhecido fosse menor de tenra idade, em que os insupríveis desvelos maternos seriam reclamados antes que os cuidados paternos, o conflito dos pais, acaso surgido, criaria situação semelhante à que aparece com a separação, em que o Código de 1916, ao fornecer as regras para a guarda dos filhos, dispunha que os cônjuges podiam entrar em acordo a respeito (art. 325 do Código de 1916 – revogado pela Lei nº 6.515/77), e em seguida estatuía que, à falta deste acordo, as filhas menores e os filhos até a idade de seis anos ficariam com a mãe, e com o pai os meninos de mais de seis anos (art. 326 também revogado pela Lei nº 6.515/77).

Nesta hipótese de reconhecimento, se não houvesse acordo entre pai e mãe, poderia este preceito servir de norma reguladora, ficando, porém, o juiz com o arbítrio de decidir como melhor entendesse para o menor, tendo em vista a situação social e sobretudo o nível moral de ambos os pais, aplicando, por analogia, o art. 327 do Código Civil de 1916 (revogado pela Lei nº 6.515/77):

> "Havendo motivos graves, poderá o juiz em qualquer caso, a bem dos filhos, regular por maneira diferente da estabelecida nos artigos anteriores, a situação deles para com os pais".
>
> "Parágrafo único. Se todos os filhos couberem a um só cônjuge (no nosso caso, "a um só dos pais"), fixará o juiz a contribuição com que, para o sustento deles haja de concorrer o outro."

Mesmo não havendo dispositivo expresso, é verdade, determinando que se aplicassem estes princípios aos filhos naturais, nada impedia que assim se fizesse.

---

[61] Art. 1.634, VI, do CC/2002, que tem nova redação por força da Lei nº 13.058/2014.
[62] Ruggiero, *Instituições*, vol. II, § 45.

O que acima de tudo importa é o interesse do filho, objetivo para cuja consecução o juiz em princípio é munido de plena autoridade. E sendo instituído o pátrio poder do filho natural em seu benefício, assim também sua guarda por aquele que o reconhece, não seria curial que a lei desse ao pai natural direito de apreensão do filho, se a conveniência deste estiver em que continue com a mãe, por algum tempo ainda. Num caso em que ocorreu duplo reconhecimento, entendeu o Tribunal de Justiça de Minas Gerais ser lícito ao juiz determinar que o filho seja confiado à guarda da mãe, se for do interesse dele.[63]

E, sendo os filhos naturais, quanto a direitos e obrigações, equiparados aos legítimos, é de se aplicar a eles o mesmo dispositivo que a lei estabelece para regular a situação dos legítimos, quando surge um conflito entre os pais, e seja preciso resolver com quem deverá permanecer o menor.

"*g*) exigir que lhe preste obediência, respeito e os serviços próprios de sua idade e condição". Não há mister esclarecimento, porque o limite da faculdade está contido no próprio inciso.

198. O Poder Familiar no Código de 2002. Estabelece o Código Civil de 2002 que compete a ambos os pais o exercício do poder familiar, ou seja, ampliando à figura materna o mesmo poder que detinha o pai na figura anterior do pátrio poder. A regra estatuída pelo art. 384 do Código anterior foi reproduzida pelo art. 1.634 do Código de 2002, havendo apenas a substituição da expressão "pátrio poder" pela expressão "poder familiar". Portanto, em que pese a importância da mudança da nomenclatura, em face da nova realidade do papel da mulher na família e o que já dispunha a Constituição Federal de 1988 e o Estatuto da Criança e do Adolescente, não houve grandes mudanças no novo Código em relação ao papel dos pais quanto a pessoa do filho, no exercício do poder familiar.

As novidades surgidas decorrem, na verdade, não da mudança da lei civil, mas sim das mudanças ocorridas na sociedade no período entre os dois Códigos. Por outro lado, os filhos estão sujeitos ao poder familiar enquanto menores, atingindo a maioridade, em face do art. 5º do Código Civil de 2002, aos 18 anos.[64]

Na linha do preconizado pelo Professor Caio Mario da Silva Pereira, a Lei nº 13.058,de 22.12.2014, modificou a redação do art, 1.634 do CC de 2002, que passou a ter a seguinte redação:

---

[63] *Rev. Forense*, vol. 199, p. 201. O Supremo Tribunal Federal, por decisão *in Rev. Trimestral de Jurisprudência*, nº 36, p. 211, fixou posição entendendo correta solução que atende ao interesse de menores de tenra idade.

[64] É certo que os filhos que completarem os 18 anos de idade mas não possuírem discernimento mental capaz de firmar autonomia e independência de vida (art. 1.767 do Código Civil de 2002) poderão ser representados pelos pais através do instituto da curatela.

"Art. 1.634. Compete a ambos os pais, qualquer que seja a sua situação conjugal, o pleno exercício do poder familiar, que consiste em, quanto aos filhos:

I – dirigir-lhes a criação e a educação;

II – exercer a guarda unilateral ou compartilhada nos termos do art. 1.584;

III – conceder-lhes ou negar-lhes consentimento para casarem;

IV – conceder-lhes ou negar-lhes consentimento para viajarem ao exterior;

V – conceder-lhes ou negar-lhes consentimento para mudarem sua residência permanente para outro Município;

VI – nomear-lhes tutor por testamento ou documento autêntico, se o outro dos pais não lhe sobreviver, ou o sobrevivo não puder exercer o poder familiar;

VII – representá-los judicial e extrajudicialmente até os 16 (dezesseis) anos, nos atos da vida civil, e assisti-los, após essa idade, nos atos em que forem partes, suprindo-lhes o consentimento;

VIII – reclamá-los de quem ilegalmente os detenha;

IX – exigir que lhes prestem obediência, respeito e os serviços próprios de sua idade e condição".

A nova redação dada ao *caput* do art. 1.634 expressa o comando contido no art. 229, da Constituição da República, que comete aos pais o dever de assistir, criar e educar os filhos menores "qualquer que seja a sua situação conjugal", expressão que abrange qualquer tipo de entidade familiar e até as situações em que não exista qualquer vínculo jurídico entre eles.

Analisando-se, por conseguinte, estas mudanças ocorridas, nos incisos do art. 1.634 do Código, os quais guardam, como já mencionado anteriormente, a mesma correlação com o já examinado art. 384 do Código Civil anterior, destaque-se:

I – quanto ao dever de dirigir aos filhos a criação e educação, cabe ressaltar que este dever compreende os conselhos, vigilância, etc., dirigidos a estes, preparando-os para a vida e proporcionando-lhes obrigatoriamente, pelo menos, a instrução primária. O art. 55 da Lei nº 8.069/90 dispõe sobre a obrigatoriedade da matrícula do filho em estabelecimento de ensino. Destaque-se, ainda, que o art. 246 do Código Penal prevê o crime de "abandono intelectual" na hipótese de os pais deixarem, em justa causa, de prover a instrução primária do filho em idade escolar.

II – Discute-se, atualmente, a questão da guarda compartilhada em relação aos filhos, na hipótese da separação ou divórcio do casal. A guarda compartilhada é uma solução viável e possível, desde que se coloque em primeiro lugar o interesse da criança, e que revelem os pais maturidade suficiente e possibilidades funcionais de compartilhar as rotinas dos filhos de maneira harmônica. Embora não haja, ainda, texto legal dispondo sobre o assunto, o art. 1.583 do Código Civil de 2002 abre um espaço para este tipo de acordo, ao deixar aos pais a prerrogativa de fixar um sistema de convivência apropriado aos hábitos familiares.

A guarda compartilhada acabou por ser regulamentada. A Lei nº 11.698, de 13 de junho de 2008, instituiu e disciplinou a guarda compartilhada, alterando alguns dispositivos do capítulo do CC de 2002 dedicado à Proteção da Pessoa dos Filhos, inclusive o citado art. 1.583. O significado da expressão "guarda compartilhada" e sua aplicação só veio a ser estabelecido expressamente pela Lei nº 13.058, de 22.11.2014, que promoveu novas e importantes modificações no CC de 2002, no tocante à proteção da pessoa dos filhos.[65] O art. 1.583 passou a ter a seguinte redação, por força da Lei nº 13.058/2014:

> "Art. 1.583. A guarda será unilateral ou compartilhada.
>
> § 1º Compreende-se por guarda unilateral a atribuída a um só dos genitores ou a alguém que o substitua (art. 1.584, § 5º) e, por guarda compartilhada a responsabilização conjunta e o exercício de direitos e deveres do pai e da mãe que não vivam sob o mesmo teto, concernentes ao poder familiar dos filhos comuns.
>
> § 2º Na guarda compartilhada, o tempo de convívio com os filhos deve ser dividido de forma equilibrada com a mãe e com o pai, sempre tendo em vista as condições fáticas e os interesses dos filhos.
>
> I – Revogado;
>
> II – Revogado;
>
> III – Revogado.
>
> § 3º Na guarda compartilhada, a cidade considerada base de moradia dos filhos será aquela que melhor atender aos interesses dos filhos.
>
> § 4º Vetado.
>
> § 5º A guarda unilateral obriga o pai ou a mãe que não a detenha a supervisionar os interesses dos filhos, e, para possibilitar tal supervisão, qualquer dos genitores sempre será parte legítima para solicitar informações e/ou prestação de contas, objetivas ou subjetivas, em assuntos ou situações que direta ou indiretamente afetem a saúde física e psicológica e a educação de seus filhos".

O teor do art. 1.584 igualmente foi alterado pela Lei nº 13.058/2014 e passou a ter a seguinte redação:

> "Art. 1.584. A guarda, unilateral ou compartilhada, poderá ser:
>
> I – requerida, por consenso, pelo pai e pela mãe, ou por qualquer deles, em ação autônoma de separação[66], de divórcio, de dissolução de união estável ou em medida cautelar;

---

[65] A Lei nº 13.058/2014 modificou a redação dos arts. 1.583, §§ 2º, 3º e 5º; 1.584, §§ 2º a 6º; 1.585 e 1.634.

[66] Com a emenda constitucional n. 66, de 13 de julho de 2010, que deu nova redação ao § 6º do artigo 226 da Constituição da República de 1988, suscitou-se celeuma doutrinária se o instituto da separação ainda subsiste no ordenamento nacional. A esse respeito, foi aprovado o

II – decretada pelo juiz, em atenção a necessidades específicas do filho, ou em razão da distribuição de tempo necessário ao convívio deste com o pai e com a mãe.

§ 1º Na audiência de conciliação, o juiz informará ao pai e à mãe o significado da guarda compartilhada, a sua importância, a similitude de deveres e direitos atribuídos aos genitores e as sanções pelo descumprimento de suas cláusulas.

§ 2º Quando não houver acordo entre a mãe e o pai quanto à guarda do filho, encontrando-se ambos os genitores aptos a exercer o poder familiar, será aplicada a guarda compartilhada, salvo se um dos genitores declarar ao magistrado que não deseja a guarda do menor.

§ 3º Para estabelecer as atribuições do pai e da mãe e os períodos de convivência sob guarda compartilhada, o juiz, de ofício ou a requerimento do Ministério Público, poderá basear-se em orientação técnico-profissional ou de equipe interdisciplinar, que deverá visar à divisão equilibrada do tempo com o pai e com a mãe.

§ 4º A alteração não autorizada ou o descumprimento imotivado de cláusula de guarda unilateral ou compartilhada poderá implicar a redução de prerrogativas atribuídas ao seu detentor.

§ 5º Se o juiz verificar que o filho não deve permanecer sob a guarda do pai ou da mãe, deferirá a guarda à pessoa que revele compatibilidade com a natureza da medida, considerados, de preferência, o grau de parentesco e as relações de afinidade e afetividade.

§ 6º Qualquer estabelecimento público ou privado é obrigado a prestar informações a qualquer dos genitores sobre os filhos destes, sob pena de multa de R$ 200,00 (duzentos reais) a R$ 500,00 (quinhentos reais) por dia pelo não atendimento da solicitação".

As disposições do art. 1.584 são aplicáveis em sede de medida cautelar, de fixação liminar ou provisória de guarda dos filhos, e a decisão deverá ser proferida preferencialmente após a oitiva de ambas as partes perante o juiz, salvo se a proteção aos interesses dos filhos exigir a concessão de liminar sem a oitiva da outra parte, conforme a nova redação dada ao art. 1.585, pela Lei nº 13.058/2014.

---

enunciado n. 514 da V Jornada de Direito Civil com o seguinte conteúdo: "Art. 1.571: A Emenda Constitucional n. 66/2010 não extinguiu o instituto da separação judicial e extrajudicial". Ver, por todos, Maria Berenice Dias. *Divórcio Já!* Comentários à Emenda Constitucional 66, de 13 de julho de 2010. 2. ed., São Paulo: Revista dos Tribunais, 2012; e, Paulo Lôbo. *Separação era instituto anacrônico.* Disponível em: <http://www.ibdfam.org.br/novosite/artigos/detalhe/654>. Acesso em 28.07.2012. A favor da manutenção da separação no ordenamento brasileiro, cf. TEPEDINO, Gustavo; BARBOZA, Heloisa Helena; BODIN DE MORAES, Maria Celina. *Código Civil interpretado conforme a Constituição da República.* v. IV, Rio de Janeiro: Renovar, 2014, p. 132-133; e, Regina Beatriz Tavares da Silva. *Divórcio e separação após a EC n. 66/2010.* 2. ed., São Paulo: Saraiva, 2012.

Destaca-se nas alterações promovidas pela Lei nº 13.058/2014 a ênfase dada ao interesse dos filhos em vários dispositivos. Mesmo quando não houver acordo entre a mãe e o pai quanto à sua guarda, encontrando-se ambos os genitores aptos a exercer o poder familiar, será aplicada a guarda compartilhada, salvo se um dos genitores declarar ao magistrado que não deseja a guarda do menor.

O Superior Tribunal de Justiça já reconhecera no julgamento do REsp. 1.251.000-MG (3ª Turma, Relatora Min. Nancy Andrighi, julgado em 23.08.2011, pub. DJe 31.08.2011) a possibilidade de imposição da guarda compartilhada, mesmo não havendo consenso entre os pais, conforme ementa abaixo transcrita:

> "Civil e processual civil. Recurso especial. Direito civil e processual civil. Família. Guarda compartilhada. Consenso. Necessidade. Alternância de residência do menor. Possibilidade.
>
> 1. A guarda compartilhada busca a plena proteção do melhor interesse dos filhos, pois reflete, com muito mais acuidade, a realidade da organização social atual que caminha para o fim das rígidas divisões de papéis sociais definidas pelo gênero dos pais.
>
> 2. A guarda compartilhada é o ideal a ser buscado no exercício do Poder Familiar entre pais separados, mesmo que demandem deles reestruturações, concessões e adequações diversas, para que seus filhos possam usufruir, durante sua formação, do ideal psicológico de duplo referencial.
>
> 3. Apesar de a separação ou do divórcio usualmente coincidirem com o ápice do distanciamento do antigo casal e com a maior evidenciação das diferenças existentes, o melhor interesse do menor, ainda assim, dita a aplicação da guarda compartilhada como regra, mesmo na hipótese de ausência de consenso.
>
> 4. A inviabilidade da guarda compartilhada, por ausência de consenso, faria prevalecer o exercício de uma potestade inexistente por um dos pais. E diz-se inexistente, porque contrária ao escopo do Poder Familiar que existe para a proteção da prole.
>
> 5. A imposição judicial das atribuições de cada um dos pais, e o período de convivência da criança sob guarda compartilhada, quando não houver consenso, é medida extrema, porém necessária à implementação dessa nova visão, para que não se faça do texto legal, letra morta.
>
> 6. A guarda compartilhada deve ser tida como regra, e a custódia física conjunta – sempre que possível – como sua efetiva expressão.
>
> [...]".

III – Pelo regime do Código anterior, na falta de acordo entre os pais, prevalecia a opinião paterna. Atualmente, em face da igualdade entre os genitores, cabe aos mesmos a decisão em paridade de condições. Contudo, prevê a lei civil que, sobrevindo recusa injustificada, o juiz pode suprir o consentimento para o casamento do filho (CC de 2002, art. 1.631, parágrafo único).

Atento às exigências da vida contemporânea, o legislador inclui entre as competências de ambos os pais, necessárias ao pleno exercício do poder familiar, as de conceder-lhes ou negar-lhes consentimento para viajarem ao exterior (inciso IV) e para mudarem sua residência permanente para outro Município (inciso V).

IV – O inciso IV do artigo 1.634, que trata da nomeação de tutor por testamento ou documento autêntico, reproduz o disposto no inciso IV do artigo 384 do Código anterior, substituindo apenas a expressão 'pátrio poder' por 'poder familiar'.

Em decorrência da inclusão dos dois incisos (IV e V) supramencionados, o inciso IV aqui referido originalmente passou a ser o de numero VI, sem alteração de conteúdo.

V – A representação, em que pese se referir normalmente ao filho nascido, alcança a fase de concepção, não obstante faltar ainda ao filho personalidade. Estabelece o art. 2º do Código Civil de 2002, mantendo o critério da lei civil anterior, que o início da personalidade se dá com o nascimento com vida, pondo a salvo os interesses do nascituro desde a concepção.

O inciso V aqui referido, pela razão acima exposta, passou a ser o de número VII, explicitando a nova redação o âmbito da representação que cabe aos pais, a saber: "VII – representá-los judicial e extrajudicialmente até os 16 (dezesseis) anos, nos atos da vida civil, e assisti-los, após essa idade, nos atos em que forem partes, suprindo-lhes o consentimento".

Um dos casos em que a representação do nascituro ocorre é o de requerimento de alimentos gravídicos, previstos na Lei nº 11.804, de 05.11.2008[67], os quais, após o nascimento com vida, ficam convertidos em pensão alimentícia em favor do menor, conforme art. 6º, parágrafo único, da citada Lei.

Não se deve afastar a hipótese de representação pelos pais jurídicos, do concebido que ainda não se encontre em gestação, caso dos embriões criocongelados, para defesa de seus interesses e proteção de sua dignidade humana.

VI – A ação hábil no caso deste inciso é a medida cautelar de busca e apreensão. Cabe destacar que é considerado lícito o procedimento dos pais que pessoalmente impedem a retirada do filho de sua companhia ou efetivem o seu retorno ou se valem da medida judicial ora mencionada. Ocorrendo separação, o acordo ou a sentença destacará do poder familiar a guarda do filho. Nesse caso, qualquer dos genitores, sem embargo de o filho estar "legalmente" na companhia do outro, ou de algum parente, ou mesmo de um estranho, terá direito à visitação e à convivência com o filho, atendidas as condições previamente estabelecidas em Juízo.

---

[67] A Lei nº 8.069/1990, em seu art. 8º, § 3º, estabelece que "incumbe ao poder público propiciar apoio alimentar à gestante e à nutriz que dele necessitem".

O inciso VI aqui citado, atualmente, é o de número VIII. Embora a redação não tenha sido modificada, sua interpretação deve ser feita à luz dos preceitos que regem a guarda compartilhada. De acordo com o § 4º, do art. 1.584, "A alteração não autorizada ou o descumprimento imotivado de cláusula de guarda unilateral ou compartilhada poderá implicar a redução de prerrogativas atribuídas ao seu detentor".

No mesmo sentido, o art. 22, da Lei nº 8.069/1990 (ECA), inclui dentre os deveres dos pais "a obrigação de cumprir e fazer cumprir as determinações judiciais. De acordo com o art. 24 do ECA, a perda e a suspensão do poder familiar serão decretadas judicialmente, em procedimento contraditório, nos casos previstos na legislação civil, "bem como na hipótese de descumprimento injustificado dos deveres e obrigações a que alude o art. 22".

Lembre-se de que a guarda, compartilhada ou não, é estabelecida no interesse dos filhos, o que justifica medidas à primeira vista tão severas.

Sob o aspecto processual, não há previsão no novo CPC (Lei nº 13.105/2015) de procedimento cautelar especial para a "busca e apreensão", que está compreendida na Tutela de Urgência (arts. 300 e seguintes).

VII – Quanto aos serviços exigidos, a ideia predominante é a participação. O filho coopera com o pai, na medida de suas forças e aptidões, devendo ser observadas as normas constitucionais proibitivas no que se refere ao trabalho infantil, salvo na condição de aprendiz (Emenda Constitucional nº 20/1998, que deu nova redação ao inciso XXXIII, do art. 7º, da CR de 1988).

O inciso VII aqui citado, atualmente é o de número IX.

Embora o art. 1.634 não tenha feito menção, é importante ressaltar que o filho tem direito ao nome paterno, em virtude do aspecto público do "direito ao nome", com inscrição obrigatória no Assento de Nascimento (V. Capítulo IX – Nome). Lembre-se de que sob o aspecto privado, o direito ao nome é um direito da personalidade, como dispõe o CC de 2002, art. 16.

§ 4º Pátrio poder e poder familiar quanto aos bens do filho

199. O Pátrio Poder no Código de 1916. A situação patrimonial do filho ilegítimo reconhecido, sujeito ao pátrio poder, além dos princípios gerais que regulavam a dos filhos legítimos, a que obedecia, estava, ainda, submetida a regras especiais.

Mas, como não revelaria bom método enunciar apenas os preceitos de exceção, apresentaremos os princípios gerais comuns aos que se achem sob a autoridade parental, ao mesmo tempo em que salientamos as normas peculiares aos direitos sobre os bens dos filhos reconhecidos.

Os bens do filho eram administrados exclusivamente pelo pai, e a administração deveria entender-se em sentido estrito, cabendo ao pai praticar os atos necessários à fazenda do filho, vedado alienar e gravar de quaisquer ônus reais os bens de raiz, bem como contrair em nome do filho obrigações que ultrapassem os limites da gerência, a não ser por necessidade, ou evidente utilidade, a critério do juiz (CC/1916, art. 386).[68]

Dentro destes limites praticava o pai livremente os atos de administração, pois que a lei não pode deixar de presumir que ele se norteava sempre pelo bem da prole, pela afeição que lhe dedique. Mas, sem quebra da presunção, todos os atos que importem ônus, que tragam desfalque, ou sejam causadores de não acréscimo do pecúlio, são interditos. É que, apesar de seu afeto ao filho, poderia o pai, por erro de visão, ou intransigência, ou capricho, pretender agir num sentido menos vantajoso ao filho.

Para obviar a isto, manda a lei que se consulte o juiz, a quem concede competência exclusiva para deliberar sobre a medida pleiteada, verificando a necessidade ou utilidade evidente do ato, para o menor.

Sempre que colidissem os interesses do pai com os do filho, o juiz, a requerimento daquele ou de representante do Ministério Público, dar-lhe-ia curador especial (art. 387 do CC de 1916 – art. 1.692 do Código de 2002), para gerir seus bens na pendência do conflito, ou para defender seus interesses em Juízo se tal se verificasse no correr de processo judiciário.

Para tornar obrigatória a observância dos preceitos, o Código de 1916 fulminava de nulidade o ato praticado com sua infração, nulidade que poderia ser promovida pelo filho até um ano após a maioridade ou emancipação; pelos herdeiros do filho, se este morresse incapaz, até seis meses do falecimento; pelo sucessor do pai na representação do menor, no mesmo prazo de seis meses (art. 388).[69]

200. Tinha o pai o usufruto dos bens do filho sob seu poder, ao qual era inerente (art. 389 do CC de 1916 – art. 1.689, I, do Código de 2002), atribuindo-lhe, pois, a lei, a faculdade de reter, independentemente de prestação de contas, as rendas produzidas pelos bens do filho, na pendência do pátrio poder.

Este atributo do poder paterno é uma reminiscência do Direito Romano da última fase, já sob a influência do direito germânico, e se conservou através das idades, sendo ainda observado depois que o poder paternal, perdendo sua feição primitiva, passou a ser informado pelos princípios tutelares dos interesses do filho.

Aparentemente é um paradoxo que a lei tenha instituído a autoridade parental em benefício do filho, e, ao mesmo tempo, conceda ao pai o usufruto de seu pecúlio.

---

[68] Norma correspondente no Código Civil de 2002: art. 1.691, *caput*.
[69] Norma equivalente no Código Civil de 2002 – art. 1.691, parágrafo único.

No Direito Romano, depois que se rompeu o princípio da unidade do patrimônio familiar, conservou-se o direito de usufruto, como uma forma atenuada de manutenção daquele em mãos do *pater*.

Já era entendimento que o fundamento histórico perdeu sua razão de ser, vigorando acentuada desarmonia entre os autores, no conciliar este aparente antagonismo, entendendo uns, como Clóvis Beviláqua, Colin *et* Capitant, Cunha Gonçalves, Planiol,[70] que tal usufruto era uma compensação pelos encargos decorrentes do pátrio poder, com referência à pessoa e aos bens do filho.

Não concordamos em que seu fundamento seja compensatório, porque, se o pai ao filho deve educação e manutenção, tenha ou não este bens, não é curial conceituar o usufruto como compensação remuneratória, nem isto se coadunaria com o aspecto moral dos deveres paternais, de incontrastável relevância.

Outros, como Planiol *et* Ripert,[71] encontram justificativa para atributo do poder parental na necessidade de se aceitar a situação concreta da vida real, que oferece o panorama de uma comunidade doméstica em que pais e filhos, vivendo juntos, numa harmonia de interesses e de destinos, compartilham de um mesmo orçamento, sem discriminação das fontes de rendas, e sem especificação das despesas. Com esses concorda Carvalho Santos.[72]

Se assim é, e efetivamente é, se a lei placita o que comumente acontece, nem por isto a aceitação deste estado de fato constitui justificativa doutrinária para o conteúdo do art. 389 do Código de 1916 (art. 1.689, I, Código Civil de 2002).

A nosso ver, a razão está com os que veem na disposição legal uma demonstração a mais do interesse da sociedade pela tranquilidade da vida doméstica, e pela proteção ao filho.

Entendemos que a lei, dando ao pai o usufruto dos bens do filho, sem nenhuma dúvida pretendeu conjurar o fantasma das discórdias que fatalmente surgiriam, se o pai, administrando a fazenda do filho, tivesse de prestar contas de sua gestão.

Afastando o inciso legal as questões que se refiram a considerações de ordem pecuniária, concorreu mais uma vez para que primassem a afeição e as relações desinteressadas no ambiente doméstico, sobre qualquer pensamento de ordem material, que multiplicaria as colisões entre uns e outros.

Daí considerar-se este usufruto inerente ao exercício do pátrio poder, o que, lexicamente quer dizer que é dele inseparável e juridicamente se traduz na sua integração.

---

[70] Clóvis Beviláqua, *Comentário ao Art. 389*; Colin *et* Capitant, *Cours*, vol. I, p. 454; Cunha Gonçalves, *Tratado*, vol. II, p. 392; Planiol, *Traité Élémentaire*, vol. I, p. 546; Rocha, *O Pátrio Poder*, p. 202.
[71] Planiol *et* Ripert, *Traité Pratique*, vol. I, p. 406.
[72] Carvalho Santos, *Código Civil Interpretado*, vol. VI, p. 109.

E tanto assim é, tão verdade é que o objetivo da lei era dar maior realce à afeição natural, e maior amparo oferecer ao sujeito passivo do pátrio poder, que cuidadosamente procurava repelir do Código tudo que pudesse criar desagradáveis conflitos de interesses.

Planiol *et* Ripert comentam que nenhuma das razões justificativas do usufruto legal quanto aos bens dos filhos legítimos explicaria a sua atribuição ao pai natural, que, entretanto, por força da já referida Lei de 1907, equivaleria a um direito de sucessão em usufruto, condicionado à nomeação de um *subrogé tuteur*.[73]

201. Retirava a lei, não só do usufruto como da administração paterna, os bens que o filho ilegítimo tinha adquirido antes do reconhecimento.

Os autores eram unânimes em elogiar esta cautela, como um meio eficaz de impedir seja o pai movido de impulsos malsãos, visando ao patrimônio do filho ao cumprir o dever moral de reconhecê-lo.

Seria realmente uma imoralidade, como observou Clóvis Beviláqua, "que o reconhecimento do filho tivesse por móvel a 'cupidez do pai'".[74]

Indagava Soares de Faria[75] se o disposto no art. 391, I, do Código de 1916, (art. 1.693, I, do Código de 2002) tinha aplicação na hipótese de reconhecimento compulsório, em que a contestação do pai afastava a suspeita de que tivesse ele procurado no reconhecimento um meio de atingir a fazenda do filho, e respondia pela afirmativa, atendendo a que o art. 366 do mesmo Código (art. 1.616 do Código de 2002) equiparava em seus efeitos o reconhecimento judicial e o voluntário, de sorte que, se neste último o pai não tinha o usufruto dos bens do filho, adquiridos anteriormente ao reconhecimento, no primeiro não o podia ter, sob pena de não haver a equiparação a que se referia a lei.

A isto pode acrescentar-se que o já citado art. 391, nº I, não continha no seu contexto a explicação moral que lhe davam os comentadores. Dizia, simplesmente, que do usufruto e da administração do pai estavam *excluídos* os bens que o filho natural tivesse adquirido antes do reconhecimento, sem excetuar a hipótese de fazer-se este judicialmente, e é certo que *ubi lex non distinguit...*

202. À parte esses bens, todos os demais que o filho ilegítimo viesse a incorporar ao seu patrimônio regiam-se pelos dispositivos aplicáveis aos filhos legítimos, isto é, vigoravam as exceções contidas nos arts. 390[76] e 391[77] do Código

---

[73] Planiol *et* Ripert, op. cit., vol. I, p. 408.
[74] Clóvis Beviláqua, *Comentários ao Art. 391.*
[75] Soares de Faria, *Investigação de Paternidade Legítima*, p. 130.
[76] Sem correspondente no Código Civil de 2002.
[77] Art. 1.693 do Código Civil de 2002.

Civil de 1916. Estava o filho natural sujeito ao mesmo regime do filho legítimo *in patria potestate*.

Nosso direito anterior, nesse particular, reportava-se à teoria romana dos pecúlios, surgida para abrandar o preceito antigo, segundo o qual nada poderia ter o filho de seu, porque ele próprio pertencia ao pai.

Distinguia o nosso direito pré-codificado, conforme se vê em Lafayette:[78]

Pecúlio profectício, isto é, "a porção de bens que o pai *realmente separa* do acervo de seus haveres, e *entrega* ao filho-família para que este em seu próprio nome os administre". Este pecúlio continuava a ser propriedade do pai que ao filho apenas transferia direitos de administração;

Pecúlio castrense, ou sejam "os bens que o filho-família adquire no serviço militar ou a propósito dele"; e *Pecúlio quase castrense*, composto daqueles bens que "o filho-família adquire no exercício de suas letras, na prática das artes liberais, ou como funcionário público". Um e outro estavam na livre disposição dos filhos, considerados, no tocante a eles, plenamente capazes, porém privados de sua guarda e administração até os 21 anos.

Pecúlio adventício, a saber, "os bens do filho-família, que, por seu modo de aquisição, não entram na definição das outras três classes de pecúlio".

A crítica ao sistema, Lafayette mesmo, a faz.[79]

O Código de 1916, seguindo a traça das legislações da sua época, pôs de lado a doutrina antiquada, da qual, entretanto, ainda conservava certos vestígios.

Como exceção ao princípio do art. 389, o Código de 1916 retirava ao pai o usufruto dos bens deixados ao filho para fim certo e determinado, e aqueles deixados ou doados ao filho com expressa exclusão do usufruto paterno (art. 290). Excluía, ainda, quer do usufruto, quer da administração, aqueles bens que correspondessem aos antigos pecúlios castrenses e quase castrenses, isto é, os que o filho adquire em serviço militar, de magistério, ou em qualquer função pública (Cód. art. 391, nº II, do Código de 1916). Excluídos estavam ainda do usufruto paterno os bens deixados ou doados ao filho, sob condição de não serem administrados pelo pai, e os que ao filho coubessem por herança, quando o pai fosse excluído da sucessão (Código de 1916, art. 391, n°s III e IV).

No mesmo sentido dispõe o CC de 2002, art. 1.693, sobre os bens dos filhos que estão excluídos do usufruto e da administração dos pais.

203. O Poder Familiar no Código de 2002. O advento do novo Código Civil trouxe apenas algumas alterações no tocante à administração dos bens dos filhos

---

[78] Lafayette, *Direitos de Família*, § 115, letra *b*, e § 116.
[79] Idem, ibidem, *Direitos de Família*, nota 1 ao § 115, letra *b*; Enneccerus, Kipp y Wolff, *Tratado, Derecho de Familia*, vol. II, § 78.

menores, agora administrados pelos pais em igualdade de condições, através do poder familiar. De uma maneira geral, porém, foram reproduzidas praticamente todas as normas contidas no Código de 1916.

No tocante ao prazo prescricional previsto no art. 388 do Código anterior, este não mais existe no Código atual, ou seja, as pessoas autorizadas a promover a nulidade do ato praticado podem requerê-lo a qualquer tempo (art. 1.691 do Código de 2002).

O art. 1.633 do novo Código repete o que já previa o art. 383 do Código anterior, o qual, como já visto anteriormente, estabelecia que o filho não reconhecido pelo pai ficaria sob o poder exclusivo materno. A presente norma, em face do contexto atual da família e da filiação, inclusive em relação ao atual conceito de família monoparental prevista no art. 226, § 4º, da Constituição Federal de 1988, torna-se perfeitamente dispensável. Cabe ressaltar que esta exclusividade do poder familiar exercido pela mãe só perdurará até o reconhecimento da filiação pelo pai, de forma espontânea ou pela via judicial.

§ 5º Suspensão e perda do poder familiar

204. Da mesma forma que, quanto aos filhos legítimos, a extinção do pátrio poder ocorria nas hipóteses previstas no art. 392 do Código de 1916 (art. 1.635 do Código Civil de 2002), isto é, pela morte do pai ou do filho, pela maioridade ou emancipação deste, e pela adoção.

Sancionando o cumprimento dos deveres que para o pai decorrem do pátrio poder, estabelecia ainda a lei anterior que ao juiz cabe adotar as medidas que julgar convenientes aos interesses do menor. Tais medidas completavam e revigoravam o conceito do poder paterno, e decorriam do art. 394 do Código de 1916:

> "Se o pai, ou mãe, abusar do seu poder, faltando aos deveres paternos, ou arruinando os bens dos filhos, cabe ao juiz, requerendo algum parente ou o Ministério Público, adotar a medida, que lhe pareça reclamada pela segurança do menor e seus haveres, suspendendo até, quando convenha, o pátrio poder.
>
> Parágrafo único. Suspende-se igualmente o exercício do pátrio poder ao pai ou mãe condenados por sentença irrecorrível, em crime cuja pena exceda de dois anos de prisão".

O CC de 2002 manteve a mesma orientação no art. 1.637, de igual redação, que se refere, porém, a abuso de autoridade (em lugar de poder paterno) e a poder familiar, em vez de pátrio poder.

Observava Pontes de Miranda[80] que este artigo não assentava no passado, pois que em nosso direito anterior eram restritos os casos de intervenção judicial,

---

[80] Pontes de Miranda, "Sentença", *in Rev. Forense,* vol. 44, p. 81

ou de suspensão do pátrio poder, como medida acauteladora das conveniências do filho.

Não se enumeram casuisticamente as hipóteses em que se permite a intervenção da autoridade judiciária, mas, de revés, encontrava-se no Código de 1916 uma norma, em termos amplos, deixando ao arbítrio do juiz a verificação dos fatos que possam importar abuso de poder, em descumprimento dos deveres paternos.[81]

Pontes de Miranda sustenta que a lei não determina se aguarde, impassivelmente, a realização do abuso; que se espere, tranquilamente, falte o pai a seus deveres; que se assista à efetivação da ruína do filho – para só então abrir-se ao juiz ensancha de agir. Se assim fizesse, nada mais consagraria a lei que uma formosa inutilidade.[82]

Sem embargo da autoridade incontestável do eminente civilista, não podemos placitar esta opinião, a que respondemos com a lei, que contém nada menos que uma condição suspensiva: "Se o pai, ou a mãe, abusar do poder..."

Se não abusar, não tem o juiz autoridade para agir. O que admitimos, e neste ponto de certo modo acompanhamos o brilhante mestre, é que na caracterização do abuso o julgador tem mais ampla liberdade, podendo conceituar como abuso de poder todo ato que ponha em risco o cumprimento dos deveres parentais, a vida, a saúde e a fazenda do filho.[83]

Completando as medidas de proteção instituídas em favor dos menores, já rezava o art. 395 do Código Civil de 1916 que seria destituído do pátrio poder o genitor que castigasse imoderadamente o filho, que o deixasse em abandono, que praticasse atos contrários à moral e aos bons costumes. Pelo Estatuto da Criança e do Adolescente (Lei nº 8.069/90) a falta ou carência de recursos materiais não autoriza a perda ou suspensão do pátrio poder (art. 23). Ressalta-se que a expressão pátrio poder foi substituída por poder familiar pela Lei nº 12.010, de 2009.

Repete o art. 1.638 do CC de 2002 o disposto no art. 395 do CC de 1916, incluindo dentre as causas de perda do poder familiar a reiteração das faltas previstas no art. 1.637 (correspondente ao art. 395 da Lei Civil anterior).

205. Em suma: reconhecido o filho natural, cabia ao pai cumprir todos os deveres e usufruir os direitos que do pátrio poder decorriam, submetido seu procedimento à autoridade tutelar do Poder Judiciário, que interviria se houvesse da

---

[81] O Código de Menores é casuístico na especificação dos motivos que autorizam a suspensão do pátrio poder. O ECA remete à Lei Civil, a saber: "Art. 24. A perda e a suspensão do poder familiar serão decretadas judicialmente, em procedimento contraditório, nos casos previstos na legislação civil, bem como na hipótese de descumprimento injustificado dos deveres e obrigações a que alude o art. 22".
[82] Pontes de Miranda, citada sentença.
[83] Caio Mário da Silva Pereira, *Instituições de Direito Civil*, vol. V, nº 419.

parte dele desmandos prejudiciais ao interesse do filho, da mesma forma que o faria se se tratasse de filho legítimo submetido à autoridade parental.

Por isso mesmo consideram-se revogáveis sempre todas as medidas que se tomem em relação aos menores, sejam havidos ou não de casamento, quer sejam elas relativas a pessoa, quer aos bens do menor *in potestate*.[84]

Não podemos deixar, contudo, de ressalvar que a doutrina do pátrio poder tem passado por profunda reforma, de *iure condendo*, para adaptar-se ao princípio de igualdade jurídica de pai e mãe e, sobretudo, à ampliação crescente da proteção estável ao menor.

A legislação pátria realizou os nossos prognósticos, especialmente a Constituição de 1988 que, no art. 226, § 5º, estabelece:

> "Os direitos e deveres referentes à sociedade conjugal não exercidos igualmente pelo homem e a mulher". *Mutatis mutandis* o princípio estende-se aos pais, no caso de reconhecimento de filho havido fora das relações de casamento."

206. Suspensão e Perda do Poder Familiar no Código de 2002. Com o advento do Código Civil de 2002, explicitou-se a igualdade, que já fora prevista pela Constituição de 1988, em relação aos direitos e deveres dos pais quanto ao filho. Foram mantidas as disposições previstas no Código Civil de 1916, agora extensivas à mãe como detentora do poder familiar, em igualdade de condições com o pai, este antes titular único do pátrio poder.

O art. 1.636 do Código Civil de 2002 estabelece que, na hipótese de contrair qualquer dos pais novo casamento ou estabelecer uma nova união estável, não perde ele os direitos inerentes ao poder familiar, exercendo-os sem qualquer interferência do novo cônjuge ou companheiro.

O art. 1.637 repete, com as devidas atualizações referentes à extensão do poder familiar à figura materna, em igualdade de condições, o que já dispunha o art. 394 do Código anterior. As causas estão expressas de forma genérica, permitindo com que seja o juiz munido de certa dose de arbítrio, que não pode ser usado, porém, a seu capricho, mas sim sob a inspiração do melhor interesse da criança.

A perda do poder familiar, ocorrendo as hipóteses previstas no art. 1.638 do novo Código, é a mais grave sanção imposta ao que faltar aos seus deveres para com o filho, ou falhar em relação à sua condição paterna ou materna.

Tem-se discutido, inclusive no pretório, sobre a possibilidade da ação preventiva do juiz, suspendendo ou cassando o poder familiar. Como expusemos acima,

---

[84] Planiol, Ripert *et* Boulanger, *Traité Élémentaire*, vol. I, nº 1.884; Mazeaud, Mazeaud *et* Mazeaud, *Leçons de Droit Civil*, vol. I, nº 1.172.

em sentença na qual debateu o problema, Pontes de Miranda sustentou não estar obrigado o juiz a esperar que os pais faltem aos seus deveres ou arruínem o filho, para só então agir.[85]

Não se pode perder de vista, porém, que a ideia predominante em matéria de assistência, proteção, salvaguarda e defesa dos menores é o interesse destes. Daí ficar bem assentado o caráter revogável de todas as medidas que se tomem para a suspensão ou perda do poder familiar, para fixação da guarda ou abrigamento de filho, para determinação de visitas pelos pais judicialmente separados, tudo em função da idade, das condições econômicas e sociais, ou, ainda, do grau de desentendimento entre os pais.

207. O Estatuto da Criança e do Adolescente (Lei nº 8.069, de 13.07.1990) disciplina o processo de perda e suspensão do poder familiar, conferindo à autoridade judiciária a faculdade de decretar a suspensão do poder familiar, liminar ou incidentalmente, até julgamento definitivo da causa, e ficando a criança ou o adolescente confiado a pessoa idônea, mediante termo de responsabilidade.

A destituição do poder familiar deve ser feita através de procedimento contraditório (art. 24 da Lei nº 8.069/1990 – ECA), atendendo aos trâmites pertinentes indicados nos arts. 155 a 163 do mesmo Estatuto e ao que estabelecem os arts. 1.635 e 1.638 do Código Civil de 2002.

A filosofia do Estatuto deixa claro, contudo, que o que a ordem legal considera mais importante é a manutenção da criança ou adolescente na sua família de origem, da qual só deve ser afastada ocorrendo motivo ponderável (art. 23, parágrafo único, do ECA), dispondo-se, ainda, que a falta ou carência de recursos materiais não constitui motivo suficiente para a perda ou suspensão do poder familiar (art. 23, *caput*).

Ademais, pode o juiz da infância e da juventude, com fundamento no art. 130 do ECA, determinar, como medida cautelar, o afastamento do agressor da moradia comum, na hipótese de maus-tratos, opressão ou abuso sexual impostos pelos pais ou responsável. Esta medida poderá ser processada, cumulativamente, com a suspensão do poder familiar.

Por derradeiro, deve-se destacar que o ECA estabeleceu no art. 129 as "medidas aplicáveis aos pais ou ao responsável", convocando-os a estabelecer uma convivência familiar coerente com os princípios constitucionais básicos estabelecidos no art. 227 da Constituição de 1988. Neste contexto, papel fundamental é exercido pelo Conselho Tutelar, que no município é o responsável pela aplicação de quase todas as medidas protetivas. A convocação da autoridade judicial ocorre nas hipóteses de perda da guarda e suspensão e perda do poder familiar.

---

[85] Pontes de Miranda, "Sentença", *in Revista Forense*, vol. 44, p. 81.

§ 6º Guarda e visitação

No tocante ao vínculo paterno-filial, é inegável que a investigação de paternidade prioriza o aspecto biológico[86]. Contudo, ainda que garanta efeitos de ordem pessoal (ex: nome) e patrimoniais (ex: alimentos), "esta paternidade deveria sempre se fazer acompanhar de uma paternidade social e afetiva".[87] Trata-se de uma necessidade de revalorizar o papel do pai, que não se esgota apenas no atendimento das necessidades materiais da criança. Na verdade, as necessidades de um ser humano são também de ordem social, psicológica e afetiva. Como afirmou Giselle G. de Almeida:[88]

> "Temos a necessidade e o direito de sermos reconhecidos através da ótica (de) três vértices. Nossas necessidades biológicas incluem alimentação, saúde e também o direito a saber de nossa origem genética. Nossas necessidades sociais incluem a inserção em uma família, em um grupo social que nos dê um sentido de pertinência e que nos possa dar o sentido de cidadania (...). Temos finalmente o aspecto psicológico, que se desenvolve no indivíduo indissociado das figuras da mãe e do pai, quer estes existam real ou virtualmente, na convivência do cotidiano ou sob a forma de uma aspiração como é o caso dos filhos que buscam, por si ou através de suas mães, o reconhecimento da paternidade."

Ademais, como já destacaram Goldstein, Freud e Solnit, "a realidade física de sua concepção e de seu nascimento não são para a criança a causa direta de seu vínculo com os pais. Este vínculo (ou amor, diríamos nós), só resulta da

---

[86] Deve-se considerar a jurisprudência do STJ, que em alguns casos privilegia o vínculo socioafetivo em detrimento do biológico, sempre para atender o melhor interesse do filho. Nesse sentido decidiu o STJ (3ª Turma, REsp 1.189.663-RS, Rel. Min. Nancy Andrighi, julgado em 06.09.2011, *DJe* 15.09.2011). De acordo com a ementa do acórdão: "[...]3. Nessa senda, não se pode olvidar que *a construção de uma relação socioafetiva, na qual se encontre caracterizada, de maneira indelével, a posse do estado de filho, dá a esse o direito subjetivo de pleitear, em juízo, o reconhecimento desse vínculo, mesmo por meio de ação de investigação de paternidade, a priori, restrita ao reconhecimento forçado de vínculo biológico.* [...]". No mesmo sentido, o acórdão proferido no REsp n. 1.059.214-RS, (STJ, 4ª Turma, Rel. Min. Luis Felipe Salomão, julgado em 16.02.2012, *DJe* 12.03.2012): "[...] o *êxito em ação negatória de paternidade depende da demonstração, a um só tempo, da inexistência de origem biológica e também de que não tenha sido constituído o estado de filiação, fortemente marcado pelas relações socioafetivas e edificado na convivência familiar.* Vale dizer que *a pretensão voltada à impugnação da paternidade não pode prosperar, quando fundada apenas na origem genética, mas em aberto conflito com a paternidade socioafetiva* [...]".

[87] Eduardo de Oliveira Leite, *O exame de DNA: reflexões sobre a prova científica de filiação*, p. 216.

[88] Giselle G. de Almeida, "'Comentário' à Apel. Cível nº 18.566 – Investigação de Paternidade", in: *Boletim de Atualidades do IBEIDF*, ano II, nº 4, ed. especial, junho 1998, pp. 31-33.

atenção manifestada dia após dia às suas necessidades de cuidados corporais, de alimentação, de conforto, de afeição, de estimulação. Só os pais que satisfazem a estas necessidades vão construir a relação psicológica a partir da relação biológica. (...) Um pai biológico ausente tornar-se-á ou tenderá a se tornar um estranho".[89]

Para Eduardo de Oliveira Leite, o atual descompasso existente "entre a obrigação legal e o entendimento e assunção do que é a função paterna em termos mais amplos"[90] decorre, principalmente, do fato de que o próprio Poder Judiciário limita seu investimento, nas ações investigatórias, somente nas obrigações patrimoniais, como a fixação de alimentos para o filho reconhecido. Mas a tendência mais atual é que o procedimento judiciário, no Brasil, se espraie em obrigações mais amplas, como já ocorre em alguns Tribunais europeus, canadenses e sul-americanos (como é o caso da Argentina e Uruguai, onde as decisões colegiadas e multidisciplinares são a regra, pelo menos no direito de família).[91]

Ressaltando a importância do exercício conjunto do poder familiar no tocante ao filho reconhecido, Eduardo de Oliveira Leite, destaca que "independentemente dos rumos que possam assumir pai e mãe, após a ruptura da sociedade conjugal, o vínculo paterno e materno permanece incólume, já que (...) as figuras de ex-pai e ex-mãe nunca existiram e, certamente, nunca existirão".[92]

Este também é o pensamento do juiz Ronaldo Martins, titular da 1ª Vara de Família da Capital do Estado do Rio de Janeiro, autor de artigo publicado em 22.01.2003 no Jornal O Globo, quando afirma que "mesmo separados, os pais devem permanecer unidos quanto aos interesses dos filhos, exercendo em conjunto o poder familiar".[93]

Concluindo o argumento, é importante garantir à criança, reconhecida judicialmente ou voluntariamente, a paternidade responsável, através dos efeitos proporcionados por este reconhecimento, o que inclui o exercício da função paterna em termos mais amplos. Neste aspecto devemos valorizar a convivência com a família paterna, estimulando o exercício do poder familiar e em alguns casos a guarda conjunta. O estímulo a essa convivência pode-se dar através da regulamentação de visitação, com o apoio de estudos multidisciplinares que orientem os pais ao exercício mais sadio destes contatos, proporcionando uma aproximação maior entre o filho e a família paterna, buscando a garantia do melhor interesse da criança.

---

[89] Joseph Goldstein, Anna Freud e Albert J. Solnit, *Dans l'intérêt de l'enfant? Vers un nouveau statut de l'enfance*, pp. 29-30, apud Eduardo de Oliveira Leite, *O exame de DNA: reflexões sobre a prova científica de filiação*, p. 217.
[90] Eduardo de Oliveira Leite, *O exame de DNA: reflexões sobre a prova científica de filiação*, p. 219.
[91] Eduardo de Oliveira Leite, *O exame de DNA: reflexões sobre a prova científica de filiação*, p. 219.
[92] Eduardo de Oliveira Leite, idem, p. 219.
[93] Ronaldo Martins, *Guarda de filhos de pais separados*, Jornal *O Globo*, edição de 22.01.2003.

Tânia da Silva Pereira destaca as dificuldades que desafiam o intérprete quanto ao princípio do *melhor interesse da criança*, indicando os critérios para implementação do princípio, de forma que este esteja presente em todas as áreas de atendimento à família, à criança e ao adolescente.[94]

Por derradeiro, a interpretação do art. 1.611 do Código de 2002[95] também deve buscar atender ao princípio do melhor interesse da criança, devendo ser assegurado o direito à convivência familiar previsto no art. 227 da Constituição Federal e regulamentado pelo Estatuto da Criança e do Adolescente.[96]

É oportuno destacar que o Projeto de Lei nº 4.946, de março de 2005, de autoria do Deputado Federal Antonio Carlos Biscaia, revoga o art. 1.611 do Código Civil, tendo a Justificativa do referido Projeto afirmado que "o artigo 1.611 ofende o princípio do melhor interesse da criança, fundamental do direito de família brasileiro (art. 227 da Constituição)".[97]

---

[94] *O melhor interesse da criança*, pp. 1-101.
[95] "Art. 1.611. O filho havido fora do casamento, reconhecido por um dos cônjuges, não poderá residir no lar conjugal sem o consentimento do outro."
[96] Questionando a constitucionalidade do art. 1.611 do Código Civil de 2002, v. Lucia Maria Teixeira Ferreira, *O Novo Código Civil – Do Direito de Família*, comentário ao art. 1.611, p. 227).
[97] O Projeto foi enviado ao arquivo em 22.10.2008. Ver <http://www.camara.gov.br/proposicoesWeb/fichadetramitacao?idProposicao=279457>.

Capítulo XII
ALIMENTOS

§ 1º Natureza da obrigação. § 2º Obrigação alimentar dos parentes naturais, nos direitos romano, canônico, filipino e moderno. § 3º Direito do filho reconhecido aos alimentos. § 4º Caracteres do direito alimentar. § 5º Espúrios. § 6º Concessão de alimentos no curso da Ação de Investigação de Paternidade. § 7º Alimentos no Código Civil de 2002.

§ 1º Natureza da obrigação

208. Todo indivíduo que não pode assegurar a própria mantença, nem por isso deve ser deixado à própria sorte, até perecer de inanição. Cumpre à sociedade, pelos seus diversos órgãos, prover à sua subsistência, proporcionando-lhe meios de sobreviver. Ao Estado caberá velar por que não falte trabalho e meio de vida a todos, mas o Estado nem sempre realiza este objetivo, e então cumpre aos outros indivíduos proporcionar o amparo de que precisa o que está em dificuldades. É natural que aqueles que se achem mais próximos, vinculados ao necessitado por um laço de sangue ou por um elo civil, desempenhem esta função, decorrente de um princípio imanente de solidariedade humana, prestando-lhe o que em linguagem genérica se enquadra na expressão *alimentos* compreensiva daquilo que é necessário estritamente à vida como alimentação, vestuário, habitação (*alimentos naturais*) e o que concorre ao preparo do necessitado aos embates da vida, como educação e instrução (*alimentos civis*).[1]

Os alimentos identificam-se com as necessidades essenciais para manutenção da vida da pessoa humana e de sua dignidade. Por sua relevância, as normas que os regulam têm caráter de ordem pública, o que elimina a possibilidade de derrogação pelas partes do direito aos alimentos.[2]

---

[1] Ver Ac. do Tribunal de Justiça da Guanabara, *in Adcoas*, 1973, nº 19.027, p. 206, sobre o conceito de Alimentos; e ainda, do Tribunal de Justiça de São Paulo, *in Rev. Forense*, vol. 145, p. 280.

[2] Gustavo Tepedino, Heloisa Helena Barboza e Maria Celina Bodin de Moraes. *Código Civil Interpretado conforme a Constituição da República*, p. 360.

Este princípio moral ou de solidariedade familiar foi transformado em dever, em obrigação juridicamente exigível, e seu fundamento é o laço de parentesco, o vínculo de solidariedade familiar (Ruggiero), ou de sangue (Quartarone), adotando o direito por norma uma lei natural, a que obedecem as espécies animais superiores (Arias). É, pois, o dever alimentar, antes de tudo, uma obrigação *natural*. Ele é também uma obrigação de natureza *legal* (Cunha Gonçalves, Josserand), por decorrer de uma determinação imperativa de lei. Sob este aspecto, diz-se que o dever alimentar "tem um caráter de ordem pública, no sentido que foi imposto pelo legislador, por motivos humanos e piedosos".[3]

Merece ser destacado que a solidariedade ganhou sede constitucional e foi incluída CR de 1988, como um dos objetivos fundamentais da República (art. 3º, I).

Ao lado desta obrigação, fundada no princípio de solidariedade familiar, ocorre a existência de obrigação alimentar provinda de disposições convencionais ou testamentárias, e, ainda, a imposição do dever de prestar alimentos, como reparação de dano. Todas estas espécies particulares compõem o instituto geral do direito alimentar, mas constituem sistemas diferentes, em virtude de não obedecerem ao mesmo fundamento.

Embora ao Direito sempre interesse o vínculo obrigacional alimentar, quer oriundo de uma relação familiar, quer de uma convenção, quer de um ilícito, ao nosso estudo escapam estes últimos, para só focalizar a obrigação legal de prestar alimentos, com base na relação de parentesco.

Seus limites e as condições de sua incidência estão na própria lei que os impõe. De acordo com o Código Civil de 1916, a autoridade judiciária, reconhecendo a existência do dever natural, assegurará àquele que "não tem bens e nem pode prover pelo seu trabalho à própria mantença" o fornecimento dos alimentos, a expensas dos parentes que os possam fornecer, "sem desfalque do necessário ao seu sustento" (CC de 1916 art. 399). O Código Civil de 2002 manteve o mesmo fundamento, no art. 1.695.

São, então, condições para que se torne efetiva a obrigação alimentar: 1º) a necessidade de quem os pretende; 2º) a impossibilidade em que se ache de prover, por qualquer forma, à própria manutenção; 3º) que o alimentante esteja em condições de prestá-los, sem prejuízo do próprio sustento.

O direito à prestação de alimentos, decorrente do vínculo do parentesco, é oponível, em primeiro lugar, aos parentes do primeiro grau, em linha reta, obedecida a reciprocidade; em seguida aos demais ascendentes, guardada a ordem

---

[3] Quartarone, *Il Diritto Agli Alimenti*, p. 63; Ludovic Ulrix, *L'action Alimentaire des Enfants Naturels*, nº 10; João Claudino de Oliveira e Cruz, *Dos Alimentos no Direito de Família*, nº 5.

da sucessão, e faltando uns e outros, aos irmãos, tanto germanos como unilaterais (CC de 1916, arts. 397 e 398 – CC de 2002, arts. 1.696 e 1.697), não distinguindo a lei entre os que são ou não provindos de casamento.

Cogitando embora este livro da obrigação alimentar em termos de filiação extraconjugal, cumpre determinar os seus caracteres gerais, dada a notória projeção dos conceitos dentro na sua especialização cogitada aqui. Genericamente considerado, o direito aos alimentos se diz: *a) irrenunciável*, não prevalecendo a declaração do alimentando no sentido de abdicar deles; *b) intransmissível*, no sentido de que, nem por ato entre vivos nem por causa de morte, a faculdade de pedir alimentos pode ser transferida a outrem (v. item 230, *infra* – Transmissibilidade da Obrigação Alimentar dos Herdeiros do Pai); *c) impenhorável*, por crédito de terceiro; *d) incompensável*, com débito do alimentado ao alimentante; *e) imprescritível*, o que mais detidamente será examinado em relação ao filho natural.[4]

§ 2º Obrigação alimentar dos parentes naturais, nos direitos romano, canônico, filipino e moderno

209. Já no Direito Romano, ensinava Ulpiano[5] que os ascendentes os deviam aos descendentes e vice-versa, quer no ramo paterno, quer no materno, e quanto ao filho natural, devia alimentos à mãe, e tinha o direito de ser por ela mantido: "*Ergo et matrem cogemus, praesertim vulgo quaesitos liberos alere: nec non ipsos eam*", obrigação que se estendia ao avô materno: "*Item divus Pius significat, quasi avus quoque maternus alere compellatur*".[6]

Na Novela 89, Tít. I, Cap. 12, § 6º, encontra-se a obrigação, imposta aos filhos legítimos de um homem que os tenha deixado também naturais, que a estes proporcionasse alimentos, os quais seriam arbitrados tendo em vista a situação do defunto:

> *Si quis autem – oportet enim per omniam viam subtilitatem simulque pietatem transire – habens filios legitimos relinquat et naturales, ab intestato quidem nihil eis existere omni ne volumus: pasci vero naturales a legitimis sancimus, ut decet eos secundum substantiae mensuram a bono viro arbitratam.*

---

[4] Cf. sobre esses caracteres: Cruz, op. cit., nos 5 a 19; *Súmula* 379 da Jurisprudência Predominante no Supremo Tribunal Federal; José Virgílio Castelo Branco, *Pátrio Poder*, p. 103; Ari Azevedo Franco, *A Prescrição Extintiva*, p. 423; Pontes de Miranda, *Tratado de Direito Privado*, vol. III, p. 422; Acórdão do Tribunal de Justiça de Minas Gerais, in *Rev. Forense*, vol. 154, p. 278; do Tribunal de Justiça do Rio Grande do Sul, in *Adcoas*, 1975, nº 32.689, p. 116.

[5] *Digesto*, Livro XXV, tít. III, fr. 5.

[6] *Digesto*, Livro XXV, tít. III, fr. 5, §§ 4 e 5 do mesmo fragmento.

Já os filhos incestuosos – *nefarii* ou *damnati* – nenhum direito tinham a alimentos, como se vê da mesma Novela 89, Cap. XV: *ut filii ex damnato coitu nati, nec alimenta aparentibus consequantur*.

O direito canônico, inspirado no princípio de justiça e caridade dos Evangelhos, repudiou a proibição que era vigente no Direito Romano, estendendo a faculdade de pleitear alimentos mesmo aos espúrios, que os pais foram obrigados a alimentar.[7]

210. Em nosso antigo Direito, era disposto na Ordenação do Livro I, Tít. 88, § 11, combinada com a do Livro IV, Tít. 99, e completadas pelo assento de 09.04.1772, que o filho natural, mesmo espúrio, seria pela mãe criado de leite até a idade de três anos, e qualquer outra despesa com o filho, nesse período, correria por conta do pai. Após essa idade, seria o pai constrangido a criá-lo e mantê-lo à sua custa, salvo se o próprio filho tivesse bens.

Um dos efeitos do reconhecimento era conceder ao filho o direito de pedir alimentos ao pai.[8]

No caso de não poderem pai nem mãe dar alimentos ao filho natural, deveria este demandá-los aos avós, preferencialmente maternos,[9] e, à falta de ascendentes, passava a obrigação aos irmãos, salvo se o pretendente se tivesse afastado da casa deles, irmãos; se houvesse casado sem licença paterna; ou se, após o falecimento do pai, tivesse contraído matrimônio sem licença dos mesmos irmãos.[10]

O Assento de 09.04.1772, § 8º, determinava que os parentes transversais, além do segundo grau, tinham o dever de prestar alimentos, se possuíssem bens provindos do avô ou de outro ascendente, uma vez que tais bens já em vida destes estivessem sujeitos ao "ônus real" alimentar, o que, nota-o Teixeira de Freitas, era a conversão de um direito meramente pessoal em direito real.[11]

211. O dever alimentar é universal, consagrado em todas as legislações, qualquer que seja sua orientação no tocante aos filhos ilegítimos. Sustenta La Grasserie que existe verdadeira lei, por ele denominada da oscilação, entre a investigação de paternidade e os seus efeitos, se bem que advirta não se tratar de lei científica, mas puramente histórica, de evolução do instituto:

---

[7] Cf. Quartarone, *Il Diritto Agli Alimenti*, nº 69, p. 34; Cimbali, *La Nuova Fase del Diritto Civile*, p. 143, texto e nota 2; Arnoldo Medeiros da Fonseca, *Investigação de Paternidade*, p. 82.
[8] Cf. Lafayette, § 130, p. 244; Coelho da Rocha, *Instituições de Direito Civil Português*, vol. I, § 325, p. 222.
[9] Correia Teles, *Digesto Português*, vol. II, art. 517.
[10] Cf. Borges Carneiro, *Direito Civil de Portugal*, II, § 168, nos 52 e 53; Lafayette, § 141, p. 260; Teixeira de Freitas, *Consolidação*... arts. 233 e 234.
[11] Teixeira de Freitas, *Consolidação*... art. 236, e nota.

"As legislações que admitem, quase sem restrições, a investigação de paternidade, e que parecem desde logo muito liberais, limitam-lhe de tal forma os efeitos, que o resultado útil desta paternidade, do ponto de vista pecuniário, cinge-se a um crédito alimentar temporário; ao contrário, as que assimilam quase inteiramente os efeitos da filiação natural aos da filiação legítima interdizem-lhe totalmente a prova, não admitindo senão o reconhecimento voluntário".[12]

Esta lei histórica, cuja existência é reafirmada por Colin *et* Capitant,[13] encontra desmentido formal na legislação brasileira, em que os filhos ilegítimos podem investigar a paternidade em hipóteses que são de grande amplitude, ao mesmo tempo que os efeitos do reconhecimento são os mais largos, pois que, por força dele, são equiparados os naturais aos legítimos.

O enunciado da chamada lei de oscilação é a afirmativa de que a prestação de alimentos aos ilegítimos encontra guarida em todos os sistemas legislativos, desde aqueles em que se faculta amplamente a pesquisa parental, até os mais reacionários, nos quais a declaração de estado de ilegitimidade depende exclusivamente da manifestação espontânea do genitor.

Sem receio de incidir numa generalização apressada, podemos afirmar que em todas as legislações, quer se facilite a prova da paternidade, quer se reserve o reconhecimento de filiação à declaração voluntária do pai, está assegurado o direito do filho natural à prestação alimentar.[14]

Com o Direito francês, entretanto, dá-se uma particularidade curiosa. Por um defeito de método geralmente criticado, a obrigação alimentar foi inserida entre os dispositivos referentes às "obrigações que nascem do casamento", o que levaria, por interpretação literal, ao princípio antissocial de que os filhos ilegítimos não poderiam obter dos pais qualquer prestação de alimentos.

A jurisprudência, porém, de dedução em dedução, chegou a consagrar doutrina inteiramente oposta. Partindo de que os filhos adulterinos e incestuosos têm direito a alimentos "contra a sucessão de pai e mãe" (art. 762 do CC), inferiu que os progenitores são, em vida, sujeitos passivos da respectiva obrigação, porque esta não seria transferida aos herdeiros, se não preexistisse.

Ora, admitindo que os espúrios são credores de alimentos, conclui que os filhos naturais simples também o são, porque, em todas as suas passagens, o Código

---

[12] La Grasserie, *Recherche de la Paternité*, p. 6.
[13] Colin *et* Capitant, *Cours Élémentaire*, vol. I, p. 276.
[14] NOTA DA ATUALIZADORA: Reservamos para uma próxima edição a análise e atualização do Direito Comparado. Os comentários sobre a legislação estrangeira que foram desenvolvidos neste item do capítulo constam da última atualização da obra, editada em 1997 (5ª edição).

dispensa a estes um tratamento melhor que àqueles. E sendo princípio dominante a reciprocidade de direitos, aceitam ainda os tribunais que os filhos ilegítimos os devem igualmente aos pais, exigindo, entretanto, que haja um reconhecimento em forma legal.

Esta construção artificiosa da jurisprudência foi perfilhada e consagrada pela doutrina, esposada por todos os tratadistas: Planiol, Planiol *et* Ripert, Laurent, Colin *et* Capitant, Josserand.[15]

O Direito inglês, como já vimos, não concede ao filho natural direito sucessório, mas tão somente a alimentos. Contudo, não é o pai natural obrigado diretamente em relação ao filho à prestação alimentar, uma vez que tal dever cumpre à mãe natural, se não é casada, e, mesmo a esta, a obrigação restringe-se ao fornecimento do necessário à vida do filho enquanto menor, até à idade de 16 anos, e, tratando-se de filha, até o seu casamento, antes dessa idade. O pai não é obrigado a pensionar o filho, mas pode ser compelido a fornecer à mãe, ou a qualquer pessoa que tenha a guarda do filho, uma pensão não excedente de 10 *shillings* por semana, até que o menor atinja a idade de 13 anos. Esta obrigação, ao que diz Jenks, persiste, ainda que o filho tenha nascido fora do território, a não ser que se prove que "o estado do filho é regido pela lei estrangeira".[16]

Acrescenta Lehr que também a mãe natural que se enviúva é obrigada a manter o filho menor de 16 anos.

Se a mãe, por motivo de dignidade pessoal, por ódio ao homem que a seduziu, ou qualquer outro motivo, deixa de acionar o pai natural de seu filho, é este *ex vi* da *Poor Law* adotado pela paróquia, e esta pode compelir a mãe a empreender as diligências que ela não tomara, no sentido de obrigar o pai ao fornecimento do subsídio para criação do filho.[17]

No Direito inglês atual, embora o *Family Law Reform Act* de 1969 não haja falado em ação de investigação de paternidade, autoriza, contudo, a emissão de uma *Affiliation Order*, para efeito de constituir um fundamento jurídico à obrigação paterna de manutenção do filho. Curioso é, todavia, assinalar que este não tem *legitimatio* para a ação (*Affiliation Proceeding*) uma vez que somente a mãe pode ajuizar o processo.[18]

No Direito alemão, o dever alimentar cabe primordialmente ao pai natural, e se a mãe, ou qualquer outro parente materno, sustenta o ilegítimo, "o direito

---

[15] O Direito francês moderno, após as leis de 1970 e 1972, passou a ser informado por princípios diferentes, conforme já vimos no desenvolvimento da situação dos ilegítimos (nº 23, *supra*) e completamos no final deste capítulo.
[16] Jenks, *Digeste de Droit Civil Anglais*, art. 1.910, vol. II, p. 155.
[17] Lehr, *Éléments de Droit Civil Anglais*, I, nos 203 a 210, pp. 130 a 135.
[18] Michèle Piret, "Les principales réformes modifiant les droits patrimoniaux des enfants illégitimes en droit anglais", *in Rev. Internationale de Droit Comparé*, 1973, pp. 283 e segs.

de subsistência do filho contra o pai passa à mãe ou aos parentes maternos. Esta transmissão não pode, entretanto, trazer prejuízo ao filho" (Cód. alemão, § 1.709).

Outra particularidade do Direito alemão consiste na permissão de demandar-se a manutenção mesmo para o passado (§ 1.712), e não se extingue o direito com a morte do pai, ainda que pré-morto ao nascimento do filho, cabendo aos herdeiros o direito de afastar este último, pagando-lhe "o montante da reserva que ele teria tido se fosse legítimo" (§§ 1.711 e 1.712). O pai deve, ainda, pagar à mãe as despesas do parto e da manutenção do filho durante as seis primeiras semanas de vida, e também as despesas extraordinárias com a gravidez e o parto. A distinção, quanto a estas últimas, consiste em que as despesas ordinárias não necessitam de comprovação (§ 1.715).[19]

De modo geral, o direito aos alimentos, nas outras legislações, obedece a princípios gerais aproximadamente comuns a todas elas, condicionado que é à relação de parentesco, à necessidade do alimentado, e à possibilidade de fornecer-lhes o genitor.

§ 3º Direito do filho reconhecido aos alimentos

212. Reconhecido o filho, declarada, portanto, a relação de parentesco, cria-se a obrigação de prestar alimentos, obrigação recíproca entre pai e filho, nos termos do art. 397 do Código Civil de 1916 (art. 1.696, CC de 2002), extensiva a todos os ascendentes, e subsidiariamente aos parentes colaterais.

Tais alimentos, conforme se trate de reconhecimento anterior ou posterior à maioridade do filho, encontram na lei regime especial. Princípios há que se aplicam à manutenção do menor, e outros, mais gerais, que abrangem a situação daquele que já tenha atingido a maioridade.

É preciso, entretanto, nunca perder de vista que o fundamento primário da obrigação alimentar é o vínculo de parentesco, é a relação biológica da paternidade, declarada pelo ato voluntário ou judicial de perfilhação.

A regra geral prescreve que os parentes devem alimentos uns aos outros (CC de 2002, art. 1.694). Cabe lembrar que o parentesco pode ter "outra origem", que não o vínculo genético, conforme prevê o art. 1.593 do CC de 2002.[20]

---

[19] Sobre o direito alimentar dos filhos no Direito alemão, cf. Enneccerus, Kipp y Wolff, *Tratado, Derecho de Familia*, vol. II, § 76; e sobre a repercussão das modificações atuais, decorrentes da lei que entrou em vigor a 01.07.1970, e ampliou os encargos alimentares que se repartem de maneira mais justa entre o pai e a mãe, consultar Wolfram Müller-Freienfels, *Les Effets de la Filiation Illégitime en Droit Allemand*, in *La Filiattion Illégitime en Droit Comparé Français et Allemand*, p. 97.

[20] Tem-se entendido como parentesco de "outra origem" o que resulta da adoção, das técnicas de reprodução assistida heteróloga (isto é, com doador de gametas) e do vínculo de socioafetividade.

Reconhecido o vínculo de paternidade, o parentesco se estabelece em todos os seus efeitos, conforme já se pronunciou o STJ (STJ, 3ª Turma, REsp 1.170.224 – SE, Rel. Min. Nancy Andrighi, julgado em 21.09.2010, *DJe* 07.12.2010):

"[...]
7. *Todos os filhos – sejam eles nascidos fora da relação de casamento, sejam oriundos de justas núpcias –, assim como os parentes entre si, têm, potencialmente, o direito de reclamar alimentos, desde que respeitada a ordem legal dos obrigados a prestá-los.*

8. O art. 1.694 do CC/2002 contempla os parentes, os cônjuges ou companheiros, como sujeitos potencialmente ativos e passivos da obrigação recíproca de prestar alimentos, observando-se, para sua fixação, a proporção das necessidades do reclamante e dos recursos dos obrigados.

9. Àqueles unidos pelos laços de parentesco, sejam eles ascendentes, descendentes ou, ainda, colaterais, estes limitados ao segundo grau, impõe-se o dever recíproco de socorro, guardada apenas a ordem de prioridade de chamamento à prestação alimentícia, que é legalmente delimitada, nos termos dos arts. 1.696 e 1.697 do CC/2002.

10. *São chamados, primeiramente, a prestar alimentos, os parentes mais próximos em grau, só fazendo recair a obrigação nos mais remotos, à falta daqueles; essa falta deve ser compreendida, conforme interpretação conjugada dos arts. 1.697 e 1.698 do CC/2002, para além da ausência de parentes de grau mais próximo, como a impossibilidade ou, ainda, a insuficiência financeira desses de suportar o encargo.*

11. *Os alimentos provisionais arbitrados em cautelar incidental à ação de investigação de paternidade têm amparo legal não apenas se forem decorrentes do vínculo paterno-filial surgido do reconhecimento, como também dos laços de parentesco dele derivados.*

12. O parentesco surgido entre as partes, na hipótese, irmãos unilaterais, em razão da sentença de reconhecimento da paternidade, declarada e confirmada, respectivamente, em 1º e em 2º graus de jurisdição, é suficiente para autorizar o arbitramento dos alimentos na forma em que se deu.

Nessa linha se reconheceu que na ausência do pai *os avós podem ser chamados a complementar os alimentos dos netos, uma vez que a procedência da ação de investigação de paternidade rende ensejo à fixação de alimentos* (STJ, 4ª Turma, REsp 821.402 – MG, Rel. Min. Fernando Gonçalves, julgado em 03.04.2008, *DJe* 22.04.2008).

Verificando-se este durante a menoridade do filho, cabe ao pai o dever de mantê-lo, criá-lo e educá-lo, uma vez que o reconhecimento investe os pais no exercício do poder familiar, sendo de lei expressa que aos genitores cabe dirigir a criação e educação do filho menor (CC de 1916, art. 384; CC de 2002, art. 1.634), a que é correlato o ônus alimentar.

Os alimentos devidos ao filho menor não se sujeitam às condições criadas pela lei para que se efetive a prestação alimentar comum, porque resultam do dever que incumbe aos pais de prover à subsistência do filho não emancipado. Não haverá mister indagar se o menor reconhecido tem ou não bens, ou se pode ou não prover, pelo seu trabalho, à própria mantença. É que a obrigação alimentar do pai para com o filho menor refoge ao princípio geral de que a prestação alimentar é condicionada à comprovação da necessidade em que se ache o alimentando. Esta, contudo, constitui critério para a determinação do seu quantitativo,[21] sendo sua duração fixada pela necessidade do alimentando,[22] o que o Supremo Tribunal Federal traduz, ao dizer que os alimentos se dão *ad necessitatem* e não *ad utilitatem*.[23]

Nesse sentido é o entendimento do STJ: *"Se na data da citação a investigante era relativamente incapaz, a obrigação do investigado de prestar-lhe alimentos decorre do poder familiar, e não do vínculo de parentesco, razão pela qual não seria de se exigir da menor a comprovação de não possuir meios de prover a própria subsistência"* (STJ, 3ª Turma, REsp 973.311 – DF, Rel. Min. Sidnei Beneti, julgado em 21.02.2008, DJe 10.03.2008).

Merece destaque a jurisprudência sobre alimentos provisionais. De acordo com o STJ, *"o reconhecimento da paternidade em ação de investigação pode levar à condenação em alimentos (provisionais ou definitivos), caso haja a necessidade, independentemente de pedido expresso na petição inicial, a teor do art. 7º da Lei nº 8.560/1992"* (3ª Turma, AgRg no Agravo de Instrumento nº 605.885-RJ, Rel. Min. Vasco Della Giustina, Julg.: 06.08.2009, DJe 28.08.2009). *Os alimentos são devidos desde a data da citação, conforme súmula 277 do mesmo Tribunal* (3ª Turma, AgRg no Agravo de Instrumento nº 778.187-PR, Rel. Min. Sidnei Benetti, julgado em 18.11.2008, DJe 12.12.2008; 3ª Turma, AgRg no Recurso Especial nº 712.218-DF, Rel. Min. Sidnei Benetti, julgado em 21.08.2008, DJe 11.09.2008). Isto porque, *"na investigação de paternidade, o pedido de alimentos pode vir de modo implícito, pois decorre da lei, sendo mero efeito da sentença de procedência do reconhecimento da relação de parentesco* (3ª Turma, AgRg no Recurso Especial nº 1.197.217-MG, Rel. Min. Vasco Della Giustina, julgado em 15.02.2011, DJe 22.02.2011).

Contudo, o descumprimento de obrigação de prestar alimentos provisionais fixados em decisão interlocutória proferida em ação de investigação de paternidade, sem que houvesse sentença reconhecendo o parentesco, caracteriza dúvida razoável quanto à legalidade da decisão que fixou os alimentos, não autorizando a prisão civil do investigado, embora a matéria não esteja pacificada na doutrina

---

[21] Ac. do Tribunal de Justiça do antigo Distrito Federal, *in Rev. Forense*, vol. 124, p. 148.
[22] Ac. do mesmo Tribunal, *in Rev. Forense*, vol. 101, p. 314.
[23] Ac. do Supremo Tribunal Federal, *in Rev. Forense*, vol. 101, p. 79.

e jurisprudência (STJ, 4ª Turma, Recurso em *Habeas Corpus* nº 28.382-RJ, Rel. Min. Raul Araújo, julgado em 21.10.2010, *DJe* 10.11.2010).

Segundo o mesmo Tribunal, "os alimentos provisionais liminarmente concedidos destinam-se a suprir as necessidades vitais do alimentando, enquanto estiver pendente a ação principal. Revestem-se de cunho marcadamente antecipatório, porque prescindem do trânsito em julgado na investigatória de paternidade e são devidos a partir da decisão que os arbitrou. [...] A obrigação de prestar alimentos, na hipótese específica, nasce a partir da decisão de reconhecimento do vínculo de parentesco, ainda que esteja pendente de recurso, conforme disposto no art. 7º da Lei nº 8.560/1992" (STJ, 3ª Turma, REsp 1.170.224-SE, Rel. Min. Nancy Andrighi, julgado em 21.09.2010, *DJe* 07.12.2010).

Mas tem o filho direito aos alimentos, ainda com sacrifício daquilo que é estritamente necessário ao sustento do pai? Vai a obrigação deste ao ponto de ter de privar-se do mínimo de que disponha, para a própria manutenção, em favor do filho?

O Tribunal de Apelação do antigo Distrito Federal,[24] apreciando uma hipótese semelhante, alinhou judiciosas considerações, que resumimos:

Nos termos do art. 397 do Código Civil, o direito à prestação de alimentos é recíproco entre pais e filhos, e, em se tratando de menores, cabe ao pai o dever de alimentá-los. Pelo fato de ter pequenos vencimentos, como funcionário subalterno de determinada repartição federal, não se pode o pai furtar à obrigação de concorrer para o sustento dos filhos menores, de acordo com os recursos ao seu alcance, pelo que deve ser condenado a uma prestação relativa e proporcional aos seus salários.

A doutrina do acórdão é certa. A obrigação legal de alimentar os filhos não pressupõe a folga de recursos por parte do alimentante. Não vigora apenas na hipótese em que o pai disponha de renda superior aos seus possíveis encargos, de tal sorte que ao filho se destinem tão somente as sobras do orçamento paterno. O dever de subsidiar o filho menor vai mesmo ao ponto de impor sacrifícios ao pai, de obrigá-lo a restringir seus gastos, e reduzir suas despesas, se a tanto for preciso, para que possa cumpri-lo.

Este direito do filho, entretanto, tem um limite: é a capacidade de subsistência do próprio pai alimentante. Todos têm direito à vida; a todos a lei reconhece e assegura a faculdade de sobreviver. Da mesma forma que o filho pode compelir o pai a fornecer-lhe o necessário para viver, o pai tem o direito de conservar o que é estritamente exigido para não sacrificar a vida. Quando a lei civil prescreve as normas que constituem o direito aos alimentos, tem em vista a consagração da lei natural da sobrevivência. Se o direito do filho fosse levado ao extremo de reduzir a receita de que dispõe o pai a menos daquilo que é imprescindível à sua vida, estaria

---

[24] Acórdão de 18.07.1929, *Arq. Judiciário*, vol. 14, p. 431.

ofendendo a mesma lei natural em virtude de que foi instituído. Levado o direito do filho ao extremo incivil de sacrificar a existência mesma do pai, enquadrar-se-ia numa infração daquele preceito que antes de ser jurídico já é moral: *summum ius, summa injuria*. O filho que pretende alimentos, com sacrifício daquele mínimo indispensável à sobrevivência do pai, atenta contra o mesmo dever de solidariedade humana e familiar que o instituto visa realizar.

De acordo com o art. 1.695 do CC de 2002, são devidos os alimentos quando quem os pretende não tem bens suficientes, nem pode prover, pelo seu trabalho, à própria mantença, e aquele, de quem se reclamam, pode fornecê-los, sem desfalque do necessário ao seu sustento.

Assim, pois, o sustento do filho não pode privar o genitor de meios imprescindíveis à sua subsistência.[25]

Numa hipótese, por exemplo, em que o próprio pai seja alimentado, isto é, num caso em que o genitor, por não poder prover à própria mantença, tenha obtido de um parente o fornecimento da pensão específica, sustentar que ainda assim o filho tem a faculdade de obter do pai que por sua vez o pensione seria afirmar a condenação do genitor à morte, para conservação da vida do descendente. Ora, se por um lado a sociedade é interessada na manutenção do filho, por outro lado não pode descurar a conservação do pai, porque um e outro são elementos que a integram, seres humanos que não podem ser sacrificados um ao outro.

Se a manutenção do filho importar sacrifício do mínimo vital do pai, que seja obtida por outros meios, que seja conseguida a expensas de outro parente, e, na ausência de algum a quem caiba tal dever, que se providencie por outros recursos, já agora dentro dos preceitos mais amplos de solidariedade social.

213. Reconhecido o menor por sentença, poderá esta determinar que se crie e eduque fora da companhia do pai que negou esta qualidade (CC de 1916, art. 366 – CC de 2002, art. 1.616), mas sem desonerá-lo de fornecer o necessário para sua criação e educação.

Por outro lado, o Código Civil oferece ao devedor de alimentos uma alternativa: pensionar o alimentando, ou dar-lhe em casa hospedagem e sustento (CC de 1916, art. 403 – CC de 2002, art. 1.701), ao contrário do princípio vigente no Direito francês, que estatui como regra a pensão pecuniária, e só excepcionalmente admite a prestação *in natura*.[26]

---

[25] No contexto anterior, quando havia a supremacia da família constituída pelo casamento, os alimentos deveriam ser fixados tendo em vista as posses do réu, de modo a não sacrificar a família legítima, que ele tinha obrigação de sustentar: Tribunal de Justiça de Santa Catarina, *in Adcoas*, 1975, nº 35.136, p. 404.

[26] Cf. Josserand, *Cours*, I, §§ 1.159 e 1.160; Planiol, *Traité Élémentaire*, I, §§ 679 e 684; Colin *et* Capitant, *Cours Élémentaire*, I, p. 375.

E, como a nossa lei investe o juiz, numa ou noutra hipótese, de autoridade para decidir a conveniência da medida, cabe resolver, na hipótese de não permitir a situação econômica do pai que ele forneça ao filho uma pensão para que se crie fora de casa, qual dos princípios deverá prevalecer.[27]

De um lado, o interesse do filho é a norma informativa de todas as providências judiciais, que tenham em vista sua situação na sociedade e na família.

Mas, de outro lado, se o pai não pode fornecer a pensão sem prejuízo da própria subsistência, mas tem capacidade para dar ao filho sustento em seu lar, exigir que o filho se crie à sua custa, fora de casa, será sacrificar o ascendente ao descendente, atentando contra o direito primário à conservação da vida mesma.

O que a lei pretende é que aquele que tenha sido convencido, judicialmente, da paternidade, não hostilize o filho em seu lar, mas se se levar o preceito ao ponto de desfalcar o mínimo de que necessita o genitor para a sua manutenção, uma tal interpretação conduzirá ao absurdo, que a lei não podia ter fixado.

Muito judiciosamente, o monografista dos alimentos pondera: "No entanto, o juiz só não deverá atender a essa faculdade da pessoa obrigada, na hipótese da existência de justa causa para a denegação, apreciadas as circunstâncias de cada caso concreto, entre as quais a incompatibilidade séria entre alimentante e alimentado, ou entre este e a família daquele".[28]

> De acordo com o parágrafo único do art. 1.701, "compete ao juiz, se as circunstâncias o exigirem, fixar a forma do cumprimento da prestação". Tal disposição, na verdade, compatibiliza o CC de 2002 com a orientação constitucional na matéria. O julgador deve se orientar pelo princípio do melhor interesse da criança e do adolescente, norma que tem prioridade absoluta, e que deve reger a interpretação do art. 1.616 e, especialmente, da "hospedagem" mencionada no caput do art. 1.701. Em qualquer caso deve ser respeitado o direito do filho menor à convivência familiar, ainda que o grupo familiar onde se encontre não seja a sua família natural, de modo a se preservarem os laços socioafetivos que eventualmente já se tenham construído. Dito de outra forma, o disposto nos mencionados artigos do CC de 2002 deve ser aplicado na medida em que se atendam os direitos fundamentais da criança e do adolescente, constitucionalmente assegurados.

214. O filho maior reconhecido só poderá pedir alimentos ao pai se não tiver meios, ou não puder obter sustento pelo seu trabalho, e, na falta de pai ou mãe (e a tanto equivale não poder um ou outra prestá-los), seu direito poderá ser oposto

---

[27] O Direito cubano, segundo José Machado, *Los Hijos Ilegítimos*, p. 120, expressamente confere ao pai opção para pagar a pensão ou receber o alimentando em sua própria casa.
[28] João Claudino de Oliveira e Cruz, op. cit., nº 42.

aos avós paternos e maternos, sem a preferência estabelecida no nosso direito anterior, bem como aos irmãos, sem as ressalvas ali vigentes.

Cabe ressaltar que a jurisprudência, bem como a doutrina, têm admitido, com alguma cautela, a extensão do dever de sustento mesmo após a maioridade do filho, quando este é estudante sem economia própria. Recomenda-se a manutenção do encargo até o limite de 24 anos, enquanto o filho estiver cursando escola superior.

> Nesse sentido, o Conselho da Justiça Federal, na IV Jornada de Direito Civil, emitiu o Enunciado 344, segundo o qual a obrigação alimentar originada do poder familiar, especialmente para atender às necessidades educacionais, pode não cessar com a maioridade. À luz do princípio constitucional da plena igualdade entre os filhos, esse entendimento aplica-se também ao filho reconhecido.

Tendo em vista que o direito aos alimentos é recíproco entre pais e filhos, pode o genitor reconhecer o filho, e, depois, pedir-lhe a prestação de alimentos?

Parece que sim. É, sem dúvida, chocante que o pai cumpra o dever moral de reconhecer, movido pelo interesse. Mas a obrigação alimentar é também uma imposição moral, sancionada pelo direito, e seria ainda mais repugnante ao senso ético que o pai valetudinário ou enfermo perecesse à míngua de recursos, tendo um filho válido em condições de sustentá-lo. (Veja-se, porém, o que dizemos abaixo sobre o reconhecimento contra a vontade do perfilhado.)

Se o filho for menor e tiver adquirido patrimônio antes do reconhecimento, como a lei retira este pecúlio da administração e do usufruto paterno (CC de 1916, art. 391, I; CC de 2002, art. 1.693, I), poderá o juiz fixar uma pensão, retirada dos rendimentos do filho, com a qual possa o pai manter-se.

Se o filho for maior, poderá ser fixada pensão, da mesma forma que se faria se fosse ele filho legítimo[29], intentada que seja, pelo pai, e frutuosamente, a competente ação de alimentos.

> O dever moral e jurídico de amparo recíproco entre os familiares tem como um de seus fundamentos o princípio da solidariedade consagrado na Constituição da República de 1988 (art. 3º, I), que estabelece: "Os pais têm o dever de assistir, criar e educar os filhos menores, e os filhos maiores têm o dever de ajudar e amparar os pais na velhice, carência ou enfermidade" (art. 229).

Pode ocorrer, ainda, que o filho não consinta no reconhecimento, ou impugne-o (CC de 1916, art. 362 – CC de 2002, art. 1.614).

De acordo com o art. 1.613 do CC de 2002, "o filho maior não pode ser reconhecido sem o seu consentimento, e o menor pode impugnar o reconhecimento,

---

[29] Deve-se considerar aqui o filho havido do casamento, que goza de presunção de paternidade e não depende de reconhecimento pelo pai.

nos quatro anos que se seguirem à maioridade, ou à emancipação". *O referido prazo de 4 anos "refere-se ao filho que deseja impugnar reconhecimento de paternidade, e não à ação de investigação desta. Ademais, o prazo previsto no artigo supracitado vem sendo mitigado pela jurisprudência desta Corte Superior"* (STJ, 3ª Turma, AgRg no Agravo de Instrumento nº 1.035.876-AP, Rel. Min. Sidnei Beneti, julgado em 04.09.2008, *DJe* 23.09.2008).

215. Neste caso, da mesma forma que o filho tem ação investigatória de seu estado, poderá o pai pleitear que a própria paternidade seja judicialmente declarada, e, cumulativamente ou não, que lhe pague o filho a pensão alimentar?

Legítima era a solução afirmativa no Direito Romano, quando o filho negava que o pretendente fosse seu pai: *Si vel parens neget filium, id circoque alere se non debere contendat; vel filius neget parentem, summatim judices oportet super eare cognoscere: si constiterit filium, vel parentem esse, tunc alijungebunt. Coeterum, si non constiterit, nec decernent alimenta.*[30]

Em face do nosso Direito, entretanto, não pode ser esta a resposta. A investigação de paternidade foi instituída como uma faculdade outorgada ao filho, em contraposição à obrigação que cabe ao pai, de declarar-lhe o estado. Como o reconhecimento é instituído em benefício do filho, estabelece lei civil (CC de 1916, art. 362 – CC de 2002, art. 1.614), que o filho maior não pode ser perfilhado sem o seu consentimento, e se o foi enquanto menor, poderá impugnar a declaração de estado dentro dos quatro anos que se seguirem à maioridade ou emancipação.

Com este dispositivo, adotou o nosso Direito a doutrina seguida pelos Códigos português e espanhol, transformando o reconhecimento em ato consensual, quando, em verdade, razão assiste a Colin *et* Capitant, ao sustentarem que a perfilhação é ato unilateral, cuja validade independe da aceitação do filho.

Clóvis Beviláqua defendia o sistema do Código anterior, sob fundamento de que "o reconhecimento interessa diretamente ao perfilhado, porque lhe atribui um estado civil, que pode não lhe convir, pois, se lhe atribui direitos e vantagens, também lhe impõe deveres, e cria direitos para o perfilhante".[31]

A isto respondia Carvalho Santos, a nosso ver com vantagem, que o motivo dado pelo ilustre autor do Código de 1916 não satisfazia, porque, se o reconhecimento foi feito por quem não tinha qualidade, poderia o perfilhado impugná-lo, resguardando seus direitos e evitando a imissão num estado fundado em declaração inverídica. Mas, e ele o diz, textualmente:

---

[30] *Digesto*, Livro 25, tít. III, fr. 5, § 8.
[31] Clóvis Beviláqua, *Comentário ao Art. 362*.

> "Se este é feito realmente pelo pai ou pela mãe, numa confissão verdadeira, não se justifica a intervenção do perfilhado, não tem cabimento a exigência do consentimento do filho, porque, em tal hipótese, não poderá ele alegar nunca que tal estado não lhe convém, por lhe impor deveres e criar direitos".[32]

Contra o sistema do Código se manifestou também Estêvão de Almeida, argumentando que:

> "Se o reconhecimento é uma declaração, uma confissão de filiação feita pelo pai ou pela mãe, é inconsequente a intervenção concomitante do reconhecido, cujo direito a não ser reconhecido senão por quem o possa fazer tem completo amparo na ampla faculdade de impugnar o reconhecimento".[33]

Assim, à vista do sistema brasileiro, é legal a solução negativa à questão formulada, a saber: o pai não poderia pleitear judicialmente a declaração de sua própria paternidade em ação contra o filho, porque o não consentimento deste teria como resultado a invalidade do reconhecimento, e, pois, não poderia jamais ser compelido o pretendido descendente a aceitar um estado de filiação contra que se insurgiu.

Sobre o tema há interessante julgado (STJ, 3ª Turma, REsp. 903.613 – DF, Rel. Min. Sidnei Beneti, Julg.: 06.03.2008, *DJe* 05.08.2008), onde se entendeu que:

> "[...]
> É claro que há casos em que a impugnação do filho à pretensão de reconhecimento, negando-lhe o consentimento, repouse em sincera dúvida de paternidade, relativamente ao genitor registral, em face de pretensão também sincera de reconhecimento por parte do pretenso genitor que venha a acionar.
>
> Por isso, porque as hipóteses trazidas à jurisdição diferem fundamente, é que a regra do art. 362 do Código Civil de 1916 e do art. 1614 do Código Civil de 2002 deve ser interpretada com a diferenciação dos casos a que se destinam.
>
> [...]
>
> Por outro lado, o caso é de reconhecimento da prescrição em detrimento do autor, porque o acionamento ocorreu em prazo muito além de vinte anos, constante do art. 177 do Cód. Civil de 1916.
>
> *Não se cogita, aqui, de pretensão imprescritível, fundada em direito da personalidade, pois a imprescritibilidade desse tipo de ação é instituída em prol do filho que busque o reconhecimento, e não do genitor que vem a movê-la contra o filho, registrado em nome de outrem.*

---

[32] Carvalho Santos, *Código Civil Interpretado*, vol. V, p. 470.
[33] Estêvão de Almeida, *Direito de Família. Manual Lacerda*, vol. VI, nº 143, p. 123.

> Se se garantisse a imprescritibilidade da ação do genitor contra o filho, estaria lançado o germe de enorme perigo para as relações humanas, pois o genitor, que não tenha reconhecido logo ao nascimento, como era de seu dever, nem por décadas, poderia vir, quando o desejasse, nutrido, por cupidez, notoriedade ou qualquer outro motivo, reprovável, a obrigar ao reconhecimento por parte do filho, que não o queira, e que tenha longamente lutado sozinho por construir a própria vida.
>
> Melhor, nesse caso, limitar o prazo de reconhecimento judicial ao da prescrição, restando o reconhecimento pa imprescritível, sob a voluntariedade de genitor e filho envolvidos.
>
> Admitir a imprescritibilidade dessa ação implicaria assegurar ao pretenso genitor silente por largo tempo direito maior do que o de impugnação pelo próprio filho, naturalmente o maior interessado na própria paternidade, o que já foi, mesmo subordinado ao prazo prescricional de quatro anos para negação do reconhecimento (Cód. Civil de 1916, art. 178, VI) – prazo cuja a existência, daí veio a ser superado pela evolução jurisprudencial".

A matéria encontra novas conotações: o art. 227, § 6º, da Constituição equiparou todos os filhos, e o art. 229 estabeleceu a reciprocidade do direito alimentar. Destarte, e com fundamento nos textos constitucionais, não seria heterodoxa a tese da investigação intentada contra o filho, com caráter declaratório, e nos seus efeitos imporia ao filho a obrigação de prestar alimentos ao pai carente ou enfermo.

Frise-se, ainda, a orientação adotada pelo "Estatuto do Idoso" (arts. 11 e 12 da Lei nº 10.741/2003), que determina a solidariedade no que concerne à obrigação de alimentos para os maiores de 60 anos, podendo ser escolhido um dos prestadores para ser demandado judicialmente.

Observe-se que, segundo o referido art. 11, os alimentos serão prestados ao idoso na forma da lei civil, vale dizer, nos termos do art. 1.694 do CC de 2002. Ratifica-se, assim, o entendimento acima adotado, uma vez que é necessária a existência do vínculo de parentesco, que se estabelece apenas se o reconhecimento da paternidade produzir efeitos.

Na ausência de filhos, o idoso não ficará ao desamparo, pois a obrigação alimentar é solidária e pode o idoso optar entre os prestadores (Lei nº 10.471/2003, art. 12). Se esses faltarem ou não possuírem condições econômicas de prover o seu sustento, impõe-se ao Poder Público esse provimento, no âmbito da assistência social (art. 14, Lei nº 10.471/2003).

§ 4º Caracteres do direito alimentar

216. O direito que tem o filho reconhecido aos alimentos reveste-se dos mesmos caracteres do crédito alimentar em geral.

Nosso Direito não distingue, como o suíço, se o reconhecimento provém de investigação "qualificada", caso em que há equiparação aos legítimos, ou "ordinária" em que se restringe o direito alimentar a simples manutenção.[34]

Há um ponto, entretanto, que merece atenção especial: a irretroatividade.

Já vimos que a declaração de paternidade é retroativa, fazendo retrotrair o estado à data do nascimento, até mesmo à concepção.

Não obstante isto, o débito alimentar vigorará para o futuro, e se já era necessitado o filho, anteriormente à data da perfilhação, nem por isto fica o pai obrigado a pagar-lhe as prestações pretéritas. Não porque inexistisse a obrigação alimentar anteriormente ao reconhecimento, pois sendo a obrigação alimentar *jure sanguinis*, já era devida com fundamento no vínculo biológico, e só não se efetivara, porque a relação da paternidade não era juridicamente conhecida. Mas, como esta só se tornou conhecida pelo reconhecimento, o dever moral de alimentar só se tornou obrigação legal e exigível a partir desta ocorrência. Assim a jurisprudência.[35]

Não porque se possa presumir do fato de não terem sido pleiteados antes, que o filho natural a eles tenha tacitamente renunciado, uma vez que nem expressamente poderia prevalecer a renúncia contra a letra do art. 404 do Código Civil anterior (art. 1.707, 1ª parte, CC de 2002).

Mas porque é da própria natureza do crédito alimentar dirigir-se ao presente e ao futuro, nunca ao passado. Como ensina Ruggiero, sendo a finalidade da prestação alimentar assecuratória da manutenção, o alimentando não a pode reclamar para o tempo decorrido, porque bem ou mal ele viveu, não sendo possível que o devedor tenha de alimentá-lo para o passado, como já no Direito Romano se dizia na parêmia: *in praeteritum non vivitur...*

A propósito dos alimentos pretéritos, com fundamento na Lei nº 5.478 de 1968, em combinação com a Lei nº 8.971 de 1994, reportamo-nos ao que dissemos em o nº 26, *supra*.

217. O direito aos alimentos como vimos, é *imprescritível,* no sentido de que, a qualquer tempo, pode ser pleiteado, uma vez que existam as condições de sua exigibilidade, certo, como é, que as prestações alimentícias prescrevem no prazo fixado pela lei civil. O Código Civil de 1916 previa o prazo prescricional de cinco anos para se cobrar alimentos vencidos (nos termos do seu art. 178, § 10, nº I). Pelo regime do Código vigente, este prazo passou a ser de dois anos, de acordo com o art. 206, § 2º. Consideram-se, todavia, prescritíveis as presta-

---

[34] Spiro, Karl. *Filiation Illégitime en Droit Français et Allemand*, pp. 133 e segs.
[35] Ressalvadas circunstâncias especiais, não são devidos alimentos pretéritos: Tribunal de Justiça do antigo Distrito Federal, *in Rev. Forense*, vol. 134, p. 455.

ções vencidas e não pagas, se se caracteriza a inércia do alimentado em relação à sua exigência.[36]

Mas nem por isso pode o filho, em tempo nenhum pleitear que lhe sejam pagas pelo pai as prestações alimentícias correspondentes ao tempo decorrido.

Se, porém, para sobreviver, o filho recorreu à bolsa de um estranho, que lhe proveu à mantença, sem que a isso fosse obrigado, tem este o direito de repetir do pai o que despendeu com o filho, como está expresso na lei civil (art. 1.341 do Código Civil de 1916 – art. 871 do Código Civil de 2002):

> "Quando alguém, na ausência do indivíduo obrigado a alimentos, por ele os prestar a quem se devem, poder-se-á reaver do devedor a importância, ainda que este não ratifique o ato".

Comentando o inciso, Clóvis Beviláqua salientou que a lei impõe o cumprimento rigoroso de um dever à pessoa obrigada aos alimentos, a qual não pode fugir a "essa obrigação de assistência legal". A fim de não deixar que o alimentário seja exposto ao abandono e à miséria, permite ao estranho, que veio em seu socorro na ausência do alimentante, reaver deste o que despendeu com aquele, repetindo o que se considera um adiantamento.

Ao comentar o mesmo artigo, Carvalho Santos[37] considerou apenas a hipótese de prestação alimentar decorrente de sentença anterior.

Não parece, entretanto, seja o pai obrigado a solver o débito pela manutenção do filho por parte de um estranho, apenas no caso de prévia condenação. O dever alimentar existe sempre, decorrente da relação de parentesco. Se esta não fora, ainda, juridicamente evidenciada, nem por isto o filho era estranho ao pai, tendo o reconhecimento o efeito de retornar ao passado, atingindo o tempo decorrido desde o nascimento e até a concepção.

Ora, se o estranho, por empréstimo proveu à subsistência do indivíduo, que veio a obter depois declaração de seu estado, presume-se que tenha apenas adiantado as pensões alimentares, uma vez que não a ele, sim ao pai, cumpria sustentar o filho. A lei não condiciona o direito de repetir os gastos na prestação alimentar à existência de uma sentença condenatória. Impõe, como requisito, a existência de uma pessoa *obrigada* aos alimentos, e, sendo estes devidos *iure sanguinis*, é claro que o pai tinha o dever de prestá-los, porque em nosso sistema legal o reconhecimento do filho é sempre obrigatório pelo pai.

Este só se isenta da obrigação de reembolsar o estranho pelo que houver despendido com a mantença de seu filho, "provando que o gestor fez essas despesas

---

[36] José Virgílio Castelo Branco Rocha, *O Pátrio Poder*, p. 103.
[37] Carvalho Santos, *Código Civil Interpretado*, vol. XVIII, p. 415.

com o simples intento de bem fazer" (CC de 1916, art. 1.342, parágrafo único – CC de 2002, art. 872, parágrafo único).

218. Como consequência desses princípios, cabe ainda à mãe, que houver assumido compromissos para obter o necessário ao sustento do filho menor em sua companhia, exigir do pai que forneça, além dos alimentos futuros, a quantia precisa à solução dos débitos contraídos para esse fim.

A razão é a mesma. Não dispondo ela de recursos para criar o filho, tem o direito de havê-los daquele que é seu coautor na existência do menor. Mas, enquanto não declarada a paternidade, teve de recorrer ao crédito, solicitando de um estranho o adiantamento do necessário à preservação da vida do filho, e, pois, comprovada a relação de paternidade, e assentada no plano jurídico a responsabilidade do pai pela manutenção do filho, responsabilidade que preexistia no terreno moral, tem o genitor o dever de saldar os compromissos assumidos pela mãe, para satisfação de um dever que lhe cumpria.

Savatier, esposando em princípio a doutrina de que os alimentos são devidos sempre para o futuro, ressalva à mãe o direito de pedir ao pai natural que lhe reembolse as despesas feitas durante a gravidez e por ocasião do parto, que ele considera despesas de manutenção prévia do filho, se este nasce viável.[38]

218-A. Alimentos gravídicos. A Lei nº 11.804, de 11 de novembro de 2008, instituiu e regulamentou o direito de alimentos da mulher gestante, os denominados "alimentos gravídicos", que compreendem "os valores suficientes para cobrir as despesas adicionais do período de gravidez e que sejam dela decorrentes, da concepção ao parto, inclusive as referentes a alimentação especial, assistência médica e psicológica, exames complementares, internações, parto, medicamentos e demais prescrições preventivas e terapêuticas indispensáveis, a juízo do médico, além de outras que o juiz considere pertinentes" (art. 2º).

Os alimentos gravídicos ser referem à parte das despesas que deverá ser custeada pelo futuro pai, considerando-se a contribuição que também deverá ser dada pela mulher grávida, na proporção dos recursos de ambos (parágrafo único, art. 2º).

Uma vez convencido da existência de indícios da paternidade, o juiz fixará alimentos gravídicos que perdurarão até o nascimento da criança, sopesando as necessidades da parte autora e as possibilidades da parte ré. Após o nascimento com vida, os alimentos gravídicos ficam convertidos em pensão alimentícia em favor do menor até que uma das partes solicite a sua revisão (art. 6º e parágrafo único).

---

[38] Savatier, *Recherche de la Paternité*, p. 186.

As disposições da Lei de Alimentos (Lei nº 5.478, de 25 de julho de 1968) e do CPC aplicam-se supletivamente nos processos regulados pela Lei dos alimentos gravídicos (art. 11).

Embora a Lei se refira ao "direito de alimentos da mulher gestante", o STJ já manifestou o entendimento de que a titularidade dos alimentos gravídicos (Lei nº 11.804/2008) "é, na verdade, do nascituro e não da mãe" (STJ, 4ª Turma, REsp. 1.415.727 – SC, Relator Min. Luis Felipe Salomão, julgamento em 04.09.2014, *DJe* 29.09.2014).

Suscita debate a aplicação do princípio da irrepetibilidade dos alimentos quando se comprova que o réu na ação de alimentos gravídicos não é o pai da criança nascida. O Tribunal de Justiça do Estado Rio de Janeiro (5ª Câmara Cível, Agravo de Instrumento 0059475-96.2011.8.19.0000, Rel. Des. Milton Fernandes de Souza, julgamento: 06.12.2011) entende que:

> "Convencido o magistrado da existência desses indícios, sequer negando o indigitado pai contatos sexuais à época da concepção, impositiva a fixação dos alimentos provisórios. 3. – Nesse contexto, o direito do alimentando se sobrepõe a eventual dano ao alimentante decorrente da irrepetibilidade da prestação alimentar".

219. Mais delicada é a questão, se se indaga se a mãe tem o direito de reaver do pai as despesas que ela própria fez, para criação e manutenção do filho.

No Direito filipino, como vimos (nº 75, *supra*), cabia à mãe criar de leite o filho até à idade de três anos, sendo o pai obrigado, mesmo nesse período, pelas despesas extraordinárias. Estas deviam ser reembolsadas à mãe, como disposto na Ordenação do Livro IV, Tít. 99, *in verbis*:

> "E se nos ditos três anos a mãe fizer com o filho alguma despesa, que o pai é obrigado a fazer poderá em todo caso cobrá-la, e havê-la do pai, pois que a ela fez em tempo em que o pai tinha esta obrigação".

Era a doutrina dominante,[39] embora o preceito tenha recebido o combate de Teixeira de Freitas, ao inserir este em seu *Esboço* o art. 1.619, que rezava neste teor:

> "O parente que houver prestado alimentos voluntariamente, ou por decisão judicial, não terá direito para demandar a seus outros parentes por qualquer cota parte do que houver despendido, ainda que esses outros parentes sejam do mesmo grau".

---

[39] Cf. Lafayette, *Direito de Família*, § 134.

Na vigência do Código anterior, outros foram os princípios que passaram a dominar. O direito aos alimentos é oponível aos pais (art. 397; CC de 2002, art. 1.696), cumprindo, portanto, a uma e a outro o dever de criar o filho, tanto mais que o ilegítimo[40], reconhecido pela mãe, e enquanto o não for pelo pai, fica sob o poder materno (art. 383; CC de 2002, art. 1.633), competindo, pois, à genitora dirigir-lhe a criação e educação (art. 384; CC de 2002, art. 1.634).

Sendo a prestação alimentar o fornecimento daquilo de que necessita a pessoa para subsistir (Código de 1916, art. 396; CC de 2002, art. 1.694), não parecia, à primeira vista, jurídico que o pai fosse condenado à pensão correspondente a um tempo em que o alimentário já houvera sido sustentado por aquela a quem cabia, igualmente, o mesmo dever, pois certo é que a mãe, quando provê à manutenção do filho, age na qualidade de parente a quem toca a obrigação de fazê-lo.

Mas é verdade, também, que se o dever de manutenir o filho compete à mãe, constitui ao mesmo tempo obrigação do genitor, pois que a um e a outro dos pais é oponível o direito correlato do gerado.

É que o dever de prestar alimentos é, antes de tudo, moral, imposto pela lei ao sancionar uma obrigação natural. Ora, não pode a moral tolerar que o filho custe o sacrifício de um dos autores de sua existência, enquanto o outro goze da tranquilidade de uma isenção sem fomento legal, vivendo na abastança, ainda que relativa. É a *naturalis aequitas,* antes de mais nada, que impõe uma repartição igualitária dos encargos com a criação e manutenção do filho, de forma que sejam suportados pelos responsáveis de sua vinda ao mundo, na proporção de suas posses.

Uma vez que a mãe, cumprindo em primeiro lugar o dever moral de reconhecer o estado do filho, alimentou-o com sacrifício de seu pecúlio, negar-lhe o direito de repartir com o pai, que se declarou posteriormente, os encargos da criação do menor é, sem nenhuma dúvida, consagrar uma solução repugnante ao senso ético, e, embora a moral atue numa órbita mais ampla, não se concebe o direito sancionando um atentado contra a regra moral.[41]

---

[40] A expressão corresponde aos filhos havidos fora do casamento mencionados pelo CC de 2002, art. 1.607.

[41] O Tribunal de Apelação de São Paulo, apreciando a espécie, emitiu estes conceitos: "E esse direito não é só referente aos alimentos pretéritos, como futuros, sendo ambos devidos conforme doutrinam os civilistas. E no caso não se pode pôr em dúvida o dever de alimentos pretéritos, uma vez que, tendo sido o menor alimentado pela mãe, que é pobre, assiste-lhe o direito de repetir as despesas pelos bens do pai (Lafayette, *Direitos de Família,* § 135).

Acordam, etc. dar provimento parcial à apelação para, mantendo a sentença apelada, quanto à procedência da ação, reduzir, todavia, o arbitramento da pensão alimentária devida pelo apelante, ao menor aludido, desde o seu nascimento até a sua maioridade" (*Rev. dos Tribunais*, vol. 71, p. 280).

§ 5º Espúrios[42]

220. O Projeto Beviláqua não continha, no tocante ao reconhecimento voluntário, como coercitivo, as restrições do Código de 1916 atinentes aos filhos espúrios.

De sua passagem pela Câmara, advieram-lhe as emendas de Salvador Muniz e Oliveira Figueiredo, referentes aos filhos incestuosos, e de Andrade Figueira e Teixeira de Sá, atinentes aos adulterinos, em virtude das quais ficou proibido o reconhecimento dos filhos espúrios.

Foi o Senado que atenuou este excessivo rigor, concedendo-lhes o direito aos alimentos, como estatuía o art. 405:[43]

> "O casamento, embora nulo, e a filiação espúria provada quer por sentença irrecorrível, não provocada pelo filho, quer por confissão ou declaração escrita do pai, fazem certa a paternidade, somente para o efeito da prestação de alimentos".

Ao contrário do pensamento de Estêvão de Almeida, entendemos com o ilustre autor do Projeto Primitivo que o Código de 1916 deu um passo atrás, na órbita de evolução do programa de amparo aos filhos ilegítimos.

Podiam os espúrios, em nosso Direito pré-codificado, ser reconhecidos, e podiam investigar a paternidade na vigência das Ordenações, guardado o preconceito que separava os filhos de nobres e de peões, ressalvada a interdição de adquirirem direitos sucessórios, e não havia na Lei nº 463, de 1847, proibição para que fossem reconhecidos por testamento ou escritura pública, mantido o caráter de espuriedade.[44]

O Código de 1916 proibiu, entretanto, o seu reconhecimento espontâneo pelo pai (art. 358),[45] e vedou-lhes a investigação de paternidade (art. 363),[46] de sorte que os espúrios não adquiriam o estado de filiação no regime do Código anterior.

Embora o acórdão não tenha discutido amplamente a questão, aplicou a boa doutrina, atendendo a regras alicerçadas na moral, e vinculadas aos princípios que dominam o direito alimentar.

[42] A Constituição da República de 1988, ao estabelecer o princípio da plena igualdade entre os filhos (art. 227, § 6º) proíbe quaisquer designações discriminatórias relativas à filiação. Observe-se que, não obstante vigente a CR, foi necessário que a Lei 7.841, de 17.10.1989 revogasse expressamente o art. 358 do CC de 1916, que vedava o reconhecimento dos filhos incestuosos e dos adulterinos, para por fim às dúvidas que persistiam quanto à plena igualdade de direito entre os filhos, qualquer que seja a origem da filiação. Mantem-se a designação, hoje histórica, que consta da redação original.

[43] Sem correspondente no Código Civil de 2002.
[44] Cf. Lafayette, op. cit., § 126.
[45] Artigo revogado pela Lei nº 7.841/89.
[46] Sem correspondente no Código Civil de 2002.

Permaneciam, como disse Josserand, na situação de réprobos, sem pai nem mãe legalmente estabelecidos, sem irmãos nem irmãs.

Comentando esta situação, disse Chabot, citado por Laurent:

> "A lei só a contragosto ocupa-se dos filhos adulterinos e incestuosos. Eles existem, e é preciso certamente que ela lhes assegure alimentos, mas não lhes confere nenhum outro direito. O crime que a eles deu nascimento não permitia tratá-los como aos filhos nascidos de pessoas livres".[47]

Comentando sua situação, Laurent criticava a *severidade excessiva* que os atingia.

Efetivamente, o Código de 1916 só por exceção assegurava aos filhos espúrios o direito de não morrer, e, assim, foi criada pelo art. 405 uma situação esdrúxula: os espúrios não podiam ser reconhecidos, mas, se o pai confessava ou declarava por escrito a paternidade, criava a obrigação alimentar, apesar de não valer a confissão ou declaração como reconhecimento. Havia, pois, uma obrigação alimentar, não obstante a inexistência do vínculo jurídico familiar.

O mesmo ocorria se numa ação, não provocada pelo filho, ficava provada, por sentença irrecorrível, a filiação incestuosa ou adulterina.

Uma vez que não existia o reconhecimento, e não se investia o filho no estado de filiação, não entrava na família paterna, e conseguintemente não havia relação de parentesco entre ele e os ascendentes ou descendentes do pai.

Ora, sendo o crédito alimentar fundado no vínculo jurídico do parentesco (art. 396; CC de 2002, art. 1.694), o direito aos alimentos era oponível tão somente ao pai, porque a lei expressamente o dizia, e não o podia ser aos parentes do pai, muito embora o Código de 1916 não tivesse expresso, como o argentino, um dispositivo que o estatua: "*Los hijos adulterinos o sacrílegos no tienen, por las leyes, padre o madre ni parientes algunos por parte de padre o madre*" (art. 342), nem nosso sistema legislativo se deixava dominar pela limitação de parentesco natural além do primeiro grau, como é princípio soberano no Código Napoleão e no italiano de 1865. Mas a orientação seguida pelo legislador de 1916, quanto aos filhos espúrios, leva a esta conclusão contrária aos sentimentos humanitários do povo brasileiro, e que se não coaduna com as *nossas tradições* jurídicas.

Não podia, entretanto, ser outra à vista dos preceitos legais: o filho espúrio, por não reconhecível, era afastado da família paterna. Ora, se o direito alimentar é fundado na solidariedade familiar, e baseia-se no parentesco *jurídico*, a incapacidade em tese para ser reconhecido levava à conclusão de que ele não era neto

---

[47] Laurent, *Principes*, vol. IX, p.169.

do pai de seu pai, nem irmão dos filhos deste e, conseguintemente, seu direito aos alimentos era oponível tão somente aos ascendentes do primeiro grau.

221. É o Poder Judiciário, via de regra, muito mais humano que o legislador, e, no seu contato diuturno com o direito em sua feição dinâmica, vai temperando os rigores com que se veste o organismo legislativo, aparando as arestas da lei.

No tocante à situação dos filhos, é notória sua intervenção favorável, sua intenção liberal, fenômeno que se nota não apenas entre nós.

Assim, por exemplo, na França, onde igualmente os espúrios não podiam ser reconhecidos, os tribunais saltavam sobre o rigor da lei, à procura de uma solução que não deixe ao desamparo o ser que é posto no mundo sem ter incorrido em falta, e que geralmente suporta o peso de toda a condenação.

O Tribunal Civil de la Mayenne decidiu que:

> "O fundamento da dívida alimentar do pai, mesmo em relação a um filho que não pode investigar a paternidade, é uma obrigação natural que se muda em obrigação civil, uma vez que o pai se tenha comprometido por escrito a executar sua obrigação natural".

E assim condenou o pai a prover à manutenção de um filho espúrio desprezando a renúncia escrita que a mãe havia feito.[48]

A Corte de Cassação, num caso semelhante, decidiu que o juiz não tinha de indagar sobre a iliceidade da causa, em vista da adulterinidade do filho, mas tão somente de dar execução a "um compromisso perfeitamente lícito, pelo qual T... (o pai) havia convertido em obrigação civil a obrigação natural por ele contraída em favor dos filhos da viúva L..."[49]

Note-se que este aresto não fala em obrigação contraída em favor dos *próprios filhos*, porque, sendo adulterinos, não podem ser reconhecidos, mas *em favor dos filhos da viúva L....*

O mesmo ocorreu entre nós, com relação aos filhos de desquitados: os tribunais vinham assentando a doutrina liberal, considerando-os simplesmente naturais, e admitindo seu reconhecimento, conforme desenvolvemos acima (Capítulo I, *supra*).

O mesmo ocorria no tocante à instituição de legado testamentário em favor do filho espúrio, notando-se, dentro da oscilação jurisprudencial em torno de sua validade, a propensão liberal.

---

[48] Dalloz, *Recueil Périodique*, 1928. 1.160.
[49] Idem, *Recueil Hebdomadaire*, 1932, 572.

Da letra do art. 363 do Código Civil de 1916 conclui-se que não podia o espúrio investigar a paternidade porque, se a lei dizia que só *tinham* ação os filhos que não cabiam nos impedimentos do art. 183, n^os I a VI, os que cabiam em tais impedimentos eram carecedores dela.

Assim julgava e assim entendia grande número de tribunais, que consideravam *imoral* o interesse dos filhos adulterinos para pleitearem direitos, fundados na espuriedade, trancando-lhes as vias judiciárias.

Em grau de recurso extraordinário, entretanto, o Supremo Tribunal Federal, condenando a doutrina reacionária, sustentou que não eram mais carecedores de ação de investigação de paternidade os filhos espúrios, em face dos arts. 126 da Carta Constitucional de 1937, e 1º do Decreto-Lei nº 4.737, de 24.09.1942, sobre cuja aplicação aos processos em andamento se verificou divergência.

O argumento da colenda Corte de Justiça foi que o art. 126, já vigente ao tempo da propositura da ação, dava, pelo menos, direito ao espúrio de vir a Juízo para examinar a preliminar de direito, e, assim, não pode ser liminarmente julgado carecedor de ação.[50]

Como se vê, o ciclo evolutivo da ideia protetora dos filhos ilegítimos ainda não havia se encerrado.

Ao desenvolvermos o histórico do reconhecimento, apontamos que o sistema rígido do Código Civil de 1916 sofreu dois sensíveis abalos, com o Decreto-Lei nº 4.737 de 1942 e com a Lei nº 883 de 1949. Em ambos, a restrição ao reconhecimento dos adulterinos desapareceu, condicionada, todavia, à dissolução da sociedade conjugal.

Dentro, pois, ainda do sistema vigente pelo Código de 1916, não havia mais falar em falta de *legitimatio ad causam* para a ação investigatória, nem em ausência de aptidão legal para o reconhecimento do filho adulterino, uma vez preenchida a *conditio legis* de sua efetivação.

Toda a argumentação fundada no Código Civil anterior, quanto ao *status* do adulterino, desaparecia, desde o momento em que era declarada a relação de paternidade, espontânea ou judicialmente.

A proibição vigorava, ainda, para o filho incestuoso, posto que já amenizada em outros sistemas, como no curso desta monografia temos estudado.

Em face deste pressuposto do reconhecimento da filiação adulterina, cumpre examinar a problemática do seu direito alimentar.

222. O filho adulterino podia postular alimentos, mesmo sob a vigência do regime do Código de 1916. Não era necessário que houvesse ocorrido a dissolução

---

[50] Acórdão de 01.10.1942, *in Rev. Forense,* vol. 95, p. 320.

da sociedade conjugal, pois, como visto acima (n°s 151 e 152, *supra*), era lícito obter o reconhecimento, para este efeito, mesmo na pendência do casamento. Neste sentido a corrente jurisprudencial, já invocada, corria volumosa.[51] Com efeito, o art. 4º da Lei nº 883 de 1949 deve ser considerado uma exceção à regra instituída no art. 1º do mesmo diploma. Não havia, pois, mister aguardar o desquite ou a morte, uma vez que a lei autorizava a postulação, subordinando-a a que seja o pai acionado em segredo de justiça.[52] A exigência mesma do "segredo de justiça" era uma cautela, com que o legislador defendia a família legítima da repercussão escandalosa da ação. Não devia constituir requisito de validade do processo, porém considerava-se simples irregularidade que o não anulava.[53]

A jurisprudência dominante na sua tendência liberal já tinha entendido anteriormente que o sistema do Código Civil de 1916 fora rompido pela Lei nº 883 de 1949, ampliando o campo de ação de alimentos, que independia de prévia ação de investigação de paternidade.[54]

Ao art. 4º da Lei nº 883 foi aditado um parágrafo, para dispensar o beneficiado de alimentos, de intentar ação investigatória após a dissolução da sociedade conjugal. Criou assim um reconhecimento automático, ressalvado, porém, aos interessados o direito de impugnar a filiação.

É de se destacar que o atual ordenamento jurídico permite a livre investigação de paternidade, o que retirou o alcance e a importância do art. 4º da Lei nº 883/1949, fazendo com que alguns autores questionem a sua incompatibilidade com a ordem constitucional vigente, como abordamos no Capítulo VII, item 152, *supra*.

§ 6º Concessão de alimentos no curso da ação de investigação de paternidade

223. Concessão de alimentos provisionais no curso da ação de investigação de paternidade. O direito alimentar, atribuído aos filhos havidos fora do casamento, sujeitava-se aos cânones doutrinários dos alimentos em geral, sem que a Lei nº 883 de 1949 viesse trazer peculiaridade de monta ao sistema vigente.

---

[51] Acórdão do Supremo Tribunal Federal, in *Rev. Forense*, vol. 211, p. 115; Tribunal de Justiça de Minas Gerais, in *Rev. Forense*, vol. 181, p. 225; vol. 218, p. 220.
[52] José Virgílio Castelo Branco, *O Pátrio Poder*, p. 112. ac. do Tribunal de Justiça de São Paulo, in *Adcoas*, 1973, nº 1.435, p. 146; do Tribunal de Justiça do antigo Estado do Rio de Janeiro, in *Adcoas*, 1973, nº 21.871, p. 511.
[53] João Claudino de Oliveira e Cruz, *Dos Alimentos no Direito de Família*, nº 31, p. 71, nota 8.
[54] Tribunal de Justiça de São Paulo, in *Adcoas*, 1975, nº 33.831, p. 243; Tribunal de Justiça de Minas Gerais, in *Rev. Forense*, vol. 246, p. 375; do antigo Estado da Guanabara, in *Adcoas*, 1974, nº 25.232, p. 67; do Paraná, in *Adcoas*, 1973, nº 20.824, p. 399; do Tribunal de Santa Catarina, in *Adcoas*, 1975, nº 37.489, p. 601 e 37.754, p. 722; do Tribunal de Goiás, in *Adcoas* 1975, nº 37.893, p. 738; do Tribunal do Pará, in *Adcoas*, 1973, nº 24.406, p. 298.

Uma questão, entretanto, foi suscitada, e merece atenção. Segundo o seu art. 5º:

"... na hipótese de ação investigatória de paternidade, terá direito o autor a alimentos provisionais desde que lhe seja favorável a sentença de primeira instância, embora se haja, desta, interposto recurso".

Assim estatuindo, o Legislador de 1949 atribuiu efeito meramente devolutivo à sentença de perfilhação para fins alimentares.

Baseado no texto, levantou-se dúvida se os alimentos provisórios têm cabida *initio litis*. A hermenêutica rigidamente gramatical responde que, em face do art. 5º, descabem ainda mesmo no caso de haver ação investigatória em curso, pois a disposição somente os autoriza na hipótese de ser favorável a sentença de primeira instância,[55] tendo em vista que antes da prolação da sentença não há o estabelecimento do vínculo jurídico entre autor e réu (v. item 229, *infra*, no qual se comenta a Súmula 277 do STJ).

Há muitas décadas entendemos, porém, e conosco a corrente liberal, que os alimentos são, antes de tudo, uma imposição do direito natural,[56] não sendo admissível que o filho se exponha a sofrer à míngua de recursos indispensáveis à subsistência, até que os trâmites processuais encerrem a primeira fase da ação. Se ao juiz parecerem razoáveis os fundamentos desta, e houver indícios da paternidade investigada, deve concedê-los provisionais na pendência ou mesmo no início da lide. A jurisprudência, a seu turno, autoriza esta conclusão.[57]

A nossa posição doutrinária mais favorável ao filho fora do casamento consolidou-se, visto que a jurisprudência mais recente vem admitindo amplamente a possibilidade de concessão de alimentos provisionais ou de antecipação de tutela alimentar nas ações de investigação de paternidade, desde que verificados os pressupostos do *fumus boni juris* e do *periculum in mora* (art. 854, parágrafo único, c/c art. 852, III, do CPC – sem correspondente no CPC/2015), ou da existência de prova inequívoca, que convença da verossimilhança da alegação inicial (art. 273 do CPC/1973 – art. 300 do CPC/2015).[58]

---

[55] Cruz, op. cit., p. 297, nota 8.
[56] Acórdão do Tribunal de Justiça de São Paulo, vol. 162, p. 337.
[57] Supremo Tribunal Federal, *in Rev. dos Tribunais*, vol. 287, p. 906; *in Rev. Trimestral de Jurisprudência*, vol. 65, p. 261; Tribunal de Justiça de São Paulo, *in Adcoas*, 1973, nº 18.435, p. 146; *Adcoas*, 1975, nº 37.214, p. 658; *in Rev. Forense*, vol. 201, p. 188; vol. 212, p. 179; Tribunal de Justiça do Rio Grande do Sul, *in Rev. Forense*, vol. 110, p. 206; vol. 202, p. 226; *in Adcoas*, 1975, nº 33.686, p. 227; Tribunal de Justiça do Paraná, *in Adcoas*, 1975, nº 31.737, p. 3.
[58] Yussef Said Cahali, *Dos Alimentos*, p. 655.

Theotonio Negrão,[59] comentando diversos julgados, destaca que "excepcionalmente, podem ser concedidos alimentos provisórios, no curso da investigação de paternidade cumulada com ação de alimentos, se, além de achar-se o autor em situação aflitiva, houver fortes indícios no sentido da efetiva paternidade (*RT* 615/50, *JTJ* 158/16, *RJTJERGS* 162/217 e 218)." (Ver nº 212 anterior)

Neste sentido vêm decidindo o Superior Tribunal de Justiça e o Tribunal de Justiça do Estado do Rio de Janeiro:

> "Alimentos requeridos no curso da ação de investigação de paternidade. O despacho que defere alimentos provisórios, diante da presença de fortes indícios da paternidade, no curso de ação principal de investigação de paternidade, não desafia o art. 2º da Lei nº 5.478/1968" (STJ – 3ª Turma, REsp. nº 105.194-PR, rel. Min. Menezes Direito, j. 13.10.1997, *DJU* 15.12.1997, p. 66.381).
>
> "Investigação de paternidade. Alimentos provisórios. Concessão. Possibilidade. A concessão de alimentos provisórios em ação de investigação de paternidade, a título de antecipação de tutela, é admitida pela Jurisprudência, especialmente quando os indícios da alegada paternidade são evidentes. Recurso improvido, inclusive no que diz respeito ao arbitramento" (TJRJ – 14ª Câmara Cível – Agravo Inst. 2002.002.12018 – Rel. Des. Marlan Marinho – Julg. em 15.04.2003).

A confirmar a corrente que defende a concessão de alimentos antes da prolação da sentença que declara a paternidade, avançou o legislador ao disciplinar, por meio da Lei 11.804, de 5 de novembro de 2008, os denominados alimentos gravídicos (ver n. 218-A acima).

223.1. Importante inovação trouxe a Lei nº 8.560/1992, que em seu art. 7º dispõe que "sempre que na sentença de primeiro grau se reconhecer a paternidade, nela se fixarão os alimentos provisionais ou definitivos do reconhecido que deles necessite". Deve-se destacar que o advérbio "sempre", presente na lei, **significa que, mesmo quando não forem pedidos os alimentos na ação de investigação de paternidade, o juiz deverá fixá-los na sentença, se o autor deles necessitar.**[60] Neste sentido já decidiu o STJ:

> "INVESTIGAÇÃO DE PATERNIDADE. Alimentos. Cumulação de ações. A sentença de procedência da ação de investigação de paternidade pode condenar o réu em alimentos provisionais ou definitivos, independente-

---

[59] Theotonio Negrão, *Código de Processo Civil e legislação processual em vigor*, pp. 833-834.
[60] Theotonio Negrão, *Código de Processo Civil e legislação processual em vigor*, p. 1.467.

mente de pedido expresso na inicial. Art. 7º da Lei nº 8.560, de 29.12.1992. Recurso não conhecido" (STJ – 4ª Turma – REsp. nº 257.785-RS – Rel. Min. Ruy Rosado de Aguiar – Julg. em 21.09.2000 – *RSTJ* 143/410).

A Lei nº 12.004, de 29.07.2009: i) altera a Lei nº 8.560, de 29 de dezembro de 1992, e ii) regula a investigação de paternidade dos filhos havidos fora do casamento e estabelece a presunção de paternidade no caso de recusa do suposto pai em submeter-se ao exame de código genético – DNA. Em seu art. 2º, a Lei nº 12.004/2009 insere o art. 2º-A na Lei nº 8.560/1992, segundo o qual:

> "Na ação de investigação de paternidade, todos os meios legais, bem como os moralmente legítimos, serão hábeis para provar a verdade dos fatos.
>
> Parágrafo único. A recusa do réu em se submeter ao exame de código genético – DNA gerará a presunção da paternidade, a ser apreciada em conjunto com o contexto probatório".

A Lei nº 12.004, de 29.07.2009 revoga expressamente a Lei nº 883/1949.

224. A disposição da Lei nº 883 de 1949[61], atribuindo efeito simplesmente devolutivo ao recurso, suscita outra questão, a saber se somente se aplica ao caso especial dos filhos havidos fora do matrimônio, ou se estende a toda ação de alimentos, mesmo quando o postulante é filho simplesmente natural. Neste sentido deve ser o entendimento, não só pela redação genérica, e por isto mesmo abrangente da norma, como ainda por que não seria curial dar-lhe interpretação restritiva para favorecer os filhos adulterinos em confronto com os simplesmente naturais.

225. A concessão contida na Lei nº 883 de 1949, que constitui um grau na escala evolutiva da proteção aos filhos ilegítimos, abriu, novas oportunidades, com a legitimidade para os espúrios, genericamente, se beneficiarem. O que vem predominando em outros sistemas legislativos é o caráter liberal, como no correr desta obra já temos salientado (vol. nº 23). Com efeito, após as leis de 1970 e 1972, na França, a regra da igualdade aplica-se a todos os filhos, qualquer que seja a origem de seu nascimento.[62] O que tais leis estabelecem é que o direito alimentar é uma consequência do vínculo da filiação, e é recíproco, inclusive quanto aos adulterinos.[63]

A título de ilustração desse princípio da igualdade, é bom lembrar que no regime da Lei francesa de 03.01.1972, todo filho natural tem direito a manuten-

---

[61] Esta lei foi revogada expressamente pela Lei nº 12.004, de 29.07.2009, como assinalado no parágrafo anterior.
[62] Colombet, Foyer, Huet-Weiller, Labrusse-Rion, *La Filiation Légitime et Naturelle*, nº 234.
[63] Colombet, *et alii*, op. cit., nº 501.

ção e educação, inclusive os adulterinos e incestuosos, sendo de acrescer que essa obrigação não cessa com a maioridade, notadamente se o filho prossegue nos estudos superiores.[64]

Nosso Direito, posto muito receptício às lições do direito comparado e às ideias liberais, no passado não se empolgava por esses conceitos. Assim é que se mostrava infenso ao reconhecimento dos incestuosos e, quanto aos outros, a jurisprudência conservava atitude cautelosa em certos aspectos, ao passo que liberal em outros. Se de um lado se tem sustentado ser absoluto o direito dos filhos aos alimentos,[65] de outro lado proclamava-se que o ascendente não era compelido a prover à subsistência e aos estudos do descendente maior.[66]

Como já ressaltado anteriormente, a doutrina e a jurisprudência passaram a admitir a manutenção dos alimentos, como extensão do dever de sustento, mesmo após a maioridade do filho, quando este é estudante de curso superior sem economia própria. Em regra, os Tribunais recomendam a manutenção da pensão alimentícia até os 24 anos. Contudo, ainda existe uma corrente oposta argumentando que os alimentos devidos ao filho em razão do poder familiar só persistem enquanto presente a menoridade. Ao atingir a maioridade, o filho deveria ingressar com ação de alimentos, comprovando o binômio necessidade/possibilidade.

226. Costuma-se dizer que a sentença proferida na ação de alimentos não passa em julgado. A tese não comporta esta conclusão absoluta, pois que toda condenação faz coisa julgada. O que se pretende com esta afirmação é conceituar a revisibilidade da prestação alimentar.

Num primeiro plano, já vem de nosso antigo Direito, e subsiste no moderno, que a mudança de fortuna de um ou de outro, isto é, do alimentante e do alimentado, autoriza a revisão da sentença.[67]

A repercussão jurisprudencial é frequente, pois que os Tribunais admitem a majoração, como a redução, em face de circunstâncias determinantes.[68]

227. Nossos prognósticos se realizaram. A Constituição de 1988 igualou todos os filhos (art. 227, § 6º). A Lei nº 7.841, de 17.10.1989 revogou o art. 358 do

---

[64] Roger Nerson, "La situation juridique des enfants nés hors mariage". *In Revue Trimestrielle de Droit Civil*, 1975, p. 422.
[65] Acórdão do Tribunal de Justiça do antigo Distrito Federal, *in Rev. Forense*, vol. 95, p. 93.
[66] Acórdão do Tribunal de Justiça do Rio Grande do Sul, *in Rev. Forense*, vol. 109, p. 473.
[67] Lafayette, *Direitos de Família*, 277, nota 36; Correia Teles, *Doutrina das Ações*, ed. de Teixeira de Freitas, p. 222, nota 492; João Claudino de Oliveira e Cruz, *Dos Alimentos no Direito de Família*, nº 48.
[68] Supremo Tribunal Federal, *in Rev. Forense*, vol. 115, p. 459; Minas Gerais, *in Rev. Forense*, vol. 117, p. 100; São Paulo, *in Rev. Forense*, vol. 186, p. 219; vol. 192, p. 241; vol. 235, p. 150; Guanabara, *in Adcoas* 1973, nº 17.653, p. 67.

Código Civil anterior. Em consequência não há mais falar em filhos adulterinos e incestuosos; cabendo a todos o direito a alimentos, e concedendo-lhes *legitimatio ad causam* para postulá-los judicialmente. Ao mesmo tempo consagrou em termos amplos a reciprocidade alimentar, impondo aos pais o dever de assistir, criar, educar os filhos menores, e aos filhos maiores o de ajudar e amparar os pais na velhice, carência ou enfermidade (Constituição, art. 229).

§ 7º Alimentos no Código Civil de 2002

228. Com a entrada em vigor do Código Civil de 2002, foram introduzidas diversas mudanças em relação aos alimentos, exigindo do intérprete e dos aplicadores do direito efetiva atenção no que tange às suas características e ao âmbito de aplicação. Em que pese o teor destas mudanças, o novo Código, assim como previa o Código anterior, condicionou os alimentos ao binômio "necessidade/possibilidade", especificando em seu art. 1.694, § 1º, que "os alimentos devem ser fixados na proporção das necessidades do reclamante e dos recursos da pessoa obrigada".

O art. 1.696 determina a reciprocidade da obrigação alimentar entre pais e filhos, estendendo-se a todos os ascendentes "recaindo a obrigação no mais próximo em grau, uns em falta de outro". Neste diapasão, a Terceira Turma do Superior Tribunal de Justiça,[69] ainda na vigência do Código de 1916, reconheceu, expressamente, o dever de complementação pelo avô "sempre que as necessidades do menor não puderem ser integralmente satisfeitas pelos pais".

Cabe ressaltar, ainda, que a regra estatuída pelo art. 1.705 do Código, prevendo que, "para obter alimentos, o filho havido fora do casamento pode acionar o genitor" é inteiramente dispensável. Determinada a obrigação alimentar nos moldes do que estabelece o art. 1.694 e tendo-se em vista a equiparação dos direitos dos filhos independentemente da origem de sua concepção, não mais se justifica o conteúdo do referido artigo. Ressalve-se o direito de se requerer que a ação se processe em segredo de justiça, na forma do que dispõe o art. 155, II, do CPC (art. 189, II, do CPC/2015).

229. Questão importante refere-se à aplicabilidade ou não[70] do art. 5º da Lei nº 883/1949,[71] no que diz respeito à apuração de quando são devidos os alimentos na ação de investigação de paternidade: se a partir da sentença, como dispõe o artigo em questão ou se a partir da citação, aplicando-se o disposto no art. 13, § 2º,

---

[69] STJ – REsp. nº 268.212/MG – 3ª Turma – Rel. Min. Ari Pargendler – *DJU* de 27.11.2000.
[70] Como observado, a Lei nº 883/1949 foi revogada pela Lei nº 12.409, de 29.07.2009.
[71] "Art. 5º Na hipótese de ação investigatória da paternidade terá direito o autor a alimentos provisionais desde que lhe seja favorável a sentença de primeira instância, embora se haja, desta interposto recurso".

da Lei nº 5.478/1968 (Lei de Alimentos). Filiando-se à última corrente, o Superior Tribunal de Justiça editou a Súmula nº 277 ("Julgada procedente a investigação de paternidade, os alimentos são devidos a partir da citação").

Mesmo após a edição da Súmula, continua havendo divergência sobre a questão, visto que decisões recentes ora aplicam a Lei nº 883/1949, ora a Lei de Alimentos:

> "Ação de investigação de paternidade cumulada com alimentos. Fixação de alimentos provisórios antes da sentença. Inviabilidade, no caso. I – O autor da ação investigatória de paternidade tem direito a alimentos provisionais desde a sentença, ainda que objeto de recurso. Leis nº. 8.560/1992, art. 7º e nº 883/1949, art. 5º. Aplicação. II – Recurso especial conhecido e provido" (STJ – Terceira Turma – REsp. nº 200595/SP – Rel. Min. Antônio de Pádua Ribeiro – Julg. em 08.05.2003).

Em seu voto, o Ministro relator, Antônio de Pádua Ribeiro, defendendo a primeira tese, afirmou que "a legislação consagra a sentença declaratória de paternidade como termo *a quo* para fixação de alimentos provisórios. O motivo ensejador dessa fixação é lógico, pois somente aí é reconhecida a relação de parentesco entre as partes e, consequentemente, a obrigação de prestar alimentos".

Por outro lado, tem-se entendido atualmente, de forma majoritária, que os alimentos são devidos a partir da citação, inclusive em face da isonomia prevista no texto Constitucional, ampliando aos filhos havidos fora das relações de casamento, o que estatui a Lei de Alimentos, em seu art. 13, § 2º.

Buscando pacificar o conflito jurisprudencial, o Superior Tribunal de Justiça, como acima citado, sumulou a questão (Súmula nº 277), em 16.06.2003, ao estabelecer que "julgada procedente a investigação de paternidade, os alimentos são devidos a partir da citação".

Esposando este entendimento, que parece se tornar majoritário atualmente, trazemos à colação o seguinte julgado:

> "Ação de investigação de paternidade cumulada com alimentos. Termo inicial da pensão alimentícia. Entendimento uniforme da Egrégia Segunda Seção do STJ. Dissídio notório. Incidência a partir da citação. – Os alimentos devidos em ação de investigação de paternidade, decorrentes de sentença declaratória de paternidade e condenatória de alimentos, são os definitivos, e, portanto, vige a disciplina do art. 13, § 2º, da Lei nº 5.478/1968, com retroação dos efeitos à data da citação. – O art. 5º da Lei nº 883, de 21.10.1949, e o art. 7º da Lei nº 8.560, de 29.12.1992, discorrem também sobre a fixação de alimentos provisionais, e não impedem o arbitramento de verba alimentar de natureza definitiva, na forma apregoada pela Lei de Alimentos, ainda que não baseada em prova pré-constituída da filiação" (STJ – Segunda Seção – EREsp nº 85.685/SP – Rel. Min. Nancy Andrighi – Julg. em 18.02.2002).

Destacando os efeitos retroativos da declaração judicial de paternidade, de acordo com a doutrina que sempre defendemos, encontra-se o brilhante voto do Min. Aldir Passarinho, no EREsp nº 152.895: "(...) o principal é que da ação de investigação, exatamente por revelar o vínculo de parentesco, exsurgem inúmeros reflexos civis. O filho que é reconhecido passa a ter, por exemplo, um pai, avós, eventualmente irmãos etc. Altera-se a sucessão, talvez obrigações contraídas no período de ignorância dessa relação, *v.g.* doações feitas aos demais filhos. E, tudo isso fica alcançado pela retroação dos efeitos da paternidade ou da maternidade declarada *a posteriori*".

Cumpre observar que, não raro, há concessão liminar de alimentos gravídicos (Lei nº 11.804/2008), sem audição da outra parte, diante do convencimento do juiz quanto à existência de indícios da paternidade. Confirma-se, assim, a prioridade dada ao interesse do filho, ainda que não nascido e reconhecido.

230. Transmissibilidade da Obrigação Alimentar aos Herdeiros do Pai. O art. 402 do Código Civil de 1916 estabeleceu a intransmissibilidade aos herdeiros da obrigação de prestar alimentos. Com a edição da Lei do Divórcio, a regra do seu art. 23 estipulou que a obrigação de prestar alimentos transmitia-se aos herdeiros do devedor, na forma do art. 1.796 do Código anterior. Majoritariamente, entendeu-se que esta transmissibilidade estava restrita às pensões alimentícias estabelecidas entre cônjuges.

O Código Civil de 2002 introduziu, de forma inovadora, a regra geral da transmissibilidade no seu art. 1.700: "A obrigação de prestar alimentos transmite-se aos herdeiros do devedor, na forma do art. 1.694". Esta inovação tem despertado inúmeras polêmicas e demanda novos estudos. É importante destacar que o Superior Tribunal de Justiça já julgou a matéria no Recurso Especial nº 219.199-PB, no qual estabeleceu que o espólio do pai do autor teria a obrigação de prestar alimentos ao autor da ação, filho do *de cujus*, mesmo as prestações vencidas após a morte deste:

> "Direito civil. Obrigação. Prestação. Alimentos. Transmissão. Herdeiros. Art. 1.700 do novo Código Civil.
>
> 1 – O espólio tem a obrigação de prestar alimentos àquele a quem o *de cujus* devia, mesmo vencidos após a sua morte. Enquanto não encerrado o inventário e pagas as quotas devidas aos sucessores, o autor da ação de alimentos e presumível herdeiro não pode ficar sem condições de subsistência no decorrer do processo. Exegese do art. 1.700 do novo Código Civil.
>
> 2 – Recurso especial conhecido mas improvido"
>
> (STJ – 2ª Seção – REsp. nº 219.199-PB – Rel. Min. Ruy Rosado de Aguiar – julg. em 10.12.2003).

Em outra oportunidade, entendeu o STJ (4ª Turma, REsp 1337862-SP, Rel. Min. Luis Felipe Salomão, julgamento 11.02.2014, pub. *DJe* 20.03.2014):

"[...]

2. Os alimentos ostentam caráter personalíssimo, por isso, no que tange à obrigação alimentar, não há falar em transmissão do dever jurídico (em abstrato) de prestá-los. (REsp 1130742/DF, Rel. Ministro Luis Felipe Salomão, 4ª Turma, julgado em 04.12.2012, DJe 17.12.2012).

3. Assim, embora a jurisprudência desta Corte Superior admita, nos termos do artigo 23 da Lei do Divórcio e 1.700 do Código Civil, que, caso exista obrigação alimentar preestabelecida por acordo ou sentença – por ocasião do falecimento do autor da herança –, possa ser ajuizada ação de alimentos em face do Espólio – de modo que o alimentando não fique à mercê do encerramento do inventário para que perceba as verbas alimentares –, não há cogitar em transmissão do dever jurídico de prestar alimentos, em razão de seu caráter personalíssimo e, portanto, intransmissível. Precedentes das duas Turmas que compõem a Segunda Seção, mas com ressalvas por parte de integrantes da Quarta Turma.

[...]"

A respeito do assunto, o Conselho da Justiça Federal, por ocasião da IV Jornada de Direito Civil, emitiu o Enunciado 343, segundo o qual "Art. 1.792. A transmissibilidade da obrigação alimentar é limitada às forças da herança".

Capítulo XIII
SUCESSÃO

§ 1º Posição no direito sucessório. § 2º Direito sucessório do filho ilegítimo na vigência do Código Civil de 1916. § 3º Evolução legislativa até o advento da Constituição de 1988 e da Lei nº 7.841, de 1989. § 4º O direito sucessório do filho reconhecido no Código Civil de 2002.

§ 1º Posição no direito sucessório

231. O mais importante dos efeitos do reconhecimento é a atribuição ao filho de direito sucessório; é a capacidade por ele adquirida para herdar *ab intestato* do pai e dos parentes deste.

Sob elevado aspecto moral, não deveria tal efeito suplantar outros, não deveria primar sobre a importância social da atribuição de estado, nem sobre a efetivação dos direitos e deveres decorrentes do poder familiar, nem sobre as relações familiares ou o nome que o filho reconhecido assume como consequência da declaração de seu estado, mas o homem do direito não pode perder de vista que nem sempre o interesse moral é o móvel das ações humanas, as quais se deixam frequentemente impulsionar pela *auri sacra fames*, relegando para plano secundário o que não se reflete no patrimônio. O Ministro Hermenegildo de Barros, para contestar que pudesse o espúrio ser reconhecido em nosso direito anterior, expendeu argumento deste porte: "Ora, se o reconhecimento lhe não assegura direito sucessório, não é temerária a afirmação de que, juridicamente, o filho espúrio não podia ser reconhecido na vigência do direito anterior".[1]

Não aceitamos o argumento. Registramo-lo para ilustrar a assertiva de que mesmo aos autores de soberba monta impressiona tanto o efeito sucessório, que o consideram a essência da declaração de paternidade.

A observação do que ocorre com as ações de investigação de paternidade leva à afirmação de que raramente vêm desacompanhadas do pedido patrimonial cumulativo, raramente despidas da consequente petição de herança, ou de pedido

---

[1] Hermenegildo de Barros, *Manual Lacerda*, vol. XVIII, p. 416.

condenatório à prestação *de alimentos*, o que autoriza a generalização de que na imensa maioria dos casos o reconhecimento tem em vista precipuamente a consequência patrimonial, e muito especialmente o efeito sucessório.

Tratando deste efeito, não podemos deixar de acentuar que tem sido a grande preocupação dos juristas, pois que reflete o entrechoque das duas correntes que, historicamente, em nome de ideais opostos se combatem: – a que propugna pelo tratamento desigual aos filhos extraconjugais, em comparação com os legítimos, a fim de que fique patenteada a predominância da família legalmente constituída sobre a família natural, pela força dos contrastes, vindo a propósito evocar o libelo de Traireux no Senado Francês: "Ressalta nítido que no dia em que os filhos naturais tiverem no lar de seus pais e na ordem hereditária uma colocação igual à dos filhos legítimos, não haveria entre a união livre e o casamento senão a espessura de um pergaminho";[2] – e a que se bate pela igualdade de tratamento, tendo em vista que o filho natural não poderá ser responsabilizado pela falta por ele não cometida, numa inversão de lógica social, que Cimbali já fulminava, e que as tendências doutrinárias do século XX acentuaram, e as legislações refletiram.[3]

232. No Direito Romano pré-justinianeu, já vimos que o filho natural não encontrava amparo, porque era princípio dominante do parentesco o vínculo agnatício, e fundamento filosófico a relação espiritual de perpetuação do culto doméstico: o filho natural não podia herdar, como visto em o nº 3, *supra*.

Com o correr dos séculos, o laço de parentesco deslocou-se para o liame cognatício, com equiparação da família biológica à civil, e, quando o Imperador do Oriente baixou as suas *Novellae*, podia convictamente tachar de injusta a diferenciação quiritária:

> "...*plurimas et diversas legibus veteribus temporibus prolatas invenientes, per quas non iuste differentia ab intestato successionis inter cognatos ex masculis et foeminis introducta est, necessarium esse perspeximus, omnes simul ab intestato cognationum per praesentem legem clara compendionsaque divisone disponere*".[4]

Rememorando a legislação e ao mesmo tempo prescrevendo os princípios sucessórios para regulamentação dos direitos dos filhos naturais – os que um

---

[2] Hermenegildo de Barros, op. cit., p. 418.
[3] Antes da Constituição de 1988, a jurisprudência era assente em que o direito sucessório do ilegítimo dependia de reconhecimento (Ac. do Tribunal de Justiça do Rio Grande do Sul, in Rev. Forense, vol. 134, p. 206), fazendo-se mister o pedido cumulativo de investigação de paternidade e petição de herança (*Adcoas*, 1974, nº 30.730, p. 710).
[4] Novela 118, Tít. I, *praefatio*.

homem houvesse de concubina única, pois a lei não se aplicaria ao que deixasse prole numa vida desregrada, impiedosa, com diversas mulheres – Justiniano estabelece na Novela 89, Tít. I, Cap. XII, que os filhos naturais em concurso com legítimos nada herdam *ab intestato*, mas podem receber por testamento mesmo que existam filhos legítimos; e, à falta de descendentes, poderiam ser instituídos herdeiros. Ressalvada a legítima dos ascendentes, poderiam os pais deixar-lhes o restante de seus bens.

233. Já vimos qual era, na vigência das Ordenações, a situação do filho natural, quanto aos efeitos sucessórios do reconhecimento, e não há mister retornar ao assunto. *Vide* nº 9, *supra*.

A Lei nº 463, de 02.09.1847, além de interdizer a investigação de paternidade, dispôs no art. 2º:

> "O reconhecimento do pai, feito por escritura pública, *antes do seu casamento*, é indispensável para que qualquer filho natural possa ter parte na herança paterna, concorrendo com filhos legítimos do mesmo pai".

Se, pois, o reconhecimento ocorresse depois que o pai houvesse constituído família legítima, não produzia o efeito de habilitar o filho natural a concorrer à herança paterna, em concurso com os filhos havidos das núpcias legalmente celebradas.

Este dispositivo foi, sem nenhuma dúvida, inspirado no art. 337 do Código Napoleão, que assim se lia:

> "*La reconnaissance faite pendant le mariage, par l'un des époux, au profit d'un enfant naturel qu'il aurait eu, avant son mariage, d'un autre que son époux, ne pourra nuire ni à celui-ci, ni aux enfants nés de son mariage*".
>
> "*Néanmoins elle produira ses effets après la dissolution de ce mariage, s'il n'en reste pas d'enfants*".

O sistema da Lei nº 463, de 1847, se sofreu alteração quanto aos meios de prova da paternidade ilegítima, no regime do Decreto nº 3.069, de 17.04.1863, e do Decreto nº 181, de 24.01.1890, como já vimos nos nºˢ 12 e 13 do primeiro capítulo, nenhuma derrogação o atingiu, que alterasse a capacidade sucessória do filho natural.

234. Na exposição que fez preceder ao seu Projeto de Código Civil, o insigne Clóvis Beviláqua salientou que a consciência média brasileira não "reconhece distinção entre os deveres do pai natural e os do pai legítimo" e, insurgindo-se contra o rigor do direito então vigente, inseriu no seu Projeto, art. 1.773, uma situação jurídica para o ilegítimo, condizente com suas ideias liberais:

"Para os efeitos da sucessão, aos filhos legítimos são equiparados os legitimados, os naturais reconhecidos e os adotivos".

Este dispositivo foi literalmente mantido no art. 1.940 do Projeto Revisto.

Na Câmara dos Deputados, o relator do Projeto, nesta parte Alfredo Pinto Vieira de Melo, apresentou para votação uma emenda aditiva, constante de um parágrafo: "O filho natural reconhecido na constância do matrimônio de que proveio prole legítima, só tem direito à metade da herança partilhada ao filho legítimo ou legitimado".

Daí proveio o art. 1.605 do Código de 1916, que regia, no sistema deste diploma, a sucessão dos ilegítimos, diferindo, apenas, a redação, por emenda do Senador Rui Barbosa:

"Para os efeitos da sucessão, aos filhos legítimos se equiparam os legitimados, os naturais reconhecidos e os adotivos.

§ 1º Havendo filho legítimo ou legitimado, só à metade do que a este couber em herança terá direito o filho natural reconhecido na constância do casamento".

Não realizou, portanto, a equiparação completa, que no início do artigo era apregoada, porque a restringiu o Código no parágrafo do mesmo dispositivo.

Já foi, contudo, um grande passo, considerar o filho natural herdeiro do pai, com a única restrição apontada, atitude que não teve coragem de assumir o antigo legislador francês, uma vez que o Código Civil atribui ao filho natural a qualidade de *sucessor irregular*, e não de *herdeiro*, o que importa em não ser ele *um continuador da pessoa do defunto*.[5] Este preconceito, aliás, foi modificado pela Lei francesa de 25.03.1896, que o considerou *herdeiro*, concedendo-lhe direitos reservatários, sob a epígrafe de *herdeiro natural*.

Já foi, sem dúvida, um grande passo, repetimos, estabelecer que o filho extraconjugal, qualquer que seja a forma pela qual haja sido perfilhado, e qualquer que seja o tempo do reconhecimento, sucede ao pai *ab intestado*, concorrendo na qualidade de herdeiro necessário, com os filhos havidos do casamento do pai.

Se era reconhecido anteriormente ao casamento deste, herdava em pé de igualdade com a prole subsequente, legítima ou legitimada; se se verificava o reconhecimento após dissolvida a sociedade conjugal, também em igualdade de condições concorria com filhos legítimos;[6] se era perfilhado na constância do casamento e o pai não deixava filho legítimo ou legitimado, herdava, ainda, sem nenhuma restrição.

---

[5] Cf. Colin *et* Capitant, *Cours Élémentaire*, vol. III, p. 418.
[6] Cf. Clóvis Beviláqua, *Comentário ao art. 1.605*.

Somente numa hipótese, portanto, é que o Código de 1916 rompia com o princípio de sua completa equiparação aos filhos legítimos, para efeitos sucessórios; quando o reconhecimento ocorria na pendência do casamento, e, ao abrir-se a sucessão do pai, a ela concorriam filhos legítimos ou legitimados do mesmo pai.

A aplicação concreta desta regra do art. 1.605, § 1º, que não oferecia dificuldade quando um só filho ilegítimo concorria com um só legítimo, originava embaraços, como realmente suscitou, segundo o autorizado testemunho do ilustrado Ministro Hermenegildo de Barros, comentarista das Sucessões.

No Direito francês as dúvidas e questões surgidas foram muito mais numerosas, em virtude da gradação de frações a que tinha jus o filho ilegítimo, conforme concorresse à herança com descendentes, ascendentes, ou colaterais, qual veremos em seguida.

O meio mais prático de se resolver o problema, em face do art. 1.605, § 1º, era a aplicação da fórmula sugerida por Roguin, a propósito da sucessão de irmãos bilaterais em concurso com unilaterais. Parodiando-a, podemos dizer que a partilha se faria mediante a divisão do acervo, pondo-se como numerador o monte partível, e como denominador o número de filhos ilegítimos, adicionado ao dobro do número de filhos legítimos. O quociente corresponde à parte de cada filho ilegítimo; o quinhão de cada legítimo é esse quociente multiplicado por dois.

235. O Código de 1916, fazendo aplicação moderada do princípio de desigualdade de tratamento dispensado ao filho natural, frente ao legítimo, cumpriu um imperativo histórico e sociológico.

Histórico, porque o direito anterior, sob regime da Lei nº 463, de 1847, não só repelira a equiparação de tratamento, como, ao revés, era mais rigoroso para com os bastardos.

Sociológico, porque o sistema dominante era-o também nas legislações dos povos mais cultos, os quais, ou negavam ao filho reconhecido capacidade sucessória, ou concediam-na com semelhante restrição.

Um rápido golpe de vista sobre as legislações vigentes à época demonstra sobejamente a assertiva.

De outro lado, porém, a abertura liberal, impressa ao nosso Direito a partir de 1937 (como se verá mais abaixo) obedece, também, ao mesmo imperativo sociológico, uma vez que os sistemas legislativos modernos passaram, no decorrer do século XX, por alterações de monta, assinaladas pela notória tendência benéfica aos filhos ilegítimos, inclusive no tocante à atribuição de direitos sucessórios.

O primeiro lugar cabe ao Direito francês, em cujos princípios foram os juristas brasileiros do século XIX buscar muita vez inspiração; foi o direito da França que serviu de modelo ao nosso legislador, sempre que procurou inovar sobre as nossas normas tradicionais.

Ali o filho natural, quando concorria com legítimos descendentes, herdava um terço do quinhão destes; quando vinha em concurso com ascendentes ou irmãos do pai, recebia a metade; na falta de uns e outros, sua cota correspondia a três quartos da porção que haveria, se fosse legítimo, quando em concurso com outros colaterais (Código francês, art. 757). Só na hipótese de não haver nenhum parente sucessível é que se tornava herdeiro universal (art. 759).

Alteração legislativa ulterior melhorou sua situação: a Lei de 25.03.1896 elevou seu quinhão, respectivamente, para metade quando em concurso com descendentes legítimos; três quartos na hipótese de concorrer com ascendentes, irmãos, ou descendentes legítimos de irmãos do *de cujus*. Em todo outro caso, perceberá a totalidade dos bens da herança. Mas, como nota Waël,[7] recusou o legislador de 1896 assimilá-lo aos legítimos, quanto ao direito hereditário, adotando o mesmo método seguido pelo Código, conservando o filho natural afastado da família de seus pais (Planiol *et* Ripert).

Mais recentemente, ainda, operou-se no Direito francês notória transformação, como temos assinalado nas diversas passagens desta obra, em decorrência das leis de 1970 e 1972. Pela Lei de 31.12.1970 foi revogado o art. 337 do Código Napoleão, que privara o filho natural de todo direito sucessório, quando concebido antes do casamento, de outrem que não o cônjuge, e reconhecido após a realização do casamento. No direito atual, herda dos pais, e estes dele, mas não sucede aos parentes do pai.[8]

O Código italiano de 1865 concedia ao filho ilegítimo reconhecido a metade, quando em concurso com filhos legítimos ou seus descendentes (art. 744); dois terços em concurso com ascendentes ou cônjuge do pai; se concorre simultaneamente com ascendente e cônjuge supérstite, será deduzida para os ascendentes uma terça parte, para o cônjuge um quarto, e o remanescente se devolverá ao filho natural (art. 745). À falta de descendentes legítimos, ascendentes e cônjuge, toda a herança cabe ao filho natural (art. 747).

Pelo Código português de 1866, os naturais reconhecidos antes do casamento do pai, de que venha a nascer algum filho, têm direito à porção correspondente aos legítimos menos um terço, e, se o reconhecimento se verificou na pendência do casamento, não poderá seu quinhão exceder da legítima menos um terço, tirada, porém, só da meação disponível (art. 1.785). Na falta de posteridade legítima, herdarão todos os bens do pai (art. 1.990).

O Código chileno não lhes permitia concorrer com filhos legítimos, mas admite-os à sucessão *ab intestato*, em concurso com outros herdeiros, na falta

---

[7] Waël, *Droits des Enfants Naturels Reconnus*, p. 80.
[8] Huet Weiller, *in Filiation Illégitime en Droit Comparé Français et Allemand*, pp. 66 e 70; Colombet, Foyer, Huet-Weiller, Labrusse-Rion, *La Filiation Légitime et Naturelle*, 235.

de filhos legítimos, estabelecendo esta proporção: a herança divide-se em cinco partes, das quais três para os ascendentes legítimos, uma para o cônjuge, e outra para o filho natural; não havendo cônjuge, três quartos para os ascendentes, e um quarto para os filhos ilegítimos (art. 989). Não havendo ascendentes, um terço da herança toca aos filhos naturais em concurso com irmãos do *de cujus* e cônjuge supérstite; e, à falta de cônjuge, metade aos filhos ilegítimos e metade aos irmãos (art. 990). Não existindo descendentes, ascendentes, cônjuge e irmãos, cabe aos filhos naturais toda a herança (art. 991).

No Código Civil do Uruguai, o filho legítimo só, ou conjuntamente com os filhos naturais, exclui a todos os outros herdeiros.

> "Quando os filhos naturais concorrem com os filhos legítimos, terão por herança o que lhes corresponderia como legítimos se a sucessão fosse testamentária (art. 1.025), constituindo a legítima de cada filho natural dois terços da que tocará a cada filho legítimo (art. 887)."

Pelo Código suíço, se o filho natural, pelo lado materno, tem os mesmos direitos sucessórios que os legítimos, pelo lado paterno o reconhecimento tem por efeito permitir que o filho ilegítimo ou seus descendentes, quando concorram com descendentes legítimos do pai, recebam quinhão correspondente à metade da parte atinente a um filho legitimado, ou seus descendentes (Código suíço, art. 461). Passou o Direito suíço por enorme transformação, instituindo distinção entre a investigação de paternidade "ordinária", que não confere ao filho direito sucessório, e a investigação "qualificada", que lhe concede o direito de herdar do pai como se fosse legítimo, mas com direito à metade.[9]

No Direito inglês e no sistema do Código alemão, o filho natural reconhecido não tinha direito à sucessão do pai.

No Direito inglês moderno (após o *Family Reform Act* de 1969) ao filho ilegítimo são reconhecidos os mesmos direitos sucessórios *ab intestato*, que ao legítimo, e, como não se faz qualquer distinção, estendem-se aos adulterinos.[10]

Na Alemanha, a lei que entrou em vigor em 1970 (novo direito dos filhos ilegítimos) pouco alterou na situação advinda do BGB, porque a tendência germânica era reduzir o direito sucessório, em geral, em favor da mulher.[11] A equiparação

---

[9] Karl Spiro, *in Filiation Illégitime en Droit Comparé Français et Allemand*, pp. 133 e segs.
[10] Michèle Piret, "Les principales réformes modifiant les droits patrimoniaux des enfants illégitimes en droit anglais", *in Rev. Internationale de Droit Comparé*, 1973, p. 303.
[11] Wolfram Müller-Freienfels, *in Filiation Illégitime en Droit Comparé Français et Allemand*, p. 105.

dos direitos sucessórios dos filhos legítimos e ilegítimos veio através da Lei de Igualdade do Direito Sucessório de Filhos Ilegítimos, de 16.12.1997.[12]

O exame perfunctório das legislações vigentes ao tempo em que foi o Código anterior publicado e a análise das diretrizes seguidas pelo nosso direito anterior evidenciam que o diploma de 1916 trouxe orientação eclética, um tanto inclinada no sentido liberal. Avançando com relação ao direito então vigente, acompanhou as legislações que atribuem ao filho ilegítimo direitos sucessórios, com a mesma capacidade atribuída aos filhos legítimos; mas, estabelecendo a equiparação no tocante à *capacidade para suceder ab intestato*, acompanhou a corrente que restringe sua legítima a uma fração do que herdam os filhos concebidos na constância do casamento do pai, na hipótese já examinada do § 1º do art. 1.605.

Na mesma linha evolutiva dos sistemas ocidentais, de que a amostragem acima dá boa conta,[13] operou-se inequívoco alargamento da situação jurídica dos filhos ilegítimos, inclusive com a atribuição de direitos sucessórios aos adulterinos, como em seguida será desenvolvido.

§ 2º Direito sucessório do filho ilegítimo na vigência do Código Civil de 1916

236. A Constituição de 1937. Outorgada a Carta Constitucional de 10.11.1937, ficou estabelecida no art. 126 a completa igualdade de direitos e de deveres do filho natural reconhecido, relativamente aos filhos legítimos, e desta sorte restou revogado o § 1º do art. 1.605 do Código Civil de 1916. Ver quanto à Constituição de 1946, o que desenvolvemos em o nº 17, *supra*.

Sustentamos, desde então, que se tratava de um dispositivo constitucional autoexecutável (Filadelfo Azevedo), razão pela qual o direito à sucessão atribuído ao filho natural não podia sofrer restrição, ainda que ocorresse posteriormente ao seu nascimento o enlace matrimonial do genitor, e se realizasse o reconhecimento na pendência da sociedade conjugal.

Não vale objetar, como fez o Prof. Odilon de Andrade,[14] que a linguagem da lei orgânica parece condicionar a equiparação a um *futuro* regulamento: "a lei *assegurará* igualdade com os legítimos" e não colhe a argumentação, porque o estabelecimento da igualdade de direitos e obrigações é um preceito de toda extensão.

---

[12] Wilfried Schlüter, *Código Civil Alemão – Direito de Família*, p. 336.

[13] NOTA DA ATUALIZADORA: Reservamos para uma próxima edição a análise e atualização do Direito Comparado. Alguns dos comentários sobre a legislação estrangeira que foram desenvolvidos neste item do capítulo constam da última atualização da obra, editada em 1997 (5ª edição).

[14] Odilon de Andrade, *in Rev. Forense*, vol. 85, p. 332.

A norma constitucional estatuiu um sistema, segundo o qual as leis ordinárias terão de tratar com a mais ampla igualdade uns e outros filhos. Se não pode a lei tratá-los desigualmente, mas, ao contrário, se tem de assegurar sempre sua igualdade, a conclusão é que o § 1º do art. 1.605 do Código Civil de 1916 não podia prevalecer contra o inciso da Carta Constitucional de 1937, porque a igualdade de direitos, preconizada neste, sofria a restrição estabelecida naquele. Não havia mister que uma lei ordinária revogasse o preceito restritivo do Código Civil anterior, uma vez que este preceito não poderia ser aplicado, e ter-se-ia restado inócuo em confronto com o princípio estatuído na lei constitucional. Efetivamente, dizendo a Carta de 1937 que a lei assegurará igualdade, dito está que a lei não poderá consagrar a desigualdade. Estabelecendo o § 1º do art. 1.605 do Código de 1916 um tratamento desigual, tornou-se inaplicável desde 10.11.1937 e, desaparecendo a exceção restritiva ao direito sucessório do filho natural, em concurso com os legítimos, prevalecia, de acordo com o art. 126 da Carta de novembro de 1937, a regra consignada no corpo do art. 1.605 do Código anterior, em toda a sua plenitude: para efeitos sucessórios, aos filhos legítimos equiparam-se os naturais reconhecidos.

Uns e outros com a mesma capacidade sucessória; uns e outros na mesma situação de herdeiros necessários; uns e outros com os mesmos direitos e com os mesmos deveres.

237. Da Constituição de 1946 à Emenda Constitucional de 1969. As Constituições posteriores (Constituição de 1946, Reforma Constitucional de 1967 e Emenda Constitucional nº 1, de 1969) omitiram a regra de igualdade prevista na Constituição de 1937. Por conseguinte, levantou-se dúvida sobre a restauração do princípio restritivo do Código Civil de 1916. Sobre esta questão já sustentávamos em 1947 que a equiparação tinha subsistido, tendo em vista que não deve ter efeito repristinatório a revogação da lei revogadora, a não ser que declare expressamente restaurado o dispositivo revogado.[15] Ademais, a própria Lei de Introdução ao Código Civil (Decreto-Lei nº 4.657/1942), hoje denominada Lei de Introdução às normas do Direito Brasileiro, por força da redação dada à ementa do citado Decreto-Lei pela Lei nº 12.376, 30.12.2010, em seu art. 2º, § 3º, dispõe que "salvo disposição em contrário, a lei revogada não se restaura por ter a lei revogadora perdido a vigência".

Portanto, pode-se afirmar que a equiparação subsistiu. Assim, o filho extramatrimonial reconhecido herdava em igualdade de condições com o filho conjugal, ainda que reconhecido na constância do casamento. O Anteprojeto do Código Civil, de 1972, porém, num retrocesso injustificável, ignorou a equiparação, ao prever que o filho natural somente concorria com dois terços quando houvesse

---

[15] Caio Mário da Silva Pereira, *Efeitos do Reconhecimento de Paternidade Ilegítima*, p. 227.

filhos legítimos.[16] A Constituição Federal de 1988, pondo um ponto final em qualquer hipótese de discriminação em relação aos filhos, legítimos ou não (inclusive os incestuosos e os adotivos) nos termos do seu art. 227, § 6º, os equiparou em todos os direitos, inclusive sucessórios, derrubando a tese discriminatória do Anteprojeto de 1972.[17]

238. O filho reconhecido tem os mesmos direitos sucessórios do filho legítimo, e, diretamente ou por direito de representação, herda do avô ou outros ascendentes, porque, para o nosso sistema legislativo, existe a relação jurídica de parentesco entre o filho reconhecido e os parentes de seu pai, relação que é, ao lado da ausência de testamento, pressuposto essencial da sucessão intestada.[18]

Já ensinava Teixeira de Freitas que, na falta de filhos, sucedem os netos, categoria que abrange:

> "1º) Neto, que é filho legítimo, sendo seu pai filho natural reconhecido, nos termos da lei de 02.09.1847; 2º) Neto, que é filho natural reconhecido, nos termos da citada lei, sendo seu pai filho legítimo; 3º) Neto, que é filho natural reconhecido, nos termos da citada lei, sendo seu pai também filho natural assim reconhecido".[19]

Não há razão para se alterar hoje a lição do extraordinário jurisconsulto, uma vez que no direito hodierno o filho natural é considerado um descendente, com os mesmos direitos do descendente legítimo, ligado inteiramente aos parentes do pai natural.

Se o morto não deixa filhos, quer legítimos quer ilegítimos, sua herança é deferida aos netos, entre os quais se inscrevem os naturais de qualquer das três categorias analisadas pelo insigne autor da *Consolidação*, ressalvada, é claro, a referência ao direito vigente.

Se entre os filhos do *de cujus*, um, já premorto, havia reconhecido um filho natural, este neto sucede na herança do avô, por direito de representação, quando à mesma sucessão sejam convocados outros filhos legítimos ou não do defunto. Como o pai, se fosse vivo, herdaria do avô, a lei chama o neto natural à sucessão

---

[16] Apresentamos uma crítica a esse respeito em nosso artigo na Revista do Instituto dos Advogados Brasileiros, nº 20, 1972.
[17] A redação final do novo Código Civil, sancionada em 2002, transcreveu o texto constitucional, que já tinha corrigido aquele equívoco, equiparando todos filhos com os mesmos direitos e qualificações, independentemente de sua origem matrimonial ou não (art. 1.596).
[18] Cf. Cunha Gonçalves, op. cit., vol. X, p. 359.
[19] Teixeira de Freitas, *Consolidação...*, Comentários ao Art. 961, nota 9.

em todos os direitos que o pai herdaria se fosse vivo (CC de 1916, art. 1.620; CC de 2002, art. 1.851).[20]

Antes da equiparação realizada pela Carta Constitucional de 1937, havia uma questão que hoje perdeu a razão de ser: na hipótese do neto – filho natural do filho legítimo – suceder *jure representationis,* herdaria como descendente legítimo ou ilegítimo?

Não era destituída de razão a pergunta, uma vez que, sendo o representante herdeiro *em lugar* de representado, e recebendo em sucessão o *que herdaria* o representado, se vivesse (CC de 1916, art. 1.623; CC de 2002, art. 1.854), o neto, embora filho natural, compareceria à herança do avô como se fosse o pai – o representado – e sendo este legítimo, o neto, embora ilegítimo, teria direito ao quinhão do descendente legítimo.

Ao reverso, o filho legítimo de filho natural teria, na sucessão *per stirpes* do avô, direito a um quinhão correspondente à metade do que houvessem os filhos legítimos do *de cujus,* porque sua posição era a de um descendente ilegítimo *jure representationis.*

Perdeu, porém, a indagação todo interesse prático, à vista da equiparação de situação jurídica preconizada pela Carta de 37, contra a qual não prevalecia inferioridade de tratamento à prole ilegítima.

239. Firmando, quanto ao filho natural, a reciprocidade sucessória, dispunha o art. 1.610 do Código Civil de 1916:[21]

> "Quando o descendente ilegítimo tiver direito à sucessão do ascendente, haverá direito o ascendente ilegítimo à sucessão do descendente".

Antes de mais nada era preciso verificar se o descendente seria sucessível. Sendo-o, e premorrendo ao ascendente, herdava este, como se estivesse sucedendo a descendente legítimo, o grau mais próximo excluindo o mais remoto, sem distinção de linhas (art. 1.607 do CC de 1916). Não conhece o nosso Direito a restrição de grau, ao contrário do que acontece no Direito francês e no italiano, em que o direito sucessório do ascendente natural não vai além do primeiro grau.[22] Como notam Colin *et* Capitant, entretanto, no Direito francês são os pais naturais

---

[20] Sobre a sucessão do adulterino *iure representationis,* ver Ac. do Supremo Tribunal Federal, in *Rev. Trimestral de Jurisprudência,* vol. 42, p. 543.
[21] Sem correspondente no Código Civil de 2002.
[22] NOTA DA ATUALIZADORA: Reservamos para uma próxima edição a análise e atualização do Direito Comparado. Os comentários sobre a legislação estrangeira que foram desenvolvidos neste capítulo constam da última atualização da obra, editada em 1997 (5ª edição).

mais bem tratados, sob certos aspectos, do que os legítimos na sucessão de filhos: é que os pais legítimos sofrem o concurso dos irmãos do defunto, ou de seus descendentes, enquanto que os pais naturais herdam sós, por serem os colaterais ilegítimos afastados da sucessão. Sob outro aspecto, porém, recebem tratamento inferior: enquanto os ascendentes legítimos concorrem com os filhos naturais do *de cujus,* os ascendentes naturais são excluídos pelos descendentes do filho ilegítimo, quer sejam descendentes naturais quer sejam legítimos. Notam, ainda, que os pais naturais não são reservatários, e não sucedem aos filhos legítimos de um filho natural premorto.[23]

Comentando o dispositivo do art. 1.610 do Código Civil anterior, doutrinava Hermenegildo de Barros que:

> "... absolutamente não podem suceder a seus pais, porque não podem ser reconhecidos por estes... os adulterinos e os incestuosos. Por conseguinte, os pais também não podem suceder aos filhos do adultério e do incesto, porque o direito de sucessão entre eles é recíproco".[24]

A lição, exata no sistema do Código de 1916, merecia a ressalva referente aos adulterinos.

Se morresse o filho adulterino enquanto estava em vigor o casamento do pai, era absolutamente proibido o seu reconhecimento, pelo que lhe não podia suceder o pai. Se, porém, antes de sua morte, já ocorrera sua perfilhação nos termos do Decreto-Lei nº 4.737, de 24.09.1942, como da Lei nº 883, de 21.10.1949, da mesma forma que se tornara o filho sucessível ao pai, estaria este apto a receber a herança deixada por aquele. Mais positiva é a Lei nº 6.515, de 26.12.1977 (Ver a sucessão do adulterino, *infra*).

240. Morrendo o filho natural não perfilhado, só na hipótese de ter deixado descendência poderá o pai natural reconhecê-lo (art. 357, parágrafo único, CC de 1916; art. 1.609, parágrafo único, do CC de 2002), e, em tal caso, os descendentes do perfilhado póstumo estarão vinculados ao ascendente natural. Quis assim o nosso Código preservar o ato de reconhecimento de qualquer influência cúpida, cuidado que não teve o Direito português, no qual, segundo Cunha Gonçalves, pode ser perfilhado um filho falecido, embora com o ambicioso intuito de lhe suceder o pai, ressalvado apenas, a qualquer interessado, o direito de impugnar a perfilhação.[25]

Na hipótese, portanto em que um filho ilegítimo tenha deixado, por sua vez, um filho (quer legítimo, quer natural reconhecido), o pai natural, reconhecendo

---

[23] Colin *et* Capitant, *Cours Élémentaire*, vol. III, p. 430.
[24] Barros, op. cit., vol. XVIII, p. 513.
[25] Cunha Gonçalves, *Tratado...*, vol. X, p. 403.

post mortem o filho, estabelecerá o vínculo jurídico que o prende ao neto, que se torna, assim, sucessível ao avô. Se este neto premorrer ao avô, este poderá suceder-lhe, porque o impedimento moral desaparecera. O que a lei quer evitar é que o interesse pecuniário anime o pai ao cumprimento do dever, mas, se ele perfilhara o filho falecido em vida ainda de sua prole, nada obsta a que o avô recolha a herança do neto, porque este lhe era sucessível, e não é crível tenha sido a ambição o móvel do reconhecimento, uma vez que, dentro da ordem natural dos acontecimentos, o avô não poderia supor fosse sobreviver ao neto, e, pois, não teria perfilhado o filho animado pelo desejo de herdar.

241. No seu Tratado do Direito das Sucessões, Itabaiana de Oliveira entende que a reciprocidade sucessória suporta uma exceção quando se trata de filiação resultante de casamento putativo, em que um dos cônjuges esteja de má-fé: o filho herda deste, que, por sua vez, não tem direito à sucessão do filho, com quebra do princípio que estabelecia o art. 1.610 do Código Civil de 1916.

Não o concebemos como exceção aos princípios sucessórios da família extraconjugal. O filho nascido de um casamento putativo não é ilegítimo. Muito ao contrário, como também o ilustre tratadista sustenta, é legítimo, e, destarte, seus direitos hereditários não estão sujeitos às normas reguladoras da sucessão do filho natural. O filho, na qualidade de descendente legítimo, tem todos os direitos que a lei atribui aos nascidos de casamento válido, em atenção à boa-fé de um dos cônjuges. Mas, punindo o cônjuge malicioso, nega o Código, em relação a ele, tão somente, que o casamento produza efeitos de direito (CC de 1916, art. 221, parágrafo único; CC de 2002, art. 1.561, § 1º).

242. O filho reconhecido sucede ao irmão. Pelo regime do Código anterior, seus direitos eram os mesmos que teria se fosse filho legítimo.[26]

Assim, concorrendo com outros irmãos naturais, filhos do mesmo pai e da mesma mãe, à herança de um irmão também bilateral, herdavam todos em pé de igualdade.

Pelo sistema francês, a regra de que o filho natural não está vinculado aos parentes de seu pai encontra exceção no direito que se lhe reconhece de suceder aos irmãos naturais, ainda que de mães diferentes, quando o irmão autor da herança não deixar descendentes, nem pai nem mãe.[27]

Entre nós, se um filho extraconjugal reconhecido concorre à herança de um filho de relações matrimoniais, de seu pai, com outros filhos legítimos do mesmo casal, ou se disputa a sucessão com um irmão germano do *de cujus*, filho da mesma mãe do falecido, herda metade do que houverem os outros. Não porque de

---

[26] Ac. do Tribunal de Justiça do Rio Grande do Sul, *in Rev. Forense,* vol. 134, p. 206.
[27] Cf. Colin *et* Capitant, *Cours,*, vol. III p. 43.

sua qualidade de filho natural lhe advenha desigualdade de tratamento, mas pela razão de que, sendo os outros irmãos bilaterais do *de cujus*, e sendo o filho natural reconhecido seu irmão unilateral, porque filho de mesmo pai, e mãe diferente, é de aplicar-se o preceito que estabelece o Código Civil (art. 1.614 do CC de 1916, art. 1.841 do CC de 2002):

> "Concorrendo à herança do falecido irmãos bilaterais com irmãos unilaterais, cada um destes herdará metade do que cada um daqueles herdar."

Não se diga que em tal hipótese se verificou tratamento inferior dispensado àquele que é filho natural, porque este tratamento, perfeitamente idêntico, é devido ao filho legítimo, quando com irmãos bilaterais do defunto concorre, dele sendo irmão unilateral.

Se a lei não quer que o filho natural seja tratado com desigualdade *in pejus*, obviamente não poderá ele receber melhor tratamento que o filho legítimo.

Por outro lado, realmente, esta regra do Código poderá ser aplicada em detrimento de filho legítimo, em favor de natural: se um filho legítimo concorre, com um filho natural de seu pai, à herança de um irmão, filho natural também de mesmo pai e mãe, herdará o natural o dobro do que herda o filho legítimo, se for irmão germano do *de cujus*.

Se à sucessão do irmão concorrem irmãos ilegítimos e irmãos legítimos, todos unilaterais, herdarão em partes iguais, como se dispõe no art. 1.616 do Código Civil de 1916 (art. 1.842 do CC de 2002).

Como efeito, ainda, do reconhecimento no direito das sucessões, é de se lembrar que o filho extraconjugal (simplesmente natural ou adulterino), uma vez reconhecido, é herdeiro necessário. Destarte, seja o reconhecimento espontâneo ou judicial, provoca a revogação de testamento anterior, do pai.[28]

> O CC de 2002 dispõe sobre o assunto no art. 1.973, segundo o qual sobrevindo descendente sucessível ao testador, que não o tinha ou não o conhecia quando testou, rompe-se o testamento em todas as suas disposições, se esse descendente sobreviver ao testador. Nos termos do art. 1.974, rompe-se também o testamento feito na ignorância de existirem outros herdeiros necessários.

§ 3º Evolução legislativa até o advento da Constituição de 1988 e da Lei nº 7.841, de 1989

243. Os filhos adulterinos, que, no sistema do Código Civil anterior, não podiam ser reconhecidos, e nada podiam exigir mais que alimentos, nas hipóteses

---

[28] Caio Mário da Silva Pereira, *Instituições de Direito Civil*, vol. VI, nº 476.

previstas no art. 405 do Código de 1916, obtiveram melhoria de situação, com a publicação do Decreto-Lei nº 4.737, de 24.09.1942, cuja amplitude de expressões já foi por nós examinada no Cap. I. Reconhecidos em conformidade com esse decreto-lei, adquiriram todos os direitos sucessórios, herdando *ab intestato* de seu pai.

Realmente, se a Carta Constitucional de 1937 equiparou o filho natural reconhecido ao legítimo, no exercício de seus direitos e deveres, e se a equiparação sucessória era incontestável; se, em face do Decreto-Lei nº 4.737, podia o filho adulterino ser reconhecido voluntariamente pelo pai, e tinha ação para pleitear a declaração de seu estado, nas hipóteses constantes do referido diploma, uma conclusão parece inevitável: logrando êxito na ação de pesquisa paternal que intentasse contra os herdeiros do pai, ou em vida deste sendo formalmente perfilhado, estava compreendido nos termos do art. 1.605 do Código Civil de 1916, combinado com o art. 126 da Carta Constitucional de 1937. Era sem sombra de dúvida, e para todos os efeitos, *um filho natural* reconhecido, a quem a lei orgânica e a lei ordinária equipararam, no exercício de todos os direitos e de todos os deveres, ao legítimo, para fins gerais e para efeitos sucessórios, e concorria *ab intestato* à sucessão do pai defunto, em pé de igualdade com os filhos legítimos deste.

Com o advento da Lei nº 883, de 21.10.1949, sua condição jurídica passou por transformações, que já temos examinado, e que cumpre agora destacar, no que diz respeito ao direito sucessório.

Antes de fazê-lo especificamente, reiteramos a tese, por nós esposada, e que recebeu acolhida jurisprudencial inequívoca, da permanente equiparação. Revogado o § 1º do art. 1.605 do Código Civil de 1916, por força da disposição autoexecutável do art. 126 da Carta Constitucional de 1937, o silêncio do diploma de 1946, e subsequentes reformas de 1967 e 1969 não tiveram efeito repristinatório do inciso restritivista do Código de 1916. A equiparação proclamada subsistiu e subsiste, nivelando o filho natural reconhecido ao legítimo. Assim sempre temos entendido e sustentado, e em numerosos julgados os tribunais se pronunciam.[29]

Cabe, todavia, salientar que esta equiparação não prosperava em termos de reconhecimento do filho havido fora do matrimônio, com fundamento da Lei nº 883/49.

Para melhor exame de sua situação, e da necessária crítica dirigida ao seu contexto, bom será ter presente a disposição de seu art. 2º:

> "O filho reconhecido na forma desta lei, para efeitos econômicos, terá o direito, a título de amparo social, à metade da herança que vier a receber o filho legítimo ou legitimado".

---

[29] Caio Mário da Silva Pereira, op. cit., nº 443, Ac. do Tribunal de Justiça de Minas Gerais, *in Rev. Forense*, vol. 151, p. 310; do Tribunal de Justiça do antigo Distrito Federal, *in Rev. Forense*, vol. 97, p. 115; vol. 98, p. 375.

O legislador de 1949, em visível gesto de timidez, restringiu a situação jurídica do adulterino reconhecido, e o fez ressaltando dois aspectos que eclodem ao primeiro surto ocular: manteve a desigualdade sucessória, e pretendeu negar-lhe a qualidade hereditária.

No primeiro plano acha-se, pois, este retrocesso. Após ter a Carta Constitucional de 1937 assegurado aos filhos extraconjugais reconhecidos equiparação de direitos com os legítimos, a Lei nº 883 de 1949 voltou-se para o passado e restabeleceu a desigualdade de tratamento, negando, portanto, a equiparação, no tocante ao filho "reconhecido nos termos da Lei nº 883 de 1949". E a verdade é que inexiste razão jurídica e social para este retrocesso.

Uma vez que o Legislador de 1949 entendeu não se justificar a sobrevivência do princípio proibitivo do reconhecimento dos filhos havidos fora do matrimônio, e lhe permitiu adquirir *status*, não se justificava retornar ao passado para instituir uma diferença irracional de tratamento, como que a dizer que este filho é filho, porém de segunda classe.

É filho, mas inferiorizado, caracterizando-se a sua desclassificação em face da herança aberta de seu pai. Trata-se de um preconceito advindo do passado, e que não se justificava mesmo naqueles tempos. Já se comentava, no começo do século XX, a desatualização do Código quando opunha barreira ao reconhecimento do filho adulterino. Vencido o prejuízo na década de 1940, não haveria mais lugar para se manter uma inferioridade a todas as luzes insustentável. O que se defendia naquela época, notadamente em face da constante evolução de nosso Direito, é que se fizesse abstração dos critérios restritivistas, e se considerassem todos os filhos, uma vez reconhecidos, como igualmente amparados.

O outro aspecto a considerar é o da qualificação legal do direito do adulterino na sucessão do pai. O legislador de 1949 permitiu o reconhecimento do filho havido fora do matrimônio, atribuindo-lhe efeitos patrimoniais, no plano alimentar e no sucessório.

Ao se referir a este, mascarou-o sob o eufemismo legal de "amparo social". Como já dissemos alhures,[30] o direito do adulterino representa sem dúvida uma expressão econômica, enfraquecida, porém, a sua configuração moral. A prevalecer este conceito legal, chegar-se-ia à conclusão de que o adulterino não tem um direito hereditário. Não é, porém, este o resultado de uma análise serena de seu *status*. Uma vez reconhecido, não está mais na dependência de um favorecimento paterno, projetado nos seus herdeiros. Habilita-se na sucessão aberta do pai, para receber uma quota certa, a ele atribuída em propriedade. E, sendo titular de um direito que lhe advém da abertura da sucessão paterna, é vão denominá-lo diver-

---

[30] Cf. Caio Mário da Silva Pereira, op. cit., nº 443.

samente, pois que este direito tem características hereditárias, e por conseguinte, o seu titular deve qualificar-se sucessor *causa mortis*, vale dizer, herdeiro. Não se justifica o subterfúgio da denominação amparo social, nem se deve considerar precisa a configuração de "legado *ex lege*, como se" procurou qualificá-lo.

Com o advento da Lei nº 6.515, de 26.12.1977, o art. 2º da Lei nº 883 foi alterado, para dizer:

> "Qualquer que seja a natureza da filiação, o direito à herança será reconhecido em igualdade de condições."

Ao filho havido fora do matrimônio é atribuída a qualidade de herdeiro em pé de igualdade com os filhos legítimos, desaparecendo aquela injustificável metáfora do "amparo social".

O filho de pessoa vinculada a outro casamento é, na verdade, um herdeiro.[31]

Em face da mesma Lei nº 883 de 1949 a sua condição hereditária ressalta expressa, uma vez que o art. 9º lhe estende os institutos da indignidade e da deserdação, que são próprios da sucessão *causa mortis*, embora mantivesse a mesma preocupação de disfarçar o direito hereditário sob a expressão vocabular de privação do "amparo social", que desapareceu com a Lei nº 6.515 de 1977, ao lhe atribuir a condição de herdeiro.

Qualificado o adulterino como sucessor *causa mortis*, e pois desenganadamente herdeiro, cabe agora desenvolver a sua situação hereditária.

Chamado a suceder na classe dos descendentes, é um herdeiro necessário,[32] hábil à titularidade de uma quota reservatária. Vale dizer: em havendo filho nascido fora do matrimônio, e como tal reconhecido, a capacidade testamentária ativa do pai é limitada à meação disponível, quer por testamento, quer por doação. Se as liberalidades paternas ultrapassarem o valor daquela meação, assiste ao adulterino a faculdade de obter a sua redução aos limites do disponível, proclamando-se a inoficiosidade do excedente, nos mesmos termos em que é conferida aos demais herdeiros necessários, notadamente da classe dos descendentes, sejam estes legítimos, legitimados, simplesmente naturais, ou adulterinos.[33]

---

[31] Orlando Gomes, Nélson Carneiro, *Do Reconhecimento dos Filhos Adulterinos*, p. 481; Ac. do Tribunal de Justiça do antigo Estado do Rio de Janeiro, *in* Adcoas, 1974, nº 30.473, p. 678; do Tribunal de Minas Gerais, *in Rev. Forense*, vol. 226, p. 187.
[32] O Supremo Tribunal Federal incluiu-o na classe dos "herdeiros necessários", embora entendesse não o ser para fins de sucessão: Acórdão *in Rev. Forense*, vol. 204, p. 126.
[33] Ver sobre a qualificação do adulterino na condição de herdeiro necessário, Gomes e Carneiro, op. cit., p. 487; Ac. do Tribunal de Justiça de São Paulo, *in Rev. Forense*, vol. 183, p. 253; vol. 228, p. 167.

Se o adulterino é o único de sua classe, recebe na sucessão paterna com exclusão dos ascendentes do *de cujus*, na conformidade da regra segundo a qual os herdeiros da classe dos ascendentes são convocados somente na falta de descendentes. E descendente, posto que adulterino, ele é.

Duas ordens de restrições, contudo, estatuía a Lei nº 883, de 21.10.1949.

Se o filho, reconhecido na sua conformidade, concorresse com legítimos ou legitimados, recebia a metade do que a um ou outro vinha a caber.

Se, aberta a sucessão fosse o único da sua classe, teria direito o cônjuge de seu pai à metade dos bens deixados por este, em sendo o casamento em regime de separação e não havendo testamento. Note-se que esta restrição era condicional: não vingava se o regime fosse de comunhão de bens, e se o pai morresse testado.

Trata-se de condição alternativa, e não cumulativa. Quer dizer, em qualquer das duas hipóteses (falta de testamento, ou regime de separação) se o cônjuge do genitor concorre exclusivamente com o filho adulterino reconhecido na forma da Lei nº 883/49 é que teria direito à metade do acervo hereditário.

Ocorrendo qualquer dos casos de restrição do quinhão hereditário, a partilha tinha de obedecer ao critério instituído na Lei nº 883/49.

Sendo o caso de concurso com a viúva do pai, o monte se partia ao meio, atribuindo-se a ela uma parte e a outra ao filho, quer se desse o reconhecimento espontâneo pelo pai, quer decorresse de sentença judicial.

Se, porém, chamados simultaneamente filhos legítimos (ou legitimados) e o adulterino reconhecido na forma desta Lei nº 883/49, a partilha far-se-ia segundo aquela fórmula prática de representar cada filho legítimo (ou legitimado) pelo algarismo 2 (dois) e o adulterino pelo algarismo 1 (um), e dividindo-se o monte pela sua soma. Sendo, e. g., três filhos legítimos e um adulterino, ter-se-á a soma $2 + 2 + 2 + 1 = 7$.

Dividindo-se o monte (M) por sete, segundo a fração M/7, o quociente (Q) é o quinhão do adulterino. E os dos legítimos serão o seu dobro (2XQ).

Como as disposições restritivas não se ampliaram, mas ao revés foram de interpretação estrita (*odiosa restringenda*), não se aplicava a disposição restritiva no caso de concorrer o filho adulterino com outros filhos simplesmente naturais do seu pai.

244. Não podemos encerrar este capítulo sem uma referência ao Anteprojeto do Código Civil de 1972, que, como já mencionamos anteriormente neste capítulo, em visível retrocesso, reeditou a desigualdade sucessória do filho ilegítimo em concurso com legítimos, atribuindo-lhe dois terços do que a estes tocasse (art. 2.039, parágrafo único). O princípio sofreu nossa *veemente* crítica (ver *Revista do Instituto dos Advogados Brasileiros*, vol. 20, p. 97). E veio a ser eliminado no Projeto enviado ao Congresso em 1975, restabelecida assim a igualdade, em atenção às nossas ponderações.

245. Acolhendo a doutrina da equiparação, por nós sustentada, a Lei nº 6.515, de 26.12.1977, no art. 51, nº 2, estatuiu a plena igualdade dos filhos ao dizer que, "qualquer que seja a natureza da filiação, o direito à herança será reconhecido em igualdade de condições". Destarte, a esquematização matemática, acima exposta, tem caráter meramente histórico, perempta com a disposição equiparativa advinda da Lei do Divórcio, tal como transcrita.

246. A Constituição de 1988. O derradeiro passo na evolução jurídica da "família natural" (deixemos passar o qualificativo) veio com o art. 227, § 6º, da Constituição de outubro de 1988 ao declarar que todos os filhos, havidos ou não do casamento, terão os mesmos direitos. Proibida toda designação discriminativa, não mais será lícito, na determinação dos efeitos do reconhecimento, quer voluntário quer judicial, instituir diferenças e gradações. Os que historicamente em nosso e alheio direito eram denominados "ilegítimos"; os havidos de pessoas casadas, até então qualificados de "adulterinos"; os havidos de pessoas ligadas por um vínculo de parentesco e classificados como "incestuosos", pela Carta de 1988 estão compreendidos na denominação ampla e igualitária de "filhos".

Na efetivação desse programa o Legislador editou a Lei nº 7.841 de 17.10.1989, revogando o art. 358 do Código Civil de 1916, que proibia o reconhecimento dos filhos adulterinos e incestuosos. Outras disposições vieram amparando eventuais arestas.

Efetivamente, a Lei nº 8.560, de 29.12.1992, alterou o procedimento da ação de investigação de paternidade e atribuiu legitimidade ao Ministério Público para intentá-la (v. Capítulo IV). A Lei nº 8.971, de 29.12.1994, regula os direitos dos companheiros a alimentos e à sucessão. A Lei nº 9.278, de 10 de maio de 1996, destinada a regular o § 3º, do art. 226, da Constituição Federal, ratificou o direito a alimentos entre os conviventes (art. 7º), mas silenciou quanto ao direito sucessório, o que deu origem a muitos debates, que cessaram, pelo menos em parte[34], com o advento do CC de 2002, que passou a regulamentar a união estável.

Desta sorte, ao encerrar este item dos "Direitos Sucessórios", podemos enunciar a regra básica: quaisquer filhos, inclusive os que na linguagem das Ordenações eram considerados de "danado coito", ou simplesmente "espúrios" herdarão, em igualdade de condições com os havidos das relações de casamento, porém nos termos que desenvolvemos em seguida (v. também o Capítulo XIV).

---

[34] O CC de 2002 disciplinou o direito do companheiro à herança (art. 1790) em dispositivo que igualmente é objeto de muitos questionamentos, que começam com reconhecimento ou não de sua qualidade de herdeiro necessário, e se estendem quanto à tormentosa interpretação de seus incisos que tratam do modo de partilhar a herança. Sobre o assunto ver Gustavo Tepedino, Heloisa Helena Barboza e Maria Celina Bodin de Moraes, *Código Civil Interpretado conforme a Constituição da República*, v. IV. Rio de Janeiro: Renovar, 2014, p. 539-548.

§ 4º O direito sucessório do filho reconhecido no Código Civil de 2002

O Código Civil de 2002 reproduziu, no art. 1.596 a norma estabelecida no art. 227, § 6º, da Constituição da República. A Carta de 1988 já havia promovido importante mudança nos paradigmas da filiação ao introduzir no ordenamento jurídico o sistema da igualdade de filiação e a doutrina da proteção integral dos direitos da criança e do adolescente, tendo como um dos pilares o princípio do melhor interesse da criança.

Com as mudanças trazidas a partir da igualdade de filiação, encerrou-se o ciclo evolutivo da legislação regulamentadora dos direitos sucessórios dos filhos havidos fora do casamento. A partir do texto da Constituição Federal, aboliram-se todas as formas de discriminação entre os filhos, a partir de sua origem, ficando revogadas pelo novo texto constitucional as regras anteriores contrárias à igualdade de filiação.

Cabe ressaltar, porém, algumas questões a respeito da absoluta igualdade dos filhos na esfera sucessória. A regra legal diz que são iguais os direitos sucessórios dos filhos na sucessão legítima. Como se enquadraria, então, a hipótese prevista no inciso III do art. 1.597 do Código Civil de 2002 – que prevê que são concebidos na constância do casamento os filhos havidos por fecundação artificial homóloga, mesmo que falecido o marido – tendo em vista que o art. 1.798 do Código apenas reconhece legitima**ção sucessória às pessoas nascidas ou já concebidas no momento da abertura da sucessão?**

Em face da regra do art. 1.597, III, o filho havido artificialmente, após a morte do pai, reputa-se concebido na constância do casamento. Por conseguinte, haveria o preenchimento, em tese, do requisito para sua legitimação sucessória, equiparando-se este filho, para os efeitos legais, ao nascituro? A tendência inicial foi no sentido de se negar legitimação para suceder a tais pessoas. Isto porque, nas palavras de José de Oliveira Ascensão, admitindo-se a relevância sucessória de tal hipótese, seria praticamente impossível "a fixação do mapa dos herdeiros e o esclarecimento das situações sucessórias. E a partilha que porventura se fizesse hoje estaria indefinidamente sujeita a ser alterada".[35]

Como justificar, então, em face do princípio da igualdade dos filhos, a exclusão dos direitos sucessórios dos filhos concebidos na forma do art. 1.597, III, do Código Civil? Em que pesem as dúvidas e perplexidades diante da novidade, a doutrina brasileira começou a se posicionar, de uma maneira geral, no sentido de negar legitimação para suceder aos filhos havidos por métodos de reprodução assistida, tanto na hipótese de a morte do ascendente preceder à concepção, quer na implantação de embriões depois de aberta a sucessão.[36]

---

[35] José de Oliveira Ascensão, *Direito Civil – Sucessões*, nº 73, p. 128.
[36] Sobre este tema, ver Caio Mário da Silva Pereira, *Instituições de Direito Civil – vol. VI – Direito das sucessões*, pp. 29-34.

Trata-se de tema extremamente polêmico e que já conta com orientação diversa, nos termos do Enunciado nº 267, da III Jornada de Direito Civil promovida pelo Centro de Estudos Judiciários, do Conselho da Justiça Federal, no último bimestre de 2004: *"A regra do art. 1.798 do Código Civil deve ser estendida aos embriões formados mediante o uso de técnicas de reprodução assistida, abrangendo, assim, a vocação hereditária da pessoa humana a nascer cujos efeitos patrimoniais se submetem às regras previstas para a petição da herança".*

Como ressaltamos anteriormente (ver Capítulo III, *supra*), entendemos que as inovações científicas e tecnológicas no campo da reprodução humana exigem do intérprete do direito, auxiliado pelas ciências biológicas, a formulação de um conceito jurídico para o embrião, o qual permitirá um melhor entendimento das inovações contidas nos dispositivos pertinentes aos direitos sucessórios (especialmente os arts. 1.799 e 1.800 do Código Civil) e as regras referentes ao estabelecimento da filiação.

Encerramos este capítulo enfatizando que o Código de 2002 regulamentou importante inovação com o dispositivo que torna válida a disposição testamentária contemplando a prole eventual de determinada pessoa, ou estabelecendo uma substituição (art. 1799, I). Nestes casos, a transmissão hereditária é condicional, subordinando-se a aquisição da herança a evento futuro e incerto, no prazo de 2 anos, contados da abertura da sucessão, de acordo com o estabelecido no Código. Assim, se, a qualquer tempo dentro do biênio, nascer com vida o herdeiro esperado, tudo se passa como se já estivesse vivo ao tempo da morte do testador (art. 1.800, § 3º). Se, neste prazo, ocorrer ao menos a concepção, deve-se aguardar o nascimento do sucessor e o implemento da condição. Por outro lado, escoando-se o prazo sem que ocorra a concepção, os bens reservados, salvo disposição em contrário do testador, caberão aos herdeiros legítimos (art. 1.800, § 4º), caducando a disposição testamentária. Enquanto não encerrado o prazo ou até que o herdeiro nasça, com vida, os bens da herança serão confiados, após a liquidação ou partilha, a curador nomeado pelo juiz, cujos poderes, deveres e responsabilidades regem-se, no que couber, pelas disposições concernentes à curatela dos incapazes, recaindo o encargo, em caso de falta de nomeação no testamento, na pessoa cujo filho o testador esperava por herdeiro (art. 1.800, §§ 1º e 2º).

Desta forma, podem ser consideradas exceções ao princípio de que o herdeiro deva existir no momento da abertura da sucessão: a hipótese supramencionada de sucessão à prole eventual e a hipótese da sucessão ao nascituro. Neste último caso exige-se que o mesmo já esteja concebido no momento da abertura da sucessão.

No tocante aos direitos sucessórios e ao reconhecimento voluntário de paternidade, uma dúvida surge ao se indagar se o testador somente poderá beneficiar a prole eventual de uma terceira pessoa ou, se ele poderá beneficiar a sua própria prole eventual, garantindo não só os direitos sucessórios, mas o próprio reconhecimento de paternidade de pessoa ainda não concebida quando da sua morte (do testador).

Em que pese a interpretação lógica, de que o testador não poderá beneficiar sua própria prole eventual, estudos doutrinários poderão autorizar esta proteção pela via testamentária. Neste sentido, posiciona-se Giselda Hironaka, afirmando que o testador poderia contemplar sua própria prole eventual, por via reflexa, indicando como beneficiários filhos ainda não concebidos de pessoa viva, beneficiando os embriões congelados e provenientes de seu próprio material genético:

> "(...) é claro que não poderá indicar sua própria prole eventual, uma vez que a lei exige que a pessoa indicada pelo testamento esteja viva no momento da abertura da sucessão. E, ou bem ele está morto, acarretando a abertura de sua sucessão, ou bem está vivo nesse momento, o que demonstra a impossibilidade de beneficiar sua própria prole eventual. Mas poderá fazê-lo por via reflexa. Basta que indique a doadora do óvulo, se testador, ou o doador do espermatozoide, se testadora. Em assim agindo, beneficiará os embriões congelados e provenientes de seu material genético, mas também a prole do indivíduo supérstite indicado e eventualmente havida com terceira pessoa".[37]

Por derradeiro, destacamos que o teor do Enunciado nº 267, da III Jornada de Direito Civil promovida pelo Centro de Estudos Judiciários, do Conselho da Justiça Federal, representa uma tomada de posição em matéria extremamente polêmica, a demandar novos estudos e o trabalho construtivo da jurisprudência, de sorte que o princípio da igualdade da filiação no campo sucessório tenha plena vigência.[38]

Efetivamente a polêmica sobre a sucessão dos filhos resultantes da utilização das técnicas de reprodução assistida por pessoas casadas se mantém. Alguns pontos merecem ser destacados, a título de colaboração na construção das soluções efetivas que se esperam, especialmente quando se considera que tais soluções deverão ser aplicadas aos filhos havidos em igual situação por pessoas não casadas, os quais não gozam da presunção legal de paternidade, respeitadas as doutas manifestações em contrário, e que dependem do reconhecimento da paternidade, conforme demonstrado no capítulo. A aplicação dos entendimentos já existentes e dos que vierem a ser firmados na matéria aos filhos havidos fora do casamento é imperiosa por força do princípio constitucional da plena igualdade entre os filhos (CR, art. 227, § 6º).

O art. 1.597 trata de hipóteses distintas em seus incisos III e IV, embora cuidem ambos de técnicas homólogas, vale dizer, em que há vinculo genético do filho que vier a nascer com o marido. Refere-se o inciso III à denominada inseminação *post mortem*, situação em que há apenas material biológico fecundante (gametas)

---

[37] Giselda Maria Fernandes Novaes Hironaka, *Comentários ao Código Civil*, vol. 20, p. 96.
[38] Desenvolveremos também este tema no Cap. XIV – Direito Intertemporal.

deixado pelo marido e que pode ser utilizado pela viúva.[39] Já o inciso IV se refere aos filhos havidos, a qualquer tempo, quando se tratar de embriões excedentários, decorrentes de concepção artificial homóloga. Neste caso, já houve a concepção (pela junção dos gametas do marido com os da mulher) e basta que haja êxito na implantação desses embriões no útero feminino para que se inicie a gestação e o posterior nascimento.

Embora o inciso III nada mencione quanto à época em que pode ser realizada a inseminação artificial (neste caso não houve ainda a concepção), o problema que se encontra em aberto resulta do fato do legislador não ter estabelecido prazo limite para a inseminação *post mortem* ou para a implantação dos embriões já concebidos, mencionando mesmo que esta pode se dar "a qualquer tempo". Graças à criopreservação do material genético, é possível que em ambos os casos a gestação venha a ocorrer até vinte anos após a abertura da sucessão, gerando assim grande instabilidade jurídica, como acima apontado.

O Conselho da Justiça Federal, em sua III Jornada de Direito Civil, considerando especialmente a distinção que deve ser feita entre os efeitos pessoais e patrimoniais do vínculo de parentesco instaurado com a atribuição da paternidade, especialmente quanto à prescritibilidade das pretensões patrimoniais, emitiu o Enunciado 267, segundo o qual "A regra do art. 1.798 do Código Civil deve ser estendida aos embriões formados mediante o uso de técnicas de reprodução assistida, abrangendo, assim, a vocação hereditária da pessoa humana a nascer cujos efeitos patrimoniais se submetem às regras previstas para a petição da herança".

O inciso V, do art. 1.597, trata das técnicas heterólogas, isto é, que usam material de doador,[40] matéria que envolve maior indagação, mas sobre a qual também já se pronunciou o Conselho da Justiça Federal, em sua VI Jornada de Direito Civil, conforme Enunciado 570: "O reconhecimento de filho havido em união estável fruto de técnica de reprodução assistida heteróloga 'a patre' consentida expressamente pelo companheiro representa a formalização do vínculo jurídico de paternidade-filiação, cuja constituição se deu no momento do início da gravidez da companheira".

---

[39] De acordo com o Enunciado 106, emitido por ocasião da I Jornada de Direito Civil, do Conselho da Justiça Federal, "Para que seja presumida a paternidade do marido falecido, será obrigatório que a mulher, ao se submeter a uma das técnicas de reprodução assistida com o material genético do falecido, esteja na condição de viúva, sendo obrigatória, ainda, a autorização escrita do marido para que se utilize seu material genético após sua morte".

[40] Sobre o tema ver Gustavo Tepedino, Heloisa Helena Barboza e Maria Celina Bodin de Moraes, *Código Civil Interpretado conforme a Constituição da República*, v. IV. Rio de Janeiro: Renovar, 2014, p. 190-199.

Terceira Parte
EXTENSÃO DO EFEITO SUCESSÓRIO

Capítulo XIV
DIREITO INTERTEMPORAL

§ 1º Posição do problema sob a égide do Código Civil de 1916. § 2º Conceito de irretroatividade. § 3º Filho nascido antes da lei nova e morte do pai depois de sua vigência. § 4º Filho nascido antes da lei nova e morte do pai antes também de sua vigência. § 5º O problema da legitimação para suceder da pessoa havida por procriação assistida *post mortem*.

§ 1º Posição do problema sob a égide do Código Civil de 1916

247. A aplicação da lei nova em matéria de reconhecimento de filiação ilegítima tem provocado algumas questões que desafiam a argúcia dos peritos.

Quando entrou em vigor o Código Civil de 1916, surgiu o problema: se os filhos nascidos na vigência da Lei nº 463 podiam beneficiar-se da faculdade criada pelo Código, ou, ao contrário, se este se aplicava tão somente aos filhos naturais gerados depois de 01.01.1917.

Dado que se admita sua capacidade investigatória, qual o efeito do reconhecimento de um filho nascido antes de entrar em vigor o Código Civil de 1916, e reconhecido depois dele? Qual a extensão dos efeitos de tal reconhecimento?

A matéria, já brilhantemente versada, continuou em aberto, à vista do Decreto-Lei nº 4.737, de 24.09.1942, que facultou em alguns casos o reconhecimento de filhos adulterinos, e da Lei nº 883, de 21.10.1949, que o ampliou. O mesmo problema com a Lei nº 6.515 de 1977; e, ainda com a Constituição de 1988 e Lei nº 7.841, de 1989.

Incapazes, na vigência do Código, de pleitear a perquisição paternal, podendo hoje ser reconhecidos, fazem com que se reabra o debate em torno desta questão de direito intertemporal, reclamando uma solução: pode o filho compreendido nos termos do Decreto-Lei nº 4.737 ou da Lei nº 883, ou da Lei nº 6.515 nascido antes de sua publicação, fazer-se reconhecer?

Para se fixar a extensão das consequências desta declaração de estado, tem-se de dar resposta a estoutra indagação: *que efeitos produz seu reconhecimento*?

Em termos genéricos, portanto, podemos indagar, sem nos referirmos especificamente a qualquer lei que venha alterar as condições de reconhecimento de filiação, ampliando a faculdade a nova classe de filhos: quando a lei nova estende a determinada categoria de filhos a faculdade de se fazerem reconhecer, abrange os nascidos antes de sua publicação?

Em caso afirmativo, que efeitos pode produzir a declaração de seu estado de filiação?

Os tribunais de vezes têm resolvido espécies concretas, e os doutos brilhantemente ventilado a matéria.

Evitando a monotonia das transcrições, tanto quanto possível, faremos o resumo de que se tem decidido e doutrinado, e, então, extraindo os princípios que nos parecem certos, exporemos a doutrina que perfilhamos.

248. Nos tribunais franceses, após a promulgação da Lei de 16.11.1912 revogadora do art. 340 do Código Napoleão, surgiram diversos casos, verificando-se desde logo séria divergência na aplicação da lei nova, segundo *Dalloz Périodique*, citado como D.P.

Alguns, como o Tribunal Civil de Saint Mihiel, em aresto de 30.04.1913 (D.P., 1913.2.334), o Tribunal Civil d'Autun, em 13.05.1913 (D.P., 1913.2.339), o de Lons-le-Saunier, (D.P., 1913.2.342), o de Versailles, a 03.02.1914 (D.P., 1914.2.44), entendiam que a Lei de 16.11.1912 não facultava a investigação de paternidade senão aos filhos naturais nascidos após a sua promulgação, e, para assim decidirem, fundavam-se em argumentos que desta sorte se resumem:

Uma lei nova não se pode aplicar com efeito retroativo se vier a lesar direitos adquiridos, e, ao contrário, será lícita a retroatividade, se não atingir mais que simples esperanças ou expectativas, concebidas sob o império da lei antiga, entendendo-se por direito adquirido a vantagem que já pertence ao seu titular, que já figura em seu patrimônio, e por simples expectativas as vantagens que ainda lhe não pertencem, mas que tem a esperança de adquirir.

O art. 340 do Código Civil Francês dava ao pai mais que a simples esperança de que não seria investigado, concedia-lhe a certeza disto, garantia-lhe a segurança formal e positiva de que não seria inquietado, e ele podia considerar esta segurança, não como provisória e temporária, mas como definitiva e perpétua.

Consagrar a solução contrária seria abalar a confiança na proteção e eficácia das leis, e estabelecer uma oposição lastimável entre dois princípios fundamentais do Estado – a segurança e o progresso.

Inspirado tal artigo em considerações de ordem pública, que deixaram de subsistir, criava em proveito do pai presumido uma situação privilegiada, garantida pela exceção de não poder ser demandado em investigação de paternidade, que lhe conferia um verdadeiro direito adquirido.

Se se admite que a lei que regula a capacidade das pessoas tem aplicação aos fatos anteriores à sua promulgação, não se dá o mesmo com aquela que atinge o estado das pessoas.

Este dá origem a um direito em seguida à realização do fato que lhe deu nascimento. Uma lei nova não pode, à falta de dispositivo autorizando a retroatividade, modificar este estado senão para o futuro.

Se se desse à Lei de 16.11.1912 interpretação que abrangesse os filhos naturais nascidos antes de sua data, chegar-se-ia a modificar o estado que o filho natural, assim como seu pai, tinham antes da promulgação da lei, pois que esta lei nova concedeu ao filho ilegítimo, que antes não tinha estado relativamente ao pretendido genitor, possibilidade de consegui-lo.

Se a Lei de 1912 fosse retroativa, poderia, no caso de ter morrido o pai anteriormente à sua promulgação, permitir ao filho natural fazer valer os seus direitos sucessórios contra a sucessão aberta, e regularmente recolhida sob o império da lei antiga. Desta sorte o filho natural iria pôr em xeque os direitos adquiridos pelos herdeiros e reivindicar os bens legalmente devolvidos no domínio do antigo art. 340.

Em sentido contrário, outros, como o Tribunal Civil de Meaux, em aresto de 28.12.1912 (D.P., 1913.2.334), o Tribunal Civil d'Aurillac, em 05.03.1913 (D.P., 1913.2.334), o de Rochefort, em 06.05.1913 (D.P., 1913.2.336), o de Douai (D.P., 1913.2.337), o de Langres (D.P., 1913.2.337), o Tribunal Civil de la Seine (D.P., 1913.2.339), o de Sant-Lô (D.P., 1913.2.340), o de Bazas (D.P., 1914.2.44), fundados numa doutrina que, resumidamente, pode-se expor assim:

A Lei de 1912, sendo de ordem pública, em princípio é retroativa, devendo-se, apenas, verificar se sua aplicação ofende os direitos adquiridos na vigência da lei velha.

É preciso, antes de tudo, distinguir o direito adquirido da mera expectativa, não se podendo jamais considerar que um indivíduo tenha adquirido o direito de desvencilhar-se das obrigações naturais que todo homem contrai com relação a seu filho.

A vantagem concedida outrora ao pai natural para repelir uma ação de investigação de paternidade, com o objetivo de proteção social, não constitui senão uma expectativa, que lhe pode ser tirada por uma lei subsequente, a qual, atendendo a considerações diferentes, retira-lhe esta imunidade.

Por outro lado, a lei nova não criou a ação do filho, que era preexistente, mas apenas ab-rogou a suspensão do seu exercício, e a suspensão de uma ação não constitui, para o seu beneficiário, um direito definitivamente adquirido, entrado no seu patrimônio, mas uma simples expectativa, de que a lei nova, sem ofender o direito adquirido, no sentido jurídico da palavra, pode privá-lo.

O pronunciamento ulterior das Cortes de Apelação e da Corte de Cassação, à medida que ia fixando a interpretação da Lei de 1912, neste último sentido, ia também alargando os termos da doutrina, com ampliação dos efeitos do reconhecimento. Nota-se que o problema, que não pode deixar de ser examinado nos seus dois aspectos, foi transformado num só: ao mesmo tempo que se examinava o alcance da lei derrogatória do princípio contido no art. 340 do Código Civil, entrosava-se a esta indagação a questão intertemporal sucessória, admitindo-se como inseparáveis as duas questões.

Assim, a Corte de Douai, em 08.12.1913 (D.P., 1914.2.43), limita-se à aplicação do efeito retroativo da lei de 1912 aos filhos antes dela nascidos, ao passo que, já em 1915, a Corte de Paris, considerando a natureza meramente declaratória do reconhecimento (quer voluntário, quer judicial), decide que seus efeitos remontam ao dia do nascimento do filho, e que os direitos da viúva do pretenso pai natural estão subordinados à existência de herdeiros de grau preferencial.

Assim, o filho reconhecido judicialmente deve ser considerado como tendo tido direitos à sucessão de seu pai, a partir do dia em que ela se abriu.

A Corte de Cassação, a 20 de fevereiro e a 24.07.1917 (D.P., 1917.1.81), fixou a doutrina seguinte:

Toda lei nova, em princípio, aplica-se mesmo às situações estabelecidas ou às relações jurídicas formadas antes de sua promulgação, quando com isto não venha lesar direitos adquiridos.

O antigo art. 340 do Código Civil, que proibia, salvo num caso particular, a investigação de paternidade, conferia eventualmente ao pai natural a faculdade de opor uma defesa absoluta à ação de investigação de paternidade intentada contra ele, mas não lhe fazia adquirir, para sempre, o direito de se subtrair à constatação do laço que o unia a seu filho, e à execução das obrigações naturais que daí decorrem.

A Lei de 16.01.1912, não tendo, pela supressão da faculdade que resultava do art. 340 do Código Civil, tirado ao pai natural senão uma simples expectativa, aplica-se mesmo aos filhos nascidos antes de sua promulgação.

Ora, não tendo os parentes legítimos do pai natural, mais que ele, um direito adquirido à manutenção das disposições do antigo art. 340 do Código, o fato de terem certos herdeiros apreendido uma sucessão não lhes confere um direito adquirido em relação a outros herdeiros, cuja existência seja ulteriormente revelada.

Daí, o filho natural, que, após a morte do pai, invocasse contra os herdeiros deste o novo art. 340, para obter sua parte na herança, não poder ser considerado como trazendo lesão a direito adquirido.

A Lei de 16.11.1912, nenhuma alteração tendo trazido ao regime sucessório atual, é aplicável ainda que a morte de seu pai tenha ocorrido antes de sua promulgação, pois esta lei nenhuma obrigação nova criou, a cargo do pai natural.

Esta doutrina ainda era vitoriosa em 1934, quando a mesma Corte de Cassação, por aresto de 8 de maio (D.P., 1934.345), argumentou nestes termos:

"O fato de certos herdeiros terem apreendido uma sucessão não basta para lhes conferir um direito adquirido relativamente a outros herdeiros, cuja existência seria ulteriormente estabelecida. O filho natural, que, depois da morte de seu pai, invoca contra os herdeiros deste último o novo art. 340, para obter sua parte na herança, não pode ser considerado como lesando um direito adquirido, pouco importando que a morte do pai tenha ocorrido antes da Lei de 1912, uma vez que esta não trouxe qualquer modificação ao regime sucessório anterior".

249. No Brasil, o Supremo Tribunal Federal, honrando as tradições de nossas letras jurídicas, debateu as questões com um brilho admirável, ultrapassando às vezes, pelo elevado teor da discussão, os mais ilustres Colégios Judiciários da França, de sorte que em sua jurisprudência, no passado e no presente, vamos encontrar subsídio valiosíssimo, a que acresce a autoridade ímpar dos Mestres que ventilaram o assunto.

Esposando a doutrina do referido aresto da Cassação Francesa, de 20.02.1917, decidiu a nossa mais elevada Corte de Justiça:[1] Morto o pretenso pai a 09.05.1916, quando já promulgado o Código Civil brasileiro de 1916, deve este aplicar-se retroativamente, sem prejuízo dos direitos adquiridos, protegidos pelo art. 11, n° III, da Constituição Federal de 1891. E prejuízo não há nesta aplicação, porque o fato de certos herdeiros entrarem na posse de uma sucessão não é bastante para que tenham direito adquirido contra outros herdeiros, cuja existência se haja estabelecido posteriormente, da mesma forma que não o tem o próprio pai, que se não pode livrar, durante o tempo que quiser, das obrigações naturais que se lhe impõem em relação aos filhos.

Para se ver, entretanto, como a questão tem sido apresentada sob os mais variados aspectos, é curioso registrar o argumento do Ministro Muniz Barreto, então Procurador-Geral da República, dada sua originalidade, menos que juridicidade: quando se abriu a sucessão de M.V., em maio de 1916, já a Nação Brasileira se havia manifestado favoravelmente ao reconhecimento compulsório da paternidade, de sorte que, então, o estado dos costumes e a consciência pública haviam revogado a lei anterior, vedativa da investigação de paternidade, nada impedindo mais a propositura da ação.[2]

250. Por ocasião do julgamento, o Ministro Pedro Lessa, com aquela luminosidade que se irradiava de todos os seus trabalhos, e que lhe justifica o conceito em que é tido, de um dos maiores entre os grandes juízes do Brasil, proferiu um voto no qual domina superiormente a matéria, fixando tão clara e convincentemente os seus contornos, que causa admiração ter sido voto vencido. Entretanto, apesar de sua larga visão, não conseguiu o eminente juiz dissociar o problema da

---

[1] Acórdão, in *Revista do Supremo Tribunal*, vol. XVII, p. 303 e acórdão de 20.11.1912, in *Revista do Supremo Tribunal*, vol. XVIII, p. 289.
[2] Edmundo Muniz Barreto, in *Revista do Supremo Tribunal*, vol. XVII, p. 347.

retroatividade em matéria de capacidade para investigar a paternidade, da outra questão referente aos efeitos do reconhecimento. Lamentamos ter que divergir de sua derradeira conclusão, que se não compadece com a doutrina que seguimos, e que analisaremos ulteriormente.

Vamos resumir os conceitos expendidos pelo grande ministro e com pena o fazemos, porque o brilho com que foram emitidos não deixará de esvanecer-se através desta súmula: Se a ação tivesse sido proposta depois de entrar em vigor o Código, e antes da abertura da sucessão, não há dúvida que os autores poderiam, obtida sentença favorável, disputar a herança do pai natural, embora nascido antes da vigência do Código.

Mas, na hipótese, o falecimento de M.V. ocorreu antes de entrar em vigor o Código Civil de 1916, embora já estivesse este publicado, não para que fosse aplicado em 1916, mas para ser estudado, constituindo apenas objeto de meras cogitações intelectuais.

Com a morte do pai natural, verificada na vigência do alvará de 09.11.1754 e do assento de 16.02.1786, cujas disposições foram repetidas no art. 1.572 do Código Civil de 1916, a herança de M. V. foi logo transferida a seus herdeiros legítimos, os únicos existentes no momento da morte, sendo que até esse momento os autores nenhuma ação de investigação de paternidade poderiam intentar.

Nesta conformidade, quando a ação foi proposta, já os herdeiros legítimos eram senhores e possuidores, com posse civil com todos os efeitos da natural sobre todos os bens da herança, e, uma vez adquirido direito sobre uma determinada herança, é ele inviolável como todos os direitos adquiridos.

Estatuindo a lei pátria, tanto a antiga como a atual, que a capacidade para suceder é a do tempo da abertura da sucessão, que se regulará pela lei então em vigor, e morrendo M.V. quando não podiam os autores investigar a paternidade, não há negar que a herança do *de cujus* se transmitiu legalmente a seus herdeiros, únicos existentes na época da morte.

Não há dúvida de que o reconhecimento, voluntário ou judicial, meramente declaratório e não atributivo da filiação, remonta em seus efeitos à época do nascimento, ou melhor, da concepção do filho reconhecido. Daí decorre que, se morre o pai natural na vigência de uma lei que permite a investigação de paternidade, e se os herdeiros legítimos entram na posse da herança, não fica o filho natural inibido de propor a ação, e seu direito hereditário é indiscutível. A hipótese é semelhante à em que um filho legítimo é excluído da herança por ser erroneamente considerado morto, mas, aparecendo, prova sua qualidade.

Outro tanto não se verifica na hipótese de ter morrido o pai, quando a lei vigente não dava ao filho o direito de investigar a paternidade.

E conclui, em termos que literalmente transcrevemos:

> "Sendo incontestável que, segundo dispunha muito claramente o nosso antigo Direito Civil, a investigação de paternidade era inquestionavelmente proibida, e só podiam herdar os filhos naturais reconhecidos por escritura pública ou por testamento, noções elementares das que em primeiro lugar aprendiam os alunos das nossas escolas de Direito, e das que mais tarde raramente esqueciam;
>
> sendo incontestável que, no momento da morte do indivíduo, passam a propriedade e a posse de seus bens, posse civil com efeitos da natural, e sem necessidade de que esta se tome, nos expressos termos da lei, nunca posta em dúvida para os herdeiros existentes neste momento; sendo incontestável que uma lei nova, que entra em vigor depois da morte de um indivíduo, que não havia reconhecido nenhum filho natural e contra o qual nenhuma ação judicial de reconhecimento era facultada, não pode produzir o efeito retroativo de anular a transmissão dos bens do morto a seus herdeiros legais: julgar os autores carecedores da ação proposta é a única solução jurídica deste litígio".[3]

251. Mais tarde, o Tribunal de São Paulo, apreciando o caso célebre da menor Colombina, julgou improcedente a ação de investigação de paternidade, num acórdão de que transcrevemos estas considerações:

> "A petição de herança, que se acumula com a filiação, dependia essencialmente da declaração judicial desta, a qual, não cabendo *ex dictis* nem contra a apelante, herdeira imediata, nem contra os demais apelantes, herdeiros mediatos do suposto pai da apelada, resultava estar prejudicada a segunda intenção desta; que, pelo exposto, dão provimento à apelação para, reformada a sentença apelada, julgarem, como julgam improcedente a ação".[4]

O Supremo Tribunal confirmou este julgado, por acórdão que se acha na *Rev. do Sup. Tribunal*, fazendo aplicação da doutrina contida no voto de Pedro Lessa. Posteriormente, o mesmo Supremo Tribunal, decidindo embargos opostos a seu aresto, reformou-o, reportando-se, ainda, à doutrina da Cassação Francesa, já anteriormente aplicada na decisão que resumimos *supra*.[5]

Foi vencido o Ministro Hermenegildo de Barros, que, longa e eruditamente, sustentou a doutrina de Pedro Lessa, demonstrando que, nascida a autora antes de entrar em vigor o Código Civil de 1916, tem sem dúvida ação para investigar a paternidade, porque esta faculdade não encontra obstáculo nos direitos adquiridos do pai ou de seus herdeiros.

---

[3] Voto de Pedro Lessa, in Rev. do Supremo Tribunal, vol. 18, p. 293.
[4] Apêndice à *Investigação de Paternidade Ilegítima*, de Soares de Faria, p. 158.
[5] *Revista do Supremo Tribunal*, vol. 89, p. 100.

Se o pai tivesse morrido depois do mesmo Código entrar em vigor, era inquestionável, a procedência da ação, mas morto na vigência da Lei de 02.09.1847, transmitiu-se regularmente a herança deixada aos seus herdeiros legítimos, que adquiriram legalmente direito a ela, porque a autora, na época da abertura, da sucessão, não tinha qualidade para fazer-se reconhecer.

Em seu voto, o Ministro Hermenegildo de Barros aventou uma hipótese que hoje encontra inteira atualidade, mais parecendo um rasgo divinatório:

> "Uma pessoa tem filhos adulterinos, cujo reconhecimento é vedado pelo Código Civil, em vigor. Essa pessoa morre, e a herança transmite-se, desde logo, a seus filhos legítimos, que conservam o domínio e a posse de herança por longos anos. Morrem, por sua vez, os filhos legítimos, e a herança passa, sucessivamente, aos netos, bisnetos etc.
>
> Trinta anos depois, o Código é revogado, para se permitir aos filhos adulterinos a ação de reconhecimento, anteriormente proibida.
>
> Podem os filhos adulterinos, existentes ao tempo de falecimento de seu pai, intentar ação contra os herdeiros deste, para lhes ser restituída a cota da herança, de que os mesmos, herdeiros únicos e legítimos, estiveram na posse durante 30 anos?
>
> Não, não, não.
>
> Seria a maior das surpresas, a mais iníqua aplicação da lei, com infração do princípio universal da não retroatividade".[6]

252. Todas essas doutrinas pecam pelo excesso, falham por não fazerem uma distinção que reputamos imprescindível, a qual assentamos à guisa de suporte desta obra, alicerce da teoria que reputamos verdadeira: *não se deve confundir jamais o estado que se declara, com a consequência patrimonial que se persegue.*

Antes de analisarmos as opiniões resumidas *supra*, apontaremos a que foi defendida pelo Ministro Orozimbo Nonato, quando ainda desembargador do Tribunal de Apelação de Minas Gerais,[7] e posteriormente no Supremo Tribunal Federal,[8] que tem por base a distinção fundamental por nós preconizada como indispensável para se chegar a uma solução juridicamente científica. *A ação de reconhecimento de paternidade, sendo declaratória, produz efeitos retro-operantes até o momento do nascimento, e pode estender-se até à época da concepção, mas esbarra no direito adquirido.*

Assim, se o pai morreu antes da vigência do Código Civil de 1916, e a herança é deferida aos seus herdeiros legítimos, o filho natural pode mover contra

---

[6] *Revista do Supremo Tribunal*, vol. 89, p. 123.
[7] Acórdão, *in Rev. Forense*, vol. 68, p. 376.
[8] Acórdão, *in Rev. dos Tribunais*, vol. 147, p. 303.

os herdeiros ação de investigação de paternidade, mas para fins outros que não os sucessórios. Quanto a estes, não é possível, dada a incapacidade do filho natural ao tempo da sucessão, e em face de transmissão já operada legalmente aos herdeiros, que, como tais, a lei vigente reconhecia, e em cujo patrimônio os bens da herança se incorporam definitivamente.

Desprovida de petição de herança, a ação de investigação não perde o seu objetivo, porque a petição de herança altera a natureza da ação de que se trata.

253. Antes de passarmos adiante, consideramos necessário salientar que não nos passou pela mente, apontando os julgados a que nos referimos, fazer uma evocação da jurisprudência num impulso acomodatício, com o sentido apenas de examinar o que foi julgado, para assentarmos a doutrina do precedente.

Sabemos, contudo, que o debate judiciário oferece oportunidade para que se construam, onde a lei é omissa, verdadeiras doutrinas. O direito aplicado, o direito dinâmico, recebem após o debate judiciário, ou concomitantemente, o desenvolvimento que a pesquisa desinteressada transforma em princípios, que acabam por serem objetivados pelo legislador, cambiados de mera cogitação em convicção, até que um dia seja direito positivo.

Notadamente no direito de família, em que a atividade espontânea do legislador é às vezes nefasta, podemos verificar que em numerosos casos as necessidades sociais e as transformações consuetudinárias se refletem, antes de tudo, no trabalho diuturno dos julgadores; vence as resistências, e onde havia uma deficiência da lei a jurisprudência constrói, assumindo aspecto verdadeiramente criador.

§ 2º Conceito de irretroatividade

254. Vimos que o direito intertemporal em matéria de reconhecimento de paternidade ilegítima, à falta de dispositivos expressos, encontrou nos tribunais soluções variadas, ora num sentido ora noutro, e nem sempre a solução adotada foi a melhor, a mais sábia.

A nosso ver, com a vênia devida, juízes os mais ilustres visaram o problema por prisma incerto, de que resultou conclusão que não se acha a cavaleiro de crítica.

Ora consagraram a flagrante infração do direito inequivocamente adquirido; ora, pelo respeito, que este merece, desvestem a ação investigatória de todas as suas jurídicas consequências, para só darem atenção ao efeito sucessório, como se este, por ser cumulado à ação de estado a absorvesse completamente.

255. Indagar se a lei nova deve aplicar-se às situações anteriores é enfrentar o sério problema da retroatividade, matéria tão árdua e intrincada, que provocou do insigne Capitant a afirmativa de que, após cem anos de esforços de interpretação, o conflito das leis novas com as leis antigas se acha ainda envolto em profunda obscuridade.

Teorias sobre teorias têm-se acumulado, todas com o propósito de resolver em que termos deve ser posta a solução, abrindo cada uma, nas precedentes, brechas bem visíveis, sem que por sua vez ofereçam fórmula segura e definitiva.

A antiga Lei de Introdução ao Código Civil brasileiro de 1916, estabelecendo no art. 3º que a lei, em caso algum, prejudicará o direito adquirido, o ato jurídico perfeito e a coisa julgada, perfilhou a teoria de Gabba, para quem o conflito das leis no tempo está condicionado à distinção entre direito adquirido e as meras expectativas.

Vem a nova Lei de Introdução, Decreto-Lei nº 4.657, de 04.09.1942[9], e no art. 6º[10] estatui:

> "A lei em vigor terá efeito imediato e geral. Não atingirá, entretanto, salvo disposição expressa em contrário, as situações jurídicas definitivamente constituídas, e a execução do ato jurídico perfeito",

termos em que se filiou à teoria de Roubier. Mais tarde, retornaria à concepção subjetiva de Gabba, na referência ao direito adquirido. Para melhor esclarecimento da matéria, examinaremos a questão à luz dos dois conceitos, objetivista e subjetivista, ou seja, da doutrina de Gabba e de Roubier.

Para este, a solução do conflito intertemporal está na distinção entre o *efeito retroativo* e o *efeito imediato*.

Ao procurar estabelecer em que termos a aplicação da lei nova se traduzirá num efeito retroativo, raciocina: sendo a lei feita para regular determinadas *situações jurídicas*, cumpre apenas indagar se sua aplicação remonta ao *passado*, dirige-se ao *presente*, ou produz efeitos para o *futuro*.

A regra é o *efeito imediato* da lei nova, que deverá guardar-se de atingir os *efeitos já produzidos* antes de sua vigência, ao mesmo tempo que governará, ela só, todos os efeitos futuros, a partir do dia em que começou a vigorar.[11]

---

[9] O Decreto-Lei nº 4.657, de 04.09.1942, passou a ser designado como Lei de Introdução às normas do Direito Brasileiro, por força da redação dada a sua ementa pela Lei nº 12.376, de 30.12.2010.

[10] O referido art. 6º passou a ter a seguinte redação por força da Lei nº 3.238, de 1º de agosto de 1957, a qual se mantém até o presente (março de 2014):

"Art. 6º A Lei em vigor terá efeito imediato e geral, respeitados o ato jurídico perfeito, o direito adquirido e a coisa julgada. (Redação dada pela Lei nº 3.238, de 1957)

§ 1º Reputa-se ato jurídico perfeito o já consumado segundo a lei vigente ao tempo em que se efetuou. (Incluído pela Lei nº 3.238, de 1957)

§ 2º Consideram-se adquiridos assim os direitos que o seu titular, ou alguém por ele, possa exercer, como aqueles cujo começo do exercício tenha termo pré-fixo, ou condição pré-estabelecida inalterável, a arbítrio de outrem. (Incluído pela Lei nº 3.238, de 1957)

§ 3º Chama-se coisa julgada ou caso julgado a decisão judicial de que já não caiba recurso (Incluído pela Lei nº 3.238, de 1957)".

[11] Paul Roubier, *Les Conflits de loi dans le Temps*, vol. I, p. 9.

Nestas condições, os efeitos das situações jurídicas já constituídas, produzidos anteriormente à lei nova, estão submetidos à lei antiga,[12] de acordo com esta regra:

> "A lei que governa os efeitos de uma situação jurídica não pode, sem retroatividade, atingir os efeitos que uma situação desta sorte tenha produzido sob a lei anterior, quer se trate de modificar, aumentar, ou diminuir estes efeitos".[13]

Como a chave está na distinção entre efeito *imediato* e efeito *retroativo*, surgem os conflitos, diz Roubier, sempre que o juiz for chamado a resolver questões que tenham em vista, ou fatos já realizados no domínio da lei velha (*facta praeterita*), ou situações ainda em curso, quando a lei nova começou a vigorar (*facta pendentia*).

Por *facta praeterita*, devem entender-se: *a*) a constituição ou extinção de determinada situação jurídica; *b*) os efeitos por ela produzidos; *c*) os fatos inteiramente realizados, não constitutivos nem extintivos de situações jurídicas.

Por *facta pendentia* devem ser compreendidos: *a*) as situações jurídicas em curso de constituição ou de extinção; *b*) as situações jurídicas em curso de efeito; *c*) as situações tão somente de fato, que, na vigência da lei anterior, não tinham constituído nem extinguido situações jurídicas, as quais, por sua duração, estavam ainda em curso quando a lei nova lhes atribuiu o poder de darem nascimento à situação de direito.[14]

Para a concepção subjetivista de Gabba, o problema deve ser posto sobre o fundamento essencial do "direito adquirido", e sua distinção das "expectativas de direito".

Ponto de partida será, pois, a definição de "direito adquirido" que, no dizer do tratadista da *Retroattività delle Leggi* considera-se *todo direito que é consequência de um fato idôneo a produzi-lo em virtude da lei vigente ao tempo em que se efetuou, embora a ocasião de fazê-lo valer não se tenha apresentado antes da atuação da lei nova, e que, sob o império da lei então vigente, integrou-se imediatamente no patrimônio* do seu titular.[15]

Para criar um direito adquirido, é mister que o fato gerador tenha decorrido por inteiro, o que nem sempre é fácil de se precisar, pois que, se os *fatos simples* autorizam de plano esta caracterização, o mesmo não ocorre com os *fatos complexos*, em relação aos quais cumpre averiguar a determinação de todos os seus elementos constitutivos; e, em seguida, indagar se estes se acham realizados integralmente na pendência da lei vigente.

---

[12] *Idem*, op. cit., vol. I, p. 380.
[13] *Idem*, op. cit., vol. I, p. 400.
[14] Roubier, op. cit., vol. I, p. 547.
[15] Gabba, *Teoria della Retroattività delle Leggi*, vol. I, p. 191.

Deixando de lado os chamados *direitos já consumados*, que produziram todos os seus efeitos, voltamos para dois conceitos importantes. Gabba distingue o direito adquirido das *faculdades legais*, que se conceituam como poderes concedidos ao indivíduo pela lei, dos quais ele não fez ainda uso.

No outro lado, estão as *expectativas de direito*, que traduzem uma simples esperança, e resultam de *fato aquisitivo incompleto*. Como *ex facto oritur ius*, aquele fato que teve começo na vigência de uma lei mas não percorreu por inteiro o ciclo de sua realização, não gerou um direito que se tenha integrado no patrimônio de alguém. Consequentemente, não teve a força de criar direito adquirido.

Aplicando a teoria ao *status* da pessoa, podemos dizer que uma lei que admite o reconhecimento dos filhos ilegítimos (ou, em particular, dos filhos adulterinos) faculta a aquisição do estado a todos os que estejam nas condições nela previstas, ainda que nascidos ao tempo em que a vedava a lei anterior.

Não há, pois, obstáculo a que a Lei nº 883, de 1949, ou a Lei nº 6.515 no seu efeito imediato e geral, aplique-se para franquear a perfilhação dos filhos nascidos antes de sua vigência, pois que não ferem direitos adquiridos pelo pai de não ser molestado, ou dos parentes do pai de não verem aquele filho adquirindo tal estado.

Voltando-se, porém, para o efeito sucessório, e tendo em vista que, pelo *droit de saisine*, com a abertura da sucessão, transmitem-se desde logo os bens da herança para os herdeiros que tinham esta qualidade no momento da morte – o reconhecimento de filho, autorizado por lei que entrou a vigorar após a abertura da sucessão, não pode atribuir-lhe direito sucessório, porque a lei que admitiu o seu reconhecimento já encontrou os bens da herança incorporados no patrimônio daqueles herdeiros que a receberam, e que eram os únicos habilitados a fazê-lo, uma vez que, nos termos da lei então vigente, os filhos havidos fora do matrimônio não tinham o poder legal de se fazerem reconhecer.[16]

§ 3º Filho nascido antes da lei nova e morte do pai depois de sua vigência

256. Saber se o filho ilegítimo, nascido na vigência de uma lei vedativa de seu reconhecimento, pode valer-se do benefício da lei nova que levantou tal interdição, é indagar, como fizeram os arestos apontados acima, se a lei nova encontra um direito adquirido pelo pai, de se opor à ação de reconhecimento, ou indagar se a lei nova altera a situação definitivamente constituída, atingindo os efeitos já realizados sob o império da lei caduca.

Desde logo podemos afastar o argumento tirado da natureza da lei, e tantas vezes repetido, segundo o qual a lei que permite o reconhecimento de filho natural é de ordem pública, e, como tal, retroativa.

---

[16] Caio Mário da Silva Pereira, *Instituições de Direito Civil*, vol. I, nº 32.

Como acentua Gabba, este critério distintivo peca pela base, porque nada mais inseguro e impreciso que definir o que seja lei de interesse público, ou de interesse privado. Demais disso, acresce que a regra é falsa: nem toda lei de ordem pública é retroativa, pela própria essência, mas é o legislador que lhe pode imprimir maior extensão (Sarrut).

E, se de um lado é difícil conceituar exatamente as leis de ordem pública, e se de outro lado é errôneo dizer que a lei de ordem pública retroage sempre, afirmar-se que a lei permissiva do reconhecimento é retroativa por ser de ordem pública, importa tirar conclusão absoluta de premissa relativa, além de imprecisa.

Não é, pois, à vista da natureza retroativa da lei que se permitirá aos filhos nascidos antes de sua vigência beneficiarem-se dela. Tal lei não é retroativa: aplica-se ao presente e ao futuro.

Mas, não obstante sua irretroatividade, entendemos que os filhos nascidos no regime da lei velha, proibitiva do reconhecimento, não estão impedidos de se fazerem reconhecer na vigência da lei nova.

Toda lei terá efeito imediato e geral, limitado somente pelo respeito às situações jurídicas definitivamente constituídas; toda lei tem aplicação às situações que alcança, limitada pela intangibilidade dos efeitos pretéritos.

O filho natural, existente no momento em que a lei nova entra em vigor, por ela só não será alcançado, se a aplicação da lei nova atingir a situação jurídica definitivamente constituída ou, na doutrina legal clássica, se sua aplicação ofender o direito adquirido.

Que dizia a lei caduca?

– Que os filhos naturais só podiam ser reconhecidos por escritura pública ou por testamento (Lei nº 463, de 1847).

– Que os filhos incestuosos e adulterinos não podiam ser reconhecidos (CC de 1916, arts. 358 e 363).

Analisando os arestos apontados, à luz da antiga doutrina contida na revogada Lei de Introdução, podemos dizer: nenhum direito foi atribuído ao pai, nenhum por ele foi adquirido, que a lei nova, em sua aplicação imediata, tenha ofendido.

Realmente, e antes de tudo, a obrigação natural de alimentar, de manter o ente a quem o pai impôs a vida, já foi conceituada na fórmula de Loysed, que todos repetem: "*Qui fait l'enfant doit le nourrir*".

Ninguém contesta que o princípio de toda a moderna legislação atinente aos filhos, quer legítimos, quer naturais, quer espúrios, é no sentido de dar-lhes proteção.

Desde que a interdição do reconhecimento, por sua vez inspirada no princípio de prestigiar a família legítima, seja afastada pelo legislador, tem-se como certo que não será invocável o interesse público do respeito à família constituída, para se proibir aos filhos nascidos sob o império da lei velha, de se beneficiarem da faculdade concedida pela lei nova.

Para se verificar se há um direito adquirido pelo pai, contra o qual esbarra a faculdade concedida ao filho, é preciso, como faz Henri Capitant,[17] indagar se o pai, no império da lei velha, era *titular de um direito de não reconhecer o filho:*

Um direito, diz o ilustre professor da Faculdade de Paris,

> "...é uma prerrogativa conferida pelo direito positivo ao indivíduo: poder absoluto, isto é, existente *erga omnes*, como o direito geral, os direitos de propriedade; ou relativo, isto é, existente com relação a determinada pessoa, como o direito de crédito, os direitos de família.

O art. 340 nada concedia ao pai, que com isso tivesse semelhança. Bem ao contrário, é ao filho natural que ele recusava reconhecimento, que é incontestavelmente um direito para todo indivíduo, isto é, o poder de provar sua filiação. Nada se opõe, então, a que a lei nova compreenda imediatamente todos os filhos naturais que preencham as condições exigidas por ela".

Realmente, nem a Lei nº 463, de 1847, criou para o pai o direito subjetivo de se conservar estranho ao filho, nem o Código Civil anterior estabelecia que o genitor tinha a prerrogativa de se manter, para sempre, afastado de qualquer dever para com o filho adulterino.

Ao contrário, na vigência da Lei nº 463 referida, o reconhecimento do filho natural por escritura pública ou testamento importava concessão de todos os direitos, do que se pode inferir que sempre existiu o dever moral imposto ao pai de revelar-se, estabelecendo o vínculo jurídico da paternidade, e sempre houve para o filho o direito de ser filho. Só por motivos, que o legislador considerava de interesse público, trancavam-se ao filho as vias, vedando-lhe compelir o pai ao cumprimento desse dever moral. Era, portanto, a existência da obrigação sem sanção, como nota Ruggiero ser comum no direito de família.

Afastado este preconceito social, resultou que o filho natural, titular de um direito de ser reconhecido, encontrou aberta a via judiciária, para exigir a declaração de seu estado, e, como da parte do genitor, em vez de um direito de não ser pai, o que havia era dever moral de reconhecer o filho, o art. 363 do Código Civil de 1916 pôde ser invocado pelos filhos ilegítimos nascidos antes de sua vigência, sem que a aplicação do Código ofendesse qualquer direito do pai.

Da mesma forma, os filhos adulterinos são, na vigência do Código, titulares do direito moral de não serem deixados ao desamparo, tanto assim que o art. 405 lhes concede uma prestação alimentar, judicialmente exigível, uma vez que

---

[17] Henri Capitant, *Recueil Périodique*, Dalloz, 1917.1.81.

o vínculo biológico da paternidade seja evidenciado por confissão do pai, ou em ação judicial não provocada pelo filho.

A situação dos adulterinos, no Código, é esta: tem o pai o dever moral de cuidar da sua subsistência, independentemente do reconhecimento, proibido este por motivos que o legislador de 1916 entendia de interesse público.

Ora, ninguém poderá dizer que a proibição do reconhecimento era direito do pai, uma vez que o que existia era o interesse social na manutenção da paz doméstica, o interesse prático em que o filho espúrio não fizesse declarar seu estado, para que com uma ação de perquisição paternal não viesse envolver em escândalo a família legítima.

Vieram o Decreto-Lei nº 4.737, de 1942, a Lei nº 883, e depois a Lei nº 6.515, a Constituição de 1988, a Lei nº 7.841 de 1989,[18] e, inspirados em outros motivos, e tendo feito desaparecer a proibição em torno do reconhecimento do espúrio, em certos casos que especificam, não encontram, nem podem encontrar, um direito adquirido pelo pai ao não reconhecimento, uma vez que o pai nunca tivera tal direito, nunca fora titular de tal prerrogativa, nunca assumira tal poder.

Desaparecendo, pois, o motivo de ordem pública, pode o pai adúltero, nas hipóteses que já examinamos, reconhecer voluntariamente o filho anteriormente nascido. E se não cumpre este dever moral, cabe ao filho ação para exigir a declaração de estado de filiação, tal como temos exposto no curso desta obra. A Lei nº 7.841 de 1989, revogando o art. 358 do Código Civil de 1916, fecha o ciclo, e levanta a proibição que pesava contra o filho espúrio.

Afirmar, como fizeram alguns tribunais franceses, que o pai tinha a certeza, a segurança de que não seria inquietado, e que esta segurança e certeza constituem um direito adquirido, é falsear a noção deste, uma vez que direito de espécie alguma se incorpora ao seu patrimônio, libertando-o do cumprimento do dever.

Não há necessidade, como outros tribunais franceses julgaram, de caracterizar, na proibição da lei velha, uma expectativa de direito, de que fosse titular o pai, pois não concebemos possa ele ter a expectativa de não ser investigado, como possa ele *esperar* o não cumprimento do dever moral.

A nosso ver, o que havia no império da lei caduca não era a esperança de não ser investigado, nem a consagração de um direito de que fosse titular o pai, nem a expectativa de que tal situação permanecesse para o futuro. Apenas a proibição, fundada no interesse público, que, sem dar nenhum direito ao pai, negava ao filho uma faculdade: a de pleitear judicialmente a declaração de seu estado. Esta proibição, que a todo momento podia ser levantada, não enriquecia o patrimônio do pai. Consistia matéria de simples *política legislativa*.

---

[18] A Lei nº 7.841/1989 revogou o art. 358 do CC de 1916 e alterou dispositivos da Lei nº 6.515/1977 relativos a separação judicial e divórcio.

À luz da doutrina objetivista que preside aos conflitos da lei no tempo, atinge-se a mesma conclusão.

No império da lei velha, nenhuma situação jurídica se constituíra para o pai, à vista da proibição contida na lei. O que existia era uma situação de fato, de natureza duradoura – a filiação biológica.

A lei velha, por motivos que considerava relevantes, vedando que esta situação de fato se transformasse em situação jurídica, por provocação do filho natural, impedia que produzisse efeitos.

Vem a lei nova e consente que o filho adulterino prove em Juízo a filiação, ou que o filho incestuoso possa ser reconhecido, e, com isso, permite que tal situação de fato, anterior, produza efeitos jurídicos.

A lei nova, portanto, não atinge qualquer situação jurídica constituída no domínio da lei caduca, e, o seu efeito é imediato e geral: todos os filhos que estejam nas condições por ela previstas, dela se beneficiam.

Até o dia de sua entrada em vigor, era proibida a investigação de paternidade, como, na outra hipótese, era vedado o reconhecimento do espúrio. Neste dia, terminou o império da lei velha, e, com a promulgação do diploma permissivo, desapareceu uma proibição, pela aplicação imediata da lei nova.

Todos quantos estejam nos casos previstos pela nova lei podem invocá-la, quer tenham nascidos já sob seu império, quer na vigência do regime anterior.

Com maior razão, o mesmo pode ser dito em relação à Constituição da República de 1988, por sua força normativa, que atinge todo o ordenamento e retira a eficácia de todas as normas não recepcionadas pela nova ordem por ela instaurada.

257. Mestres de grande autoridade estão de acordo com esta doutrina: os filhos nascidos sob o império da lei vedativa podem invocar, utilmente, a lei nova permissiva do reconhecimento.

Os insignes Ministros Orozimbo Nonato, Pedro Lessa e Hermenegildo de Barros, nos lugares citados, aplaudem-na sem rebuços.

O grande jurista Mendes Pimentel,[19] sustenta-a brilhantemente:

> "O fato material da procriação extraconjugal existia e existe; o seu caráter de imoralidade e injuricidade era e é o mesmo no regime da antiga e da nova lei. Apenas a lei antiga não permitia a investigação de paternidade, isto é, não consentia na prova do fato.
>
> "Entre o direito do filho aos alimentos, à educação e ao nome, e a incolumidade da ordem pública e da moralidade familiar (que se temia periclitassem

---

[19] Mendes Pimentel, *in Revista Forense*, vol. 31, p. 178.

com o reconhecimento forçado) optava por estas em detrimento daquele, vedando ao filho a perquisição judicial do pai...

"Não há, pois, como invocar a teoria da irretroatividade das leis para impedir que os filhos ilegítimos procriados no regime da lei anterior postulem o reconhecimento de sua filiação na vigência do art. 363 do Código Civil de 1916".

Também neste sentido é a lição do Ministro Bento de Faria:

"A investigação da paternidade rege-se pela lei nova, que pode ser invocada para pleiteá-la, ainda quando o filho natural tenha nascido antes de sua publicação.

A filiação é fundada na procriação e no nascimento, e, assim o reconhecimento judicial apenas declara o fato preexistente.

Não pode, pois, o pai alegar *direito adquirido* para o fim de não lhe ser publicada a paternidade".[20]

O Ministro Eduardo Espínola e o Dr. Eduardo Espínola Filho asseveram:

"Posteriormente, quer no Supremo Tribunal, quer nos Tribunais de Apelação dos Estados, ficou definitivamente afirmado que a lei nova – o Código Civil anterior – se aplica aos filhos nascidos antes de entrar esse Código em vigor, ainda que o pai tenha falecido no domínio da lei antiga".[21]

Na doutrina estrangeira, mestres de mundial renome são acordes também neste teor.

O clássico italiano da retroatividade das leis, à indagação já formulada, acode afirmativamente:

"A resposta não pode ser dúbia. Socorrem aqui os princípios gerais em torno à admissibilidade de um direito devido àquelas condições elementares da pessoa e da coisa, que precede toda humana operosidade. Estas são premissas dos verdadeiros e próprios direitos adquiridos, e, como tais, permanecem no poder do legislador. A interdição, na verdade, da investigação de paternidade natural redunda em imediata vantagem também da prole natural já nascida ou concebida anteriormente, como a abolição daquela investigação dissemos resultar em dano ainda daquela prole".[22]

---

[20] Bento Faria, *Aplicação e Retroatividade da Lei*, p. 93.
[21] Eduardo Espínola e Eduardo Espínola Filho, *Tratado...*, vol. II, p. 300.
[22] Gabba, *Retroattività delle leggi,* vol. II, p. 267.

No mesmo sentido opina Roubier:

> "Por exemplo, a uma lei interdizendo a investigação judicial da paternidade natural (art. 340 do CC de 1916), sucede uma lei que permite esta investigação em certos casos (Lei de 16.11.1912). A partir da promulgação desta lei, todos os filhos naturais, mesmo aqueles nascidos sob a lei antiga, poderão fazer estabelecer em justiça sua filiação paterna nos casos previstos pela lei".[23]

A solução é a mesma (como se viu) em face da doutrina subjetiva de Gabba, como da objetiva de Roubier.

258. Da mesma forma que o pai não tem um direito adquirido, que a lei nova seja obrigada a respeitar; da mesma forma que, relativamente a ele, a lei antiga não criou uma situação jurídica definitivamente constituída, fora de alcance do princípio revogador; assim também seus herdeiros, que não teriam direitos maiores que os herdados, não estão em melhores condições que o autor da herança.

Se o pai não é titular de nenhum direito oponível ao filho, para furtar-se ao reconhecimento, de nenhum direito são titulares seus sucessores, para impedir a declaração judicial.

A oponibilidade do direito, à perquisição judicial da paternidade, aos herdeiros do pai, comporta duas questões, que merecem exames destacados, pela diversidade de efeitos.

Assim argumentando, inicialmente, só com a hipótese de estar o pai morto na vigência da lei nova, não pesa dúvida que os herdeiros serão compelidos ao reconhecimento judicial.

Já não cabe mais a objeção levantada por Clóvis Beviláqua, e apoiada pela autoridade de Tito Fulgêncio, no sentido de que contra os herdeiros do pai somente é possível a continuação da demanda em vida deste iniciada.

A doutrina entre nós assente e a jurisprudência pacífica interpretaram o art. 363 do Código Civil de 1916, num sentido liberal, que é o literal:

> "Os filhos ilegítimos... têm ação contra o pai ou seus herdeiros...".

Se morre o pai na pendência da lide, continua esta com os herdeiros; se a ação não foi iniciada em vida do pai, podê-lo-á ser contra os herdeiros. Pacífica e tranquila esta doutrina como bem salienta Orozimbo Nonato, é hoje considerada *ius receptum*.[24] Ociosa a reabertura do debate.

---

[23] Roubier, op. cit., vol. I, p. 10.
[24] Orozimbo Nonato, voto, *in Revista dos Tribunais*, vol. 147, p. 308. Veja-se o nº 82, *supra* e nota extensa, em que se debate a matéria.

Da mesma forma que os filhos naturais, nascidos antes de 01.01.1917, podem, contra o pai ou contra os seus herdeiros, intentar ação de pesquisa de paternidade, assim os filhos adulterinos, nascidos antes da vigência do Deceto-Lei nº 4.737, de 24.09.1942, ou da Lei nº 883, de 21.01.1949, poderão mover contra o pai ação de reconhecimento forçado, nos casos previstos no mesmo diploma.

Morto o pai, depois da publicação desse decreto-lei, evento que importa em dissolução da sociedade conjugal autorizadora da propositura da ação, compete-lhes a mesma ação contra os herdeiros do pai, porque, num, como noutro caso, militam as mesmas razões de decidir, não cabendo a incidência de doutrinas diferentes. O mesmo raciocínio cabe em relação à Lei nº 6.515 de 1977 e Lei nº 7.841 de 1989.

Podemos, destarte, resumir a conclusão: os filhos naturais, ainda que concebidos ou nascidos anteriormente à lei que veio permitir o reconhecimento, da mesma se beneficiam, podendo mover a ação em vida do pai, ou, morto ele, contra seus herdeiros.

Ilustrando a assertiva, evocamos a autoridade de Estêvão de Almeida:

> "Ora, a pretensão do filho ilegítimo, nascido antes de estar em vigor o Código, a obter a declaração judicial de sua filiação, não esbarra com um direito adquirido de seu pretenso pai, ou dos herdeiros deste, a excluí-lo do estado civil a que se considera com direito".[25]

Também o Prof. Francisco Morato:

> "Fica, de tal arte, amplamente justificado que podem pleitear investigação de paternidade os filhos naturais nascidos antes do Código Civil de 1916, com direito a prová-la por todos os meios ora permitidos, e a recolher as heranças abertas depois do dito Código".[26]

O brilhante comentador, da lei francesa de 1912, Savatier, sustenta:

> "Ademais, do ponto de vista dos textos, a questão é clara: eles não preveem qualquer fim de não receber a ação no caso da morte do pai; ora, como os fins de não receber são de direito estrito, não se pode, certamente, suprir neste silêncio".[27]

---

[25] Estêvão de Almeida, *Manual Lacerda*, vol. VI, p. 167.
[26] Francisco Morato, "Do Reconhecimento da Paternidade", *in Revista Forense*, vol. 98, p. 7.
[27] Savatier, *Recherche de la Paternité*, p. 131.

Também Josserand, embora ressalvando que a ação estará extinta, na hipótese de não deixar o pai herdeiros (ponto em que se acha em desacordo com Savatier), afirma:

> "*Contra quem a ação é exercida*: Em princípio ela deve sê-lo contra o pai, que desempenha, na ocorrência, função de defensor; após sua morte, admite-se que possa sê-lo contra seus herdeiros, pelo menos quando aceitam sua sucessão".[28]

Neste sentido a jurisprudência sob o império da Lei nº 883, de 21.10.1949.[29]

259. Os efeitos de reconhecimento, nesta hipótese, em que ocorra o falecimento do pai já na vigência da lei nova permissiva, são gerais, os mais amplos e mais completos. Investe-se o filho no estado respectivo, tem direito ao nome paterno, é credor de alimentos, e habilita-se à sucessão dos bens com que tenha falecido o genitor.

A transmissão da herança aos herdeiros é imediata, e herdeiros são todos aqueles que estejam em condições de provar sua filiação, todos aqueles que sejam hábeis a perquirir a relação jurídica da paternidade, no momento do óbito.

O fato de não estar já provada a filiação por ocasião da morte do autor da herança não retira ao filho extraconjugal a qualidade de herdeiro, porque ele o é em virtude da relação jurídica da paternidade, que a sentença declaratória, em seu efeito retro-operante vai afirmar, não apenas *ex nunc*, não apenas a partir de sua prolação, mas recuando no tempo, vai declarar que o vínculo jurídico da paternidade existia desde o momento da concepção do filho. E, como, ao abrir-se a sucessão, e ao transmitir-se a herança, o filho natural estava em condições de provar a paternidade, sendo, pois, capaz de suceder, efetuada a prova dessa relação jurídica, tem o filho declarado por sentença direito contra os herdeiros do pai defunto, para reclamar sua cota na herança paterna.

A lição de Soares de Faria é esclarecedora:

> "O direito à herança, mesmo quando a ação é proposta após a morte do pai natural, é indiscutível em face dos princípios já estabelecidos. Não importa aqui que, aberta a sucessão, tenham os herdeiros conhecidos entrado na posse da herança. Estes nunca poderão alegar direito adquirido contra o filho natural, uma vez que a lei lhe dá possibilidade de ver reconhecida e proclamada a sua qualidade, até então ignorada de herdeiros do *de cujus*".[30]

---

[28] Josserand, *Cours*, vol. I, nº 1.224, p. 617.
[29] Cf. Ac. do Supremo Tribunal Federal, *in Rev. Forense*, vol. 165, p. 99; do Tribunal de Justiça de São Paulo, *in Rev. Forense*, vol. 242, p. 136.
[30] Soares de Faria, *Investigação da Paternidade Ilegítima*, p. 110.

A hipótese é semelhante, como notara Pedro Lessa, em seu voto que resumimos acima, à em que um filho legítimo, por ser considerado morto, é excluído da herança de seu pai, e os demais herdeiros partilham-na entre si. Comparecendo o filho herdeiro que já o era por ocasião da abertura da sucessão, e provando sua qualidade, tem contra aqueles que recolheram a herança, afastando-o, direito de reclamar que lhe devolvam.

§ 4º Filho nascido antes da lei nova e morte do pai antes também de sua vigência

260. Frisamos, no parágrafo anterior, que a hipótese ali versada não compreendia o caso de ter ocorrido a morte do pai sob o império da lei antiga.

Examinaremos, agora, se o filho extraconjugal, nascido anteriormente à lei nova, pode beneficiar-se dela, mesmo que a morte do pretendido genitor se tenha verificado ainda na vigência da lei caduca.

Seriam, concretamente, casos assim formulados: na vigência da Lei nº 463, de 1847, nasceu o filho e morreu o pai; no regime anterior o Decreto-Lei nº 4.737, de 1942, nasceu o adulterino e faleceu o genitor; no império da Lei nº 883, de 1949, nasceu o filho e ocorreu o óbito do pai; ou, ainda, nascido o filho e ocorreu morte do pai na vigência do art. 358 do Código Civil de 1916.

Um e outro têm ação contra os herdeiros do pai?

Em caso afirmativo, qual o efeito do reconhecimento?

Se, por mais de uma vez, temos salientado que a ação de estado não se confunde com os seus efeitos, sendo a ação que visa à declaração, distinta da condenatória de petição de herança; se temos acentuado que os efeitos do reconhecimento são inábeis para alterar-lhe a natureza, chegamos a um ponto em que a dissociação deve ser bem nítida, para não incidirmos em equívoco, no qual, *data venia*, incorrem os mais apurados juristas.

Laborando em tal equívoco, ora simplesmente negam ação ao filho natural por lhe não reconhecerem direitos sucessórios, ora, ao revés, concedem indevidamente estes efeitos, porque procedente a ação de estado, quando uns não podem atingir a outra, nem por esta ser cabível, devidos se tornam aqueles.

A ação de estado, repetimos, é apenas declaratória da existência de um fato natural – a procriação; de uma relação jurídica – a paternidade.

Pode ser proposta independentemente de seus efeitos, pode ser intentada apenas para que o Poder Judiciário, ante a prova de um fato de que a lei presume o vínculo da paternidade, declare esta relação de direito. Sua finalidade, exclusiva, é o acertamento de uma relação jurídica; seu objetivo, patentear o laço biológico da paternidade, declarar o vínculo jurídico da filiação.

261. Na prática, a ação declaratória de estado vem frequentemente cumulada com a ação condenatória de prestação alimentar, ou de petição de herança. Mas, se esta acumulação se justifica pelo princípio de economia processual, nem por isso autoriza que se confundam num só conjunto, ou que se considerem dois objetivos entrosados, como se impossível fosse dissociá-los.

Vejamos a hipótese de petição de alimentos, cumulada à pesquisa paternal, e admitamos que no correr do processo o investigante, maior, consiga provar o fato presuntivo da paternidade, mas não logre convencer da necessidade, alegada, de receber a prestação de alimentos.

Ninguém, certamente, julgará improcedente a ação declaratória de estado, em face da desnecessidade econômica do pretendente a que o pai o subvencione. Ninguém duvidará da procedência da declaratória de estado, só pelo fato de ser improcedente a condenatória de alimentos, muito embora tenham sido ambas acumuladas. Ninguém, ao revés, dará a procedência do pedido de alimentos, só porque foram provados os extremos da declaratória de filiação. Os pedidos são completamente autônomos. Verifica-se, apenas, uma relação de consequência, jamais integrando-se ambos numa unidade orgânica e indivisível.

Entretanto, quando se trata de efeitos sucessórios, têm-se manifestado equívocos patentes.

Assim, o notável juiz Pedro Lessa, no final já transcrito de seu voto brilhante, julgou o autor *carecedor* da ação porque lhe não reconhecia direitos sucessórios, na herança do pai, quando, sem nenhuma dúvida, se a ação era perfeitamente cabível para a declaração da paternidade, e, se a petição de herança era improcedente, isto não poderia afetar a pertinência do pedido declaratório. Veja-se o nº 250, *supra*.

Da mesma forma, o Tribunal de São Paulo, no caso da menor Colombina, depois de acentuar com acerto que a petição de herança dependia da declaração da filiação, concluiu que aquela era incabível, porque a sucessão já fora apreendida na vigência da lei velha, julgando também improcedente a ação de estado. Abrangeu, assim, na mesma decisão, a petição de herança e a declaração de estado, quando esta não podia depender ou decorrer da improcedência ou procedência do pedido condenatório. Consagrou, destarte, uma flagrante inversão de causalidade.

Ao contrário, a Cassação Francesa, laborando no mesmo erro, firma uma doutrina juridicamente insustentável, ao afirmar que o filho natural pode pretender a sucessão, já havida pelos herdeiros sob o império da lei proibitiva da investigação, pela razão de que o filho tem direito de perquirir judicialmente o pai.

Sufragando a doutrina da Cassação, Savatier afirma:

> "A possibilidade, para os filhos nascidos antes de 1912, de demonstrar o erro que os reputava estranhos ao seu autor, permite-lhes reclamar a sucessão

deste, mesmo se ela já tiver sido atribuída a outros herdeiros e partilhada entre eles".[31]

Também o tratadista dos Conflitos de Leis no Tempo – Roubier –, firmando a mesma doutrina, assevera:

> "Enfim, nós pensamos que os efeitos da filiação natural, uma vez reconhecida judiciariamente, deviam estender-se no passado, e podiam remontar mesmo a uma data anterior à lei, pois que o reconhecimento de um filho natural determina uma situação jurídica retroativa. O filho natural, uma vez reconhecido sobre a base da lei nova, podia reclamar sua parte em uma sucessão aberta mesmo antes da lei de 1912, que tivesse sido liquidada com exclusão dele."[32]

262. Assentando uma distinção, que não vemos possa deixar de fazer-se, temos que as duas questões não são inseparáveis, mas, ao contrário, ostentam-se nitidamente independentes, cada uma a ser resolvida a seu turno: – Se o filho nascido antes da vigência da lei nova permissiva tem ação contra os herdeiros do pai, falecido também sob o império da lei caduca, vedativa do reconhecimento, qual o alcance da declaração de estado em tais condições, isto é, quais os efeitos que produz?

A primeira questão encontra resposta nos princípios invocados para demonstração de que é cabível, contra o pai morto na vigência da lei nova, a ação dos filhos nascidos no domínio da lei velha, como vimos de demonstrar.

Não há que acrescentar ao raciocínio.

As situações são idênticas, e só não enxergam sua analogia os que confundem a declaração de estado com os seus efeitos.

Num e noutro caso, em verdade, trata-se de uma faculdade concedida ao filho, para que persiga em Juízo declaração de sua filiação, contra os herdeiros daquele, a quem competia o dever moral de fazê-lo.

A morte do pai, anteriormente à lei nova, permissiva do reconhecimento, não faz caducar os direitos concedidos ao filho, porque não intitula os herdeiros do pai com um direito que lhe possam opor. E, se é certo que a ação concedida aos filhos extraconjugais só encontraria obstáculo na situação jurídica definitivamente constituída ou no direito adquirido, e se nem uma nem outro ocorre, quer em proveito do pai, quer dos seus herdeiros, a lei nova tem aplicação imediata, beneficiando-se da faculdade por ela outorgada todos os filhos, ainda que nascidos, antes de sua vigência, ainda que antes dela haja morrido o pai.

---

[31] Savatier, *Recherche de la Paternité*, p. 15.
[32] Roubier, op. cit., vol. II, p. 351.

263. Questão interessante está no estabelecimento dos efeitos desse reconhecimento.

Uma premissa, tirada da própria natureza do ato judicial de reconhecimento, tem sido levada a consequências extremas. O reconhecimento é *declaratório*, e, como tal, retrotrai, em seus efeitos, até o momento em que o filho nasce ou é concebido, mas concluir-se daí que este efeito retro-operante abrange a herança aberta antes da lei nova, vai um grande salto.

Declarada a filiação por sentença, produz todos os efeitos do reconhecimento, mas não poderá atingir a situação jurídica definitivamente constituída, nem a execução do ato jurídico perfeito.

Ora, com a morte do *de cujus*, os herdeiros entram desde logo na posse e propriedade da herança, como está escrito no art. 1.572 do Código Civil anterior:

"Aberta a sucessão, o domínio e a posse de herança transmitem-se, desde logo, aos herdeiros legítimos e testamentários". No mesmo sentido dispõe o CC de 2002 em seu art. 1.784: "Aberta a sucessão, a herança transmite-se, desde logo, aos herdeiros legítimos e testamentários".

Com este princípio, consagrou o Código a transmissão imediata da herança. Aberta a sucessão, extinto está o direito do defunto aos bens de que teve em vida a propriedade e a posse, mas, no mesmo instante, titulares desse direito são os seus herdeiros:

> "A sucessão hereditária abre-se com a morte do autor da herança. Desde esse momento opera-se a transmissão da propriedade e da posse dos bens, substituindo-se os sujeitos das relações jurídicas; no instante que precedeu a morte, o sujeito dessas relações jurídicas é o *de cujus*, no instante que se segue à morte, o sujeito é o herdeiro".[33]

Com esse sistema, nosso Código não fez mais que seguir os preceitos estabelecidos no alvará de 09.11.1754, e no assento de 16.02.1786.

Estes princípios, diga-se de passagem, não se enraízam no Direito Romano. Neste, a transmissão hereditária se operava por etapas: com a morte do proprietário, a sucessão ficava aberta – *delata*; os herdeiros só a recebiam no momento em que a aceitavam, pela *acquisitio*; entre a *delatio* e a *acquisitio* era a herança *iacens*.

Divergem os romanistas apenas num ponto: se durante o período de vacância era a herança uma *pessoa jurídica*, sustentando Savigny que os textos não autorizam a atribuição de personalidade à *herditas iacens*.[34]

---

[33] Clóvis Beviláqua, *Comentário ao Art. 1.572*.
[34] Savigny, *Traité de Droit Romain*, vol. II, pp. 352 a 362.

No velho direito costumeiro francês, a jurisprudência, apartando-se do sistema romano, consagrava a transmissão imediata dos bens do *de cujus* ao herdeiro, ficção expressa na fórmula: *Le mort saisit le vif son hoir le plus proche.*

No mesmo momento da morte, o herdeiro, adquire a propriedade e a posse dos bens hereditariamente transferidos: é o que os autores franceses denominam *droit de saisine.*

Nosso Código, seguindo as pegadas do direito anterior, manteve este princípio, estabelecendo que os herdeiros existentes e capazes no instante em que a sucessão é aberta, lhe adquirem, *desde logo*, a propriedade e a posse.

Somente são herdeiros os que, presentes ou ausentes, reúnam estes requisitos: *já existam naquele momento*, e, na forma do Direito então vigente, *tenham capacidade para suceder*. São chamados à sucessão só aqueles que possam provar sua qualidade.

Ora, se "capacidade para suceder é a do tempo da abertura da sucessão, que se regulará conforme a lei então em vigor" (CC de 1916, art. 1.577), é claro que só se consideram herdeiros os que tenham esta capacidade, nos termos da lei em vigor no momento do óbito.

264. Se o filho natural já é reconhecido no momento da abertura da sucessão, ele é convocado na qualidade de herdeiro, e tem capacidade para suceder, porque, para efeitos sucessórios, equiparam-se aos filhos legítimos, os naturais reconhecidos (CC de 1916, art. 1.605).

Se o filho não está reconhecido formalmente, mas pode investigar a paternidade, sua capacidade para herdar do pai é apenas potencial, está condicionada ao êxito da ação que intente contra seus herdeiros. Declarada, por sentença, a relação de filiação, a situação jurídica retroage à data de seu nascimento, e habilita-o a reclamar dos herdeiros do genitor a composição de seu quinhão.

Mas se a lei lhe nega o direito de perquirir a paternidade, ele não tem capacidade para herdar, no momento da transmissão da herança.

Com sua grande autoridade, objeta o Ministro Eduardo Espínola "que a impossibilidade de concorrer o filho natural não reconhecido à sucessão paterna provinha mais de uma proibição de provar a filiação do que de uma incapacidade de suceder."[35]

Sem embargo do respeito que merecem as opiniões do venerando mestre, esta impossibilidade de provar a filiação importa incapacidade sucessória.

Para melhor objetivarmos a questão, vejamos no regime do Código de 1916 a posição do filho espúrio. Não diz a lei, é verdade, que é ele incapaz de suceder. Mas afirma que não pode ser reconhecido pelo pai, e proíbe-lhe investigar a paterni-

---

[35] Espínola, *Tratado de Direito Civil Brasileiro*, vol. II, p. 305, nota *t*.

dade. No fundo, o que faz o Código é interdizer-lhe a prova da relação jurídica da paternidade, mas, por outro lado, convoca à sucessão os filhos que podem provar esta relação, porque afasta os não reconhecidos.

Se espúrio, no sistema do Código, não pode suceder ao pai, porque a lei lhe proíbe o reconhecimento, ele é incapaz de suceder. É que não basta, para habilitá-lo à sucessão, a existência da relação biológica da paternidade. É necessário, ainda, que exista a relação jurídica respectiva. E se a lei ergue um obstáculo à verificação desta relação jurídica, incapacita o filho para pretender a herança do pai defunto.

Anteriormente ao Código Civil de 1916, o filho extraconjugal não podia investigar a paternidade. A lei, quando lhe proibia fazer a prova da relação de direito, retirava-lhe a qualidade de sucessor do pretendido pai. Que era isso, senão uma incapacidade sucessória?

Comentando o art. 1.577 do Código, Clóvis Beviláqua considera a expressão "capacidade para suceder" como sendo a "possibilidade de adquirir a herança", no momento em que a sucessão é aberta.

Ora, aquele que em tal momento não tem ação para investigar a paternidade, acha-se impossibilitado de adquirir a herança do pretenso pai, é incapaz de suceder, os termos da lei então vigente.

265. Se se abriu a sucessão na vigência de uma lei que vedava ao filho natural, ou ao adulterino, o reconhecimento judicial da paternidade, a herança transmitiu-se, desde logo, aos herdeiros do pretendido pai, que, na forma da lei, tinham a possibilidade de adquirir a herança do *de cujus*, únicos que tinham capacidade sucessória, nos termos da lei então vigente.

O filho extraconjugal, à vista da proibição legal, estava impossibilitado de obter o reconhecimento judicial, estava impossibilitado de fazer a prova da relação de direito, em virtude da qual sucederia ao pai. Nos termos da lei então vigente, por não poder fazer a prova da filiação, era considerado juridicamente estranho à família do autor da herança, e, pois, estava impossibilitado de adquirir a herança. Noutros termos era incapaz de suceder nos bens deixados pelo suposto pai.

Os outros, os herdeiros que tinham qualidade para tocar a herança no momento da abertura da sucessão, receberam-na, adquiriram sua propriedade, imitiram-se na sua posse, com exclusão daquele que, por não ser legalmente capaz de suceder porque impossibilitado de investigar a paternidade, ficara excluído da sucessão.

A transmissão de uma herança constitui para os herdeiros uma situação jurídica definitivamente constituída, gera para eles direito adquirido, porque com a morte de seu autor se consumou a sucessão. Se a transmissão da herança está inquinada de defeito, como seja o afastamento de um herdeiro capaz no momento em que se operou, não pode prevalecer.

Se, porém, mais tarde, a lei dá ação de reconhecimento forçado aos filhos naturais, não pode atingir esta situação jurídica, não pode modificar os efeitos já produzidos pelo ato consumado, sob o império da lei então em vigor, não pode ofender o direito adquirido.

Dizer, como julgou a Cassação Francesa, que a lei atual, não tendo alterado o regime sucessório, se aplica desde logo, e atinge as sucessões deferidas antes de sua vigência, é dar à lei o caráter retroativo.

O eminente Pedro Lessa, no voto referido, respondeu, pelos argumentos que resumimos, ao raciocínio da Corte de Cassação, e também ao Ministro Hermenegildo de Barros, desenvolvendo a doutrina contrária ao aresto do Supremo Tribunal Federal; demonstrou, cabalmente, que a transmissão da herança sob o império da lei velha não pode ser atacada pelo filho natural:

> "Aberta a sucessão, diz o art. 1.572 do Código, o domínio e a posse da herança transmite-se, desde logo, aos herdeiros legítimos e testamentários".

Enquanto se não abre a sucessão, não há direito adquirido pelo herdeiro. Mas, aberta que seja, com a morte do *de cujus,* os herdeiros conhecidos, de conformidade com a lei então vigente, adquirem o direito propriamente à posse e domínio dos bens hereditários. Ora, a lei posterior, que abre caminho à investigação da paternidade ilegítima, e apresenta um novo herdeiro, que não existia juridicamente ao se abrir a sucessão, encontra direitos adquiridos que, em caso nenhum, podem ser prejudicados.[36]

Não vale objetar, como fez o Ministro Valdemar Falcão,[37] com o art. 1.772, § 2º, do Código.

Este inciso dispõe que:

> "O herdeiro pode requerer a partilha, embora lhe seja defeso pelo testador.
> § 2º Não obsta à partilha o estar um ou mais herdeiros na posse de certos bens do espólio, salvo se da morte do proprietário houverem decorrido vinte anos".

Não vale, *data venia,* porque um dispositivo legal não pode ser destacado do conjunto a que pertence, e ser interpretado como se fosse o único regulador de determinada matéria: *Incivile est nisi tota lege perspecta una aliqua particula proposita ejus, judicare vel respondere.*

Nos termos do art. 1.772[38], § 2º, o herdeiro pode pedir a partilha contra outros que detenham a herança, total ou parcialmente, dentro do prazo de 20 anos,

---

[36] Hermenegildo de Barros, in *Revista do Supremo Tribunal*, vol. 89, p. 132.
[37] Waldemar Falcão, voto, *in Rev. dos Tribunais,* vol. 147, p. 315.
[38] No mesmo sentido dispõe o CC de 2002, em seu art. 2.013: "Art. 2.013. O herdeiro pode sempre requerer a partilha, ainda que o testador o proíba, cabendo igual faculdade aos seus cessionários e credores".

mas, para isto, é preciso, antes de mais nada, que seja *herdeiro*, isto é, que tenha direito à sucessão do *de cujus*. Ora, o que se nega ao filho espúrio não é o direito de pedir a partilha dos bens na posse de outros herdeiros do pai. O que se lhe nega é a *qualidade* de herdeiro do pai premorto à lei que lhe permitiu investigar a paternidade; é a capacidade para ter-lhe sucedido, nos termos da lei então vigente.

Se, quando a sucessão foi aberta, ele não podia herdar, falece-lhe o direito de pedir a partilha da herança contra os que o detenham, e por duas razões, qual mais grave:

Uma é que lhe falta o título de herdeiro do pai, com que pleiteie a partilha, porque no momento em que se abriu a sucessão estava impossibilitado de perquirir a paternidade, incapaz de fazer-se reconhecer.

Outra, que os atuais detentores da herança o são por direito próprio, definitivamente adquirido. Não estão meramente na posse de certos bens do espólio, sobre os quais tenha direito o filho, reconhecido nos termos da lei nova, mas, ao contrário, são os únicos proprietários da herança, os únicos que a adquiriram no momento em que a lei negava ao filho natural a faculdade de intentar a perquisição paternal, e, pois, no momento em que pesava sobre ele a impossibilidade de adquirir a herança, o que se traduz numa incapacidade para suceder.

Não pode o art. 1.772, § 2º, ser invocado isoladamente, mas à vista dos arts. 1.572 e 1.577 do Código.

Se, no momento em que a sucessão se abriu, o filho natural não recebeu, nem podia receber, nenhuma herança, porque as leis então em vigor lhe interdiziam o reconhecimento judicial da paternidade, não tem qualidade para pleitear a partilha dos bens, que pertencem aos outros herdeiros.

266. A este propósito, registramos a doutrina do Ministro Eduardo Espínola, referente ao Código Civil de 1916:

> "Não creio que seja o art. 1.572 do Código Civil em si e por si suficiente para conferir direito adquirido aos herdeiros, que podiam provar sua qualidade de acordo com as provas admitidas ao tempo em que foi aberta a sucessão, que é o momento em que faleceu o *de cujus*. Creio que a nova lei, autorizando a prova em favor dos herdeiros que, pela lei anterior, não podiam invocá-las, é aplicável às sucessões já abertas, mas em curso de inventário e partilha, e às sucessões ainda não consumadas".[39]

O eminente juiz, apesar de sua inegável autoridade, labora neste passo em um equívoco: a sucessão está *consumada* no momento em que se abre, e não pela

---

[39] Voto proferido pelo Ministro Eduardo Espínola, *Tratado* de Eduardo Espínola e Eduardo Espínola Filho, vol. II, p. 305, nota.

sentença que encerra o inventário ou julga a partilha. Quando se verifica a morte, dá-se a transmissão dos bens aos herdeiros. Quem já o for, ou quem puder sê-lo, de conformidade com as leis então em vigor, receberá a herança, e, então, tratará de provar sua qualidade. Quem não o for, quem não o puder sê-lo de conformidade com as leis vigentes, está excluído.

No processo do inventário apenas será apurado o acervo, liquidado o imposto de transmissão, e separados os quinhões dos herdeiros. Não é o inventário que atribui a qualidade de herdeiro, nem a sentença nele proferida que opera a transmissão dos bens. Quando se processa o inventário, já os bens tinham sido transferidos aos herdeiros, *ex vi* do art. 1.572 do Código Civil de 1916.

O fundamento de sua doutrina é que a lei deve respeitar o ato consumado, mas o ponto em que discordamos de seu argumento está em que, para o egrégio ministro, só a sentença proferida no processo de inventário é ato consumado: "É ato perfeito e consumado a partilha, ou não"?

Que o é não padece dúvida, e, por isso, só se anulará pelos vícios que invalidam os atos jurídicos em geral (CC de 1916, art. 1.805)".[40]

Seu argumento, se corrobora a doutrina que seguimos, e reforça que se mantenha intangível o direito do herdeiro à sucessão, em face do reconhecimento judicial de paternidade, realizado por força de uma lei que entrou a vigorar depois da abertura da sucessão, não contém, entretanto, *data venia*, o fundamento da boa doutrina, uma vez que, muito embora esteja ainda aberto o processo do inventário, *já se consumara a transmissão hereditária com a abertura da sucessão, simultânea ao óbito do inventariado; já os herdeiros tinham recebido a herança, já lhe tinham adquirido a propriedade e a posse.*

267. Em trabalho publicado na *Revista de Direito*,[41] Haroldo Valadão sustenta que o filho ilegítimo, nascido anteriormente à nova lei permissiva do reconhecimento, tem ação contra os herdeiros do pai, compreendido como efeito da declaração de estado o direito à sucessão, mesmo que aberta anteriormente à nova lei.

Além dos argumentos que já examinamos, apresenta este saudoso jurista outro, segundo o qual não se pode, para negar efeito necessário ao reconhecimento, invocar o direito intertemporal da sucessão:

> "Primeiramente, o direito intertemporal da sucessão não é idêntico ao direito intertemporal da filiação natural, aquele fazendo reger a sucessão pela lei do dia da morte; este determinando o reconhecimento forçado do filho natural pela lei da data do reconhecimento.

---

[40] Espínola, obra e loc. cits.
[41] Haroldo Valadão, *Revista de Direito*, vol. 145, p. 221.

Depois, o direito intertemporal da sucessão rege apenas a sucessão, mas não a filiação; disciplina os direitos dos herdeiros, mas não regula os modos e as formas do reconhecimento dos filhos".

Aplicando estas premissas, sustenta que o direito intertemporal da *sucessão* não pode determinar "os modos e as condições do reconhecimento dos filhos naturais", porque, na forma dos princípios reguladores do seu próprio direito intertemporal, "depende da lei vigente à época do reconhecimento".

Não nos rendemos ao argumento: o direito intertemporal da filiação é, de fato, o que regula o reconhecimento, que depende da lei vigente na época em que é feito. Mas é de princípio que o efeito retro-operante da sentença declaratória de paternidade respeita as situações jurídicas definitivamente constituídas e a execução do ato jurídico perfeito.

Não há necessidade de se invocarem os princípios do direito intertemporal sucessório, porque, aplicando-se o direito positivo em vigor na época da abertura da sucessão, em virtude do qual a herança se transmite, desde logo, aos herdeiros, toda a questão se reduz, sem envolver conflito no tempo de leis reguladoras da sucessão, a precisar se os herdeiros existentes no momento do óbito do pai natural adquiriram a propriedade e a posse da herança.

O ilustrado jurista apenas desloca de seus termos o problema, sem conseguir demonstrar a falsidade da doutrina que combate.

Não contestamos que o direito intertemporal da sucessão rege apenas esta, e não afeta as normas reguladoras dos modos e formas do reconhecimento. Não contestamos que o filho natural pode fazer-se reconhecer, ainda que o pai tenha morrido antes da nova lei que lhe veio atribuir esta faculdade. Mas afirmamos que o efeito retroativo da sentença de reconhecimento, tendo por limite as situações definitivamente constituídas e os atos consumados sob o império da lei caduca, não pode atingir a propriedade da herança deferida aos herdeiros de seu pai, num momento em que o filho natural era carecedor da ação de perfilhação, e, conseguintemente, num momento em que as leis o excluíam da sucessão.

Se as leis em vigor o impossibilitavam de investigar a paternidade, e, pois, de herdar, os outros herdeiros receberam legalmente a herança. A sentença posterior não pode alterar os efeitos de uma transmissão hereditária regular e válida.

É a opinião de Estêvão de Almeida:

> "No entanto, se antes da vigência do Código, finou-se o pretenso pai, contra o qual teria de ser proposta a ação, e esta passou a ser cabível contra os herdeiros dele, a ação para declaração de filiação tem lugar.
>
> Aquilo, porém, que do mesmo seus herdeiros houveram, certamente não poderá ser reclamado pelo filho do *de cujus*, pois que, tendo-se antes da ação

aberto a sucessão desse *de cujus*, em favor de tais herdeiros, é consumado o direito desses ao patrimônio daqueles".[42]

Não diverge a lição de Soares de Faria, que admite possa o filho investigar a paternidade, mesmo contra os herdeiros do pai premorto à lei permissiva, mas nega-lhe o direito de concorrer à herança, de que já os herdeiros haviam adquirido a propriedade e a posse:

> "Os herdeiros, ao tempo da morte, eram tão somente os existentes nesse momento, e o filho ilegítimo, não reconhecido por alguma das formas exigidas pela lei que vigorava a esse tempo, não era, não podia ser herdeiro, não tinha direito à herança.
>
> Esta, desde o momento da morte do *de cujus*, passou integralmente para os que eram herdeiros e adquiriram o direito sobre a sua totalidade, e, com a partilha, vieram os bens da herança incorporar-se definitivamente ao seu patrimônio".[43]

Com esta solução está, ainda, de acordo Zicarelli Filho.[44]

268. Contra o argumento de Roubier, segundo o qual a lei não é retroativa, mas a situação jurídica decorrente da sentença é que retroage, pode-se, também objetar com vantagem. Quando a lei concede um efeito retroativo a uma situação jurídica, diz ele, é por motivos que não se acomodam à restrição dos efeitos sucessórios a certa época.[45]

A retroatividade da situação jurídica, dizemos, não é absoluta, porque esbarra no obstáculo intransponível das situações constituídas definitivamente por terceiros e o ato consumado sob domínio da lei caduca.

Se a transmissão da herança aos outros herdeiros, num momento em que o filho natural estava impossibilitado de suceder porque não tinha a faculdade de investigar a paternidade, é uma situação desta sorte (e já mostramos por mais de uma vez que é), a conclusão é que a situação jurídica retroativa, provinda da sentença declaratória, deve respeitá-la, guardando-se de atingi-la.

Henri Capitant, ao fazer a crítica da doutrina da Cassação Francesa,[46] assentando a premissa incontestável que, no dia da abertura da sucessão do pai, não tinham os herdeiros deste a temer a eventualidade de uma ação de pesquisa de

---

[42] Estêvão de Almeida, *Manual Lacerda*, vol. VI, p. 167.
[43] Soares da Silva, op. cit., p. 107.
[44] Zicareli Filho, *Investigação da Paternidade Natural*, p. 181.
[45] Roubier, op. cit., vol. I, p. 422.
[46] Henri Capitant, *in Recueil Périodique*, Dalloz, 1917.1.8.3.

paternidade, "porque a lei o proibia, e, portanto, àquela época, entre os titulares à sua sucessão não figurava, nem podia figurar o filho natural não reconhecido".

Conclui o autor:

> "É somente por efeito da lei nova, que lhe concedeu a ação de investigação de paternidade, que o filho adquiriu direitos à sucessão do pai. Ora o princípio da não retroatividade, escrito no art. 2º do Código Civil, opõe-se a que se faça remontar ao passado a aplicação de uma lei, para destruir o que existia antes dela...
>
> Os que recolhem uma sucessão devem estar ao abrigo de toda reclamação tendo sua origem numa lei posterior ao passamento do *de cujus*, quer tenha ou não esta lei por objeto modificar o regime sucessório, porque, num ou noutro caso, o perigo é o mesmo para os interessados, e é contra este perigo que os protege o art. 2º".

269. Resumindo: a ação de investigação de paternidade é cabível contra o pai ou seus herdeiros, mesmo que o filho tenha nascido no império da lei proibitiva, e o pai tenha morrido sob a vigência da mesma lei.

Mas a pertinência da ação declaratória não quer dizer que os direitos hereditários não têm limite. Certo que têm. Esbarram no direito adquirido, respeitam a situação jurídica definitivamente constituída, guardam-se de ofender os efeitos já produzidos sob o império da lei que vigorava então, e não afetam as transmissões hereditárias consumadas, em obediência à legislação vigente no momento em que se operaram.

Mas, não é só o efeito sucessório que a sentença de reconhecimento produz. Não é só o direito à herança paterna que constitui efeito da declaração de estado. Não pode, também, a ação condenatória de prestação alimentar ou de petição de herança, ainda que cumulada à declaratória de filiação, afetar a natureza desta, nem influir sobre seu desfecho, pois nem o fato de ser improcedente a ação de petição de herança será incabível ou deixará de ter procedência a ação de estado. A acumulação das ações, num mesmo pedido, não se traduz na impossibilidade da separação de seus efeitos: a sentença que julga procedente a declaração de estado, nem por isso terá, forçosamente, de conceder a consequência patrimonial; que é o efeito sucessório.

Se o filho reconhecido nos termos da lei nova, não pode tocar a herança do pai, deferida aos herdeiros deste antes de vigorar a lei permissiva do reconhecimento, não deixa de ser titular de outros direitos, porque a perfilhação outros efeitos produz. A maior parte das vezes, como se observa nos repositórios de jurisprudência, que refletem o que ocorre no movimento forense, as ações de investigação de paternidade visam de preferência ao efeito sucessório, e outras vezes, numerosas também, à petição de alimentos. Mas restringir-se-ia indevidamente o alcance das ações de estado, se se considerasse que é o efeito sucessório o objetivo de toda ação de perquisição paternal, se se entendesse que, desvestida do efeito sucessório, ficaria a ação declaratória de paternidade vazia de conteúdo.

270. A jurisprudência pátria, em termos de aplicação da Lei nº 883, de 21.10.1949, no particular dos efeitos sucessórios, não destoa da tese por nós desenvolvida e sustentada. De primeiro, cumpre distinguir a faculdade atribuída ao filho adulterino, de se fazer reconhecer com fundamento nesse diploma. Nesse particular, nenhum empeço existe. O efeito imediato e geral da lei nova abre ao filho havido fora do matrimônio o direito de investigar a paternidade, mesmo que o pai haja falecido anteriormente à sua vigência.

Descendo, contudo, aos seus efeitos sucessórios, a aplicação dos bons princípios milita no sentido de que, como a Lei nº 883 já encontra aberta a sucessão anteriormente à sua vigência, não confere ao reconhecido direitos sucessórios, uma vez que os herdeiros, únicos existentes à data da abertura da sucessão, têm sobre a herança um direito adquirido, que a lei nova não pode, sem retroatividade, atingir.

Neste sentido decidiu o Supremo Tribunal Federal, assentando que a declaração de paternidade retroage à data da abertura da sucessão, desde que esta se tenha verificado na vigência da Lei nº 883, de 1949.[47]

O mesmo Supremo Tribunal Federal, em outro caso, distinguiu entre direito adquirido e expectativa de direito, para decidir que esta não impede a perquisição paternal.[48]

O Tribunal de Justiça do antigo Distrito Federal julgou que os filhos adulterinos, reconhecidos por sentença em virtude da Lei nº 883, de 1949, não concorrem à sucessão do pai, aberta antes de sua vigência.[49]

O Tribunal de São Paulo, voga nas mesmas águas, posto se reporte à partilha feita e julgada anteriormente a este diploma.[50]

O Tribunal de Justiça do Rio Grande do Sul aplica o mesmo princípio, quando decide que os efeitos da Lei nº 883, de 1949, não podem retroagir para modificar situações já consumadas e direitos adquiridos à data de início de sua vigência.[51]

No mesmo sentido, o Tribunal de Justiça do Ceará considera que a situação definitivamente consumada, como o deferimento da herança aos sucessores legítimos, não pode ser alterada pela superveniência de lei que altere o estatuto jurídico.[52]

---

[47] Acórdão, *Rev. Trimestral de Jurisprudência*, vol. 50, p. 699.
[48] Acórdão, *Revista Forense*, vol. 165, p. 99.
[49] Acórdão, *ibidem*, vol. 157, p. 253.
[50] Acórdão, *ibidem*, vol. 113, p. 436.
[51] Acórdão, *ibidem*, vol. 213, p. 234.
[52] Acórdão, *ibidem*, vol. 122, p. 222.

A doutrina que desenvolvemos prevalece, *mutatis mutandis*, em face do que dispõe a Lei nº 6.515, de 26.12.1977, quer quanto à irrevogabilidade do reconhecimento por via de testamento cerrado, quer quanto à equiparação aos filhos legítimos para efeito sucessório, quer ainda ao reconhecimento automático concedido ao beneficiário de alimentos.

Examinamos cada um dos efeitos do reconhecimento encerrando com o sucessório. Podemos concluir, em face da minuciosa análise do direito intertemporal a que procedemos, que, se se nega ao filho o direito à herança paterna, por ter sido aberta a sucessão numa época em que o reconhecimento lhe era interdito, e deferida a herança aos herdeiros, entre os quais não se inscrevia o filho extraconjugal, por não estar reconhecido, e nem poder ainda fazer-se reconhecer nos termos do direito positivo vigente, nem por isto a sua perfilhação apresenta-se erma de efeitos jurídicos, pois que lhe restam o direito de usar o nome paterno; o de se inscrever no registro civil e de ser titular de um *status filiationis*; o direito de concorrer à sucessão futura de parente do ramo paterno; o direito à percepção de alimentos; o direito de transmitir aos seus descendentes as consequências de sua vinculação à família paterna; os efeitos do pátrio poder.

O mesmo raciocínio é cabível com a promulgação da Constituição de 1988 e edição da Lei nº 7.841, de 1989: concedendo o reconhecimento ao filho espúrio não lhe deferem a herança se esta se abriu antes de seu império e deferiu-se aos que, naquele momento já haviam-na adquirido.

O STJ entende, contudo, que "Desnecessário é ajuizar-se ação de nulidade de inventário, quando o herdeiro reconhecido em investigação de paternidade não participou da partilha, sendo nesta, terceiro estranho. A prescrição é de vinte anos[53], quando o herdeiro não citado no inventário, a este não foi chamado". De acordo com o voto do Relator, reconhecido o filho-herdeiro, pleno jure, resulta a desconstituição da partilha, na qual não figurou, sendo assim considerado terceiro estranho em relação a ela (3ª Tuma, REsp 33858-SP, Rel. Min. Waldemar Zveiter, julgado em 28.11.1995, *DJ* 05.02.1996 p. 1382).

Segundo o acórdão proferido no REsp 16137-SP (4ª Tuma, Relator Min. Sálvio de Figueiredo Teixeira, julgado em 21.02.1995, *DJ* 27.03.1995 p. 7162, "II – A execução da decisão de procedência proferida em autos de petição de herança faz-se, como regra, por meio de simples pedido de retificação de partilha, uma vez que a sentença homologatória de partilha não faz coisa julgada em relação ao herdeiro não convocado ao processo de inventário (art. 472, CPC – art. 506 do CPC/2015)".

---

53 O julgamento considerou o prazo geral de prescrição previsto no CC de 1916 (art. 177), hoje de 10 anos, de acordo com o CC de 2002 (art. 205).

§ 5º O problema da legitimação para suceder da pessoa havida por procriação assistida *post mortem*

271. O Código Civil de 2002, no art. 1.596, apenas repetiu a norma já estabelecida na Constituição Federal (art. 227, § 6º), que introduziu no ordenamento jurídico o sistema da igualdade de filiação. Assim, a partir do texto da Constituição Federal, aboliram-se todas as formas de discriminação entre os filhos, a partir de sua origem, ficando revogadas pelo novo texto constitucional as regras anteriores contrárias à igualdade de filiação, do Código de 1916 e leis posteriores.

Destaque-se, a respeito da absoluta igualdade dos filhos na questão sucessória, que a regra legal diz que são iguais os direitos sucessórios dos filhos na sucessão legítima. Neste sentido, como se poderia enquadrar, então, a hipótese prevista no inciso III do art. 1.597 do Código Civil de 2002 – que estabelece que são concebidos na constância do casamento os filhos havidos por fecundação artificial homóloga, mesmo que falecido o marido – tendo em vista que o art. 1.798 do Código apenas reconhece legitimação sucessória às pessoas nascidas ou já concebidas no momento da abertura da sucessão? Trata-se de uma questão de direito intertemporal da filiação e da sucessão dos filhos havidos do casamento, visto que o art. 1.597 do Código regula a presunção de paternidade dos filhos de pais casados.

Pela regra do art. 1.597, o filho havido artificialmente, após a morte do pai, computa-se concebido na constância do casamento. Desta forma, haveria o preenchimento, em tese, do requisito para sua legitimação sucessória, equiparando-se este filho, para os efeitos legais, ao nascituro.

Acrescente-se, ainda, a inovação trazida pelo Código de 2002 com a regra que torna válida a disposição testamentária contemplando a prole eventual de determinada pessoa, ou estabelecendo uma substituição (art. 1.799, I). Nestes casos, a transmissão hereditária é condicional, subordinando-se a aquisição da herança a evento futuro e incerto, no prazo de 2 anos, contados da abertura da sucessão, de acordo com o estabelecido no Código.

Desta forma, podem ser consideradas exceções ao princípio de que o herdeiro deva existir no momento da abertura da sucessão: a hipótese supramencionada de sucessão à prole eventual e a hipótese da sucessão ao nascituro. Neste último caso exige-se que o mesmo já esteja concebido no momento da abertura da sucessão.

272. Por conseguinte, trata-se de tema extremamente polêmico a questão da legitimação para suceder do filho havido por procriação artificial *post mortem*, ou seja, ainda não nascido nem implantado no útero materno no momento da abertura da sucessão.

Como já mencionamos anteriormente, em situações excepcionais defere-se a herança a pessoa ainda não existente no momento da abertura da sucessão, como por exemplo, a situação do nascituro, desde que já concebido quando da abertura da sucessão. Entendemos que o nascituro é carecedor de personalidade, mas tem preservada a titularidade de direitos, condicionada ao nascimento com vida. Uma outra situação em que se defere herança a pessoa ainda não existente quando da abertura da sucessão é "a possibilidade de instituição como herdeira, através de disposições testamentárias, da chamada *prole eventual* de pessoas designadas e existentes ao se abrir a sucessão (CC, art. 1.799, I). Nesta situação, o direito sucessório é condicional, subordinando-se a sua aquisição ao evento futuro e incerto."[54]

Abordamos este tema na obra Instituições de Direito Civil – Direito das Sucessões:[55]

> "A assombrosa evolução científica das últimas décadas sugere ao jurista, em tema de sucessão legítima, problema nem de longe versado no Código Civil de 1916, mas que necessariamente deve ser agora enfrentado à luz dos arts. 1.597 e 1798 do novo diploma. Referimo-nos a uma possível legitimação sucessória das pessoas *concebidas em processos de reprodução assistida*, quando a concepção se der *após* a abertura da sucessão.
>
> Em disposição infeliz, o Código de 2002 (art. 1.597) afirma que *se presumem* 'concebidos na constância do casamento' os filhos 'havidos por fecundação homóloga, mesmo que falecido o marido' (nº III). Em realidade, ocorrendo a concepção, por processo artificial, depois da morte do pai, não há que *presumir* sua contemporaneidade com um casamento *sabidamente* dissolvido por aquele óbito anterior: a hipótese é, claramente, de *ficção jurídica*, e não de verdadeira presunção.
>
> Resta saber como semelhante 'presunção' (*rectius*, ficção) se harmoniza com a regra do art. 1.798, que apenas reconhece legitimação sucessória às 'pessoas nascidas ou já concebidas no momento da abertura da sucessão'. Se o filho havido artificialmente, após a morte do pai, reputa-se concebido 'na constância do casamento', estaria aparentemente preenchido o requisito para sua legitimação sucessória: seria ele, para os efeitos legais, um nascituro (e não mero *concepturo*), plenamente equiparado ao que, já concebido por processo natural, apenas não houvesse ainda nascido quando da abertura da sucessão.
>
> A tendência, porém, é a de negar legitimação para suceder a tais pessoas."

Esta questão é bastante complexa em face do princípio constitucional da absoluta igualdade de direito entre os filhos, a qual, em tese, não admitiria interpretação que determinasse a exclusão dos direitos sucessórios desses filhos.

---

54 Francisco José Cahali e Giselda Maria Fernandes Novaes Hironaka, *Curso Avançado de Direito Civil* – vol. 6 – Direito das Sucessões, p. 129.
55 Caio Mario da Silva Pereira, *Instituições de Direito Civil – Direito das Sucessões* – Vol. 6 – 15ª ed. – atualizada por Carlos Roberto Barbosa Moreira, pp. 32-33.

A doutrina brasileira tem sido oscilante no tratamento da questão, inclinando-se no sentido de negar legitimação para suceder aos filhos havidos por procriação artificial *post mortem*, quer na hipótese de a morte do ascendente preceder à concepção, quer na de implantação de embriões depois de aberta a sucessão.

Jussara Maria Leal de Meirelles considera que, em matéria sucessória, "seria impensável a aceitação legal de um sucessor cuja existência dependesse de ato de terceiros (médico e mulher receptora). Segundo os critérios legais, ou o herdeiro é designado pelo testador ou é determinado legalmente; porém, inconcebível a admissão legal de um herdeiro cuja caracterização como tal viesse a depender de um ato voluntário de um médico, da viúva do *de cujus* ou de outras pessoas".[56]

Adotando posição oposta, Francisco José Cahali conclui que, embora a contragosto, diante da presunção de paternidade regulamentada pelo art. 1.597, III a V, os filhos assim concebidos terão o mesmo direito sucessório que qualquer outro filho havido pelos meios naturais, considerando ainda que "estaremos diante de tormentoso problema quando verificado o nascimento após anos do término do inventário, pois toda a destinação patrimonial estará comprometida".[57]

Silmara Juny Chinelato também defende posição contrária à exclusão dos direitos sucessórios desses filhos havidos *post mortem*. Na hipótese de já existir embrião pré-implantatório por ocasião da morte do pai, entende a autora que se aplicam as mesmas regras relativas ao nascituro. Na hipótese de, no momento da morte, haver apenas sêmen do pai destinado à fertilização homóloga, aplicar-se-ia o disposto no inciso III do art. 1.597 combinado com o art. 1.799, I, que permite disposição testamentária em favor de prole eventual a ser concebida *post mortem* no prazo de dois anos após a abertura da sucessão. Conclui a referida doutrinadora que:

> "Analisando o Direito Civil à luz da Constituição Federal, que consagra a igualdade dos filhos de quaisquer origens como direito fundamental fora do catálogo mas com *status* constitucional formal, conforme considera Ingo Wolfgang Sarlet, ou como princípio ou como norma, não se poderá discriminar o filho havido *post mortem*, concebido com sêmen do pai pré-morto, depois do prazo de dois anos de que trata o § 4º do art. 1.800 do Código Civil".[58]

Inúmeras hipóteses podem ser levantadas, complicando-se ainda mais as questões jurídicas acima referidas. Deve-se atribuir aos embriões congelados a

---

[56] "Os embriões humanos mantidos em laboratório e a proteção da pessoa: o novo Código Civil brasileiro e o texto constitucional", in: *Novos Temas de Biodireito e Bioética*, pp. 89-90.
[57] Francisco José Cahali e Giselda Maria Fernandes Novaes Hironaka, *Curso Avançado de Direito Civil* – vol. 6 – Direito das Sucessões, p. 132.
[58] *Comentários ao Código Civil*, vol. 18, p. 60.

condição de nascituros, como, aliás, propõe o Projeto de Lei nº 6.960, de 2002? Ou serão efetivamente prole eventual, condicionada ao evento futuro e incerto de implantação num útero apto a gestá-lo?

Giselda Hinoraka pondera que:

> "Se forem considerados nascituros, terão adquirido a propriedade da quota-parte que lhes toque, o que pode causar inconvenientes gravíssimos se alguns forem os embriões congelados, como sói acontecer, ocasionando a divisão do monte partível em inúmeras partes iguais. Se, por outro lado, forem considerados prole eventual, afastados da sucessão legítima, poderão restar excluídos da sucessão do pai ou da mãe que não conheceram, mas a quem devem a paternidade biológica. Nesta derradeira hipótese poder-se-ia adotar a solução proposta por SILVIO RODRIGUES no que toca ao rompimento do testamento por reconhecimento de paternidade posterior à morte do testador (...)".[59]

Esta matéria, extremamente polêmica, já conta com orientação abalizada preconizando o reconhecimento dos direitos sucessórios, nos termos do Enunciado nº 267, da III Jornada de Direito Civil promovida pelo Centro de Estudos Judiciários, do Conselho da Justiça Federal, no último bimestre de 2004: *"A regra do art. 1.798 do Código Civil deve ser estendida aos embriões formados mediante o uso de técnicas de reprodução assistida, abrangendo, assim, a vocação hereditária da pessoa humana a nascer cujos efeitos patrimoniais se submetem às regras previstas para a petição da herança"*. Entendemos que o tema merece profundas reflexões, demandando o trabalho construtivo da jurisprudência e a definição de parâmetros para a regulamentação futura do estatuto jurídico do embrião e dos direitos decorrentes desta regulamentação.

O problema se agrava quando se trata de filho havido por utilização de técnica de reprodução procriação assistida post mortem, que não goza de presunção de paternidade, caso dos filhos de pessoas não casadas, que devem ser, portanto, reconhecidos.

272-A. Pouco se efetivamente avançou nas repostas às questões apresentadas, as quais em verdade exigem regulamentação específica. Nesse passo, destaque deve ser dado à sólida construção doutrinária sobre a extensão dos efeitos sucessórios expendida neste capítulo, a qual constitui alicerce seguro para a elaboração das soluções – já exigidas – dos problemas sucessórios que estão postos.

A utilização das técnicas de reprodução assistida fizeram renascer, de modo agravado, algumas das situações aqui analisadas, que pareciam sepultadas pelo

---

[59] Francisco José Cahali e Giselda Maria Fernandes Novaes Hironaka, *Curso Avançado de Direito Civil* – vol. 6 – Direito das Sucessões, p. 356.

sistema da igualdade de filiação instaurado pela Constituição da República de 1988. A questão, em síntese, é saber se filhos concebidos ou que só entrem em gestação após a morte do pai têm direito a sucessão deste. Não se cuida agora do *efeito do reconhecimento* de um filho, mas do *efeito do nascimento* de um filho – o que pode ocorrer em até vinte anos após a morte do pai – filho esse que literalmente não existia (porque não concebido[60]) ou pelo menos não se encontrava sequer em gestação (caso do embrião não implantado[61]). Qual a extensão dos efeitos de tal nascimento?

Lembre-se que o CC de 2002, no que tange à reprodução assistida, se referiu apenas aos filhos havidos do casamento (art. 1.597, III, IV e V). Em aberto se encontra a questão relativa aos filhos havidos fora do casamento, portanto, que devem ser reconhecidos por não gozarem expressamente da presunção de paternidade.[62] Certo é que têm direito ao reconhecimento, que em princípio não deverá apresentar problemas, não só pela existência de vínculo biológico no caso das técnicas homólogas, como também em razão dos documentos que instruem o procedimento médico, especialmente o termo de consentimento, que constituem, sem dúvida, boa prova do vínculo parental que tiver que ser eventualmente declarado pela via judicial. Com relação aos filhos havidos através de técnicas heterólogas reportamo-nos ao § 132.2 da presente obra.

Em particular com relação aos filhos havidos fora do casamento interessa a definição da questão sucessória. Um paralelismo entre a situação do *reconhecimento* e do *nascimento* pode ser traçado, para fins de reflexão, sem qualquer pretensão de se esgotar o complexo debate. Para tanto, serão trazidos à colação alguns trechos da argumentação original tecida pelo autor da presente obra, cuja repetição se impõe por sua atualidade e efetiva contribuição para o debate.

Por força do princípio constitucional da plena igualdade entre os filhos, os que nascerem a qualquer tempo em decorrência da utilização das técnicas de reprodução assistida, têm assegurados todos os direitos reconhecidos aos filhos nascidos durante a vida de seus pais. Em outras palavras, têm garantidos todos os direitos pessoais (ou existenciais) e patrimoniais que cabem aos filhos, qualquer que seja sua origem.

---

[60] Este o caso objeto do art. 1.597, III, do CC de 2002, segundo o qual: "Presumem-se concebidos na constância do casamento os filhos: [...] III – havidos por fecundação artificial homóloga, mesmo que falecido o marido".

[61] Hipótese prevista no art. 1.597, IV, do CC de 2002: "Presumem-se concebidos na constância do casamento os filhos: [...] havidos, a qualquer tempo, quando se tratar de embriões excedentários, decorrentes de concepção artificial homóloga."

[62] Não obstante o entendimento de respeitáveis doutrinadores que estendem aos filhos havidos fora do casamento a presunção de paternidade, fato é que o art. 1.597 do CC de 2002 contempla expressamente apenas os filhos havidos do casamento, o que gera inúmeros problemas de ordem prática, como o da atribuição da paternidade no registro civil de nascimento.

O exame das questões que estão postas exige, porém, que se faça a distinção entre esses efeitos, ou nos termos vistos anteriormente: *"temos salientado que a ação de estado não se confunde com os seus efeitos, sendo a ação que visa à declaração, distinta da condenatória de petição de herança; se temos acentuado que os efeitos do reconhecimento são inábeis para alterar-lhe a natureza, chegamos a um ponto em que a dissociação deve ser bem nítida, para não incidirmos em equívoco, no qual,* data venia, *incorrem os mais apurados juristas.*

A ação de estado, repetimos, é apenas declaratória da existência de um fato natural – a procriação; de uma relação jurídica – a paternidade.

Pode ser proposta independentemente de seus efeitos, pode ser intentada apenas para que o Poder Judiciário, ante a prova de um fato de que a lei presume o vínculo da paternidade, declare esta relação de direito. Sua finalidade, exclusiva, é o acertamento de uma relação jurídica; seu objetivo, patentear o laço biológico da paternidade, declarar o vínculo jurídico da filiação".

Como já observado, os direitos existenciais, particularmente por sua natureza, devem ser assegurados a qualquer tempo, ainda que o direito a herança não venha a ser deferido, visto que o filho *"não deixa de ser titular de outros direitos, porque a perfilhação outros efeitos produz. A maior parte das vezes, como se observa nos repositórios de jurisprudência, que refletem o que ocorre no movimento forense, as ações de investigação de paternidade visam de preferência ao efeito sucessório, e outras vezes, numerosas também, à petição de alimentos. Mas restringir-se-ia indevidamente o alcance das ações de estado, se se considerasse que é o efeito sucessório o objetivo de toda ação de perquisição paternal, se se entendesse que, desvestida do efeito sucessório, ficaria a ação declaratória de paternidade vazia de conteúdo".*

Desse modo, mesmo que eventualmente não tenha direito à herança, por não ter sido concebido ou estar em gestação na época da abertura da sucessão, sem poder ainda fazer-se reconhecer nos termos do direito positivo vigente, nem por isto a sua perfilhação apresenta-se erma de efeitos jurídicos, pois que lhe restam o direito de usar o nome paterno; o de se inscrever no registro civil e de ser titular de um *status filiationis*; o direito de concorrer à sucessão futura de parente do ramo paterno; o direito à percepção de alimentos; o direito de transmitir aos seus descendentes as consequências de sua vinculação à família paterna; os efeitos do poder familiar.

Contudo, como já destacado, para habilitar o filho à sucessão não *"a existência da relação biológica da paternidade. É necessário, ainda, que exista a relação jurídica respectiva".* Por conseguinte, é indispensável o reconhecimento quando se tratar de filho havido por reprodução assistida fora do casamento.

Mas não é só. A situação jurídica do filho havido por reprodução assistida fora do casamento é peculiar, e à primeira vista não legitimidade sucessória, diante do disposto no art. 1.798 do CC de 2002, segundo o qual "Legitimam-se a suceder as pessoas nascidas ou já concebidas no momento da abertura da sucessão".

Como esclarece Heloisa Helena Barboza,[63] até a década de setenta, o dispositivo não apresentava maior problema. Contudo, a partir do desenvolvimento das técnicas de reprodução assistida, e da possibilidade de haver a concepção (assim se entendendo a junção do espermatozoide com o óvulo) em laboratório (dando origem ao que se denominou "bebê de proveta"), a legitimação para suceder conferida pela lei a "pessoas já concebidas" gera questionamentos.

Como já salientado, ao mencionar as técnicas, o CC de 2002 *não estabeleceu qualquer prazo*, deixando pendente por tempo indeterminado, se não a transmissão, o deferimento da herança, que poderá jamais se operar, uma vez que, em ambas as hipóteses, estamos diante apenas de uma possibilidade, cuja verificação dependerá de diversos fatores. Há, portanto, que se fazer a distinção entre as situações tratadas no art. 1.597, III e IV, para análise dos efeitos sucessórios.

De acordo com Barboza[64], "no caso da inseminação *post mortem* (art. 1.597, III), a concepção que de fato se verifica *após* a abertura da sucessão, se presume anterior (durante o casamento), por força do que dispõe o *caput* do citado artigo. Contudo, afastados os possíveis entraves (que vão desde o insucesso das tentativas de fertilização da mulher, até a impugnação por parentes à utilização do sêmen do falecido), cabe indagar: como proceder? Aberta a sucessão e iniciado o respectivo inventário, havendo *sêmen* congelado do marido, o que fazer? Ignorar o fato ou 'reservar bens' – mas para o *quê*? Trata-se, efetivamente, de um "*que*", posto que até a concepção há apenas o sêmen do marido morto, portanto, um tecido, juridicamente uma coisa. Será razoável, em nome da presunção do art. 1.597, reservar bens em razão de mera possibilidade, para um ser sequer concebido? Por quanto tempo?"

Da aplicação da regra testamentária, acima mencionada, que limita a 2 anos, após a abertura da sucessão, o prazo para concepção da prole futura beneficiada em testamento (art. 1.798 c/c 1.800, § 4º), decorre que, se não concebido o herdeiro, os bens para ele reservados (salvo disposição em contrário no testamento), passam aos herdeiros legítimos. Isto significa que os concebidos após dois anos da abertura da sucessão não terão legitimidade sucessória. Cabe indagar: terá a regra prevista para a sucessão testamentária (que não se refere à hipótese) o condão de excluir um herdeiro necessário, titular do direito fundamental à herança, constitucionalmente garantido (CR, art. 5º, XXX)?[65]

Ainda de acordo com Barboza, "no segundo caso (artigo 1.597, IV), haverá de fato embriões concebidos *antes* da abertura da sucessão. Esses embriões, deno-

---

[63] Heloisa Helena Barboza, In: Gustavo Tepedino. (Org.). *Direito Civil Contemporâneo*: Novos problemas à luz da legalidade constitucional. 1 ed. São Paulo: Editora Atlas S.A., 2008, p. 320-327.
[64] Idem, p. 326.
[65] Observe-se que os julgados do STJ, embora em hipótese distinta, mencionados neste § asseguram o direito sucessório do filho que não participou da partilha, respeitado o prazo prescricional.

minados excedentários (fruto da técnica de fertilização *in vitro*), podem também jamais ser transferidos para o útero de uma mulher, para fins de gestação e nascimento. A transferência pode ocorrer, mas não haver gravidez. Observe-se, ainda, que pode haver embriões inviáveis (que jamais se desenvolverão normalmente). Além disso, cabe lembrar que podem ocorrer os mesmos entraves acima citados, ensejando as mesmas perguntas".

Embora no caso do inciso IV formalmente esteja atendido o requisito da concepção, exigido pelo art. 1.798 do CC de 2002, cabe igualmente indagar: diante dessas possibilidades, será razoável reservar bens para os embriões, em razão das suas potencialidades? E com relação aos embriões inviáveis, que não têm essas potencialidades? Em qualquer caso, por quanto tempo? Observe-se que a aplicação da regra testamentária de 2 anos conduz a seguinte alternativa: reservar bens para embriões crioconservados ou excluí-los da sucessão, caso venham a nascer depois daquele prazo. Repete-se aqui a pergunta já feita: é possível simplesmente excluí-los?

Deve-se considerar que, se é certo que os demais herdeiros, que têm uma situação jurídica definitivamente constituída, têm direito adquirido, não menos certo é que o direito dos filhos que venham tardiamente a nascer, por decisão de um de seus pais, merece proteção, para que não haja violação do princípio constitucional que assegura a igualdade entre os filhos. Até o momento, a fórmula encontrada para tanto é a proposta pelo Conselho da Justiça Federal, nos termos do Enunciado nº 267[66], da III Jornada de Direito Civil, realizada em 2004, que submete a vocação hereditária da pessoa por nascer às regras previstas para a petição da herança, portanto à prescrição do exercício da pretensão sucessória de natureza patrimonial, que deve ser exercida no prazo de 10 anos, contados a partir da abertura da sucessão (CC de 2002, art. 205).

Embora o enunciado se refira a embriões, sua interpretação pode aproveitar, feita a necessária adequação, os filhos havidos por inseminação artificial *post mortem* (CC, art. 1.597, III).

As considerações acima se aplicam às técnicas heterólogas que venham a gerar filhos fora do casamento, no que couber, e desde que haja expresso consentimento daquele a quem será atribuída a paternidade. Com relação aos filhos havidos do casamento (CC de 2002, art. 1.597, V), reportamo-nos ao § 131.11 desta obra.

Diante da complexidade do tema, há que se aguardar a edição de regulamentação específica que possa dar efetiva proteção aos direitos dos filhos nascidos através das técnicas de reprodução assistida.

---

[66] Enunciado nº 267, da III Jornada de Direito Civil, realizada em 2004: "A regra do art. 1.798 do Código Civil deve ser estendida aos embriões formados mediante o uso de técnicas de reprodução assistida, abrangendo, assim, a vocação hereditária da pessoa humana a nascer cujos efeitos patrimoniais se submetem às regras previstas para a petição da herança".

BIBLIOGRAFIA

ALAGNA, Sérgio. *Famiglia apporti tra coningi nel nuevo pirito*. Milão: Giuffrè, 1979.

ALMEIDA, Estêvão de. *Direito de família, Manual Lacerda*. Ed. Jacinto.

ALMEIDA, Giselle G. de. "'Comentário' à Apel. Cível nº 18.566 – Investigação de paternidade". In: *Boletim de atualidades do IBEIDF* (Instituto Brasileiro de Estudos Interdisciplinares de Direito de Família), ano II, nº 4, ed. Especial, pp. 31-33, junho de 1998.

ALMEIDA JÚNIOR, A. *Paternidade*. São Paulo: Editora Nacional, 1940.

AMARAL, Francisco. *Direito Civil*: introdução. 5. ed. Rio de Janeiro: Renovar, 2003.

ANDRADE, Odilon. "Reconhecimento de filiação ilegítima" (Parecer). In: *Revista Forense*, vol. 85, p. 329, 1941.

ARIAS, José. *Derecho de familia*. Buenos Aires: Editora Guillermo Kraft, 1943.

ASCENSÃO, José de Oliveira. *Direito Civil* – Sucessões. 5. ed. Coimbra, 2000.

AZAMBUJA, Maria Regina Fay de. *Violência sexual intrafamiliar*: É possível proteger a criança?. Porto Alegre: Livraria do Advogado, 2004.

AZEVEDO, Filadelfo. "Voto". In: *Revista Forense*, vol. 95, p. 323, 1943.

BARBOZA, Heloisa Helena. *A filiação em face da inseminação artificial e da fertilização "in vitro"*. Rio de Janeiro: Renovar, 1993.

_____. "O direito de família no fim do século XX". In: BARRETO, Vicente de Paulo (Org.). *A nova família:* problemas e perspectivas. Rio de Janeiro: Renovar, 1997.

_____. "Direito de família no projeto de Código Civil: considerações sobre o 'Direito Pessoal'". In: *Revista Brasileira de Direito de Família*. Ano III, nº 11, Porto Alegre, Síntese, IBDFAM, out./dez. 2001.

_____. "Princípios do Biodireito". In: BARBOZA, Heloisa Helena; BARRETO, Vicente de Paulo (Orgs.). *Novos temas de Biodireito e Bioética*. Rio de Janeiro: Renovar, 2003.

_____. "Reprodução assistida e o novo Código Civil". In: FREIRE DE SÁ, Maria de Fátima e NAVES, Bruno Torquato de Oliveira (Coords.). *Bioética, Biodireito e o novo Código Civil de 2002*. Belo Horizonte: Del Rey, 2004.

BARREIRA, Dolor. "Condição jurídica dos filhos adulterinos no Direito brasileiro". In: *Revista Forense*, vol. 138, p. 23.

BARRETO, Edmundo Muniz. "Parecer sobre investigação de paternidade". In: *Revista do Supremo Tribunal*, vol. 17, p. 347, 1918.

BARROS, Hermenegildo de. *Do Direito das Sucessões, Manual Lacerda*. Rio de Janeiro: Jacinto, 1918, vol. XVIII.

_____. *Memórias do juiz mais antigo do Brasil*. Rio de Janeiro: Imprensa Nacional, 1942.

_____. Voto. In: *Revista do Supremo Tribunal*, vol. 89, p. 123, 1925.

BARROSO, Luís Roberto. *Interpretação e aplicação da Constituição*. 6. ed. São Paulo: Saraiva, 2004.

BAUDRY-LACANTINERIE, G. et FOURCADE, Houques M. *Traité théorique et pratique de droit civil – Des personnes*. 3. ed. Paris: Sirey, 1907.

BEAUCHET, Ludovic. *Histoire du droit privé de la République Athénienne*. Paris: Cheva- lier-Marescq, 1897, 4 vols.

BEITZKE, Günther. "La reforma de la condition juridique de l'enfant naturel en la République Fédérale d'Allemagne". In: *Rev. Internationale de Droit Comparé*, pp. 313 e segs., 1970.

BELLANTONI, Luigi; PONTORIERI, Franco. *La riforma del Diritto di Famiglia*. Nápoles: Jovene Editore, 1976.

BENABENT, Alain. *Droit Civil – La famille*. Paris: Litec, 1984.

BEUDANT, Ch. Crítica. *Dalloz Périodique*, 1878, p. 1.401.

BEVILÁQUA, Clóvis. *Código Civil Comentado*. Alves, diversas datas.

_____. *Direito de Família*. Recife: Liv. Contemporânea, 1896.

_____. *Direito de Família*. 6. ed. Rio de Janeiro: Freitas Bastos, 1938.

BITTENCOURT, Edgar de Moura. *O concubinato no Direito brasileiro*. Rio de Janeiro: Alba, 1961.

BOEIRA, José Bernardo Ramos. *Investigação de paternidade – Posse de estado de filho*. Porto Alegre: Livraria do Advogado, 1999.

BONNECASE, Julien. *Supplément au traité théorique et pratique de droit civil de BAUDRY-LACANTINERIE*. Paris: Sirey, 1924-1925.

_____. *La Philosophie du Code Napoléon appliquée au Droit de Famille*. Paris: Boccard, 1928.

BORGES CARNEIRO, Manuel. *Direito Civil de Portugal*. Lisboa: Souza Neves, 1867.

BROMLEY, P. M. *Family law*. Londres: Butterworth, 1976.

CAHALI, Yussef Said. *Dos alimentos*. São Paulo: Rumo Gráfico Editora, 1984; 4. ed. São Paulo: Revista dos Tribunais, 2002.

CAPELO, Maria José de Oliveira. *Interesse processual e legitimidade singular nas ações de filiação*. Coimbra: Coimbra Editora, 1996.

CAPITANT, Henri. Crítica. *Dalloz Périodique*, 1917.1.81.

CARBONNIER, Jean. *Droit Civil*. Paris: Presses Universitaires, 1969.

CARVALHO, Carlos Augusto de. *Nova Consolidação das Leis Civis ou Direito Civil Brasileiro Recopilado*. Rio de Janeiro: Alves, 1899.

CARVALHO SANTOS, J. M. *Código Civil Interpretado*. Rio de Janeiro: Calvino Filho, diversas datas.

CARRESI, Franco. *Il riconoscimento dei figli naturali*. Milão: Società Editrice Libraria, 1940.

CARRIL, Julio J. Lopes del. *Legitimación de hijos extramatrimoniales*. Buenos Aires: Roque Depalma, 1960.

CASSETTARI, Christiano. *Multiparentalidade e parentalidade socioafetiva*: efeitos jurídicos. São Paulo: Atlas, 2014.

CASTELLS, Manuel. *A era da informação*: Economia, sociedade e cultura. Trad. Klauss Brandini Gerhardt. São Paulo: Paz e Terra, 1999, vol. 2 – O Poder da Identidade.

CASTRO, Leonardo. Precedente perigoso. O preço do abandono afetivo. *Jus Navigandi*, Teresina, ano 12, n. 1607, 25 nov. 2007. Disponível em: <http://jus.uol.com.br/revista/texto/10696>. Acesso em: 8 ago. 2011.

CASTRO NUNES. Voto. *Revista Forense*, vol. 95, p. 324, 1943.

CHAVES, Antonio. *Adoção*. Belo Horizonte: Del Rey, 1995.

CHINELATO, Silmara Juny. *Comentários ao Código Civil*: parte especial: do direito de família. Coord. Antonio Junqueira de Azevedo. São Paulo: Saraiva, 2004, vol. 18 (arts. 1.591 a 1.710).

CHIOVENDA, Giuseppe. *Istituzioni di Diritto Processuale Civile Italiano*. Nápoles: Nicola Jovene & Cia., 1933.

CHIRONI, G. P. *Istituzioni di Diritto Civile Italiano*. 2. ed. Turim: Editores Fratelli Bocca, 1912.

CICU, Antônio. *La filiación*. Trad. espanhola de Faustino Gimenez Arnan e José Santacruz Teijeiro. Madrid: Victoriano Soares, 1930.

CIMBALI, Enrico. *La nuova fase del Diritto Civile*. 4. ed. Turim: Unione Tipografico, 1907.

COELHO, Ludgero Antônio. *Do casamento civil brasileiro*. Rio de Janeiro: Pereira Braga & Cia., 1899.

COELHO DA ROCHA, M. A. *Instituições de Direito Civil português*. Rio de Janeiro: Garnier, 1907.

COLIN, Ambroise et CAPITANT, Henri. *Cours élémentaire de Droit Civil français*, com o concurso de Juliot de la Morandière. 9. ed. Paris: Libraire Dalloz, 1935/39.

COLOMBET, Claude; FOYER, Jacques; HUET-WEILLER, Danièle *et* LABRUSSE- RION, Catherine. *La filiation légitime et naturelle*. Paris: Dalloz, 1973.

COMITÊ GESTOR ESTADUAL DE POLÍTICAS DE ERRADICAÇÃO DO SUB--REGISTRO CIVIL DE NASCIMENTO E AMPLIAÇÃO DO ACESSO À DOCUMENTAÇÃO BÁSICA DO RIO DE JANEIRO. *Crianças e Adolescentes sem registro civil de nascimento: o que fazer?*. Secretaria de Estado de Assistência Social e Direitos Humanos do Rio de Janeiro. p. 7. Disponível em <http://www.mprj.mp.br/portal_content/uploads/2013/08/Cartilha_Criancas_sem_Registro_Civil.pdf>.

CORREIA TELES, J. H. *Digesto português*. Rio de Janeiro: Liv. Cruz Coutinho, 1909.

COSATTINI, Luigi. *Il riconoscimento del figlio naturale*. Pádua: Cedam, 1942.

COSTA MANSO. Ações declaratórias no projeto do Código do Processo Civil e Comercial de São Paulo, Exposição de motivos. *Revista Forense*, vol. 48, p. 17, 1927.

COULANGES, Fustel de. *La cité antique*. 17. ed. Paris: Hachette, 1900.

CRUZ, João Claudino de Oliveira e. *Dos alimentos no Direito da Família*. Rio de Janeiro: Forense, 1961.

CUNHA GONÇALVES, Luís da. *Tratado de Direito Civil*. São Paulo: Max Limonad, datas diversas.

DALLOZ. *Répértoire pratique de législation, de doctrine et de jurisprudence*. Paris: Bureau de la Jurisprudence Générale Dalloz.

DAYMELL, Carlos. *Da filiação ilegítima*. Rio de Janeiro: Forense, 1983.

DE PAGE, Henri. *Traité élémentaire de Droit Civil belge*. Bruxelas: Établissemants Émile Bruylant, 1948.

DEGNI, Francesco. *Il Diritto di Famiglia*. Pádua: Antonio Milani, 1943.

DIAS, Adahyl Lourenço. *A concubina e o Direito Brasileiro*. São Paulo: Saraiva, 1976.

DIAS, Maria Berenice. *União homossexual:* o preconceito e a justiça. Porto Alegre: Livraria do Advogado, 2000.

DINIZ, Maria Helena. *Código Civil anotado*. São Paulo: Saraiva, 2002.

ELIACHVITCH, Basile; NOLDE, Boris *et* TAGER, Paul. *Traité de Droit Civil et Commercial des soviets*. Paris: Librairie Générale de Droit et de Jurisprudence, 1930.

ENNECCERUS, Ludwig; KIPP, Theodor y WOLFF, Martin. *Tratado de Derecho Civil*. Trad. espanhola da 39. ed. alemã, por BLAS PEREZ GONZALEZ e JOSÉ ALGUER. Barcelona: Bosch, 1934.

ESPÍNOLA, Eduardo; ESPÍNOLA FILHO, Eduardo. *A Lei de Introdução ao Código Civil Brasileiro*. Rio de Janeiro: Freitas Bastos, 1943.

_____. *Tratado de Direito Civil brasileiro*. Rio de Janeiro: Freitas Bastos.

FACHIN, Luiz Edson. *Da paternidade; relação biológica e afetiva*. Belo Horizonte: Del Rey, 1996.

_____. *Comentários ao novo Código Civil*. Rio de Janeiro: Forense, 2003, vol. XVIII – Do Direito de Família, do Direito Pessoal, das relações de parentesco.

FARIA, Bento de. *Aplicação e retroatividade da lei*. Rio de Janeiro: Coelho Branco, 1934.

FARIAS, Cristiano Chaves de. Um alento ao futuro: novo tratamento da coisa julgada nas ações relativas à filiação. *Revista Brasileira de Direito de Família*. vol. IV, nº 13, Porto Alegre: Síntese, IBDFAM, abr./jun. 2002.

FERREIRA, Arnaldo Amado. *Determinação médico-legal da paternidade*. São Paulo: Melhoramentos, 1940.

FERREIRA, Lucia Maria Teixeira. Comentários aos arts. 1.591 a 1.617 do Código Civil de 2002. In: LEITE, Heloisa Maria Daltro (coord.). *O novo Código Civil: Do Direito de Família*. Rio de Janeiro: Freitas Bastos, 2002.

GABBA, C. F. *Teoria della retroattività delle leggi*. 3. ed. Turim: Unione Tipografico, 1891/97.

GAMA, Guilherme Calmon Nogueira da. *A nova filiação*: o Biodireito e as relações parentais. Rio de Janeiro: Renovar, 2003.

GARCIA, Manuel Albaladejo. *El reconocimiento de la filiación natural*. Barcelona: Bosch.

GARSONNET, E. *Têtes de Droit Romain*. Paris: Larose et Forcel, 1888.

GEBLER, Marie Josèphe. *Le Droit Français de la filiation et la vérité*. Paris: Lib. Gén. de Droit et de Jurisp., 1970.

GOMES, Orlando. "Aspectos da filiação", trabalho de doutrina. *Revista Forense*, vol. 89, p. 680, 1942.

_____. *Direito de Família*. 11. ed. Atualizado por Humberto Theodoro Júnior. Rio de Janeiro: Forense, 1999.

GOMES, Orlando; CARNEIRO, Nélson. *Do reconhecimento dos filhos adulterinos*. Rio de Janeiro: Forense, 1958.

GUSMÃO, Paulo Dourado. *Dicionário de Direito de Família*. Rio de Janeiro: Forense, 1985.

HABSCHEID, Walther J. L'établissement du lien de filiation illégitime en Droit français. *La filiation illégitime en Droit comparé français et allemand*. Paris: Librairie Générale de Droit et de Jurisprudence, 1972.

HEINRICH, Lehmann. *Derecho de Familia*. Madrid: Revista de Derecho Privado, 1953.

HIRONAKA, Giselda Maria Fernandes Novaes. *Comentários ao novo Código Civil* – Parte especial: do direito das sucessões. Coord. Antônio Junqueira de Azevedo. São Paulo: Saraiva, 2003, vol. 20.

HUC, Théophile. *Commentaire théorique et pratique du Code Civil*. Paris: E. Picho, 1892.

HUET-WEILLER, Danièle. Les effects de la filiation illégitime en Droit français. *La filiation illégitime en Droit comparé français et allemand*. Paris: Librairie Générale de Droit et de Jurisprudence, 1972.

ITABAIANA DE OLIVEIRA, Artur Vasco. *Tratado de Direito das Sucessões*. 3. ed. Rio de Janeiro: Jacinto, 1936.

JENKS, Édouard. *Digesto de Droit Civil anglais*. Trad. francesa de Théophile Bauman e P. Goulé. 2. ed. Paris: Librairie Générale de Droit et de Jurisprudence, 1923.

JHERING, Rudolf von. *L'Esprit du Droit romain*. Trad. francesa de Meulenaere. Paris: Marescq, 1886.

JOSSERAND, Louis. *Cours de Droit Civil positif français*. Paris: Sirey, 1930.

LA GRASSERIE, Raoul de. *De la recherche et des effets de la paternité naturelle*. Paris: Pedone-Lauriel, 1893.

LAFAYETTE, Rodrigues Pereira. *Direito de Família*. 2. tir. Rio de Janeiro: E. da "Tribuna Liberal", 1889.

LALOU, Henri. Crítica a aresto, *Recueil Périodique*. Dalloz, 1934.2.81.

LAURENT, F. *Principes de Droit Civil français*. 3. ed. Bruxelas: Bruylant-Chistophe & Cie., 1878.

LEHR, Ernest. *Éléments de Droit Civil anglais*. 2. ed. Paris: Sirey, 1906.

LEITE, Eduardo de Oliveira. *Procriações artificiais e o direito*: aspectos médicos, religiosos, psicológicos, éticos e jurídicos. São Paulo: Revista dos Tribunais, 1995.

_____. O Exame de DNA: Reflexões sobre a prova científica da filiação. In: WAMBIER, Teresa Arruda Alvim; LEITE, Eduardo de Oliveira (Coords.). *Repertório de Doutrina sobre Direito de Família*: aspectos constitucionais, civis e processuais. São Paulo: Revista dos Tribunais, vol. 4.

LESSA, Pedro. Voto. *Revista do Supremo Tribunal*, vol. XVIII, p. 293, 1919.

LEVY, Édouard. *Traité de la légitimation*. Paris: Sirey, 1919.

LIMA, Alvino. Parecer. *Revista Forense*, vol. 96, p. 285, 1943.

LIMA, João Franzen de. *Da investigação da paternidade no Direito Civil brasileiro*. Belo Horizonte: Imprensa Oficial, 1929.

LOBÃO, Manuel de Almeida e Sousa de. *Notas às Instituições de Direito Civil brasileiro de Pascoal José de Melo Freire*. Lisboa: Imprensa Nacional, 1861.

LÔBO, Paulo Luiz Netto. *Código Civil comentado*: Direito de família, relações de parentesco, direito patrimonial: arts. 1.591 a 1.693. São Paulo: Atlas, 2003, vol. XVI.

_____. Direito ao Estado de filiação e Direito à origem genética: Uma distinção necessária. *Revista Brasileira de Direito de Família*, Porto Alegre: Síntese, nº 19, pp. 133-156, ago./set. 2003.

LOPES DA COSTA, Alfredo de Araújo. *Direito Processual Civil brasileiro*. São Paulo: Revista do Tribunais, 1941, p. 43.

MACEDO SOARES, Oscar de. *Casamento civil* (Dec. nº 181, de 24.01.1890). Rio de Janeiro: Garnier, 1890.

MACHADO, José. *Los hijos ilegítimos*. Havana: Cultural. Rio de Janeiro: 1941.

MACHADO GUIMARÃES, Luís. *A ação declaratória e o futuro Código do Processo Civil*, trabalho doutrinário. Arquivo Judiciário, Suplemento, vol. 40, p. 41, 1936.

MACIEL, Kátia Regina Lobo Andrade. Comentários aos arts. 1.630 a 1.638 do Código Civil de 2002. In: LEITE, Heloisa Maria Daltro (Coord.). *O novo Código Civil*: Do Direito de Família. Rio de Janeiro: Freitas Bastos, 2002.

_____. *A formação, a ruptura e a reconstrução da identidade familiar de crianças e adolescentes institucionalizadas*. Dissertação de mestrado, 2013. Mimeo.

MADALENO, Rolf. A sacralização da presunção na investigação de paternidade. In: *Revista dos Tribunais*, vol. 766, ago. 1999.

_____. A presunção relativa na recusa à perícia em DNA. *Direito de Família em pauta*. Porto Alegre: Livraria do Advogado, 2004.

_____. O dano moral na investigação de paternidade. *Direito de família*: aspectos polêmicos. Porto Alegre: Livraria do Advogado, 1998, p. 135.

_____. *Curso de Direito de Família*, 5. ed. Rio de Janeiro: Forense, 2013.

MARINONI, Luiz Guilherme; ARENHART, Sérgio Cruz. *Manual do processo de conhecimento*. São Paulo: Revista do Tribunais, 2000.

MARTINS, Pedro Batista. Ação Declaratória (Parecer). *Revista Forense*, vol. 84, p. 67.

_____. *Comentários do Código de Processo Civil*. Rio de Janeiro: Forense, 1940.

MARTINS, Samir José Caetano. A recusa do filho natural ao reconhecimento voluntário de paternidade. *Revista do Ministério Público*, Rio de Janeiro: Ministério Público, nº 16, jul./dez. 2002.

MARTY, Gabriel *et* RAYNAUD, Pierre. *Droit Civil*. Paris: Sirey, 1967.

MAZEAUD, Henri; MAZEAUD, Léon et MAZEAUD, Jean. *Leçons de Droit Civil*. Paris: Montchrestien, 1955.

MEDEIROS DA FONSECA, Arnoldo. *Investigação de paternidade*. Rio de Janeiro: Freitas Bastos, 1940.

MEIRELLES, Jussara Maria Leal de. Os embriões humanos mantidos em laboratório e a proteção da Pessoa: o novo Código Civil brasileiro e o texto constitucional. *Novos temas de Biodireito e Bioética*. Org. Heloisa Helena Barboza, Jussara M. L. de Meirelles e Vicente de Paulo Barretto. Rio de Janeiro: Renovar, 2003.

MELO FREIRE DOS REIS, Pascoal José. *Institutiones juris civilis lusitani*. 5. ed. Coimbra: Acadêmica, 1860.

MENDES PIMENTEL, Francisco. Razões. *Revista Forense*, vol. 1, p. 169.

MOMMSEN, Théodore et MARQUARDT, Joachim. *Manuel des antiquités romaines*. Trad. francesa dirigida por M. Gustav Humbert. Paris: Ernest Thorin, anos diversos.

MONTE. *Elementos de Direito Eclesiástico*. Ed. Tip. Episcopal de Antônio Gonçalves Guimarães.

MONTEIRO, Washington de Barros. *Curso de Direito Civil*. São Paulo: Saraiva, 1978, vol. 2.

MORAES, Maria Celina Bodin de. O direito personalíssimo à filiação e a recusa ao exame de DNA: Uma hipótese de colisão de direitos fundamentais. *Grandes temas da atualidade:* DNA como meio de prova da filiação. Coord. Eduardo de Oliveira Leite. Rio de Janeiro: Forense, 2000.

MORATO, Francisco. Do reconhecimento de paternidade. *Revista Forense*, vol. 98, p. 7.

MOREIRA, Oswaldo Pataro. *O sangue e os grupos sanguíneos*. Belo Horizonte, 1962.

MORI, Vittorio. *L'azione di paternità naturale*. Milão: 1903.

MÜLLER-FREIENFELS, Wolfram. Les effets de la filiation illégitime en droit allemand. *La filiation illégitime en Droit comparé français et allemand*. Paris: Librairie Générale de Droit et de Jurisprudence, 1972.

NEGRÃO, Theotonio. *Código de Processo Civil e legislação processual em vigor*. 34. ed. São Paulo: Saraiva, 2002.

NERSON, Roger. La situation juridique des enfants nés hors mariage. *Rev. Trimestrielle de Droit Civil*, 1975, pp. 397 e segs. e 631 e segs.

NERY JR., Nelson; NERY, Rosa Maria de Andrade. *Código de Processo Civil comentado e legislação extravagante*. 8. ed. São Paulo: Revista dos Tribunais, 2004.

NONATO, Orozimbo. Voto. *Revista dos Tribunais*, vol. 147, p. 303.

OLIVEIRA, Guilherme de. *Critério jurídico da paternidade*. Coimbra: Livraria Almedina, 1998.

OLIVEIRA, José Lamartine Corrêa de; MUNIZ, Francisco José Ferreira. *Direito de Família*. Porto Alegre: Sergio Fabris, 1990.

OLIVEIRA, José Lopes de. *Manual de Direito de Família*. Recife: Universidade Federal de Pernambuco, 1968.

OLIVEIRA, J. M. Leoni Lopes de. *A nova lei de investigação de paternidade*. 4. ed. Rio de Janeiro: Lumen Juris, 1999.

OLIVEIRA, Rodrigo Cândido de. A coisa julgada e o exame de DNA. *Revista da Associação dos Advogados do Rio de Janeiro* – AARJ, vol. I, jan. 2002.

OLIVEIRA, Wilson de. *Direito de Família*. Rio de Janeiro: Forense, 1985.

OLIVEIRA FILHO, Bertoldo Mateus de. *Alimentos e investigação de paternidade*. 3. ed. Belo Horizonte: Del Rey, 1999.

PAINI, Reynaldo José Castilho. *Reconhecimento de paternidade e união estável*. 2. ed. São Paulo: Saraiva, 1999.

PALAZZO, Antonio. *La filizione fuori del matrimonio*. Milão: Giuffrè, 1965.

PANDOLFELLI, SCARBELLO, STELLA RICHTER e DALLARI. *Codice Civile*. Milão: Giuffrè, 1934.

PEDAMON, Michel. La loi allemande du 19 Août 1969 sur la condition juridique de l'enfant illégitime: Modèle pour une réforme du droit français?. *Répertoire Dalloz*. Chrn, pp. 153 e segs., 1970.

PEIXOTO, Afrânio. *Novos rumos da medicina legal*. 2. ed. Rio de Janeiro: sem data.

PEREIRA, Caio Mário da Silva. *Instituições de Direito Civil*. Rio de Janeiro: Forense, 1987, vol. VI.

_____. *La preuve de la paternitè et les progrès de la science*. Belo Horizonte, 1954.

_____. Apresentação. In: PEREIRA, Rodrigo da Cunha; DIAS, Maria Berenice (Coords.). *Direito de Família e o novo Código Civil*. Belo Horizonte: Del Rey, 2001.

_____. *Direito Civil – Alguns aspectos da sua evolução*. Rio de Janeiro: Forense, 2001.

_____. Paternidade e sua prova. *Revista da Academia Brasileira de Letras Jurídicas*, vol. 8, 1994.

_____. *Reconhecimento de paternidade e seus efeitos*. 5. ed. Rio de Janeiro: Forense, 1997.

_____. *Instituições de Direito Civil*. Atualizado por Maria Celina Bodin de Moraes. Rio de Janeiro: Forense, 2004, vol. I.

_____. *Instituições de Direito Civil*. Atualizado por Tânia da Silva Pereira. Rio de Janeiro: Forense, 2004, vol. V.

_____. *Instituições de Direito Civil*. Atualizado por Carlos Roberto Barbosa Moreira. Rio de Janeiro: Forense, 2004, vol. VI.

PEREIRA, Renata Braga da Silva. DNA: Análise biojurídica da identidade humana. *Temas de Biodireito e Bioética*: Rio de Janeiro: Renovar, 2001.

PEREIRA, Rodrigo da Cunha. *Direito de Família* – Uma abordagem psicanalítica. Belo Horizonte: Del Rey, 1997.

PEREIRA, Sérgio Gischkow. A igualdade jurídica na filiação biológica em face do novo sistema de Direito de Família no Brasil. In: WAMBIER, Teresa Arruda Alvim; LEITE, Eduardo de Oliveira (Coords.). *Repertório de doutrina sobre Direito de Família: Aspectos constitucionais, civis e processuais*. São Paulo: Revista dos Tribunais, vol. 4, 1999.

_____. *Estudos de Direito de Família*. Porto Alegre: Livraria do Advogado, 2004.

PEREIRA, Tânia da Silva. *Reflexos jurídicos da inseminação artificial*. Rio de Janeiro: 1986.

_____. O melhor interesse da criança. In: PEREIRA, Tânia da Silva (Coord.). *O melhor interesse da criança:* Um debate interdisciplinar. Rio de Janeiro: Renovar, 2000.

_____. *Direito da criança e do adolescente* – Uma proposta interdisciplinar. Rio de Janeiro: Renovar, 1996.

_____; OLIVEIRA, Guilherme de. Abrigo e alternativas de acolhimento familiar. *O cuidado como valor jurídico*. Rio de Janeiro: Forense, 2008.

PERLINGIERI, Pietro. *Perfis do Direito Civil* – Introdução ao Direito Civil Constitucional. Trad. Maria Cristina de Cicco. 3. ed. Rio de Janeiro: Renovar, 1997.

PERREAU, E. H. *Le Droit au nom en matière civile*. Paris: Sirey, 1910.

PHILIPS. *Droit éclésiastique*. Trad. francesa de Abbé Crouzet. Paris: Jacques Lecoffre & Cie., 1852.

PINHEIRO, Fernandes. Nome Civil. *Ciência de Direito*, vol. I, p. 149, 1934.

PIRET, Michèle. Les enfants illégitimes aux pays bas. *Rev. Trimestrielle de Droit Civil*, p. 68, 1972.

_____. Les principales réformes modifiant les droits patrimoniaux des enfants illégitimes en droit anglais. *Rev. Internationale de Droit Comparé*, p. 277, 1973.

PLANIOL, Marcel. *Traité élémentarie de Droit Civil*. 5. ed. Paris: Librairie Générale de Droit et de Jurisprudence, 1908.

PLANIOL, Marcel *et* RIPERT, Georges. *Traité pratique de Droit Civil français*. Paris: Librairie Générale de Droit et de Jurisprudence, 1925.

PONTES DE MIRANDA. Sentença. *Revista Forense*, vol. 44, p. 81, 1925.

PORTO, Sérgio Gilberto. Cidadania processual e relativização da coisa julgada. *Revista Síntese de Direito Civil e Processual Civil*. Porto Alegre: Síntese, nº 22, mar./abr. 2003.

QUARTARONE, Melchiore. *Il Diritto agli alimenti e le azioni alimnetarie*. 2. ed. Turim: Fratelli Bocca, 1884.

QUEIROZ, Juliane Fernandes. *Paternidade:* aspectos jurídicos e técnicas de inseminação artificial. Belo Horizonte: Del Rey, 2001.

REBELO, Gabriel Antônio. *A família brasileira e o reconhecimento do filho adulterino*. Rio de Janeiro: Ed. "A Manhã", 1943.

REBOUÇAS, Antônio Pereira. *Observações à Consolidação de Teixeira de Freitas*. Rio de Janeiro: Laemmert, 1867.

Revista Brasileira de Ginecologia e Obstetrícia, vol. 29, n. 2. Rio de Janeiro: fev., 2007. Disponível em: <http://www.scielo.br/scielo.php?script=sci_arttext&pid=S0100-72032007000200008>.

RIED, Alfred. L'établissement du lien de filiation illégitime en droit français. In: *La filiation illégitime en droit comparé français et allemand*. Paris: Librairie Générale de Droit et de Jurisprudence, 1972.

RIZZARDO, Arnaldo. *Direito de família*. Rio de Janeiro: Forense, 2004.

ROCHA, José Virgílio Castelo Branco. *O pátrio poder*. Rio de Janeiro: Liv. Tupã Editora, 1960.

RODRIGUES, Sílvio. *Direito Civil*. São Paulo: Saraiva, 1984, vol. 6.

_____. *Direito Civil* – Direito de Família. Atualizada por Francisco José Cahali. 27. ed. São Paulo: Saraiva, 2002, vol. 6.

ROGUIN, Ernest. *Traité de Droit Civil comparé* – Les successions. Paris: Librairie Générale de Droit et de Jurisprudence, 1908.

ROUBIER, Paul. *Les conflits de loi dans le temps (théorie dite de la non-retroactivité des lois)*. Paris: Sirey, 1929.

RUGGIERO, Roberto. *Instituições de Direito Civil*. Trad. de Ari dos Santos. São Paulo: Saraiva & Cia., 1957/1958.

SÁ PEREIRA, Virgílio. *Direito de Família*. Rio de Janeiro: Lito-Tipografia Fluminense, 1923.

SAVATIER, Réné. Artigo de crítica. *Recueil Périodique*. Paris: Dalloz, 1925.1.201 e 1920.2.60.

_____. *La recherche de la paternitè*. Paris: Dalloz, 1927.

_____. *Le Droit, l'amour et la liberté*. Paris: Dalloz, 1963.

SAVIGNY, M. F. C. *Traité de Droit romain*. Trad. francesa de Ch. Guenoux. Paris: Firmin Didot Frères, 1855.

SCHLÜTER, Wilfried. *Código Civil alemão* – Direito de família. Trad. Elisete Antoniuk. 9. ed. Porto Alegre: Sérgio Antonio Fabris Editor, 2002.

SERPA LOPES, Miguel Maria de. *Curso de Direito Civil*. Rio de Janeiro: Freitas Bastos, 1996. vol. I.

SILVA, José Luiz Mônaco da. *Reconhecimento de paternidade*. São Paulo: LEUD, 2001.

SILVA PEREIRA, Caio Mário da. *Investigação de paternidade*. Belo Horizonte: Veloso & Cia., 1940.

_____. *Instituições de Direito Civil*. Rio de Janeiro: Forense, datas diversas.

SILVA PEREIRA, Tânia *et alli*. *Estatuto da Criança e do Adolescente*. Rio de Janeiro: Renovar, 1992.

SOARES DE FARIA. *Investigação de paternidade ilegítima*. São Paulo: Saraiva & Cia., 1926.

SPIRO, Karl. La filiation illégitime en Droit suisse. In: *La filiation illégitime en Droit comparé français et allemand*. Paris: Librairie Générale de Droit et de Jurisprudence, 1972.

SUBLÉ, Alexandre Raoul Joseph. *De L'imprescriptibilité du nom et ses effets de la possession*. Paris: Ed. G. Gré & Cie, 1910.

TEIXEIRA, Ana Carolina Brochado; KONDER, Carlos Nelson. Situações jurídicas dúplices: controvérsias na nebulosa fronteira entre patrimonialidade e extrapatrimonialidade. In: Gustavo Tepedino; Luiz Edson Fachin (Orgs.). *Diálogos sobre direito civil*. Rio de Janeiro: Renovar, 2012. v. 3.

TEIXEIRA, Sálvio de Figueiredo, *Direitos de família e do menor*. Belo Horizonte: Livraria Del Rey Editora, 1993.

TEIXEIRA DE FREITAS, Augusto. *Consolidação das leis civis*. 3. ed. Rio de Janeiro: Garnier, 1896.

_____. *Esboço de Código Civil*. Rio de Janeiro: Laemmert, 1860.

TEPEDINO, Gustavo. A disciplina jurídica da filiação. *Direitos de Família e do Menor*. TEIXEIRA, Sálvio de Figueiredo (Coord.). 3. ed. Belo Horizonte: Del Rey, 1993.

_____. A disciplina jurídica da filiação na perspectiva constitucional. *Temas de Direito Civil*. Rio de Janeiro: Renovar, 1999.

TEPEDINO, Gustavo; BARBOZA, Heloisa Helena; MORAES, Maria Celina Bodin de *et alli*. *Código Civil interpretado conforme a Constituição da República*. Rio de Janeiro: Renovar, 2014. v. IV.

TERAN-LOMAS, Roberto A. M. *Los hijos extramatrimoniales*. Buenos Aires: 1954.

THEODORO JÚNIOR, Humberto. Alguns impactos da nova ordem constitucional sobre o direito civil. *Revista dos Tribunais*, v. 662.

TRACHTENBERG, Anete. O poder e as limitações dos testes sanguíneos na determinação de paternidade-II. In: LEITE, Eduardo de Oliveira (Coord.). *Grandes temas da atualidade* – DNA como meio de prova da filiação. Rio de Janeiro: Forense, 2000.

TRAVERS, Maurice. *De la puissance paternelle et de la tutelle sur les enfants naturels*. Paris: Sirey, 1907.

TROPLONG, M. *De l'influence du Christianisme sur le Droit Civil des romains*. Paris: Charles Hingray, 1843.

ULRIX, Ludovic. *L'action alimentaire des enfants naturelles*. Paris: Librairie Générale du Droit, 1930.

VALADÃO, Haroldo. Artigo. *Revista de Direito*, vol. 145, p. 221.

VARELA, Antunes. *Direito de Família*. Lisboa: Petrony, 1982.

VAMPRÉ, Spencer. *Do Nome Civil*. Rio de Janeiro: F. Briguiet & Cia., 1935.

VELOSO, Zeno. *Direito brasileiro da filiação e paternidade*. São Paulo: Malheiros, 1997.

_____. A sacralização do DNA na investigação de paternidade. *Grandes temas da atualidade*: DNA como meio de prova da filiação. Coord.: Eduardo de Oliveira Leite. Rio de Janeiro: Forense, 2000.

_____. Um caso em que a recusa ao exame de DNA não presume a paternidade. *Revista Brasileira de Direito de Família*, nº 14, Porto Alegre, jul./set. 2000.

VIANNA, Marco Aurélio S. *Teoria e prática do Direito de Família*. São Paulo: Saraiva, 1983.

_____. *Curso de Direito Civil: Direito de família*. Belo Horizonte: Del Rey, 1998.

VIEGAS, João Francisco Moreira. Reconhecimento de paternidade – Observações à Lei nº 8.560/92. *Revista dos Tribunais*, vol. 699, pp. 11-15.

VILLELA, João Batista. "Desbiologização da paternidade". *Revista da faculdade de Direito da Universidade Federal de Minas Gerais*. Belo Horizonte, nº 21, mai./1979.

_____. O modelo constitucional da filiação: verdades e superstições. *Revista Brasileira de Direito de Família*. Porto Alegre: Síntese, IBDFAM, vol. 1, nº 2, jul./set. 1999.

_____. Repensando o Direito de Família. *Repensando o Direito de Família* – Anais do I Congresso Brasileiro de Direito de Família. Belo Horizonte: Del Rey, pp. 15-32, 1999.

WAËL, Francis. *Droits des Enfants Naturels Reconnus dans la Succession de Leurs Pères et Mères*. Paris: Rousseau, 1901.

WAMBIER, Teresa Arruda Alvim; MEDINA, José Miguel Garcia. *O dogma da coisa julgada*: hipóteses de relativização. São Paulo: Revista dos Tribunais, 2003.

WELL, Alex *et* TERRÉ, François. *Droit Civil – La famille*. Paris: Dalloz, 1983.

WELTER, Belmiro Pedro. Igualdade entre a filiação biológica e socioafetiva. *Revista Brasileira de Direito de Família*. Porto Alegre: Síntese, IBDFAM, ano IV, n° 14, jul./set. 2002.

XAVIER, Elton Dias. A identidade genética do ser humano como um biodireito fundamental e sua fundamentação na dignidade do ser humano. *Grandes temas da atualidade: Bioética e Biodireito*. Coord. Eduardo de Oliveira Leite. Rio de Janeiro: Forense, 2004.

ZICARELLI, Filho. *Investigação da paternidade natural*. Curitiba: Guaíra, 1941.

CÓDIGOS CITADOS

Code Civil Allemand de 1896. Traduzido e anotado por Raoul de la Grasserie. 3. ed. Paris: Editor A. Pédone, 1910.

Code Civil des Français. Edition Originale et Seule Officielle. Paris: Imprimérie de la République, Ano XII, 1804.

Code Civil Suisse de 1907. Acompanhado de notas explicativas por Virgile Rosse. 2. ed. Lausanne: Librairie Payot & Cie., 1913.

Codice Civile del Regno D'Italia. Apresentado por T. Bruno. 6. ed. Florença: Editor G. Barbera, 1901.

Códice Civile Italiano. Milão: Giuffrè, 1953.

Código Civil Brasileiro de 1916.

Código Civil Brasileiro de 2002.

Código Civil de la República Argentina de 1860. Corrigido pela lei de 09.09.1882. Buenos Aires: J. Lajouane & Cia., 1914.

Código Civil de la República de Chile. Contido no volume "Códigos Chilenos". Santiago de Chile: Librería Miranda, 1909.

Código Civil de la República Oriental del Uruguay. Montevidéu: Barreyro & Cia. Editores, 1914.

Código Civil Português (novo). Lisboa: Imprensa Nacional, 1966.

Código Civil Português. Edição conforme o original. Porto: Livraria Chardron.

Constituição da República Federativa do Brasil de 1988.

Projeto de Código Civil Brasileiro. Trabalhos relativos à sua elaboração. Rio de Janeiro.

Projeto de Código Civil de 1965. Rio de Janeiro.

Projeto de Código Civil de 1975.

REVISTAS CONSULTADAS

ADCOAS, Rio de Janeiro.

ADV, Advocacia Dinâmica, Rio de Janeiro.

American Journal of Comparative Law, Berkeley, USA.

Arquivo Judiciário, editado pelo *Jornal do Commercio*, dirigido pelo Des. Edgar Costa, Rio de Janeiro.

Diário da Justiça, órgão oficial do Poder Judiciário no Distrito Federal.

Enunciados da I Jornada de Direito Civil promovida pelo Centro de Estudos Judiciários do Conselho da Justiça Federal, ocorrida no período de 11 a 13 de setembro de 2002, sob a coordenação científica do Ministro Ruy Rosado, do STJ.

Enunciados da III Jornada de Direito Civil promovida pelo Centro de Estudos Judiciários do Conselho da Justiça Federal, ocorrida no último bimestre de 2004, no STJ.

O Direito, fundada pelo Dr. João José do Monte, Rio de Janeiro.

Recueil Dalloz, Recueil Hebdomadaire de Jurisprudence, Recueil Périodique et Critique de Jurisprudence, de Législation et de Doctrine, Paris.

Revista Brasileira de Direito de Família, publicação da Editora Síntese e do IBDFAM – Instituto Brasileiro de Dirito de Família.

Revista da Faculdade de Direito da Universidade de São Paulo, publicação deste estabelecimento de ensino, São Paulo.

Revista de Crit. Judiciária, dirigida pelo Dr. Nilo de Vasconcelos, Rio de Janeiro.

Revista de Direito, editada pela Livraria Jacinto, fundada pelo Ministro Bento de Faria, Rio de Janeiro.

Revista de Jurisp. Brasileira, dirigida pelo Dr. Astolfo Resende, Rio de Janeiro.

Revista do Ministério Público do Estado do Rio de Janeiro, nº 16, jul./dez. 2002.

Revista do Ministério Público do Estado do Rio de Janeiro, nº 18, jul./dez. 2003.

Revista do Sup. Tribunal, publicação oficial deste Supremo Colégio Judiciário, Rio de Janeiro.

Revista dos Tribunais, dirigida pelos Drs. Plínio Barreto e Noé Azevedo, São Paulo.

Revista Forense, fundada, em Minas Gerais, pelos Profs. F. Mendes Pimentel e Estêvão Pinto, dirigida pelo Prof. Bilac Pinto, Rio de Janeiro.

Revista Jurídica, sob a direção dos Drs. Paulo Domingues Viana e Eduardo Duvivier, Rio de Janeiro.

Revista Trimestral de Jurisprudência, Brasília.

Revue Internationale de Droit Comparé, Paris.

Revue Trimestrielle de Droit Civil, Paris.

Editora FORENSE

www.editoraforense.com.br
forense@grupogen.com.br

Pré-impressão, impressão e acabamento

GRÁFICA SANTUÁRIO

grafica@editorasantuario.com.br
www.editorasantuario.com.br

Aparecida-SP

Cód.: 1213499